KB161170

땅의 아들 3
농민운동가 노금노 유고집

노금노 유고집 간행위원회 엮음

2014년 8월 25일 초판 1쇄 발행

펴낸이 한철희 | 펴낸곳 돌베개 | 등록 1979년 8월 25일 제406-2003-000018호
주소 (413-120) 경기도 파주시 회동길 77-20 (문발동)
전화 (031) 955-5020 | 팩스 (031) 955-5050
홈페이지 www.dolbegae.com | 전자우편 book@dolbegae.co.kr
블로그 imdol79.blog.me | 트위터 @Dolbegae79

책임편집 소은주
표지디자인 이승욱 | 본문디자인 이연경·이은정
마케팅 심찬식·고운성·조원형 | 제작·관리 윤국중·이수민
인쇄·제본 상지사 P&B

ISBN 978-89-7199-615-7 (03300)
이 도서의 국립중앙도서관 출판시도서목록(CIP)은 e-CIP 홈페이지
(http://www.nl.go.kr/ecip)에서 이용하실 수 있습니다.(CIP제어번호: CIP2014024226)

책값은 뒤표지에 있습니다.

땅의아들

3

― 농민운동가 노금노 유고집 ―

노금노 유고집 간행위원회 엮음

돌베개

차 례

1부 ∣ 땅의 아들이 말하는 '농민운동의 한길을 걸어오며' (구술 자료)

항상 대중운동가로서 진정성과 사회변혁에의 실천의지를 벼리어 온 그리운 노금노, 40대 초 모습.

20대 초 외대화 마을 뒤, 고향을 지키며 우뚝 서 있는 소나무 아래서. 그는 그렇게 평생을 사랑한 농민·농촌을 지키며 농민운동의 한길을 걸었다.

부인 임화자 님. 유명한 음식명인으로 신지식인에 선정된 전남우리음식연구회장. 임화자 전통식품 대표. ⓒ 한국농정신문.

1976년 가톨릭농민회 전남연합회 제4차 총회. 1975년 함평읍 외대화 마을에서 가농 분회를 조직, 농협 강제출자 거부운동을 벌이면서 본격적으로 농민운동을 시작한다(사진 두 번째 앉은 줄 오른쪽에서 세 번째가 노금노, 제일 왼쪽 첫 번째 서 있는 이가 서경원 님).

노금노만큼 열심히 학습하고 교육받으며, 또 교육하고 학습을 지도한 운동가도 드물다. 그랬기에 독학으로 농민운동을 넘어 사회변혁 운동의 실천적 이론가로도 역할했다. 1976년 12월 강원도 가농 지도자교육. 가운뎃줄 왼쪽에서 세 번째가 노금노, 첫 번째는 당시 가농 전국 부회장이었던 고故 인농 박재일 한살림 전 회장.

함평고구마 피해보상운동 당시 1976년 12월, 농협 차가 오기만 기다리며 마을 어귀에 쌓아놓은 고구마 포대 더미들.

1978년 4월, 북동천주교회 마당에서 고구마 피해보상을 요구하며 단식농성 투쟁을 하는 농민들.

2007년 10월 초, 광주 '시민의소리'에서 함평고구마사건 취재 시 꼼꼼히 모아놓은 자료들을 설명해주는 노금노(좌). 고구마를 직접 재배했던 자신의 밭(신광면 가덕리)을 가리키고 있는 서경원 님(우).

1985년경 여름 함평농우회 단합대회(앞줄 가운데 공을 들고 앉아 있는 이가 노금노).

오직 농민운동 한길을 걸으며 전국 각지 조직활동을 다녔던 그는 누구보다 농사에도 성실했다.

농민운동가 노금노는 누구보다 실천적·투쟁적이었고, 또 성찰적·학구적이었다. 자주적 농민운동사 정리를 평생의 업으로 삼았지만 끝내 못다 이루고 떠났다.

1990년 12월 함평·영광 보궐선거 출마 때 기호 4
번 농민후보 노금노 선거벽보.

1989년 2월 13일 수입저지 및 제값받기 여의도농민대회에서 진행 책임을 맡았
던 노금노(트럭 단상 앞줄 왼쪽에서 두 번째). ⓒ 민주화운동기념사업회.

2005년 10월, 민주화운동기념사업
회 월간지 『희망세상』의 함평고구
마 피해보상투쟁 취재 당시 설명
하고 있는 노금노.

당시 농협의 방해 책동에 굴복해 확인서를 써주었던 농민들에게 다시
찾아가 받아낸 해명서 원본.

1989년 11월 15일, 쌀값보장 및 전량수매쟁취 전국농민대회, 여의도광장 봉쇄로 건국대에서 치러진 대회 후 가두행진 모습(앞줄 왼쪽 두 번째가 대회 주최 대책위 사무국장이었던 노금노, 첫 번째는 대책위원장 고故 이수금 전국농민회총연맹 전 의장). ⓒ 민주화운동기념사업회.

노금노는 1990년 전국농민단일조직 결성에 매진한다. 그해 함평군농민회 재창립 시 2월 6일 손불면농민회 준비위 주관 농협공청회 때 강연 모습(가운데 강연하는 이).

1990년 12월 함평·영광 보궐선거에 농민후보로 유세하는 노금노(가운데 손들고 있는 이). 농민 정치세력화와 정치적 농민운동을 위해 나선 그는 그 후 1995년 군의원 선거에서 무소속 농민후보로 마침내 철벽같던 황색바람을 뚫는다.

1995년 2대 함평군의회 의원 당선 후 열정적으로 활동하면서 가진 의정보고회(1997. 3. 15).

1990년 4월 24일. 전국농민회총연맹 창립대회. 준비위 사무처장으로 사회를 보고 있는 노금노(단상 왼쪽). 전국농민단일대오 전농의 창립은 평생 자주적 농민대중운동을 실천한 그의 필생의 과업이었다. ⓒ 민주화운동기념사업회.

1990년 8월 평생의 동지였던 구례 최성호 회장(뒷줄)과 같이 지리산 등반 때(앞줄 왼쪽, 손들고 있는 이가 노금노).

- 1949년 10월 26일 함평군 함평읍 내교리 535번지에서 빈농의 5녀 1남 중 외동아들로 출생.
- 최종 학력인 초등학교를 졸업하고 소작으로 농사를 지으면서 5일장을 떠돌며 장사를 하고 남의 집 머슴살이를 하는 등 가정경제를 책임짐.
- 1972년 임화자 님과 결혼, 슬하에 미진·진아·진영 씨 등 세 딸과 아들 동협 군을 둠.
- 고대 노동문제연구소 교육, 가톨릭농민회 교육, 크리스챤아카데미 교육 등을 통해 농민문제를 사회구조적인 문제로 인식하면서 농민운동가의 삶을 시작함.
- 1975년 가톨릭농민회 외대화 분회를 결성하고 분회장이 됨. 이해 농협 강제출자 거부운동을 주도해 성공리에 해결했으나, 이 일로 처음 긴급조치 9호 위반으로 입건되어 조사받음.
- 1976년 11월부터 서경원 전 가톨릭농민회장 등과 함께 1978년까지 치열하게 전개한 함평고구마 피해보상투쟁을 승리로 이끌어 농민운동의 대중적 복원 및 질적 발전에 기여함.
- 1978년부터 1985년까지 가톨릭농민회 전남연합회 4대(78~80년), 5대(81~83년), 6대(84~85년) 총무 역임.
- 1979년 크리스챤아카데미사건으로 연행되어 조사받고 남민전사건으로 고초를 겪음.
- 1979년 10월 정부가 보급한 불량종자 노풍벼에 대한 피해보상운동을 주도, 마침내 그 해 보상 해결을 성취함으로써 유신독재 말기의 용공조작 및 탄압으로 침체되었던 농민운동의 대중적 고양에 기여함.
- 1980년 5월 19일 '민주농정 실현을 위한 전남농민대회'를 실무책임자로 주도했으나 전두환 일당의 광주학살로 무산됨. 5·18광주민중항쟁 기간에 외부에 광주학살을 널리 알리는 데 기여했으며, 진압당한 후 조사받음.

- 함평농민운동의 후배인 조카 박시영·윤종형 등이 주도한 광주미문화원방화사건으로 고초를 겪음. 이 사건과 광주민중항쟁 등을 겪으면서 사회변혁운동에 대한 새로운 고민을 했다고 함.

- 1981~1982년 전남 농민운동 내 새로운 자주적·대중적 농민운동을 위한 학습 소그룹들(가농 청년분과위원회 등)을 함평 등지에서 조직화하고 지도함.

- 1983년 함평군 내교리 외대화마을 농가부채 실태조사 실시. 농민운동에서는 현장 스스로 전국 최초로 추진한 농가부채 실태조사임.

- 1983~1984년 농협임시조치법 폐지와 농협 조합장 직선제 실시 100만인 서명운동을 현장에서 적극 추진함.

- 1984년 9월 2일 '함평·무안 농민대회'를 조직하여 자주적 농민운동의 조직적 실천에 기반을 둔 현장 주도 대중투쟁을 이끌어감. 이 일로 연행되어 구류 처분을 받음.

- 1985년 4월 1일 '함평농우회' 결성, 회장 취임. 자주적 농민대중조직의 전국적 확산을 이끌어내며 그 후 농민운동의 자주적·대중적 실천의 깃발이 됨.

- 1985년 전남사회운동협의회 중앙상임위원으로서 지역사회 변혁운동의 중심인물로 활동하기 시작하며, 그 후 1988년 광주·전남 민중운동협의회 정책위원장으로 이어지는 등 사회변혁운동의 실천적 이론가로도 역할함.

- 1986년 5월 17일 '학살정권 타도 함평농민대회'를 주도. 대중의 절실한 이해와 요구에 토대를 둔 대중적 정치투쟁의 깃발을 들면서 농민대중투쟁의 새 장을 개척함. 이 일로 구속되어 집행유예 2년 받음.

- 1986년에는 1985년에 이어 지역에서 대대적인 농가부채 실태조사를 진행, 이를 토대로 당면 농가부채해결운동의 과제와 방향을 제시함. 함평을 중심으로 한 농가부채해결운동은 그 이후 농가부채 탕감정책을 견인해내는 데 큰 역할을 함.

- 1987년 2월 26일 함평농우회를 중심으로 전국 15개 지역의 자주적 농민회가 모여 '전국농민협회' 결성, 초대 사무처장을 맡음.

- 1987년 지역에서 농가부채 공청회를 주도. 이 때문에 지역에서의 탄압으로 그 전해 집행유예 건이 소급되어 구속, 7월 초 목포교도소에서 출소함.

- 1987년 9월 20일 '민주농촌 실현을 위한 함평농민대회' 주도.

- 1987년 말 대선투쟁기에 후보단일화를 위해 전력을 기울임. 당시 김대중 후보 댁에 관련 대표들과 찾아가 담판을 지었으나 끝내 실패. 귀향하여 대선 기간 동안 공정선거감시단 활동에 총력을 기울임.

- 1987년에서 1989년에 걸쳐 전국적으로 추진한 고추투쟁, 수세폐지투쟁, 의료보험개혁투쟁, 쌀값보장투쟁의 한복판에서 현장투쟁과 전국연대투쟁을 이끌어감.

- 1989년 11월 15일 여의도에 3만여 농민들이 참여한 '쌀값보장 및 전량수매쟁취 전국농민대회'의 전국대책위원회 실무책임자로 대회를 성공리에 치러냄.

- 1989년 4월 농민운동 단일조직 전국대표자회의에서 '전국농민회총연맹 준비위원회' 사무처장을 맡아 농민운동 단일대오 조직화에 매진함.

- 1990년 4월 24일 함평군농민회 회장으로 전국농민회총연맹 결성에 참여함.

- 1990년 서경원 의원 방북사건으로 고초를 겪었으며, 그해 말 함평·영광 국회의원 보궐선거에 무소속 농민후보로 출마함.

- 1995년 함평군의회 제2대 의원에 무소속 농민후보로 당선.

- 동학100주년 기념사업회 함평군 집행위원장(함평동학농민혁명기념사업회장) 역임.

- 저서로는 도서출판 돌베개에서 출간된 『땅의 아들 ─ 어느 농민운동가의 수기』 1, 2(1권 1986년 7월 1일, 2권 1987년 9월 1일 출간)가 있음. 2000년대 들어 항상 농민운동사를 집필할 계획이었으나 건강이 악화되어 뜻을 이루지 못함.

- 2012년 8월 29일 향년 63세를 일기로 영면.

- 2013년 '농촌운동가' 매헌 윤봉길 의사를 기리는 '매헌농민상' 수상. (사)매헌윤봉길월진회가 주최한 4·29상해의거 81주년 기념식에서 매헌농민상 농민권익부문 수상(부인 임화자 님 대리 수상). "평생 농민운동과 민주화운동을 펼치며 농민들의 권익보호를 위해 앞장서고, 윤 의사의 농촌운동정신을 계승 발전시킨 공로를 인정하여 농민운동가 고 노금노 씨에게 수여함."

땅의 아들 노금노 유고집을 펴내며

지지난해 농민의 벗, 땅의 아들 노금노 동지가 우리 곁을 떠났다. 어려운 농촌을 지키며 농민의 권익 실현을 위해 헌신해온 농민운동 지도자 노금노 동지가 63세를 일기로 영면했다. 국민의 먹거리를 생산하는 농업과 식량을 국민과 함께 소중하게 인식하고 새롭게 발전시키기 위해 농업계의 노력이 한층 필요할 때에 동지의 떠남은 너무나 안타깝다.

가난한 농민의 아들로 태어난 노금노 동지는 어렵고 힘든 생활을 하면서도 개인의 이해보다는 사회 모순을 극복하는 데 평생을 다 바쳤다. 이 땅의 모든 가난하고 억눌린 사람들의 문제 해결을 위해 농민을 중심으로 싸워나갔다. 동지는 변혁을 통해 따뜻한 세상, 아름다운 세상을 만들려는 최고의 종합 과학자이자 예술인이었다. 노금노 동지는 농민운동에서 이론가 역할을 했다. '크리스챤아카데미' 농민교육의 1, 2차 과정과 장기전문과정을 거치면서 사회과학 이론을 스펀지처럼 흡수하여 농민운동에 적용했다. 동지는 농민운동의 주체와 조직문제를 두고 치열한 논쟁을 벌였다. 투쟁과 함께 이론적 토대를 갖춘 동지의 농민운동에 대한 열정은 모든 농민운동가의 모범이었다. 항상 농촌 현장의 이해와 농민의 요구에 바탕을 두고 조사하고 학습하면서 일반 농민들을 교육시키고 조직하고 현장 농민들과 함께 투쟁하는 대중투쟁의 모범적인 운동가였다. 동지의 살신성인의 삶은 우리 역사의 한 페이지에 남아 후손들이 본받을 것이다.

노금노 동지는 1970년대에 불모지였던 농민운동 분야에서 진정한 농민운동을 창출하는 선구자 역할을 했다. 마을 이장, 가농 분회장, 강제출자 거부투쟁! 손대는 일마다 농민운동의 새 역사를 일군 개척자의 삶이었다. 암울했던 유신독재 시절, 동지는 농민 의식화와 농민 권익을 위해 가톨릭 농민회에 참여하면서 농민운동에 뛰어들었다. 정보당국의 감시를 받고 때로는 연행되고 구금되면서도 농민운동의 선봉에 서서 농민 권익 실현을 위해 투쟁했다. 농협 민주화, 쌀 생산비 보장 및 농산물 제값받기, 부당 농지세 시정, 경지정리 피해보상, 농가부채 해결, 강제농정 철폐, 외국 농축산물 수입반대 등 농민들의 일상적·경제적인 요구와 권익을 실현하기 위해 농민운동의 선봉에 서서 가장 치열하게 싸웠다. 특히 노금노 동지가 이끈 1976~1978년의 함평고구마 피해보상투쟁은 농민들의 경제적 요구를 실현하면서 정치의식을 고취시킨 투쟁으로서 1970년대 대표적인 농민운동으로 기록되고 있다. 1970년대 농민운동에 대해 동지는『땅의 아들』1, 2권에 소상한 기록으로 남겼다.

노금노 동지는 1980년대에 자주적 농민운동의 개척자 역할을 했다. 1980년대 중반 이후 우리 사회의 발전과 변혁적 농민운동을 모색하면서 농민대중 스스로의 자주적 농민운동을 역설하고 가농·기농의 종교적 외피를 벗어 '함평농우회'를 조직하고 '전국농민협회'를 만드는 데 주도적인 역할을 했다. 그리고 1990년 전국단일조직인 전국농민회총연맹의 건설에도 크게 기여했다.

노금노 동지는 1990년대에는 농민운동 정치세력화의 선구자로 활동했다. 1990년 영광·함평 국회의원 보궐선거에 무소속 농민후보로 출마했지만 현실의 두터운 벽을 느껴야 했다. 그러나 마침내 1995년 제2대 기초의회 선거에 무소속 농민후보로 당선되고 나서 함평군의회 의원으로서 주민의 인간다운 삶과 진정한 지방자치 실현에 힘썼다.

노금노 동지는 치밀한 기록 보관자로서 활동 과정에 관한 방대한 자료를 남겼다. 가톨릭농민회, 함평농우회, 전국농민협회를 거치는 활동을 하면서 얻은 자료, 쓴 글은 물론이고 강의 메모까지 남겼다. 동지는 이 자료를 바탕으로 전국과 전남지역의 농민운동 역사를 정리하는 것이 숙원이었다. 그러나 자료를 정리하던 중 통증이 심해 병원에 입원했고, 결국 1980년대 농민운동사를 묶어내지 못한 채 우리 곁을 떠나고 말았다.

이에 작년 1주기 추모식 참가자들은 노금노 동지가 남긴 글들을 모아 2주기에 맞춰 유고집을 펴내기로 뜻을 모았다. 이 유고집으로 동지의 유지가 조금이나마 이루어지기를 바란다. 그리고 동지의 생생한 숨결을 느낄 수 있는 유고집이 현재 농민운동을 하고 있는 분들과 농민운동을 연구하는 분들에게 귀중한 참고 자료가 되었으면 한다. 또한 노금노 동지는 1979년부터 1997년까지 거의 20년 세월 동안의 일기를 남겨놓았다. 유례가 없을 이 희귀한 일기에는 동지가 만난 사람들과 활동 내용을 꼼꼼히 기록해두었다. 유고집 간행위원회는 앞으로 동지의 일기도 정리해서 자료집으로 펴낼 수 있기를 희망한다.

흩어진 자료와 원고를 모으고 정리하는 일을 담당한 실무 간행위원들(김규식, 김성인, 나상기, 박시영, 장상환, 전용호, 허헌중)과 촉박한 일정과 예상을 넘는 부피에도 불구하고 책을 펴내준 도서출판 돌베개 한철희 대표와 소은주 팀장에게 깊이 감사드린다.

2014년 8월
간행위원을 대표하여
이우재 합장

일러두기

- 이 책은 2013년 8월 29일 고故 노금노 동지의 1주기 추모식 때 모인 참가자들이 평소 1970~1980년
대 농민운동사 정리에 대한 꿈을 이루지 못하고 가신 그의 유지를 좇아 2주기에 맞추어 펴내기로 한
유고집입니다.
- 그의 이 유고집은 지난 1986~1987년 그가 살아생전에 도서출판 돌베개에서 연이어 펴낸 그의 자서
전『땅의 아들─어느 농민운동가의 수기』1, 2를 잇는 뜻에서『땅의 아들 3─농민운동가 노금노 유
고집』이라 이름 붙였습니다.
- 구술 자료는 구술의 느낌을 최대한 살리고자 한글맞춤법과 표준어 기준을 따르지 않았으며, 구술자
가 생략한 말 중 일부는 〔 〕 속에, 잘 알려지지 않은 사투리의 표준말이나 부연설명은 ( ) 속에 넣
어 독자의 이해를 돕고자 했습니다.
- 단행본과 정기간행물에는 겹낫표(『 』), 칼럼·단편·논문·기관지·발표문·성명서 등에는 낫표(「 」),
각종 대회명이나 구호 등에는 작은따옴표(' ')를 썼습니다.
- 독자의 편의를 위해 원문에 쓰인 여러 형태의 숫자 표기를 한 가지로 통일했습니다(예: 5백만 →
500만, 12,000 → 1만 2,000, 1억2천만 → 1억 2,000만, 11만9천6백48 → 11만 9,648 등).

자주적 농민운동의 건설자 노금노 동지

장상환(경상대 경제학과 교수)

노금노 동지는 방대한 자료를 남겼다. 동지가 지난 1986~1987년에 『땅의 아들』 1, 2를 펴낼 수 있었던 것도 이러한 방대한 메모와 자료가 있었기에 가능했을 것이다. 『땅의 아들』 1, 2는 광주민중항쟁까지를 다루고 있다. 2권 말미에 "3권에 계속"이라고 써뒀는데 3권을 내놓지 못한 채 고인이 되고 말았다. 동지는 후속편인 1980년대 농민운동사를 정리할 계획을 세우고 원고지 매수까지 정해놓았는데 내역은 다음과 같다.

1980년대 농민운동사

1. 서론(5매)
   ① 『땅의 아들』 연속선상에서 고비와 갈등 정리
   ② 체험을 토대로 한 80년대 자주적 농민운동 전개
2. 70년대 농민운동(200매)
   80년 5월 '민주농정 실현을 위한 전남농민대회'와 항쟁에서 드러난 농민운동의 이념, 조직 체계, 의존적 성향
3. 좌절을 딛고서(400매)
   ① 추수감사제
   ② 광주미문화원 봉화

③ 1989~90년 4월 27일 조직의 성격과 정치적 입장을 둘러싼 논쟁

8. 전농 결성과 향후 전망(100매)

　① 전농의 문제점

　② 극복 방향

9. 글을 마치며(10매)

　이렇게 하여 『땅의 아들』 3권의 편찬은 동지와 함께 활동했던 우리에게 남겨진 숙제가 되었다. 우리는 동지의 농민운동사 구상의 취지를 살린다는 원칙 아래, 동지가 써서 남긴 자료를 정리하여 2007년의 인터뷰 자료, 농민 권익투쟁 현장, 농민운동의 과제와 방향, 함평지역 농민운동사, 농민의 정치세력화, 언론 게재 칼럼 등 6개 부로 유고집을 구성했다. 노금노 동지가 남긴 글과 행적을 통해서 볼 때 동지의 평생에 걸친 농민운동에서의 역할과 중요한 기여는 다음과 같이 정리할 수 있을 것이다.

농민의 요구와 역량에 기반을 둔 농민운동

2부에 실린 1980년대 초반의 신협과 농협 민주화 관련 글들, 80년대 후반의 농가부채문제, 「생산조정과 농민조직의 역할」, '의료보험개혁투쟁', '추곡 수매가 요구' 등과 3부의 「현 단계 농민 현실과 농민운동의 과제와 방향」에 실려 있는 1987~88년 중요 농민투쟁으로 든 농지소유권 확보투쟁, 가격보장과 수입저지투쟁, 농민건강권 쟁취투쟁, 농가부채 상환거부투쟁 등은 노금노 동지가 농민운동이 농민의 생활상의 요구에 의해 전개되어야 하고 실제로 전개되고 있음을 강조한 것으로 볼 수 있다.

　2부의 「협동조합과 농촌 민주화」는 1983년 당시 함평 신협의 경영지상주의, 무사안일주의 등을 지적하고 신협이 농민조합원이 당면하고 있는 현실, 즉 농산물가격 하락, 농산물 수입정책, 농민건강, 농민문화, 농업단

체의 반농민성 등을 해결하기 위해 노력해야 한다고 주장한다. 「농협 조합장 추천회의 실태를 보고 나서」는 1984년에 전개된 농민들의 농협 조합장 직선제 서명운동에 대해 정부가 농협총대(대의원) 중심의 추천회의 제도를 내놓은 것을 비판한다. 「농협 민주화는 농민의 손으로!」는 1988년 농림수산부 주최 농협법 개정 공청회에서 농협 측이 제시한 조합장 및 중앙회장 간선제 안에 강력하게 반대하는 의견을 담고 있다. 노금노 동지는 1983년에는 농가부채문제 해결을 위하여 전국 최초로 자신의 마을을 대상으로 농가부채 실태조사를 했다. 「함평 의료보험개혁투쟁」은 1988년부터 시행된 농촌 의료보험에서 농민들의 보험료 부담 과중에 대해 함평군 농민위원회가 주도한 투쟁을 다루고 있다.

「생산조정과 농민조직의 역할」은 채소의 과잉생산과 가격 폭락이 자주 발생하는 현재도 유효한 방책을 담고 있다. 1988년 당시 함평군에서는 과잉생산된 양파를 대부분 생산비에 미치지 못하는 헐값으로 상인에게 팔아넘기고 있었다. 동지는 각종 농업·농민단체들을 '농민경제단체'(농협·축협 등), '품목별 생산자단체'(낙농육우협회·양돈협회·계우회 등), '범농민 권익단체'(전국농민협회·한국가톨릭농민회·한국기독교농민회총연합회 등) 등 크게 세 범주로 구분했다. 각 작목별 생산을 조정하고 농업이 제 위치를 되찾기 위해서는 '품목별 생산자단체'와 '농민경제단체'인 농협 등이 정치권력의 예속과 지배로부터 벗어나 업종별 단체활동의 자유를 보장받고 본래의 기능을 회복해야 하며, 범농민 권익단체 또한 품목별 생산자단체와 농민경제단체의 각종 경제활동과 생존권투쟁을 함께하고 지도해나가야 할 것이라고 했다.

4부에 실린 「함평군 농민운동사」 1, 2와 「함평농우회의 결성과 활동 평가」는 노금노 동지가 철저하게 자신이 살고 있는 함평지역 농민의 역량 발전에 근거해서 자주적 농민운동을 건설해왔음을 구체적 사례로 보여주고 있다. 함평지역은 70년대 농민운동의 최대 투쟁 사례였던 '함평고구마사건', 농민운동의 정치투쟁성 강화와 대중성 확보를 위해 전국에서 최초로 시도된 '함평·무안 농민대회', 85년 4월 1일 자주적 농민운동조직인 '함평농우회' 결성, 86년 5월 17일 '학살정권 타도 함평농민대회' 개최, 87년 '전국농민협회' 결성의 주도적인 역할, 90년 4월 2일 지역 내 가농·기농·농우회를 통합한 '함평군농민회' 창립 등을 거쳐오면서, 농민적 성격(농민적 방법과 배경)이 주도하는 농민운동을 정착시키기 위해서 노금노 동지를 대표로 하는 선진활동가들의 의식적인 노력이 지속되어온 곳이다. 「함평군 농민운동사 1」에서는 함평지역 농민운동이 발전해온 과정을 운동의 모색기(1970~75년), 세력형성기(1976~78년), 침체·분열 시기(1979~81년), 재편기(1982년), 대중화·정착화 시기(1983~84년)로 시기를 구분하고 있다.

1970년대 농민운동의 모델 창출과 한계 인식

1부 「땅의 아들이 말하는 '농민운동의 한길을 걸어오며'」(구술 자료), 3부 1장 「1970년대 한국 농민운동의 반성」에서 노금노 동지는 70년대 농민운동의 성장과 한계를 서술하고 있다. 1974년 가톨릭농민회 교육과 1975년 크리스챤아카데미 교육을 계기로 사회와 농촌 현실에 눈을 뜬 동지는 1975년 가톨릭농민회 외대화 분회를 건설하고, 1976년 11월~78년 5월의 함평고구마 피해보상투쟁을 승리로 이끌었다. 함평고구마투쟁은 장기간 농민들의 끈질긴 투쟁을 통해 관료적 부패와 행정에 의한 농민들의 피해를 보상받는 데 성공했다. 이 투쟁은 암태도 소작쟁의 이후 농민의 최대 승리라는 평가를 받았다. 동지는 1978년부터 1985년까지 가톨릭농민회 전남연합회 총무를 맡으면서 전남 각 지역의 운동을 총괄했다.

노금노 동지는 70년대 농민운동을 기독교적 성격에 기반을 둔 반독점 농민생존권투쟁이자 반독재 민주화운동으로 평가했다. 활동 과제와 방법을 보면 투쟁 목적이 농협의 강제출자 거부, 산림조합비 문제, 부당 세금

거부, 관리들의 횡포 시정, 부정부패 색출 등 철저하게 주민의 이익 실현이었고, 투쟁 전술은 초기에는 준법운동이었으나 70년대 중반 이후에는 기도회 등 반합법적 운동 형태로 나타났다고 평가한다. 70년대 운동을 주도한 조직·단체는 거의 기독교 단체였으며, 하향식 구성 체계를 가졌고 대부분 자금이 외부로부터 제공되었던 특징을 지니고 있다고 평가했다. 운동 참여자의 이념적 수준은 주어진 조건하에서 농민의 현실적 이해를 대변하고 양심적 가책 때문에 하는 정도였다는 것이다.

노금노 동지는 70년대 농민운동의 한계로 인적·물적 구조가 비자립적이었고, 기독교적 지도이념이 초계급적 성격으로 농민들의 집단적 이해관계를 실현하는 데 한계가 있었으며 운동 방법이 법 테두리 내의 온정주의적 방식이었음을 지적한다. 한계가 드러난 사례로서 함평고구마 피해보상금 309만 원을 피해 농가에 나눠주는 과정에서 농민들이 두려움에 떨어 수령하기를 꺼렸는데, 그 이유는 농민들이 자신들의 힘으로 싸워서 쟁취한 것이 아니고 교회에 의존했기 때문이라고 했다. 이때부터 노금노 동지는 농민적 배경과 농민 주체, 농민적 방법에 의한 자주적 농민운동의 필요성을 절감하게 된다.

자주적 농민운동의 모색과 건설

노금노 동지는 1984년부터 '종교의 우산을 벗어난 자주적 농민회를 만들자'는 취지에 동의하는 각지의 농민운동가들과 함께 자주적 농민조직을 건설해나갔다. 1985년에는 함평농우회 결성을 주도하며 농민 대중조직 결성의 첫 깃발을 올렸다. 또한 자주적 농민회의 전국조직으로 1987년 2월에 결성된 전국농민협회에서 사무처장을 맡았다. 노금노 동지는 3부 3장「농민운동의 어제와 오늘: 조직 발전을 중심으로」에서 1970~80년대 농민운동을 70년대(농민운동의 형성과 준법투쟁기), 80~82년(70년대 농민운동의 반성과 평가), 82~84년(자주적 농민운동의 모색기), 85~87년(자주적 농민운동의 형성기), 88년 이후(자주적 농민운동의 정착 시기)로 시기를 구분 하고 있다.

1980~82년에 걸쳐 노금노 동지는 광주민중항쟁에서 나타난 농민운동 의 한계를 극복하고 80년대 변혁운동으로서의 농민운동, 또 자주적이고 주체적·자립적인 농민운동을 모색한다. 광주항쟁 당시 '민주농정 실현 을 위한 전남농민대회'를 개최했지만 농민운동을 변혁운동으로 인식하지 않았기 때문에 군사적 억압에 의한 피해를 우려해 흩어지고 말았고, 가농 도 단위 연합회와 마을별 분회라는 형식 때문에 군 단위 독자적 활동을 하 기 어려워 광주 무장시민이 주변 농촌지역 군에 진출할 때 아무런 조직적 역할을 하지 못했다는 것이다. 한계를 극복하기 위해 만든 가톨릭농민회 전남연합회 산하 청년분과위원회에는 50명 정도가 참여했고, 5~6명으로 구성된 소그룹이 비공개 사회과학 학습활동을 해나갔으며, 이들이 핵이 되어 각 군의 농민조직 확대 활동을 했다. 함평군에서는 이러한 소그룹이 84년에 스물 몇 개로 늘어났고, 이것이 한편으로는 1984년 함평·무안 농 민대회와 1985년 함평농우회 창립의 토대가 되었다. 가농에서도 군 단위 조직의 필요성을 인식해 군협의회를 조직한다. 1984년경에 자주적 대중 조직 건설 시도가 전국으로 확산되자 가농과 기농 측에서는 독재권력의 탄압이 계속되는 지금의 시기는 농민조직이 교회의 지원과 보호를 받으 면서 농민의 조직 역량을 키워나가야 할 때라는 '체질 개선론'을 폈고, 이 에 대해 '대중조직 건설론'은 기존 가농·기농 조직을 확대·강화하는 행 위는 기회주의적 작태이고, 자주적 대중조직의 건설만이 농민운동의 자 주화·자립화를 앞당길 수 있다는 주장으로 맞선다(3부 5장「농민운동조직 논쟁」, 제1차 논쟁 단계).

4부 3장의 「함평농우회의 결성과 활동 평가」는 1985년 4월에 결성된 함평농우회(함농) 1년을 창립 단계, 대중투쟁 훈련 단계, 직접 투쟁 단계 의 3단계로 나누어 서술한다. 1986년 5월 17일 '예속정권 타도', '미국 농축산물 수입결사반대', '농가부채 상환거부', '마늘 생산비 보장' 등을 내건 함평농민대회는 '함평지역 농민대중의 급박하고도 절실한 요구의 토대 위에 전개된 정치투쟁'으로서, 함농의 결집된 역량을 토대로 했고, 생산현장에서 농민대중의 직접적 이슈를 가지고 주체적인 5·18투쟁을 한 것으로 평가했다. 또한 1986년 4·19무안농민투쟁이 현장 농민의 주체적 참여가 부족하고 가농·기농의 기구 중심으로 진행했던 탓에 1984년 함평·무안농민투쟁에서의 문제점—사전 정보 누설, 대대적 탄압 자초, 투쟁의 장 상실, 교회로의 이동—의 전철을 밟은 것과 비교하면 자주적 농민운동의 큰 진전이라고 평가했다.

전국단일조직 통일과 전농의 결성

노금노 동지는 1988년부터 시작된 농민운동조직 통일과 전농 결성에서도 중요한 역할을 했다. 3부에 실린 「전남 농민 동지 여러분께 드리는 제안」, 「농민운동의 어제와 오늘」, 「현 단계 농민 현실과 농민운동의 과제와 방향」, 「농민운동조직 논쟁」, 「한국 농업문제와 전농 결성의 의미」 등에서 그 내용을 알 수 있다. 함평군에서는 1987년 8월 함평농우회와 함평군 기독교농민회의 활동가 40여 명이 모여 '함평군 농민운동의 지도노선 통일'과 '대중조직의 통일' 원칙에 따라 통일하고, 통일조직으로서 '함평군농민위원회'라는 명칭과 내용으로 통합했다. 1988년 4월에는 함평가톨릭농민회와 '함평군농민회'라는 통일조직 건설의 원칙에 합의했다. 무안에서는 각 면 단위 대표와 가농·기농의 군 단위 대표가 함께 참여하는 '무안군 농민운동 통일을 위한 준비위'가 결성되었고, 경남 거창에서는 거창군농민회와 가농의 지역협의회가 '거창군농민회'로 통일되었으며, 이러한 노력들은 각 군 단위에서 매우 활발히 추진되었다.

　도 단위 차원에서는 1988년 3월 충북지역에서 도내 6개 군 조직들이 모여 '충북농민연합'이라는 조직을 결성했고, 전북에서는 '전북농민위원회'라는 형식의 기구가 활동하고 있다.

전남에서는 배종렬, 최성호, 정관수, 노금노 등 4인의 제안(3부 2장 「농민운동의 과제와 전남 농민운동의 통일단결에 대하여 — 전남 농민 동지 여러분께 드리는 제안」)에 따라 1988년 7월 28~29일의 90여 명이 참여한 전남지역 활동가 간담회를 개최하여 농민운동의 통일에 대해 합의했다. "농민운동 통일의 기본 중심 단위는 군 단위로 하며, 군 단위 농민회 단일조직 건설을 목표로 한다", "군 단위 농민운동 통일을 지원하고, 제기되는 당면 투쟁을 효과적으로 전개하기 위한 논의조직으로서 도 단위 농민운동 통일을 위한 소위원회를 구성한다."

1988년 10월부터 각 조직들이 전국적 통일조직 건설에 대한 논의를 공식화하면서 전국농민운동연합의 입장과 전국농민협회의 입장이 대립되었다. '전국농민협회'는 농민운동 통일을 위해서는 개별 각 군 단위 조직의 주체들이 전체 농민운동에 대한 실천 강령을 합의·제시하고, 이 같은 강령을 기준으로 군 단위 대중조직 통일사업을 벌여나가면서, 현장의 통일조직의 힘을 추동력으로 하여 전국단일조직을 건설해야 한다고 주장한다. 계통조직은 전국과 군 단위로 2단계이며, 도 단위는 지부적 성격이어야 한다고 했다. 이에 반해 '전국농민운동연합'은 현재의 개별 전국조직들의 형식과 실체를 인정하는 바탕 위에 연합적 질서를 갖자면서 연합체 내에 '조직통일위원회'를 두어 실천 강령과 주체 설정 등에 이르는 제반 문제를 해결해나가야 한다는 방침을 채택하고 있다(3부 3장 「농민운동의 어제와 오늘: 조직 발전을 중심으로」).

이에 대해 노금노 동지는 군 단위로 대중적 조직을 통일하고 역량을 확대·강화해야 전국적 농민운동의 통일을 달성할 수 있다고 보았다. 군 단위 농민회는 마을대표자회의를 최고의사결정기구로 두고 작목별·요구별·계층별·종교별·연령별 위원회를 둔다. 가농과 기농·Y농 등은 종교별 위원회에 현재의 조직이 그대로 참여하면 된다. 가농·기농·전농·Y농

등 전국조직들은 현장조직과의 수직적 관계를 중시하는 조직이기주의에서 벗어나 현장의 단결과 통일 역량을 확대·강화하기 위한 현장 지역대중조직 건설에 지원과 협력을 해야 한다고 했다(3부 4장 「현 단계 농민 현실과 농민운동의 과제와 방향」 중 (5) 현 단계 농민운동의 통일 방안).

그 후 1989년 3월 전국농민협회가 불참한 가운데 가농과 기농이 주축이 되어 전국농민운동연합이 결성되었고, 1990년 1월 31일, 전국농민운동연합·전국농민협회 등과 전국적 농민조직에 참여하지 않은 '독자농 전국모임'의 주요 간부 30여 명이 대전 가톨릭농민회관에서 회의를 갖고, 전국단일조직을 건설하기로 합의했다. 회의에서는 새로 결성될 전국단일조직의 성격으로 '합법공개 대중조직', '빈·소농 주도 원칙의 견지', '변혁 지향', '군농민회 주체'를 구현하기로 했다. 2월 13일에는 전국의 78개 군농민회 대표와 참관인 등 200여 명이 참석하여 12시간에 걸친 진지한 회의를 통해 '전국농민회총연맹 준비위원회'를 결성했고, 노금노 동지는 준비위 사무처장을 맡았다. 마침내 4월 24일 전농이 출범했다(3부 6장 「한국 농업문제와 전농 결성의 의미」).

농민의 정치세력화 시도와 군의회 활동

노금노 동지는 농민의 정치세력화에서도 선도적 역할을 했다. 5부 1장 「농민의 정치세력화를 위하여」는 당시 민자당을 미국 독점자본과 국내 독점재벌 등 소수 특권층의 이익을 충실히 보호하는 반공보수집단, 평민당을 지역당의 한계를 가지고 독재에 반대하면서도 경제적으로는 민자당과 별 차이 없는 자유주의적 보수세력으로 규정하고, 농민의 정치세력화와 민중에 의한, 민중을 위한, 민중의 통일된 당 건설이 필요함을 주장하고 있다. 동지는 "80년대가 변혁운동으로서의 농민운동 시대였다면 90년대의 농민운동은 정치적 농민운동으로 발전해야 한다"라고 주장했다.

5부 2장 「함평·영광 보궐선거 투쟁 평가」는 농민후보로 출마했다가 기대한 성과를 거두지 못했던 1990년 11월 보궐선거 후 작성한 것으로 아직 공개되지 않은 글이다. 함평군농민회는 80년 이후 변혁운동의 일환으로 농민운동을 수행해왔으며 87년 대선 과정에서는 후보단일화 입장을 견지했다. 90년 3월, 여야 만장일치로 농민을 죽이는 농어촌발전대책법 통과, 우루과이라운드 협상을 둘러싸고 나타난 기존 정당들의 반농민적 입장을 체험했고, 심화된 농업·농민의 절박한 상황을 당시 보선을 통해 제기코자 하는 회원들의 의지가 농민후보 전술을 낳게 되었다고 한다. 함평군농민회에서는 합법적 공간을 활용하여 농업·농민문제의 심각성을 부각시키는 선전투쟁을 전개하고, 민자당과 야합하는 평민당의 한계를 폭로하고 농민들에게 올바른 정치적 입장을 갖도록 촉구하기 위해, 그리고 농민회의 통일단결과 정치적 희망을 높이기 위해 농민후보 추대안이 만장일치로 결정되었다. 그러나 영광군농민회는 농민후보 전술에 동의하지 않았고, 전농 전남도연맹 운영위원회는 "농민후보를 지지하되 공개적 입장을 천명하지 않고 내부적인 지지만을 한다"로 결정했다. 농민후보는 지역민들의 김대중 씨에 대한 적극적인 지지 성향과 60여 명의 현역 국회의원을 앞세운 바람과 총력전의 위력을 격파하지 못했다. 준비 부족, 내부 분열, 무경험, 젊은 층 운동원 중심, 조직자금 부족, 지원세력 분열 등 내부적 약점도 컸다고 평가한다.

　1,612표(2.2%)의 저조한 득표밖에 하지 못한 좌절을 맛본 노금노 동지는 그 후 평민당과 협력하면서 농민의 정치적 입장을 대변하는 노선을 취하게 되고 1995년에는 함평군의회 무소속 의원으로 선출되어 활동했다. 5부 4장 「주민의 인간다운 삶과 진정한 지방자치 실현을 위하여」는 동지가 함평군의회에서 3년에 걸쳐 행한 군정 질의를 담고 있다. 동지는 2003년 열린우리당 창당 때 김근태 국회의원과의 인연으로 영광·함평군 협의회 운영위원장이 된다. 그러나 현실정치에 전업 정치인으로 참여하려는 뜻을 갖지는 않았다. 전농의 민주노동당에 대한 배타적 지지 결정에

도 참여하지 않는다. 농민의 정치세력화의 길을 모색하는 데 혼란을 겪었던 것으로 보인다.

마지막으로 2000년대 후반에 『서남권신문』과 『노령신문』에 쓴 칼럼들에서 노금노 동지는 서민대중의 권익을 옹호하는 정치의 필요성과 농업 보호와 식량주권을 강조하고 있다.

노금노 동지는 자주적 농민운동의 건설자였다. 70년대 농민운동 모델 창출부터 전농의 출범까지 동지는 변화하는 객관적 상황과 주체적 역량을 고려해 자주적 농민운동 건설을 위한 실천을 단계마다 성공적으로 수행했다. 현재 농민운동 참여자들은 외국 농산물 수입개방 확대와 농업소외정책의 심화라는 어려운 조건 속에서 농업과 농민 회생책을 마련해야 할 어려운 과제를 안고 있다. 이 유고집에 담긴 치열한 농민주체 정신과 실사구시實事求是의 탐구자세가 도움이 되기를 기대한다.

땅의 아들이 말하는
'농민운동의 한길을 걸어오며'

(구술 자료)

농민운동의 한길을 걸어오며

[엮은이 주]

• 이 글은 5·18기념재단에서 발간한 『구술생애사를 통해 본 5·18의 기억과 역사 3(농민운동가 편)』(2009. 12. 10)에 수록된 고 노금노 님의 구술 녹취 정리본 입니다(당시 구술은 '5·18항쟁사 정리를 위한 인물사 연구' 프로젝트의 일환 으로서, 전용호 씨 등 면담자들과 함께 2007년 6월 4일[1차], 6월 8일[2차], 7월 4일[3차]에 걸쳐 고인의 자택에서 진행되었습니다).

• 위 책을 위해 구술 작업을 한 녹취본의 원 자료에는, 5·18광주민중항쟁 부분만 이 아니라 운동가로서의 '생애사'라 할 정도로 1970년대에서 1990년대, 2000년 대 초까지 본인의 활동사 및 관련 운동사가 잘 담겨 있습니다. 생전의 당신이 완 성하려고 하신 농민운동사의 대강을 보는 듯합니다. 그래서 위 책과 당초 녹취 본 원 자료를 일일이 대조·확인하여, 위 책에 수록되지 않은 부분까지 그 전체 를 유고집에 실어 생전의 육성을 생생하게 전하는 책이 되도록 했습니다.

• 재단에서는 위 책을 편집할 때 구술의 느낌을 최대한 살리기 위해 한글맞춤법과 표준어 기준을 적용하지 않았으며, 구술자가 생략한 말 중 일부는 〔 〕 속에, 잘 알려지지 않은 사투리의 표준말이나 부연 설명은 ( ) 속에 넣어 독자의 이해를 돕고자 했다고 합니다. 그래서 유고집에서도 전재하면서 그대로 따르되 인명, 사실관계, 일시 등 필요한 부분에 한해 최소한의 교열을 봤음을 밝혀둡니다.

• 고인의 유고집에 본 구술 자료의 전재를 허락해주신 5·18기념재단에 다시 한 번 깊은 감사를 드립니다.

좌우의 소용돌이 속에서 태어나다

구술자　저는 이곳에서 살기 시작했던 때로부터 58년째 살고 있습니다. 제 이름은 노금노고요, 본관은 함평 노씹니다. 함평은 함평 노씨, 함평 모씨, 함평 이씨, 세 성받이가 주로 토박이를 이루고 살았던 곳입니다.

저의 시조는 고려 때 문화시중공을 하셨던 목자 할아버지로 저는 28세 손이 됩니다. 지금 시조산은 경남 합천에 있고요, 저희 조부님은 호가 신제였습니다. 그리고 조모님은 한양 조씨였고, 조부님께서는 한약방을 하셨어요. 함평읍에서 약 5킬로 정도 떨어져 있는 대동면 운교리에서 한약방을 하시면서 아버님을 낳으셨는데, 아버지 형제간은 3형제입니다. 그 3형제 중에서 아버님은 차남으로 태어났고, 이름은 삼현으로 불리었습니다. 아버님께서도 대동면 운교리에서 쭉 성장을 하셨고, 또 할아버지께서 한약방을 하셨기 때문에 구학을 많이 하신 분이었어요. 그래서 저희 어렸을 때 아버님을 뵈면 선비 스타일이셨는데, 저희들이 어렸을 적에 아버지한테 얘기를 쭉 들으면서 지금 느껴지는 것은 그때 구학을 많이 했다는 이유 때문에 많은 피해를 보게 되고 그랬었어요.

저도 대동면 운교리에서 태어났습니다. 태어난 지 3일 만에 바로 이곳으로 오게 되는데, 왜냐하면 그때 제가 1949년생이기 때문에 좌우익 대립이 굉장히 심했던 때예요. 거기가 불갑산 자락에 해당되는 곳인데요. 1945년 해방 이후 1950년도 한국전쟁이 나기까지, 그 사이에서 소위 말하는 밤손님인데, 저의 아버님이 구장을 임명받아 밤에는 인민위원장 하시고, 그니까 왜냐하면 할아버지가 한약방을 하셨기 때문에 그쪽에서도 좀 아프거나 부상을 당하거나 하면 거기 가서 약 같은 거 가져가야 하니까 굉장히 좋게 보고, 또 이쪽에서는 구학을 많이 하신 분이 없으니까 뭐 글씨도 써야 하고 심부름도 시켜야 하고 긍께 구장을 시킨 거예요. 밤에는 인민위원장, 낮에는 구장, 이런 식으로 삶을 살았어요. 그니까 뭐 할아버지가 일궈논 재산 이런 것을 그런 좌우익 대립 과정에서 밤에는 그쪽에서 가져가고 낮에는 이쪽에서 가져오고 해가지고 더 이상 거기서 생활하기가 매우 힘들었던가 봐요. 그리고 주변에서 사람들이 막 죽고 그러면 뒤치다꺼리를 거의 저희 아버님이 하시고. 이쪽저쪽에서 그래도 좀 싫어하지 않는 분이었으니까. 근데 그런 과정에서 가산이 전부 탕진되고 그랬겠죠.

저는 1949년도 음력으로 10월 26일 대동면 운교리에서 태어났는데, 하도 더 이상 아버지가 거기서 버틸 수가 없으니까, 그냥 뭐 가산이고 뭐고 우선 수저 몇 개 달랑 가지고 무작정 연고지, 우리 집안들 살고 있는 곳으로 와버린 거예요. 오셔가지고 저희 아버님이 논, 전답 이런 게 없으니까 남의 논도 소작도 하고 그리고 장사를 좀 하셨어요. 제가 열다섯 살 먹을 때까지도 장사를 좀 크게 하셨어요. 함평장·신광장·학교장·오라장, 소위 말하는 잡화 장사를 상당히 크게 하셨었어요. 저희 어렸을 때 장에를, 아버지 장사하는 데 따라가서 맛있는 거 먹고 싶고, 가서 보면 다른 사람들에 비해서 점포도 더 넓었고, 그런 경우를 봐서 '장사를 꽤 크게 하셨다' 이렇게 생각이 듭니다.

그리고 저희 아버지가 7남매를 두셨어요. 저는 위로 누나가 다섯 분, 여동생 하나, 그런께 저는 여섯 번째, 독자입니다. 제가 열두 살 때 어머님이 돌아가셨어요. 그때 돌아가신 날짜가 음력으로 동짓달 스무이튿날, 아주 제일 추운 때 아마 그때 눈이 하도 많이 와가지고, 상여를 맬 수가 없어가지고, 그냥 널로 산으로 가지고 가는데 어렸을 때 저희가 그렇게 봤어. 왜냐면 하도 눈이 많이 와가지고, 상여를 찔, 상여를 찐다 그러는데, 상여를 찔 수가 없어가지고. 그러고 제가 스물네 살 때 또 아버님이 돌아가셨어요. 그리고 그해, 1972년도에 제가 지금 살고 있는 사람하고 결혼을 했습니다.

가족 사항은 저희 집사람하고 사이에서 딸 셋, 아들 하나를 두고 있습니다만, 딸 셋은 지금 다 시집을 갔고요, 여우살이(결혼생활을 뜻하는 옛 우리말)를 했고, 막내가 아들인데, 지금 호남대 3학년 군대 갔다 와가지고 3학년 재학 중이고 그렇습니다. 그니까 저희 집안의 어떤 전통이랄까, 이런 것을 보면 유교적·전통적 집안, 여러 가지 의미로 달리 해석을 할 수도 있습니다만, 제가 볼 때는 그니까 저희 아버님이나 저희 가족들 보면 뭐 사회질서라 할까 자연에 순응하면서 살아오셨던 분들, 뚜렷한 개성이나 이런 것보다는 그저 주변으로부터 욕 얻어먹지 않고 가능하면 좋은 소리 들으면서, 그렇게 살아오셨던 분들인 거 같아요.

하늘같은 군청, 처음으로 쳐들어가

겨울에 할 수 있는 일이라는 게 새내끼(새끼) 꼬고, 덕석, 요즘 멍석이라고 이렇게 짜서 만들고, 가마니 짜고, 뭐 이런 게 겨울에 주로 하는 일이예요. 그것도 매일 그렇게 돈벌이가 되는 것도 아니고, 그래서 읍내로 우리 동네 사람들이 몇 사람씩 조를 짜가지고 인제 노가다(막노동) 판을 다니는 거죠. 그때 60년대 중반인께, 건물 같은 거 짓고 그러면, 요즘은 시멘트도 레미콘으로 해갖고 차로 해버리는데, 그때는 모삽으로 비벼갖고 건물을 짓고 하는 때라, 그런 일을 주로 우리가 도읍(도급)으로 맡아갖고 많이 다니고 그랬었어요.

그때는 그런 일들도 많았었어요. 뭐 저수지를 막는다든가 농업용수를 확보하기 위해서, 소위 그러니까 박정희의 경제개발정책이 시작되는 그때, 저수지를 많이 막았습니다. 헌데 그 노가다 판을 다니면서 내 인생에 있어서 중요한 경험을 하나 하게 됩니다. 우리 마을 뒤로 가면 저수지가 하나 있어요. 농업용수를 공급하는 저수지가 하나 있는데, 이 저수지를 어떻게 막았냐? 그때 박정희가 밀가리(밀가루) 몽땅 수입해가지고 농촌에다가, 그래서 박정희를 밀가리 대통령이라고 그랬잖습니까? 밀가루 몽땅 배급 주데끼(주듯이) 나눠주니까 그놈 보고 박정희를 찍었다고 밀가리 대통령이라고 하는데, 그때 이 밀가리를 공급하면서 사람들 일 시키고 해서 막은 저수지예요.

긍께, 밀가리를 행정관리들이 다 빼먹어불고 실름실름(슬렁슬렁) 저수지를 막아노니까, 막은 지가 한 해도 못 돼서 한쪽이 터져버린 거여, 부실 공사죠. 근데 군에서 나와가지고, 긴급복구공사를 해야 하는데 우리가 노가다 일을 많이 허고 하니까, 여기 있는 우리 팀들이 인자 저것을 일주일 내에 〔맡아 해내게 됩니다〕…… 그때 겨울이었습니다. 음력설을 한두 달 정도 앞둔 때 겨울이었죠. 11월 초쯤 되었겠죠. 그걸 일주일 내에 감독기관에서 오믄 즈그들 모가지 떨어질 거 같은께, 일주일 내에 소리 소문 없이 막으라고, 저 부실공사 했던 거 은폐시킬라고, 우리 동네 사람한테 많은 금액을 제시했어요. 그래서 우리가 그걸 맡아서 일주일 내에 보수를 완료했어요. 그 추운 겨울에 일들 열심히 해가지고, 그리고 돈은 공사가 끝나면 끝난 날 바로 준다고 자기들이 약속을 했어요. 근데 공사 끝나고 군청으로 돈 받으러 간께, 군청에서 뭐라고 하〔냐〕면 원래 이 공사를 하는 업자한테 맡겼다, 맡겼은께 돈은 그 맡은 업자가 준다, 그 말이여. 긍께 지금 생각해보니까, 그 원래 저수지를 막았던, 요즘 말하믄 하자보수라고 합니까? 맡았던 사람이 돈을 내놔야 한단 그 뜻이었던 모양이여. 그 돈을 받아 우리한테 준다 그 말이여. 아직 돈을 안 받았은께 못 준다는 거여. 그래 첨에 그 말도 말이 다르기는 하지만 이해는 가는 거여. 그렇게 되는갑구나, 또 그때만 해도 그참 군청하믄 하다못해 면사무소 직원만 와도 하튼 시키믄 시킨 대로 듣는 수준들이었으니까.

근데 일주일 있다 또 간단 말이여 인자. 가믄 또 돈을 못 받았다고 다음에 오라 그러고, 그러믄 오다가 어디 노점상, 노점에서 그때 막걸리 몇 잔씩 먹고 나면, 이것이 돈 몇 푼 받을라고 술값으로 다 어긋나게 생겼어.

그런데 내일이 섣달그믐이여 인자. 그때는 섣달그믐 되고 그러믄 다 애기들 양말 한 켤레씩 사주고 그러는 거 아닙니까! 옷도 사주고 긍께 인자 돈이 아주 절실히 필요한 거여. 다 가정을 갖고 있는 사람들이라. 나는 그때 어렸지만 함께 일했던 사람들은 열아홉 살, 열여덟 살, 다 선배들이여. 나보다 열 살 더 먹고 몇 살 더 먹었던 분들허고 했는데, 아 그니까 인자 애들은 옷 사달라고 졸르제, 또 차례라도 지낼라믄 조기 꼴랑지 하나라도 사야 하제. 그니까 돈은 필요하고 하니까. 여그 돌아가셨지만 장진수 씨가 "어이 동생 좀 만나세. 내일이 섣달그믐인디, 돈은 못 받고 어쨌으믄 쓰겄는가?" "가서 낼은 달라 그럽시다. 무조건 군청에 가서 땡깡(떼)을 한 번 놉시다."

인자 그렇게 해갖고 참말로 일했던 일곱 명이 함평군청에 지금 말하면 건설과 계통이죠, 거길 간 거예요. 섣달그믐날이었는데 비도 좀 오고, 그 때는 음력설 못 쇠게 하던 때 아녀. 그니까 공무원들은 정상근무를 하고 있는 때고. 근데 장진수란 분이 술을 좋아해요. "어이 가서 또 돈 못 받았다고 다음에 준다해불믄 우리 헐 말도 못 헌께 술을 좀 미리 먹고 가자고, 땡깡을 놀라믄" 그러더라고. 그래서 참말로 술을 상당히 많이 먹었어. 그래서 나는 그 후로 농민운동하면서도 의식구조의 두려움으로부터의 해방, 이런 걸 그때 단초를 느꼈는데, 장황하게 얘기를 합니다만, 맨 정신으로는 무서워서 못 가는 거여, 못 떠드는 거여. 근데 술기운으로라도 가서 땡깡을 놓자 해서 많이 먹고 가버렸단 말이여.

막 가자마자 사람들이 우~ 군청으로 들어간께, 공무원들이 깜짝 놀랄 거 아니요. 글고 본께 술도 좀 먹은 거 같고. "아 어쩐 일이냐?"고 긍께, 장진수 씨가 기양(그대로) 건설과를 들어가자마자 의자를 내들어서 책상에다 놓고 사정없이 "이 씨벌 새끼들아, 돈 받으로 왔제, 뭣 하러 왔어! 섣달그믐날 느그들 얼굴 보러 왔냐, 이 자식들아!" "돈 내놔, 이 자식들아!" 하고 악을 쓰니까, 아 싹 다 도망가불고, 우리만 있는 거여. 그 건설과 직원들 싹 도망가불고 도망갔다가 난중에 계장이 왔어. "어떻게 이렇게 소란을 치냐? 당신들 끌려갈래?" 하고 겁주고 그래도 소용이 없는 거여, 술이 취해노니까. "우리가 느그 잡아먹으러 왔냐, 이놈들아? 돈만 주믄 그만 간다" 이거여. "우리는 돈만 주믄 가는데 느그가 일을 시킨 지가 지금 두 달이 다 되는데, 일주일 공사 완료허믄 돈 준다 한 놈들이 어째 돈을 안 주냐" 이거여. "섣달금날인디 우리 집에 들어가서 애기들한테 보대끼나 뭣 허나 똑같은께 우리 여그서 자고 갈라니까 느그들이 돈을 하튼 내노라"고 하니까, 하여튼 긴급히 어서(어디서) 동원했든가 그날 돈을 다 받아 갖고 온 거여, 우리가.

그 돈을 받아갖고 오면서 그렇게 사람들이 돈 받고 하니까 술이 다 깨분 거여. 그래가지고 다시 술을 한잔하면서, 그 사람들의 그 얼굴 모습에서, 그 어떤 돈은 받았다는 기쁨보다는, 물론 돈을 받았으니까 애기들한테 체면도 세울 수 있었고, 설날 조상님 앞에 조기 한 마리 놓을 수 있는 그런 것도 있었지마는, 내가 느꼈던 것은 뭔가 우리가 함께해서 이겼다는 승리감, 이게 아조 그 얼굴 모습에 드러나고, 나도 생각도 상상도 못 헐 일이여. 어디 노가다 판 다닌 놈들이 군청에 가서 그렇게 큰소리 치리라고는 상상도 못 했는데, 이런 힘이 도대체 어서 생긴 거냐? 어디 면직원만 와서 돌아만 다녀도, 산림계 직원 돌아다니믄 무서워서, 막 어디 잡아갈까 무서워서 벌벌벌 떨고 그런 세상인디. 이 힘이 어디서 나온 거냐? 아 역시 '뭔가 사람들이 공통적으로 어떤 이해관계가 걸려 있는, 이런 것에는 사람이 저렇게 단결을 하는구나', 그리고 단결하면 뭔가 좀 이길 수 있다는 희망, 이런 것을 느꼈고. 그분들도 '우리가 함께해서 뭔가 이루어냈다'라고 하는 거에 대한 어떤 기쁨, 그게 그렇게 그분들에게 많이 있드라고요.

그래서 봉사라고 하는 의미, 협동이라고 하는 의미, 또는 단결이라고 하는 의미, 또 뭔가 정당한 일에 대해서는 싸워야 하는 거구나! 뭐 이런 것도 제가 느꼈고.

그러나 내 처지는 그렇게 부지런히 일해서 열심히 좀 부자가 되어봐야 겠다는 꿈을 가졌는데, 부자가 되기는커녕 참 가족들 생계를 유지해가기에도 급급해가지고 돈을 받으러 가서 돈 내놓으라고 싸워야 할 정도, 그런 생활이었기 때문에 아주 가난한 생활을 지속하고 있었던 거죠.

뼈저리게 깨닫는 농민의 자치

그리고 그 후로 저희 아버지 형제간 중에 아버지를 포함해서 세 분이 계셨는데, 작은아버지 아드님이, 지금 요 앞에 가믄 엊그저께 송덕비 세웠어요. 함평신협을 창립해가지고 이제까지 이끌어오시다가 그만두신 분인데, 거기 제 사촌 형입니다. 그분이 나보다(나에게) 너 어디 교육도 많이 받으러 다니고 그러니까, 구례 천은사에서 뭔 교육이 있는디, 거기 교육을 받으러 가라 그래요. 그래서 나는 사촌 형님이 말씀하시는 것이고, 또 그분을 내가 굉장히 존경해온 분이예요. 그래서 나는 정부에서 뭐 기술교육이나 이런 교육인갑다 생각하고, 사촌 형님이 한번 다녀오라고 하니까. 제 기억으로 74년도냐, 날짜는 8월 27일부터 31일까지 4박 5일이었습니다.

그래서 그 형님의 안내로 구례 천은사를 제가 물어물어 찾아가게 돼요. 한 번도 구례라는 땅을 가본 적이 없는 사람인데, 천은사를 저의 기억으로 오후 3시쯤에 도착을 했어요. 천은사에 가서 보니까, 막 들어가믄 강당이 있더라고, 승려들이 거기서 법회 같은 걸 하는 데 사용하는 거기를 가지고, 첨 만난 분들이 전에 국회의원 하시던 서경원 씨도 만났고, 조규원 신부님도 거기서 만났고, 또 앞으로 그 이후로 그분 때문에 영향을 받았고 내가 농민운동에 본격적으로 뛰어들었습니다만 이우재 선생도 거기서 만났고, 가톨릭농민회 쪽으로 이길재 씨를 만났고, 또 함평의 조합장 4선을 지내고 있던 우리 임재상 씨도 거기서 만나게 됐고, 또 더 반가운 건 최성호 씨를 거기서 만나게 됩니다.

근데 그 첫 강의가 이우재 씨의 '한국 농업문제의 현황과 과제' 뭐 이런 내용으로, 저는 그런 내용의 강의를 첨 들었어요. 첨 듣고, 내 느낌으로 그분이 교수라고 허는데, 하여튼 강의 내용은 아, 이게 농촌이 문제투성이여. 하나도 잘된 것은 없고 전부 못 된 것이고 이런 내용이에요. 한 시간 반 정도 제가 강의를 들었는데, 사실은 한 시간 반 듣고 그 내용이 어떤 내용인지조차 감을 잡을 수 없을 정도로. '뭔, 다 그래도 잘된다고 하는디 저

양반은 어찌 그리도 뭐시 안 된 것만, 안 된다고만 하는고.'

  그러고 강의가 끝난께 분반토론을 한다고 그래서 분반토론을 하는데, 긍께 구례에서 함께 오신 몇 분이 최성호 씨하고 그중에 한 분이 최정수란 분이 있는데, 같이 분반에 속했는데, 분반에 뭘 문제 있으믄 제기하라 긍께, 농협에서 출자금을 강제로 받아가는 것이 문제라고, 그렇게 얘기 한단 말이여. 그때 비료가 통제된 땝니다. 우리나라가 비료 공급이 부족해가지고, 그때 요소 한 포대에 307원씩, 아, 3,007원씩 25킬로그램들이에 3,007원씩 하던 땐데, 그 비료 한 포대 요소를 사러 가면 출자금을 1,000원씩 거기다 얹혀서 농협이 걷었어요. 긍께 으레 우리 농민들은 그것이 세금인지 압니다. 세금으로 알고 주는 거여. 출자금이 뭣인지도 모르고, 비료 살라고. 긍께 3,007원 짜리의 요소 한 포대가 4,007원이 되는 거죠. 그러니까 비료 값에다 출자금을 1,000원씩 받아가는 것이 문제다 그 말이여.

  그래서 내 생각은 농협에서 하라 긍께, 비료 살랑께 가져오는 것이 뭐시 문제냐 그거여. 내 느낌에는 그 아무 문제도 아닌 놈을 문제라 한단 말이여. 그래서 내가 그랬죠. 아, 그것이 뭐시 문제요 긍께, 문제라고만 해싸.

  그러고 인자 분반토론한 걸 그 이튿날엔가 발표허고, 마지막 강의를 이우재 씨가 하는데, 해결 방안에 대해서, 한국 농업문제 해결 방안에 대해서 얘기하는데, 분반토론 과정에서 '내가 뭐시 문제여' 하고 얼굴 붉히고 그랬어요. '당연히 하라 그믄 해야 되는 거 아니냐? 비료 살랑께 하는 건디, 뭐 그걸 문제라 한데.' 아, 그 얘기를 이우재 씨가 분반토론 과정에서 지켜보고 들었던가 이 얘기를 한참 하면서는 나한테 손가락질하면서 당신같이 병신 같은 이장이 있은께 농촌이 요 모양 요 꼴이라는 거야. 한마디로 아, 이거 창피하기도 하고 이거 꾸리꾸리(꿀꿀)하기도 하고 참 앉아 있을 수가 없어. 정말로 아닌 게 아니라 멍한 거여. 내가 뭐 바보 천치같이, 병신같이 법에도 없는 돈을 가져가는데도 이장이 되어갖고 막기는커녕 당연한 것으로 생각하는 그런 사람들이 농촌에 지도자라고 있으니 쓰겠냐 이거여. 당신들 땜에 다 베린다 그 말이여. 한국 농촌이 당신들 땜에 다 베린다고, 이 나라 농촌의 농민들이 못사는 문제가 전부 내 책임이여. 내가 잘못해서 못사는 것처럼 느껴져.

그래서 굉장한 충격을 받았어요, 정말로. 그러고 그날 나눠준 것이 건국대 교수 허시던 김병태 교수라고, 『농협과 조합원』이라는 소책자가 있어요. 요만한 책자 그걸 한 권씩 주더라고요. 거기 보믄 이제 한국 농협의 탄생 과정, 농협 정관, 그리고 농협의 문제점, 이런 거드라고요. 하여튼 뭐 4박 5일 동안 뭔 교육을 받기는 받았는데, 기상천외한 교육을 받은 것이고. 난 하여튼, 이건 뭐 이 세상의 뭐 듣도 보도 못한 놈의 용어들이 나오고. 제가 오면서, 어떤 충격이라기보다는 그냥 멍한 거여 그냥, 뭐 이것이.

근데 집에 와서 『농협과 조합원』이라는 책을 쭉 읽어보게 되어요. 아, 읽어보니까 아주 저거 잘못되았어! 이게 농협이. 그래서 내가 그 농협 목적을 줄줄 외우고 댕겼던 사람입니다만, 그 후로 농협 민주화에 대한 강의도 많이 하러 다니고 했습니다만, "이 법은 농민의 자주적인 협동·단결을 통하여 농업생산력을 증진하고 농민의 경제적·사회적 지위 향상을 도모함으로써, 국민경제의 균형 있는 발전을 기함을 목적으로 한다." 이 목적이 이렇게 돼 있어요. 이것을 내가 서당에 다니면서 한문 공부를 많이 해놨기 때문에, 그 의미를 조목조목 읽어보니까, 아 이거 농민들이 스스로 주인이 되어서 농민들이 운영하는 민간단체여. 이게 정부기관이 아니고, 나는 그동안에는 농협이 정부기관인 줄 알았어. 글고 농민들이 자발적으로 모여서 긍께……, 이 법은 '농민의 자발적인 참여를 통하여', '참여와 자주적인 협동·단결을 통하여' 이렇게 돼 있단 말이여! 그걸 쭉 읽어보면서 아하, 내가 세상을 참 넓게 보지 못했구나 하는 것을 느끼게 돼. 상당히 자책을 많이 했어요.

가톨릭농민회 외대화 분회 결성과 강제출자 거부운동

그래서 인제 시작을 한 게, 나도 그러믄 강제출자부터 못 하게 해야겄구나. 그래가지고 소위 강제출자 거부운동을 할라고 하는데, 그러믄 조직이 필요허다 해서, 함평에서 서경원 씨가 속해 있는 마을이 가목장이라는 마을이 있어요. 거기와 여기는 외대화란 마을인데, 두 군데가 비슷한 시기에 가톨릭농민회 마을 분회가 됩니다. 마을 단위 분회는 가톨릭농민회 회원 다섯 명 이상이면 모여서 구성할 수 있도록 돼 있거든. 그걸 구성합니다. 우선 강제출자 거부운동을 하려면 단체가 필요하구나! 그래서 가톨릭농민회 입회원서를 쓰고 우리가 그 조직을 만들기 시작했어요.

면담자　　그럼 천은사에서는 가톨릭농민회에 대해서는 소개가 전혀 안 되었어요?

구술자　　그랬었죠. 그 후로 서경원 씨하고 서로 연결을 하면서, 이길재 씨랑 연결하면서 그때 막 바로 그 작업을 시작했으니까. 그렇게 만들자 해서, 같이 서경원 씨도 만들고 나도 만들고 그렇게 만들게 됐습니다. 그게 인제 광주·전남 지역에서는 가톨릭농민회가 현장에서 조직으로 등장한 건 첨일 거예요, 아마.

구술자　　그러믄 이것을 읍·면별로 연합을 해갖고 강제출자 거부운동을 허자, 해가지고 대동면과 함평읍이 그걸 시도하는 것으로, 해서 인제 함평읍은 장현, 월선, 외대화, 그리고 여기에 참여하는 개별 인사들, 조직은 세 개 조직인데, 날짜를 봐서 하고 대동도, 마량하고 향진회하고 백련동 그 마을이 날짜를 봐서 하고, 제가 그것을 총지휘를 하는 것으로. 근데 함평은 세 개 마을이 가서 하니까 함평읍 농협이 그냥 해줘버리는 거여. 쌈할 것도 말 것도 없이.

그래서 해결이 됐는데, 대동에서 시끄럼이 났죠. 대동면을 제가 지원차 나갔는데, 거기는 완강히 조합문을 닫아버리고 가버린 거여, 어디로. 정보를 듣고. 긍께 조합 직원들이 없는 거야. 조직적으로 그쪽도 대항을 한 거여. 그니까 우리는 인제 오전 9시부터 오후 5시까지, 조합 앞에 그냥 쭉 앉았는 거야. 우리는 비료를 끊으러(사러) 왔는디 우째 농협이 비료를 안 파냐? 이거 법을 위반한 거 아니냐? 농민들 비료 못 갖고 농사 못 지믄(지으면) 느그들이 책임질래. 이렇게 항의를 해도 소용이 없어. 직원들이 하나도 안 나와버리는데 어쩔 것이냐. 그래서 인제 거기 저 비료창고를 지키는 그 사람한테 가서 비료창고를 출고허라고, 거기서 옥신각신하다 서로 뺨치기나 오고 가고 사람 치고 박고 돼부러가지고. 그런 것으로 인제 내가 이쪽저쪽을 총지휘했다 해서 소위 말하믄 그때 긴급조치 9호 위반으로 입건, 조사를 받게 돼요, 함평경찰서에서.

근데 그것은 뭐 위법조처가 되거나 그러지는 않았어요. 왜 않았냐면은 함평경찰서 같은 데서도 가톨릭농민회가 있다는 것을 그때사 안 거여. 그때서 정보를 파악하고 막 이런 상황이여, 정보과에서는. 근데다가 보니까 이미 몇 개 마을이 결성돼 있고, 이들이 주장하는 게 뭐 그야말로 지극히 합법적이거든. 비료 사러 왔다는데 왜 농민들, 돈 없는 농민들한테 출자금을 강제로 받느냐. 이런 경우밖에 아니거든. 첨에는 긴급조치 9호 위반으로 입건을 했다가, 난중에 내가 3시간 조사를 받았어요. 조서를 받고 사후 처리를 자기들이 해야 하는데, 아마 뭐 검찰로 했는지 안 했는지 그것까지는 모르겠는데, 암튼 그냥 나가라고 나온 거여. 그리고 거기서 치고 박고 한 것도 유야무야 끝나버리고.

그리고 그 이튿날 다시 또 간 거여 인제. 긍께 농협이 어쩔 수가 없는 게, 인자 경찰에서 압력을 넣은 거여. "야, 이 새끼들아, 뭣을 어떻게 했는데, 요새 집단행동을 허게 허냐?" 긍께 농협이 팍 쫄아갖고 즈그들이 와서 잘못했다 사과하고 다 끊어줘불고. 그렇게 해서 해결이 인제 됐죠. 그러면서 함평에 인제 여러 개 마을에서 가톨릭농민회가 도대체 뭐냐? 가톨릭농민회 해도 되는 거냐? 여론이 한편에선 뭐 반정부운동단체다, 반정부 세력이다. 이렇게 하고 있는 과정에서 상당히 우리들은 인자 역량이 지역에서 올라오고 있는 거여, 이 같으믄.

함평고구마사건─전량수매의 약속과 부정사건, 긴급대책활동

그러면서 또 한편에서는 어떤 일이 벌어지냐면, 농협이 전남도지부 명의로 그해 76년 3월달에 소위 고구마 생산농가의 농가소득을 높이기 위해서 76년산 생고구마는 농협이 전량 수매한다, 이런 약속을 하게 됩니다. 각 마을 반상회 회의나 이런 데 공문으로 그걸 회람을 하도록 해요. 그리고 공시가격은 15킬로그램들이 한 포대당 1,317원씩에 농협이 전량을 수매한다, 이렇게 약속을 하게 됩니다. 그리고 그때는 우리가 확인을 못 했습니다만, 고구마사건을 해결하는 운동 과정에서 확인한 게, 그해 4월달에 KBS 텔레비에도 그 전량수매 약속의 광고가 나온 게 확인되고 그랬거든요.

그러믄 당시 함평의 고구마 생산농가는 약 7,000여 농가 되거든요. 그니까 주 소득 작목이었어요. 지금은 고구마를 생산하는 고구마 밭을 찾기가 힘들 정돈데, 그때 76년 당시 함평 농가 수가 1만 2,500농가 정도 되는데 7,000여 농가가 고구마를 생산하고 있었으니까 중요한 소득 작물이에요. 그리고 당시 이 고구마는 주정원료로 들어가요. 알코올을 뽑아내서 주정원료로 들어가는데, 그걸 뽑아내는 삼성재벌 산하 '신한제분'이라는 고구마공장이 함평읍 지금 공용버스터미널 있는 거기에 있었습니다. 그니까 이 76년도 함평군 고구마 피해보상운동은 결론적으로 당시 고구마를 전량 수매하겠다고 하는 농협중앙회와 당시 우리나라에 있었던 일곱 개의 주정회사, 그리고 행정 관료들, 이들이 짜고 저지른 부정사건으로 요약될 수 있는 겁니다.

지금 자료는 가지고 있는데, 얼른 기억이 나질 않아서 그러는데요. 전라남북도에 고구마 생산농가가 약 12만 농가, 그렇게 기억이 됩니다만. 근데 왜 함평에서 이 고구마 피해보상운동이 추진되게 되었는가? 또 다른 지역에서는 왜 이런 피해보상운동이 일어나지 않았는가? 인제 이것이 70년대에 농민운동이 어떻게 성장해왔는가를 밝혀줄 수 있는 한 계기가 된다, 이런 말씀을 드리고 싶습니다.

역사적으로 볼 때 50년대와 60년대는 농민운동의 단절기라고 우리가 얘기를 합니다. 일제치하에서의 암태도 소작쟁의라든가 해방을 전후로 한 여러 가지 농민들의 조직적인, 집단적인 움직임들이 있었습니다만. 한국전쟁 이후로 50년대, 60년대는 적어도 농민들 스스로 자신의 권리를 쟁취코자 일어섰던 농민운동이라기보다는 관제적 성격이 많았던 무슨 4H 또는 농촌문제연구회, 무슨 농업기술자협회, 새마을운동, 이것은 농민운동이라고 얘기할 수는 없는 것이고, 물론 그것이 어떤 농촌운동 범주라든가 이런 건 들 수 있겠지마는. 그래서 70년대 이후 한국에 독점자본이 강하게 민중들을 억압하고 있는 상황 속에서 이 고구마사건이 70년대 농민운동을 새롭게 개척해가는 과정으로 자리매김될 수 있을 것이다, 저는 이렇게 말씀을 드립니다.

우선 과정을 쭉 개괄적으로 설명해드리고, 또 운동 추진 과정에서 일어났던 입장의 차이라든가 의견 충돌, 이런 것들도 소상히 제가 얘기를 해보고자 합니다.

고구마는 3월부터 심어가지고 9월부터 수확을 하게 됩니다. 그리고 고구마는 두 가지 방법으로 상품 출하를 하게 됩니다. 하나는 생고구마를 그대로 상인들 또는 소비자에게 파는 경우, 또 하나는 생고구마를 잘게 이렇게 얇게 썰어가지고(말린 고구마), 그걸 절간고구마라고 그러거든요, 그걸 말려서 저장해뒀다가 출하하는 경우, 이런 두 가지가 있습니다. 어떻게 출하를 하든, 섭씨 15도 이하로 내려가게 되면 장기 저장이 가능하지 않습니다. 왜냐면 15도씨 이하로 내려가면 고구마가 부패하기 시작해요. 당시 기후조건을 보면 추위가 일찍 찾아오는 면이 있었어요. 농민들의 입장에서 보면, 농협이 전량 수매해서 농가소득을 올리겠다고 했고, 또 그러면 정작 고구마를 어떻게 해서 농협이 가져갈 것이냐 이렇게 물으면, 생산해서 농협이 제공하는 수매 전용 포대, 그걸 '피피포대'라 그러는데 그 포대에 담아서, 자동차가 들어갈 수 있는 곳에 이렇게 쌓아놓아라,

이렇게 요구를 하게 됩니다. 그니까 농민들은 가뜩이나 경제적인 형편이 어려운 조건 속에서 상인들에게 헐값에 파는 것보다는 농협이 정해준 15킬로그램들이 한 포대당 1,370원의 공시가격에 파는 것이 소득이 높다고 판단할 수밖에 없는 거죠. 그래서 고구마를 생산해가지고 인제 농협이 가져가는 수매 전용 포대에 담아서 길거리에, 자동차가 들어올 수 있는 그 길거리에 야적을 해놓기 시작합니다.

그동안의 가톨릭농민회 조직활동을 통해서, 또 한편으로는 75년부터 소위 크리스챤아카데미라고 하는 곳에서 농민들에 대한 4박 5일 과정의 사회의식을 깨우치기 위한 농민교육을 시작합니다. 함평에서도 그 교육을 다녀온 사람이 한 7~8명 있고요. 이런 조직적인 역량들이 야, 이거 농민이 피땀 흘려 생산한 고구마가 노변에서 눈비를 맞고 썩어 있는데 이런 참상에 대해서 뭔가 우리가 알아는 봐야 할 거 아니냐? 해서 가톨릭농민회 명의의 공문으로, 이미 가톨릭농민회가 조직되어 있는 마을, 그리고 개별적으로 연결되어 있는 사람들에게 회의를 소집하게 됩니다. 그 최초의 날짜가 저의 기억으로, 1976년 11월 17일, 지금은 그 식당이 없어졌습니다만, 현재 군청 앞에 있는 '청하식당'이란 곳, 거기서 소위 각 마을 대표자회의를 하게 됩니다. 제 기억으로 17개 마을에서 20여 명 정도의 고구마 피해 농가들, 또는 가톨릭농민운동에 관련되어 있는 사람들이 모이게 됩니다.

이 자료에 보면은 하나 정정해야겠네요. 함평에 고구마 재배농가가 7,169호였네요, 호수로는. 그리고 그때 보냈던 공문이 여기 있네요. 요걸 한번 그대로 읽어볼게요.

한국가톨릭농민회 전남연합회

1976년 11월 18일 전남 76-39호
수신: 분회장, 마을대표, 지역대표
제목: 긴급협의건, 고구마건

지역사회 발전을 위해 수고하시는 형제께 문안드립니다. 농민의 피와 땀이 범벅이
된 고구마가 노변에서 눈비를 맞고 굴러 밟히는 것은 곧 농민이 짓밟힌 것과 다름이
없습니다. 따라서 농협은 17% 인상하여 수매하겠다고 약속하고는, 사실은 수매를
간접적으로 꺼리는 실정입니다. 우리는 이 문제를 한자리에 모여서 타개책을 의논코
자 하오니 아래 요령에 의해 조사하여 합의하여 모입시다.

조사사항
1. 농협과 고구마 거래하는 수매계약서(가. 거래장, 나. 현재 출하량에 대한 증표)
2. 주민들의 여론

기타: 일시 76년 11월 23일 오전 10시 함평읍 함평극장 앞 청하식당

그때 당시 모였던 그 주민대표—고구마 생산농가 및 그 '가농'대표들
의 명단을 개략적으로 보면, 서경원, 노금노, 임정택, 임재상, 김한경, 주
로 이런 분들이 대표로 모였습니다만, 여기에서 일단 피해조사를 해보
자, 도대체 지금 고구마를 생산해놓고 판 것은 본인이 얼마며, 또 농협에
서 실제 받은 금액과 상인들에게 판 금액과의 차이가 어느 정도 나오고,
그 피해액이 얼만가? 이런 피해 상황 조사를 하기로 했습니다. 그리고 두
번째로는, 일단 지금이라도 고구마를 사가도록 농협에 가서 항의를 하자.
이래가지고 당시 제 기억으로는 조사집계를 담당하는 책임자로 김양혁,

그리고 교육을 담당하는 사람으로서 저, 그리고 그때 또 몇몇 부서를 맡아서 책임 있게 하기로 하고 11월 말까지 완료하도록 이렇게 했습니다. 근데 11월 말까지 조사가 완료된 건 아니고, 경찰의 방해로 인해서 12월 20일에야 완료됩니다.

결론적으로 얘기를 한다면, 12월 20일날까지 5개 읍·면의 9개 마을에 179농가가 피해조사에 응했고, 조사 집계가 완료된 농가입니다. 그때 당시 이 피해조사가, 함평읍에 송곡마을 5농가, 신광면에 가덕마을 12농가, 월야면에 신지마을 23농가, 대동면에 백호리 백련동에 44농가, 함평읍 장현리에 20농가, 월섭에 27농가, 함평읍 월봉에 8농가, 학교면 하산에 5농가, 대동면 가목장에 5농가, 해서 아마 169농가 이렇게 조사가 완료된 것으로 자료에 나타나 있습니다만, 물론 당시 그 피해금액까지 상세히 다 조사가 완료된 게 있어요.

경찰의 탄압과 협박, 그리고 안 되니까 분열정책

인제 농협 직원과 경찰서에서 파견된, 뭐 정보과라든가 이런 데서 나와 갖고 〔농민들에게〕 확인서를, 내용이 뭐냐면 '본인이 생산한 76년산 고구마는 본인의 영농 형편상 상인에게 판매하였으므로, 농협 등 관계기관에 대해서는 하등의 이의가 없음을 확인합니다' 하는 확인서예요. 결론적으로 얘기하면 '내가 고구마 농사 지어갖고 내가 그냥 내 맘대로 팔았는데, 내가 누구한테 무슨 책임 있다고 책임지고 피해보상을 해주라 할 이유가 없다' 하는 요지의 내용입니다.

그리고 어떻게 막 겁을 줘버리던지 실제로 백호리 백련동 같은 데서는 그냥 경찰이 와서 잡아간다네, 어젯밤에 회의 참석해갖고 잡아간다네, 허고 허니까 겁에 질려갖고 생똥을 다 싸버린 사람들이 있어요. 오라 하니까, 어디 감옥소 끌려가는갑다 하고. 그때 세상이 하도 으시시한 세상이기 때문에, 그런 웃지 못할 일들이 벌어지고 참. 그니까 〔피해조사〕 해주겠다고 한 사람들이 그러고 나버리면 겁에 질려갖고는 못 허는 거여. 소위 말하는 피해조사에 응해주질 않는 겁니다.

그러면 인제 저희들은 또다시 뭘 하러 다녔냐면은, 다시 마을에 들어갑니다. 그 마을에 또 사람들 모이라, 워낙 고구마는 못 팔아 묵고 열이 받으니까, 겁을 먹었다가 또 우리가 가서 인제 모여서 얘기해봅시다, 허고 겁먹을 필요 없소, 허고 허면 또 모여요. 모여서 저희들끼리 해명서를 받았습니다. 예를 들어서 '함평경찰서 직원과 농협 직원이 몇 월 며칠 우리 마을에 와서 받아간 확인서는 우리가 피해보상운동을 전개하는 데 아무런 법적인 근거나 증명 자료가 될 수 없음을 해명합니다' 하는 해명서를 저희들이 받았어요.

이렇게 참 그 피를 말리는 숨바꼭질이 11월, 12월 중에 계속되었던 겁니다. 만약에 경찰의 이러한 탄압과 간교한 그런 방해가 없었다고 한다면, 160농가만이 아니라 7,100여 농가 중에 적어도 절반 이상은 이 조사에 응했을 것이다, 이렇게 지금 생각해봅니다만. 워낙 경찰의 심한 탄압, 또 그뿐만 아니라 당시 조사집계를 담당한 김양혁, 아버지를 찾아가서 아들이 저런 행동을, 빨갱이 같은 행동을 하니까 당신이 조치를 하쇼, 아니면 구속될 것이오, 이렇게 조사활동에 참여하는 사람들을 못 하게 하고. 지금은 함평에 와서 살고 있습니다만, 장현리에 사는 박명숙 씨 같은 경우는 그분 아버지가 공무원이었어요. 결국은 그 아버님께서 "당분간 너, 밖에 있다 오라" 해갖고, 서울로 그참 귀양 아닌 귀양살이를 갔던 그런 사례도 있었을 정도로 방해가 심했던 것입니다.

그리고 저는 이때 또 긴급조치 9호 위반으로 함평경찰서에 연행이 되게됩니다. 순진한 농민들을 선전·선동하고 댕긴다는 거여. 농협이 고구마 수매하겠다는 약속도 한 적 없는데, 농협이 고구마 수매하겠다고 약속해갖고 사기쳤으니까 피해보상을 하라고 한다는 것은 사실을 왜곡하는 것이다. 농민들 선동하는 것이다 해서 긴급조치 9호 위반으로 조사를 받고.

그 지루한 과정 속에서도 12월 20일경에 드디어 인제 190농가가 조사가 완료됩니다. 그리고 이것을 토대로 해서 1977년 1월 11일 함평천주교회에 모여서 피해보상대책위원회를 구성을 하게 됩니다. 농협 측에 우리가 농민들의 피해액을 전액 보상할 것을 밝히고, 이 보상이 적절히 이루어지지 않을 때는 보상투쟁을 전개할 것이며, 이후에 벌어지는 책임에 대해서는 모두 농협이 져야 한다, 하는 요지의 성명서를, 결의문을 채택하게 됩니다.

그리고 인제 상당 기간 그렇게 하자, 함평농협 군조합에서는 군조합장 명의로 피해보상대책위원회에 해명서라고 하는 것을 만들어가지고 저희들에게 보냅니다. 이 해명서를 보면은 "귀 회에서 저희 조합 고구마 사업에 큰 관심을 표명하신 데 대하여 감사히 생각하오며, 별첨과 같이 해명해드리오니 앞으로 더욱 성원해주시기 바랍니다. 1977년 3월 3일 함평군 조합장 안수복" 이런 명의로 쭉 내용을 보내왔는데요. 뭐 한마디로 자기들이 책임이 없다는 거여. 이를테면, 농민들의 농가소득을 높이기 위해서, 뭐 살려고 노력은 했으나, 사기도 많이 샀고, 뭐 그렇게 하등의 농협이 책임져야 할 일은 아니다, 이런 내용이여.

그래서 이 해명서를 받은 저희 대책위원회는 인제 다른 방법이 없다. 투쟁을 통해서 이것을 해결하는 방법밖에는 없다, 이렇게 결정을 하고, 그해 77년 3월경에 마지막 최후통첩에 관한 문건을 농협 도지부장에 보내게 됩니다. '전국적으로 피해보상운동을 전개하겠다.' 그러자 3월 중순경 소위 농협 도지부 판매과장이란 사람이 함평군 고구마피해보상대책위원회 대책위원장을 맡은 임정택 씨를 통해서 협상을 요구하게 됩니다. 그때 당시 우리는 이미 이 사건은 함평군뿐 아니고 우선 전남도 전역으로 확산시킬 필요가 있다 해서, 기도회 형태의 농민대회를 준비하자, 이렇게 움직이고 있는 때에 그 낌새를 알아차린 농협의 회유책으로 소위 판매과장을 동원한 겁니다.

그래서 '좋다, 뭘 협상하자는 거냐? 일단 얘기나 들어보자' 해서 우리

대책위원들과 도지부 판매과장을 위시한 몇 분들하고 농협 관계자들하고 인제 협상을 하게 됩니다. 그 협상의 일차적인 장소는 함평읍 소재 신흥 식당이라고 하는 자리였는데요. 거기서 점심 겸 협상을 하게 되는데, 그쪽에서 제안한 협상의 요지는 뭐였냐면, 간접 피해보상을 해주겠다. 농협이 직접 피해보상을 해줘야 할 법적 근거는 없고, 그니까 그래도 농민들이 피해를 봤다고 하니까, 간접 피해보상으로서 농민들에게 피해 농가에게 송아지 한 마리씩을 사주면 어쩌냐? 이렇게 제안을 하게 됩니다. 그때 송아지 한 마리에 15만 원씩 허는 때였습니다. 우리는 그러믄 송아지 한 마리씩을 사준다는데, 송아지를 그냥 공짜로 사준단 얘기냐? 돈을 갚으란 얘기냐? 헌께 본전으로 갚으라는 거여. 그 소 키워갖고 인제 성우가 되면 팔아서 갚으라. 그런 얘기여.

근데 인제 거기서 대책위원회가 일차 의견이 갈리게 됩니다. 한편은 이건 뭐 어따 하소연해봐야 돈 받을 수도 없고, 인제 아직도 농협을 정부기관으로 인식하고 있는 그런 상황이었기 때문에, 정부하고 싸워서 이긴 적 있냐, 질 거 뻔한디, 이 기회에 송아지 한 마리씩이라도 사준다니까, 그놈이라도 받고 마무리지어야 하는 것 아니냐. 또 다른 의견은, 그건 아니다, 송아지 한 마리씩 그냥 사주는 것도 아니고 그놈을 키워갖고 본전으로 갚으라는데, 그건 일종의 융자 아니냐? 굳이 따지면 무이자 융잔데, 그 융자는 이미 대한민국의, 또는 전라남도의 어떤 농민에게도 이미 돌아가기로 되어 있는, 대출이 되기로 되어 있는 자금이다, 그 자금을 문제 생기니까 고구마 피해 농가들에게 준다고 하는 것은, 다른 농민들에게 돌아갈 거 우리가 뺏어온 거밖에 더 되냐? 그니까 이것은 간접 피해보상이라고도 할 수가 없는 것이다. 그리고 우리는 직접 피해보상을 요구해야지, 간접 피해보상이란 말은 꺼내지도 말라. 이렇게 인자 의견이 팽팽히 대립되게 됩니다.

제 기억으로는 그때 가톨릭농민회 전국본부에서 활동하던 이길재 씨도 그날 회의에 참석한 것으로 기억이 됩니다만, 서경원 씨, 임재상 씨도 다 참석했어요. 근데 어쨌든 저는 직접 피해보상을 요구했던 사람입니다. 그 입장에 섰던 사람인데요. 물론 당시 농민들이 벌써 10월달부터 피해보상을 조사하고 요구하다가 몇 개월이 지난 4월달 다 들어서, 그 이듬해 지루하기도 하죠. 그러지만 이것은 적어도 우리가 주장했던 명분의 1%도 부합되지 않는 것이다. 근데 이제 저희들 의견이 소수였어요. 결국 이건 표결에 들어가게 됐는데, 결국은 간접 피해보상을 받는 것으로 이렇게 결정이 나버리게 됩니다.

그리고 인제 이미 이 사건은 사전에 전라남도 전체로 확산시키자는 결의가 있었기 때문에, 전남연합회에서 이 문제를 가지고 다시 재논의를 하게 됩니다. 당시 가톨릭농민회 사무실이 광주 금남로에 있는 광주대교구 가톨릭센터 5층에 있었습니다. 거기서 함평 대책위원들, 그리고 전남연합회 가톨릭농민회 이사들, 이런 분들이 모여서 이에 관한 토론을 하게 됩니다. 아마 이 회의가 상당히 길었어요. 글고 이미 농협 도지부나 도경 관계자들은 가톨릭센터 지하 다방에서 이미 함평에서 간접 피해보상을 받기로 결정된 것이기 때문에 그것이 그대로 결정될 것이다. 우리가 추진했던 기도회 형태의 농민대회는 거의 무산될 것이다. 이렇게 예상을 하고 있었는데, 함평에서의 결정을 또 뒤집는 계기가 돼요. 이건 도저히 말이 안 되는 거다. 함평 농민들, 피해 농가들이 고생은 되고 여러 가지 주장은 이해하나, 적어도 직접 피해보상을 요구해야지, 피해보상이 아닌 걸 무슨 간접 피해보상이라는 요사스러운 그런 용어를 가지고 우리는 또 한 번 속는 것이다. 그니까 원천적으로 함평 대책위원회의 결정은 잘못된 결정이다. 그리고 전남연합회 주최로 여기에 직간접적으로 또는 이를 지지하는 농민운동, 또는 농민들, 이 밖에 여러 민주인사들을 초청해서 기도회 형식의 농민대회를 결연케 한다. 이렇게 결정을 하게 됩니다.

그리고 그 결정 사항을 제가 통보해주러 그 가톨릭센터 지하 다방에 가서 판매과장, 도경 관계자, 광주경찰서 관련자들, 설명을 제가 하게 돼요, 공식 입장만을 제가 발표하게 되는데요. 그때 보니까 부결, 이건 간접 피해보상을 거부했다고 하니까 도지부 판매과장을 비롯한 이 사람들 얼굴이 사색이 되더라고요. 이미 자기들은 사건이 끝났다고 생각을 했는데 이게 다시 뒤집어지고 하니까.

그리고 인제 그해 4월 22일로 기억이 돼. 이제 계림동 천주교회에서 함평고구마 피해보상을 위한 농민 기도회가 추진이 되고, 이때 주로 많이 참석했던 분들이 군 단위에서 함평·해남·무안·강진·영광·보성에서, 광주에서는 학생운동, 또는 반독재투쟁을 전개하고 있던 정당 관계자들, 이런 분들 약 500여 명이 모여서 기도회를 하게 됩니다. 그 기도회는 제 기억으로는 오후 2시에 시작이 되어가지고 오후 4시쯤에, 약 2시간 동안 진행이 되었는데요. 여기서 인제 함평 농민들의 정당한 피해보상을 농협은 책임지고 하라는 요지의 결의문과 선언문이 채택이 되고 이럽니다.

그리고 농협 도지부, 도지부장 면담을 하기 위해서 500여 농민들이 인제 계림동 천주교회에서 농협 도지부가 있는 동구청 쪽으로 진입을 하려고 하니까, 이미 전경이 동원돼갖고 계림동 천주교회를 겹겹이 둘러싸고 봉쇄하게 됩니다. 여기서 인제 투석전이 벌어지고 그래요. 근데 사실 우리 농민들은 데모라는 걸 첨 해봤을 거요, 그때. 그니까 거기 농민대회 왔던 농민들은 함평 농민들의 피해보상 요구를 적극 지지하고 행동으로 동참하기 위해서 오신 분들도 있었지만, 특히 여성들, 부인들은 그냥 남편이 간께 따라갔거나 농민대회가 뭣 허는 줄도 모르고 그냥 천주교회에서 헌당께 가보자 해서 왔다가, 뭔 투구 쓴 경찰들이 난입을 하고 하니까 울고불고 그 자리에 주저앉아버린 사람, 노인은 막 기절해분 사람, 누가 치고 박고 해서가 아니라 뭐 그냥 희한한 광경이, 상상도 못 한 광경이 벌어져부니까 그런 일들이 있었습니다.

집단적으로 시가행진 형태로는 농협 도지부까지 가기가 불가능해요. 그래서 일단 여기서 해산을 하고 농협 도지부로 개별적으로 가서 만나자. 이렇게 해가지고 뿔뿔이 흩어져 농협 도지부에 도착한 시간이 오후 7시쯤 된 거요. 그니까 이미 날이 어둑어둑해지기 시작하는 겁니다. 한 150여 명 정도가 거기 모였어요. 모여서 도지부장 면담 요청을 하니까, 거기는 이미 샷다(셔터)를 다 내려버리고. 우리는 농성에 돌입을 했죠.

우리는 도지부장을 만나서 가부간 뭐 약속을 듣고 가야겠다. 우리는 싸우러 온 사람들도 아니고 싸움에 기술이 있는 것도 아니고. 그런데 느닷없이 광주경찰서에서 병력을 동원해가지고 곤봉을 휘두르면서 200여 명의 경찰이 우리 150여 명을 덮쳐버렸는데, 거기서 많이 맞았죠. 곤봉으로 머리가 깨진 사람, 뭐 헌 사람. 그니까 혼비백산해분 거여, 그냥 인자 뭐 죽일 놈처럼 달려드니까. 우리는 그냥 피해보상을 해달라, 억울하니까, 이런 입장인데, 뭐 투쟁의지가 있는 것도 아니고. 그리고 시민, 사람들이 광주 와갖고 도시 중심가에서 뿔뿔이 흩어져버렸으니 어디가 어딘지를 알 수가 있나, 날은 캄캄하고 전깃불은 하나둘씩 들어오기 시작하고.

그래도 요리조리 알림들을 통해서 모인 게 옛날에 가톨릭센터 뒤편에 공터가 있었어요. 지금 주차장으로 사용한 공터, 그리 모이게 됩니다. 그리 한 100여 명 모여갖고 인자 밤 10시까지 농성을 한 거예요. 그때 광주 대주교님도 나오셔서 기도도 해주시고. 그리고 우리는 해산을 할라 해도 해산할 방법도 없고, 내려가는 차도 다 떨어져버리고. 또 우선 같이 온 사람들을 찾아야 한디 어디로 끌려가버린 줄도 모르고. 그래서 그때 광주에서 그동안에 학생운동을 했던 이강 씨, 박형선 씨, 윤한봉 씨 이런 분들이 기억이 납니다만, 이런 분들이 사실상 함께 도우면서 조언을 한 게, 일단 여기서 해산을 해버리면 잘못 되믄 잡혀간 사람 하나도 못 나온다는 거여. 그니까 우선 연행자를 전원 석방하라, 그리고 우리가 있는 곳으로 데려와야만이 우리가 해산을 한다, 이런 요구 조건을 내걸고 경찰에 정식 통보허는 것이 좋을 거 같다 해서 인제 그렇게 했었죠.

해갖고 내 기억으로는 보성의 조계선이, 문경식이 하고 잡혀갔드라고요. 함평에서 15명인가 잡혀갔던 사람들이 인자 도로 농민들 품으로 돌아오고. 그리고 우리는 해산할 수밖에. 어디 가서 더 이상 싸울 기력도 없고. 그렇게 해서 77년도 4월 22일날 시도되었던 고구마 피해보상을 위한 제1차 농민 기도회는 이렇게 처절허게 깨지고 해산되고 말아버린 거죠.

농민의 문제에서 사회 전체의 문제로

그래서 인제 77년 그해에 제가 6월달에 지금 거기가 서울의 동대문 천주교회에서 노동자를 위한 기도회, 그때 노동운동 쪽에서는 원풍모방 해고 노동자 복직사건 막 이런 것, 방용석 씨를 중심으로 하는 그런 운동이 벌어지고 있는 땐데요. 제가 거기 가서 사건 사례발표를 해달라는 요청을 받고 동대문 천주교회를 찾아가게 됩니다.

근데 천주교회를 들어가는 골목이 굉장히 한 50미터 정도 이렇게 비좁더라고요. 내가 거기를 가서 이 사건을 사례발표를 한다는 것이 정보기관에 이미 입수가 되었던가 봐요. 내가 그 골목을 들어가는데, 나를 잘 아는 사람인 것처럼 어떤 사람이 "아, 인자 오냐"고 막 반갑게 하더라고요. 그래서 나는 누가 나를 마중 나왔는갑다, 그리 생각했다고. 잠깐 가자고, 다방에 좀 가자고 하더니, 다방에 가서 본께 서울서 나온 정보기관 형사였던갑다, 그래갖고는 갖고 있는 거 싹 압수해분단 말이여, 압수허고 연행을 헐라고 그런단 말이여. 그때 시상(세상)만 해도 막 데려가불믄 끝이니까, 누가 뭐 감시하는 사람도 없고.

그런데 조금 있으니까 젊은 여성들이, 처녀들이 한 20여 명이 막 다방에 들이닥치더라고요. 긍께 노동자를 위한 기도회에 참석했던 노동자들 중 본 사람이 아, 누가 잡혀간다 이렇게 생각해갖고 지휘부에 알린께, 지휘부에서 대거 한 20여 명을 다방으로 보낸 거여. 그래갖고는 막 그 형사한테 "이 상놈의 새끼, 이 씨벌 놈"허고, "야, 밀대새끼야" 험서 나를 데리고, 그리고 압수한 것도 다 뺏어갖고는 동대문 천주교회로 날 데리고 가붓제. 나는 인제 거그서 빠져나온 거죠. 그래가지고 거기서 인제 사례발표를 했죠. 억울함을 호소하고.

그러면서 이 사건은 서서히 당시 반독재 민주화운동에 동참하는 모든 세력들에게 알려지게 됩니다. 또 8월 15일날은 부산에서 그 기독교청년대회가 열리는데, 서경원 씨가 거기를 가서 특유의 그 선동적인 어구를 구사하면서 아조 그냥 뭐 참석했던 사람들이 옳습니다, 옳습니다, 하느님, 하느님 소리가 하이튼 끊임없이 나왔다고 하니까. 그렇게 해서 또 각계각층에 알려지게 되는 계기가 됐고. 그리고 8월달에 대전 가톨릭농민회 본부에서 정식으로 이 사건을 전국 단위, 긍께 그때 당시 농민운동의 최고 지도부에서 전국 단위로 확산을 시켜서, 이 사건을 해결해야 한다 하고 천명을 하게 되고. 또 그런 과정에서 광주·전남 지역 신부님들, 또 목회하시는 분들이 공동으로 전남도지사에게 건의 형태로 정부에서도 적극 해결하라고 하는 교섭을 하게 됩니다.

그때 전남도지사가 고건 씨로 제가 알고 있습니다만, 농수산부에서 그럼 현지조사를 해가지고 그 피해 사실이 정부에 책임이 있다고 한다면 보상대책을 강구해보겠다고 하는 약속을 받게 됩니다. 그리고 이것은 그해에 농수산부와 농협중앙회가 현지 실태조사에 실제로 착수를 합니다. 그래서 이미 전량수매 약속이 공문을 통해서 농민들에게 전달됐고, 텔레비전을 통해서 전달됐다고 하는 사실이 자체 확인이 되고, 이게 확인이 돼서, 이후에 피해보상운동 과정에서 농민들의 주장에 명분이 더욱 실리는 그런 계기가 됐고요.

또 한 가지는 감사원에서 감사를 오게 됩니다. 함평에 감사하러 왔는데, 이 감사가 또 말썽이 돼부렀어요. 고구마 수매를 담당했던 각 단위농협의 계장급들을 농협 군조합으로 데리고 와가지고 감사를 하는데, 하튼 저희들은 그 내용까지는 자세히 몰라요. 어떻게 뚜드려버려 가지고, 그게 인제 신문에 보도가 됩니다. 그때 전일방송에 보도가 되니까, 『동아일보』에서 그걸 사설로 조그맣게 언급을 해요. 인제 그러믄서 이게 신문지상을 통해서도 아, 함평에 이러한 사건이 있는가 보다, 이렇게 느끼게 되면서 이것이 전국 단위로 확산되는 한 계기가 되게 되죠.

함평고구마사건─길고도 끈질긴 싸움의 끝, 승리의 환희

78년도로 넘어가게 되네. 인제 소위 가톨릭농민회를 조직적으로 담보하는 그런 농민운동이 전남 전역으로 확산되는 과정이 77년, 그 과정들입니다. 76년 하반기부터. 긍께 고구마사건 발단과 그것을 해결해가는 투쟁 과정에서 참여하는 농민들, 그리고 이념적으로는 인제 크리스챤아카데미에서 본격적으로 4박 5일 코스의 농민지도자 양성교육을 실시하면서, 각 시·군별로 10여 명 이상씩 거의 그 교육을 다녀오고, 전남 전체 시·군에 농민회가 안 들어간 곳이 없이 다 인제……

그러나 고구마사건은 78년도에 들어오면서 연초에는 소강 상태에 접어듭니다. 인제 아주 지친 거죠. 이게 2년째에 접어들었는데, 햇수로는 3년째 접어들고. 지칠 대로 지친 거여. 뭐 이렇게도 해결이 안 되고, 그렇게 많은 정력을 쏟아붓고 투쟁을 했어도, 이것이 해결이 안 되니까, 인자 피해 농민들도 시들해불고.

그런데 3월달부터 가톨릭농민회 전국본부에서 적극적으로 이건 마무리를 지어야 한다, 결사항쟁의 자세로 뭔가, 이것을 마무리짓는 방법을 택하자, 해가지고 4월 24일 북동 천주교회에서 고구마사건 해결을 위한 농민 기도회를 갖기로 결정이 됩니다. 그리고 준비를 철저히 하게 되는데요. 그래서 이때는 당시 78년도 4월 24일날 그 기도회에 참여한 숫자가 700명 정도 되는데요. 이때는 전국 각지에서 뭐 제주도를 제외한 각 시·도의 모든 농민운동의 인자들, 또 이걸 지지하는 민주인사들이 이 대회에 참석하게 됩니다. 그니까 그 대회에 참여한 사람들의 분노, 그리고 그 참여한 숫자, 이런 것만 가지고도 이미 70년대에 어떤 반독재 민주화운동으로서의 성격이 충분한 것이에요, 제가 보기에는.

그런데 이때 700여 명 농민들이 기도회를 마치고 북동 천주교회에서 농협중앙회장과 도지사에게 보내는 공개장, 가톨릭농민회 최병욱 회장 명의로 이걸 보내고, 그리고 만나자, 면담 요구하고. 그리고 대회를 마치고 도청까지 가두시위를 하려고 하는데, 역시 전경이 한 500명 정도, 하튼 뭐 그냥 봉쇄해부렀어요. 근데 다른 방법이 없어요. 하여튼 4월 24일 오후 도청 가는 버스가 마감되는 8시까지 가두진출을 시도했었거든요. 근데 도 저히 뚫고 나갈 방법이 없는 거여. 그러믄 어떻게 할 거냐. 그래서 마지막 으로 선택한 게 단식준비를 하기 시작합니다. 인제 더 이상 우리가 다른 방법이 없다, 그리고 이것을 해결 못 하면 그동안 형성되어온 농민운동에 또다시 찬물을 끼얹을 수밖에 없다. 그니까 차라리 여기서 죽는 게 낫단 말이여. 그러믄 무기한 단식농성을 하자. 그리고 무기한 단식농성에 돌입 하니까, 그때 농사철이고 바쁜 때 아닙니까? 그래서 집에 돌아가실 분들 은 돌아가셔서 이 억울한 문제를 열심히 홍보하고 사건이 농민들의 입장 에서 해결될 수 있도록 노력해줄 것을 당부허고, 여기서 죽음을 불사하고 남으실 분들은 남아서 단식에 동참하십시오. 해서 제 기억으로 74명이 단 식에 동참을 하게 된 겁니다. 그 명단이 저기 내 책에 나와 있는데, 혹시 참고할 수 있으믄 허십시오.

함평 서경원, 강진의 박광용, 해남의 정광훈, 보성의 문경식, 영광의 정 경원, 함평의 노금노, 강진의 장영근, 해남의 양동순, 보성의 이기환, 광 산의 최기만, 함평의 모영주, 강진의 김정순, 해남의 윤기현, 보성의 김용 준, 광산의 염창섭, 함평의 지성철, 강진의 김형장, 해남의 이동배, 신성 일 보성, 조봉훈 승주, 임정택 함평, 정봉호 함평, 이강수 강진, 이순애 해 남, 조계선 보성, 김문식 곡성, 박영준 장흥, 윤홍성 강진, 고옥희 해남, 최 성호 구례, 이강 광주, 박석면 무안, 김제봉 강진, 임수옥 해남, 박우갑 구 례, 이용주 광주, 이창준 무안, 윤한봉 광주, 황연자 해남, 박병기 광주, 정 태성 광주, 황광우 광주, 김수복 광주, 박태우 광주, 광주·전남이 44명입 니다. 강원도에 박영근, 김춘배, 조한숙, 김은진, 강태훈, 김동식, 김상범, 박재일, 8명. 경북에 구정애, 정재돈, 권종대, 김성순. 경남에 구자순, 이 도열, 송세경, 이병철. 전북에 전자석, 박배준, 김만용, 박성설. 충남에 정 연석, 이상국, 최병욱, 이길재, 유진웅. 그리고 신부님들은 주로 전남의 장흥빈 신부, 전주의 이총창 신부, 원주의 신현봉 신부, 북동 천주교회 정규완 신부, 이렇게 해서 73명, 73명이 단식에 돌입했는데요.

거기서 인제 제가 가톨릭농민회 전남연합회 총무를 맡고 있던 때입니다. 그래서 이때 제가 그 내부에서 총무를 맡았어요. 기록이라든가 이런 걸 제가 다 담당을 하고 했었습니다만. 이제 첫째 날 단식은 워낙 그날 피곤하고, 오후 8시쯤부터 단식에 돌입했는데, 그 북동 천주교회 광장에 멍석을 깔고 이렇게 시작을 했는데, 밖에서 들어오는 정보가, 지치고 그랬으니까 여기를 덮쳐서 다 들어내불까 하는 우려가 있다 해서, 그날 밤은 성당 안으로 들어가서 단식을 합니다. 그날 밤을 성당 안에서 새운 걸로 기억이 돼요. 성당 안은 함부로 진입을 하기가 자기들이 껄끄러운 문제들이 있기 때문에. 그리고 그 이튿날은 성당 안에서 계속 단식을 할 수가 없어서 뒤편 그 사제관 옆에, 교육관, 지금은 있는지 모르겠습니다. 그 교육관으로 옮겨서 거기를 창고처럼 생긴 데를 거기다 멍석도 깔고 하는데, 거기도 상당히 좀 위험성이 있었어요. 거기는 골목 뒤에라서 거기 담 허물고 들어와서 다 거덜내버리믄 위험하다 해서, 그러믄 낮에는 천주교 성당 앞 광장에서 하고, 교대로 성당에서 밤에는 일부는 자고, 또 그쪽에서 자고, 한꺼번에 다 거덜나불믄 안 되니까. 그럴 정도로 상당히 위기의식을 굉장히 많이 느끼고 있었고. 이틀, 삼일째 될 때부터는 그때 먹는 거라고 하는 거, 미음 써갖고 그냥 물 먹듯이 마시듯이, 물만 마시는 정도고, 아예 안 먹은 사람은 아예 안 먹어불고 아주. 삼일째 되니까 전국 각지에서 사람들이 오기 시작해요. 광주지역 내에서는 웬만한 분들은 다 들어갔죠. 목사님들, 신부님들, 당시 야당을 〔위해〕 적극적으로 활동하셨던 분들, 학생운동하시던 분들, 서울에서도 그 기간 내내 보면 문익환 목사라든가, 하여튼 헤아릴 수 없이 많이 오셨어요. 계속 밖에서 안으로 들려오는 소리들은 전대, 조대생들을 중심으로 학생들이 계속 가두데모, 뭐 지원 성격의 데모들을 하고, 또 한편으로는 서울이나 다른 이런 데서 이걸 지지하는 집회, 이런 것들이 촉발됐으믄 쓰겠다 하는 의사를 전달하기도

했었고.

그래갖고 4일째 되니까 무안의 지금 그 박석면이가, 그때 광주일고 다니다가 퇴학당했던가, 지금 그 단식에 참여했던 거예요. 나는 좀 개인적으로 그 집에도 갔었고, 박석면이랑 잘 알기 때문에. 근디, 나한테 와서 그래. "총무님, 정말로 나는 단식해도 뭣을 좀 먹고 하는지 알았더니 암것도 안 묵고 이러고 헌게 죽겠당께요." 그런 얘기를 허고 그럴 정도로 뭣을 그렇게 정말로 단식을 단식답게, 너무 좀 했다 할까, 무식허게 했다 할까, 뭘 전혀 안 먹어버린 거여. 그냥 물만 먹고 그런께 사람들이 그냥 4~5일 되니까 다 탈진해부러요. 거기서 [보성의] 이기환이도 실려가 불고, 병원으로 실려갔어요. 글고 덩치가 큰 사람들이 더 못 견뎌불더만. 하튼 열 명 이상씩 실려가 부렀어. 5일째 되니까 뭐, 더 이상 단식을 지탱할 수 없게 되고. 그런데 사제단이 단식에 동참을 했어요, 이틀 후부터. 이제 사제관에서 하고, 그 여파가 좀 상당히 컸죠. 근데 5일째 되니까, 중앙정보부에서 직접 협상 제안이 온 거여. 협상을 하자. 협상의 요지는 처음에는 일단 해산하고, 정부 차원에서 적극 이걸 해결하겠다, 이런 거고. 우리는 정부고 뭣이고 하이튼 돈 내놔라.

6일째 되니까, 그러믄 현금으로 어떤 방식으로 보상을 할 것인가를 제의를 해오더라고요. 그쪽의 판단은 더 길게 가면 전국적으로 확산될 우려가 있다, 이렇게 보았던 것 같아요. 좀 긴박한 상황으로 돌아가니까, 그러면 대표자들이 도지사하고 이렇게 정부 관계자하고 만나서 거기서 직접 309만 원, 그 보상금을 지급하면 어쩌겠느냐. 근데 우리는 그렇게는 못한다, 우리는 갈 기력도 없고, 적어도 농협 도지부장이 단식 현장에 와서 공식적 사과를 하고 그 돈을 지불하는 형식, 이렇게. 긍께 단식농성을 풀기 하루 전 일입니다. 일주일째 되던 날일 거예요. 그렇게 가시적인 합의를 그때 신부님들이나 종교 지도자들이 중재를 섰고.

그런데 그런 협상이 진행되고 헌께, 사람들이 더 정신적으로 해이해진 경향도 생기고 사람이 더 쓰러져부러요. 마지막 단식에 끝까지, 자기들이 공식 사과하고 보상금을 전달해주고 우리가 받고 헐 때, 남아 있었던 단식자 수는 20명이 채 안 됐어요. 긍께 나머지 50여 명 정도가 그냥 다 어디로, 병원으로 실려가 불고 하여튼 그럴 정도 돼부렀어. 그니까 저렇게 보상을 해주겠다 하면서 특공대라든가 이런 걸 투입해서 다 실어가 버리는 거 아니냐, 그래서 그 마지막 날 밤에 굉장히 긴장을 많이 했어요.

근데 그날이 지나고 그 이틀날 오전 10시에 당시 농협 도지부장하고 중앙정보부 조정관, 조정관이 그때 온 걸로 기억하는데, 두 사람이 와서 공식 사과를 하고, 현금으로 우리가 전달을 받고, 그리고 그날 오후에 5월 2일? 3일? 공식적으로 단식을 끝냈죠. 끝내고, 그때 전 국민에게 드리는 글, 또 농민에게 드리는 글, 몇 가지 문건을 발표하고 병원으로 실려갈 사람 다 실려가고.

그리고 5월 2일날 보상금을 받은 후로 5월 3일날 그때 5대 일간지에 대서특필돼요. 제목을 보면, 지금도 그런 신문들을 제가 가지고 있습니다마는. '단군 이래의 최대의 부정사건', '농협 고구마 수매자금 80억 유용', 이렇게 제목이 뽑아져 나오거든요. 그니까 사건이 종결되면서 그 사건의 진상이 신문에 공개가 된 거여. 우리는 보상을 끈질기게 요구했으면서도 왜 보상을 안 해주고, 또 이 사건의 진상이 뭔가 궁금했는데 그 베일에 가려졌던 진상이 신문지상을 통해서 밝혀진 거여.

뭐냐면 결국은 농협중앙회가 농민으로부터 고구마, 생고구마를 수매해서 농가소득을 높여주겠다고 해서 정부로부터 그때 돈 120억의 자금을 받았어요. 받아가지고 그 돈을 7개 주정회사와 짜고, 긍께 어떻게 짜게 되냐면, 그때 외국에서 수입하는 주정원료가 훨씬 싸요. 긍께 국내산 주정원료의 수입 쿼터를, 국내산 생고구마를 얼마를 샀느냐에 따라서 차등 쿼터를 배정해주는 거여. 그니까 주정회사들이 외국에서 주정원료를 많이 수입하려면, 국내에서 생고구마를 농민들로부터 많이 샀다고 하는 실적이 올라가야 해. 그런께, 결국은 주정회사들이, 우리는 농민들한테 고구마 살랑께 그 120억을 우리를 주라, 긍께 농협이 돈을 거기다 줘버린 거여. 주정회사는 다시 그걸 갖고 농협을 통해서 고구마를 수매해야 하는디 안 해버린 거여. 그리고 전부 고구마를 수매한 것처럼 거짓 장부를 만들도록 하는데, 동원된 사람이 600여 명이에요. 농협중앙회장을 비롯해서 그때 하여튼 해직·견책·감봉, 뭐 나중에 농림부장관까지 모가지가 나갔는데, 그때 605명, 전라남북도 도지부장급들은 싹 나가버리고. 이제 그렇게 사건의 진상은 밝혀졌는데.

그러면 농협중앙회가 아무 군소리를 못 허고 7개 주정회사에 그런 거짓 장부를 만들도록 허는 것이 과연 가능했겠느냐. 소위 농협과 기업 간의 그것은 더 큰 정치권력이 이미 압력을 행사했거나, 그러지 않고서는 그런 일이 벌어질 수 없다. 근데 그때 당시 국무총리가 김종필이었어요. 그런 선에서 이미 상당한 정치자금이 그쪽으로 흘러들어가면서 결국은 농민들은 엄청난 피해를 보게 되고, 그렇게 된 거다. 지금 제가 기억하고 있기로는. 전라남북도를 합쳐서 고구마 생산농가가 24만 농가, 자료에 나와 있는데요. 함평군의 169농가가 피해 본 것을 적용하면은 피해액이 28억 정도, 그때 돈으로 실제 농민들이 피해 본 것이 그렇게 집계가 되더라고요. 자료에 보면 나와 있어요. 결국은 독점자본이 한국 사회를 지배하는 과정에서 정경유착의 전형적인 관료를 동원한, 그리고 농협은 거기에 파이프 역할을 한, 이런 식으로 인제 부정행위가 공식화된 것으로, 추후에 이렇게 확인을 하는 사건입니다.

어쨌든 함평고구마사건이 암태도 소작쟁의 이후 농민의 최초의, 최대의 승리였다, 이렇게 얘기하는 사람들도 있고. 승리의 그 성과는 많은 민주화운동세력이나 민중세력에게도 긍지를 느끼게 한 일이었고, 특히 농민운동 부분에 있어서는 전국적으로 농민회 마을 단위 분회라든가, 농민운동조직이 확산되는 계기가 되었습니다. 데이터를 보면 78년 하반기에서 79년 초반기까지 엄청나게 불어납니다. 전국적으로 확산이 돼요. 결국 79년도에 오면 엄청난 탄압국면에 접어들게 되는데, 함평고구마사건은 70~80년대 농민운동의 기폭제 역할을 했던 사건이다. 여러 가지 다른 정치적 의미의 해석도 있겠습니다만, 농민운동 측면에서 보믄, 그렇게 정리를 할 수 있지 않겠나, 그렇게 생각을 합니다.

근데 이 사건 이후로 저와 관련해서는 바로 5월달에 단식을 끝내고 7월달에 다시 긴급조치 9호 위반으로 서경원 씨허고 제가 입건이 되게 됩니다. 이 사건이 하도 희한한 사건이라 내가 85년도에, 86년도에 법원에서 구속돼 재판을 받을 때, 이 78년도 긴급조치 9호 위반사건은 처벌미상으로 기록이 돼 있더라고요. 처벌을 못 해부렀어요. 그러믄 왜 그랬느냐, 직접적으로는 긴급조치 9호 위반을 걸려야 할 이유는 없었어요. 고구마사건을 걸고넘어질 수는 없었고. 고구마사건은 조금 더 얘기하고 합시다.

그래서 승리를 했는데, 그러믄 보상금을 나눠줘야 할 거 아니냐, 함평에서 나눠준 사진들도 있고 헙니다만, 이 보상금을 또 돌려주는 데 애를 먹었어요. 긍께 우리가 이런 한계를, 저는 90년대, 80년 광주민중항쟁을 거치면서 70년대 농민운동이 무엇을 반성해야 하는가를 나는 함평고구마사건에서 극렬하게 느꼈던 거예요. 이것이 투쟁해서, 승리해서 쟁취헌 거라면, 당연히 그 보상금을 즐겁게 우리가 받아야 해요. 근데 이 보상금을 나눠줄라고 마을별로 날짜를 받아가지고 정해주믄 사람이 안 나와요. 그 보상금을 받으러. 왜 그런가, 이거저거 받아갖고 큰 보복당하는 거 아니냐, 이런 거예요. 그니까 물론 그때 이 백련동, 저기 저 가덕 몇 개 마을은 공식 행사를 통해서 보상금을 나눠줬습니다. 그 외에는 공식 행사를 통해 보상금을 나눠주지 못했어요.

제가 그 보상금을 나눠줄 때 직접 관여를 한 사람인데, 아 돈을 인자 회의를 소집해갖고 가믄 사람들이 안 나와부러. 그럼 누구를 돈을 줄 거여, 못 주는 거여, 아 다 영수증 받고 줬잖아요. 우리가 아까 영수증 보여줍디까, 고구마 피해보상 영수증입니다. 근디, 그래서 아마 정확한 금액은 모르지만, 절반 정도를 이 돈을 노나주지 못허고, 장홍빈 신부한테 이 돈을 맡겨놓게 되어요. 신부한테 그래서 한둘씩 오믄 내주고, 몇 사람 오믄 내주고, 이것은 두고두고 70년대 농민운동의 한계와 성격을 그대로 또 성과와 긍께 함평고구마사건이 농민운동에 보여주는, 보여줬던 의미는 그것이 갖는 위대한 어떤 승리, 그리고 농민운동의 기폭제 역할, 그러면서도 그 70년대의 농민 의식구조상 농민운동이 갖는, 그 어떤 농민운동의 지향적·궁극적인 것이 있다고 한다면, 그 한계를 여실히 드러낸 그 양면성을 지니고 있다, 이렇게 볼 수 있습니다. 긍께 결국은 본인들이 줄기차게 당사자들이 투쟁을 통해서 이루어낸 성과라고 하면 그렇지 않겠죠. 이게 어떤 교회 의존성, 기독교적 양심 의존성, 그니까 또 두려움에 휩싸이는 거예요. 그건 이율배반적이거든. 우리가 의식구조상으로도, 돈을 받으면 엄청난 보복이 오지 않겠냐 해서, 몰르게 돈을 찾아가는 거여, 모르게, 이를테면. 영수증 써주고 '영수증 안 써준 거 맞는가?' 이런 사람도 있고, 이건 뭐 이후에 별도로 얘기해야 할 부분입니다만, 큰 한계도 동시에 나타냈던 것이다.

그리고 이 문제를 가지고도 그러니까 경찰당국에서는 이걸 계속 집요하게 파고든 때가 있었어요. 나를 얽어 넣기 위해서 이걸 인제 유용했다, 보상금을 갖다가 조사를 하고 다녔더라고. 받았냐 안 받았냐, 그럼 받은 사람도 안 받았다 해불고, 인자 이런 웃지 못할 일들이 벌어진 경우도 있고. 그니까 그런 자기들 정보로 판단한다면, 누군가가 이 돈을 지금 보관하고 있거나, 이미 안 찾아간 게 아니라 모르고 써버렸을 것이라는 판단 하에서 짐작을 하는 거예요. 그래서 계속 집요한 추적을 하고 해서, 한 달 후에 다시 공식 통보를 해서 전부 이 돈을 가져가도록, 없는 사람은 아들한테 가서, 애기들한테 가서 주고 사인 받으러 [다니고]……. 그렇게 해서 해결을 했었거든요. 물론 그런 피해 농가가 다수는 아니었어요. 다수는 아니었지만 그런 어려움들이 있었다, 그런 거고.

운동가 양성의 산실, 크리스챤아카데미와 탄압

79년도로 이제 넘어가지. 79년도에는 복잡한 사건들이 저허고 관련해서도 참 많았습니다. 크리스챤아카데미 교육프로그램이라고 하는 것이, 강원용 목사가 독일 교회에서 지원허는 자금을 가져와 〔운영하는〕 소위 중간집단 양성프로그램입니다. 양극화 해소를 위해서, 중간집단, 대화를 통해서 해결할 수 있는 집단을 길러내야 소위 말하믄 개량주의 그런 사회로 간다. 그런 입장에서 노동자·농민·청년·학생·여성 5대 중간집단 프로그램을 양성하는데, 수원에 있는 크리스챤아카데미 사회교육원〔내일을 위한 집〕이죠. 독일이 지원을 해서 지어진 교육원입니다. 거기가 아주 시설도 좋은데요. 거기에는 이우재 씨를 중심으로 농민 쪽이 황한식, 여성 쪽이 한명숙, 학생 쪽이 내가 잘 기억이 안 나네요. 하튼 담당간사들이 다 있었어요.

근디 농민 쪽과 관련해서는 4박 5일 지도력 개발과정이라는 교육프로그램을 운영했어요. 어떤 오늘날의 농민문제 제기, 그리고 그런 구체적인 문제 속에서 어떻게 해결해야 할 것인가, 이런 걸 간단하게 가르치는 겁니다. 글고 주로 지도력을 개발하는 거, 발표력이라든가 대화할 수 있는 능력이라든가, 이런 걸 가르치는데, 그 프로그램을 거친 사람들 중에서 〔또〕 선발을 합니다. 그래서 선발된 대상자들에게 또 6박 7일 교육을, 한 단계 높은 차원의 교육을 시키고, 거기에서 〔또〕 더 선발된 사람은 2년 동안 장기 교육프로그램이 있어요.

독일에는 그런 지도자 양성, 전문 운동가 양성프로그램이 있다고 그러드만요. 그런 〔프로그램을〕 도입을 해서 사회 각 정치·경제·철학·교육·문학 모든 부분 영역에 걸쳐서 지식과 능력, 지혜를 길러주는 그런 프로그램인데, 그것은 일단 선발이 되면 맨투맨식 지도교사가 딱, 딱 선택이 돼요. 경제분야믄 경제분야, 정치분야믄 정치분야, 그 전담자들이 계속 책을, 사회과학 서적이라든지 이런 책을 공급하면서 그걸 속독한 진적도를 봐가면서 이렇게 한 단계, 한 단계씩 그 사람의 사고가 더 진전될 수 있도록 해주는 그런 프로그램입니다. 그리고 마지막 단계에는 그 진전된 성과를 바탕으로 해서, 집체교육을 통해서 마무리되는. 주로 그 교육과정에 동원되었던 분들이 리영희 교수라든가, 황성모 교수라든가, 김병태 교수라든가, 하여튼 우리나라에서 진보적 석학들은 거의 다 동원이 됐어요. 김진균, 장을병……

저는 그 프로그램을 제1기로 마쳤던 사람입니다. 그래서 농민운동을 어떻게 민족운동과 연결시키면서 또 발전시킬까, 이런 고민들도 많이 했고 이랬는데. 아, 인자 79년 3월달에 집에서 잠을 자고 있는데, 누가 나를 부른단 말이여. "금노, 금노, 집에 있는가?" 불러. 그래서 나는 어디 친구가 온 줄 알고, "누구여?" 하려고 했는디, 어떻게 권총을 딱 들이댄단 말이여. 가족들하고 자고 있는데, 권총을 들이대고는 "그냥 조용히 일어나시라고……" 조용히 일어났어. 본께 이거 감이 이상해. '아하, 이거 나를 잡으러 왔구나.' 그래서 나도 그랬죠. "아, 나 도망갈 사람 아니니까, 무슨 얘기여도 도망갈 사람 아니니까, 옷이나 입고 거 좀 조용히 갑시다." 그랬어. 그런께 자기들도, 어째 좀 막 긴장하고 할 줄 알았는데 의외로 차분하니까, 자기들도 놀랬던가 멍 허니 있더니 "아, 그렇게 하시라" 글드라고.

그래갖고 끌려간 것이 광주 화정동 중앙정보부 지하실로 새벽 2시에 끌려가갖고, 어디 그냥 밑으로 뎃고(데리고) 가더니, 엇다 그냥 집어 처넣어버리고는 덜커덩 문을 닫아버리고, 깜깜 아무것도 안 보이는데, 뭐 몇 시가 되얏는지도 모르겠어. 뭐이 한참 있다가 문이 열리더니 나오라 하더니, 거기서부터 눈을 딱 가리더니 뭔 차에 태우고 그냥 어디로 출발을 해버린 거여. 아마 한 너댓 시간을 차를 탄 거란 말이여. 뭐 물 마실라냐고, 물 마셔야 된다고, 벗겨주도 않고 물만 먹여주고.

그래갖고 난중에 들어가서 본께 거가 중앙정보부여. 남산으로 끌려간 거란 말여. 갔더니 아, 세 사람이 딱 오더니 무조건 하여튼, 이놈이 때려불고 저놈이 때려불고 무조건 뚜드려 패는 거여. 뭐 이유도 뭣도 없이 디지게 뚜드러 맞고. 그러더니 그 이튿날이 딱 되니까, "니가 태어나서부터 읽었던 책 제목을 쓰라"는 거여. 그래서 인자, 그것도 연도별로 쓰라는 거여. 뭐, 초등학교 때 국어, 산수, 요리고 있어 인자. 그다음 그다음 해의 연도 또 써라 하고. 근데 이거 뭐 기억도 안 나고……. 근데 내가 생각을 해도 어디 서점에서 책을 샀다믄 "너 그 책 어서 샀냐"고 헐 것이고. 저 쓴 것 중에 하나가 『일반경제사요론』이라고 이영협 교수가 쓴, 그 책 내용이 아무것도 아닌 거여. 그걸 딱 이렇게 썼더니, 그때부터 인자 얘기를 시작한 거여.

뭐, 이우재가 소위 말하믄 간첩이다 이거여. 근데 "너는 북에서 발간된 『현대사상연구』라는 책이 정치·경제·철학 부분으로 이렇게 나누어져 있는데, 한양대 정창렬 교수가 일본에서 그 책을 가지고 와갖고, 장상환이를 줘갖고, 장상환이가 그걸 또 노트에다가 알기 쉽게 전부 풀어서 쓴 것 중에, 정치·경제 부분을 니가 갖고 가서 탐독을 해갖고, 농민 의식화 교육을 하고 다니는……", 자 이렇게 돼 있어요. 그니까 그 책을 받았던 시점, 그리고 장상환이한테 받았냐 안 받았냐. 이것이 나하고 인자 쟁점이 된 거여. 쟁점인데, 나는 그런 책을 받은 사실도 없고 그런 거 잘 모른다고 그러믄, 인자 디지게 어떻게 뚜드려 맞다가, 그랬당께. "당신들이 중앙정보부가 남자를 여자로 못 만들고, 여자를 남자로 못 만들고 다 만든다더라, 긍께 뭐 당신들이 나를 공산주의자로 만들든 사회주의자로 만들든 알아서 해부러라" 말이여. "나, 자기들 해주란 거 다 해줄란다." 하도 그냥 도저히 안 되겄어.

그러고 한 5일 지났나, 한 5일 지났는데, 참말로 인자 어디 더 깊은 지하실로 나를 델꼬 간단 말이여. '아, 이 새끼들이 나를……, 미쳐가지고 나를 죽이러 가는갑다.' 가서 보니까 장상환이가 있는데, 장상환이는 저쪽에 해쭈구리해갖고 앉았고, 담당하는 사람들 딱 네 사람씩 한 사람 앞에, 즈그들 여덟, 우리 둘이 있단 말이여. 그래갖고 인자 소위 대질 심문을 하는 거여. 그래 나는 "아, 자네가 나 뭔 책을 줬다냐? 난 그 책이 뭔 책인

지도 모르겠고, 언제 줬냐?"고 내가 이렇게 물어본께, 장상환이는 또 "노금노 씨한테는 줬는지 안 줬는지 잘 기억이 안 난다"고 그래불드만 인자. 그래버린께 나를 담당했던 사람들은 희색이 만면허고. 왜 그러냐 내가 가만히 생각해보니까, 아 이 사람들도 징역을 살아. 그 사건의 경우 그러더라고. 즈그들이 교대를 하드만, 3교대를. 24시간을 하는데 8시간씩 교대를 해. 근디 인자 이것이 내가 받았다 하믄, 참말로 조사를 해야 해. 나 담당한 놈들도. 근디 상환이 저것이 잘 기억이 안 난다 어찌고 해버린께, 인자 나는 더 이상 조사를 안 해도 돼야, 이놈들은. 저쪽은 얼굴이 시꺼매져부러. 그 담당한 놈들은, 인자 "이 씨벌 새끼 이 새끼, 언제 줬다고 이 새끼 다 헌 놈이 이제 와서 또 뭘 기억이 안 난다 어쩐다." 그런께, 나 담당했던 사람들이 "어이, 노금노 씨, 얼른 갑시다" 허고 막 뎃고 나와불드만. 자기들끼리 간에도 뭐 그런 게 있는가 봐. 내가 안 받았다고 주장하니까, 저쪽에서 내가 안 받았다고 인정허는 듯 헌께, 이쪽 조사가 더 신빙성이 있는 거여. 자기들은 그런 게임을 허고, 우리는 죽기 아닌 살기 게임을 허고 이거 참.

그러고 인제 나와가지고 있은께, 돈 12만 원 주드만. 그 이튿날 고생했다고 차비해갖고 내려가라고. 아, 그래갖고 내려와갖고 내가 함평경찰서를 가갖고 책상을 다 엎어부렀구만 아조. "이 쌍놈의 새끼들……, 여그선 나 죽으러 간 줄 알았어? 다시는 못 돌아올 줄 알았는데, 아 이 새끼가 와갖고?" 경찰서 책상을 뒤집어엎고, "이 쌍놈의 새끼들, 내가 죽으러 간 줄 알았냐? 이 말이여." 어쩌고 큰소리 뻥뻥 친께, 그때는 즈그들이 뭔 말을 못 해. "아, 그런 것이 아니여", 어쩌고저쩌고 하드만.

아, 그런디 인자 며칠 있은께 이길재 씨한테 전화가 왔는디, 그때 이백 몇십여 명이 잡혀갔으니까, 글고 거기 중앙정보부 지하실로 끌려간 사람은 여덟 명인가 기여, 나를 포함해서. 이우재, 장상환, 황한식, 한명숙, 방용석, 신인령, 하튼 여덟 명인가 돼야. 교수 하나, 또 누구 있었는디. 근디 아, 인자 종로 5가[기독교회관]에서 '고문폭로 기도회'를 한다고, 나보다

(나더러) 와서 고문폭로를 하라고, 고문당한 거를.

긍께 거길 갔네, 종로 5가에. 그때가 한 4월달이나 될 거요. 내가 3월달에 끌려갔은께. 간께 김대중 씨, 함석헌 씨, 강원용 목사, 문익환 목사, 하여튼 거물들은 다 왔어, 진짜. 왜냐믄 그때 이미 독일 외신에서는 조작이라고 하는 판이라. 아, 거기서 발표하랑께, 내가 이러고 디지고 어쩌고저쩌고, 간첩도 아닌 사람들을 간첩이라고 뭣이 어쩌고저쩌고 했단 말이여. 아, 그라고 또 잡혀가부렀어. 그런디 그때 방용석이랑 여성 노동자들이 거길 많이 왔어. 연행되다가 도망을 내가 가불게 돼야, 중앙정보부에서. 여자들이 어떻게 조금조금 해버린께, 그 틈에 도망와부렀다고. 그때 잡혀갔으믄 아조 죽었을랑가 몰라.

그런 곤욕을 그때 79년도 전반기에 치렀는데, 그로부터 한 달이나 있은께, 그때 정부에서 정식으로 가톨릭농민회에 대한 용공이적성 여부를 조사한다고 발표를 허고, 대검·국회에서도 조사단을 파견했고. 대검은 광산구로 와갖고 조사를 했고, 나는 그때 신민당에 있을 때여. 내가 그때 그 무등호텔이라고 도청 앞에 있던 거.

오원춘사건, 남민전사건, 노풍 피해보상운동

그러고 그해 4월달에 '시나라바'라는 감자가 있어요. 인제 오원춘사건이 그때 터지게 되는데, 이 사건은 어찌게 터지게 되냐믄, 그 농협에서 공급한 '시나라바'라는 감자를 다 심었어요. 아, 심었는데 싹이 안 터부러. 그런께 피해보상을 요구헌 거여. 그걸 인제 탄압하기 위해서 오원춘이를 추접스러운 놈으로 모는 거여. 오원춘이란 사람도 정당한 피해보상을 요구허고, 막 조직세가 일어나니까, 이걸 추접시런 놈으로 만들려고 울릉도로 데려가분 거 아녀. 안동교구에서 신부님 몇이 양심적으로 이야기해봐라 해서 폭로를 헌 거여. 그래갖고 구속된 거 아녀. 그때 재판이 붙으믄

400~500명씩이 재판정을 가요. 나도 대구를 수없이 다녔구만. 그 사건은 의혹이 많았죠. 결국 재판이 10·26사태 나갖고 유야무야하고 끝나분 거 아니냐고.

그런 사건들이 많아요, 79년도에 오면은. 크리스챤아카데미 반공법위반사건, 가톨릭농민회에 대한 용공이적성 여부 조사, 또 오원춘사건……. 농민운동이 이게, 일반 농민들이 볼 때는 마치 저쪽과 관련된 소위 말하는 빨갱이 침투해 있는 조직이지 않냐 하고 느끼게 하는. 그럼으로써 농민운동의 영향이 급격히 밑으로 수그러드는 그런 경향성들이 70년대 후반부에 있었고. 여기에 한 가지 더 광주·전남 지역을 통해서 담아온 것은 남조선민족해방전선사건, '남민전사건'에 관련된 가톨릭농민회 회원도 한 일곱 명 정도 됩니다.

그러고 79년 10월달에 가농 전남연합회 총무로 활동하면서, 그때 인제 소위 말하믄 '노풍 피해', 노풍을 정부에서 종자를 공급했는디, 이것이 냉해의 시초여갖고 모가지만 뻔들뻔들해. 그것 수확을 할 수 없을 정도로 되어버려 가지고, 노풍 피해보상운동이 격렬하게 각 시·군 단위로 일어나요. 그니까 이게 79년도에 광주·전남 지역은 물론이고, 전체적으로는 분위기가 용공이적성, 남민전, 막 이런 걸로 사정없이 농민운동 분위기가 까라앉는데, 그 노풍 피해보상운동이 계기가 됩니다.

아, 벼농사는 열심히 지었는데 냉해를 입어부러 갖고, 전부 모가지만 덜렁덜렁해버리니까 얼마나 열 받아. 결론적으로 그래서 상당한 보상을 받았었죠. 그러면서 각 시·군별로 또 결집이 되는, 인자 그 조직 역량들이. 적어도 79년도 상반기부터 중반기까지는 그런 으스스한 분위기로 막 몰아가버리니까 좀 침체됐다가, 노풍 피해보상운동을 계기로 79년도 말에 〔분위기가〕 올라오는 그런 과정에서 10·26사태가 나버렸어. 아, 인자 뭣이 되는가 보다 하면서 농민운동이 다시 폭발적인 고양기로 나가죠.

보면은 79년도 하반기부터 80년 민중항쟁 전까지는 뭐 투쟁은 많지 않았어요. 근데 조직은 또 엄청나게 불어나요. 그리고 80년도로 오게 되는

데, 소위 10·26사태 이후에 그런 여러 가지 조건들을 반영하는 행사가 79년도에 대전에서, 그때 날짜가……, 그 행사가 마지막 있었어. 그때 농민운동 역량으로 보믄 12·12사태하고 상관없이 한 200명 모였어요. 그때 그것은 노풍 피해보상이나 이런 것들로 다시 농민운동이 전국적으로 역량이 올라오면서 그런 열기들이 바로 대전농민대회로 연결된 것으로 봅니다.

봄이 오고 새싹이 돋고―'민주농정 실현을 위한 전남농민대회'

그리고 이제 80년도로 넘어오게 되는데. 80년도 서울의 봄, 이때 이제 끊임없이 80년대부터 90년도 전농이 창립될 때까지 10년 동안에 소위 말하면 농민운동의 조직논쟁이 일어나는 단초가 1월달에 벌어져요. 서울 농대를 중심으로 전국적으로 활동했던 이런 팀들에 의해서 '전국농민연합' 결성을 위한 준비위원회가 출범을 합니다. 그것은 여러 가지 조건을 반영하고 있다고 보아지는데요. 왜냐하면 79년도에 오면 78년도 하반기부터 줄곧 준비해왔던 〔전남〕기독교농민회가 출범을 하게 됩니다. 〔전국조직으로 한국기독교농민회총연합회〕 공식 발족은 아마 81년으로 알고 있는데, 이미 전남 같은 경우는 기독교농민회가 79년도부터 배종렬, 정광훈 씨 이런 분들을 중심으로 해서 편성이 되기 시작하고, 그리고 그것은 사실상 농민운동의 조직 분립 현상이 나타나는 계기가 되는 것이었죠. 그런 측면에서 그런 단일대오를 형성하는 전국농민연합을 만들자는 움직임이었고, 또 하나는 소위 10·26사태라고 하는, 독재가 무너지는 기반 위에서 농민들의 새로운 조직역량을 만들어보자는 젊은 그룹들의 의욕, 이런 조건들이 그런 움직임으로 나타나게 되었습니다.

그런데 큰 파장을 불러일으키지 못했고, 왜냐하면 5·18항쟁 이후로 중단되었으니깐요. 그리고 자체 내의 학생운동 중심으로 활동했던 분들이 조직적 역량을 키우기도 전에 그런 논쟁에 휘말려가지고 유야무야돼버린 사건이지만, 그러나 최초의 공식문건을 내놓고 서울 농대에서 제가 알고 있기로는 농민 대표자들이 한 번 모였는데, 전국에서 70~80명 모여서 그런 논의를 한 건 사실이었어요.

그리고 이제 '민주농정 실현을 위한 전남농민대회'를 준비하게 됩니다. 이때 이미 농민운동의 역량도 특히 광주지역을 중심으로 요즘 말하면 시민사회세력이라든가 민중운동진영, 그때는 민중운동이라는 말은 개념적으로 별로 안 했지만, 어쨌든 반독재 민주화운동, 학생운동, 이런 그룹들과 상당히 교감을 갖고 뭔가를 논의할 수 있을 정도로. 10·26사태 이후에 일부 농민운동에 깊이 관여했던 분들은 김대중 씨를 많이 찾아가기도 했고, 이런 연결들이 개별적으로 일어나기도 했습니다, 80년도 초반에. 이제 농민운동 내부에서는 그때만 해도 민중 쪽에 가까운 입장을 가지고 있던 분들은 그 가치를 별로 인정 안 하고, 또 민중적인 입장이 아닌 좀 소박한 종교적 양심 또는 그냥 농민운동, 농민의 이해관계를 중심으로 하는 실천력을 담보로 하는 사람들에게는 그게 변절처럼 비치기도 하고. 이제 그런 것들이 80년대 초반에 조직은 많이 불어나는데, 그것이 투쟁적 역량으로 나아가는 데는 부족했던 이유라고 나는 보는 거예요. 왜 그러냐면, 개별적으로 서울의 봄, '진짜 봄이다, 정치의 계절이 왔다' 하니까 그쪽으로 진출하려고 했던 사람들이 농민운동 내부에도 있었고, 그니간 거기에 대해서 소모적 논쟁이 있는 거예요. '농민운동을 뭐 하러 했냐, 농민이 그래도 되냐', 이러면서 농민들의 생존권과 관련된 투쟁을 방치하는 그런 상황들이 있었다, 그리고 그건 한번쯤은 짚어야 하는 문제다, 왜냐하면 그것은 광주민중항쟁과도 관련이 있기 때문이다, 역량도 올라왔기 때문에.

그래서 이제 '이래서는 안 되겠다, 이러한 자질구레한 논쟁들을 하나의 단일대오로 형성해서, 뭔가 농민들의 그런 정치적 역량도 좀 키워보고, 농민운동의 정치적 역량도 좀 체계화시켜보자'고 준비된 게, 바로 5월 19일 '민주농정 실현을 위한 전남농민대회'입니다. 그래서 이제 3월달부터 이걸 준비하기 시작합니다. 물론 그것은 이제 생각을 달리하는 사람들도 있을 거여. 왜냐면 그때 사북 노동자들 엄청나게 일어나고 하니까, 농민 쪽은 뭐 하느냐, 전국적으로 그럴 만한 농민 쪽의 움직임은 없었다니까요. 79년도 12월달에 있었던 대전농민대회 이후로는. 서울의 봄 시절, 농민들의 모습이 안 보이는 거여. 소위 민중운동권에서 볼 때, 농민들은 뭐 하냐 하는 질책들이 특히 광주로 많이 몰렸어요. 그런데 광주는 내부에 상당히 그런 소모적인 논쟁들이 있었고. 그러니까 그런 시각으로 보았을 때는 그런 흐름들에 의한 어떤 반영으로 급격히 준비된 것이 '민주농정 실현을 위한 전남농민대회'라는 얘깁니다.

그러다 결국 거대한 힘에 의해서 제대로 치르지 못했던, 이렇게 얘기하는 분들도 있겠지만, 제가 볼 때에는 오히려 그렇게 보는 것보다는 79년도 하반기에 고양되었던 노풍 피해보상운동을 통해서 그동안 으스스했던 용공조작에 휘말려서 좀 지지부진했던 농민운동의 역량이 79년도 말에 투쟁 역량이 올라오는데, 서울의 봄을 맞이하니깐 이게 해이해지는 거야, 자기 갈 길을 찾아가려 하는 갈라지는 모습을 보이고, 또 기독교농민회도 이미 조직적 움직임을 시작했고, 또 불교농민회도 만든다고 돌아다니고……. 그러니까 이거 안 되겠다 해서, 뭔가 농민들의 조직 역량을 한데로 모으려면, 뭔가 어떤 자꾸 토론해보고 하면서 대회를 준비하자는 선상에서 3월달부터 준비된 거예요. 어떤 사람들은 갑자기 5월 2일 이후부터 준비했다는 사람들도 있는데, 그건 사실과 달라요. 물론 그런 준비를 언제 어떻게 했냐 하는 건 그렇게 중요하지 않은데, 그 흐름을 농민운동의 흐름 속에서 볼 때는 지금 내가 정리하는 대로 보는 게 옳다는 거예요.

그런데 준비 과정에서 여러 갈래 논쟁이 시작돼버린 거예요. 지지부진하다 날짜를 5월 19일로 받은 거여. 이 대회의 주도권을 둘러싸고 논쟁이 발생하는데, 처음에는 '[함평]고구마사건 해결전승 몇 주년 전남농민대회', 이렇게 기획이 됐어요. 이 대회를 가톨릭농민회의 중심 대회로 끌고 가고자 하는. 그리고 또 하나는 장소가 결국 북동 천주교회로 결정이 됐는데, 이 장소를 가지고 기독교농민회를 준비하는 사람들하고 상당히 설왕설래했어요. 이 주최문제를 가지고도, 그때 이미 결성된 건 아닌데, 전남농민위원회를 구성하자 해서 주최를 그렇게 하자, 아니면 기독교농민회·가톨릭농민회 공동으로 하자, 이렇게 여러 갈래로.

그 이면을 들여다보면 적어도 이 대회가 갖는 중요성 때문에 그래요. 뭔가 이 대회를 하면 사람들이 많이 모이게 돼 있고, 많은 조직적 역량이 있는 지도세력이 함께하게 되어 있는데, 여기에 자기 목소리를 끼워 넣지 못하면 뭔가 뒤처진다, 이거는 개인의 정치적 욕망하고도 다분히 관련되어 있었어요. 그니깐 이게 준비 과정에서부터 별것도 아닌 거 갖고도 5분에 결정할 것을 일주일 후에 결정, 결정된 것도 며칠 후에……. 그러다 보니 이게 5월 19일로 대회가 잡히게 된 것입니다.

누구도 피해 갈 수 없었던 5·18, 그 참혹한 현장

어쨌든 80년 소위 서울의 봄 시절에, 그래도 전남 농민들이 함께 뜻을 모아서 추진했던 것이 '민주농정 실현을 위한 전남농민대회'였습니다. 이 대회와 관련해서 제가 개별적으로 당시 경험했던 바를 말씀드리려고 합니다. 우선 대회 요강은 이런 거였습니다. 적어도 1,500명 이상의 농민을 한 곳으로 모이게 해서, 농민들의 조직역량을 다시 한 번 재점검하고, 또 여러 갈래로 성향을 보이고 있는 조직 분립 현상을 내부 정리하면서, 서울의 봄 그 분위기에 맞는 어떤 새로운 질서를 창조하고자 하는 것이었습니다. 당시 기독교농민회, 가톨릭농민회, 또 아직 조직역량으로는 나타나지는 않았지만 불교농민회, 적어도 종교적 성격에 기반한 70년대 농민운동의 총역량이 이제 집결되어서 이 대회를 준비하게 되었습니다.

저는 이 대회에서 기획과 자금을 담당했습니다. 대회장을 누구로 할 거냐, 공동대회장으로 할 것이냐, 여러 가지 논쟁을 정리하는 과정에서 시기적으로 늦어졌지만, 그래도 대회준비는 비교적 잘되고 있었습니다. 아마 그동안 제가 경험했던 그 어떤 농민대회보다도 규모가 크고 내용도 충실하고, 또 당시 분위기가 어떤 대회 하나를 치르려고 하면 돈이 없어 어려운 조건 속에서 치러야 하는데, 당시의 분위기는 돈 문제를 걱정하지 않아도 될 그런 분위기였기 때문에 아주 대회가 잘되리라고 믿어 의심치 않았어요.

일단 1,500여 명의 농민들이 모여서 민주농정을 실현시키기 위한 결의를 다지고, 북동 천주교회에서 도청까지 평화적 시위를 하는 것으로, 그래서 도청에서 이 행사를 마무리하는 것으로 계획했습니다. 그런데 그때 우리가 경험한 바에 의하면 농민들이 1,500명이 모인다 하더라도, 모여서 그동안의 투쟁역량을 발휘해서 시가행진을 한다 하더라도 경찰병력이 또는 탄압세력이 이것을 물리적으로 막을 경우 이것이 가능하지 않다고 보았던 거예요. 그래서 전남대학교, 조선대학교 총학생회와 이것을 어떻게 할 것이냐 하고 함께 논의를 했어요. 당시 박관현 씨가 전남대 총학생회장을 맡고 있었고. 1차로 조대 총학생회, 전대 총학생회, 우리 대회 지도부가 함께 만난 적이 있습니다. 조대는 김운기. 그래서 저희들이 2시에 행사를 시작해서 4시쯤 되면 가두진출을 하게 되는데, 이때 전대 총학생회에서는 주로 금남로에서 좀 떨어진 지역에서 시위를 하고, 조대에서는 또 다른 지역에서 시위를 하면 경찰병력이 분산돼. 그러면 농민들의 투쟁역량이 학생들보다는 훨씬 뒤떨어지지만 행동반경이 좋으니 도청 앞까지 진출은 무난하다, 그렇게 되었을 때 도청 앞에 먼저 농민세력이 당도를 하고, 그리고 경찰 저지망을 뚫을 수 있으면 뚫어서 조대 총학생회, 전대 총학생회가 함께 도청 앞 광장에서 모여서 현 시국에 대한 청년·학생·노동자·농민 전체 입장을 발표하는 것으로 마무리하면 좋지 않겠느냐 하고 계획을 했어요.

이렇게 합의를 하고 대회를 추진하는데, 제 기억으로는 5월 17일 박현채 교수가 YWCA에서 강연회를 했을 거여. 그때 저는 매일 광주에 준비

팀들과 상주하면서 우리 농민 준비팀들, 각 지역 동원과 자금, 이런 것을 점검하고 있었을 때였습니다. 그때 5월 16일인가 17일인가 강연회가 끝나고 이상한 얘기를 들었어요. 아주 상황이 매우 안 좋다고 하는. 그때 김상윤 씨하고 약속을 했었는데, 전대 총학생회 만나는 것을 17일날, 각 대학과 농민세력이 최종 점검을 하는 걸로. 그니까 17일날 강연회를 한 것 같아요. 근데 이상하게 이 얘기가 서울에서 들려오는데, 이화여자대학교에서 학생들이 뭘 하다가 덮쳤다던가, 그런 소문이. 그 얘기를 들으면서 제 느낌이 상당히 이상했어요.

물론 당시 상황 인식에 대한 흐름이 크게 두 가지가 있었다고 보아지는데요. 군부의 동향이 심상치 않은데, 너무 민주화됐다고 막 저렇게 기웃거리고 하는 것은 너무 주의 깊지 못한 거 아니냐 하는 이런 신중론이 있었고, 또 한쪽은 이미 뭐 이건 거역할 수 없는 하나의 물결이니깐 여기에 편승해서 계속 밀어붙여야 한다, 이런 거였어요. 저는 상당히 신중론을 폈던 사람이었는데, 우려했던 어떤 위기감이 피부로 느껴졌어요, 그때. 그래서 다시 밤에 급히 점검을 시작한 거예요.

이제 밤에 들어보니까 확실히 서울에서는 문제가 붙어버린(생긴) 거예요. 그래서 그때 학교에 갔던 사람이 이양현, 내가 이양현이 집에서 가끔 잠을 자고 다니던 때였어요. 이양현이하고 나하고 윤한봉 씨하고 그렇게 YWCA에서 뭐 여성 강사들도 몇 분 계셨고, 거기서 심각해서 녹두서점으로 옮기게 돼요. 거기서 서울로 확인해봐야겠다, 알아볼 데가 없어요. 그때 내 기억으로는 서울 기독교방송에 전화를 했어요. 거기서도 명확한 얘기를 안 해줘버린 거예요. 그때가 자정 무렵 될 거예요. 언제 좋지 않은 느낌을 받았냐면, 다 김대중 씨를 잡아갔다고 하는데, 어떻게 된 거냐, 사실입니까 하고 물었는데, 사실이 아닐 수도 있습니다. 그쪽에서 답변이. 사실일 수 있습니까 하고 물었더니, 그쪽에서 전화 끊습니다 하고 끊어버려.

그래서 이거 뭔 문제가 붙었구나 해서 대기호텔서 만나기로 했던, 17일이니까 그 팀들을 급히 연락을 취해서 자리를 옮겨라 그러고, 우리도 학교 있는 것도 안 되겠다, 자리를 막 피하고 10분 있었는데, 그날 잡혀 간 거여, 김상윤 씨가. 녹두서점에서 있다가 약속 취소해불고 무등산 어디 산장으로 총학생회 팀들은 가고, 나는 양현이 집으로 가고. 그리고 한 10분 있는데 김상윤 부인한테 전화가 왔다고, 잡아가부렀다고.

그래서 그날 이제 뜬눈으로 밤을 새우고, 5월 18일날 가톨릭센터 5층으로 가서 고민에 고민을 거듭하고 있는 거여. 이 대회를 해야 할 건가 말아야 할 건가. 근데 이미 농민들은 다 올라오기로 돼 있는 거여, 19일날. 그런데 오전 10시쯤이나 됐을까. 제 사무실이 가톨릭센터 5층 506호에 있었기 때문에, 거기에 농민대회 준비팀들이 있는데, 갑자기 막 금남로 거리에서 "전두환 반란, 전두환 반란" 하면서 학생들이 막 도청으로 몰려오는 거여. 창문 열고 보니까 한 100여 명쯤 되는 거여. 그리고 도청, 가톨릭센터 앞에서 연좌데모를 하고. 앞에서 지휘를 하는 그 학생들은 저 반대 방향을 바라보고 있고, 저 뒤에서 공수부대가 오는데 완전히 총에다 대검을 꽂고 '앞에총' 자세로 뛰어온단 말이야.

나는 그전에는 느낌이 이상하다는 것만 그래서, 농민운동 현장으로만 전화를 주고받고 연락을 했는데, 광주에서는 뭔 일이 벌어지는지 몰랐어요. 서울 쪽 분위기는 감을 잡았고, 그래서 문 열고 보니까, '전두환이 반란을 일으켰다!'는 구호를 계속 일으키면서 '군사계엄 확대실시 반대한다!'는 것만 일으키면서 벌써 데모하는 양상이 그 전날 하는 양상과 완전히 달라요. 막 쫓기는 듯한 분위기여, 그 분위기 자체가. 아 그래서, 이거 심각하구나 하고 5층에서 계속 내려다보고 있는데, 지휘하는 학생은 도청 반대쪽을 바라보고 지휘하고 있고, 연좌하는 학생들은 도청 쪽을 향해서 연좌를 하고 있는데, 저는 5층에서 보니까 저 밑에서 이제 공수부대가 일개 분대인가 소대인지는 모르겠는데 10여 명 중간에 지휘자가 지휘를 하면서 '앞에총'을 하더니 차에서 내리더니 '앞에총' 함과 동시에 막 돌격을 하는 거여. 사정없이 돌격을 하니까, 그대로 오는 학생들을 다 대검으로 찌르게 돼 있더라고. 그래서 막 시민들이 뒤에서 온다고 악쓰고 한께, 지휘하는 학생들은 보고, 막 어디로 골목으로 도망을 가는데, 앉아 있는 애들은 그때야 일어나서 하니까, 뒤에서 잡힌 놈들은 아주 막 대검으로 찔린 놈, 뭐 구둣발로 채인 놈……, 거기서 피가 낭자해부러. 나는 사람이 그렇게 찔리는 거 처음 봤어. 막 몸이 부들부들 떨리고 어떻게 해야 할 바를 모르겠는 거야. 그러니까 이거 막 비명을 지르면서 전부 도망가는 것이야. 세 명인가 잡힌 애들은 어찌고 해서, 뚜드려 패고 해서 그놈들 차에 싣고, 그리고 이제 싹 사라져버렸어.

근데 그 상황을 보니까, 나는 시민들이 다 어디로 도망갈 줄 알았는데, 좀 있으믄 어디서 모여요. 〔공수부대〕 그놈들 아주 자기들끼리 행군대열 유지하면서 사람들 모이면 막 돌격해서 막 내젓는 거여. 이거 걸리면 막 찢어지는 거지. 다행히 그러면 막 도망가고……. 근데 사람들이 더 불어난단 말이야, 이게. 그때 심정으로는 내려갈 수도 없어. 그래서 우리가 준비했던 깃발 같은 거, 5층에서 내려 던지는 거여. 던지고 보니까, 이것들이 우리를 잡으러 올 거 같아. 그래서 더 이상 던지지 마라 했지요. 하여튼 그런 일진일퇴가 오후 한 4시까지 그렇게 된 거여. 하여튼 그놈들은 거기를 장악한다 할까. 위치를 지키고 시민들은 막 도망갔다가 또 조용하다가 막 모여서, "전두환이 사람 다 죽인다!" 하고 난리가 나고, 그러기를 오후 4시경까지. 아, 이거 비상대책회의를 해야겠구나, 근데 방법이 있어야지, 방법이 없어요. 이건 뭔 신부한테 가 상의를 할 거여, 진짜 그러더라고. 벌써 광주에는 사람이 없어.

그래서 그날 밤에는 제 기억으로는 주교관에서 잠을 잤어요. 수위실 옆에서. 어디 갈 데도 없고. 그리고 이제 거기서 강진으로 전화를 해보고. 내일 올라온다는 거여, 19일 대회를 하러. 근데 이제 거기서 몇 사람 젊은 그룹들이 있는데, 한쪽은 긴급대회 취소 연락을 해야 한다, 한쪽은 그래도 대회를 해야지……, 결정을 명확히 못 내렸어요.

그 이튿날, 다들 북동 천주교회로 개별적으로 와라, 거기 가서 판단하자, 그래가지고 북동 천주교회에 제가 그때 정규완 신부님이신가. 9시에 찾아갔어요. 제가 농민대회 사실상 책임자니깐. 신부님이, 안 되겠는데, 그러시더라구요. 여기 농민대회 있다고 육군대위가 왔다 갔대. "이 대회를 취소하지 않으면 자기들은 안전을 보장할 수 없다", 그러고 갔다는 거여. 근데 농민들은 올라오고 있는데, 올라오다 다치면 어떡합니까? 이 사람도 깝깝한 거여. 그때는 차는 댕기는 판이라. 아마 교통 차단이 5월 19일 오후 5시 이후였을 거여. 내가 5월 19일 오후 5시 몇 분차를 타고 대전으로 갔으니까. 그러면 일단은 올라오는 사람들은 북동 천주교회 기도회 장소로 들어가도록 준비하자 [생각했죠].

그래서 이제 북동 천주교회 정문에 서서 혹시 [누가 오는가 하고 지켜보는데], 이제 공수부대만 동원되는 게 아니라, 막 트럭이 말이여, 육군 트럭이 광주 시내로 진입을 하는데, 그때 31사단이 동원됐는지 안 됐는지 몰라, 하여튼 엄청나게 막 들어오고 있는 거여. 그런데 꾸역꾸역 농민들은 온단 말이여, 뭐 말로 표현할 수 없을 정도로 심경이 복잡한 거여. 우선 나도 겁이 나고, 생전 그런 꼴 보도 듣도 못 했으니까. 한 150명 정도 모였어요. 그때 대회를 오후 2시로 잡았는데, 오전 10시부터 내가 거기서 사람들 정리하고 있었어요. 2시가 못 되었을 때 150명 정도 모였어.

그때 거기서 회의를 한 거여. 근데 거기도 양분되는 거여. 그때 내 기억으로는 김두식, 조계선, 이런 팀들은 대회는 안 하더라도 이 장소는 지키고 있자, 나이 좀 드신 분들은 이러다 교통 차단되면 아무 데도 못 가니깐, 가서 농사지을 사람들은 가자는데, 이런 사람들이 절대다수고. 이미 그 모인 사람들의 분위기는 야코(기)가 확 죽어 있는 거여. 어찌 할 바를 모르고 자기 집 가고 싶은 거여. 그리고 대회장도 안 와부렀으니깐. 배종렬 씨도 안 와불고 뭔 이유인지는 몰라도 서경원 씨도. 서경원 씨는 그날 오후에 내가 만났구만. 그래서 뭐 대회장도 없으니까 여기서 약식대회를 치르자, 그래서 오후 2시 시간도 되기 전에 대회를 치러요, 인사말 하고. 그래서 어떻게 공식대회를 마치고.

그리고 이제 해산할 거냐, 아니 계속 여기서 더 올 사람들도 있고 하니,

우리가 여기에 있어서 뭐 해야 할 거 아니냐, 이런 요지여. 뭐 어떻게 싸우러 가자는 얘기도 아니고, 싸우는 방법도 모르고. 지금이니까 거기에 대해서 이제 어떻게 한다 하고 하지마는, 그때 상황은 그런 거여, 어찌할 바를 모르는 거여. 그래서 다시 대책회의를 신부님이랑 몇 사람하고 하는데, 나는 일단 피하는 게 낫겠다고, 그리고 어느 누구도 책임질 수 없으니 귀가할 사람 귀가하자, 이런 요지의 이야기여.

　나는 그래서 농민들이 해산하기 전에 뜬 거여. 그 이유는 내가 기획과 자금책을 했기 때문에 혹시 잡히거나 해서 그걸 불게 되면 애매하게 다칠 사람이 많으니까. 그래서 우선 이 상황을 대전 가톨릭농민회 본부에 가서 향후 대책을 협의해가지고 다시 내일 오라는 거여. 어느 누구도 교통이 그렇게 차단될 줄도 몰랐던 거여. 그래서 그렇게 하기로 하고 4시 사십 몇 분 버스로 대전을 갔어. 대전에 가서 대전의 주요 간부들 이런 인사들이 한 30명 와 있더라고. 거기서 상황을 정확히 보고하고, 어떻게 할 거냐, 다시 광주로 가야 한다, 그래서 그 이튿날 바로 전주로 내려왔어요. 전주 교구청으로 갔는데, 이미 광주로 들어가는 통로가 다 막혔다는 거야. 그리고 그때 사무국장 신부가 김봉희 신부님이었는데 그분이 상당히 진보적이신 분, 그분하고 상의하니까, 여기 외신 기자들이 많이 와 있다는 거야. 그래서 그 양반이 "일단 광주에서 보고 들은 바대로 얘기하라" 해서 얘기하고. 그리고 거기서 오후 5시쯤 돼서 김현장이를 만난 거여. "형님, 돈을 우선 구해야겠소." "뭐할라고?" "유인물 만들어 '전두환 광주 대살륙작전' 이것을 1차로 1만 부를 만들어서 어디로 보내야겠다." "사람이 있냐?" "아무라도 학생이고 신부고 차에라도 실어서 합시다." 그러자 김봉희 신부님께 얘기했어. 하니까 10만 원인가 주더라고, 하라고. 어디서 할 거냐? 그때 주교관 교구청 안에 뭐 하는 데가 있었어. 저녁내 돌려가지고…… 현장이 그 사람이 그런 걸 잘하드만. 학생같이 보이면 오라 그래, 여학생을. "우리 광주에서 왔는데 이거 버스에다 갖다주라" 하면, "네, 알았어요" 하고 잘들 하더라고. 생판 모르는 애들이여. 대학생은 울분 이런 거 때문에. 그리고 많이 보내야 할 때는 김봉회 신부님하고 상의해가지고 어디로 누구누구를 통해서 보내고. 이렇게 1만 부를 소화하고, 그 이튿날 그런 내용으로 더 찍어서 보내는 것으로 하고.

현장이는 순창으로 해서 광주로 들어가자고. 난 고창으로 해서 갈란다 며, 전주에서 고창까지 택시를 타고 갔어. 고창서 내려서 대산으로 와야 하거든. 대산서 영광으로 와야 하고. 고창 와서 대산으로 갈라 하는데, 정기노선으로 못 간다는 거여. 그래서 그때부터 5만 원 주고 논두렁으로, 길로 아는 놈하고 해서 대산으로 왔어. 내가 대산까지 길은 많이 다녀봐서 아니까는. 대산서 또 택시 타서 영광으로 와서 영광서 택시를 타서 묘양면 검문소 거기를 지나는데, 거기서 내가 검문에 걸린 거여. 차를 세우더니 "어디 가냐" "광주 갈라 한다" "뭐 하러 가냐" "친척 만나러 간다." 몸에 아무것도 없으니까 돈만 몇 푼 있고. 발바닥에다 유인물 하나를 넣어 놨는데, 양말 벗어보라 해서 들켜버린 거지. 바로 함평으로 압송해불더만. 그래갖고 함평경찰서에서 잘 아니까, 집에 가서 쉬라 해서 집에 와서 서경원 씨 집을 간 거여.

서경원을 여기서 만났다니까. 서경원이 집에 있어. "뭐 하러 여기 있어?" 그래갖고 구속자 명단이 그래서 나온 거여. 아, 이제 거기는 그 전날 21일인가, 이때 광주 시민군이 함평을 진입했던갑대. 시민군이 진입을 하는데, 환영대회를 했어, 공원에서. 환영대회를 하고 한께. 근디 그날 밤에 썰물처럼 여기는 빠져나갔어. 나는 목격을 못 했는데 빠져나갔는데, 대동면 김백헌이냐 누구냐, 애들이 나이가 어릴 때여. 신광 무기고를 털었대. 자기들이 저질러놓고 당황한 거여. 그래서 서경원 씨를 찾아온 거여. 빨리 광주로 가거라고 지시를 내린 거여. 근디 광주로 못 간 거여. 애들이 광주로 갔으면 죽었을란가 모르는데, 겁이 나서 못 가고 숨어버렸어. 숨어버렸는데 나중에 사태가 수습되니까 졸졸 다 나와서 싹 잡혀버린 거여. 이래갖고 그랬는데.

나는 이제 아, 광주로 가야겄어, 여기 있어봐야 뭐 하겄어, 근데 광주 갈 상황이 못 돼버려. 26일날, 송정리까지 갔다가 더 이상 못 들어간 거여. 그리고 27일날 손들고 송정리 무슨 다리를 지나서 들어가게 된 거여. 그 다리를 손들고 모두 가드만, 통행하는 사람들은. 전부 계엄군이 총 들고 다 장악해갖고. 어디 가냐 하니까 가톨릭센터 간다고 하니까 통과시키더라고.

그래가지고 가톨릭센터를 들어가니 그때도 핏자국이 그대로 있고, 정말로 뭐라 할까, 삭막하다 할까 처참하다 할까. 난간 같은 데 다 부서져 있고, 꼭 무슨 불나갖고 뼛다구만 남아 있는 것처럼 보여. 건물이 부서진 건 없는데 느낌이. 그러고 사람도 없고. 그래서 갔다가 사무실도 들어갈 수 없고, 밖에는 계엄군이 전부 있고. 그래서 그날은 이제 그때 우레식당이라고 동구청 앞에 있었어. 거기서 단골집이라 잠을 자고, 28일부터 출근을 하게 된 거여. 출근을 하면서, 내 조카가 거기서 사무실 문을 열고 있는 거여. 그냥 혼자 앉아 있는 거여. 뭔 방법이 없잖아?

근데 29일 되니까, 딱 계엄군이 없고, 나보다 주교관으로 들어오라 하드만. '갔다 와야 쓰것다. 나를 연행해야겠다' 한 거여. 그래서 간 거야, 그때 상무대 자리를. 가서 군인들이 정보가 없으니까, 하여튼 내가 가톨릭 농민회 총무라는 거랑 이름이 노금노라는 거만 알어. 뭘 조사하든지 내가 농민대표로 모든 시위, 항쟁 기간 동안 시위를 주도한 농민대표라고만 생각하는 거여. 그놈들이 농민대표를 몰라서 했는지 얼굴도 모르고, 내가 맞다는 거여. 그래서 나는 그 기간 동안 대전을 갔다고 사실대로 얘기를…… 그니깐 느닷없이 연병장으로 한 300명이 잡혀 왔드만. 정상용이랑 거기서 다 봤어. 전부 고무신을 신켜가지고. 그리고 나를 연단 위로 올라가서 서라 하드만. 그래갖고 이 사람들 쭉 일렬로 지나가게 하면서 긴가 아닌가 손가락질하라는 거여. 손가락질하면 섰고, 저 사람 기다 하믄 가는 것이고…… 뭐 다른 방법이 없잖아. 근데 손가락질한 사람이 없어. 그니까 다시 내려오라 하더니, 뭐 독방도 아니고 어디로 집어넣어버리드만, 심문도 안 하고. 누구를 만날 수도 없고 그냥 혼자 앉아 있는 거야.

그래서 내가 5월 31일날 나왔나? 29일부터 2박 3일 있다가 나와가지고, 이제 그 사무실 이런저런 수습을 하고 그러는데, 그때 6월 초쯤 되니깐 노동청년회 여성노동자들 그 팀들도 오고, 이제 하나둘씩 나타나더라고. 그래서 점검을 하니까 무안서도 하나 구속되고, 농민운동 관련해서 그걸 파악하는데 벌교서 하나 구속되고. 아, 벌교는 안 죽을 만큼 맞고 나왔드만. 광주서도, 구례 거기도 안 죽을 만큼 맞고 나왔는데, 농민대회와 관련해서 올라왔다가……. 이걸 파악하는 거여. 죽은 사람은 없고, 그런 거 파악하면서 이제 그 기간은 보내고, 7월달부터 일상적 업무가 시작된 거여. 교육이라든가 기존에 계획했던 사업들, 이렇게 하면서.

광주미문화원방화사건, 미국의 실체에 대한 의문들

면담자　광주미문화원방화사건에 대해서도 말씀해주시죠.

구술자　그러니까 광주민중항쟁 이후 폭압적인 그 탄압 분위기 속에서 농민운동이 전반적으로 위축될 수밖에 없었고, 또 80년 하반기에는 농민들의 집단적인 움직임이라든가 이런 것은 거의 없었습니다. 근데 인제 당시 광주에 전남대학교, 조선대학교에서 학생운동을 하시다가 어떻든 살아남은 사람들, 이런 사람들과 교류를 가지면서 자료도 좀 수집하고 그렇게 보내면서, 그래도 뭔가 농민들이 인제 농민운동을 복원시켜야 하지 않겠느냐, 이런 고민 끝에 학생운동을 줄곧 해왔던 분들과 서로 협력하여 호남동 천주교회에서 추수감사제라는 형식으로 기도회를, 농민을 위한 기도회를 갖는 계획을 세우게 됩니다. 그 계획을 세우기 시작한 것은 10월 하순부터 그렇게 되겠구요. 워낙 참담한 그런 분위기 속에서 수백 명을 모이게 하는 행사였기 때문에 비밀리에 추진할 수밖에 없었던 그런 기억이 납니다. 밖으로 얘기가 나가고 하는 건 거의 없이 몇몇 사람들이 그냥 호남동 천주교회 주임신부님하고 구두로 12월 9일날 추수감사제를 하는 것으로 약속만 하고 은밀히 준비활동에 들어가게 됩니다.

어쨌든 추수감사제를 준비하기 때문에 저희 가톨릭센터 5층, 가톨릭농민회 사무실은 그동안에 5·18 관련 구속자 가족들, 또는 살아남은 사람들, 이런 사람들 출입이 잦았어요. 또 한편으로는 당시 그 정순철이라든가 또 김창중이라든가 그때 전대 학생으로 알고 있습니다만 임종수, 그리고 개인적으론 제 조카 됩니다만 박시영, 그리고 함평군가톨릭농민회 총무를 맡고 있었던 윤종형, 주로 이런 사람들이 자주 저희 사무실을 다니면서 심부름도 하고, 그때 당시 가톨릭농민회 전남연합회 회장을 맡고 있었던 영광 출신 김동혁 씨도 있었고, 그런 참담한 과정 속에서도 뭔가 인제 5·18민중항쟁 과정에서 나타났던 농민운동의 대응 양식에 대한 평가와 반성, 이런 것들을 진행시키고 있었는데요.

그중에 가장 그 새롭게 다가왔던 것은 미국에 대한 인식이었습니다. 5·18 당시에 미국 항공모함이 남해안 쪽으로 접근해오는 것을 마치 미국이 5·18민중항쟁에 참여한 또는 민주화를 요구하는 모든 분들에게 도움을 줄 것으로 기대를 했고, 그렇게 선전을 했던 문건들도 있습니다. 근데 5·18이 지난 다음 하반기에 접어들면서 사실상 미국이 우리를 도우러 온 건 아니고 결과적으로는 그 전두환의 군사 행동을 방조 내지는 협력하기 위해서 왔다고 하는 사실들이 밝혀지면서, 미국이 우방이 아니라는, 미국에 대한 적개심, 이런 것들이 가슴속에 서서히 끓어오르기 시작한 그런 때였습니다.

어쨌든 12월 9일날, 호남동 천주교회 추수감사제는 학생운동과 상당히 관련이 있었습니다. 그것이 사전에 계획했던 대로 실천에 옮겨지지는 못했지만, 원래 300명 정도 농민들, 또는 민주인사들이 함께 모이고, 추수감사제가 끝나면 몇 가지 구호를 외치고 일종의 데모를 하는 것으로 그렇게 되어 있었고, 또 전남대를 주축으로 하는 학생운동 진영에서도 충장로에서 그런 시위를 동시에 준비를 했었습니다. 그래서 도청 앞으로 학생운동 진영과 추수감사제에 참여한 농민대중이 함께 야간시위를 통해서 도청 앞에서 시위를 하는 것으로. 근데 추수감사제는 예정대로 열렸습니다만, 대중집회를 신고해서 하기 때문에 당시 추수감사제 하고 있는 곳곳을 전투경찰이 봉쇄를 함으로써 가두진출을 하지 못했습니다. 학생운동 진영은 그 후로 상황을 보니까 충장로에서 시도를 하다가 역시 도청까지는 진출을 못한 것으로, 하튼 그렇게 됐습니다.

그런 과정에서 12월 9일날 광주미문화원방화사건이 터지게 되고, 당시 신문에서는 단순 방화로 이렇게 발표를 했었습니다. 신문에 조그맣게 '미문화원이 지붕에서 불이 좀 나갖고 꺼졌다' 정도로 이렇게 났는데, 실제 미문화원방화사건은 사전에 철저히 준비되어서 미국에 대한 어떤 항의, 저항의 표시로 시도되었던 것으로 보아야 합니다. 왜냐하면 저는 추수감사제를 열심히 준비하고 있었던 때고, 또 문화원방화사건에 관련된 사람들이 추수감사제 준비를 열심히 함께 했기 때문에 [알 수가 있었지요]. 근데 저는 처음에는 몰랐어요. 뭔가 심부름을 열심히 하면서도 또 자기들끼리 뭔가 준비하는 것 같은 그런 모습들이 보였기 때문에, 제가 12월 6일쯤에 정순철이라든가 제가 가톨릭농민회[광주분회]에 다 가입시켰던 사람들입니다.

순철이가 광주분회 회장을 맡았던가 그랬을 겁니다. 근데 오라고 해서 "다른 또 비밀스러운 거 있는가" 했더니 잘 말을 안 해요. 이튿날 저희 사무실에 뭔 휘발유통 아, 석유기름통을 가지고 와서 신문지를 똘똘 몰아 가지고, 저쪽에서부터 이렇게 불을 붙여보더라고요. 불이 이렇게 쭉 이동되는가, 그걸 보는데, 바닥에다 깔아놓고 하면 불이 오다가 꺼져버려요, 석유로 허믄. 긍께 받침대를 놓고 신문지를 몰아서 허면 계속 불이 연결돼서 도화선이 돼갖고…… 그런 걸 몇 차례 하더라고요. "느그들 엇다(어디다) 불 지르려고 허느냐?" 그때사 미문화원에 미국에 대한 항의 표시로 불을 지르려고 허는 계획을 진행시키고 있다는 것을 제가 알게 되었습니다. 저는 말렸어요. 그렇게 하지 마라, 그러믄 큰일 난다. 그리고 그렇지 않아도 가뜩이나 지금 침체되어 있는 판국에 또 이런 일까지 벌려버리면 인제 정말 얼마나 더 탄압이 극심해질지 모르니까 안 했으믄 쓰겄다, 하는 의견을 냈어요. 제가 만류를 하니까, 그 후로는 저희 사무실에 와서는 일체 그런 얘길 안 해요.

12월 9일날 오전에 지금 제가 거명했던 임종수, 정순철, 윤종형, 박시영, 하튼 이런 분들이 행사가 끝났으니까 뭐 당연히 모이기도 하겠지만, 이 사람들이 새삼스레 전부 모였어요. 저희 사무실에. 그래서 뭔가 낌새가 이상해서 나는 빨리빨리 집으로 가거라, 행사 끝났으니까, 그리고 하여튼 저녁밥 사서 먹이고, 그때 우레식당을 단골식당으로 해서 저희들이 인제 동구청 뒤에 거그서 했는데, 8시쯤에 헤어졌어요. 그리고 우레식당 뒤에 저희가 늘 그 여인숙에서 잠을 잡니다, 빌려서. 저 혼자 인자 다 보내고 잠을 자고 있는데, 윤종형이가 내 방을 두드려요. 그거이, 나는 뭐 잠자러 오나라 문을 열었더니 "형님, 불구경허러 갑시다" 그래요. "뭔 불구경허러 가야?" 긍께, "저, 문화원 불났어라" 그래. 그래서 인제 아, 직감적으로 '아, 이것들이 미문화원에 불을 질러버렸구나, 기어코 인자 일을 내버렸구나.' 그래서 나가봤어요. 거기서 미문화원이 걸어서 얼마 안 걸립니다.

근디 이미 뭐 불이 나버린 흔적은 없고, 경찰들이 배치돼갖고 수습해버리고 그런 판이라. 그래서 제가 종형이더러 일단 피하라고 했습니다. 도망가라고. 그리고 정순철이랑 이 사람들 다 도망가버리고, 그기에 인자 개인적으로 내 조카허고, 고등학생이었습니다. 박시영이가. 아, 이 애는 어디 도망을 보낼 데도 없고, 아무 경험도 없는 애가 내가 볼 때는 그냥 뭣 모르고 와서 휩쓸려갖고 헌 것처럼 느껴지는데. 그래서 그 시영이는 내가 데리고 있었어요. 종형이랑은 도망을 가도록 했고.

그리고 그 후로 인제 하도 분위기가 침체돼 있고 그러기 때문에, 또 이 기간 동안에 함평군 농민하고 해남군 농민들이 축구시합을 하자 사전에 계획돼 있던 게 있어서, 제 기억으로는 그날이 12월 12일로 기억이 됩니다. 그래서 시영이가 공도 잘 차고 해서 데리고…… 당시 해남에서 축구시합을 준비했던 대표적인 분들이 김성종, 정광훈 씨 이런 사람들이었어요. 윤기현은 그때 피신 중이었던 거 같고. 그래서 추운 겨울날, 해남에서 양쪽 농민들 100여 명 모여서 눈은 막 쏟아지는데 공을 차고 그랬었습니다. 근데 그때 광주에서 형사대가 급파된 거예요. 이미 김동혁 씨는 광주에서 잡혀부렀고, 나한테 와가지고 박시영, 윤종형, 정순철이 잡아야 하는데, 내가 알지 않냐 이런 거죠. 그래서 나는 모른다. 시영이가 그 현장에 있었음에도 불구하고 얼굴을 모르니까, 하도 어린애고 그니까 여기 없다.

그리고 15일부터 지금은 이제 아파트가 다 들어섰지만, 광주시 화정동에 피정센터라고 하는 천주교 재단 교육기관이 있었어요. 가톨릭농민회 조직에서 약 40명 정도 전남 시·군 단위의 농민들을 대상으로 3박 4일 지도자 양성교육이라는 교육프로그램이 있었는데요. 이 어린애를 혼자 놔둘 수도 없고 해서 데리고 가서 심부름시키면서 일종의 제가 보호허고 있었죠. 근데 교육 이틀째가 되니까 서광주경찰서에서 정보를 담당하는 사람이 저를 만나러 왔어요. 그래가지고 이미 이 피정센터 바깥에 약 1,500명 정도의 전경을 배치해서 싹 포위했다는 거여. 여기에 박시영이도 있고 윤종형이도 있으니까, 자수케 해달라 이런 겁니다. 그래 처음에는 제가 부인을 했어요. 그 사람들 여기 없다, 여기는 교육생들만 와서 우리가 교육시키고 있는 거다. 근데 어떻게 알았는지 정확한 정보를 가지고 왔어요. 이미 박시영이가 여기저기 지금 요 교육관 내에서 심부름하는 것도 봤다는 거예요. 그니까 그 사람을 내놓지 않으면 피정센터를 둘러쌌던 경찰병력이 절대 거기를 풀어주지 않는다는 거죠.

그래서 이미 저 사람들이 다 알고 있는 거 같고, 그때 교육을 도와주고 심부름 함께 했던 조계선이란 사람도 있었어요. 이 사람들하고 상의를 하게 됩니다, 제가, 이거 어디 도망을 보낼 수도 없고 다 알고 와서 경찰들 둘러싸서 저러고 있는데, 자수시킬 수밖에 없을 것 같다 했더니, 강력히 반대를 해요. 근데 어디로 피신을 시킬 수도 없잖냐 해서 물론 박시영이 그 어린애의 판단을 믿고 어떤 결정을 내릴 수는 없습니다만 본인에게

도 물어봤어요. 어떻게 헐라냐 하니까, 물론 저는 자수를 하는 게 낫다는 판단으로 얘기를 했었죠. 그래서 이게 뭐 1심에서는 실형을 받더라도 2심 정도에서 나오지 않겠냐, 그러믄 한 5개월, 5개월 정도 있다 고생하고 나와야 하는데, 아니면 수년간을 어디로 피헐 수도 없잖냐, 차라리 자수허고 정리를 허고 나온 게 낫다, 이렇게. 그래서 결국은 자수를 시키게 됩니다.

그래, 서광주경찰서로 12월 중순경에 가서 조사를 받고 광주교도소에 수감이 되었죠. 물론 개인적으로는 조카이기도 하고, 또 그 조계선이라는 그 동지가 저한테 그런 얘길 했어요. 그때 지금도 기억에 생생히 남습니다. "어미닭이 자기 병아리를 보호허기 위해서 품고 있다가 어미가 죽기도 하는데, 죽기는 못할망정 자수야 시켜서 쓰겄냐, 저 혼자 도망가도록 냅둬라." 오직이(오죽) 답답했으면 그 사람도 그런 말을 했겠습니까? 저도 오직이 답답했으면 자수를 시킬 수밖에 없었고, 그러고 저도 그때 많이 울었습니다. 한 이틀간을 식음을 전폐할 정도로. 그 나처럼 나이가 든 사람 같으믄 상관이 없었는데, 그 어린 사람을 자수를 시켜놓고, 그 날씨 할라 굉장히 추운 때였어요.

그러니까 결국 신문에는 워낙 이 사건이 어마어마하게 파장이 클 것 같으니까 단순 방화사건으로 대외적으로는 발표를 해놓고, 내부적으로 수사는 어떤 반미운동의 기폭제가 될 우려가 있다고 봤기 때문에 반미운동의 어떤 촉매제가 될 만한 주변 여건을 이 사건을 통해서 정리하겠다 하는 게 저들의 입장이었던 거 같아요. 면회를 다니면서 조사 과정을 이렇게 들어보면, 하여튼 배후를 그렇게 캐는데, 내가 배후다, 이런 거죠. 근데 잡힌 사람이라고는 그 후로 얼마 있다가 임종수가 잡혔습니다만, 실제로 김동혁 씨도 나이는 젤 많으신 분이었어요. 근데 뭐 몸할라 불편해 아무 역할을…… 말로나 동의를 했을 정도고.

면담자　김동혁 씨는 그럼 그때 현장에는 없었어요?

구술자　그렇죠. 방화 현장에는 없었고 함께 모의하는 데 주모자여, 인자. 그가 나이가 많으니까. 근데 실제 잘 몰라요. 그것이 구체적으로 어떻게 이루어졌는지를 김동혁 씨는 모릅니다. 박시영이도 어떻게 누가 이것을 조종하고 이런 것까지 모르니까, 더 이상 수사가 진전되지 않았죠. 실제 윤종형, 정순철, 이런 사람들이 잡혀야 〔알 수 있는데〕 도망가부렀고.

그렇게 5·18민중항쟁 이후에 새로운 한국 사회의 민주화를 바라는 많은 사람들에게는 이 사건이 엄청난 의미를 던져주게 된 거죠. 이것과 연관시켜서 얘길한다면 전남대학교에서 81년도에 반외세투쟁선언문사건이 터지게 됩니다. 제가 알고 있기로는 반외세투쟁선언문이 문건으로 발표된 건 아마 5·18민중항쟁 이후에 최초로 알고 있거든요. 왜냐면 이것도 저하고 관련이 있어가지고요. 모영주라고, 우리 동네에 농민운동 후배가 그때 가톨릭농민회 전남연합회 간사로 활동하고 있었고, 또 이미 구속된 박시영이 동생이 전대 농대를 다니고 있었어요. 요 애는 〔이름이〕 박시양인데, 아 이 애들이 전부 관련이 돼가지고 다 구속이 돼부러요. 모영주는 서울에서 잡아가불고, 시양이는 광주경찰서에서 잡아가고.

왜 그랬냐. 인제 전남대학교 학생운동권에서 발표한 반외세투쟁선언문을 농민운동 쪽에도 전파하기 위해서 박시양이를 통해서 모영주(간사)에게, 모영주는 그걸 인제 배포허고 그랬던가 봐요. 그러니까 박시양, 모영주, 저, 박시영 다 한동넵니다. 저는 그때 사무실에 없었던 때였는데, 아마 피신 중이었을 거요. 광주미문화원방화사건으로 나를 인자 뭐 배후 조종자로 조사를 허니 어쩌니 하니까, 공개적인 활동을 당분간 자제하면서, 영주가 대신 사무실에 앉아서 활동을 했는데, 그 사람이 또 그 사건에 관련돼갖고 인제 잡혀가버리고 하니까, 저는 우선 개인적으로 동네 분들이 하여튼 나 따라다니다 동네 청년들이 다 구속돼불고 하니까, 참 원망도 하고 했겠죠. 저도 상당히 도의적으로는 책임감이 느껴지고 그러더라고요.

어떻든 그래서 81년도에는 이렇다 할 활동을 제가 못했어요. 도망 다니느라고. 그리고 또 윤종형, 정순철, 이런 도망 다니고 있는 사람들이 주로 나한테 비선을 통해서 연락이 와가지고, 솔직히 이 사람들 활동비라도 어떻게 얻어다가 대줘야 하고, 소위 옥바라지하고.

면담자　반외세투쟁선언문사건이 신영일이 관련된 사건 아닙니까? 그럼 별도 유인물 사건이었습니까?

구술자　별도 유인물 사건이죠.

면담자　아, 신영일하고 관련 없어요? 그럼 시양이가 거기 관련이 있었어요?

구술자　그렇제. 그게 인자 누군가 하면 일봉이, 황일봉이. 일봉이랑 인자, 일봉이도 구속됐잖아. 그래갖고 징역 살고 나왔잖아. 일봉이랑 그때 반외세투쟁선언문을 맨들어갖고 시양이한테 이러고 준께. 시양이랑 영주 주고 해갖고 주로 농민운동 쪽에서 이게 시끌시끌 돼버린 거여.

1970년대 농민운동의 성과와 한계 위에 자주적 농민운동의 모색

구술자　여기서 그동안 쭉 70년대부터 해왔던 부분을 몇 가지 정리하고 넘어갈 부분들이 좀 있습니다. 농민운동 선상에서 시기적으로 81년과 82년은 농민운동의 일시적 침체기였다, 이렇게 규정할 수가 있습니다. 워낙 전두환 정권의 폭압적 그런 뭐……. 또 다른 한편으로 변혁운동으로서의 농민운동의 위상을 정립하는 그러한 자주적 농민운동의 모색기였다, 이렇게도 얘기할 수가 있겠습니다. 그러면 우선 70년대의 농민운동의 성격을 잠깐 정리하고 다음 80년대 농민운동으로 넘어가고자 합니다. 우선 70년대 농민운동의 성격을 몇 마디로 규정을 한다면은, 기독교적 성격에 기반한 반독점 농민생존권투쟁이자 반독재 민주화운동이었다, 이렇게 성격을 규정할 수가 있겠습니다. 이렇게 성격을 규정했을 때에 70년대 농민운동의 성과는 소위 그 독점자본에 저항하는 또는 대항하는 농민운동조직이 인제 비로소 70년대에 출범과 함께 많은 생존권투쟁을 벌여왔다는 점에서, 농민을 위한 조직이 이제 드디어 만들어졌다, 농민운동이, 농민단체가 출현했다는 것을 큰 성과로 꼽을 수 있겠습니다.

1945년 이후 농민운동은 사실상 1945년 전국농민조합총연맹이 결성되어가지고 1947년 이후 와해됩니다. 그 후 한국 사회에 있어서 농민운동은 50년대, 60년대는 농민운동의 단절기였다, 이렇게 평가를 하는데요. 70년대에 자본주의하에서 농민운동조직이 출범을 했다는 점에서 큰 성과를 가질 수가 있습니다. 가톨릭농민회, 크리스챤아카데미 사회교육기관, 농민교육기관 이런 데서 현장활동가를 많이 배출했습니다. 제가 알고 있기로는 79년 크리스챤아카데미가 반공법위반사건으로 와해되기까지 약 800여 명의 지도자를 배출했어요, 교육생을 배출해냈고. 또 가톨릭농민회는 그것을 조직적으로 엮어서 인제 현장지도자들을, 운동가들을 길러냈다는 점에서 큰 성과가 있었다고 볼 수 있습니다. 그리고 각종 선전·투쟁·조직 역량이 확대·발전되는 그런 과정을 거침으로써 농민운동의 성과를 볼 수가 있습니다.

　　그럼에도 불구하고 70년대 농민운동의 한계는 어떤 거였느냐. 한계를 볼 때에 우선 인적·물적 구조가 비자립적이었습니다. 우선 가톨릭농민회는 물론이고 크리스챤아카데미도 거의 독일이나 외국에서 지원해주는, 또는 교회에서 지원해주는 재정에 거의 80~90%를 의존하고 있었다는 점에서 비자립적이었다는 점이 한계였고. 그렇기 때문에 기독교적 지도이념이라고 하는 것은 초계급적 성격을 갖고 있지 않습니까? 초계급적 성격을 갖고 있다는 것은 농민들의 집단적 이해관계에 의해서 계급적 성격을 갖는 그런 운동으로 발전하는 데는 한계가 있었다, 이렇게 말씀드릴 수 있습니다. 이것은 바로 70년도 농민운동이 태동기였고 그럴 수밖에 없는 한계도 있었지마는, 결과적으로는 지극히 온정주의적인 사고방식에 의한 농민운동, 그래 인제 법을 지키라, 주로 이런 겁니다. 법을 뛰어넘는, 제도를 뛰어넘는 어떤 주의·주장은 나타나지 않았어요. 주로 뭐 법에 없는 강제출자를 걷지 마라, 느그들이 약속을 했으니까 고구마 피해보상을 해달라, 근께 왜 법을 안 지켰느냐. 이런 주로 그 제도권 내의 생존권투쟁의 한계를 뛰어넘지 못했고, 그리고 특히 그 지도이념이 온정주의적, 그런 그 기독교적 양심에 입각한 그런 지도이념이었기 때문에 결국은 운동이라고 하면은 그 운동에 직접 참여한 당사자들이 자기 자신들의 삶을 개척해나가기 위해서 투쟁을 할 때에 그 투쟁대상에 대한 두려움을 하나하나 극복해나가는 과정이 되어야 하는데, 이 부분이 그 지도이념의 한계 때문에 해결되지 못했다라고 하는 것이죠. 그니까 고구마사건을 제가 이야기하면서도 줄곧 얘기했습니다마는, 자신들이 당당하게 얻은 성과물을, 전리품을 가져가라고 해도 또 다른 보복이 들어올까 무서워서, 이를테면 그걸 꺼리는, 즉 두려움으로부터 해방되는 데에는 되지 못하는 그런 한계를 가지고 있었다는 점에 대해서 그런 한계들이 있었다고 말씀을 드릴 수가 있습니다.

아마 요 얘기는 앞으로도 계속 나올 거기 때문에 그니까 결국은 80년대의 변혁운동으로서의 또는 민족운동의 한 영역으로서 농민운동, 또 자주적이고 주체적인, 자립적인 그러한 농민운동으로서의 모색기가, 이를테면 81년부터 82년 사이가 이런 운동의, 새로운 운동의 모색기였다, 이렇게 말씀드릴 수 있습니다. 이것은 바로 농민적 방법과 농민적 배경에 의한 농민대중조직을 어떻게 건설할 것인가 하는 고민들을 안게 하는 것이고, 그런 폭압적 탄압구조하에서 그런 모색기는, 처음에 초기 단계에는 소그룹 형태로 나타나게 됩니다.

근데 공개적인 어떤 대중투쟁이 거의 가능하지 않은 상황, 그런 폭압기구 아래서, 또 이러한 새로운 농민운동, 보다 더 자주적인 농민운동을 펼쳐나가기 위해서는 이제 우선 이론적으로, 이념적으로 무장되지 않으면 안 된다는 것 때문에 여러 가지 사회과학 서적을 가지고 공부하는 서클들을 소그룹 형태로 만들어나가는 거죠. 인제 그믄 공개적인 것은 가능하지 않고 거의 비공개, 당시 사회 상황 속에서는 그런 학습그룹이 발각만 되면은 수십 년째 징역을 받을 수밖에 없는 그런 상황이었기 때문에 가톨릭농민회에서도 81년도에 제가 줄기차게 주장을 해서 청년분과위원회를 만들게 됩니다.

가톨릭농민회 전남연합회 산하에 청년분과위원회를 만들게 되는데, 지금도 그 청년분과위원회에 참여했던 많은 사람들이 현재도 농민운동에 지도적인 역할을 많이 하고 있습니다. 예를 들어보면 강진에 김규식이라든가, 김정순이라든가, 또 화순에 김성인이라든가, 무안에 배삼태라든가, 배삼태가 지금 현재 가농 전국회장이죠. 함평에 모영주라든가, 지성철이라든가, 지금 보성에 문경식이라든가. 문경식이는 지금 전국농민회총연맹 의장이죠. 하여튼 50명 정도의 규모가 청년분과위원회에 참여하게 됩니다. 물론 내부에서 여러 갈래로 또 당시 새로운 운동을 모색하기 위해서는 여러 가지 새로운 이념을 받아들여야 하는데, 그 이념이 여러 형태로 또 여러 가지로 논쟁거리를 안고 있을 수밖에 없는 그런 것들이 있었습니다. 그럼에도 불구하고 하여튼 보다 더 자주적인 농민대중조직을 건설하기 위한 그런 움직임은 그런 소그룹 형태로부터 시작되었습니다.

물론 저는 개인적으로 이런 청년분과위원회를 만들어서 소그룹 형태로 운영한다는, 소그룹 형태는 전남연합회 단위에서는 10여 명 정도로 각 시·군에서 능력, 좀 가능성 있는 활동, 여러 가지 조건들이 맞는 사람들을 소그룹 형태로 하면은, 그들은 또 각자 자기 군 단위에서 다섯 명이믄 다섯 명, 여섯 명씩 또 소그룹을 만들어나가는 겁니다. 그래서 공부를, 사회과학 서적을 가지고 공부를 하고, 당시 서점에서는 팔지 않았던 이를테면 비공개된 책으로 공부들을 했었죠.

저희 함평에서도 그런 소그룹이 81년, 82년 시기에는 한 네 개 정도, 이것이 84년도에 오면은 한 스물 몇 개 정도로 불어나게 됩니다. 그런 과정을 거치는데 저는 개인적으로 그동안 그리고 이것은 기독교농민회, 또는 가톨릭농민회라는 종교적 성격을 벗어나고자 하는 그러한 몸부림이었습니다. 그니까 기존의 운동을 고수하고자 하는 그러한 세력들과는 다소의 마찰을 수반할 수밖에 없었던 것이고, 그 책임을 지고 제가 82년도에 가톨릭농민회 전남연합회 총무직을 사임하게 됩니다. 이것은 왜냐면은 적어도 가톨릭농민회 조직의 주요 간부가 또 다른 운동체를 태동시키기 위한 수장이 되어서야 되겠느냐, 그건 말이 안 된다, 이런 거였고, 저는 그렇게 다르게 생각해본 적은 없었습니다만. 많은 가톨릭농민회 간부들은 나하고 생각이 또 다른 분들도 있었기 때문에, 제가 82년도 말에 가톨릭농민회 전남연합회 총무직을 사임하게 됩니다.

그니까 결국은 저는 하나로 봤는데, 가톨릭농민회가 됐든 기독교농민회가 됐든 또는 불교농민회가 됐든 이런 종교적 성격에 의한 온정주의적 사고방식의 지도방식은 70년대에 이미 그 한계를 드러낸 것이고, 이제 이런 폭압적 그 탄압권력에 맞서서 농민대중의 이익을 실현하려면, 거기에 맞는 이념과 거기에 맞는 조직적 방법, 이런 것들에 의해서 이루어졌어야 함에도 불구하고, 다른 시각들 때문에 제가 책임을 지고 사임을 하게 됩니다. 제게는 평가와 반성의 시간인데, 제가 89년도에 쓴 「현 단계 농민 현실과 농민운동의 과제와 방향」*, 이게 『한국농업·농민문제연구 II』에 실려 있습니다. 여기에 당시 70년대, 80년대의 농민운동의 성격을 제가 써놓은 게 있어요. 잠깐 읽어보겠습니다.

"그럼 여기서 광주민중항쟁의 성격을 농민운동의 관점에서 조명해보기로 하자. 광주민중항쟁은 제국독점세력의 지배하에 있는 권력집단이 그동안 억눌려왔던 민중들의 자기 해방을 위한 민주화의 거센 물결에 위협을 느낀 나머지 정상적 방법으로는 도저히 국가권력의 유지가 불가능하다는 판단 아래 일단의 군대를 동원한 폭압적 조치를 취함으로써 야기되었다. 또 다른 한편으로는 지배세력의 이 같은 악랄한 탄압으로, 민주화를 통하여 비참한 삶을 개선해보려는 대다수 민중들의 희망이 무참히 짓밟히는 것에 대한 저항이었다. 그리고 이것은 비교적 민중운동이 활발했던 광주에서 죽음을 불사한 혁명적 열기로 폭발했던 것이다.

민중들의 삶을 지키려는 정당한 투쟁은 5월 20일 이후 22일까지 전남 전역을 휩쓸었다. 무장한 시민군은 농촌의 각 군 단위 소재지에 입성하면

---

* 이 논문은 본 유고집 3부에 실려 있다.

서 농민들의 열렬한 지지를 받았다. 그러나 그 열기는 얼마 가지 못했다. 23일이 지나면서 점차 시들어 오히려 농민들은 시민군과 함께한 자기 행동에 대해 두려워하기 시작했다. 이에 따라 광주는 고립적 상황에 처하게 되어 27일 새벽 살인마들이 쏘아대는 M16과 미제 탱크에 혁명 광주는 짓밟히고 이 나라 민주주의는 또다시 좌절된다.

숨 막히는 일주일 동안 농민운동은 어떠한 모습을 보였는가? 한마디로 공포와 두려움 바로 그것이었다. 군 단위는 물론, 도 단위·전국 단위 가릴 것 없이 단 한 건의 조직적 움직임도 없었다.

당시 현장운동의 직접 지도부는 도 단위였다. 5월 19일 전남에서 '민주농정 실현을 위한 전국농민대회'를 개최했으나, 급변하는 상황에 속수무책이었으며, 한 번도 경험하지 못한 폭압적 상황에 지도부마저도 두려움에 벌벌 떨었다. 오후 3시가 되자 더 이상 버티지 못하고 전남지역 모든 농민운동의 지도부는 농민들에 대한 조직적 지도를 포기했다. 대회장에서 구두회의를 끝낸 지도부는 해산을 종용했다. 20~23일 사이 함평·무안·해남 등지에서 시민군이 열렬한 환영을 받을 때에도 몇몇 활동가들의 개별적 활동만 있었지, 조직적 대응은 단 한 건도 없었던 것이다.

우리는 여기서 1970년대 농민운동의 이념이 얼마나 허약한지 느끼지 않으면 안 되었다. 게다가 당시의 조직 체계상 현장투쟁의 직접 지도부는 광주에 있었다. 이것은 농민운동의 조직 체계와 지위 계층에 중대한 문제를 나타냈다. 설사 19일 도 단위 지도부가 더 이상의 지도를 포기하지 않았다 하더라도 전남지역 전역에 걸쳐 모든 교통이 차단되고 통신이 마비되어버린 상황에서 농촌의 각 군 단위를 어떻게 지도할 수 있었겠는가. 군 단위 역시 산간벽지 마을에 뿔뿔이 흩어져 있는 마을 단위 조직들을 긴박한 상황에서 무슨 방법으로 연결을 시켰겠는가?

전남 전역으로 확산된 민주화의 열기는 농민운동 이념의 허약함과 조직 체계의 결함, 지도부의 위치문제 등으로 인하여 각 군 단위에 광범위하게 지속되지 못하고, 광주는 고립무원의 상태에서 27일 새벽을 맞이했던 것이다.

이것은 전체 운동 속에서 농민운동의 역할이 무엇이며, 그것이 얼마나 중요한가를 느끼게 한다. 따라서 그동안 애매했던 운동 이념에 대한 철저한 비판과 함께 운동의 직접 지도력을 생산현장인 군 단위로 그리고 읍·면 단위로 집중 배치해야 하고, 또한 조직의 체계와 내용은 이상의 것들을 가장 적합하게 이루어내는 형식으로 재편되어야 함을 구체적 경험을 통해 인식하게 된 것이다.

그럼에도 불구하고 이상의 경험을 현실에 적용하여 실천으로 옮기기까지는 숱한 어려움과 많은 시간, 내부 투쟁을 벌이지 않으면 안 되었다. 보다 올바르게 농민운동의 이념을 정립하고 실천적 내용을 갖추기 위해서는 기존의 잘못된 경험과 싸워야 했고, 기존의 기득권을 더욱 확대하려는 세력들의 탄압에 대해 지혜롭게 대처해야 했다."

요 내용이 제가 정리했던 70년대, 80년 광주민중항쟁과 관련된 농민운동의 성격이었습니다. 그리고 인제 청년분과 일을 통해서, 소그룹을 통해서 확산되는 새로운 농민운동의 정신적 무장, 또는 실천적 행동, 이런 행동들은 83년에 들어서면서 실천적 행동으로 나타나게 됩니다.

소몰이투쟁, 함평·무안 농민대회

구술자　83, 84년도에 들어오게 되면 전국적인 소몰이투쟁이 벌어지게 됩니다. 이것은 그동안 침체되었던 농민운동의 농민투쟁 역량을 질적으로 발전시키는 계기가 됩니다. 변화시키는 계기. 그럼 침체 시기에 81년, 82년 침체기에는 농민운동이 주로 무엇을 했는가. 주로 쌀 생산비 조사운동, 경제협동사업, 조합장 직선제 서명운동 정도. 즉, 소극적인 형태로 연명해오던 것이 인제 급격히 투쟁 형태로, 집단적 투쟁 형태로 고양되는 게, 소값 폭락과 외국 농축산물 수입에 대한 저항이라는 형태로 농민운동이 폭발적으로 고양되게 되는 거죠. 이때 소뿐만 아니고 그 후로 계속해서 외국 농축산물에 엄청난 농민들의 투쟁이, 고추투쟁이라든가 그 후로 벌어지게 됩니다.

하튼 이제 엄청난 소를 수입해갖고 소값이 똥값이 돼버리니까, 농민들의 분노가 폭발되어 이것이 조직적인 형태로 나타난 건데, 80년대의 농민운동을, 변혁운동으로서의 농민운동의 성격을 규정짓는 투쟁 형태로 나타나게 됩니다. 그리고 전두환 정권의 농민말살정책으로 80년 이후 83, 84년 이때 엄청난 농민들이 인제 자기 살길을 잃고 이농을 하게 되는데, 역시 거기에서 자기 삶을 위해서 몸부림치는 농민들의 조직적인 역량도 함께 고양돼나가는 그런 과정이 오게 됩니다.

그러면서 인제 84년도에 들어오면 그동안의 자주적 농민운동이 조직적으로 나타나는 직접적인 계기가 되는 함평·무안 농민대회가 일어납니다. 함평·무안 농민대회는 최초로 정치적 구호가 등장을 하게 되고, 그동안 농민들이 70년대부터 줄곧 해왔던 투쟁의 장이 바뀌게 됩니다. 교회를 중심으로 교회의 배경하에서 주로 기도회라든가 이런 형태로 대중집회가 나타났다고 한다면, 84년 함평·무안 농민대회는 함평 장터에서 농민들이 집단적 투쟁을 전개하는 모습으로 나타나기 때문입니다. 80년대의 농민운동의 성격을 규정짓는 조직적인 대회가 함평·무안 농민대회였다, 이렇게 볼 수가 있습니다.

그러면 함평·무안 농민대회는 어떻게 준비되었고, 또 80년대 농민운동에 어떠한 논쟁거리를 주게 되었는가 하는 것을 제 경험을 통해서 말씀드려보고자 합니다.

우선 84년도에 오면서 그동안 각 군 단위에서 학습조직을 통해서 자주적 농민운동을 생각했던 것을 실천에 옮기는 그런 과정이 산발적 형태로, 또는 전 농민의 대중적 형태로 나타났던 것이 '소몰이투쟁'이었다고 한다면, 이것을 조직적 역량으로 운동화시키고자 한 것이 함평·무안 농민대회인데요. 처음에는 양파 수입, 을류농지세 사건, 소 수입, 고추 수입, 엄청난 수입 물량에 거의 그걸 농민들이 버텨줄 수 없을 정도로 상황이 오니까, 그리고 농민운동이 농민적 방법과 농민적 배경에 의해서 추진되어야한다, 이런 어떤 계기를 주는 게 필요하다고 느껴서 제가 제안을 합니다. 무안에 계신 〔당시 한국기독교농민회총연합회 회장이셨던〕 배종렬 씨께 5월 23일 제가 만나서 이제 농민대중이 자기의 책임하에서 운동을 전개할 수 있는 어떤 투쟁의 장을 마련해보자고 제안을 합니다. 해서 그해 6월달에 '함평·무안 농민대회 추진위원회'가 구성이 됩니다.

제 기억으로는 지금 배종렬 씨가 시무하고 계시는 무안 해제교회에서 6월달에 모임이 있었던 걸로 압니다만, 5월 23일 당시 만남에서는 현 상황이 유화적 국면으로 접어드는데, 이때 농민들도 집단적 주장을 해야 하지 않겠느냐, 두 번째는 농민회가 이렇다 할 움직임이 없어 농민회 활동의 의미를 농민들과 일부 회원들마저도 무엇을 하는지 궁금해 하고 있다, 이런 거고요. 또 배종렬 씨와 저 둘의 대화 요지는 농축산물 수입으로 인한 농민 불만 증대, 양파〔문제〕, 을류농지세 부과를 위한 작황조사, 과중한 세금부과가 예상되고, 또 여러 가지 타 운동권의 활발한 움직임들, 이런 내용들이 얘기가 됐고요. 그래서 결론은 함평·무안 농민 현안문제가 상당히 심각하다는 데 의견이 모아졌고, 함평·무안의 농민 대표자모임을 한번 소집해서 논의해보자, 이런 얘기가 오고 갔고, 6월 19일날 무안에서 다시 모여서 이때 결정된 게 7월 2일날 무안 해제교회에서 대표자모임을 갖기로 합의를 했죠.

7월 2일 당시 회의 참가자는 가톨릭농민회에서 이의택, 박성만, 김규복, 서경원, 이은열, 김영관, 박제봉, 김갑연, 노금노, 백성남, 정관수, 모영주, 박시영, 박신제, 최성호, 신기철, 위임헌 사람은 박성규, 윤종헌 있고, 함평에서 18명, 기농 측에서 김병길, 김홍재, 최종율, 안영일, 정철호, 배종렬, 박귀섭, 김선택, 김귀주, 김정순, 양경환, 전영남, 김유식, 최병상 해서 총 14명, 기타 해남YMCA농민회에서 4명 정도, 그니까 이것은 전체 전라남도 농민 대표자모임, 이렇게 성격이 규정됩니다.

이런 과정들을 거쳐서 이제 대회가 준비되게 되는데요. 여기서 인제 약간 논쟁이 있었던 것은, 이게 '농민 대표자모임'이예요. 가톨릭농민회, 기독교농민회, 뭐 조직모임 이런 게 아니고, '농민 대표자모임'이라고 하는 성격 때문에 특히 가톨릭농민회에서 문제제기를 허죠. 그르믄 이 투쟁을 누가 책임지고, 탄압을 하믄 어떤 놈이 책임질 거냐, 요지는 이런 거예요.

보면은 인제 '함평·무안 농민연대' 이런 게 나오는데요. 제가 누구라고 얘기는 않겠습니다만.

1편대 50명씩 해서, 이렇게 해서 일일이 최정예 투쟁부대고, 여기에 동원된 일반 농민대중은 장날이믄 보통 1,000여 명씩 모이기 때문에 약 한 3,000명 규모로 동원하고 해서, 사실상 '함평·무안 농민대회', 명칭이 그렇지, 사실상 전국대회이자 적어도 80년대 농민운동에 기폭제가 되는 거였죠. 제가 무안에 25개조, 함평에 25개조를 일일이 5명씩 지침서를 주고 교육을 시키고 하기를 7월달부터 8월달까지 두 달 동안에 그걸 끝낸 겁니다. 끝내고 여기 그 선언문 「함평·무안 농민선언문」이 있거든요. 농민선언문은 제가 작성을 한 겁니다만, 뒤에 보면 '우리의 주장'이 나와요.

양파에 부과된 을류농지세를 즉각 철회하라.
영세농가 부채를 12월 20일까지 무조건 탕감하라.
함평·무안 고구마 생산농가를 파탄시킨 당밀 수입을 즉각 중단하고 금년산 생고구마를 전량 수매하라.
외국 소 도입으로 망한 소사육 농가의 피해를 전액 보상하라.
대다수 농촌청년을 우롱하는 영농후계자 육성제도를 시정하고 자금을 중장기 영농자금으로 바꿔라.
농축산물 수입을 즉각 중단하라.
쌀 수매가를 40% 이상 인상하라.
망국적인 저농산물가격정책을 즉각 시정하고 농업생산비를 보장하라.
농협임시조치법을 철폐하고 조합장 직선제를 즉각 실시하라.

비농민 토지를 즉각 환수하여 땅 없는 농민에게 분배하라.

참된 민주정치의 지방자치제를 실시하라.

우리의 아들딸인 노동자들의 정당한 권익운동을 탄압하지 말라.

대일경제 예속을 심화시키는 전두환 대통령의 일본 방문 계획을 취소하라.

(「함평·무안 농민선언문」에서)

그때 당시 주장이 이런 거였습니다. 그래서 거의 차질 없이 준비가 돼가는데, 어디서 문제가 생기냐. 이 함평·무안 농민선언문을 초안을 작성해가지고 김창중이라는 사람한테 이 유인물 1만 2,000부를 만들어서 8월 30일? 31일 오후 4시까지 호남동 천주교회에 가져오도록 부탁을 하고 그렇게 하기로 약속을 하고, 제가 받으러 갔는데, 오후 4시 10분까지 기달려도 안 와요. 유인물이 도착을 안 해, 보냈다고는 하는데. 그래서 무슨 사고가 났구나 하고, 내가 하도 그때는 탄압이 심하고 또 50개조에 달하는 훈련을 시켜논 판이라. 그래서 광주 대주교관으로 일단 피합니다. 느낌이 이상해서. 역시 한 5분 있으니까 나에 대한 수배령이 떨어졌어요. 도경에서 노금노 수배가 떨어졌다고 주교관으로 연락이 왔더라고요.

그래서 내용을 알아보니까, 그 유인물 1만 2,000부를 자전거 뒤에다 싣고 호남동 천주교회로 오는데, 미문화원 앞을 거쳐서 와야 합니다. 그 미문화원 앞을 오믄 늘 전경들이 지키고 있어요. 그때 당시. 근데 심부름을 맡은 사람이 오다가 거그서 넘어져버린 거여. 전경은 있고 겁이 났던가, 넘어져버린께, 전경들이 그놈을 일으켜 세워줄라고 허다가 본께, 뭔 함평·무안 농민선언이 나오고 복잡한 문건이 나와버리니까, 바로 보고를 해버리고 다 압수해버린 거여. 근데 날짜가 안 나와 있어요, 이 농민선언문에. 이거 뭐 대회는 함평·무안에서 하는데, 날짜가 언제 하는 줄 모르는 거야.

그래서 그 이튿날 9월 1일 천주교 주교관에서 이걸 돌리려고 박시영이랑 양종환이를 밤에 올라오라고 해가지고 1만 2,000부를 다시 만들었어요. 그때는 함평의 장터 가게가 초가로 돼 있는디, 그 처마 밑에다 50부씩 다 넣어놓도록. 왜냐면 경찰병력이 배치되고 그러면 그걸 갖고 들어갈 수가 없은께, 그 전날 미리서 다 넣어놓으면, 편대장들에게만 그걸 알리면 편대장들이 와서 어디치는 어디치 가져서 노나주고 이렇게 배포하면 되는데. 그렇게 작업을 다 마쳤어요.

마쳤는데, 어떻게 9월 2일이라는지를(2일인 줄을) 알았는지는 저도 아직 몰라요. 근데 하튼 당일날, 참 하늘이 원망스러울 정도로 장대 같은 비가 새벽부터 쏟아지기 시작해요. 쏟아지는데 전남도경 전투경찰 있는 대로 1,500명이 함평장에, 함평 외곽도로에 싹 배치돼부렀어. 함평이라는 거를 알아버린 거여. 무안은 일체 안 해버리고.

나는 광주에서 새벽 2시에 함평을 들어오게 됩니다. 내일 행사를 지도헐려고 이미 작업을 마쳐놓고. 그러나 걱정이 태산 같죠. 그래서 여기 함평공원 밑에 가면 박성규 회원 댁을 새벽 2시에 들어가서 한쪽 골방에서 잠을 자요. 자는데 새벽 3시가 되니까 예비검색이 시작된 거예요. 무안은 예비검색을 안 했어요. 함평은 예비검색을 해서 그동안 농민운동을 해서 두각을 나타낸 사람들을 싹 예비검색을 한 거예요. 그래가지고 양종환이는 백양사로 끌려가고, 나는 골방에서 자는데 성규를 잡아가요. 그래서 아, 예비검색이구나, 하여튼 편대장을 맡은 사람들이나 또는 주요 활동했던 사람들이 피한 사람들도 있었어요. 예비검색을 미리서 경험이 있었던 사람들이면, 하튼 15명 정도가 예비검색으로 대흥사 뭐 어디로 가버리고, 나는 골방에 자면서 예비검색 당하는 걸 봤기 때문에.

금세 비가 그렇게 엄청나게 와요. 그래서 다시 아침 7시쯤에 오게 됩니다. 뒷산으로 해서, 왜냐면 거기가 도저히 있을 수가 없어, 나를 잡을려고 혈안이 되어 있을 텐데. 이미 수배령은 떨어졌고, 그 후로 안 애깁니다만 배종렬 씨에 대한 수배령도, 수배령은 아닌데 예비검색 대상이 된 거예요. 9시쯤에 비가 와갖고 도저히 움직일 수가 없어 옷이 다 젖어버려 가지고. 10시부터 시작이 되는데 근데 아침 8시부터 애들(당국)은 전부 교통을 차단하면서, 불온분자들이 함평장 내에 불을 지르려는데 막는다, 이렇게 소문을 내는 거예요. 근데 사실상 전국대회기 때문에 꾸역꾸역 막 열차를 타고 내려온 사람, 뭘 타고 내려온 사람, 허니까 전부 들어오다가 잡히고 막 그럴 거 아닙니까.

나는 어서 또 연행이 됐냐면, 우리 집에서 연행이 됐어요. 다른 데가 숨어 있을 수가 없어. 가장 안전한 곳이 내 집이라고 와갖고 아래채 아랫방에 있다가 다시 이렇게 산으로 해서 뚫고 들어갈라고 했는데, 우리 집을 덮친 거여. 아무리 이쪽저쪽 수배를 해도 없은께, 집에 있을 가능성이 있다고. 근디 집에도 밑에 방에가 있으믄 몰라요 잘. 그것도 참 일이 안 될라고, 우리 아들놈이, 지금 호남대 다니는 막내란 놈이 화장실에 나왔다가 누가 물어봤는가 봐, 느그 아빠 어디 있다냐. 내가 집에 들어온 줄 알아, 우리 아빠 저기 아랫방에 있다고 그랬든가 봐. 여기 있기도 불안해서 나는 다시 다른 데로 이동을 헐라고 헌디, 한 30분 이상 있을 수가 없으니까. 그런디, 읍·면 사무소 직원들 뭣조차 30명이 하여튼 와갖고 문을 열고는, 회장님 나요, 근께 공무원들이여. 글고 뒤에는 경찰들이 와 있고. 거 그서 연행이 된 거제.

바로 광주로 연행이 됐고, 그 후로 인제 11시 반이나 된께, 배종렬 씨가 광주경찰서로 연행이 돼 와요. 함평의 상황은 어찌 됐냐, 워낙 많은 사람들이 서울에서도 오고 어쩌고 허니까 아무리 전경이 잡어 되돌려 보내고 잡아가고 해도 함평 천주교회로 가자 해가지고 천주교회에서 그래도 1,300여 명이 모인 거예요. 그래갖고 10시에 맞춰서 함평장으로 간다고 으싸으싸 하고 전경들하고 붙어가지고 72명이 부상을 당해요. 서울에서 온 허헌중이는 대표적으로 코뼈가 깨져버리고, 아조 요 무안의 신기철이 같은 경우는 거그서 기절을 할 정도로 얻어맞어버리고, 하튼 72명이 크고 작은 부상을 당하면서 첨부터 폭력사태가 나분 거여. 근께 함평장을 장악하지는 못했어요. 인자 함평 거리에서 치고 받고 막 흩어지고 난리가 나고,

또 멋도 모르고 대회에 참석하러 온다고 허다가 전경들하고 붙어가지고 하루 종일 오후 4시까지 허고 상황이 종료된 걸로, 그렇게 인제 됐거든요.

9월 2일날 함평 상황은 그렇고, 광주경찰서에서 조사를 받는데 조사를 안 해요. 나중에 알고 보니까 이 사건이 80년대에 들어와서 최초의 농민들의 집단적인 대규모 투쟁사건이고 그러기 때문에, 이걸 정식으로 사법처리허고 허려면 여러 가지 책임을 물어서 하는데, 그러다 보믄 정치적으로 또 시끄러울 거 같고 하니까 그냥 약식재판에 회부해서 해결하자 했든가 봐요. 그래가지고 유치장에 조사도 안 받고 3일인가 이틀인가 있다가 법원으로 갔죠. 가갖고 구류 25일씩을 맞았어요. 구류 25일을 때리면서 유치명령 10일씩을 때려놓으니까, 10일간은 꼬박 살아야 하는데, 정식재판을 청구를 했죠. 10일 살고 나와가지고 정식재판이 그해 10월 달부턴가 시작이 됐는데, 함평·무안 농민대회 탄압사례 보고회를 9월 20일날 광주 가톨릭센터에서 합니다. 그때 전국 농민운동단체들이 그 부분에 대한 입장을 표명합니다. 그 성명서들이 지금 여기 있습니다만.

정식재판은 10월달부터 시작이 됐는데 유언비어, 함평·무안 농민선언문. 이것이 문제가 되는 거여. 농민선언문은 유언비어를 퍼뜨려서 농민을 현혹케 하고, 그런 집회 장소에서 많은 사건을 야기했다, 이런 거고. 우리는 유언비어가 아니다. 그건 다 사실이다. 이렇게 해서 1심에서 5일을 깎아주더라고요. 20일로. 그래서 인제 항소해갖고 항소를 하는데 그 항소심에서 소위 말하믄 무죄라 합니까, 무죄판결을 받죠. 근데 1심 판결할 때 판결 요지가 지금 기억에 남습니다. 우리는 유언비어가 아니고 사실이라고 주장하니까, 그것이 뭐 당신들 때문에 내가 공부를 많이 했소, 그러더라고요. 그러면서 영국의 법을 들먹이고, 미국의 법을 들먹이고 하더니, 유언비어가 아니다 하더라도 현재 사회문제를 야기할 만한 것을 가지고 농민들을 집단적으로, 조직적으로 동원하는 것은 유죄다. 요지는 그런 거여. 그래갖고 5일을 깎아준 거고, 법원 항소심 판결에서는 무죄판결을 받았고요.

근데 함평·무안 사건을 둘러싸고 논쟁이 격화됩니다. 왜냐면 적어도 농민적 방법과 농민적 배경에 의한 농민대회가 물리적인 탄압세력에 의해서 결국은 교회로, 함평 천주교회에서 대회를 치르게 됐고, 또 엄청난 물리적 탄압에 속수무책이었다. 그니까 아직은 적어도 교회의 우산 아래서 농민운동이 더 성장해야 한다는, 나름대로 함평·무안 농민대회를 보는, 기존의 조직을 유지하고자 하는 관점에서 어떤 분들은 그런 평가를 하게 됩니다.

함평농우회 결성과 그 후 자주적 농민운동의 대중화

그러나 함평·무안 농민대회는 다른 측면에서 보면은, 80년대 농민운동의 성격을 보다 명확히 하는, 그런 농민적 방법과 농민적 배경에 의한 농민운동, 곧 자주적 농민운동을 전개하고자 하는, 그런 최초의 시도였다, 그렇게 정리할 수 있겠습니다.

그리고 85년도에 들어오게 되는데, 이런 논쟁은 끊임없이 전개되게 되고, 어쨌든 저나 함평에서는 이제 함평·무안 농민대회 평가를 토대로 해서, 이제는 더 이상 교회의 인적·물적 자원에 의존해서 농민운동을 할 단계는 지났다. 농민들 스스로가 자기 책임하에서 농민운동을 전개할 인적·물적 조건이 확보되었다, 이렇게 보고 함평농우회를 결성하게 됩니다. 아마 제 기억으로는 농민운동조직으로서 군 단위의 조직적 단체가 들어선 것은 함평농우회가 처음일 겁니다.

그 이후로 경남 거창, 전북 김제, 경기 화성, 경남 의창, 경북 영천, 경남 남해, 충북 청원, 충남 예산 등지에서 자주적 농민운동의 군 단위 대중조직들이 출현하게 되는데요. 85년도에 함평농우회가 창립되면서 농민들 스스로가 탄압을 견뎌내며 자기 성장을 해가는 과정의 영향을 받아서, 이런 각 시·군의 자주적 농민운동단체들이 출현하게 되면서, 인제 농민운동조직은 가톨릭농민회, 기독교농민회, 그리고 각 군 단위 독자적 농민회, 이렇게 세 가지로 분립된 양상을 띠면서, 이것을 하나로 어떻게 통일시킬 것이냐, 이런 과제를 안게 되는 것입니다.

근데 함평농우회가 결성되면서 농민운동 조직논쟁은 더욱더 격화돼요. 그 후로 좀 보면 가톨릭농민회, 기독교농민회를 중심으로 해서 전국농민운동연합이 결성되어가고, 또 각 시·군 단위 독자적 농민운동단체들은 전국농민협회를 결성하면서 나아가게 되고, 이렇게 발전해가는데요. 여기서 몇 가지, 또 하나의 논쟁거리가 있었는데요.

86년도에 들어오면서 무안에서 무안기독교농민회를 중심으로 하는 운동단체들이 '수입정권 타도 농민대회'를 추진하게 됩니다. 그리고 함평에서는 86년 5월 17일 '학살정권 타도 함평농민대회'를 함평농우회 명의로 하게 되죠. 그 부분에 대해서 논쟁이, 앞으로 그 농민운동 통일조직과 관련한 논쟁이 격화되게 되는데요. 그 부분에 대해서 함평에서 추진되었던 86년 5월 17일 '학살정권 타도 함평농민대회'의 평가서 그리고 여러 논쟁들에 대해서 함평의 입장을 정리해놓은 문건을 참고하기 바랍니다.*

어쨌든 당시 「농민세상」이라는 기독교농민회 기관지에서 84년 '함평·무안 농민대회' 연대투쟁과 86년 '5·17학살정권 타도 농민대회'를 비판하는 글을 게재함으로써, 함평 농민운동세력이 그 비판하는 글에 대해 반발을 하면서 전개된 논쟁입니다. 그 요지는 결국은, 무안 쪽의 주장은 84년도 함평·무안 농민투쟁은 아직은 농민 역량이, 농민적 방법과 배경에 의한 투쟁을 전개할 만한 역량이 부족하다고 평가했던 것이고, 그런 측면에서 85년도 함평농우회의 출범과 5·17학살정권 타도대회는 지극히 모험주의에 불과한 것이라는 평가여, 이를테면.

그거에 대하여 함평 농민운동세력은 무안지역에 대해서 '왜 무안은 수

---

* 이 논쟁들에 대해서는 이 책 4부 3장 「함평농우회의 결성과 활동 평가」에 자세히 나와 있다.

입정권 타도대회를 무안에서 주최할 때에 84년에 밟았던 전철을 그대로 밟고 깨지고 말았는가?' 그것은 그런 방식으로는 더 이상 안 된다는 것을 증명해주는 것이고, 5·17학살정권 타도 함평대회는 이미 투쟁의 장을 터미널, 시장으로 확대해서 성공적으로 치러졌기 때문에, 이미 그것은 84년도 함평·무안 농민대회를 계승·발전한 것이다. 그리고 실천적으로 성공한 것이다. 더 이상 온정주의적 사고방식에 의한 기독교적 성격의 농민운동은 지속될 이유가 없는 것이다. 요런 내용의 논쟁이여.

86년도에 '학살정권 타도 함평농민대회' 진행 과정은 이렇게 돼 있습니다. 지금 평가에서 밝히고 있듯이 그 배경이라든가 실천 내용은 그렇고, 인제 물론 아직도 농민운동 지도세력이랄까 이런 세력들이 이념적으로 또는 철저히 실천적으로 보여주지 못한 이런 것들이 미흡한 점이 있었어요. 그것은 뭐냐면 경찰병력이 광주로 이동한 상황에서 투쟁력을 갖고 있는 농민들이 버스터미널과 함평 장터를 바탕으로 해서 전개되는 농민운동이 당연히 성공할 수밖에 없었어요. 경찰병력이, 아무도 막을 〔수 없는〕 병력이 광주로 이동 중인디 되겠습니까. 실제로는 함평경찰서장이 갑자기 치과에 이빨 치료허러 나왔다가 경찰서장이 디지게 맞어부렀어요. 그렇게 하고 저는 광주로, 일단 저는 5·17투쟁에 주도적으로 참여했던 사람들에 대한 탄압국면에 접어들 가능성이 많다고 보아서, 저는 광주로 피신하면서, 다 피하도록 했습니다. 주요 지도부는 일시적으로 피하도록 했는데, 그날 오후에 5·17투쟁을 주도했던 양종한, 성옥일, 나옥석, 박성규, 이런 사람들이 싹 오후에, 밤에 잡혀부렀어.

저는 광주로 이동해 있었기 때문에 어떻게 헐 거냐 하는 거여, 요지가. 당신이 내려와서 책임을 진다고 허면, 이 사람들을 다 풀어주고, 글 안 하믄 이 사람들이라도 구속시킬란다는 거여.

그래서 이거 참 내가 혼자 가서 징역을 살든가 해야지, 여럿을 징역을 살게 하는 것은 농민운동 역량을 너무 소모시키는 거다, 바로 다 풀어주는 조건으로 하고 내가 자수를 해서 함평경찰서로 와서 구속이 됩니다.

다 풀어준 건 아니고 나옥석, 박성규 등 다섯 명은 풀어주고, 나를 주모로 해서 세 사람은 목포교도소에 구속이 됐었죠. 약 3개월 동안 재판을 받다가 집행유예 2년씩 받고 1심에서 석방되었습니다만.

그러면서 다시 조직을 추스르기 위해서 시목동이라는 곳에서 하계 함평군 농민단합대회를 하게 됩니다. 그렇게 구속되고 징역을 갔다 오고 했어도 그 하계 수련회를 할 때에 제 기억으로 한 200명 정도 그때 함평군 농민들이 수련회에 참여했어요. 열기가 대단했어요. 그때 2박 3일 동안 우리가 텐트 치고 했었습니다만. 그런 투쟁을 통해서 오히려 침체되는 게 아니라 함평군 농민운동은 급격히 고양기를 맞이하게 됩니다. 그 후로 최대 2,300명까지 가입을 하게 됐는데요. 그리고 아까도 말씀을 드렸었습니다만, 전국적으로는 이런 독자적인 자주적 농민운동단체들이 여기저기 하나둘씩 결성되어지고, 저는 그러한 결성을 각 시·군에서 준비하거나 결성대회에 참여해서 강의하거나, 또 그런 조직을 지원하기 위해서 86년 하반기는 거의 함평에 있었다기보다는 전국을 돌아다녔습니다.

물론 제가 82년도 청년분과위원회 구성문제로 가톨릭농민회 총무직을 사퇴했다고 한 바 있는데요. 1년 동안 쉬었다가 83년도에 다시 가톨릭농민회 전남연합회 총무를 맡게 됩니다. 왜냐하면 당시 농민운동이 상당히 침체기였고, 전국적으로는 또 약간의 오해들이 풀려가지고 다시 총무를 1년 동안 하고, 그리고 85년도에 농우회 창립을 위해서 정식으로 사표를 내었습니다. 자주적 농민운동단체를 위해서 그만둬야 하겠다고 정리하고, 그래서 86년도에는 상당히 자유스럽게, 어떤 조직에도 얽매이지 않고 전국에 독자적인 자주적 농민운동단체들을 만들고 키워나가는 데 제 역량을 집중했습니다.

그리고 이때 농민운동 차원에서 전국적으로 실시된 민주헌법 쟁취 서명운동이 전개가 됐어요. 저희 함평에서도 7,000명 서명을 받았습니다. 그리고 인제 87년도로 넘어오게 됩니다. 87년도 1월달에 저희들이 농우회의 주관으로 85, 86년도에 부채 실태조사를 했어요. 농가부채 실태조사를 해서 아마 농가부채 실상이 이렇다고 하는 것을 공식적인 자료로 내놓은 것은 함평농우회가 전국에서 최초일 겁니다. 그리고 부채문제가 심각했어요. 그때 농가부채문제가 제 기억으로는 잘 기억은 안 납니다만, 농가부채를 농민 스스로가 그것을 갚아낼 수 없을 정도, 특히 빈·소농들은 무거운 부채에 짓눌리고 있던 때라서, 전국적으로 이 문제에 대해서 관심을 갖기 시작합니다. 전국의 가톨릭농민회라든가 기독교농민회라든가 여러 단체들에서. 그래서 농가부채를 둘러싼 투쟁들이 촉발되게 되고, 이 농가부채문제는 그 후로 정부의 농가부채 경감대책으로 나타나게 되고, 상당한 정도의 농가부채를 경감하는 데 효과적인 그런 활동들이었습니다.

87년도에 들어오면 전두환 정권이 호헌, 정권을 더 유지하기 위해서 1월달부터 호헌을 준비했던가 봐요. 그래가지고 전국 각 운동의 투쟁력 있는 지도자들의 예비명단을 작성해가지고 필요하면 예비검색을 할 수 있는 만반의 준비태세를 갖추고 있던 때입니다. 저는 그런 정보를 그때는 몰랐어요. 저는 부채 공청회를 최초로 함평에서 시도하기 위해서 준비를 하고 있을 때였어요. 함평 천주교회 강당을 빌려가지고, 부채대책위원회에서 부채 공청회를 하는데, 초청연사, 또 공청회 장소를 확보하기 위해서 대책회의를 하는데 그때 함평군 번영회장이 이일행 씨였습니다. 그래서 교섭을 해서 함평군민회관을 빌려서 부채 공청회를 갖기로 결정하고, 제가 그 교섭을 맡아서 이일행 회장을 만나게 됩니다.

근데 이것이 빌미가 돼가지고 제가 또 구속이 되었습니다. 제가 86년도에 집행유예 상태인데, 몇 사람들이 나를 인제 고소 형식을 빌려서, 구속시키려고 하는데, 사건의 내용이 별것이 아니었기 때문에 그 구속 여부를 담당하는 판사가 기각시켰어요. 근데 다시 안기부의 지시로 목포지원장에게 압력을 넣어서 그 이튿날 구속이 집행됩니다. 그래서 사실상 87년 6월 항쟁 과정에 저는 이렇다 할 활동을 못 하고 목포교도소에 수감돼 있었습니다. 그때 목포교도소에 있을 때 지금 경기도지사 하고 있는 김문수가 목포교도소에 와서 징역을 살고 있는 때였고, 목포대생들 한 일곱 명이 있었고. 6월 항쟁 기간 동안에는 최루탄가스가 목포교도소에까지 막 날아와서 참 애를 먹고 했었던 그런 기억이 납니다.

〔엮은이 주〕

• 이상 여기까지가 5·18기념재단에서 발간한 『구술생애사를 통해 본 5·18의 기억과 역사 3(농민운동가 편)』(2009. 12. 10)에 수록된 '농민운동가 노금노 편'을 원래 구술 녹취한 원 자료에서 빠진 부분을 보완하여 재정리한 것입니다.

• 이하 다음에 수록한 구술 자료는, 당초 5·18기념재단에서 구술 녹취한 원 자료 (2007년 6월 8일 2회차 구술 녹취분과 2007년 7월 4일 3회차 구술 녹취분) 중, 위 책에 수록되지 않은 나머지 구술 자료(2회차 일부와 3회차)를 일부 필요한 부분만 최소한의 교열을 보아 읽는 데 지장이 없는 한 원래 구술하신 대로 정리·수록했습니다.

• 고인의 유고집에 본 구술 자료의 전재를 허락해주신 5·18기념재단에 다시 한번 깊은 감사를 드립니다.

6월 항쟁 국민운동본부, 함평군농민위원회 개편, 후보단일화 활동

구술자   어쨌든 제가 구속 중일 때 6월 항쟁, 6·29선언이 나오고, 7월 9일 제가 감옥에 있을 때 사면복권이 됩니다. 그때 노태우 민자당 대통령 후보가 건의를 해갖고 뭐 어쩌고저쩌고 하는 때니까요. 그래 제가 사면복권이 되어서 인제 석방이 되는데, 그때도 저는 정문으로 못 나갔어요. 그 때는 정말로 와서 보니까 뭐 당시 전남은 물론이고 전국적으로 활동하고 있던 많은 동지들이 여러 지역에서 동지들이 내가 석방, 사면복권된께 사면 날짜들을 다 알지 않겠어요. 그게 목포교도소에서 겁이 났든가 그냥 저 혼자 실어다 집으로 데려다줘 불고. 그때 그런 기억이 나고요.

또 그때 감옥에 있을 때 이미 80년대 초반부터 진전되었던 그때, 막 비공개 문건들 논쟁이 됐던 NLPDR이니 PDR이니 NDR이니 이런 문제들을 갖고 (같이 투옥되어 있던) 김문수허고 상당히 많은 애기를 나눈 바가 있고, 그래서 나는 상당히 김문수 이 사람이 참 굉장한 이론가구나 이렇게 느끼기도 했었습니다.

어쨌든 저는 그때 7월 9일날 석방이 되어서 나와서 보니까 민주헌법쟁취국민운동본부가 도 단위까지 결성이 되어 있는데, 시·군 단위로 결성을 해가는 과정이더라고요. 그래서 저도 함평국민운동본부 결성에 참여하게 됩니다. 그때 함평에서 종교계 대표 한 사람, 농민 쪽 한 사람, 그리고 재야 쪽에 한 사람 해서. 재야 쪽으로는 당시 김용호 씨, 농민 쪽으로는 저, 그리고 종교 쪽으로는 함평읍교회 박종삼 목사님, 이렇게 해서 국민운동본부를 창립하게 됩니다. 그때 함평공원에서 가진 국민운동본부 창립대회에 함평공원에서 사람이 400~500명 왔어요. 그때는 이미 분위기가 6월 항쟁 후라서 좋은 때죠. 그리고 정치권에서는 인제 양김이 서로 대통령할라고 허는 때라, 그런 분위기 때문에, 대중 동원들이 잘되는 분위기였습니다.

그해 8월달에는 함평 장터에서 집회를 한 번 했었고, 9월달에는 바

112

로 여 옆에 함평실고 옆 동산에서 '민주농촌 실현을 위한 함평농민대회'를 두 차례에 걸쳐서 주도했어요. 그때 그 열기를 보니까, 꼭 농민만 아니었다 하더라도 민주화운동에 동참했던 사람이 보통 모였다 하면 700~800명씩 모이고, 시가행진을 하면은 400~500명씩 계속하는 그런 분위기였습니다.

그러면서 함평농우회는 함평군농민위원회로 다시 개편이 됩니다. 함평농우회는 인제 어감 자체나 여러 가지가 운동적 성격을, 85년도에 농우회를 만들 때에 너무 폭압적 상황이었기 때문에, 명칭을 너무 강하게 부각시키는 그 자체가 상당히 부담을 준다 해서 농우회로 했고, 이제 6월 항쟁 후이기 때문에 함평군농민회를 만들기 위한 전 과정으로서 농민위원회, 이렇게 이월적 성격이 필요하다 해서, 87년도 8월달부터 농민위원회로 명칭을 바꿔서 활동하기 시작합니다.

그리고 인제 전국적으로는 87년도에 들어오면 2월달에 전국농민협회가 결성됩니다. 전국농민협회는 함평농우회를 필두로 해서 경기도 화성농민협회, 충북 청원군농민협회, 충남 예산농우회, 전북 김제동학농민회, 경남 거창농민회, 경남 의창군농민협회, 경북 청송농민회, 영천농우회, 봉화농민회, 하여튼 12개의 군 단위 농민대표자들 또는 농민조직의 대표들이 모여서 전국농민협회를 결성하게 되고, 그 초대 회장을 강진 출신인 장영근 씨가, 사무처장을 제가 맡았습니다. 그니까 사무처장이라는 직함 때문에 87년도 초반부터 구속이 되고, 또 그 후로 함평에서 쭉 활동을 할 때에도 늘 서울 쪽이나 전국과 교감을 가지면서, 전국의 조직을 추스르고, 또 한편으로 지역조직을 추스르는 그런 이중적 활동을 복합적으로 하게 되었습니다.

87년이면 그때 또 한편으로는 대선투쟁으로 접어들게 되는데요. 당시 대선투쟁을 할 때에 그때 입장들이 세 갈래로 갈렸지 않습니까. 소위 비지파(비판적 지지파), 김대중 씨를 비판적으로 지지해야 한다는 입장. 그리고 후단파, 김영삼·김대중 씨는 후보단일화해야 이긴다는 후단파, 그리고 백기완 선생을 대통령후보로 옹립하고자 하는 독자후보파. 후단, 비지, 독자후보파 이렇게 세 갈래로 나뉘어서 대선에 임하게 되는데요. 저는 그때 후보단일화, 후단파에 속했었습니다. 꼭 굳이 그걸 파벌로 얘기한다면 후단파였습니다.

기억에 남는 것은 한편으로 함평에서는 근께 10월달, 근께 9월 20일 '민주농촌 실현을 위한 함평농민대회'를 끝으로 대선에 접어들게 되는데요. 그런 과정에서 국본(국민운동본부)을 중심으로, 국민운동본부 함평군 지부를 중심으로 활동을 하게 되고, 전국적으로는 인제 후단파, 아마 가장 그 대선투쟁 기억이 남는 것은 서울 고려대학교에서 약 2만 5,000명 정도가 모였는데, 그때 대토론회가 열렸습니다. 독자후보파, 후단파, 비지파가 모두 함께 모여서 대토론회를 하자, 해가지고 각각 입장을 대표하는 사람들이 30분간씩 연설을 통해서 상대 진영을 설득시키는 그런 토론회인데요. 저는 후단파를 대표해서 30분간 연설을 거그서 하게 됩니다. 뭐 뻔하죠, 김대중·김영삼 씨가 하나로 단결해야 대선에서 이기는 거 아니냐, 국민대중의 요구가 뭐냐, 바로 그것 아니냐, 근데 왜 갈라서갖고 또 질려고 하느냐, 이렇게 되는 거고. 근데 안 돼요. 아마 12월 9일로 기억이 됩니다만, 12월 9일은 학생운동 진영이 1,000여 명씩 나눠가지고 김영삼 씨, 김대중 씨 댁을 에워싸고 대표들이 안에 들어가서 담판을 지었어요.

저는 그때 김대중 씨 댁을 그 지하 식당에 따라갔습니다. 근데 얘기가 안 되는 거여. 그때 실제 여론상으로 김대중 씨가 지고 있었죠. 김영삼 씨한테도 지고 있었어요. 김대중 씨가 여론조사가 나오자 560만 표, 김영삼 씨가 700만 표 정도, 노태우가 한 800만, 백기완 이리저리 해서 80만, 뭐 이렇게 나온 거 아닙니까. 그때. 그 여론조사를 들이대믄, '아, 내가 700만 표를 확보해놨는데 무슨 소리냐', 이런 식이고. 그니까 김영삼 씨가 들어가믄 그 표가 절대 김대중 씨 자신에게 오지 않고, 노태우에게 가버린다는 거죠, 김영삼 씨 표가. 그니까 김영삼 씨를 들어가게 해서는 안 된다는 거죠, 이를테면. 제가 알고 있는 사자필승론이라고 하는 것은 전두환·

노태우가 직선제 개헌을 받아들이면서, 김종필 씨도 나오게 하고, 김영삼 씨도 나오게 하고, 김대중 씨도 나오게 해서, 직선제를 해도 노태우가 이긴다라는 게 사자필승론이었는데, 그것을 받아서 우리 김대중 선생이 인자 너니(넷이) 싸워야 이긴다는 거예요. 너니 싸워야. 들어가야 할 사람은 백기완 씨만 들어가믄 된다 이거야. 독자후보파, 거그나 빨리 들어가라 이거야. 그니까 뭔 얘기가 안 되는 거여. 우리는 560만 표, 이런 거고. 김대중 씨는 '내가 700만 표 확보해놨는디 뭔 소리냐' 이렇게 나와버리고.

또 실지 심지어 이런 얘기까지 다 한 걸로 알고 있습니다. 지금 설사 김영삼 씨가 정권을 쥐든, 당신이 대통령에 당선된다 해도, 그 정권이 유지가 불가능허요. 봇물처럼 솟아오르는 이 대중적 요구, 그 혼란이 오게 되고, 군부의 재등장을 불러일으킬 수밖에 없는 상황이니까, 이건 후보단일화를 해서 강력한 리더십을 갖는 힘 있는 대권이 되든가, 아 그래야 하는데 이것이 갈라져가지고 이것이 되겠냐 해도, 그래서 뭐 만약에 영삼 씨로 후보단일화가 된다고 헌다면, 당신은 이란의 호메이니가 되시오, 이런 거였죠. 근디 그거 소용없어요. '만약에 내가 양보해줘 갖고 그가 권력을 잡으면, 다음에 정권을 나한테 줄 줄 아냐, 그건 천만의 말씀이다.' 소위 정치 9단이란 분이 그렇게 얘기허니 우리가 할 말이 없는 거여.

그래서 그날 밤을 끝으로 해서 후보단일화고 뭐고 인자 다 끝났고, 각자 고향으로 돌아가서 자기가 지지하는 후보를 위해서 열심히 싸우자. 그러고 저도 함평으로 내려오게 됩니다. 12월 9일, 그 이튿날 12월 10일에 내려와서 함평에 국본대표 자격으로 대선투쟁에 임하게 되는데, 그때 공정선거감시단이 몇 개가 꾸려졌냐면 남대협 공정선거감시단, 그때 전남학생운동을 남대협이라고 했습니다. 천주교 공정선거감시단, 국본 공정선거감시단, 또 어디 하튼 네 개의 공정선거감시단이 활동을 해요. 남대협 공정선거감시단의 학생들이 한 500명 함평에 와서 활동을 했습니다. 국본 공정선거감시단, 여성단체 무슨 공정선거감시단 해갖고 함평에서 활동하던 공정선거감시단 숫자가 한 800명 돼요.

물론 주거문제, 먹고 자는 문제를 본인들이, 단체가 해결한단 뜻이었습니다만, 대부분 함평국민운동본부가 그걸 책임지고 해결을 해줘야 해. 그니까 이게 대선투쟁이 아니라, 이 사람들 밥 얻어 먹이느라고 정신없어요. 여기 가서 돈 좀 주시오, 저기 가서 돈 좀 주시오 해서 이들 유인물 만들란께 뭐 해주시오, 그면 그 돈 대줘야지, 어디로 간께 기름값 대주시오, 어디 가서 밥을 먹여야 하죠, 정신이 없어요. 적어도 그때 당시 야당 하는 분들에게 어쩔 수 없이 맬겼어요. 함평읍은 함평농민위원회가 책임지고, 학교면은 그때 평민당이 평민당 아니여 대선허기 전이니까, 신민당이 책임지고, 저쪽은 천주교 쪽에서 책임지고, 신광면은 박종삼 목사님이 책임지고, 인자 국본에서 책임……

　이렇게 해가지고 대선투쟁을 하는데, 저는 인자 주로 마이크를 잡고 연설을 하러 많이 다녔습니다. 얼마나 이 호남민들이 한이 맺혔던지, 밤에 연설을 하러 다니면은 막 농민들이 농가에서 밤에 나와가지고, 그 택시, 택시 빌려갖고 다니거든요, 택시 하나에 1만 원씩, 2만 원씩 넣어줘요. 그런 돈이 하룻밤을 돌면은 20만 원, 30만 원씩 나와요. 그럼 그런 돈으로 학생들 밥 먹이고, 뭣 허고 그러면서 김대중 씨 찍지 말라 해도 90% 찍는데, 여그서 찍으라믄 뭐 헐 거여, 희한한 논리여 하여튼 논리가. 근데 보니까 우리는 이미 12월 9일날 알아요. 이거 지리라는 것을. 근데 이쪽의 열기는 이러고 막 하고, 이쪽 사람들은 다른 데도 그런 줄 알아. 그런데 투표 이틀 앞두고 남대협 간부가 저를 만나러 왔어요.

　뭐냐, 이 선거는 졌으니까, 요지가 그런 겁니다. 이 선거는 졌고, 이미 그니까 개표가 끝나자마자, 부정선거규탄투쟁으로 이 열기를 전환시켜야 한다는 요지입니다. 그래서 이 정권을 뒤엎는 거예요. 인자 그런 계획이었어요. 그라고 아마 함평만 남대협이 간부를 파견하는 건 아니고, 각 시·군으로 다 파견한 걸로 알아요.

　근데 저는 다른 생각이었어요. 내가 그 간부한테 그랬어요. 자네 말대로 질 줄 뻔히 알면서, 이 뭔 짓거리냐 말이여. 그러고 정상적인 투표해서

져버리는데, 뭘 부정선거규탄투쟁을 어떻게 하는 거냐. 그런 얘기가 오고 가고 개표를 하는데 국본에서 또 지시가 어떻게 내려왔냐면 개표장에다가 전화를 개설해갖고 직보를 하라 이거여, 서울 국본으로 개표 상황을. 그래서 그게 그 자체가 불법인데도 그땐 오기 써갖고 정말 전화 가설했어요. 전화 가설해갖고 헌께, 여그는 인자 라디오에다 레시바(이어폰) 꽂고 전국 개표 상황 듣고, 여그 함평에서 개표하는 걸 보면 다른 후보 표를 찾아볼 수가 없어. 전부 김대중이여. 그런디 이놈의 라디오에서는 이거 뭐 계속 지고만 있고.

그런데 이미 대세가 판가름 났다 싶은가, 12시쯤 되니까 안기부에서 저를 만나러 왔어요. 그래갖고 뭐라 하냐면 전화부터 철거하라 이거여. 그른 어쩔 수 없이 철거했어. 이미 져버린 놈의 것이고. 더 참 재밌었던 그 웃지 못할 얘기는, 인자 그날 오전에 투표를 하는데 전부 투표 감시단들이 아주 쭉 섰습디다. 공정선거 감시한다고. 아, 인자 도장을 안 갖고 왔네, 뭣을 안 갖고 왔네, 해갖고 전부 돌려보내 버려. 아, 근디 사실은 여기는 전부 김대중 씨 찍으러 오는데, 도장 안 갖고 왔다고 돌려보내 버리고 뭐 했다고 돌려보내 버리니. 전화가 빗발쳐. 내가 돌아다녔어. 투표함 돌아 다닌디, 학생들한테 절대 오는 사람 전부 넣어라, 아 여그 막 생각해봐, 여그 다 김대중 후보 찍으러 온 사람들을 아 도장을 갖고 왔든 안 갖고 왔든, 뭣 헐라 느그들이 쫓아 보내고, 느그들 누구 선거운동 허는 거여. 그때사 말귀를 알아먹는 거여. 그런 웃지 못할 일⋯⋯.

나 그때 그런 참담한 상황을 겪으면서 참 지금은 웃음이 나옵니다만, 얼마나 분통이 터지겠습니까. 부정선거규탄투쟁을 한다고 하여튼 더 이상 개표장에 있을 필요도 없고, 군청 뒤에가 개표장을 나오니까, 한 500명 정도 학생들이 군청 앞에 데모를 시작하는 거여. 부정선거라는 거여. 나는 솔직히 부정선거라고 주장할 만한 증거가 없어요. 적어도 절차에 있어서만큼은. 그래서 나는 함평에서는 부정선거규탄투쟁을 못 한다, 내가 그랬죠. 그 이튿날 부정선거 규탄 대책회의를 하면서 부정선거 규탄을 헐라믄 광주·전남 이외의 지역에 가서 진짜 부정행위 행해졌던 지역이 있다면 경상도를 가든 서울을 가서 구로구 거그를 가든 해서 해야지. 아, 실제 광주·전남에서는 부정을 했으믄 우리가 부정을 했지, 아 실제 그런 거 아녀, 우리가 부정을. 뭘 여그서 뭔 부정을 했다고, 함평서는 큰 의미가 없다, 그러고는 저는 광주로 가부렀어요. 나중에 그것 땜에 광주로 도망갔다고 비판받고 그랬습니다만.

솔직히 왜 그랬냐. 무안에서는 부정선거규탄투쟁을 했습니다. 그래서 김길호 열사가 죽어요. 광목(광주-목포) 간 도로를 막고 그 이튿날 부정선거규탄투쟁을 하다가 그 차에 치어서 김길호 열사가 죽었습니다. 그런데 사태가 벌어지고 배종렬 씨가 구속돼요. 그 사건으로. 그것과 비교가 되어갖고 난 내 소신을 갖고 부정선거투쟁을 할 필요가 없다고 했는데, 무서운께 도망갔다고 비판하는 사람들 그런 비판도 들었습니다만. 그거야 뭐 그렇게 나올 수도 있는 얘기고 하지만, 저는 그것이 제 소신이었어요. 함평에서 부정선거 할 것이 뭣이 있냐 이 말이여. 뭐 부정한 것이 있어야 부정을 했다고 투쟁을 허지. 나도 무안에서는 무슨 부정이 있어서 부정선거규탄투쟁을 했는지 나 그걸, 그 이유를 잘 몰라요, 지금도. 내가 무안에서 발표된 문건의 대부분을 다 가지고 있습니다. 보면 그럴 만도 하겄다. 왜냐하면 그 후로 서울의 봄 시대 이후로 흐름이 여러 가지 봤을 때. 허지만 그런 부분에 대한 평가는 뭐 우리들 영역을 벗어나는 것이기 때문에, 이 정도 얘기를 끝내고요.

고추투쟁, 수세투쟁, 의료보험개혁투쟁, 쌀값보장 전국농민대회

한 가지 더 87년도 농민운동과 관련된 특징을 말씀드린다면, 제가 전국농민협회 사무처장 자격으로 강연을 많이 하러 다녔습니다, 여기저기. 주로 경상남북도를 많이 다니는데요. 이때 중국에서 수입된 고추 때문에 경북

지역이 고추농사를 많이 짓습니다. 청송, 봉화, 영양, 영천, 이런 데가. 고추생산비 보장대회를 한다고 당시 고추 한 근 생산비가 2,300원으로 기억이 되는데요. 실제 고추가 시장에서 거래되는 시세는 마른고추 한 근에 800원, 900원 하던 때에요. 그니까 엄청나게 가격이 폭락해가지고 중국산 고추 수입에, 그 울분에 찬 농민들이 대회를 한다고 나보다 강연을 해달라고 해서, 제가 그쪽 일대를 돌고 있는데, 청송 장날 그때가 9월 말쯤 그랬는데, 그 장에서 대회를 하는데, 한 3,000명 정도 모였어요. 모여가지고 대회를 마치고 농협 군지부장이 나와서 이 부분을 어떻게 할 거냐 하는데도 안 나오니까 군지부를 가갖고 점거를 했어. 그리고 거기서 군수를 나오라고 하는데, 군수가 안 오니까, 그럼 우리는 군수한테 간다 해갖고 청송군청을 가게 돼, 한 3,000명이. 바로 군청을 간 게 한 5,000명 정도로 불어났어. 군청 문을 정문에서 다 걸어 잠가버리고 전경이 지키고 있는데, 한 5,000명이 밀려가니까 전경이고 뭣이고 아무 소용도 없고, 그냥 가자마자 전경 어디로 도망가불고, 그 굳게 닫힌 문을 사람들이 밀어분께 담장조차 싹 다 넘어가부렀어. 다 넘어가불고 군청을 인자 다 점거해갖고, 그런 열기를 보고 있었습니다만. 물론 인제 그 농민들이 요구했던 피해보상에까지 이르지는 못했죠.

그러나 어쨌든 그 6월 항쟁의 성과로 농민운동이 86년부터 쭉 정치적 성격을 띤 그런 농민운동이나 또 소몰이투쟁, 84년부터 소몰이투쟁 이런 것들로 끓어오른 대중적 열기가 6월 항쟁 이후로 가히 폭발적으로 고양됩니다. 모였다 하면 2,000명, 3,000명은 뭐 보통이었으니까. 그럴 정도로 엄청난 농민운동의 사회 분위기와 함께 민주화 열기가 결국은 87년 대선을 기점으로 해서 참 참담하게 쓰디쓴 패배를 맛봐버리는 그런 걸로 볼 수가 있죠.

근데 그해 마지막 12월 29일, 양김 분열로 대표되는 87년 대선의 쓰라린 패배를 딛고, 나주에서 수세거부투쟁이 일어납니다. 물론 수세문제는 70년대부터 농지개량조합비라고 합니다만, 수세문제가 70년대부터 농민운동의 이슈로 등장했던 건 사실입니다. 그러나 집단적으로, 그것이 본격적으로 운동이 추진되기는 87년 하반기 나주에서, 이 수세는 이 300평당, 수도작 농사 300평당 10킬로씩을 가져갔어요. 이것은 어마어마하게……. 그건 일제 치하에서부터 농민수탈 조세정책의 일환으로 수행됐던 걸, 이 나라 정부가 계속 당연히 긍께, 농사짓기 위해서 필요한 물값이 서울의 수도 요금보다 더 비싸요. 훨씬 더 비쌌습니다. 그 운동이, 농토가 평야 지대가 많았던 나주에서, 지금 나주시장을 하고 있는 신정훈이라든가, 주향득이라든가, 축협조합장을 했던 전준화라든가 그런 사람들이 주축이 돼서 그동안의 끓어오르는 열기들을 모아 수세폐지농민대회를 개최하게 됩니다. 11월 29일 이때 1만 명 정도 모였어요. 나주 천주교회에서 개최됐는데 저도 거기 직접 참석을 했었습니다만 그 열기가 아주 대단했어요.

그리고 그해 그 대선의 쓰라린 패배의식 속에서 그런 울분과 분노를 인제 농민적 이슈와 결합시키면서 1만여 명이 자발적으로 참여해서 수세폐지운동을 그런 추운 겨울 날씨에도 전개했다는 것은, 그들의 그 지도력, 그 현장의 농민들의 울분과 그들의 이해관계와 이런 것들을 접목시켜서 그것을 패배의 울분을 희망 있는 어떤 투쟁력으로 이끌어냈다는 것에 대단히 깜짝 놀랐고, 그들을 그 후로도 대단히 계속 존경해왔고 그랬습니다.

어쨌든 그해 12월 29일, 그 투쟁은 농민운동에 있어서 대선에 쓰라린 패배의식을, 어떤 그런 울분을 투쟁적 열기로 해결하고자 하는 것으로 나타났다는 점에서 매우 큰 의미를 갖습니다. 88년도 1월달에 함평에서도 각 읍·면별 수세대책위원회가 구성이 되고, 본격적인 함평 수세투쟁을 전개하게 됩니다. 그리고 수세투쟁은 근께 결국은 수세는 폐지가 되죠. 그 후로 수세가 폐지됩니다.

그리고 인제 88년도에 들어오면 또 하나 88년 4월경부터 소위 그동안 줄기차게 농민운동 쪽에서 반대해왔던 의료보험, 의료보험이 또 하나의 수탈 체계로서, 이를테면 농민들을 수탈해가기 위한 의료보험조합이 설립되게 되죠. 의료보험조합이 시행되는데, 왜 의료보험조합이 반농민적이었냐 하면, 당시 저희들이 함평에서는 의료보험조합투쟁을 아주 끈질기게 한 6개월 동안에 걸쳐서 88년도에 전개했거든요. 그래서 의보 관련 자료를 보면서 얘기를 하지요.

이 의료보험조합이 왜 반농민적이냐는 것은 이런 얘깁니다. 근께 우리나라는 서구 사회처럼 의료보장제도가 아니고 의료보험제도를 채택했기 때문에 문제가 되는 거예요. 보험제도는, 그러면 정부가 농민 아닌, 그니까 노동자라든가, 직장 있는 공무원이나 이런 분들에게는 무조건 50%를 정부가 부담하는 제도예요. 그니까 자기 소득의 5%면 100만 원 짜리가 5%면 5만 원이지, 5만 원이면 2만 5,000원은 정부가 대고, 나머지 2만 5,000원만 내는 거예요, 이를테면. 그니까 그때 당시 농민들에게 적용되는 보험료 산출 기준은 소득, 머릿수 비례, 재산세 비례, 이렇게 세 가지 기준을 갖고 하기 때문에, 당시 함평군 같은 경우 부과액이 약 8,000만 원 정도 됐습니다만, 1만여 농가에게 부과된 이 의료보험료가, 그러면은 그것이 평균 7,000원이었어요, 한 농가당. 한 농가당 7,000원씩이었는데, 적게는 2,000원에서부터 3만 원까지 부과가 돼요. 그러면 당시 함평군수가 내는 보험료가 얼마냐. 함평군수가 내는 보험료가 1만 원 미만이에요. 그럼 농민이 엄청나게 불리하게 보험료를 내게 돼 있단 말이여. 그래서 각각 개별 독립채산제를 했기 때문에, 독립채산제란 뭐냐, 뭐 직장은 직장대로, 자영업자는 자영업자대로 이렇게 했기 때문에, 그래서 전국적으로 통합 일원화 실시하라, 하려면. 통합해서 일원화를 실시하라, 그리고 의료보험제도를 의료보장제도로 바꿔라, 그런 거고. 또 농민들에게는 자영업자라고 해가지고, 농민들에게는 20%만 정부가 지원을 했거든요. 보험료가 1만 원 나오면 2,000원은 정부가 지원하고, 다른 직장 의료보험금은 정부가 50% 지원하는데, 통합 일원화 기준을 똑같이 해라, 그러기 전에는 우리는 의료보험료를 못 내겠다!

'함평군 의료보험 대책위원회'를 88년도 2월부터 결성해가지고, 그해

9월달까지 끈질기게 함평에서 그에 관한 대회만 해도 다섯 차례 정도 했었습니다. 왜냐면 함평군농민위원회 사무실로 대책위원회를 꾸려놓고, 대책위원회로 이 보험료허고 고지서를 전부 농민위원회로 가져오시오 하믄, 전부 농민위원회로 가져와부러. 그렇게 해서 실제 함평군 내에서 1만 1,000여 농가 중에 실제 88년도 그해에 보험료를 낸 농가가 2,000농가밖에 안 돼. 나머지 한 8,000농가는 보험료를 안 내고 버텨버리니까, 어떻게 할 바를 모르는 거예요. 그런 의료보장투쟁이죠. 그런 투쟁들이 88년도에 엄청나게 전국적으로 많이 이뤄졌고, 결국은 이건 전부 싹 통합 일원화됐죠. 통합 일원화됐고, 적용 기준도 동일하게 했고. 그러나 아직도 이것은 어디 보장제도로 바뀌진 않았습니다.

이때 서울에서는 대규모 농민시위, 제가 그 쌀값보장전국농민대회를 여의도에서 개최를 하는데, 세 개 농민단체, 가톨릭농민회, 기독교농민회, 전국농민협회, 합동으로 하는데, 제가 그 대책위원회 실무책임자를 맡았습니다. 그래서 3만 명 정도 여의도에서 모여서 소위 중앙청 앞까지 평화시위, 가두시위를 하도록 그렇게 되어 있었는데, 서울고등학교 앞이죠, 거가 외환은행 뭐 외국계 기업이 많이 있는데, 거기까지 진출하다 거기서 막혀가지고, 그때 한 100여 명 부상자가 났죠. 그때 오후 5시쯤 됐는데 시위하는 과정에서, 그때 경찰병력이 한 8,000명 정도, 우리 쪽이 참여했던 숫자가 한 2만 5,000, 맞붙어버렸는데, 왜냐면 집회시위가 금지되는 구역들이 외국계 기관이 있거나 하면은 안 된다. 그래갖고 진출을 못하게 해요. 우리가 평화적으로 가야 할 것 아니냐 하다가 거기서 부상자가 많이 났었죠. 아마 쌀값보장쟁취대회는 그 후로도 그 정도 많은 농민들이 동원돼서 격렬한 투쟁을 벌였던 기억이…… 그리고 그 후 이듬해 죽창대회, 이렇게 나타나는데 연도가 잘 기억이 안 나네.

드디어 세워진 깃발, 전국농민회총연맹

그렇게 해서 인제 농민들의 88년도 투쟁은 주로 수세, 의보, 쌀값보장, 이런 투쟁들이 주를 이뤘고, 그러면서 89년도로 넘어오게 됩니다. 89년도에는 88년이나 내내 농민운동의 통일조직을 건설하기 위한 그런 논쟁은 계속됩니다. 전국 단위로 지속됐는데 가톨릭농민회와 기독교농민회가 전국농민운동연합을 결성하게 됩니다. 87년도에 전국농민협회가 개별적·자주적 독자농민회를 묶어서 전국에 세웠다고 한다면, 기존의 운동단체들은 연합조직으로서 전국농민운동연합을 만들게 되고, 이것이 88년도 하반기에 오게 되면 서로 단일한 전국 단위 조직을 만들기 위한 노력들이 계속되는 거지. 처음에는 기독교농민회, 가톨릭농민회, 전국농민협회가 대전에서 모여 전국농민운동연합을 결성하자는 거죠. 이렇게 그 과정을 거쳐서 단일조직으로 가자, 1차 합의를 했었어. 그런데 그 이튿날 바로 전국농민협회(이하 '전농')도 문건을 발표해서 그걸 거부하게 되고, 가톨릭농민회, 기독교농민회도 그걸 거부하게 되고 각자 다들 이유들이 있었어요.

전농이 거부하게 된 연유는 당장 단일조직으로 가지 않을 이유가 없다, 근데 상호 분립된 조직이 연합 형태로 하자는 게 무슨 의미가 있냐, 그니까 연합은 소용없고 단일조직으로 가자 하면서, 1차 전국연합으로 하자는 합의는 거기서 깨지게 되고, 그 이후 전국단일조직을 건설하기 위한 논의를 진전시키게 됩니다. 그래서 그것에 대한 입장들을, 우린 왜 농민단일조직을 요구하는가 이런 문건을 발표하게 되고. 그해 89년도에 제 기억으로는 4월달로 기억을 합니다. 이때 대전에서 전국농민대표자 모임을, 한 70명? 70여 군농민회가 참여를 했어요. 각 군을 대표해서 거기에서 전국농민회총연맹 준비위원회를 결성하게 됩니다. 전국농민회총연맹 준비위원장에 권종대 씨, 사무처장에 저, 그리고 정책실장에 나상기 씨, 이렇게 해서 전국농민회총연맹 준비위원회가 결성되면서, 그동안 80년대 내내 논쟁이 되었던 조직 논쟁이 하나로 가닥이 잡혀서 하나의 대오로 형성되게 된다, 말씀드릴 수 있습니다.

 그리고 90년도에 오면 전국농민회총연맹이 서울 건국대학교에서 4월 24일 정식으로 발족하게 되죠. 지금의 전농이 그때 1년 동안 준비 기간을 거쳐서 하게 됩니다. 함평 쪽을 보면 함평농민위원회가 역시 89년도 초에 들어오면서 함평군농민회 준비위원회로 바뀌게 되고요. 함평군농민회 준비위원회가 각 읍·면 농민회를 먼저 띄우게 됩니다. 함평농민회 관련 자료를 보면 각 읍·면 농민회 창립 일자, 창립 안내문 이런 것들이 다 있더라고요. 그리고 역시 4월달에, 90년 4월달에 함평군농민회로 돼서 정식 창립총회를 갖게 됩니다. 지금 기억으로는 그때 한 800명 정도? 창립총회에 참석한 걸로 기억이 나고, 그때 뭐 좀 통일성 있게 보이기 위해서 모자를 쓰자고 했거든요. 하나씩 쓰자고 해갖고 흰 모자를 '농' 자라고 써진 모자를 쓰고 참석했던 게 기억이 나네요. 함평군농민회 초대 회장에 제가 당선돼서 활동을 하기 시작합니다.

 그리고 90년도 이해에 서경원 국회의원 방북사건, 영산강 농지개량조합 선거투쟁사건, 제가 또 농민후보에 추대가 되어 영광·함평 국회의원 보궐선거에 출마하게 되고, 90년도에 이런 일련의 일들이 있었습니다. 우선 87년도부터 봇물처럼 타올랐던 영산강 수세거부투쟁은 그 성과를 가지고 영산강 농지개량조합장 선거에 농민대표를 내세워 농조(농지개량조합)를 장악하자, 이런 식으로 발전하게 됩니다. 영산강 농지개량조합의 관할 구역은 당시 광산군, 나주시, 담양군, 장성군, 함평군, 영암군 등 여섯 지역이었습니다. 근데 영산강 농지개량조합은 최고의결기구로 대의원제를 택하고 있어요. 총 대의원이 150명인데, 조합은 정량 면적에 비례해서 하는데, 함평은 20명이었습니다. 나주가 49명, 장성과 광산 해서 150명인데, 나주에서 처음부터 조합장 선거 참여를 농민들 편에 제안했던 건 아니고, 당연히 수세거부투쟁을 벌였던 농민운동세력이 있는 지역이 주로 나주, 함평, 이런 데이기 때문에 대의원 선거가 있었어요.

 우리 함평의 농지개량조합 역사를 보면 70년대까지도 함평군 농지개량조합이 별도로 있었어요. 근데 80년 강제적으로 영산강조합으로 통합이 된 겁니다. 그래서 이것을 다시 함평농지개량조합으로 다시 환원시킬 수 있는 방법은 없는가, 이것을 생각을 하면서 대의원 선거에 함평 대의원들을 장악해야겠다. 이래가지고 20명의 후보를 전부 출마시킵니다. 저도 함평읍 대의원 선거에 출마했고. 제가 속한 선거구에는 유권자 수가 1,000명 정도 됐는데, 20명의 후보들을 각 읍·면별로 농민들, 우리들과 입장을 같이하는 후보들을 출마하시도록 해서 함께 선거운동을 했어요, 공동으로. 그때는 선거법상 적용을 안 받는 때라 한꺼번에 한 유인물로 20명의 명단을 같이해서 군민에게 돌리고 해서. 선거 결과는 함평에서 우리 후보 15명이 당선됐어요. 20명 중에 저도 당선됐고. 저도 선거를 여러 차례 했습니다만, 그때 얻었던 득표율이 최고였을 거야. 제가 78%를 득표했는데, 그렇게 해서 당선됐어요. 그래서 나주에서 볼 때는 다른 지역에서 농민운동했던 사람들이 많이 당선된 걸로 알고 있습니다. 그니까 이렇게 되면 대의원들이 이사, 감사를 선출하고 조합장을 뽑기 때문에 영산강 농조를 장악할 수 있다. 이런 판단이 들어서 저한테 제의가 들어온 것은 감사를 출마해줬으면 쓰것다, 조합장은 나주에서 내고, 이사는 각 시·군에서 내고 하는 걸로 했는데, 타당성이 있고 그럴 것 같아서, 저도 당선된 지 5일 만에 대의원 사표를 내고 감사 출마를 하게 됩니다. 그러면서 박금서 씨를 조합장 후보로 내고, 제가 감사 두 사람 뽑는데 우리 농민운동권에서는 한 사람이 장악하는 걸로 해서 내가 나서고 이렇게 해서 연합 선거운동을 하게 됩니다. 저도 나주도 가고 해야 하는데 나는 감사 출마했고, 긍께 결국은 조합장은 박금서 후보를 밀고 감사는 나를 밀고 선거 준비가 비교적 잘돼갔어요. 잘돼갔는데 6월 27일로 기억합니다. 그 선거 일자가. 6월 27일날 그 광주 영산강 농조에서 선거를 했는데, 제일 먼저 조합장 선거를 하고, 그다음에 이사 선거하고 감사 선거하는 걸로 그렇게 되어 있는데, 박금서가 조합장에 당선됐어요. 이사는 각 지역에서 안배된 대로 됐고. 마지막 감사 선거를 앞두고 내 신변에 어떤 일이 벌어졌냐면 점심을 먹고 오후에 감사 선거를 하는 겁니다. 선거는 다 끝나고 감사 선거만 남았어요. 나만 당선되면 되는 겁니다. 근데 투표에 막 들어갈라고 하고 있는데 신문기자인 듯한 어떤 사람 7~8명이 저한테 와요. 노금노 회장님이시죠? 그러더라고. 아, 그렇습니다. 어디서 오셨습니까? 서울에서 왔습니다. 저는 뭐 기자들인 줄 알았어요. 여기 선거하니까 취재하러 왔는가 보다. 그런데 나를 둘러싸더니 그냥 조용히 가셔야 합니다, 그러더라고. 그래서 그때야 아차 어떤 사건에 관련돼서 나를 잡으러 왔구나. 이런 생각이 들어서 내가 당신들 신분증 내봐보라고 하니까, 국가 안위에 관한 문제니까 조용히 가셔야 합니다, 그러더라고. 내가 어이 자네들 이리 와보소 그러니까, 우리가 서 있는 곳을 농민들이 둘러싸고 난리가 난 거여. 이 새끼들 어디서 왔냐고 하니까 안기부에서 왔다고 신분을 밝히는 거야. 서경원이 간첩사건 때문에 왔다. 그래서 나는 거기서 버텼죠. 그리고 자기들도 연행을 못 해. 하도 많은 사람들이 버티고 서 있으니까. 그래 가지고 약속을 어떻게 했냐. 옥신각신하다가 이 새끼 저 새끼 하다가 이 놈의 새끼 죽이네 살리네 허고 허는데 그러면 이 행사 선거가 끝나고 오후 5시에 YWCA에서 만나자, 이렇게 약속을 합니다. 이렇게 약속을 하고 그들은 저를 연행 못 하고 일단 후퇴하죠. 그런 상황에서 투표가 진행되기 때문에 감사가 다른 사람으로 당선돼요. 그 사람들은 어차피 그 전날, 그날 아침에 투표하는 날 아침에 서경원이 간첩사건이 테레비에 보도가 된 거예요. 그날 하필이면 투표하는 날. 아이고 그러면 틀렸어, 노금노 씨는 문제가 붙었구나. 그래서 급격히 감사를 후보 중에 다른 사람 밀게 되고, 저는 감사를 떨어지게 되죠. 그런 일이 있어. 그리고 오후 4시에 망월동 참배를 하고 오후 5시에 그 YWCA에서 그들과 만나서 서울로 연행되죠.

우선 서경원 전 국회의원 사건을 얘기하기 전에 농지개량조합 민주화 운동 결론을 짓고 다음 얘기로 넘어갑시다. 어쨌든 그렇게 해서 영산강 농지개량조합은 농민후보가 조합장이 되었습니다. 조합장이 되었지만 그 후로 일단 성공을 한 거죠. 우리들이 목표했던 대로는 성공을 했습니다만, 그 후로 진행 과정에서는 농지개량조합비를 폐지하기 위해서, 농지개량조합을 장악하기 위해서 농민운동권이 그 선거투쟁에 임했지만 농민회가 밀어서 당선된 조합장마저도 수세를 전혀 안 내선 안 되겠더라. 그래서 2킬론가 3킬론가로 기억이 납니다. 그 후로 인제 완전 폐지가 됐어요.

그리고 서경원 의원 방북사건이라고도 하고 간첩사건이라고도 하는데, 그 사건하고 나하고 관련은 어떤 거냐. 저는 YWCA에서 연행이 돼서 안기부를 세 번째 가는 거예요. 세 번째 연행이 돼 가는데 이미 안기부에서 나를 잘 알아요. 파악할 거 다 파악했고 중앙정보부 지하실을 가니까 옛날처럼 뭐 조사받는 데 배치가 되더니 요지가 뭐냐면 서경원이가 간첩이다 이거여. 어째서 간첩이냐? 간첩 행위를 했으니까 간첩이다 이거여. 그럼 왜 나를 잡아왔나? 너는 서경원이 간첩이란 것을 81년도부터 알았다 이거여. 내가 그때 끌려간 거가 90년도 6월 27일날 끌려갔는데, 이 사람들은 자기들이 맞든 안 맞든 나를 어떻게 몰고 갈라고 하냐면, 서경원 씨를 고정간첩으로 몰아갈라고 하는 거여. 고정간첩으로 몰아가야지만이 반신반의하는 국민들을 설득시킬 수가 있는 거여. 그때 김대중 씨 잡을라고 한 거 아닙니까. 근데 서경원 씨가 원래 전라북도 순창 출신이여. 그리고 어렸을 때에 곡성 원달리에서 컸어요. 함평에 온 지는 농민운동과 관련해서 온 지가 얼마 안 돼요. 그니까 함평에 고정간첩으로 포섭할 만한 사람이 우선 인적 관계는 없는 거야. 그니까 내가 나를 서경원이 하고 농민운동 같이했고 그러니까, 나하고 엮으면 나하고 인간관계로 연결되는 읍·면 땅에 선배·후배 둘이서 간첩망을 형성시킬 수가 있는 거예요. 그 공작이 그 공작인 거야. 그리고 81년부터 이미 간첩이란 것을 알고도 방조했다는 거지. 신고해야 하는데 신고를 안 했다고. 그게 무슨 얘기냐? 농민운동상의 노선문제로 농민운동의 침체기 81년 이때, 그때에 자주적 농민운동, 변혁운동 이런 걸 모색하는 과정에서 가농을 극복할 수 있는 조직, 이러면서 의견이 대립됩니다. 실제적으로 서경원 씨하고 농민운동상에 크게 갈라진 것도 없지만, 약간의 조직 간에. 그리고 내가 가농에서 사표를 내게 되고, 가농 총무를 사표 내게 된 이유를 설명하는 거야. 그래서 난 그런 거 아니고 농민운동 의견 차가 있어서 의견대립은 있었지만, 그런 건 모른다, 이렇게 버티는 거고. 그들은 그때 한 200명 잡혀가 있는 때, 그 사람들은 나를 고정간첩으로 넣을라고. 난 느그들이 조사 다 했잖냐, 난 70년대부터 세 번째고. 생각해봐라, 서경원이가 이북을 갔다 왔다면, 간첩이라면, 사회주의 사상을 갖고 행위를 했단 얘기냐, 사회과학에 대해 공부할 기회가 있었을 거 아니냐. 적어도 그런 것이 있으면 내놔봐라. 무슨 책을 읽었다든가 어쨌다든가. 아무것도 없어. 내를 만들라니까, 이놈들도 깝깝한 거여. 그래갖고 제가 3박 4일 만에 무혐의로 풀려나게 돼요. 혐의가 없어 얼토당토 안 하니까. 그런데 7월 2일날 풀려나게 된다는데, 뭐냐면은 혐의는 없어도 7월 20일까지 자기들하고 같이 생활해야 된다 이거요. 거 뭔 짓거리냐, 죄 없는 사람 데리고 선거랑 다 망쳐버리고, 뭔 짓거리냐, 서경원이가 7월 20일날 검찰로 이송이 된다 이거요. 그런데 과거처럼 '니가 78년도도 폭로하고 그랬잖아(함평고구마사건 때 서울 동대문교회 투쟁 사례 발표를 말함). 너 또 고문당했다고 사건이 뭐 조작이니 기자회견이나 하고 시끄러우니까 여기 같이 있다가 7월 20일 검찰 넘어갈 때 내주마', 요지는 그런 거요. 아니 기가 막힐 노릇이여. 그래갖고 술이나 먹으러 다니자 해갖고, 평창동으로 술을 먹으러 다녀. 그것들, 운전기사, 나, 데리고 간 놈 해갖고 다섯 됐는데. 하루 가고 이틀 가고 3일째 갔는데, 이게 아무리 좋은 술을 먹어도 즈그들 따라서 나는 석 잔을 먹어야 하고. 이게 비율도 안 맞고 내가 술을 가장 많이 먹게 돼. 그러고 술 먹을 때 따라다닐 때 오죽하겠어요, 내 속이. 그래서 내가 이럴 거 아니라 당신네 최고 책임자를 만납시다. 내가 이 사건에 대해서는 일체 함구할 테니까, 조작이고 뭐고, 약속하면 될 거 아니냐, 그렇게 약속할 수 있냐고. 아니 그래 말 안 하고 있으면 될 거 아니냐. 그래갖고 말 않겠다는 각서 쓰고 무혐의 받아갖고 나와보니까, 그때 국회의원 정상용이가 밖에서 딱 대기하고 있어. 김대중 영감님이 자네를 좀……. 그때 병원에 누워 계신 데 갔죠. 그니까 김대중 씨가 고생했다고 그러면서 여비 돈도 좀 주고, 고놈 갖고 인제 함평으로 내려와갖고, 서경원사건을 빠져나갔는데…….

그리고 인제 90년도란 말이여. 전농이 창립된 그해, 전농 창립 후에 함평군농민회 회장으로 활동할 때, 농지개량조합 선거 쪽 지휘하다가 서경원사건으로 끌려가게 되어갖고 나름대로 고생했죠. 그리고 인제 서경원 씨가 재판에서 유죄가 확정이 되고 그러니까, 전농에서 제의가, 영광·함평 보궐선거에 농민후보로 국회의원 출마를 하면 어쩌냐는 제의가…….11월 9일 보궐선거를 하게 되는데, 이미 7월달에 그 제의를 저한테 했어요. 권종대 의장이 직접. 전남대에서 뭔 회의가 있어서 오셔가지고, 저한테 그걸 한번 심사숙고해보라고 했는데, 저는 처음에 거절했어요. 이 얘기는 다음에 하든가 글쎄, 어차피 오늘 다 끝낼라면 몰라도.

면담자　크리스챤아카데미 교육했던 거 있잖아요. 일반적인 교육 부분은 구술이 됐는데, 별도로 장상환 씨랑 이런 사람들과 한 2년간 했던 거, 그 이야기가 빠졌어요. 그걸 보충하면 좋을 것 같아요. 텍스트 교재하고, 어떻게 했는가 그 부분 진술, 크리스챤아카데미에서 집단교육했던 거…….

농민운동 지도자 양성과 탄압

면담자　오늘 2007년 7월 4일 11시 5분 구술 보충 형식으로 시작하겠습니다.

구술자　70~80년대 농민운동에 중요하게 영향을 미쳤던 이론적 지도부를 형성했던 크리스챤아카데미 교육 과정과 성격에 대해서 보충해서 말씀을 드리겠습니다. 우선 크리스챤아카데미 농촌사회 교육프로그램이 있기까지는 지금 작고하셨습니다만, 강원용 목사 그분이 독일 재단에서 돈을 지원받아 하는 교육프로그램이었는데, 단순히 농민만이 아니고 노동자·농민·여성·청년·학생 등 다섯 개의 중간집단을 육성한다는 거예요.

양극화, 요즘 말하는 양극화를 해소하기 위해서는 그 사회의 중간집단이 형성되어야 한다, 근께 그 모토가 대화입니다. '대화의 집'이라고 그랬는데, 그래서 교감들을 통해서 극과 극의 대립을 피해가면서 사회를 발전시켜나가보자, 그런 목표를 가지고 교육운동을 전개했는데. 그때 그니까 여성 프로그램을 담당했던 사람이 국무총리 지냈던 한명숙 씨고, 노동 쪽을 담당했던 사람이 이화여대에서 법학을 가르쳤던 신인령 교수와 서울대에서 정치학 가르치고 있는 김세균 교수, 농민 쪽 프로그램을 담당했던 간사가 부산대에서 경제학을 가르치는 황한식 교수와 진주 경상대에서 경제학 가르치는 장상환 교수, 그런 거 같던데. 그리고 그 전체를 총괄하는 사람이 국회의원 지냈던 이우재 씨. 이우재 씨가 사실상 총지도자죠.

그리고 농민운동과 관련해서는 지도력 개발과정이라는 프로그램이 4박 5일 코스가 있어요. 일단 가톨릭농민회라든가 또는 자체 교육된 교육생들, 기존에 있었던 농업생산자단체들, 예를 들어 농업기술자협회라든가 또는 농촌문화연구회 그리고 문화단체들을 통해서 교육생을 선발을 해서 4박 5일 동안 농민 지도자의 지도력을 개발하는 교육을 합니다. 그리고 1차 4박 5일 교육을 마치고 현장에서 활동하는 사람들을 자기들 시스템에 의해서 쭉 점검을 해요. 한 6개월 정도 해가지고, 거기서 다시 기본적으로 농민들과의 관계 속에서 농민운동가를 육성하는, 직업적 농민운동가를 육성하는 그런 장기적인 프로그램이었어요. 그래서 6개월 정도를 쭉 지켜봐가지고 능력이 있다. 소질이 있다고 판단되면, 자기들이 선정해서 다시 교육을 오도록 합니다. 그때 보통 한 일주일 정도 교육을 하고 나서 다시 현장에 돌아가서 자기 생업에 열중하면서 가톨릭농민회에 연결이 되거나 기독교농민회에 연결되거나 활동을 하는 그런 지도력을 계속 체크하면서 2년 동안 하는 장기 프로그램이 있습니다.

교육 방식은 독일에서 하던 것을 우리나라에 적용을 해볼라고 한 거 같은데. 그게 뭐냐면 정치·경제·사회·철학 모든 분야에 걸쳐서 분야별로 그것을 지도하는 지도교수라 할까 전담자라 할까 이런 사람들을 자기들이 확보해갖고, 그때 참여하고 프로그램에 함께했었던 분들이 리영희 선생이라든가 또 황성모 교수, 그 외에도 장을병 교수. 제가 그때 보통 우리나라에서는 진보적 학자가 분야별로 여성이면 여성, 부문별로 노동이면 노동, 이런 걸로 해서 김진균 교수도 참여한 걸로 알고 있는데, 한 30명 돼요. 그들이 자기들이 추천하는 책들이 있어 거기서. 경제학이면 경제학, 사회학이면 사회학, 정치학이면 정치학, 여성학이면 여성학. 하여튼 그걸 가지고 인제 책들을 계속 보내주고 그러고, 그것을 자기 집에서 생업에 종사하면서 농민운동하면서 그걸 공부를 하면, 한 달에 한 번씩 현장에 나와서 확인을 해요. 그래서 어느 정도 자기들 판단해서 됐다 싶으면 1년 정도 그렇게 하고. 그래서 됐다 하면 집체교육[장기전문과정] 20박 21일을 다시 해요. 그때는 그동안 개별적으로 책을 갖고 공부했던 사람들이 모여서 집중적인 토론을 거의 20일 동안 하는 거예요. 그래서 사상적 통일이랄까? 전체를 하나의 이념적으로, 한길로 의견이 합치될 수 있도록 이런 프로그램. 그러고 나면 다시 한 번 현장에 활동하면서 10박 11일 다시 하는 것으로 해서 마무리가 되는 거예요. 4박 5일 과정부터 생각한다면 한 3년 정도 걸려요.

면담자　그때 노회장님을 담당하셨던 분이?

구술자　날 담당했던 사람은 황한식하고 장상환 둘이 담당했습니다. 제가 [20박 21일] 장기전문과정 프로그램의 제1기생이었습니다. 그때 1기생은 강진에 장영근 씨, 구례에 최성호 씨, 전라북도 진안에 임수진 씨, 지금 진안군수인가 하고 있죠. 하여튼 뭐 전국에 걸쳐 있었고,* 2기를 하셨

---

* 20박 21일 장기전문과정은 크리스챤아카데미 사건으로 지속할 수 없게 되기까지 3기에 걸쳐 총 65명이 수료했다. 1단계 4박 5일(뒤에 5박 6일) 교육은 23기에 걸쳐 평균 30~40명이 참가, 총 792명이 이수했다. 교육생 선발은 초기에는 농민단체에 의뢰했으나 후에는 활동적인 이수자들이 주변 농민을 추천했다. 전남 함평군의 경우 서경원(1기)과 임재상(4기), 노금노(5기)가 먼저 교육을 받은 후 계속 추천하여 군내에서 무려 31명의 농민이 교육받았고, 이것이 후에 함평고구마투쟁의 원동력이 되었다. 4박

던 분이 무안에 배종렬 씨, 전농 의장 지냈던 권종대 씨, 주로 이런 그룹들이 2기. 근데 1, 2기를 포함해서 우리들이 흔히 부를 때 농민운동 1세대이럽니다. 그러니까 4박 5일 과정 교육에 참여한 기수와는 아무런 상관없이.

면담자　그럼 그때 읽으셨던 교재는 어떤 것인가요?

구술자　기본 교재로는, 경제 서적으로 박현채 씨가 썼던 『후진국경제론』(원래 저자가 박현채였는데, 공식 저자로는 조용범으로 출판됨), 『일반경제사요론』(이영협), 『전환시대의 논리』(리영희), 『농업경제학』(박근창), 『농협론신강』(최종식) 등 다섯 권이었습니다.

　장기전문과정은 사실상 1, 2, 3기까지 하다가 아카데미사건이 나버렸거든요. 현재 전농 의장 하고 있는 보성의 문경식 의장이 아마 3기 출신일거예요. 전라남도에서 1, 2, 3기 합하면 20여 명 될 거요. 서경원 씨도 2기였을 거야, 아마.

면담자　그러면 회장님 입장에서는 장기전문교육과정의 교육 성과에 대해서 어떤 생각을 하고 계십니까?

구술자　정치·경제·여성, 하여튼 부문별로 마스터 안 한 책이 별로 없

　5일의 1단계 교육 이수 농민을 대상으로 하는 2단계 2박 3일 교육프로그램은 6기에 걸쳐 201명이 참가했다. 2단계 교육은 1단계 교육 이수 후 약 6개월의 기간이 경과한 후 1단계 교육에서 교육생이 선택한 운동과제의 활동 내용에 대한 '평가회' 형식의 모임이었다. 또한 3기에 걸친 20박 21일의 장기전문과정을 통해 65명의 농민운동 지도자들은 농업문제와 한국 사회 전반의 문제, 농민운동 등에 관한 체계적 학습을 할 수 있었다. 1·2단계 교육에서의 평가와 농촌 현지에서의 실천 등을 검증하여 엄격하게 선발했다. 그리고 후속 교육으로는 이수자들에게 매월 1회씩 엄선한 논문 등 교육 자료를 발송했고, 현지에서 교육 이수자들이 자체 모임을 갖도록 했다. 교육 이수생들이 집중해 있고, 운동의 성과가 있는 곳을 '집중효과지역'이라 하여 지역별로 1년에 1회 이상 평가회를 가지고 군 단위 후속 조직체를 동문회 형태로 형성하도록 한 다음, 공동의 과제를 설정하여 활동하도록 했다. 1977년도 집중효과지역은 8개군(강진, 해남, 구례, 보성, 함평, 선산, 중원, 청원), 집중효과 육성지역은 9개군이었고, 79년에는 15개군으로 확장되었다. 장상환, 「1970년대 사회운동과 크리스찬아카데미 교육」, 『이론과 실천』, 2001년 11월호(민주노동당).

어요. 저도, 그 과정에서, 제가 지금 진보적 사고를 갖고 있다 그러면, 그 영향이 가장 크다고 말씀드릴 수 있고요. 그 교육이 지속되지 못한 것은 우선 그 사건이 79년도? 크리스챤아카데미 반공법위반사건이 79년도 3월달에 그때 새벽에 거길 급습해갖고 잡아가버리더라고요. 워낙 그때 아마 크리스챤아카데미 교육을 받고 나온 사람들이 농민운동에 투신하고 있는 숫자만 해도 800명이었습니다, 전국적으로. 그런데 그것만이 문제가 되는 것은 아니고, 여성 쪽도 다섯 개 프로그램이 진행되고 있었는데, 노동 쪽도 거의 방용석 씨라든가 다 거기 출신들이에요. 여성 쪽, 학생 쪽 그렇게 해서 다섯 개 집단이구나. 그니까 그게 세력으로 한다면 그때 당시에는 지금처럼 당을 인정하지 않을 때였으니까 하나의 세력으로서는 가장 큰 세력이었다고 볼 수 있죠. 이것이 중앙정보부에 체크가 돼가지고 도저히 더 이상 놔둬선 안 된다 하는 것이 있었고, 또 하나는 이념적으로도 물론 제가 알고 있기로는 그런 교육을 지도했던 사람들이 이념적으로 공산주의나 사회주의를 할라고 그랬던 건 아니었던 거 같아요. 있었다면 사회민주주의 정치, 정치이념적으로 보면 그런 정도인데도 불구하고, 공부는 철저하게 비공개 문건이었던 건, 전혀 구할 수 없었던 문건들을 다 보고 그랬으니까요. 그 후로 광주민중항쟁 후로 비공개 문건들이 돌고 그랬는데, 78년 뭐 그때 다 봤거든요. 그 정도였으니까. 직접 그런 건 아니었지마는.

면담자　그러면 원서 있잖아요. 그분들이 번역해서 된……

구술자　예, 그 번역된 게 이만치 이 안에 다 있어요, 지금도. 아니 근데 내가 얘길 더 할게. 사건이 왜 나게 되느냐. 그 여파가 농민운동에 어떤 영향을 미쳤는가를 얘길 좀 하고요. 우리가 장기전문과정을 할 때부터 저희들도 좀 아, 이게 굉장히 위험할 수 있겠구나, 철저히 은폐된 속에서 공부들을 하고 그랬었는데. 남민전사건 있죠. 79년도 9월달에 매 기수마다 4박 5일 코스마다 그 남민전에 관련된 사람들이 매주 교육적으로 참여했어요. 이것이 빌미가 된 거예요, 이를테면. 정보기관에서 파악은 계속 저쪽을 추적을 하는데, 이게 낌새가 이상하고, 그리고 인제 또 농민운동 쪽에서도 보면 현장에서 나타나는 지도 역량이라든가 논리라든가 이론이라든가 이런 게 체크가 되고 종합적으로 분석을 하니까, 도저히 안 되겠길래 문제가 된 걸로 알고 있는데.

어쨌든 저는 어디까지 깊숙이 관여를 했냐면 그렇게 장기전문과정을 하는 사람들 중에도 별도로 비밀서클을 만든 거예요. 한 여섯 명, 현장 출신 한 여섯 명, 저도 거기 참여를 했었고. 물론 그때도 그런 공부를 한 것은 그 이념을 갖기 위해서가 아니었어요. 그러나 그쪽 이념을 알아야, 논리적으로 잘 알아야 혹시 있을지도 모르는 침투, 이것에 속질 않는다는 거여, 안 넘어간다는 거제. 인정을 하면 했지. 그래서 그 공부를 한 거여. 그니깐 그 크리스챤아카데미 관련 분들이 다 살아 있고 교수들 하고 있는데, 그 사람들이 분명히 사회주의 노선을 갖고 그것을 이 사회에서 실현하려고 하고 있다고 보고 있진 않아요. 정치이념적으로 거기까지 가진 않은 거 같애. 근데 공부는 충분하게 했어요. 거기서 문제가 됐던 것이고. 물론 그 사건이 아니었다 하더라도 79년의 정치 상황은 보니까, 크리스챤아카데미 반공법위반사건 터지고, 7월달에 또 간첩단사건 터지고(박현채 교수, 임동규 씨), 남민전사건은 9월달에 터졌거든요.

79년도 7월달 간첩단사건 터지고 그리고 결정적으로 9월달에 남민전사건이 터졌는데, 그때 이강 씨도 남민전사건에 수배자가 돼불고, 우리들하고 같이 [가농 전남연합회] 교육부장 했었거든. 조계선이도 깊이 관여하여 구속되어불고, 홍영표 씨도 그러고. 우리는 크리스챤아카데미 반공법위반사건 3월달부터 난리가 나불고 하니까, 79년도에 박정희 정권의 탄압과 함께 농민운동 지도부가 상당히 와해돼분 거요. 그러나 워낙 77~78년 고구마사건 이런 걸 통해 전국적으로 농민운동이 폭발적으로 막 고양도 있었기에 망정이지, 소규모적으로 했으면 그때 거덜 났을 거예요. 근데 워낙 이게 대중성을 확보하고 있어버리니까, 일부 지도부가 고장이 나고 거덜이 나도, 또 가톨릭농민회라고 하는 조직이 있었고, 이념적 지도부는 상당히 타격을 받았던 거예요.

나는 그때 3월달 크리스챤아카데미사건이 터져갖고, 집에서 권총 들이대고 가자고 해갖고 어쩔 수 없이 가갖고 디지게 뚜드러 맞고 나와서, 또 고문폭로대회 한다고 종로 5가에서 독일 외신 같은 데 떠들고. 이희호 여사, 문익환 목사 다 모여서 기도회 하는데, 내가 중앙정보부 가서 뚜드러 맞고 왔응께 고문당한 걸 폭로해야 한다고 가갖고 폭로해갖고 다시 곤욕을 치르고 그랬었죠. 그때는 정말로 죽기 아니면 살기로 했던 거제. 워낙 많이 당하고 그래노니까. 그런 정도로 얘길하지.

장기전문과정을 나온 사람이 한 60명은 될 거야. 1년에 한 20명씩 했으니까. 800명 정도 되는 4박 5일 코스 이수자 중에서 선발하고 또 선발해서 장기전문과정을 2년간 이수한 사람이 전국적으로 한 60명 돼요. 그중에 여섯 명, 현장 출신에서 여섯 명이 농민 파트뿐만 아니라 여성, 다른 파트까지 합쳐서 여섯 명이죠? 농민 쪽에 셋, 다른 쪽에 셋 이렇게 해갖고. 또 다른 서클이 있었는가는 모르겠어. 그건 잘 모르겠어. 근데 이제 그때 우려를 했던 것은 이미 남민전 쪽에 9월달에, 이미 긍께 78년 11월경부터 저희들은 어느 정도 알았어요. 근데 사건이 터지기는 그 이듬해 9월달이에요. 그럴 정도로 깊이들 다 들어가 있었으니까. 내가 자꾸 욕 얻어먹고 그랬었어요. 쓰기를 좋아하거든. 자꾸 왜 그냐 이거여. 쓰고 나면 거기서 다 없애불고.

면담자 방금 말씀하신 어떤 분들은 기독교적 반독재투쟁 거기서 머무르신 분도 있으실 거고, 어떤 분은 더 나아가신 분도 있으실 건데, 지도부 입장에서는 그 이상을 생각하시고 계속 지도를 하신 분도 있으실 테고.

구술자 그렇지. 근데 그것이 광주민중항쟁 이후로는 전반적인 농민운동 지도이념이랄까? 이 자체가 기독교적 반독재 이걸 뛰어넘어요. 훨씬 뛰어넘어. 긍께 변혁운동으로서 농민운동, 80년대 하면 문건 같은 걸로 공개적으로 다 나타나버리니까.

농민의 이름으로, 현실정치의 세계로

그다음에 91년이죠? 91년부터 얘기를 해봅시다. 가만 있어, 아까 얘기를 어디까지, 선거를 출마를 해보라고 종용한 거기제? (크리스찬아카데미 구술 전에 얘기하다가, 크리스찬아카데미 부분 얘기 먼저 하자고 해서 끊긴 부분 다시 이어짐.)

전농 초대 의장이 권종대 씨입니다. 권종대 씨는 전농건설준비위원회 준비위원장이기도 했고 건국대학교에서 1990년 4월 24일 전농 창립총회를 하면서 의장에 정식 취임했죠. 근데 이분이 이제 서경원 씨가 실형을 받고 국회의원직을 상실하니까, 저더러 보궐선거에 출마를 하라 제의합니다. 난 처음에 그럴 생각도 없고 별로 가능성이 있지도 않고 그래서, 거절을 했는데, 계속 집요하게 하여튼 그 후로 출마를 종용한단 말이에요. 명분은 뭐냐면 그때 공개되지 않은 건데, 공식적인 것은 뭐냐면 우루과이라운드 협상이 아주 불리하게 국제상에 진행되고 있는데 전두환·노태우 정권이 계속 은폐시켜왔기 때문에 이것을 폭로해야 한다는 거야. 공개된 장소에서 이게 대중 앞에 폭로를 해야 하는데, 그래서 이 선거전술을 활용할 필요가 있다 이런 거예요. 명분은 그런 거예요.

그런데 실제상으로는 공개되지 않은 것은, 그때 이길재 씨가 평민당 대외협력위원장을 하고 있을 때예요. 그래서 그 창구를 통해서 그때 김영삼 씨가 하고 있던 통일민주당? 하여튼 그리고 또 뭐 해갖고 일곱 개 정당이 있었어요. 통일사회당도 있었나? 근데 그들과 정치 협상을 해가지고, 후보를 하나만 내는 걸로 해서 하자 하는 거지. 농민대표를 국회로 지속적으로 보낼 필요가 있다, 이런 거요. 그리고 협상을 해서 충분히 승산이 있다, 이거고. 근데 결국은 비공개 협상은 실패로 돌아갔죠. 내가 직접 들은 얘기는 아닌데, 그때 길재 형한테 들었는데, 원래 전농에서는 8개 정파 협상회의를 제의를 했어요. 영광·함평 보궐선거에 농민후보를 낼라고 하니까, 전부 다른 당에서 후보를 내지 말아달라, 이렇게 요구를 하는 협상을 제의했는데, 김대중 전 대통령께서 그 얘기를 듣고 그 협상을 할라면 나하고 해야지 다른 당하고 하면 뭐 하냐, 사실 아무 소용이 없거든. 근다고 길재 형이 와갖고 그래, 아무 쓸데없는 제의를 하면 뭐 할 거이냐, 평민당하고 협상해서 내면 내고 말면 말고, 평민당 공천으로 나가든지 농민으로 평민당 후보를 그러면 쓸 거 아니냐. 권종대 씨도 가고 나도 가고 했는데, 전혀 얘기가 달라부러요. 없었던 걸로, 이 얘기 자체를 아예 없었던 걸로 하자, [평민당에서는] 후보를 내겠다 이거요.

그리되니 한 며칠 있다가 전농 중앙위원회에서 농민후보를 낸다고 결정을 해부렀어요. 전농 중앙위원회 회의록을 가지고 있습니다만, 그때 당시에 아주 논란이 심했어요. 85개 군 대표자들이 참석을 했는데, 대표자 회의를 소집했거든요, 대전에서. 거의 절반은 농민후보 안 내야 한다는 것이고, 거의 절반은 내야 한다는 것이고, 결론을 못 짓고 전남도연맹으로 다시 논의를 거쳐서 올렸으면 쓰겠다, 이런 의견이 상당히 지배적이었는데, 그것이라도 표결하자 해갖고 결정이 된 건 사실이여. 표결을 해갖고 도연맹에서 다시 논의를 하게 되는데 나도 오라 해서 나도 갔었어. 도연맹에서 서로 열변을 토하고 난리가 아니고 했는데, 여기서 결정이 된 거여. 그런께 그것을 중앙위원회가 신문에 발표를 해부렀어. 농민후보 낸다고 인자. 그러고 그 농민후보는 함평군농민회장 노금노다, 이렇게 돼부렀단 말이여.

근데 사람을 넣어 연락이 왔어요. 어르신께서 자네는 다른 데 할 역할이 있다고 이번에는 참으라 그래. 그때 이수인 씨를 공천한다고 하는 판이여. 내가 알고 있기론 송기숙 교수가 병원에 누워 있는 양반 찾아가갖고 이수인 씨를 공천한 걸로 알고 있는데. 어쨌든 그래서 내가 그랬어. 나도 이수인 씨를 잘 알아요. 장기전문과정 할 때 이수인 씨도 강의도 했던 분이니까 잘 알지. 아니 여기 투표권도 없는 사람을 되겠냐 이 말이야. 오히려 지역감정 골이 더 깊어진다, 봐라 여기는 막대기만 꽂으면 돼분다고. 경상도 사람들이 뭐라 하겠냐, 지역감정만 더 깊어져버리니까, 내려면 영광·함평에 주소를 가지고 있는, 본인들이 필요로 한 사람 내보내라 해라, 그러면 우린 안 나간다, 근디 이렇게 명분이 없이 하면 아니 그리고 나는 전농 중앙위원회에서 농민후보를 철회한다고 결정을 해야 할 거 아니냐. 평민당이 후보자 교체를 하면 생각해볼 여지는 있어, 그렇지 않는다면 단한 표라도 자존심 때문에라도 나가야 할 거 아니냐. 영광·함평 대표 뽑는데 여기 투표권도 없고 주소도 없는 사람 공천하는 게 말이 되는 소리냐. 그래가지고 안 받아들이고 출마를 강행하게 되죠.

그래갖고 선거를 치른디, 전국적으로 성금을 1억 2,000만 원 정도? 선거 기간 동안 성금이 들어왔어. 전농에서 농민회 어디, 민주교수협의회 이런 데서 농민후보 지지한다고 성금 보내고, 아주 이렇게.

함평의 첫 합동연설에 제비뽑기해서 선을 가리는데, 내가 맨 마지막 4번을 뽑았어요. 근디 이놈의 선거판이 한 후보가 하고 나면 썰물처럼 쑥 빠져나가고 이런 판이라. 내가 제일 마지막을 뽑았는데, 내가 다행히 함평 사람이고 내 집 앞이라. 그때는 전국에서 지원온다는 학생조차 4번을 뽑았는데도 1,000여 명 정도 안 가고 연설을 듣는데, 그때 난 꼭 그랬어. 김대중 씨를 참 존경하고 그분이 어려움에 처했을 때 나도 목숨 걸고 싸우고 했던 사람인데, 다른 부분은 다 존경해도 나, 이 선거 후보 낸 것은 존경하지 않아. 어떻게 투표권도 없는 사람을 공천 주고 찍어주라 하냐. 내가 그 얘기 한마디했거든요. 그리고 사무실 앞에 쭉 이렇게 가는데, 거기서 경찰들하고 대치가 되는 거지. 시위를 못 하게 하는 거야. 그리고 내가 사무실에 도착을 하니까, 거기를 누가 아는 의원이 와서 나한테 귓속말로 뭐이라 하냐면, 근께 그 사람들도 입장이 곤란하니까 공개적으로 얘기는 못 하고 귓속말로 얘기하는데, 오후에 백수에서 2차 유세가 있는데, 다른 얘기는 다 해도 어른 얘기는 오후에는 하지 말라고 하더만. 근데 뭐라고 하라 했냐고 그 양반 얘길 들었냐면, 내가 그 얘기를 했다고 누가 보고를 했을 거 아니냐, 농민운동을 20년 이상 했던 사람이 나한테 그럴 수가 있어? 그렇게 말씀을 하셨다더만. 오후에는 직접 그 양반 비판은 안 했어,

백수에서 할 때.

우리가 선거운동 방식을 어떻게 했냐면, 하룻밤에 30개 마을을 좌담회를 하는 걸로 이렇게 잡았거든요. 좌담회를 어떻게 하냐. 선발대가 두 그룹 정도 먼저 출발을 해요. 마을을 정해서. 그래서 사람 모으쇼 설명하고, 그러고 나는 사람 모였으면 한 5분씩 인사말만 하고 떠나면 다시 후발대가 와서 마무리하는 식으로만 하룻밤에 오후 7시부터 시작해서 밤 12시까지 하면 그것이 30개 마을은 거뜬히 해내요. 하루에 1개 면 단위를 싹 끝낸다 이 말이지. 영광·함평이 면 단위가 스물 몇 개 되니까 그랬는데, 첫날 하여튼 『무등일보』 같은 데에서 농민후보에 대한 보도를 하고 있는 때라, 국내의 보도진들이 우리 좌담회하는 데 70~80명씩 몰리더라고요. 근께 사진 찍는 통에 좌담회도 못 하고 지나가불고 그랬는데. 왜 내가 이 얘길 하냐 하면, 그것이 굉장히 부담스러웠나 봐요, 평민당 입장에선. 그래가지고 그 이튿날부터는 기자 새끼들 한 명 안 오는 거야. 못 오게 해버리는 거야 하여튼. 어떻게 뭣을 해부렀는고. 그렇게 선거를 치르고 선거를 하다보니까 그 기간 동안 내내 1억 2,000 정도 성금이 들어왔는데, 한 5일 하니까 싹 없어져부렀어. 선거운동 기간이 보름인데, 나는 내 논, 그때 국회의원 후보 등록금이 2,000만 원이었어요. 지금은 얼마 안 되는데 그때는 뭐 후보 난입을 막는다 해갖고 그때 돈으로 등록금만 2,000만 원이었는데, 내 논 잡혀갖고 등록금은 내가 내고, 선거운동자금은 전국에서 모금해서 낸다 했는데, 지원하러 온 학생들만 한 1,000명 돼. 이 사람들 하여튼 밥을 해 먹이라고 쌀을 주는데, 하루에 몇십 가마씩 들어와. 그러고 하루에 발표되는 유인물만 몇십 개씩 만들어지는 거야. 정신이 없어. 누가 발표했는지도 모르고 길거리에 주워보면, 전부 이럴 정도였는데, 한 5일 써버리니까 돈이 없어져불고 돈이 바닥나분께, 뛸래야 뛸 수도 없고. 물론 이길라고 한 선거는 아니었지만, 근디 그나마도 의미가 있었던 것은 포기하지 않고. 김기수는 사퇴해부렀제. 평민당이 후보 사퇴하라고 하도 해싼께 사퇴해불고. 사퇴하지 않고 끝까지 갔다는 것이고 우루과이라운

드에 대해서는 유세 때마다 또는 좌담회, 기회 있을 때마다 폭로를 한 거지. 우리 원칙을 충분히 살려내면서 선거를 치렀죠.

선거 결과는 참패로 끝난 거고. 하여튼 김대중 씨가 와서 함평초등학교에서 연설을 한다고 하는데, 영광·함평 합쳐서 유권자 수가 10만 정도 돼요. 근데 한 7만 명이 모여부렀다니까. 그게 뭐 선거 할 것도 말 것도 없는 거요. 그때 나는 내가 농민후보란 것을 떠나서 평가보고서 초안을 만들어논 게 있어요. 왜 그러냐. 한국 사회가 제가 쭉 되돌아 짚어보면 우리 전남의 민주화운동 또는 민중운동권의 대립과 불신 그리고 분파, 이게 얼마나 아주 집중적으로 폭발한 것이 영광·함평 보궐선거에서 폭발돼분 거여. 하여튼 식구가 몇십 명 되는 단체도 다 와갖고 자기 입장을 발표했으니까. 농민후보에 대해서 반대한다든지 평민당 후보를 지지한다든지, 하여튼 어느 입장으로. 근데 그런 방식들이 정말로 어떤 형식으로든 정리되지 않으면, 난 지금도 거의 마찬가지라고 봐요.

면담자　함평 지역운동하시면서 현재 정당활동까지 해서 마무리를…….

구술자　저는 90년도에 월간지에 또 몇 군데 글을 썼던 게 있어요. 90년대 농민운동은 이제 정치적 농민운동으로 발전해야 한다, 그게 개념이 맞는지 안 맞는지는 몰라도, 실제 내가 주장했던 의미는 이제 의사결정권을 가질 수 있는 데로 농민운동의 전술이 거기까지 확대되어야 한다, 이런 글을 쓴 적이 있어요. 그것과 연관성이 있는 문제기 때문에 제가 이 얘기를 계속할라고 합니다. 함평에서는 그때 고故 강경대 열사 폭력살인 규탄과 노태우 정권 퇴진 대책위원회, 이렇게 만들어가지고 몇 차례 시위도 하고 그랬어요. 그 얘긴 길게 할 필요는 없을 것 같습니다, 전국적인 현상이니까.

그리고 그해, 그 이듬해 91년도에 또 하나의 선거를 치르게 돼요. 함평에서 전교조 활동을 하다가 해직된 교사가 몇 명 있습니다. 저희 학교 후배고 여성인데 고대 철학과를 나와갖고 함평여고에서 선생을 했어요. 그 여성은 저가 광주민중항쟁 후에 더 폭압적 상황이 전개되고 하니까, 농민운동의 이념적 지도부를 형성하기 위해서는 소그룹을 좀 만들어서 해야겠다 하고 함평에도 7개 정도 만들어서 운영을 하고 있는 때였어요. 근데 그런 소그룹을 하는 사람들 중 함평에도 있다고 이렇게 자꾸 들려요. 들려서 그 상부선이 어딘가 하고 추적을 광주 쪽으로도 해보고 하는데, 나타난 게 함평이고 여선생이 그걸 한다는 거여. 그래서 박인숙이란 선생을 알아요. 알고 보니까 5년 후배더만요, 초등학교. 그래서 내가 한번 광주 가농 총무 할 때 사무실에서 만나자고 연락해서 만났더니 전혀 운동할 여성도 아니고 그러더라고요, 얼굴 생김새허고. 근데 보니까 어쨌든 그때 소그룹 교육을 받았던 여학생들이 지금 광주에서 노동운동하고 그래요. 노동현장에도 있고. 그런 인간관계가 있는데 학교에서 하면서 해직을 당했단 말이에요. 전교조 활동하면서 해직을 당했었죠.

근데 거기서 교육위원 후보전술론이 나온 거예요. 그래서 박인숙 그 후배가 교육위원 출마해보겠노라고. 그때 선출하는 방식은 각 시·군 의회에서 두 사람씩을 교육 경험 15년 이상 20년 이상인 경우에는 의무적으로 한 사람씩 도로 올리기로 했습니다. 두 사람 올리면 두 사람을 놓고 도의원들이 놓고 투표를 해요. 그니까 돈 없으면 못 하는 거여. 선거를 산전수전 다 겪으면서 선거로 올라온 도의원 73명을 상대로 해서 선거운동을 해야 하니, 이것이 지역도 넓어버리고. 난 처음에 반대했어요. 헌데 또 한편으론 이것이 지난번 영광·함평 보궐선거에서 우리 민중운동, 농민운동세력이 당했던 것이 보완이 될 수 있지 않겠느냐, 성공만 한다면. 그래서 이걸 준비를 하게 됩니다. 준비를 하는데, 그때 평민당 내에서 교육위원 선출 방식이 뭐였냐면, 국창근 의장한테 전부 각 도의원들이, 우리 지역은 누구나 이렇게 메모를 올리면, 그 국창근 의장이 타 시·군 도의원들한테 그 메모를 싹 전달하게 되어 있어요. 아, 그니까 함평은 누구구나. 그럼 싹 거기 찍어주는 거야. 또 담양은 누구구나 하면 싹 거기 찍어. 이렇게 해서 자기들이 지지하는 후보들을 당선시키는 겁니다.

그런 방식이었는데 이수인 의원을 만나자 그랬어요. 왜냐면 이수인 의원은 그해 봄에 전남 첫 도의원 선거가 있었는데, 자기도 본께 농민후보하고 싸워갖고 이기긴 이겼는데, 그렇게 명분도 없고 그니까, 나한테 도의원을 출마하라고 그러더라고요. 평민당 후보로 입당해서. 그때는 정당활동을 하고 싶은 생각도 없고, 그래서 정중히 거절했죠. 그럴 생각 없다고. 정당활동을 하고 싶은 생각이 없다고. 사양을 한 적이 있는데, 그것이 구실이 돼서 그분 이수인 의원을 만나게 돼요. 교육위원이라도 당선시켜갖고 함평 민주화운동세력이 뭔가를 보여줘야 하지 않겠냐고 하니까, 아 그렇겠다고 자기가 도와주겠노라고. 그래가지고 뭐라 하냐면, 송기숙 교수를 한번 만나보라 이거여. 송기숙 교수를 만나라 하냐고 송기숙 교수가 선암사에서 글 쓰고 있을 때여. 송기숙 교수가 추천돼 있다는 거야, 함평으로. 거기는 교육 경력이 20년 이상이고, 여기는 15년밖에 안 되니까. 그러니 내가 입장이 곤란한 측면이 있으니까 노회장이 송기숙 교수하고 담판을 지었으면 좋겠다고. 그래서 그날 새벽같이 여기 전교조 교사 몇 분 대동하고 변진환이랑 함평고등학교 박혜영 선생하고 해갖고 선암사를 찾아갔어, 새벽 3시에. 그래서 이 얘기를 했어. 지난번 영광·함평 보궐선거 때도 교수님이 하신 역할이 있으시고 하니까, 이번에는 좀 양보를 해주십쇼, 그랬더니 중립을 내가 서면 어떻겠는가, 그럼 자네들 알아서 해버리소, 그 정도 승낙을 받고 와가지고 작업을 하는 거예요.

함평 군의원이 아홉 명이거든요. 아홉 명을 상대로 선거운동을 하는데, 두 명이 추천되어야 하는데, 후보로 나선 한쪽에서 자꾸 박인숙이를 견제한단 말이에요. 그래서 군의원 수가 적었기에 망정이지. 아홉 명 집을 우리가 사람을 배치해갖고 지켰어요. 날마다 지켜부렀어. 우여곡절 끝에 우리 쪽의 치열한 노력으로 박인숙을 포함해 둘이 올라갔다고. 올라갔는데 도의원 73명을 대상으로 선거운동을 할란디 기가 막힌 일이여. 돈이 있어야 선거운동을 하지. 도의원들 다 자기 선거에서 당선된 사람들 돈 몇 푼 줘갖고 되겠어? 이건 김대중 씨가 나서서 해결해주는 수밖에 없다, 이런 판단이 서서 이수인 의원을 다시 만났어요. 함평 도의원들 만나서 어떻게 할라요 하니까, 그래서 그 방식을 하래. 국창근 의장이 하는 방식이니까,

함평 도의원들에게 박인숙이로 메모를 도의원들에게 내려 보낼 테니까, 그러면 다 이렇게 할 거 아니냐, 이렇게. 근데 공교롭게도 함평 도의원들이 말을 안 들어. 자기들은 그렇게 못 하겠다는 거여. 이수인이가 여기 사람도 아닌 데다가 길게 볼 놈도 아니니까. 내가 이수인이 말 듣겠냐 이런 식이여. 그니까 이게 잘 안 되는 거야.

그래서 다시 어쩔 수 없이 김대중 씨한테 SOS를 친 거여. 총재님이 당선시켜줘야지 다른 방법이 없어요, 그래갖고 투표하는 당일 그때 박광태 씨가 따라다녔지, 김대중 씨. 우리들 있는디 도의원들 투표하러 들어간디 90도 각도로 절하면서 이건 총재 명령입니다, 이러더라고. 그래도 결과가 두 표 차 나더라고. 그럴 정도로 총재 명령도 잘 안 들어갈 정도로 돈 선거가 돼분 거여. 그래갖고 두 표 차로 이겼어요. 그래서 선거에서 이기고 하니까 또 함평 분위기가 살아나죠 인자. 그럴 거 아닙니까. 평민당하고 원수진 줄 알았더니, 본께 또 오히려 반대했던 도의원들이 져분 거여. 요것들은 다른 사람 찍었어. 근데 돼부렀거든.

그런저런 성과로 다시 회복을 하면서 함평민주단체협의회를 창립하게 됩니다. 그때 여기 축사를 온 사람이 김영진 국회의원도 오고 한 2,000명 이상 모였었죠. 모여서 민주단체협의회에서 여러 가지 좋은 역할들이 많이 있었어요. 그리고 92년도에 넘어오면서 늘 고질병처럼 심각한 외국 농축산물 수입문제, 특히 무안·함평 지역에 양파·마늘이 죽을 쓰니까, 확대된 공간에서 양 군의회, 각 읍·면 농협, 영농후계자 농업경영인회라고 그러죠 지금, 양 군농민회, 이렇게 해가지고 무안과 함평이 무안에서 무안장날 '외국 농축산물 수입저지 함평·무안 결의대회'를 추진하게 됩니다.

두 달 정도 준비했는데요. 처음에는 농협 쪽에서 대회장을 맡기로 했어요. 돈도 있고 농협이 그러니까, 나는 그때 기획을 총 담당했었는데, 무안의 최병상 씨랑, 근디 갑자기 5일 남겨놓고 농협에서 대회장을 못 하겠다는 거여. 근께 이게 압력이 계속 들어가는 거죠. 그래서 놔두면 안 되게 생겼어. 그래서 어떻게 할 거냐 하니까, 사람은 동원하는데 대회장을 도저히 못 맡겠다고. 그래 긴급회의를 해서 내가 대회장을 맡는 것으로 하고. 그때는 그래도 80년대보다는 확대된 공간이기 때문에 시·군 의회들도 왔고요, 그때 기억으로 한 3,000명? 무안·함평 한 3,000명 모였어요. 그래서 농민대회를 단결된 모습을 보여주고. 그때 그러니까 함평 쪽에서 여러 가지 다양한 활동을 많이 전개했어요. 인도주의실천의사협의회 여기하고 연결을 해서 일주일 동안 의료봉사활동, 그래서 한 1,000명 정도 하루에 150명씩 해가지고 봉사활동도 하고, 이러면서 대중성을 확보하고 그런 과정들이었고.

그런 것들이 기반이 되어서 95년도 6·27지방선거에서 제가 2대 군의원 선거에 출마하게 됩니다. 함평읍에서. 그래갖고 제가 당선이 되죠. 당선이 돼서 쭉 지금은 인제 그런 각 시·군 의회에서도 활동을 많이 합디다마는, 그때만 해도 함평군 의회가 그래도 유일하게 의정활동보고를 보면 나오는데, 외국 농축산물 수입반대 결의문을 채택해요. 당면 식량정책에 대한 우리의 입장, 함평군 이름으로 건의안 형태로 했는데요. 식용 쌀 수입정책은 즉각 철회되어야 한다, 이런 결의문도 채택했었고, 여러 가지 반농민적인, 부정부패 이런 것들 근절시키는 활동도 쭉 했었고 그랬습니다.

제가 이런 말씀을 드리는 것은 이런 좀 더 확대된 공간에서 농민운동의 역할을 넓혀볼라고 하면, 또 거기에 못지않은 반대 의견도 늘 있고 그래요. 89년도에 그거를 썼는데, 이제 농민운동의 공간이 변혁운동의 성격만 가지곤 농민의 이해관계를 실현하기에는 어려운 시기가 도래한다, 확대된 공간인 것 같지만, 농민의 입장에서 보면, 그니까 농민운동의 전술의 변화가 다양화되어야 한다, 시·군 의회라든가 국회에도 농민의 입장을 갖는 세력들이 가서 [정책이나 법 제도] 결정 과정에, 뭐 밖에서만 투쟁을 열심히 한다고 해서 해결되는 일도 있지마는, 결국 결정 과정에 참여해서 그 집단에게 이익이 돌아갈 수 있도록 하자, 다들 자기 패들이 국회에 가면 자본가들 편에서 싸움판 벌이고 있는데. 그런 주장을 90년대부터 하면서 저도 선거투쟁을 여러 차례 했었죠. 내가 직접 후보로 나서기도 했고,

또는 같은 입장에 있는 후보를 당선시키기도 했고. 이렇게 하면서 삶을 정리하는 게 어떻습니까?

농민운동사 정리를 바라며

면담자　앞으로 계획에 대하여 얘기해주시죠.

구술자　난 직접 정당에 참여해서 활동을 해본 적은 별로 없어요. 내가 군의회 출마할 때도 무소속으로 출마했었던 사람입니다. 이 열린우리당에 참여를 한 건* 우리 김근태 씨 때문에. 여기 열린우리당 와갖고 지금도 고민이 많아요. 현재 직접적인 고민이 뭐냐면, 지금 당의 입장에서 보면 말입니다. 물론 지금 국회의원들이야 다음에도 선거에 출마하기 위해서 유리한 데로 갈라고 하지 않겠습니까? 자기들 정치생명이 걸린 문제니까. 그래갖고 고민도 깊이 하고, 또 그런 만큼 자기 이해관계를 실현시켜나가는 거여. 이유야 어쨌든 자기 살길을 찾아가는 거거든.

근데 수십만 일반 당원들은, 내가 영광·함평을 맡고 있습니다만, 뭣이냐 이거여. 아니 최근에도 봐요. 전라남도에서도 누구예요? 주승용 의원이 김한길 씨 따라 나갈 때, 남사랑포럼이라고 나도 가서 얘기도 해주고 그랬는데, 가자고 막 그래, 그리 가자고. 내가 그런 얘길 했어요. 그러면 일반민들이야 개인이 좋아서 가는 건 어쩔 수 없지만, 가갖고 당을 만들어갖고 그 당을 계속 유지할 거냐, 유지한다면 또 모르겠단 말이여. 어차피 어디로 합쳐진다면, 그 사람들 당신들 따라갔다가 또 그냥 탈당하고, 다른 당으로 또 옮겨야 될 거 아니냐, 그랬다가 또 대선을 지든지 이기든지 또 따로 만든다 할 거 아니냐, 그럼 또 따라가야 할 것 아니냐. 그럼 이게 시계 부랄처럼 뭐하는 짓이냔 말이여. 자, 천정배 아직 당은 안 만들었

---

* 2007년 구술 면담 당시에 열린우리당 영광·함평군협의회 운영위원장을 맡고 있었다.

는데 나한테 왔어요. 나 똑같은 얘기 했어요. 나는 노선이, 입장이 좋고 나쁘건 간에 느그들끼리 할 일이제, 일반 당원들이 1년에 서너 번 내가 볼 때는 대선에 이기든 지든 정계 개편은 또 된다, 이겨도 정계 개편은 되고 지면 더더욱 심하게 나타날 거고. 그럼 그때 또 옮겨가야 할 것 아니냐. 그러면 어쩌자고 열린우리당 다 좋은 일 해보자고 들어온 거거든, 실제로. 들어왔다가 느그들 때문에 당을 서너 번씩 바꿔라 이 말이냐. 생각해보란 말이여. 뭐 선거 출마할 사람들도 아니고. 물론 대의가 있다고 한다면, 가능하면 요즘 말하면 민주·평화 개혁이니 그걸 하는 데 바람이 있어. 그럼 표 던져주면 되는 거고. 실제적으로 근데 자꾸 당을 이리 갔다 저리 갔다 하는 것은 사람을 갈보 만드는 거냐 뭣 허는 거냐 이거. 그게 사람의 도리냔 말이여. 실제 생각해봐요.

그래서 나도 가만히 요즘 당에 관해서 고민을 진짜 많이 해요, 지금. 서울에 가가지고 7월달까지 위임해주고 왔어. 원래 6월 14일이면 끝나는 회의였어. 7월 말까지 해서 결판을 진다 하니까. 자, 그럼 우리 같은 사람이 열린우리당 이대로 7월 이후에도 갈지 모르겠어. 갈지 아니면 어떤 관계에 의해서 해체되고 새로운 당을 만든다, 따라간다면 김근태가 만드는 데 따라가야겠지 인자. 아니 솔직히 근데 정말 그래야 할 것인가가 고민거리라니까. 나는 거가 싫고 좋고를 떠나서, 그러고 나 개인의 문제가 아니라 일반인들이 국민 대다수가 그래갖고 또 당이 바뀔 거 아니요. 그럼 또 따라가야 할 것이야? 어디로 가란 말이여 이것이. 난 그래서 야, 이거 삶을 이렇게 살아선 안 되는데 말이여. 그런 고민을 해요. 그래서 차라리 이거 나는 별로 선거 출마할 뜻이 없어요. 하도 선거에 질려버린 사람이라 정말로. 선거할 뜻도 없는데, 차라리 어떤 시민운동, 함평에 시민운동단체를 강력한 걸 만들어갖고, 그런 쪽으로 기획을 해볼까. 내가 아직도 활동할 수 있는 영역이 있다면. 오히려 요즘 그런 게 내 생각이여. 더 이상 당을 따라다니지 말고, 그리고 지금은 영광·함평 책임 맡고 있는데, 나 애기엄마하고 둘이 벌어서 애기들 취직해갖고 있어갖고 뭣 헌디? 보통 한

달이면 300~400만 원씩 들어가. 회의 간다, 뭣 한다, 당원들 만나러 간다, 누구 온다, 뭐 이렇게 낭비를 해가면서 뭐이 생산적인 게 뭐야 도대체. 그리고 더군다나 농민운동을 줄기차게 해오면서 농민운동을 부르짖고 해왔던 놈이 어디 술집에 따라다닌 놈 모양으로 꼭 어디 자리나 얻을라는 모양으로, 그래서 내가 초라해 보여. 그래서 좀 고민을 심각하게 해봐야겠다. 다행스럽게도 열린우리당이 대통합적으로 해서 해체돼버리면 다행스러운 거고. 나는 안 따라가고 가만히 있으면 되는 거요. 근데 이것이 지속된다면, 근다고 해서 나름대로 그래도 열린우리당이 국민들로부터 지탄을 받고 있지만, 그래도 원래 가졌던 목표가 있고, 실제 의미 있는 일도 있었는데, 근데 나 혼자 또 탈당할 수도 없단 말이여. 나 이제 그만 할란다고 이러기도 고민이고, 현재 진짜 참 고민입니다. 그래서 함평에 시민사회단체 등에 대해 생각을, 고민을 해보고 그렇습니다.

면담자　장시간 고생하셨습니다. 나중에 정리하면 보내드리고요.

구술자　재단에서 한번 보내주십쇼. 근디 자료가 정리되면 빠진 부분들이 있을 것 같아. 그리고 또 하나는 표현이 잘못되었거나 왜곡되었거나 과장되었거나 그랬을 것도 있을 것 같더라고. 그래서 한번 같이 검토는 해야 할 것 같더라고.

면담자　이 구술은, 성격이 기억에 의존해서, 정확한 자료보다는 기억에 의존해서 하는 측면이 있고요. 나중에 역사학자들이 별도로 연구할 때, 그때 그 자료를 토대로 하면서 여러 가지 문건 자료를 통해서 그런 것은 역사학자들 몫이고요. 그래도 한번 나오면 저희가 드려가지고……. 더구나 노회장님은 그동안 농민운동사 부분을, 어떻게 보면 사적으로라도 정리하고 하시니까 필요하실 거예요.

구술자　나도 정리해야 할 부분들이 좀 있고. 얼마 전에도 누가 농민운동사 책 한 권 빌려달라고 그런단 말이여. 내가 썼던 것이나 주면 몰라도 객관적으로 검증된 농민운동사가 있어야 해. 그래서 없다고 그랬당께. 없다고 하는디 내가 영 미안해불더마.

일단은 70년대 이후 농민운동사라고 하는 게 『한국가톨릭농민회 30년사』, 그건 가톨릭농민회 입장에서 써진 거고. 객관적으로 농민운동사를 누가 쓰긴 써야 하는데, 이거 누가 써야 하나. 근디 그렇게 쓸 만한 사람이 없더라고. 왜냐면 쓸 만한 사람이 있으면 몽땅 자료를 [제공하고 싶은데]……. 자료 없어서 못 쓰진 않으니까, 거의 대부분 내가 가지고 있으니까, 쓸 만한 사람 줘갖고 니가 한번 써봐라 하겠는데, 다 밥 먹고 살기 바쁘고, 이렇게 고리타분한 일을 할라 할까. 그래서 내가 이것을 한번 농민운동사를 정리를 할까, 저기서 했던 것도 내가 참고해야 할 필요도 있을 것 같고. 나도 한번 심각히 생각을 하고 있습니다.

하여튼 수고들 많았습니다. 이런 귀한 기회를 주신 재단과 여러분께 진심으로 감사드립니다.

2부

농민권익투쟁의 현장에서

협동조합과 농촌 민주화*

1. 사회발전과 경제에 대한 약간의 도움말

① 생산은 사회를 발전시키는 가장 중요한 원동력이다＝생산이 없는
   사회는 존재할 수도 없다＝생산은 누가 하는가?
② 우리가 살고 있는 사회는 어떤 사회인가?
   뜻을 함께하고 직업을 함께하는 사람들이 개인의 이익 추구를 조직
   을 통해 실현하는 사회이다.
   • 민주주의＝조직사회＝

                         살아가는 방식

   • 자본주의＝경쟁사회＝
③ 한 사회의 균형적 발전이란?
   한 사회를 직업별로 분류하면 크게 농업·공업·상업으로 분류된다.
   이들은 제각기 생산한 생산물을 시장을 통하여 정상적 가격에 교환함
   으로써 각 개인의 생활을 향상시키고 한 나라의 경제를 발전시킨다.
   만약 어떤 경우 생산에 투자한 만큼 제값을 받지 못하는(부등가교환)

---

* 이 글은 글쓴이가 1970년대 후반 함평신협 감사에 이어 1980년대 초반 함평신협 이사
  로 활동하던 1983년 8월경 신협 조합원 교육에서 사용한 강의안이다.

사람은 몰락하게 되고 이것이 어떤 집단의 의도적인 경우일 때는 균형적 발전은 무시되고 국가경제는 위태롭게 된다. 바람직한 한 나라의 경제는 농업과 공업이 상호 보완적일 때 그 기능이 최고로 발휘된다.

④ 자본주의하의 생산의 동기는 이윤추구를 목적으로 한다. 즉, 생산 그 자체가 팔기 위해서!(상품유통과 자급자족)

⑤ 우리가 자본주의 경제제도하에서 살고 있기 때문에 자본주의 생산방식을 인식할 필요가 있다.

〈자본제 생산방식〉

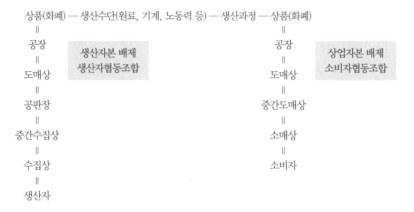

상품(화폐) ─ 생산수단(원료, 기계, 노동력 등) ─ 생산과정 ─ 상품(화폐)

| 공장 | 공장 |
| 생산자본 배제 생산자협동조합 | 상업자본 배제 소비자협동조합 |

공장
‖
도매상
‖
공판장
‖
중간수집상
‖
수집상
‖
생산자

공장
‖
도매상
‖
중간도매상
‖
소매상
‖
소비자

* 철 1kg 생산과정에서 철 그 자체는 변하지 않고 형태가 변화되고 가치가 늘어난다. 1,000원, 1,200원의 가치는 생산과정에서 생긴다.

ㄱ. 생산의 이윤추구: 이윤이 없다면 상품생산은 없다.

ㄴ. 근대적 의미의 협동조합은=상업자본 배제에 있다.

ㄷ. 협동조합의 양면성: 자본주의 약점을 보완·발전시킨다.

ㄹ. 자본제 경영의 유리함.

ㅁ. 농업협동조합은 종합 조합이다: 신용, 구매, 이용, 판매, 공제 등

2. 현대 사회 속에서의 협동조합의 기능

협동조합은 자본주의 제도가 확립된 이후 자본주의 자체 문제에 의해서 발생하며 자본주의 발전 단계에 따라 협동조합의 기능도 발전한다.

- 산업자본주의 단계: 자유경쟁 및 시장경쟁, 사회적 평균이윤 실현, 합병(초과이윤 실현)
- 독점자본주의 단계: 자유경쟁 무시, 독점가격 형성, 협상가격, 카르텔, 합병
- 국가독점자본주의 단계: 자본과 정치권력 결탁, 외국자본과 결탁, 관료기구를 통한 이익 실현

협동조합은 산업자본주의 단계에서는 경제적 기능, 독점자본주의 단계에서는 사회적 기능, 국가독점자본주의 단계에서는 정치적 기능을 발휘함으로써 조합원의 이익을 보호할 수 있다(독점자본주의 단계에서 사회적 기능이 없는 조합은 차라리 없는 것이 낫다).

3. 협동조합의 운영 원칙(국제협동조합연맹ICA)

기본 4원칙
① 문호 개방의 원칙
② 민주적 관리의 원칙
③ 출자 배당 제한의 원칙
④ 이용고 배당의 원칙

① 문호 개방의 원칙(가입, 탈퇴의 자유)
자기가 이익이 된다고 생각할 때 가입하고 손해가 된다고 생각될 때 탈퇴하는 것은 민주주의 사회의 조직의 원칙이다(민주주의 사회의 기본 원칙

이며 자유의 이념을 구체화한 것이다. 종파·성별 등에 따른 차별 금지). 그러나 경제력이 비슷비슷하고 비슷비슷한 출자를 한다고 전제할 때 그 의의가 있다. 문호 개방의 원칙을 잘못 이해하면 조합원 각자의 사실상 불평등이 형식적 평등으로 문제를 일으키며 운영 과정에서 불평등이 나타난다(농협 봉사의 대농 편중) 경제적 약자 배려, 신협＝명예욕, 정치적 목적, 선한 사람끼리.

② 민주적 관리의 원칙(민주적 운영, 1인1표주의, 남녀평등)

그러나 분명히 할 것은 1인1표주의만 가지고 민주적 운영의 전부라고 할 수 없다. 운영 그 자체를 민주적으로 하는 것이 과제이다(대다수의 신협이 모두 그렇지만 지난번 총회 때 조합원들의 비밀투표 자체를 부정하는 의식구조는 조합원 의식을 그대로 반영하는 것이다).

③ 출자 배당 제한의 원칙 ④ 이용고 배당의 원칙

출자 배당을 가능한 한 줄이고 이용고 배당을 늘린다는 원칙이다(1인은 만인을 위하여 만인은 1인을 위하여, 서로 돕는다는 원칙에서 볼 때 출자 배당은 의미가 없다).

- 경영체의 이익금 발생은 사업을 이용한 만큼 발생한다.
- 빈익빈 부익부의 차를 줄이고 사회정의 실현
- 출자 배당은 불로소득 발생, 시가 구입, 영리 목적 회사와 마찰 줄임.

4. 함평 신협운동과 농촌 민주화

그동안 함평 신협운동이 많은 어려움을 감수하면서도 경영 규모나 조합원 수, 지역사회에 미치는 영향 면에서 순조로운 발전을 지속하고 있는 점은 임직원 여러분들의 희생적 노력의 결과라 평가된다.

그러나 한편 신협운동이 함평지역사회에서 담당해야 할 역할 면에서 볼 때 몇 가지 예상되는 점을 발굴해보고 현 단계 과제를 찾아보고자 한다.

- 경영지상주의, 무사안일주의, 조합원의 경제적·사회적 지위 향상보다는 돈, 편리하게 이용하려는 정도
- 몇몇 개인들의 정치적 욕구 충족을 위한 파벌 형성에 따른 신협 정신의 퇴색화(도용 능력)
- 임직원들의 운영 능력 한계로 인한 비민주적 운영(독선) 등

① 근대적 의미의 협동 정신은 사회의 불평등을 인식하는 주체들에 의해 고통당하고 있는 사람들의 문제를 해결하려는 노력으로 구현되고 있다.

특히 신협운동의 선각자이신 독일의 라이파이젠 선생은 1844년 타일랜드라는 조그만 지역에서 빈곤에 허덕이는 농민들을 구제하기 위해 부호들로부터 자금을 기부받아 시작하나 곧 실패하고, 자조·자주 정신에 입각한 조합운동을 1846년, 54년의 기간 동안에 신용조합 형태로 발전시킴으로써, 그 후 전 독일 나아가 전 세계적으로 신용협동조합의 발전을 이룩하였다.

그들의 사상은 그리스도적 사랑과 정의에 입각하여 양심에 호소하는 활동으로 시작하였으나 거듭되는 경험을 토대로 문제의 원인이 이해관계의 대립이라는 집단과 집단 간의 문제를 발견하게 되고 사회제도와 이해관계의 대립을 근본적으로 해결하는 방법과 내용을 찾아가고 있다.

이러한 정신의 흐름은 바로 사랑과 정의는 말로써만이 아니라 내 이웃과 나 자신이 당면하고 있는 문제를 해결하기 위한 조직적 행동으로 드러나야 함을 증거하고 있다.

② 오늘날 현대 사회 속에서 협동조합이 조합원에게 보다 밀착된 봉사와 이익을 실현하기 위해서는 조합의 경제적 기능보다 사회적 기능이 더욱 절실히 요구되고 있다.

조합이 아무리 출자금이 많고 자체 기능이 잘 발달되어 있다 하더라도 조합 외부와의 관계에 있어 사회적 기능을 발휘하지 못하는 조합은 조합원에게 이익을 가져다주기는커녕 도리어 조합원에게 손해를 끼치는 결과를 초래하고 협동조합으로서 의미를 상실해버리는 경우를 우리는 우리 농업협동조합을 통하여 뼈아프게 직시하고 있는 것이다.

구태여 제가 설명하지 않더라도 여러분 대부분이 조합원이기 때문에 농협 실태에 대해서는 더욱 잘 알고 있을 것이다.

조합원 스스로가 조합원들의 머슴인 조합장 하나 뜻대로 선출할 수 없도록 임시조치법으로 20여 년 동안이나 묶어놓고 행정부의 별동대로 부려먹고 있는 현실 아래서는 결코 농민의 대변기관이라 할 수 없으며 본래의 목적인 농민의 경제적·사회적 지위 향상하고는 거리가 멀다. 때문에 농촌 신협의 역할과 사명은 더욱 중대하다.

③ 함평의 신협인들은 이제 그동안의 경험을 토대로 함평지역사회 발전을 위해 무엇을 해야 할 것인가에 대한 부단한 연구와 노력이 필요하다.

그동안 푼돈을 저축하여 목돈을 만들고 목돈을 쓰고 푼돈으로 갚는 그와 같은 사업을 통하여 연말에 가서 이익을 배당받는 것이 협동조합운동의 전부로 생각하지 않아야 한다. 이와 같은 활동은 협동운동에 있어 참여의 동기를 유발하는 아주 기초적이고 1차적인 단계에 지나지 않는 것이다.

협동조합의 본래의 목적은 경제적으로 가난한 사람들이 스스로 협동하고 단결하여 뭉쳐진 힘을 토대로 가난한 사람들에게 불리하게 되어 있는 경제제도와 정책들을 개선하여 불평등을 줄임으로써 인간다운 삶을 추구하는 데 있다.

이를 위해서는 우리 조합원 각자가 오늘의 현실을 올바로 인식하고 내 이웃과 나 자신이 당면하고 있는 문제가 무엇이며, 문제의 해결을 위해서는 과연 어떤 협동활동이 전개되어야 할 것인가가 연구·검토되어야 할 것이다.

5. 농민 조합원이 당면하고 있는 현실

① 82년 이후 모든 농산물 가격 하락, 생산력 발전과 농업정책의 문제: 반면 농민들이 사서 쓰는 생필품(옷, 비누, 미원, 학비), 생산자재(비료, 농약, 비닐, 삽), 공공요금(세금, 주민세, 전기세 등) 등은 그대로 있거나 올랐다 (농가교역조건, 구입가가 판매가 대비 4.5배).
- 바밤바 1개＝양파 1관, 콜드크림 1개＝보리 1말

② 농수산부 통계 조작: 문제점으로는 비교될 수 없는 것을 비교하는 문제와 조사 방법의 문제
- 농가소득 446만 5,200원(평균소득), 도시근로자 가구소득 442만 7,000원: 차액 3만 8,200원
- 도시와 먹고 입고 사는 것. 얼굴 색깔. 무엇 때문에 이와 같이 발표하는가＝우민정치

③ 식량자급률이 65년 95％에서 82년 53.0％로 떨어져 연간 1조 2,000억 원 수입(추곡 수매가 2년분). 국가안보적 측면에서 심각한 위기. 식량의 무기화 추세.

④ 부당세제: 농민 스스로 공정성 여부를 가리지 않는다.
- 82년 300만 원 소득 기준 : 도시 5만 원, 농촌 16만 원

⑤ 국가의 재정 지원 측면: 81년 총대출 24조 8,872억 중 농업부문 1조 7,100억, 6.9％. 대우, 선경, 삼성, 럭키, 현대 1조 9,000억 원의 이자 경감.

⑥ 수입정책: 농산물 수입자유화(쌀, 고추, 밀, 생강)

⑦ 사회적 천시
- 생산자로서 긍지를 갖지 못한다(자기 스스로 비하, 괄시).
- 촌놈 대우(완행버스, 대우빌딩, 비를 맞고 있으면서 의자 밑에 있는 사람 감기 걱정)

⑧ 농민 건강문제: 농민 중 82%가 농약 중독 환자, 그중에서 가벼운 편 44.1%, 심한 편 29.4%, 극심한 편 5.9%

⑨ 농민 문화
- 길들이기 문화, 텔레비전은 명령, 농민은 듣는다, 생각까지 앗아간다.
- 비민주적 요소(씨족, 종교, 갈등)

⑩ 농민단체의 부재 상태: 각종 농업·농민단체의 반농민성

이것들이 바로 농촌이 당면하고 있는 현실이자 해결되어야 할 과제이다.
민주주의란 뜻을 함께하고 직업을 같이하는 사람들이 스스로 똘똘 뭉쳐 자기들의 이익을 실현하는 사회이다. 때문에 농민들이 당면하고 있는 경제적·사회적인 제도문제는 개인의 노력으로는 해결할 수 없다. 누가 해결해주지도 않는다.
진정한 의미의 협동과 단결된 활동만이 해결의 가능성을 갖고 있다.
협동조합 역시 자체 기능인 경제적 기능만 가지고는 우리들의 문제를 해결할 수가 없다. 조합의 외부와의 관계에 있어 발휘되는 사회적 기능이 필수적으로 요청되고 있다.

6. 현 단계 신협이 나아갈 길

전체적으로는 점진적으로 생산자조합으로 발전의 방향을 잡아가야 할 것이다. 그동안 협동조합의 선각자(지도자)들은 위대한 민중 교육자들이었다. 로버트 오웬, 라이파이젠 등.

협동조합이 몇 가지 운영 원칙을 가지고 있으나 현 단계 농촌 신협은 그무엇보다 교육이 더욱 장려되어야 한다.

이 점에 있어서는 제가 알고 있는 농촌 신협도 농협이나 마찬가지로 평가할 수밖에 없다. 교육 즉, 조합원의 의식 발전에는 별로 신경을 쓰지 않는 것 같다(돈 불어나는 재미). 교육을 비교적 한다고 하는 조합들도 내용을 보면 다분히 형식적이고 단합대회 중심이다. 농민 조합원에 대한 교육은 조합원 스스로가 세상을 올바로 볼 수 있도록 하는 의식 개발과 조합원의 일상생활에 필요한 신속한 정보를 제공하는 내용이 되어야 하며 민주주의 훈련 도장이 되어야 한다.

그런데 마을에서 보면 사회활동을 하시는 분들이 마을회의나 공사에 있어 조금 아는 것을 이용하여 독선과 독재를 하고 있다. 조합원들은 자기의 일상생활을 통하여 모범을 보임으로써 일반인들이 협동의 필요성을 인식토록 노력하여야 한다. 자기의 일상생활은 이기주의적이고 개인주의적이면서 다른 사람들에게는 말로만 협동과 단결을 강조하는 것은 위선이다. 즉, 행동적 교육이어야 한다.

우리 조합원 중에서는, 자기는 어려운 일은 가능한 한 하지 않으려고 하면서 다른 사람들이 자기의 말을 따라주기를 강요하는 경향이 있다. 진정한 의미의 교육은 이웃의 고통을 자신의 고통으로 함께하면서 외로운 사람들의 편에 서서 그들의 문제 해결을 위해 노력할 때 참다운 지도자로서 성장하는 것이며 협동운동의 뿌리를 굳건히 심는 것이다.

오늘 사회는 모든 제도가 인간을 이기적이고 자기중심적이며 권력을 잡은 자에게 아부할 수밖에 없도록 하고 있다(권력과 금력).

따라서 우리 조합원들은 기존의 방식과는 차원이 다른 서로 돕는 정신, 명분, 당위성, 양심, 합리성에 기초하는 내용으로 협동활동을 전개하여야 한다.

이제 우리 조합원들은 모두가 자기가 서 있는 현재의 위치에서 협동운동 정신을 행동으로 보여주는 교육자가 되어야 한다. 그리고 임직원들은 조합원들에게 부족한 모든 정보를 제공하는 데 힘써야 할 것이다. 이렇게 될 때 함평신협이 지역사회 개발의 핵심체로서 공헌하리라 보며, 이것이야말로 현 단계 우리 신협의 나아갈 길이라 본다. (1983. 8)

농협 조합장 추천회의 실태를 보고 나서*

본회는 지난해 농협 민주화의 강력한 의지의 표현으로 조합장 직선제 실시를 위한 100만인 서명운동을 전개한 바 있다.

서명운동을 추진하게 된 목적은, 정부가 그동안 농협의 본래 정신을 무시한 채 20여 년 동안 지속시켜온 '농협 임원 임면에 관한 임시조치법'을 철폐하고 조합원의 자유로운 의사에 따라 조합장을 직접 선출함으로써, 그동안의 조합 운영의 외부 간섭을 배제하고 조합 운영을 조합원 스스로 책임지도록 함으로써 농민들의 민주 역량을 증대시키고 이를 토대로 농협의 대사회적 교섭 능력을 강화해나가자는 데 있다고 하겠다.

그런데 서명운동 추진 과정에서 드러난 정부 및 관련 기관들의 서명운동 탄압은 현 정권의 반민주성을 그대로 드러내고 말았던 것이다. 농민들의 민주적 방법에 의한 자유로운 의사 표시를 갖은 협박, 공갈, 회유 등 갖가지 악랄한 방법을 동원한 탄압 행위는 파렴치하기 짝이 없었는데, 농협 임직원들의 서명운동 방해는 적반하장이 아닐 수 없었고, 농협 임직원으로서의 사명을 망각한 추태는 그동안 농협이 농민 위에 군림하면서 얼마나 반농민적 행위를 저질러왔는가를 노골적으로 드러낸 처사였다.

---

* 이 글은 글쓴이가 1983년에 한국가톨릭농민회가 추진한 '농협 조합장 직선제 실시를 위한 100만인 서명운동'을 벌이면서 1984년경에 쓴 글이다.

농민들은 그동안 농협의 비민주적 운영과 반농민적 사업 전개를 너무나도 뼈아프게 느껴왔기 때문에 수없는 탄압에도 불구하고 우리의 대표를 우리 스스로 뽑자는 100만인 서명운동에 수많은 농민들이 한마음 한뜻으로 동참하였고, 이와 뜻을 함께하는 민주양심세력의 적극적인 성원에 힘입어 서명운동을 성공리에 마무리지었고, 본회는 정부와 국회에 민주농협을 염원하는 모든 농민들의 집약된 뜻을 전달하기에 이르렀던 것이다.

그 후 정부와 국회가 83년 9월에 열린 정기국회의 심의를 거쳐 84년 2월에 확정·발표한 조합장 추천 제도의 개선 방안을 보고서 우리는 크게 실망하지 않을 수 없었다. 농민들의 집약된 뜻은 우리의 대표를 우리 농민이 직접 선출함으로써 자주적인 농협 운영을 위해 그동안 반민주적 제도적 장치인 임시조치법을 철폐하는 데 있었던 것이다. 그런데 개정된 내용은 농민들의 의사를 올바로 반영하기는커녕 도리어 농민을 우롱하는 조치에 머물고 말았다.

1,000만 농민의 원성의 대상이 되어온 임시조치법에 대하여는 일언반구 언급도 없이 조합장 추천 과정의 한 단계에 불과한 '9인 추천위원회 제도'만을 없애놓고서 마치 그것이 농협 민주화에 농민 참여의 통로를 개방한 것처럼 각 언론을 동원하여 농민들을 기만하고 있기 때문이다.

도대체 무엇이 어떻게 변화되었단 말인가? 조합장은 아직도 임명되게 되어 있고 조합원들이 조합장을 선출할 수 없는 것이 엄연한 현실이며 임시조치법은 아직도 계속되고 있다. 도리어 개정된 내용은 조합장 출마 자격을 출자금 납입 액수에 의해 제한하는 제도를 더욱 강화(개정된 조합장 출마 자격은 출자금 300좌인 데 반해 개정 이전의 자격은 200좌임)함으로써 조합원의 조합 운영 참여 통로를 특정인에게 국한시켜 인적 결합체로서의 협동조합 정신을 더욱 타락시켰다. 총대회의 고유 권한인 의사결정 권한마저(조합장 추천회의 시 1차, 2차 투표에서 과반수 득표자가 없을 때 상급기관이 직접 임명함) 침해함으로써 현재 40여 개에 달하는 단위조합이 조합장 추천회의를 개최하고도 조합장을 추천하지 못하고 상부 임명을 기다리는 어처구니없는 모순을 파생시키면서 농협 발전을 후퇴시키고 있는 결과를 초래하고 있는 것이다.

이와 같이 농민들의 진정한 의사가 반영되지 않은 채 잘못 개정된 제도로 인하여 3월 1일부터 시행되고 있는 조합장 추천회의는 과거의 비민주적 요소들이 시정되지 않은 채 갖가지의 비민주적 작태가 속출하고 있다. 농협 발전에 기본 전제가 되어야 할 농민 조합원의 참여 의욕을 제도적으로 마련치 못함으로써 농민들의 원성과 무관심 속에 조합장 추천회의가 진행되고 있음을 농민 여론을 통하여 쉽게 짐작할 수가 있다.

그 한 예로 제가 살고 있는 지역은 9개 단협 중 2개 단협을 제외한 7개 단협의 조합장 임기가 금년에 만료되게 됨으로써 이곳이든 저곳이든 선거 열풍이 몰아치고 있는 실정이다.

대부분의 농민 조합원들은 현행 임시조치법이 존재하는 한 누가 조합장이 되어도 과거와 마찬가지라고 보며 총대들 역시 들러리만 서게 될 뿐이라는 여론이 지배적이며 임시조치법의 철폐를 강렬히 바라고 있다.

한편 농민들이 선거 능력이 부족하기 때문에 아직도 조합장을 임명한다는 주장에 대해 과거 지방자치제 실시 때는 우리가 직접 면장도 뽑고 대통령도 뽑았고 현재도 국회의원을 우리 손으로 뽑고 있는데 무슨 뚱딴지 같은 주장이냐고 도리어 반문하면서 정부에 대한 불만이 대단하다.

총대들 역시 임시조치법이 철폐되지 않는 한 그 누가 조합장이 되어도 정도의 차이는 있을지언정 그 사람이 그 사람이라는 식이며, 차라리 돈푼이나 주는 사람을 찍어주겠다며 사실상 공명선거 의미 자체를 부정하고 있는 실정이다.

요즈음 떠도는 이야기는 조합장에 출마하려면 1,000만 원은 있어야 한다는 것인데, 추천회의가 끝난 곳에서는 낙선한 후보자와 총대들 간에 돈을 돌려주는 촌극을 빚는 경우도 있으며, 어떤 지역에서는 유력한 후보자가 하룻밤 사이에 금력에 의해 낙선하고 엉뚱한 사람이 되었는데, 그 사람의 득표 공작은 총대에게 돈을 주면서 자기가 당선되면 그 돈을 먹고, 떨어지면 돌려주기로 하는 방식이 성공을 거두었다고 한다.

또한 조합장 후보자들의 과거 경력과 성향을 보면 농민의 이익을 위하여 활동한 경력보다는 다분히 권력기관이나 정당활동에 종사하면서 잔뼈가 굵은 사람들이 대부분이고 그들의 출마의 변은 선진조국 창조, 정의복지 등의 추상적인 내용이 가득 찬 구변으로써 농민을 위하여 투쟁하려는 자세보다 상부기관에 잘 보여 자기 지위를 유지하려는 성향의 사람들이 대부분이다. 따라서 이 같은 성향의 사람들이 조합장이 되어서 무엇을 할 것인가는 불을 보듯이 빤한 것이다.

현행 농협에 대한 농민 조합원들의 불신풍조가 해소되지 않고서는 농협을 통해 농민의 경제적·사회적 지위 향상을 기하기란 뿌리 없는 나무에서 열매가 맺기를 기대하는 것처럼 어리석은 짓일 것이다. 오늘날 농민들의 농협에 대한 불신풍조의 원인은, 여러 측면에서 분석될 수 있으나 서명운동 과정에서도 보여주었듯이 진정한 농민의 요구를 정부 스스로 거부하는 데서 농민들이 농협을 자신들의 것으로 받아들일 수 없는 데 있으며, 현실적으로 이를 가로막고 있는 임시조치법에 그 책임이 있다고 하겠다.

정부가 진정 농협을 건전하게 육성하고자 하는 의지가 있다면 지금이라도 임시조치법을 철폐하고 조합장 직선제 실시를 위한 제도적 장치를 마련하여 농민 조합원의 자발적 참여 의욕을 높이고 자주적 농민조합으로서 운영되도록 협력해야 할 것이다. 이와 같이 협력하는 자세를 갖추는 것이 민주농협으로 나아가는 올바른 처방임을 확신한다. 아직도 농민들이 자치 능력이나 자립 능력이 부족하다느니 하는 따위의 변명은 그야말로 농민을 기만하는 행위에 불과할 뿐이다.

끝으로 이 땅의 농민운동 발전을 위해 노력하시는 모든 분들께 경의를 표하면서 농협의 민주화가 이룩되는 그날까지 각자가 처한 위치에서 최선을 다할 것을 서로가 다짐합시다. (1984)

농협 민주화는 농민의 손으로!*

지난 6월 15일 윤근환 농림수산부 장관이 주최하는 농축수협법 개정에 관한 공청회가 서울 소재 농협중앙회 회의실에서 개최되었다.

이날 공청회는 전국의 농업·농민단체 대표 30여 명과 학계와 연구소, 언론계 그리고 정부기관 등에서 파견된 20여 명을 합한 50여 명이 토론자로 참가하여 현행 농협제도에 대한 문제점들이 신랄히 비판되는 가운데 농민에 의한, 농민을 위한, 농민의 농협이 되어야 한다고 뜨겁게 달아올랐다.

때가 때인지라 토론장을 가득 채운 농축수협의 일선 조합장들을 비롯한 각계 300여 명의 방청인들은 토론자들이 농민의 진솔한 요구를 밝히는 주장이 터질 때마다 열렬한 박수와 지지를 아끼지 않았고, 농민의 입장을 왜곡하는 일부 토론자들의 발언에 대하여는 가차 없는 야유와 냉담한 반응으로 반대 의사를 분명히 하는 등, 6시간 동안이나 차분하고도 열띤 분위기 속에 진행되었다.

우리 함평에서는 본회 노금노 위원장이 토론에 직접 참가하여 농협법 개정에 대한 농민들의 입장을 밝히고 참가자들의 뜨거운 반응을 얻었다.

---

* 이 글은 1987년 6월 항쟁 이후 농협 민주화운동의 성과로 인해 1988년 말 임시조치법 폐지 및 조합장 직선제 개정이 마침내 이루어지기 직전, 그해 6월 15일 농림수산부 주최 '법 개정 공청회'가 열렸을 때 당시 함평군농민위원회 노금노 위원장이 토론자로 참여하여 발언한 내용을 보도한 함평군농민위원회 소식지에 실린 것이다.

농민 뜻 외면한 농협중앙회

오후 3시쯤 세 번째로 발표에 나선 농협중앙회는 앞서 발표한 축협, 수협이 조합원들에 의한 단위조합장 직선제를 주장한 데 반해 소위 「농협법 개정에 관한 농협의 의견」이라는 발표문을 통하여 조합장 간선제를 주장하고 나섬으로써 토론 참석자들은 물론 대다수의 방청객들로부터 "아직도 농협이 정신을 못 차리고 조합원들의 뜻을 거역"한다고 빈축을 샀다. 다음은 공청회에서 농협중앙회가 제시한 발표문 중에서 조합장 선출에 관한 요지이다.

첫째, 단위조합장은 현행(50~100인) 총대 숫자를 60인 이상으로 늘려서 그들로 하여금 조합장을 선출토록 하게 한다는 것이고, 둘째, 농협중앙회장은 현행 운영위원 숫자를 12명에서 16명으로 늘려서 중앙회장의 후보를 추천토록 하여 각 지역에서 파송한 154명의 대의원들에 의하여 선출토록 한다는 것이다.

이상과 같이 농협중앙회 안은 한마디로 그동안 농민들의 원성과 타도의 대상이 되어왔던 임면제와 간선제 중에서 임면제만을 떼어내고 간선제의 골격을 유지하겠다는 뜻이다.

물론 이것도 하나의 안일 수 있다. 하지만 이 같은 안이 나온 곳이 다른 곳도 아닌 농협의 안이라는 데 문제의 심각성이 있으며 결코 그냥 지나칠 수 없는 사건인 것이다.

지난 수십 년 동안 농민의 자주적 발전을 가로막아왔고 분노의 대상이었던 임면제와 간선제가 과연 이 땅의 800만 농민들의 참뜻인가? 더구나 중앙회는 이러한 안을 제시하면서 그 근거로 87년 9월 7일부터 20일까지 '조합장, 농민, 단협 직원, 군지부 직원 등 357명을 대상으로 실시한 현지 의견 조사 결과'(총대회 선임 40%, 조합원 총회 선임 36%, 이사회 호선 19%)라는 것을 제시하고 있으며, 또한 조합원들이 조합장을 직접 선출하게 될 경우 각 마을 간, 씨족 간 감정 대립과 이에 따르는 후유증 그리고 선거 과정의 혼란과 번거로움을 들고 있다.

도대체 어떻게 이런 근거와 발상이 나올 수 있는가? 한심스럽기 짝이 없다. 왜냐하면 약 200만 농가에 달하는 조합원 중에서 357명의 통계라니! 이게 어디 말이나 되는 소리인가? 뿐만 아니라 357명 중에는 조합장, 단협 직원, 군지부 직원을 빼고 나면 조사 대상에 포함된 농민은 몇 명이나 된다는 말인가?

재론할 필요도 없이 농협중앙회의 간선제 안과 이를 뒷받침하고자 제시한 자료는 속이 들여다보여도 너무 들여다보이는 수작이다.

노금노 위원장의 공청회 발언과 각계의 반응

농협중앙회의 발표가 끝나기가 무섭게 노금노 위원장이 맨 먼저 발언대에서 반격의 포문을 열었다.

"지금 농촌은 본격적인 농사철이라서 눈코 뜰 새 없이 바쁩니다. 하지만 오늘 이 공청회의 중요성 때문에 나는 농민 조합원들의 참뜻을 전달코자 함평에서 새벽 6시에 출발하여 이곳에 도착했소! (중략)

본인은 방금 전 중앙회의 발표 안에 절대 반대요! 왜냐하면 그 안은 농민들의 진정한 요구를 외면하고 있기 때문이오.

여러 말 할 것 없이 현재의 농협이 농민 조합원들로부터 원성과 분노의, 때로는 무관심의 대상이 되어버린 것은, 그동안 농협이 농민의 이익을 위하여 활동했다기보다는 정부의 대농민 장악을 위한 심부름꾼, 대기업들의 물건을 팔아주는 하수인 노릇밖에 못했기 때문입니다.

지금 이 순간에도 조합 직원들은 텔레비전, 냉장고 등을 농민들에게 팔기 위해서 이리 뛰고 저리 뛰어다니고 있습니다. 또한 국제 시세보다 배로 더 비싼 비료장사를 해주면서도 농협이 비료값을 내리라고 집단행동 한번 해본 적이 있습니까?

외국의 농축산물 도입으로 농민이 죽어가도 행동 한번 해보았으면 자신 있게 대답해보시오! 연쇄점에 진열된 수백 종의 공산품은 구매사업이란 명분으로 산더미처럼 쌓여 있고 농협의 창구는 농민들을 상대로 돈장사하기에 정신이 없습니다.

농민들이 생산한 농산물이 헐값에 방매되어도 제값을 받기 위한 조직적 노력이나 판로의 개척은 형식에 그치고 있습니다. 그 예로 내가 살고 있는 함평은 양파가 주산지임에도 조합 소유의 저온시설은 하나도 없는데 비해 상인들은 수십 동을 가지고 있는 실정입니다. 이러한 현상은 한 예에 불과합니다.

더구나 지난 28년 동안 조합원들은 자기 단위조합의 조합장 한번 제 손으로 직접 뽑아본 적이 없습니다. 우리 농민의 대표는 한편으로는 조합원의 상머슴인 조합장을 조합원이 뽑을 수 없는 조건에서 누가 어떤 농민이 저것이 농민에 의한, 농민을 위한, 농민의 조합이라고 하겠는가? (중략)

그러니 농민들은 농협을 보고 "비료장사하는 단체", "직원을 위한 조합", "돈장사하는 단체", "협동 좋아하네, 협잡이여, 협동으로 생산해서 공동으로 망하자는 거여! 그놈의 비료 땜새 할 수 없이 빚을 내서 쓰니까 별수 없이" 등등의 비웃음과 비난, 비판 등 쏟아붓는 분노는 농민이 무식해서도 아니요, 협동할 줄 몰라서가 아닙니다. 그것은 바로 농협이 농민의 권익을 옹호하기는커녕 농민을 억압하고 수탈해가는 현 정부와 독점 재벌들에게 놀아나고 종노릇만 하기 때문입니다. (중략)

정치권력으로부터 농협이 독립해야!

따라서 농협법 개정은 농협이 정치권력과의 관계에서는 독립하고, 독점재벌과의 [관계에서는] 대항·투쟁할 수 있는 농협으로 변혁되는 방향에서 추진되어야 합니다. 이를 위해 무엇보다 중요한 것은 당사자인 농민이 농협을 보고 저것이 우리 조합이다. 어렵지만 우리가 스스로 참여해서 자립적으로 꾸려나가야 한다는 자발적 참여와 자주적 운영을 최대한 보장해야만 합니다.

이것은 바로 단위조합장은 구역 내 전 조합원이 직접 뽑고, 이렇게 선출된 조합장들이 중앙회장을 직접 선출할 수 있어야 합니다. 그럴 때만이 조합원의 자발적 참여가 보장되고 중앙회장은 농민을 위하여 정부와 또 대기업과 관계에서 당당하게 대표성을 발휘할 수 있지 않겠습니까? (이때 방청석에서 박수)

또 운영위원회는 당연히 폐지되고 이사회의 기능은 강화되어야 하며 농민·농업문제에 대한 전문가의 구성 비중을 높이고, 따라서 비전문가인 직업군인 출신들은 즉각 배제되어야 합니다.

중앙회의 간선제 주장은 즉각 철회되어야 한다

중앙회에서는 357명의 조사 자료가 마치 농민의 뜻인 것처럼 주장하고 있지만, 그보다 수천 배에 달하는 농민들은 자기 지역 우리의 대표인 조합장을 직접 선출코자 합니다.

직선제를 했을 때 마을과 마을, 씨족과 씨족 간의 대립을 우려하는데 한 번도 해보지도 않고 왜! 지레짐작을 합니까? 신용조합은 농촌에서 농민들이 직접 뽑아도 그런 문제가 발생하지 않습니다. 선거 과정의 타락을 염려하는데 그것 역시 몇 사람의 총대를 돈으로 매수할 수 있는 간선제가 더 많은 타락상을 보이고 있음을 우리는 실제로 경험하고 있습니다. 중앙회의 간선제 주장은 즉각 철회되어야 합니다. (이때 많은 박수가 있었음)

협동조합은 단순한 자본의 결합체가 아닙니다. 인적 결합체라는 의미가 더 소중합니다. 농민의 적극적인 참여가 없는 농협은 농민을 위해 일할 수 없음을 우리는 지난 경험을 통해 뼈저리게 느꼈습니다. 민주주의는 감정 대립을 두려워하고 배척하는 것이 아니라 개인의 감정을 합리적이고 조직적으로 조정하고 통합함으로써 민주주의를 더욱 발전시켜나갑니다. 따라서 마을 간, 씨족 간 갈등은 민주주의 훈련을 통하여 해소시켜나가야 한다는 점에서 직선제 거부의 명분이 될 수 없습니다." (중략)

발언이 끝나자 토론자, 방청객 대다수가 뜻을 함께하는 박수가 터져 나왔다. 그 후 계속된 학계, 각 연구소, 축협, 수협과 일선 단위조합장들이 차례로 나서서 농협중앙회의 간선제 안을 비판하고 나섰다. 전체 분위기는 직선제가 압도적으로 우세했다. 그럼에도 불구하고 농협의 군지부장, 중앙회 임원, 정부 측 관계자들은 간선제를 고집스럽게 주장하였다.

모든 농민들이 직선제를 원하는데도 정부와 중앙회 관계자들은 왜 간선제를 주장할까?

그 이유는 간단하다. 농협이 농민들의 뜻에 따라 민주화되면 지금처럼 정부와 재벌들이 농협을 통하여 농민을 지배해 수탈하기 어렵게 되는 것을 두려워하기 때문이다.

농민의 몸으로 직선제 쟁취를!

떳떳하고 당당하게! 주인이어야 할 농민들이 폭압적인 군사정권에 의해 주인의 자리를 내쫓긴 지 수십 년, 이제 우리 농민들은 더 이상 빼앗길 것도 물러설 곳도 없다.

오직 주인의 자리를 되찾는 것만이 우리가 살길이다. 더구나 이번에 농협법이 또다시 잘못되면 또 얼마나 긴 세월을 신음해야 할 것인가? 우리 농민 똘똘 뭉쳐 조합장 직선제 쟁취에 앞장서자! 우리 모두가 앞장서지 않으면 이 세상 그 누구도 우리의 문제를 대신해서 해결해주지 않는다.

① 각 마을마다 회의를 열고 추진위를 결성
② 현수막 걸기

③ 농협 공부하기

④ 면 단위, 군 단위 결의대회 개최

* 자료 구입, 활동 방법 등을 알아보기 위해 농민위원회로 (1988)

생산조정과 농민조직의 역할*

1. 들어가는 말

사회를 발전시키는 기본 동력은 모든 인류가 살아가는 데 기본적으로 필요한 의식주를 해결해주는 생산활동이다. 즉, 인간의 생산적 노동인 것이다. 아무리 위대한 예술가, 유명한 정치가도 생산적 노동이 없이는 존재할 수조차 없다. 인간의 생산적 노동이야말로 세상을 발전시키는 가장 위대한 힘이다.

생산은 누가 하는가? 직접 생산을 담당하는 사람은 이 땅의 2,000만 노동자요, 1,000만 농민들이다. 그중에서도 농민들은 이 나라 4,000만 국민의 피와 살을 생산하는 농업이라는 직업을 가지고 노동하는 사람들이다. 농민이야말로 이 세상 그 어떤 직업보다도 소중한 직업에 종사하고 있는 것이다.

바람직한 세상, 정의로운 사회, 불평등보다는 평등을 지향하는 사회! 그러한 세상은 열심히 일하는 사람들이 대접을 받고 인격이 무시당하지 않을 때 비로소 이룩될 수 있다.

농민들은 이 사회의 어떤 계층 누구보다도 감사와 존경을 받아 마땅하

---

* 이 글은 글쓴이가 1988년 전국농민협회 사무국장 시절에 쓴 것이다.

다. 왜냐하면 농민은 온 국민의 생명을 유지시켜주는 생산자일 뿐만 아니라 공산품 구매자요, 원료 제공자이며, 노동력 공급자이기 때문이다. 이중 삼중으로 민족의 발전과 산업 발전에 기여하고 있다.

그런데 오늘날 농민이 처한 현실은 어떠한가? 이 사회로부터 감사와 존경은커녕, 물밀듯이 들여오는 외국의 농축산물과 저농산물가격정책으로 인하여 우리 농민이 생산한 농축산물은 생산비는 고사하고 최소한의 생계비마저 실현되지 못해 호당 400만 원이 넘는 부채더미에 짓눌려 신음하고 있는 실정이다.

농촌의 총각들이 농사꾼이라는 이유 때문에 시집올 처녀마저 없어 마침내 버림받은 농촌은 최소한의 인간적 삶마저 거부당하는 참상을 빚고 있지 않은가? 두루미 새끼 몇 마리가 공해로 쓰러지면 동물학 박사, 환경학 박사, 내과·외과 의사들이 텔레비전 앞에 둘러앉아서 두루미의 고통을 걱정하고 죽음을 슬퍼해주지만, 식량을 생산키 위해 일하다 농약에 중독되어 쓰러지는 농민들에 대해서는 사회적 관심조차 없다.

뿐만 아니라 지난 1965년만 하더라도 이 나라 식량자급률이 95%였던 것이 88년 현재는 40%도 못 되는 실정이다. 이제 우리 국민은 미국에서 식량을 도입하지 않으면 절반 이상이 굶어 죽을 수밖에 없는 절박하고도 심각한 민족 생존의 위기에 처해 있다.

모든 산업의 젖줄이어야 할 농업은 날이 갈수록 황폐화되어가고 있으며, 사회발전의 주체인 농민은 죽음의 벼랑에 내몰린 채 지금 이 순간에도 야반도주로 이어지는 이농 행렬이 농촌의 참상을 설명해주고 있다. 이것은 바로 우리 민족 전체의 자존과 생명줄이 더욱더 외세에 종속되어가고 있다는 사실에 다름 아니다.

이 나라 농업·농민문제는 이제 농촌 자체의 문제로서 많이 파악될 수도, 더 이상 방치될 여유 또한 없다. 이 땅에 살고 있는 전 민족이 자주적 삶을 지키고 자립경제의 터전을 회복시켜야만 하는 전체적 차원에서 농민문제 해결이라는 과제로 등장한 것이다.

따라서 이러한 농민 현실에 조응하여 과제를 설정하고 발전하는 농민운동 역시 전체 민중의 공통적 해결 과제인 반외세·반독점 민주화를 실천적 내용으로 하고 있다.

지난 70년 이후 새로운 모습으로 발전을 거듭하고 있는 농민운동은 농민 스스로 자주적이고 주체적인 단결과 투쟁을 통하여 자신들에게 가해지는 정치적 억압과 경제적 수탈로부터 해방을 위한 노력을 줄기차게 전개해나가고 있다.

농민들은 바로 단결과 투쟁을 통해서 체념과 두려움, 굴종의 암울했던 지난 과거를 단절시키며 인간다운 삶을 향한 역사의 장을 열어가고 있는 것이다.

때문에 오늘의 주제인 '생산조정과 농민조직의 역할'에 대한 토론 역시 이 시대의 농민이 부딪히고 있는 제 문제(인간 중심의 제 문제)를 전체적으로 해결코자 하는 '정치적 억압과 경제적 수탈로부터의 해방'이라는 농민운동의 시각 속에서 다루어져야 할 것이다. 왜냐하면 생산조정이 단순히 계획생산 그 자체에 있는 것이 아니고, 그 과정에서 열심히 일하는 농민들의 인격 향상과 경제적 지위 향상이 더 중요하기 때문이다. 이를 위해서는 현재 활동하고 있는 이 나라 농업·농민 제 조직과 단체들의 성격과 역할상의 문제점을 살펴봄으로써 생산조정에 바람직한 농민단체의 역할이 무엇인가를 찾아낼 수 있을 것이다.

2. 농업·농민단체의 성격과 문제점

현재 활동하고 있는 각종 농업·농민단체들의 그동안 현실을 고려하여 성격과 기능을 분류해보면, '농민경제단체'(농협·축협 등), '품목별 생산자단체'(낙농육우협회·양돈협회·계우회 등), '범농민 권익단체'(전국농민협회·한국가톨릭농민회·한국기독교농민회총연합회 등) 등 이상과 같이 크게 세 범주로 구분할 수 있겠다. 그럼 이렇게 분류된 토대 위에 각각의 문제점을 개괄적으로 살펴보고 바른 역할이 무엇인가를 정리해보기로 하자.

첫째, '농민경제단체'인 농협과 축협은 경영 규모도 크고(농협, 87년 신용사업 23조, 경제사업 5조 원) 조합원도 많으나(조합원 207만) 지난 28년 동안 정부의 통제 아래 장악되어져왔음은 누구도 부인하지 못한다. 사업 면에서도 본래의 기능인 농민의 경제적·사회적 지위 향상보다는 도리어 대농민 경제통제기관, 독점자본의 공산품 판매 창구, 금융기관 등의 오명과 함께 조합원 농민들로부터 불신과 외면을 당해왔다. 따라서 농민운동 차원에서는 지난 70년대 이래 '강제출자 거부운동', 76년 '함평고구마사건', 83년 '조합장 직선제 서명운동', 87년 '농협의 완전한 민주화 요구' 등 크고 작은 투쟁을 농협을 대상으로 벌여왔다.

농협이 농민의 경제단체임에도 불구하고 사업 자체의 반농민성으로 인하여(물론 긍정적인 면도 있었으나 부정적인 측면이 더 많았다는 점에서 그렇다) 이후 보고자 하는 양파·마늘 생산조정 기능을 수행할 수 없었다. 그리고 이러한 현상은 앞으로도 농협에 대한 생산농민들의 신뢰가 회복되지 않는 한, 그동안 불신의 원인이 되었던 정치권력과 독점자본으로부터 완전한 자주성을 쟁취하지 못하는 한, 농협을 통한 '생산조정' 운운은 사상누각에 불과하다고 하겠다.

둘째, 품목별 생산자단체들이다. 이 단체들은 본래의 기능을 잘 수행하고 전국적으로 통일된다면 '생산조정'에 가장 적합한 조직들이다. 이처럼 긍정적인 내용을 담고 있는 단체들은 현재 운영과 사업 면에서 두 가지의 성격을 띠고 있다. 첫째는 민법상의 사단법인체(낙농육우협회·양돈협회 등)와 둘째는 비법인 임의단체(육우협회와 각 지역단체)로 분류된다.

법인등록단체들은 회원 수도 많고 규모도 크지만 정부의 지도 감독이라는 이름하에 통제를 받고 있어 '산하단체'로 불리고 있다. 따라서 생산자단체에게 불리한 농업정책(가격통제와 수입)이 수행되어도 생산자들의 입장을 대변하는 대정부 건의 차원을 넘어서지 못한다. 더구나 이들 제단체들의 상부 지위를 차지하고 있는 자들은 대부분 구성원들로부터 불신을 받고 있다. 그들은 대체로 지역 유지이며 사업 규모가 기업농에 가까운 사람들이기 때문에 구성원의 절대다수를 점하고 있는 영세 생산자들과 이해관계가 상충되기도 한다. 그렇기 때문에 구성원들의 요구를 적극적으로 대변하려 하기보다는 위압적 권력에 굴복해버리거나 쉽게 타협해버리는 수가 허다하다. 그 예로서 지난 1월과 5월 '외국 농축산물 수입저지를 위한 전국농민 결의대회'에서 집행부가 수많은 회원들로부터 돌팔매질을 당하는 사태까지 벌어졌다. 뿐만 아니라 갖은 업종의 생산자단체들이 전 농민적 입장에서 수입을 저지하는 운동보다는 정치권력과 결탁하여 수입된 농축산물의 판매권을 확보키 위한, 본말이 전도된 싸움을 전개하기조차 한다.

이에 반해 생산자들의 자주적 의지에 의해 활동하는 '한국육우협회', '강진군 딸기생산자 협회', 제원·제천의 고추작목반 등 전국과 지역단체들은 회세도 약하고 규모 또한 작지만 민주적 운영과 회원들의 열성적 참여로 '생산조정과 유통과정'에 상당한 기반을 조성해가고 있다. 이러한 단체들은 각 지역 단위로(영천·진양 관방) 급격히 확대되어가고 있다.

이렇게 볼 때 법인단체들은 하루빨리 조직 운영의 민주화와 함께 정부의 지시 감독에 의한 간섭으로부터 자주성을 쟁취해야 할 것이다. 비법인단체들은 각 지역의 분산된 역량을 전국적 차원에서 동일 품목 단위로 조직적 통일을 이루어나가야 할 과제를 안고 있다고 하겠다.

그리고 '품목별 생산자단체' 모두가 관심을 기울여야 할 것은 개별 품목의 이익 실현 자체가 안전하게 보장되기 위해서도 오늘의 농민문제를 전체적 시각에서 파악하고 실천하려는 전향적인 자세가 필요하다고 하겠다.

셋째, '범농민 권익단체'(전국농민협회·한국가톨릭농민회·한국기독교농민회총연합회, 이 밖에 각 지역단체)로서, 이들 제 단체들은 '농민경제단체', '품목별 생산자단체'들에 비해서 회원 수는 적지만 전 농민의 신뢰도는 높은 편이다. 주된 활동으로는 강력한 조직력을 바탕으로 반농민적 각종 농업정책과 독재권력에 맞서 줄기찬 투쟁을 전개하고 있다. 뿐만 아니라 전국의 80여 개 군 단위 현장에서 농민들의 생존권투쟁과 정치투쟁을 주도해나가고 있다. 이처럼 투쟁의 성격으로 인하여 정부의 탄압 또한 극심한 편이어서 일반 농민들의 회원 참여가 저조했으나 87년 이후 농민들의 참여가 급속히 확대되고 있다.

해결해야 할 문제로는 농민들의 정치·경제·사회·문화 모든 영역에서의 권익 신장을 목표로 하고 있는 만큼 대중적 기반을 더욱 넓혀나가야 할 것이다. 현재는 군 단위 조직 중심에서 면 단위로 조직과 기반이 체계화되어가고 있는 추세이다.

3. 양파·마늘 생산 및 유통 실태(함평군 실태를 중심으로)

(1) 생산 실태

1988년에 함평군에서 시장 출하를 목적으로 양파를 재배한 농가는 2,400농가이며 마늘을 경작한 농가는 798농가이다. 그리고 양파는 재배면적 817ha에서 2만 8,000톤이 생산되었으며 마늘은 296ha에서 2,900톤이 생산되었다. 그럼 여기서 양파의 생산과 판매에 따르는 실태와 문제점을 살펴보면서 '생산조정'에 관한 방향을 모색해보기로 하자.

함평지역의 2,400농가에서 생산된 2만 8,000톤의 양파는 산지 농민들의 계산에 의하면, 300평당 수확량 평균 3,000kg, 투자된 생산비는 35만 원으로 1kg당 115원이 들어갔다.

(2) 유통 실태

이렇게 생산된 양파는 수확과 저장 시기인 6월과 7월 사이에 총 수확 물량의 80%가 현지 상인들(수집상·중간상·저장업자 등) 수중에 들어갔고, 5% 정도는 정부(농협) 수매에 응했으며, 나머지 15%는 각 생산농가의 자체 저장시설에 저장되었다.

산지의 가격 동향을 보면, 수확 물량의 80%가 상인들의 수중으로 이동되는 6월과 7월에는 1kg당 70원씩이었으며, 8월에는 130원, 9월에는 180원, 10월에는 220원 등으로 상승했다. 그러니까 양파 생산농가의 대부분은 금년에도 생산비에 훨씬 미치지 못하는 헐값에 팔아넘겼다. 상대적으로 상인들은 그만큼 중간 마진을 챙기는 장사를 했다고 볼 수 있다.

물론 금년도 양파 시세는 외국 농축산물이 지금처럼 수입되지 않던 70년대 초반에는 1kg당(수확 당시) 100원씩 했던 것에 비교하면 형편없는 똥금이다. 그런데도 불구하고 내년도 생산을 목표로 양파 종자를 파종한 농가는 금년에 비해서 2% 정도가 더 늘어났다. 자본주의 생산 동기와 상업적 농업화가 진전되고 있다는 관점에서 볼 때 설명이 곤란하다. 당연히 다른 작목으로 전환되어야 마땅한데도 말이다.

바로 이 점이 오늘의 농업 현실을 웅변적으로 대변하고 있는 것이다. 계속되는 농축산물의 도입과 저농산물가격정책으로 인하여 연례행사가 되어버린 농산물가격 폭락사태는 양파 생산농민들이 다른 작물을 대체하려 해도 마땅한 품목이 없기 때문이다. 이러한 현상은 비단 양파 생산농민들만의 문제가 아니고 전 농민의 현실이다. 그렇다고 아무것도 하지 않을 수 없는 노릇이다. 어쩔 수 없이 행여나 내년에는 하는 막연한 심정으로 또 양파를 파종하는 것이다.

(3) 문제점과 개선 방안

금년도 양파가 과잉 생산된 것도 아닌데 왜! 생산농민들은 피땀 흘려 생산한 양파를 헐값에 방매하지 않으면 안 되었는가? 물론 기본적으로는 반농민적인 농업정책과 이것을 규정하는 정치권력의 성격에 그 원인이 있다. 그리고 또 한편으로는 문제를 해결하려는 농민들의 자주적이고 주체적인 조직 역량이 미약하다는 점에서 구해진다. 하지만 이러한 해결 과제를 감안하면서 현실적 대안을 찾아본다면 다음과 같은 문제를 제기하는 것도 의미가 있을 것이다. 생산농민들이 양파를 홍수 출하하고 헐값에 방매할 수밖에 없는 이유는 대체로 세 가지로 요약된다.

첫째는 생산농민들의 열악한 자금 사정이다. 금년에도 함평군 내 최대 생산지인 함평읍의 경우 생산농민들은 읍 단위조합을 통하여 정부에 신청한 출하조절 요구액은 총 1,400여 톤의 분량에 달했다. 하지만 실제 지원된 금액은 고작 200톤 분량에 불과했다. 그나마 연리 5%의 금리가 적용되어 이용자들을 부담스럽게 했다.

출하자금의 안정적이고 적정한 공급은 수확기 홍수 출하를 예방하여 그만큼 농가의 소득을 높일 수 있다. 뿐만 아니라 자금의 공급과 회수 등 과정을 통하여 각 마을 단위 생산조직과 체계적 활동을 발전케 할 수 있어 계획생산과 생산조정을 위한 기반을 조성해간다. 따라서 현재 출하조절자금의 지원을 생산지원자금의 성격으로 바꾸어 마을별 작목조직들이 이용할 수 있도록 해야 하며 공급량을 대폭 늘리고 이자는 더 낮추어야 한다.

둘째는 양파 저장시설에 관해서이다. 88년 현재 함평군에는 읍 지역을 중심으로 산재해 있는 저온저장 창고가 8동에 1,975평에 달한다. 여기에다 양파를 저장하면 1년 내내 자연감량, 부패 등에서 오는 손실을 막을 수 있고 적절한 시기에 출하하여 제값을 받기 또한 용이하다. 이처럼 양파를 저장할 수 있는 양은 현재의 시설에서도 8,000톤을 수용할 수 있다.

그런데 문제는 이러한 저장시설의 주인이 모두 상인들이라는 사실이다. 1평당 건축비가 200만 원에서 250만 원이나 소요되는 시설을 영세한 농민들은 엄두조차 내지 못한다. '협동생산, 공동판매'를 운운하는 농협도 마찬가지이다. 양파 주산지인 함평에 농협이 관할 운영하는 저온창고 시설은 하나도 없다. 이러고서 어떻게 양파 생산조정을 말할 수 있겠는가? 함평뿐만이 아니라 전국적 현상이다. 문제가 아닐 수 없다.

저장과 가공 시설이 농민들의 조직에 의해 운영될 때 보다 효율적인 생산조정이 가능할 것이다. 따라서 농협은 사업 방향을 새롭게 정비하여야 할 것이며, 정부 또한 이에 상응하는 각종 자금의 투자가 있어야 할 것이다.

셋째는 함평군 양파 생산농가 2,400가구 중 농협의 협동출하반에 가입되어 있는 농가는 총 20개 마을에 404명이다. 조직 체계는 각 마을마다 작목반장이 있으며, 형식상으로는 구성원들에 의해 선출되는 절차를 밟고 있다. 하지만 정작 운영 실태와 구성원들의 참여 정도를 보면 한낱 행정상 요식 행위에 불과함을 알 수 있다.

작목반장의 대다수는 이장 등 행정 책임자 위주로 짜여 있으며, 심지어 어떤 경우는 자신이 작목반장인지조차 모르고 있는 실정이다. 특히 농협중앙회에서 실시하는 협동반 책임자 교육에 다녀온 것을 제외하면 활동상이 전무한 상태이다.

생산농가 2,000여 호가 일치 단결하여도 독점세력의 농민 수탈과 상인들의 농간을 막아내기 어려운 판국에 요식 행위에 지나지 않는 협동조직이 생산조정을 위하여 무슨 기능을 할 수 있단 말인가. 각 마을 단위에서 최소한 월 1회 이상 회합이 이루어져야 하며, 생산농민들에게 필요한 각종 정보와 사회의식 향상을 위한 좌담·교육·학습 등이 이루어져야 한다. 이러한 과정을 통하여 농민 스스로가 단결의 필요성을 절감하고 구체적인 실천활동을 전개하는 조직적 의욕이 추동될 때 협동조직의 의미가 되살아날 것이다. 이 밖에도 농협이 해야 할 일은 많다.

4. 맺는말

앞에서도 강조했듯이 각 작목별 생산을 조정하고 민족산업으로서 농업이 제 위치를 되찾고 농민의 인간다운 삶을 제도적으로 보장받기 위해서는 현재 농민을 억압하고 수탈하는 모든 세력에 맞서 농민들 스스로에 의한 자주적이고 주체적인 단결투쟁만이, 반농민적 제도와 장치들을 하나하나 제거하면서 외국의 농축산물 도입을 저지하고 자립경제의 토대를 회복할 수 있을 것이다.

이를 위해서는 '품목별 생산자단체'와 '농민경제단체'인 농협 등이 그동안 정치권력의 예속과 지배로부터 벗어나 본래의 기능을 회복하여 하루빨리 농민들로부터 신뢰를 얻는 일이다. 그리고 제도적으로는 품목별 생산자들이 구체적 이해를 조직적으로 실현할 수 있도록 하는 업종별 단체활동의 자유가 보장되어야 한다. 또한 농협은 지역 내 개별 생산자와 품목별 생산자조직들을 지원하고 총괄하는 지역 단위의 경제 구심체로서 역할을 수행해야 할 것이다. 농협의 역량 강화는 독점세력의 농민 수탈을 저지하는 데 큰 역할을 할 수 있을 것이다. 따라서 각각의 농민경제단체 (농협·축협 등)의 사업은 통일되는 것이 바람직하다.

그리고 범농민 권익단체 또한 품목별 생산자단체와 농민경제단체의 각종 경제활동과 생존권투쟁을 함께하고 지도하면서 전 농민의 정치적·사회적·문화적 권익을 실현하는 데 앞장서나가야 할 것이다.

바로 이처럼 농업·농민단체들이 제각기 특성과 조건에 알맞게 역할을 수행하면서 상호 결합되어나갈 때, 그것은 바로 전 농민의 정치적·경제적·사회적·문화적 지위를 높여주는 성과로 나타나게 될 것이다. 농민들은 이러한 과정을 통하여 생산조정, 계획생산의 필요와 의미를 보다 확실하게 인식하고 실천적으로 대응해나갈 것이다. (1988)

'농가부채'의 올바른 현장 인식을 위하여[*]

1. 문제제기

농가부채문제가 농가경제의 심각한 문제로 제기된 것은 어제오늘의 문제는 아니다. 그동안 역사가 진행되어오면서 농민 계층 간에 정도의 차이는 있었지만, 대다수의 농민들은 농업소득의 적자로 인한 생활을 줄여나가기 위해 인근 주변의 고리대금업자나 조합 등 금융기관에서 이자 돈을 얻어 쓰면서 행여 내년에는 수지맞는 농사를 기대하는 것이다. 그러나 허탕을 치면 이자가 새끼를 치고 눈덩이처럼 커져서 부채를 갚기 위해 자녀들의 학업마저 중단시킨 채 안간힘을 쓰다가 결국 없어서는 안 될 농토마저 팔아버리고 가산을 정리한다. 결국 정든 고향과 이웃에게는 본의 아니게 석별의 눈물을 흘리며 도시로 떠나는 방식으로 해결하거나 그나마도 할 수 없게 된 경우에는 비장한 각오로 이웃 몰래 밤봇짐을 싸버리든가 그것마저도 어설픈 양심 때문에 단행하지 못하고 스스로 세상을 포기해버리는 막다른 방법으로 점철되어왔던 것이다.

---

[*] 이 글은 1984년 한국기독교농민회총연합회에서 당시 심각한 농가부채문제 해결을 위해 농민운동의 실천 방안에 관해 가진 비공개 내부 모임에 글쓴이가 발표자로 참여해 발제한 것이다.

새삼 문제를 제기하는 것은 그동안 한국기독교농민회총연합회가 농민의 권익 실현을 위하여 농민 중에서도 대다수를 차지하고 있는 영세농민들의 인간다운 삶을 그리스도적 사명에 입각하여 그들의 고통에 함께 동참면서 농가부채문제에 대한 올바른 해결 방안을 마련코자 영세농가의 입장에서 현장 농민의 실태와 소리를 정리해달라는 부탁을 받고 제가 살고 있는 주변의 사례와 여론을 정리하여보았다. 따라서 이론적이고 체계적인 것보다는 현장의 실태를 토대로 문제를 제기하였고 농가부채의 책임과 원인을 규명해보고 나름대로의 해결을 모색하여보았다. 본인의 경험 부족과 제한된 지면 관계로 일관성이 결여되어 있지만 아무쪼록 기독교농민회 형제님들의 토론 대상과 참고가 되었으면 하는 마음이다.

최근 몇 년 동안 정부의 농산물 수입개방정책과 무절제한 외국 농산물 도입은 모든 농산물(소·돼지·닭·마늘·고추·귤·생강·사과·양파 등)의 가격 폭락이라는 현상을 초래했고, 여기에 설상가상으로 하곡·추곡 수매가의 동결 조치는 농가경제를 걷잡을 수 없는 혼란의 와중 속에 빠져들게 하고 말았다.

작년 가을 농촌의 이 마을 저 마을에서 [들려온] 소리들이 우리 모두의 가슴을 아프게 했다. 제가 살고 있는 마을 주변에서도 빚보증을 서주었다가 형제간에 300여만 원을 고스란히 물림을 당했고, 또 한 사람은 농협 보증을 서주었는데 채무자가 서울로 밤봇짐을 싸버려 며칠 후 수소문 끝에 서울 어느 곳에서 붙잡았으나 하도 몰골이 초라하여 도리어 술·밥 사주고 돌아왔다는 이야기, 그리고 이웃 마을에서는 마을 회장이 조합 돈과 정책자금 등 2,000여만 원을 마을민들에게 피해를 전가시키고 도망을 가버림으로써 마을민들이 옴짝달싹못하고 물어내게 되었다는 억울한 이야기 등 빚 때문에 일어난 농민들의 고통은 수없이 많다.

지난 며칠 전 우리 마을에서도 심각한 부채사건 하나가 터져 마을을 온통 수라장으로 만들어버렸다. 우리 마을은 전남 함평군 함평읍 소재 자연 부락 단위 51농가에 총 경지면적은 약 300단보(1단보 300평)이며, 주된 농사 규모는 양파 재배가 농가소득의 45%, 수도작 35%, 담배 농사 15%, 기타 5%로 영세농가일수록 양파나 담배 수입이 주요한 소득원이다. 부도를 낸 정씨는 15년 전 인근 마을에서 우리 마을로 여섯 식구가 이사를 와 전셋집을 얻어 살면서 소작 농지에다 양파·담배·고추 등 작물과 소·돼지를 기르면서 가난을 면해보고자 술과 담배 등 먹고 싶은 것 참아가며 열심히 노력해오신 분이었다. 워낙 부지런히 일하고 이웃의 궂은일에 앞장서는 성품이라 마을민들로부터 쉽게 신용을 얻을 수 있었고, 영농자금이 필요할 때는 이웃 농가의 사채를 빌려 쓰거나 마을 내 각종 계 자금을 이용하기도 하고, 농협 등 조합이나 정책자금을 얻을 때는 함께 어깨보증도 서면서 농사를 경영해왔다. 그러나 열심히 노력한 대가는 비용에도 미달되는 양파·소·돼지 값으로 인하여 소작료와 빚진 돈의 이자, 각종 세금 그리고 생계비를 충당하기도 부족한 시점에 설상가상으로 정씨는 과중한 노동에 먹을 것 제대로 먹지 못해 75년부터 시름시름 몸져눕기 시작하였다. 워낙 가난한 살림살이라 병원에 한번 제대로 가볼 엄두도 내보지 못하고 2년 동안 병고와 싸우시다 빚 200여만 원과 처자식을 남겨둔 채 세상을 뜨시고 말았다. 이렇게 되자 큰아들과 둘째, 셋째는 돈벌이를 위해 서울·마산 등지로 떠났고, 살림은 정씨 부인인 박씨가 책임을 맡고 막둥이를 학교에 보내면서 담배 800평, 양파 1,200평, 보리 1,000평, 소 1마리, 기타 등을 경영하면서 밤낮없이 그야말로 뼈가 부서지도록 일을 하셨다. 보는 이마다 과연 이 나라에서 저 부인처럼 열심히 노력하고 고생하시는 분이 또 있을까 걱정하지 않는 사람이 없었다.

그러기를 또 6~7년, 돈 벌러 간 아들들은 학벌이 없기 때문에 신통하지 못했다. 어렵게 장만한 초가삼간은 지붕개량사업이라는 정책에 의해서 몰골사나운 슬레이트집이 되었고, 정부의 축산장려정책으로 우사를 지어 소를 키우고 양파·담배 농사 등을 열심히 지었지만, 계속되는 농축산물가격의 하락은 그분의 피나는 노력을 외면하였다.

그토록 처절히 노력한 대가는 온데간데없고 그동안 눈덩이처럼 불어난

부채는 약 1,000만 원에 달하여 더 이상 농촌 삶에 대한 희망을 상실하고 며칠 전 어디론가 종적을 감추어버렸다. 이른바 밤밥을 먹어버린 것이다. 추측건대 도시로 식모살이 떠난 것 같다.

이 사실이 한밤중 마을 방송을 통하여 알려지자 마을은 일대 아수라장으로 돌변하였다. 그도 그럴 것이 51농가 중 박씨와 돈 관계로 얽히지 않은 사람은 불과 3농가에 불과하고, 개인 돈, 계 자금, 농협자금, 신협자금, 정부자금 등 보증 채무관계로 모두 얽혀 있기 때문이었다. 한밤중 박씨가 떠나버린 집에 마을 사람들이 몰려와 박씨에 대한 갖가지 억측과 험담이 오가고 서로 눈치를 보다가 앞다투어 먹다 남은 쌀을 가져가는 사람, 밥그릇·이불·보따리·영농자재·김칫독·가전제품·연탄·원예시설·비료 등을 가져가고 황소를 몰고 가는 사람, 기타 등등, 별 가치가 없는 것들이지만 그래도 무엇 하나라도 가져가기에 혈안이 되었다. 이튿날부터는 조합 등 관계기관에 다니면서 채무관계를 확인키 위해 동분서주하면서 그 후 마을에서 계모임이 치러질 때마다 보증인과 계원들 간에 다툼이 계속되고 있으며 마을 내 신용관계는 일대 타격을 받고 있는 실정이다.

물론 박씨와 같은 경우에 처해 있는 농가가 박씨 가정에 국한된 것만은 아닐 것이다. 다만 표출되고 있지 않을 뿐이지 현재 농촌의 경제 형편을 고려할 때 이와 같은 사례는 농촌 어느 곳이든 얼마든지 있어왔고, 농가 부채에 대한 획기적인 조치가 없는 한 앞으로도 계속될 것으로 전망된다. 그 예로서 특별한 농외소득 없이 농가의 평균 경지면적인 약 3,000평의 농업소득에 의존하고 있는 5인 가족을 기준으로 한(부모와 자녀 3명 중 고등학교 1명, 중학교 1명, 초등학교 1명) 농가의 1년 수입과 지출을 대략 보자.

3,000평의 면적에서 일반벼 생산량 60섬을 기준으로 하고, 기타(소득 작물 및 가축) 소득금을 100만 원으로 계산하여 합할 때, 1농가당 연간 수입액은 기타 소득 100만 원+60섬×벼 1섬 5만 원=400만 원이다. 이 중에서 1년간 대략 지출을 보면, ① 1인 가족 1년간 식량 소비액 15섬×5만 원=75만 원, ② 농사비로는 비료 및 퇴비 4섬, 농약값 3섬, 제세공과금

＝재산세·농지세·수리세·주민세 등 5섬, 종자대·가리삯(쟁기질, 써래질 등)·인건비·운반비·가마니값·탈곡료·농기구대 등 6섬, 계 18섬×5만 원=90만 원, ③ 가계비로는 옷값 5섬, 신발값·이발료·화장품값·접대비 등 6섬, 결혼·회갑·초상 등 경조비 2섬, 연간 가족의 거마비·수학여행비 등 2섬, 계 15섬×5만 원=75만 원, ④ 교육비로는 고등학생 10섬, 중학생·국민학생 10섬, 계 20섬×5만 원＝100만 원, ⑤ 평균 농가부채 (농협 조사 및 자체 조사 참고) 200만 원에 대한 이자 25만 원 등등, 이 모두를 합한 총지출 합계(①~⑤)는 73섬×5만 원=365만 원이다. 즉, 연간 총수입 400만 원에서 총지출 365만 원을 뺀 나머지 35만 원을 가지고 가옥 및 창고 수리비, 병원 치료비, 갑작스러운 사고 대비, 앞으로 예상되는 자녀 상급학교 진학 등록금 및 결혼 비용 등을 감안할 때, 농가는 빚을 갚기는커녕 도리어 부채를 가중시킬 수밖에 없음을 쉽게 짐작할 수 있는 것이다.

　따라서 박씨의 문제는 박씨 가정 내 문제로만 그 책임을 돌려버릴 수만은 없을 것이다. 그렇다면 문제는 어디에 있을까? 잘 살아보려고 열심히 노력한 것이 죄가 될 수는 없는 것이다. 더구나 생계를 유지하기 위해 농사를 짓는 것은 더욱더 죄가 될 수 없다. 열심히 생산한 농산물이 제값을 받고 정성들여 키워낸 소·돼지가 제값을 받았더라면, 그리고 보다 유리한 조건의 자금이 있었더라면, 문제는 그렇게 심각하지 않을 수도 있었기 때문이다.

2. 농가부채의 사회적 성격

현 상태의 국가 경제정책과 농업정책하에서 농업소득을 가지고 1농가당 평균 200만 원에 달하는 농가부채를 농민들이 갚아낼 수 있을까?

　지난 70년대 이후 농가부채는 무려 100배 이상 증가되었고, 최근 들어 82년과 83년을 비교해볼 때 연간 30% 이상의 폭발적 증가 추세를 보이고 있는 실정이다.

　이와 같은 현상은 개별 농가의 차원에서뿐만 아니라, 상공업 나아가서는 국가 전체의 차원에서도 매우 심각한 문제가 아닐 수 없다. 농가부채의 누적은 농촌 구매력을 약화시킴은 물론이고 타 산업과의 관계에 있어 자본제 경영의 필수적 과정인 경쟁 능력을 떨어뜨림으로써, 농업의 자력 생산기반을 무너뜨려 자립경제의 실현을 곤란케 하는가 하면, 이미 식량의 국제 무기화라는 추세에서 볼 때 민생 안보에 중대한 위협을 초래하기 때문이다. 다소 유리한 정책자금이나 조합 빚을 지역 내 소위 행정기관과 비교적 가깝다고 하는 유지들에 의해서 활용의 기회를 차단당하고 있다. 그러므로 대부분 마을 내에서나 또는 주변 유지들로부터 고율의 이자 돈에 의존하고 있기 때문에 싫든 좋든 유지들에게 아부하지 않을 수 없는 경우가 대부분이다. 그 좋은 예를 우리는 마을 단위 활동 과정에서 수없이 경험하고 있는 바이다. 마을민들의 의사를 결집하는 공식적인 회의석상에서도 그들은 자신들의 솔직한 의견을 개진하기 이전에 심리적으로 유지들의 눈치를 보게 되고, 용기를 내어 자신들의 의사를 개진한다 하더라도 유지들의 이해관계에 부합되지 않으면 거부당하기 일쑤이고, 유지들의 위세에 눌려 끝까지 의사를 관철시키지 못하고 자신들에게 불리한 그 어떤 결정이 내려지더라도 그저 속으로 끙끙거리다가 결국 그 불만은 가정에 돌아와 만만한 마누라와 사소한 다툼 끝에 폭발해버린가 처지가 비슷한 사람들끼리 논두렁 공론으로 불만을 토로해버리는 정도에 그치고 마는 현실이다.

　이처럼 부채 때문에 인격이 무시되고 종속당하게 되면 자신 스스로도 자기를 비하하게 되고, 땅에서 열심히 노력하면서 인간답게 살아가려고 했던 자신이 도리어 억울하고 바보스럽게 느껴져 나중에는 수단과 방법을 가리지 않고 그 어떤 방법을 동원해서라도 돈을 틀어쥐는 행위가 선망의 대상이 되게 된다. 개 같은 세상, 먹고 입고 쓰고 보자는 식의 쾌락주의와 허무주의, 와중에서 빚을 져가면서도 기를 쓰고 관광 유람, 바캉스 등의 퇴폐적 유희와 일확천금의 무모한 발상과 현실에 대한 강한 적개심의 불타는 복수 논리 등이 농민들을 유혹하게 됨으로써, 갖가지 사회적 병폐가 도시·농촌 가릴 것 없이 문제로 제기되고 있는 것이 아닐까?

작년 국회에서도 몇몇 국회의원들의 주장을 살펴보면, 농가부채 누적은 그동안 지속되어온 농업정책에 그 책임이 있음을 지적하면서 농가부채를 탕감하라는 대안을 내놓기도 하고, 정부의 각종 농업단체 및 연구기관에서도 농가부채에 대한 조사연구를 실시하고 있다고 하며, 기독교농민회와 가톨릭농민회에서도 기회가 있을 때마다 농가부채의 탕감 내지 조정을 주장하고 있다. 특히 기독교농민회에서는 농민적 입장에서 농가부채 해결을 위한 상당한 정도의 조사연구를 거친 것으로 알고 있다.

또한 직접 부채를 걸머지고 고통 중에 신음하고 있는 수많은 농민들의 의견도 부채를 지게 된 이유로서 수지를 맞출 수 없는 농산물가격과 정책적 농민 소외에 그 원인을 두고 있음이 농민들의 주장을 통해 알 수 있다. 그러나 한편, 문제 해결의 차원에서는 누구의 책임 이전에 순박하기만 한 농민들의 윤리적·도덕적 기준은 빚진 것 자체가 자신이 못나서 그리된 것일 뿐 누구를 원망하랴 하는 체념적 성향과 '빚진 죄인'이라는 뿌리 깊은 인식 등 신용관계를 두려워한 나머지 자기가 걸머진 부채를 밝히기마저도 꺼리고 속으로만 끙끙 앓고 있는 실정이다. 그 때문에 심각한 사회문제이면서도 올바른 사회정책적 처방을 받지 못하고 있지 않을까?

우리는 흔히 남의 돈을 빌려 쓸 때 고율의 이자를 부담하면서도 빚을 주는 사람에게 도리어 고마움을 느끼게 된다. 그리고 필요에 의해서 빚을 얻어 쓰기 때문에 약정된 기간 내에 반제하지 못하면 여기에 상응하는 불이익을 감수하게 되고 도덕적으로도 나쁜 인간이라는 인식을 갖게 된다. 전후 사정이야 어떠하든 남의 돈을 썼으면 갚아야 하는 것이 당연하지만 농민들의 정당한 노력의 대가가 제도적으로, 정책적으로 또는 소수의 횡포에 의해서 빼앗김을 당하고 있는 것이라면, 문제 해결 또한 정치적·사회적 힘을 토대로 해결하는 것이 당연하고도 바람직한 해결이지 않을까?

정치적·사회적 힘을 토대로 해결되어야 할 과제를 막연한 기대와 요행만을 믿고서 고통을 감수하면서 기다리는 것은 이제 더 이상 미덕일 수 없고, 문제 해결을 어렵게 만들 뿐 자립경제와 민족 발전에 아무런 도움도 주지 못할 것이다. 배부른 자들을 더욱 배부르게 하기 위한 윤리적·도덕적 기준은 잘못된 기준일 뿐이다.

3. 농가부채의 원인과 책임

농민 입장에서 농가부채가 문제로 제기되는 것은 지금과 같은 농업소득으로 농가부채를 갚을 수 있을 것이냐, 갚을 수 없을 것이냐 하는 것이 중요하기 때문이다. 현재 또는 향후 몇 년 동안에 농업소득을 가지고 부채를 청산할 수 있다고 한다면 별문제이지만, 그렇지 않고 앞에서도 지적했듯이 부채가 누적될 수밖에 없을 것이라는 판단이라면 농가부채에 대한 올바른 이해와 의견의 일치를 위해 부채 발생의 원인을 추적해보고, 해결의 차원에서 그 책임 소재를 규명하는 노력은 의미 있는 일이라 생각된다. 더구나 정부 및 각종 연구기관과 농민단체들 간에 농가부채의 성격과 전망에 대한 의견들이 서로 상반되고 있음을 볼 때, 농민들 스스로 활발한 토론과 의견의 일치를 통해서 일관된 주장을 펴나가는 것은 부채문제 해결의 중요한 이해관계를 수반할 것이기 때문이다.

따라서 작년 5월부터 7월까지 2개월 동안에 걸쳐서 조사 완료된 우리 마을 부채 및 자산 조사 결과를 토대로 부채의 원인과 책임에 대한 의견을 제시하고자 한다.

마을에서 51농가를 대상으로 실시하여 49농가의 조사를 완료하였다. 조사 내용은 공채와 사채를 함께 조사하였는데, 공채와 사채의 비율은 영세농가일수록 사채 의존도가 높게 나타났고, 차입처의 대부분은 마을 내 유지 또는 인근 마을에서 차입하는 순으로 집계되었다. 이 중 35농가가 힘에 겨운 부채를 안고 있는 것으로 나타났다. 이들의 평균 부채는 300만 원대를 넘어서고 있는 실정이며, 35농가 중 재산보다 부채가 더 많은 농가도 10여 농가나 되었다.

부채를 지게 된 원인을 유형별로 분류해보면, ① 이른바 소득을 올려보고자 소득 작목(양파·담배·버섯·마늘·소·돼지·양계 등)을 하다 가격이 폭락함으로써 부채를 걸머지고 그나마 얻어지는 얼마 안 되는 소득은 이자 넣기에 정신없어 늘어나는 부채, ② 능력도 없는 농가가 새마을사업 등 정부의 반半 강제적 지시에 의해 주택 개량 및 증축, 경지 정리, 울긋불긋한 페인트 칠 등으로 인한 부채, ③ 자녀 학자금과 결혼 비용 등 먹고살기 위한 부채, ④ 재산을 늘리기 위한 부채 등의 순으로 나타났다.

부채를 걸머지지 않은 경우로는, ① 가족 내에 공무원을 지냈거나 현재 공무원인 경우, ② 과거의 직업이 상업이었거나 현재도 상업 등 타 직업의 보조 수단으로 농업경영을 하는 경우, ③ 조상의 유산을 많이 물려받았거나 자녀들이 도시 등 타지에서 송금해주는 돈으로 가계를 꾸려가는 경우 등으로 분류된다. 특히 담보 능력이 전혀 없거나 신용도가 좋지 못한 영세농가 중 빚을 지지 않은 농가도 몇 농가 있었다.

이와 같은 조사 결과를 토대로 농가부채의 원인을 추적해보면, 기본적으로 먹고 입고 살기에도 미치지 못하는 농업소득의 적자에 원인이 있음을 볼 수 있고, 우연이나 요행을 제외하고는 그동안 꾸준히 지속되어온 공업 위주 성장구조와 농민 소외를 기본 축으로 하는 저농산물가격정책과 이를 뒷받침하는 외국 농축산물 수입에서 직접적인 원인을 찾을 수 있다. 부차적으로는 역사적으로 가난에 찌들어온 과정과 개별 농가의 특수성(소득에 비해 과다한 소비, 우발적 사고, 무모한 경영)에서 찾을 수 있겠다. 따라서 농가부채의 제1차적 책임은 국가의 농업정책 모순에 있다고 볼 수 있다.

4. 농가부채 해결을 위한 노력과 주장

부채문제는 이유가 어떻든 부채로 인하여 영세농민들의 인간적 삶을 향한 몸부림이 제약당하고 있고 심각한 사회문제로 등장하고 있기 때문에 여러 각도에서의 처방이 제시될 수 있다. 그런데 고통의 당사자들에게 바람직한 해결의 노력을 기울인다고 할 때 다음 몇 가지의 노력과 주장이 현실성 있게 조화가 되어야 하지 않을까 한다.

  1) 농민들 스스로가 부채를 지고 있다는 점에 대한 인식을 이제는 더 이상 부끄러운 것으로 생각하거나 또는 암담하니까 막연히 어떻게 되겠지 하고 요행을 바라면서 고민 속에 생각하기 싫어하거나, 남에게 드러내기는 더더욱 꺼림칙한 것으로 가능한 한 덮어두려 하거나 하는 자세에서 과감히 탈피해야 한다.

  문제를 안고 있는 사람들이 자기들의 고민을 털어놓고 문제 해결을 위한 적극적 관심과 노력을 기울이지 않는 한, 다른 사람들이 대신 나서서 해결해줄 수는 없는 것이다. 가령 그 어떤 정치적 결정이 내려져서 문제 해결을 위한 정책이 수립된다 하더라도 부채를 안고 있는 당사자들의 입장에서 추진되기는 어려울 것임을 과거의 역사를 통해서 경험한 바 있다. 마을 단위에서부터 처지가 같은 사람들이 누가 먼저라기보다 함께 모여서 자신들의 문제를 털어놓고 어떻게 하면 부채를 갚을 수 있을까 해결해보려고 하는 자세가 매우 중요하다.

  우리들이 가동할 수 있는 주변 조건은 과연 어떤 것인가, 새로운 소득원은 무엇인가, 내가 걸머지게 된 부채의 원인은 무엇이고, 나와 같은 경우의 이웃은 누구이며 어떻게 해결하려고 하는가. 함께 연구하고 가능성을 검토하고 토론·조사해보고 또 다른 방법을 논의해보면서 의결의 일치를 이루어가야 하는 것이다. 물론 쉬운 일이 아니다. 그렇다고 못할 것도 없다. 먼저 생각하고 이웃의 고통을 자신의 고통으로 받아들이는 사람이 먼저 문을 두드려야 할 것이다. 그래서 이곳저곳의 농민들 의사가 모아지고 집단화되어 농민들의 주장이 되도록 해야 한다. 이들 주장이 각계각층과의 대화를 통하여 타당성이 입증되고, 그들이 농민들의 입장에 서게 되면서 함께 행동화될 때 농민들의 주장은 바람직한 방향으로 진일보하게 될 것이다.

이제 농민들도 자신들의 입장을 떳떳이 밝히고 함께 실천해야 한다. 다른 사람들이 피땀 흘려 파놓은 우물에 물이나 얻어먹으러 가야겠다는 기회주의적 자세는 버려야 할 것이다.

2) 그동안 농민들은 60년대 이후 이 나라 경제 발전을 위해 그 어떤 계층의 사람들보다도 피나는 고통을 감수하면서 묵묵히 일해왔다. 70년대 공화당 정권의 최고 책임자는 말하기를 80년대의 풍요로운 농촌과 후손들을 위해 오늘의 우리는 허리띠를 졸라매야 한다고 80년대의 신기루를 제시했었다. 순박하기만 한 우리 농민들은 그 어떤 나라의 농민들보다도 열심히 일했고 농업기술을 발전시켜 단위당 생산량은 가히 세계에서도 앞설 수 있을 정도로 놀라운 발전을 이룩하였다. 하지만 정작 80년대를 맞이한 농민 대다수의 실정은 풍요로운 80년대는커녕 도시와 농촌 간의 상대적 격차는 더욱 심해졌고, 농가부채는 눈덩이처럼 커져가고 있다. 물론 이 나라의 공업이 이 정도라도 발전되기까지는 이와 같은 농민들의 희생의 바탕 위에서 이룩된 것임은 자명한 것이다.

정의사회 구현과 복지국가 건설을 표방하고 있는 현 정부는 이제 또 90년대를 위해서 참고 견디며 허리띠를 졸라매도록 농민들을 설득하고 있다. 오로지 잘살기 위해서는 복합 영농을 추진하는 길만이 잘살 수 있는 길인 양 목청을 높이면서 후계자라는 명목으로 소수의 청소년들에게 자금을 지원하면서 이에 대한 성공 사례를 각종 선전기관을 동원하여 농민들에게 주입시키기에 열을 올리고 있다. 물론 더러는 개인적으로 성공한 사람도 있을 것이다. 그러나 현재의 농민 현실과 농업정책을 감안할 때 근본적인 해결책이라기보다는 일시적이고 재수 좋은 사람들에게나 해당될 뿐이지 선전적 효과 이상을 기대할 수 없음을 농민들은 너무나 잘 알고 있다. 그 좋은 예가 지난 82년부터 정부가 정책적으로 축산자금을 각 농가에 지원해놓고서 한편으로는 외국 소를 도입하여 소값을 폭락시키는 데 앞장을 선 것과 최근에 농산물 수입자유화의 폭을 더욱 넓혀놓은 일련의 조치이다. 또한 다른 물가는 모두 올랐는데도 소위 물가안정이라는 이유를 내세워 하곡과 추곡 수매가를 동결시켜 농민들에게 엄청난 손해를 끼쳤다. 더욱이 농수산부 장관이 수매가 5만 5,000여 원은 전체 농가의 90%에 생산비를 보장해주는 선이라느니, 작년보다 생산비가 적게 들어가 쌀 1가마당 46%의 엄청난 이익을 농민들이 보았다는 망언을 서슴지 않는다. 농민을 기만하는 행위다. 텔레비전에서 선전하는 소득 작물과 소득액이 탁상공론식 수치에 불과하고 실제와 다른 경우를 우리들은 경험을 통해 뼈저리게 느끼고 있다.

농가경제를 기본적으로 어렵게 하는 저농산물 가격구조와 농민 소외 정책을 개혁하지 않는 한 그 어떤 복합 영농과 자금 지원도 농가부채를 증가시키는 요인이 될 뿐이다.

정부가 진정 농민들의 고통을 다소라도 해결해보고자 하는 의지가 있다면 농민들을 기본적으로 못살게 하는 농업정책을 과감히 개혁하고, 농가부채 해결을 위한 일련의 조치를 취하며, 장기적인 농가 자립경제를 이룩할 수 있는 정책을 수립해야 할 것이다.

그동안 공업 부분에 주어진 특혜와 일련의 기업 우대 조치를 감안할 때 의지만 있다면 농가부채 정도야 정치적·사회적 차원의 해결이 가장 빠른 길임을 확신한다.

그리고 이것은 그동안 말없이 희생해온 농민들에 대한 조그마한 보답일 수 있고, 자립경제를 향한 농촌 구매력 향상과 식량자급이라는 과제를 앞당길 수 있을 것이다. (1984)

함평 의료보험개혁투쟁*

1. 들어가는 말

지난 1월 1일부터 실시되고 있는 농촌 의료보험조합은 당사자인 농민들로부터 강력한 항의와 끊임없는 저항에 부딪히면서 기우뚱거리고 있다.

조합 운영이 시작된 지 반 년이 지났지만, 조합을 통하여 의료혜택을 받는 농민은 전체 대상 농민의 절반에도 미치지 못하는 실정이다. 이 세상 어떤 직업 누구보다도 가장 힘든 노동과 많은 일을 하면서 '농약 중독', '신경통', '부인병' 등등에 시달리고 있다.

그렇기 때문에 제일 먼저 누렸어야 할 의료혜택을 왜! 농민들은 지금 이 순간에도 의료보험조합 가입을 거부하고 있으며 나아가 정부에 대해 집단적인 투쟁을 벌이지 않으면 안 되는가?

금년 상반기 동안 줄곧 농촌 전 지역에서 벌어진 보험카드 반납 사태! 40여 개 군 단위에서 추진된 수백수천의 농민들이 전개한 조직적이고도 가열찬 투쟁은 이제 지난 6월 48개 지역단체들이 참가하여 공동으로 '전국의료보험대책위원회'를 결성함으로써 하반기 투쟁이 더욱 거세게 진전

---

* 이 글은 1988년 1월 1일부터 농촌 의료보험제도가 시작되면서 많은 문제들이 드러나자 그 개혁을 위한 의료보험개혁투쟁이 가열차게 전개되던 1988년에 글쓴이가 쓴 것이다.

될 것으로 판단된다.

그럼 이와 같은 투쟁을 통해서 드러나고 있는 농민들의 주장과 해결 요구는 무엇인가?

첫째, 가난한 농민들을 수탈하고 불필요한 경비만을 가중시키는 각 군 단위별 지역 조합주의를 철폐하고, 의료보험을 전국적으로 통합·일원화할 것.

둘째, 의료보험료를 국가 부담으로 하여 농민 실정에 맞게 전면 재조정할 것.

셋째, 진료 기관과 진료 지역을 농민 생활과 요구에 맞게 실시할 것.

넷째, 보험료의 강제 징수를 철회할 것 등으로 나타나고 있다.

한마디로 농민들이 국가 발전과 경제 성장에 헌신한 만큼, 농민의 건강 역시 국가에서 책임져야 마땅하다는 것이고, 현행 의료보험조합은 사회 보장제도로서 형평의 원칙이 도외시된 채 가난한 농민들을 수탈하고 부자들의 재정 부담을 덜어주는 식으로 되어 있는 정부의 잘못된 의료보장 정책이므로 이를 근본적으로 시정하라는 것이다.

이러한 주장을 관철시키고자 하는 농민들의 저항은 우리 함평에서도 예외 없이 터져 일어났다. 그럼 함평 농민들은 어떻게 투쟁하고 있으며, 그 성과와 문제점은 무엇인지, 상반기 동안 추진된 사례를 통해 살펴보기로 하자.

2. 특별위원회 구성하다

우리 함평에도 1월 1일부터 의료보험이 시작되었다. 함평읍 경찰서 맞은 편에는 '함평군 의료보험조합'이라는 간판이 내걸렸다. 이곳에서는 농민들을 상대로 보험료 징수 활동이 시작되었다.

10일부터는 군내 460여 개 마을의 각 농가마다 보험카드가 배달되었다. 동네 이장을 통해서 전달되고 우편을 통하여 날아들었다.

난생처음으로 보험카드라는 것을 받아든 농민들은 비로소 자기에게 부과된 보험료를 매월 얼마씩 내어야 하는지 자세히 알 수 있게 된 것이다. 보험료가 한 달에 얼마인지를 확인한 농민들은 고개를 설레설레 흔들기 시작했다. 왜냐하면 농민들에게 부과된 보험료는 그동안 정부에서 텔레비전·라디오·신문 등을 통하여 선전했던 것과는 너무나 딴판이었기 때문이다.

"이제 농민들에게도 의료보험이 실시됩니다. 농민 여러분, 우리 국민은 선진국 대열에 들어섰습니다. 그만큼 정부에서는 농민들을 위하여 최선을 다하고 있으니 안심하고 아무 걱정 없이 치료를 받으십시오."

이처럼 농민들에게 걱정 없이 건강을 지켜주겠다던 약속과는 다르게 보험카드를 손에 쥔 농민들은 매월 납부해야 하는 보험료 부담 때문에 더욱 큰 걱정과 함께 속았다는 울분을 느끼지 않으면 안 되었다.

함평지역 농민 1만 2,000여 가구가 부담해야 하는 보험료는 한 달에 8,000여만 원에 달했으며 1농가당 평균 7,000원에 육박하는 금액이었다. 보험료가 가장 적은 농가는 2,000원 선이며 많게는 3만 원에 달했다. 이 땅에서 가장 소득이 적고 가난에 쪼들리는 농민들에게는 과중한 부담이 아닐 수 없다. 더구나 농민들보다 비교적 생활이 윤택한 이웃집 중학교 선생, 농협 조합 직원, 군청 직원들이나 도시 회사에 취직해 있는 자녀들과 비교해도 농민들이 훨씬 부담이 많은 것이었다. 납득이 가지 않는 일이다. 뿐만 아니라 농민들은 읍내에 있는 의료보험조합이 어떻게 누구에 의해 만들어졌는지, 임직원들은 어떤 과정을 통해서 채용되었는지 알 수 없었다. 그런데 어찌된 일인지 대부분 농민을 깔보고 명령만을 일삼던 민정당 당원, 공무원 퇴물들이 아닌가? 개운치 않은 것이 한두 가지가 아니었다.

농민들은 그제야 과거의 경험이 되살아나면서 "오냐, 인자 알고 본께 즈그넘 씹헐 놈들 등치고 간 빼갈 수작이구먼. 얼르고 뺨 때리는 격이랑께. 인자는 더 이상은 못 참어!"

이 사람 저 사람 이 골목 저 골목에서 쑥덕쑥덕, 수근수근 여론이 돌기 시작하더니 이 마을 저 마을에서 "도둑놈들 그 더러운 치료 안 받고 말 것이여! 더러운 보험카드를 반납해버리자"는 의논이 활발해지고 있었다.

15일부터는 우리 사무실(함평군농민위원회)을 찾아오는 농민, 전화로 문의하는 사람이 부쩍 늘기 시작했다. 어떤 사람들은 자기 마을에서 대책회의를 할 계획인데 자료를 좀 보내달라는 요청을 해오기도 했다.

이처럼 지역 여론이 조성되자 1월 19일 본회는 상임위원회를 소집했다. 그리고 각 지역별 여론 확인과 함께 대책토의에 들어갔다. 이날 회의에서 파악된 여론과 이에 대한 대책은 다음과 같다.

첫째, 농민들이 가장 중요하게 제기하는 문제는 다른 사람(공무원, 회사원, 농민 아닌 타 직업 종사자)에 비해 보험료가 터무니없이 비싸고, 이렇게 된 이유는 보험료를 산출하는 방식에 있어 농민들만 유독 식구 수에 따라, 재산 실태에 따라 보험료를 산출 근거로 삼고 있기 때문이라는 것이었다.

둘째, 의보조합 임직원들의 면면을 볼 때 대부분 농민들의 원성을 사고 있던 자들이라는 점.

셋째, 각 마을에서는 이와 같은 불합리한 점에 대해 문제를 제기하고 시정을 촉구키 위하여 마을별로 보험증 반납 움직임이 15여 개 부락에서 추진되고 있다는 것이었다.

이러한 상황을 파악한 본회는 농민들의 정당한 항의와 행동을 좀 더 조직화하고 확산시킬 필요가 있다는 데 의견을 모았다. 하지만 그동안 활동 경험을 고려할 때 성급한 접근과 또 본회가 직접 투쟁을 책임지고 나서다가는 자칫 농민들의 자발적·자주적 행동 의지를 떨어뜨릴 위험이 있다고 보았다. 따라서 이날 회의에서는 다음과 같은 결정이 있었다.

ㄱ. 본회 상임위원회 산하에 의보문제 특별위원회를 구성한다.

ㄴ. 특별위원회는 의보에 대한 문제점을 체계적이고 정확히 인식케 하

는 선전·교육 기간을 1개월 정도 설정하여 농민들 스스로의 대책위원회
가 결성될 때까지 지원활동을 벌인다.

ㄷ. 본회의 입장을 천명하는 성명서를 즉시 발표한다.

이상과 같은 결정에 따라 군 단위 각 분야별 책임자와 면 단위별 지원반
을 편성하였다. 당시 구성된 지원반은 아래와 같다.

군 단위 책임자

조직: 모영주, 선전: 박시영, 조사: 노종석, 교육: 양종환

각 면 단위 교육·선전 지원반

손불면: 이희행, 전정식, 이창림, 양종환

신광면: 조병일, 이기곤, 김영철, 김경안

학교면: 노종석, 김양호, 신태철

대동면: 배준모, 서광택, 이기성

함평읍: 모영주, 박시영, 나옥석, 노금노

월야면: 전갑민, 윤용혁

나산면: 김병덕, 이영우

이렇게 구성된 특별위원회 현장 지원반은 1월 26일부터 군내 200여 개
마을을 대상으로 본격적인 선전·교육활동에 들어갔다. 또 같은 날 「반농
민적 의료보험제도에 의해 부과된 보험료 납부를 거부한다」라는 제하의
성명서 5,000부를 제작, 함평지역 전역에 배포하기에 이른다.

3. 가열되는 보험카드 반납 사태

그토록 바라고 희망을 걸었던 농촌 의료보험은 그 내용에서 지역 조합주의 채택과 농민들에게만 유독 적은 국고 보조(당시 20%), 가족 수와 재산 실태 비율에 따른 보험료 책정 등으로 농민을 기만한 현 정권에 대한 농민의 분노는, 본회의 선전·교육활동과 함께 불붙기 시작했다.

1월 20일부터 2월 22일까지 1개월여 동안 60여 개 마을에서 조직적인 보험증 반납투쟁이 실행에 옮겨졌는가 하면 400여 개 마을에서 의보 문제점에 대한 성명서·해설서 배포, 마을방송을 통한 홍보활동과 70여 개 마을에서 좌담회 등을 비롯한 교육이 실시되었다.

그중에서도 함평읍 옥산리에서는 이장 등이 중심이 되어 보험증 집단 반납은 물론 자체 홍보물까지 제작하여 함평 장날 수백 명의 이웃 마을 농민들을 상대로 배포하는 열성적인 활동이 있었는가 하면, 학교면 진례 원석정에서는 80이 넘는 할아버지까지 의보카드 반납투쟁에 동참하는 사례도 있었다. 뿐만 아니라 우리 교육지원반이 마을을 방문하여 교육을 실시할 때 이를 방해키 위해 어김없이 동원되는 면사무소 직원, 지서 직원, 의보조합 간부들과의 충돌은 매일 벌어지고 있었다. 그럴 때마다 마을민들은 우리들의 활동을 옹호하고 합심하여 못된 관리들을 마을 밖까지 쫓아버리는 사례 또한 많았다. 그리고 이 기간 동안 1일 평균 50여 명씩이 보험증을 반납함으로써 2월 말에는 보험증을 반납한 농민 숫자도 2,000명을 넘어섰다.

한편 보험료 납부율은 20%를 넘지 못했고, 한 달 징수 목표액 7,930만 원 중 실제 수납율은 8.7%(690여만 원)밖에 안 되었던 것이다. 이러한 사실에 비추어볼 때 의보문제를 둘러싸고 함평지역 농민들의 분노와 투쟁이 어느 정도이었는가를 능히 짐작케 해준다. 이러한 농민들의 투쟁이 있기까지 특별위원회의 활동 또한 그 어느 때보다도 활발히 추진되었다. 이 기간 동안 면 단위, 군 단위 회의만도 10여 차례 넘게 열렸던 것이다.

198

4. 대책위원회 결성과 군민대회

(1) 대책위 결성과 활동

특별위원회 활동 31일 만인 2월 22일 오후 3시 함평군농민위원회 사무실에서는 50여 개 마을에서 파견된 사람들에 의해서 '함평군 의료보험 대책위원회'가 정식으로 발족되었다. 이날 회의에서는 공동대표단으로서 김영호(국본 대표), 김갑현(가농 대표), 노금노(농민위 대표) 3인을 선출하고 9개 읍·면 단위별로 4~5명씩 총 45명의 대책위원을 확정하였다. 또 동 회의는 '부당 의료보험료 거부 함평군민 결의대회'를 3월 20일 개최키로 하고 준비에 들어갔다.

24일에는 군민대회 준비를 위한 제2차 회의를 갖고 활동 방향과 세부 추진 계획을 확정하였다. 다음은 이날 회의에서 확정된 대회 추진 계획과 대책위원들의 문제 인식을 심화시키기 위한 교육의 요약이다.

가. 교육 내용 요약

① 사회보장의 일환으로 의료보험은 국민의 건강을 국가적 차원에서 보장하고 소득의 재분배를 통한 빈부의 격차를 해소하는 데 그 목적이 있다. 따라서 현행 지역주의, 비민주적 제도, 가족 수와 재산세 비율의 보험료 부과와 강제 징수 제도 등은 본래의 목적에 정면으로 위배되며 도리어 이것을 통한 농민의 경제적 수탈과 정치적 소외만을 가중시킬 뿐이다.

② 지역주의를 극복하고 명실공히 사회보장제도의 실현으로 통합주의 관철, 농가의 실질소득에 따르는 보험료 부담, 절대빈곤 계층의 전액 국가 부담이 실현되어야 한다.

③ 문제의 해결을 위하여 직접 당사자인 농민들이 주체적으로 자신들의 능력에 맞는 조직적인 대책활동을 펴나가야 할 것이다. 이렇게 될 때 우리 농민들은 경제적 수탈과 정치적 억압으로부터 해방되는 계기를 잡아나갈 수 있을 것이다.

나. 대회 추진 계획

① 대회 명칭: 부당보험료 거부 함평군민대회

② 일정 및 장소: 3월 2일 12~16시까지, 함평공원

③ 행사 내용

- 국민의례
- 경과보고
- 사례발표(4인)
- 군수에게 보내는 공개장 낭독
- 정리강연
- 성명서 발표
- 결의문 채택
- 만세삼창

④ 동원

면 단위

ㄱ. 동원과 선전은 함께 이루어낸다.

ㄴ. 각 면 단위마다 동원 책임자 2명(정, 부)을 인선한다.

ㄷ. 면 단위 책임자들은 관내 자연마을 2회 이상 방문, 동원을 조직한다 (2월 25일~3월 1일까지).

ㄹ. 활동 시 대자보(2월 26일까지) 마을 방송. 기존 연결자를 적극 활용. 각 마을 1인 이상의 동원책 명단을 파악. 군책에게 보고한다(기존 연결자, 회원은 동원 요원에 포함한다).

ㅁ. 동원 시 안내장 살포와 보험금 고지서 지참토록.

ㅂ. 준비물은 각 면 소재지 대자보, 현수막 2개 이상, 피켓 수 개.

군 단위

ㄱ. 3명을 동원책으로 하고 각 지역을 분담한다.

ㄴ. 지역 분담 구역은 (읍, 엄다, 학교), (대동, 신광, 손불), (나산, 해
  보, 월야)

ㄷ. 책임 지역을 매일 방문하여 면 동원책과 마을 책임자 독려

ㄹ. 2월 29일부터 차량 3대 동원, 대민 가두방송

ㅁ. 안내장 2월 26일까지 현장 배포 완료

※ 군·면·마을 단위 동원책, 농민회 회원 모두는 행사 당일 안내원이
된다. 이 중에서 모금 인원 5명을 차출한다.

※ 군 단위 동원책은 유관기관, 협력 요청 등 대외 교섭을 수행한다(각
단체 협력 공문 발송).

⑤ 홍보·선전

ㄱ. 문안 작성부 2인 선정

ㄴ. 안내장 1만 장, 성명서 5,000, 결의문 5,000, 노래 5,000, 현수막 대
  형 2개, 각 마을 방송 원고 등을 준비

⑥ 준비물: 담당자 2인을 선정하여 행사에 소요되는 일체 준비물을 점
검토록 한다.

⑦ 재정

ㄱ. 총 소요 예산은 유인물 20만 원, 가두방송 차량 10만 원, 당일 방송
  5만 원, 현수막 등 리본 5만 원, 기타 5만 원, 합계 45만 원 예상

ㄴ. 수입은 각 면 단위별 3만 원으로 총 27만 원과 당일 모금 20만 원으
  로 충당한다.

이상과 같은 계획을 세워 대회 준비 활동에 들어갔다. 이처럼 본격적인
동원활동이 시작되자, 대회를 저지코자 하는 경찰을 비롯한 각 행정관서
와 의보조합 직원이 총동원되어 대회 당일까지 비열한 탄압이 자행되었
음은 물론이다. 그럼에도 불구하고 대책위원회는 200여 개 마을에서 대
회를 알리는 마을 자체 방송과 동원활동이 이루어졌으며 차량을 동원한
가두방송은 대회를 이틀 앞두고 3개 반으로 편성, 400여 개 마을을 순회

하면서 대회 열기를 고조시키는 데 큰 몫을 담당하였다.

함평의 전 지역에서 끓어오르는 농민대회 열기에 당황한 의보조합과 경찰 측은 지역 내 건달들을 동원하여 대책위원들의 집을 한밤중에 찾아와 가족들에게 공포 분위기를 조성하는 파렴치한 행위까지도 서슴지 않았다.

대회를 이틀 앞두고 경찰서장은 함평공원에서 개최되는 군민대회가 불법집회라는 이유를 내세우며 대책위원회 앞으로 경고장을 발송해왔다. 우리는 헌법에 보장된 국민의 결사·집회의 자유를 오히려 당국이 비열한 방법으로 침해하는 것이라는 항의와 함께 일축해버렸다.

대회가 하루 앞으로 다가오자 경찰과 의보조합 측은 다음과 같은 협상을 제의해왔다.

첫째, 군민대회를 연기하고 의보조합 측과 대책위원들 간에 토론회를 갖자.

둘째, 대회를 옥내 집회로 해준다면 함평극장을 대회 장소로 교섭하여 빌려주겠다.

셋째, 만약 이상의 두 가지 조건에 응하지 않을 경우에는 외부의 병력을 지원받아서 3월 2일 대회를 원천 봉쇄하겠다는 으름장이었다.

이에 대해 대책위는 3월 2일 대회는 이미 함평 군민과의 약속이기 때문에 대책위원회가 일방적으로 연기할 수 없으므로 당국이 군민들의 평화적 집회를 방해하려는 책동을 즉각 중지하라고 요구했으며 대회 후에 토론회를 갖자고 제의했다.

그리고 함평극장은 수용 인원이 500여 명밖에 안 되기 때문에 적합한 장소가 되지 못하며 따라서 함평공원에서 예정대로 대회를 할 것이라고 통보하였다. 사실상 협상이 거부된 것이다.

이날 엄다면에서는 대회를 준비하던 농민들을 지서에서 4명이나 연행한 사건이 발생하였으며, 군 단위 대책위원회의 강력한 항의로 연행된 지 4시간 만에 모두 석방되기도 했다.

(2) 군민대회와 폭력적 탄압

대회 당일 오전 10시부터 모든 행정공무원과 의보조합 직원을 각 마을에 배치한 당국은 마을에서부터 농민들의 대회 참가를 저지하기 시작했다. 그리고 외부의 병력(광주)을 지원받은 경찰은 함평 장터와 공원으로 통하는 모든 길목을 차단한 채 대회에 참석하려는 농민들을 위협하는 것이었다. 이에 항의하는 농민들을 무차별 연행해갔으며 읍내는 이 같은 전투경찰과 눈을 번득이는 사복형사들 때문에 곧 폭발할 것 같은 긴장감이 감돌았다.

하지만 이미 대회장으로 쏠리기 시작한 농민들의 열기는 당국의 음흉한 폭력적 탄압을 뛰어넘고 있었다. 마침 이날은 함평 장날이기 때문에 11시쯤 함평읍내에 모여든 농민들의 숫자는 1만여 명을 넘어섰다.

대책본부의 사무실에는 이곳저곳에서 경찰과 충돌하는 보고가 계속 접수되었다.

11시 10분부터는 읍내에 배치된 경찰이 일부 철수하면서 함평공원으로 통하는 읍사무소 길목을 10여 겹으로 차단하기 시작했다. 넓은 지역을 상대로 농민들을 탄압하기는 수적으로 불리하다고 판단한 경찰 지도부의 판단에 따른 이동이었다.

11시 30분부터는 공원 입구를 차단하고 있는 전경 300여 명과 공원으로 진출하려는 수백 명의 농민들이 밀고 당기는 혈투가 벌어지기 시작했다.

그러나 맨손뿐인 농민들이 차량과 각종의 장비로 중무장한 경찰의 벽을 뚫기에는 역부족이었다. 30여 분 동안의 격투 끝에 20여 명의 농민들이 함평경찰서로 강제 연행되었다.

사태가 이렇게 되자 읍내 곳곳에서는 경찰의 폭력을 규탄하는 집회가 속출하면서 함평경찰서로 밀려들기 시작했다.

연행된 농민들은 경찰서 내에서 〈농민가〉를 부르며 '폭력경찰 처단' 등의 구호를 외치며 농성에 돌입하였다.

함평경찰서에서는 삼엄한 경비가 펼쳐진 가운데 농민들의 함성이 더욱 거세지고 있었다. 이에 놀란 경찰은 협상을 요구해왔다.

함평공원은 상부 지시 때문에 차단할 수밖에 없으니 함평극장에서 옥외 마이크를 설치하고 대회를 치르라는 것이었다.

밖에 있는 지도부와 이내 협상을 하였으니 연행된 농민들도 그렇게 하라는 것이었다. 연행되어 있는 농민들은 밖의 지도부 결정에 따르기로 하였다.

오후 2시쯤 연행된 농민들은 석방되어 대회장으로 향했다.

그런데 협상 과정에서 함평극장은 번화가가 아니라는 이유로 대회 장소는 버스정류소에서 가까운 예식장으로 변경되었다. 옥외 마이크가 설치된 이곳에서 계획했던 '부당 의료보험료 거부 함평군민 결의대회'를 치렀다. 당국의 비열한 탄압에도 불구하고 대회에 끝까지 참석한 농민은 옥내외를 합하여 500여 명이었다.

5. 대회 평가와 그 후 활동

대책위원회는 대회 후 다음과 같은 평가와 교훈을 얻었다.

첫째, 농민들의 자발성을 너무 강조한 나머지 경찰의 탄압에 강력한 대응이 부족했다.

둘째, 각 마을에서의 탄압을 물리치고 읍내까지 진출한 수천 명의 농민들을 대책위원회가 끝까지 조직적으로 지도하지 못한 것은 대중의 투쟁 열기에 비해 지도 역량의 부족이었다.

그리고 당국의 강력한 탄압에도 불구하고 500여 명이 끝까지 투쟁하여 연행자 즉각 석방과 함께 대회를 치를 수 있었던 점은 농민들에게 일정한 승리감을 느끼게 했다. 이는 함평지역 농민운동의 전망을 밝게 해주는 것이었음도 아울러 평가되었다.

이외에도 몇 가지 더 평가된 내용이 있었고, 다음 단계 활동 계획으로는 각 면 단위마다 장날에 맞추어 대회를 추진키로 했으며, 군민대회에서 나타난 성과를 적극 홍보하고 당국의 비열한 탄압을 폭로하는 선전활동을 벌이기로 했다. 또 지속적으로 농민들을 참여시키기 위하여 각종 교육과 서명운동도 병행하여 전개키로 했다.

3월 이후 활동이 계속되는 동안 4월의 총선 열기와 그 후 보험료 부담의 국고 보조 50% 실시, 현행 농촌 의료보험조합의 문제점 검토와 전국적 통합 일원화 검토라는 정부 측의 발표 등을 성과로 수렴하면서 농번기를 맞이한다.

그리고 또다시 7월 4일에는 함평군농민위원회 주최로 개최된 농민대회에서 800여 명이 함평군 의보조합에 몰려가 연좌농성을 벌임으로써 하반기 투쟁이 시작되었다. 이어 7월 7일에는 엄다면 하곡 수매 공판장에서 면 직원과 의보조합 직원들이 농민들로부터 강제로 보험료를 징수하는 행위를 적발하여 현장투쟁을 전개하였으며, 이후 함평군 전역에서 이 같은 부당 행위를 철저히 감시하는 활동을 벌이고 있다.

함평군 의료보험 대책위원회도 전국대책위원회에 참여하고 있으며, '지역 조합주의 철폐', '전국 통합주의 관철', '의료비 국가 부담 확대'를 위한 함평지역 투쟁은 지금도 계속되고 있다. (1988)

추곡 수매가 11만 9,684원 보장하고 전량 구매하라!*

1. 농정農政이 남긴 것

"하룻밤을 자고 나면 뉴스 발표에 물가는 말할 수 없이 뛰고 있고, 돈 많은 사람들은 기회를 놓칠세라 돈 보따리를 들고 이리 뛰고 저리 뛰고 하면서 하루에도 큰 재산을 벌어들인다고 하니, 없는 자는 죽고 있는 자는 계속 치부하는 현실이고 보면, 이것이 어찌 복지국가라 할 수 있고 평등하게 사는 사회라고 할 수 있는지요. 이제 이 몸 아니 우리 가족이 갈 곳이 없어졌습니다. 어디로 가라는 말입니까?"

지난 4월 7일 생활고에 시달리다 기어이 스스로 목숨을 끊어버린 이영창 농민(47세)의 절규다.

그는 계속해서 "속을 모르는 사람들은 나더러 소인이니, 졸장부니 하지만 나올 것은 없는데 써야만 하니 어떻게 하라는 말입니까? 너무 답답합니다. 가슴이 터질 것 같습니다. 논 몇 두락 있어봐야 영농비, 학비, 생활비, 신발 한 켤레 살 돈이 없으니 살 용기가 날 수 없습니다."

그렇다. 누가 막다른 골목으로 내몰려 삶과 죽음을 가르는 선택 앞에 피눈물 흘리는 이 농민을 소인이니, 졸장부니 하고 매도할 수 있겠는가? 이

---

* 이 글은 글쓴이가 1989년 추곡 수매가 결정 시기를 앞두고 쓴 것이다.

영창 농민이 생명과 맞바꾼 절규(어디로 가란 말입니까?)와 항변(복지국가와 평등사회 부분) 속에 오늘 이 나라 800만 농민의 삶이 직면하고 있는 극한적 상황이 드러나고 있다.

인간적 삶을 지키려는 농민들의 몸부림은 이제 이 같은 현실을 강요해 온 농민수탈세력에 대해 죽음으로 항거하고 있는가 하면, 때로는 집단적·조직적 투쟁으로 자신들의 고통과 해방에 대한 전망을 분출하고 있는 것이 작금의 농촌·농민들의 상황이다. 이러한 상황은 바로 현재 제기되고 있는 농업·농촌·농민문제가 아니라 경제·사회·정치 전반에 걸친 구조적 문제임을 구체적으로 설명하고 있으며, 따라서 농민문제 해결 역시 농민경제 현실에 토대한 정치적·사회적 차원의 방향이 함께 제시되어야 함을 일깨워주고 있다.

이것은 바로 우리 국민 모두가 당면한 식량의 자급자족이라는(89년 현재 자급률 37%) 명제 앞에서, 금년도 추곡가 결정이 단순한 비교우위의 경제적 숫자놀음이 아닌 민족의 자주적 삶을 지키려는 의지이며, 우선되는 정치적 판단이 요구되고 있음을 의미하는 것이다.

2. 쌀값 폭락, 누구의 책임인가?

정부는 매년 물가안정을 내세워 노동자의 저임금 실현을 위한 저농산물 가격정책 그리고 이를 뒷받침하기 위한 미국 농축산물의 지속적인 수입과 함께 작금에 이르러서는 노골적인 수입개방으로(89년 현재 농축산물 수입개방률 76%) 농민살인정책을 지속하고 있다.

이 때문에 우리 농민은 그동안 정부의 추곡 수매가 결정에서 단 한 번도 쌀 생산비를 받아본 적이 없다. 이로 인하여 우리 농민들은 쌀값에서만도 지난 10년 동안 10조 원 이상의 손해를 감수하지 않을 수 없었다. 농민들은 뼈가 부서지도록 일을 했지만 호당 500만 원이 넘는 농가부채에 신음하고 있으며, 농업은 황폐화되고, 마침내 시집올 처녀까지 없어 버림받는 농촌이 되어가고 있다.

이 같은 농민 죽음의 대가로, 미국을 비롯한 내외독점세력은 막대한 이윤을 챙겼고, 또 한편으로는 미국의 농축산물을 수입하여 엄청난 이득을 보았다. 그 결과 이제 국민의 절반 이상은 미국의 농축산물이 아니면 생명을 부지하기조차 어렵게 되어버렸다. 자립경제는 파괴되었으며, 민족의 자주적 삶은 굴종의 상태로 떨어졌다. 국민의 절대다수를 차지하고 있는 이 땅의 민중들(노동자·농민·도시빈민 등)은 몇몇 소수의 독재세력과 독점재벌의 억압과 수탈에 희생의 재물이 되어왔다.

지금 생산지(9월 30일 현재 함평의 경우) 쌀값은 통일계(80kg, 1가마)는 5만 원 이하로, 일반계통은 7만 원대로 곤두박질치고 있다. 그리고 이러한 시세는 더욱 떨어질 전망이다. 사태가 이렇게 심각한데도 정부는 쌀값 안정은커녕 정부 보유미를 계속 시장에 방출함으로써 쌀값 폭락을 더욱 부채질하고 있다. 이러함에도 정부는 마치 지난 몇 년 동안 쌀농사 풍년과, 일반 국민의 쌀 소비 감소로 인한 공급 과잉으로 쌀값이 떨어지고 있다는 선전으로 정부의 책임을 회피하려 하고 있다.

그렇다면 여름 내내 살인적인 더위와 병충해 그리고 유난히도 심했던 수마와 싸우면서 열심히 일하여 풍년 농사를 이룩한 농민들에게 쌀값 폭락의 책임이 있다는 말인가?

한마디로 어처구니없는 발상이다. 불과 몇 년 전만 하더라도 밀가루 소비를 위해(밀의 국내 자급률 1%) 소위 분식의 날을 지정하여 시행하고 현재도 쌀막걸리 제조를 통제하면서 미국산 밀가루 수입에 여념이 없는 정부가 공급 과잉 운운하면서 책임을 회피하려 하다니……. 공급 과잉이라면 즉각 정부미 방출을 중지하고 밀가루 등 농축산물 수입을 중단하여 각종 가공식품의 재료를 쌀로 대체하면 될 것이 아닌가?

더구나 지난 80년 기상재해로 인한 쌀 흉작을 면치 못해 그해만도 외국쌀을 1,500만 섬이나 수입하였다. 그때도 농민들은 생산비에도 훨씬 미치지 못하는 정부의 수매가 결정으로 막대한 손해를 감수했었다. 이것은 바로 국내 쌀값이 수요와 공급의 차이에 좌우되지 않고 시장의 가격 형성에 독점적 영향을 끼치는 정부의 독점재벌 위주 경제정책에 절대적 책임이 있음을 구체적으로 입증해주고 있는 것이다.

이렇듯 작금의 쌀값 폭락은 정부의 농업정책(농축산물 수입과 정부 보유미 방출)과 시장가격의 조작에 그 책임이 있음이 명백하다.

정부는 금년도 추곡가를 한 자리 숫자 이내로 인상을 하겠다고 밝힌 바 있다. 마치 이러한 수치를 국민으로부터 위임이라도 받은 듯이 언론을 통하여 발표하면서, 농민과 전 국민의 정당한 생산비 보장에 대한 여론 형성을 외면하고 있다. 뿐만 아니라 직접 생산자인 농민 자신들이 생산비를 요구하는 각종 집회와 행사를 경찰력을 비롯한 행정력을 총동원하여 탄압하고 있다.

그리고 한 자리 숫자 이내 인상의 이유로서 양특적자의 누적에 의한 정부 부담과 물가인상 요인을 들고 있다. 과연 양특적자란 무엇이며 누구를 위해 발생하는 것인가?

쌀은 전 국민의 생명을 유지시켜주는 중요한 식량이다. 뿐만 아니라 쌀값은 농민의 중요 소득원이기 때문에 정부 예산에서 주는 월급에 의해 공무원들이 생활을 꾸려나가듯이 농민들도 쌀값이 자신들의 생활을 꾸리는 월급이나 같다. 그렇기 때문에 공무원 월급을 주듯이 예상되는 양곡계정의 적자를 국내 예산의 일반회계에 포함하여 예산을 수립하면 별도의 양특적자는 발생하지 않고 매년 전 국민이 골고루 부담, 해소된다. 특히 이중곡가제는 농민들에게 생산비를 충분히 보장해주면서 소비자에게 싸게 공급하는 정책을 말하는데, 정부가 농민에게 생산비를 보장해주지도 않으면서 '이중곡가제', '양특적자' 운운은 설득력이 없다. 왜냐하면 지금 누적된 '양특적자'는 농민을 위해서 발생한 것이 아니고, 소비자를 위해, 즉 저노임을 유지하고 독점재벌의 부담을 줄여주기 위해서 발생하고 있는 것이다! 그런데 왜? 농민에게 그 책임을 떠넘기려 하는가?

정부는 또 생산비 보장을 거부하면서 쌀값이 오르면 다른 물가에 인상 압박을 주기 때문이라고 한다. 마치 쌀값인상이 물가인상의 주범인 양 언론을 오도하고 있다. 하지만 금년 상반기 동안만도 버스요금 14% 인상에서 보듯이 다른 물가는 대폭 인상이 되었다. 쌀값이 미치는 영향은 10% 인상 시 도매물가의 0.44% 정도밖에 안 될 뿐만 아니라, 국민 1인당 1일 쌀값 지출은 400원이 채 못 된다. 이것은 커피 1잔 값에도 미치지 못하는 금액이다. 정부는 매년 독점재벌들에게는 수조 원에 달하는 특혜 융자, 이자 탕감 등을 해주면서 쌀값에 대해 '물가 인상 요인', '재정 부담' 운운하는 것은 설득력이 없다.

3. 양곡유통위원회 해체하고 추곡가 심의위원회 구성하라!

정부는 1988년 국회를 통과한 양곡관리법에 근거하여 '양곡유통위원회'라는 기구를 설치하여 운영하고 있다. 이 기구는 형식상 농민, 학계, 소비자, 연구단체 등으로 구성되어 있다. 이 기구를 통하여 정부는 추곡가의 적정 수준이 얼마인가를 마련하는 데 있어, 전 국민의 여론을 수렴하는 것인 양 활용하고 있다.

허나 이 기구는 한마디로 정부의 입장을 보완하고 보조하는 요식 행위에 불과하다는 것이 88년 사례를 통하여 드러난 바 있다. 금년에도 지난주 전남 담양에 현지 답사차 내려온 위원들이 농민들의 참여를 거부한 채 생산지 작황 답사를 떠나버려 농민들의 항의가 현지 언론에 의해 보도된바 있다.

더욱이 쌀값은 직접 생산자인 농민대표와 정부대표가 협상의 대상이 되어야 한다. 왜냐하면 농민은 쌀을 파는 입장이고 정부는 구매의 당사자이기 때문이다. 그리고 그 결과가 국민의 대의기구인 국회의 동의를 얻으면 된다. 하지만 현재는 농민의 의사가 직접 반영될 중요한 절차가 제도적으로 보장되어 있지 않다.

'양곡유통위원회'는 농민의 의사를 대표할 수도, 의견을 수렴할 수도 없게 되어 있다. 양곡유통위원 중 농민과 농민단체를 대표하는 사람은 5명에 불과하다(총 위원 20명 중 5명). 그러나 5명마저도 정부가 지정하는 개인과 단체들이다. 따라서 그들이 무엇을 할 수 있는가는 불을 보듯이 빤한 노릇이다. 그 한 예로 지난 9월 26일 전국의 90여 개 군 단위 쌀 생산 농가를 대표하는 '쌀값보장과 전량수매쟁취를 위한 전국농민대책위(준비위)'가 심각한 추곡가문제를 가지고 농협중앙회에서 공청회를 갖고자 장소 교섭을 벌였지만, 농협은 정부가 두려워 장소 사용을 거절하는 반농민적 작태를 드러내고 말았다. 즉, 이러한 단체들이 '양곡유통위원회'의 구성원이니 그것이 어떻게 농민의 의견을 대표할 수 있겠는가?

요식 행위에 불과한 '양곡유통위원회'를 즉각 해체하고, 농민대표와 정부대표로 구성되는 '추곡가심의위원회'를 설치해서 쌀값문제를 다루어야 한다. 그리고 국회는 쌀값문제를 당리당략에 이용치 말고 국민의 생명인 기초산업의 육성과 자립경제의 기반 구축이라는 시각에서 제도적 장치의 입법을 서둘러야 할 것이다.

4. 11만 9,684원 보장하고 전량 구매하라!

이상에서 살펴본 바와 같이 89년 추곡 수매가는 국민의 생명인 식량자급이라는 전체적 방향과 식량의 무기화로 치닫고 있는 국제적 추세에 대응하는 방향에서 논의의 중심이 서야 할 것이다. 그리고 국민경제의 균형적 발전과 자립경제의 회생이라는 관점에서 쌀값 인상폭이 결정되어야 한다. 이것은 바로 국민소득의 5,000불 시대에 걸맞은 당연한 귀결로서 농민 노동의 대가가 실현되는 농가의 소득 보장을 의미한다.

이를 위해서는 첫째, 쌀 생산에 직접 투하된 한계생산비와 전 국민의 평균소득이 농민에게도 보장되는 선이 정부 수매가 결정에 반영되어야 할 것이나, 현 국가경제 상황을 십분 고려하여 한계생산비와 도시 노동자의 평균소득의 80%를 농가에 보장해주는 쌀 1가마(80kg) 11만 9,684원으로 결정되어야 한다.

둘째, 시장가격의 장기적 안정과 영세농가의 홍수 출하로 인한 소득 손실을 막기 위해 농가 출하 희망 전량을 구매해야 한다.

셋째, '양곡유통위원회'를 해체하고, 생산농민을 대표하는 '쌀값보장과 전량수매쟁취를 위한 전국농민대책위'와 정부대표가 참여하는 '추곡가심의위원회'를 구성할 것을 제안한다.

그리고 국회는 농축산물수입규제법, 농축산물가격보장법, 농가부채정리법을 시급히 제정하라. (1989)

3부

농민운동의 과제와 방향

1970년대 한국 농민운동의 반성*

모임의 성격상 전국 단위 운동에 관여하신 분이 발표를 하셔야 할 텐데 그런 점에서 저는 발표자로 적임자가 아니어서 상당한 한계를 갖고 말씀을 드려야 할 것 같습니다. 그리고 개인적인 경험의 한계가 있어서 70~80년대 운동을 포괄적으로 정리할 수가 없습니다. 그래서 제가 활동한 지역인 함평이나 전남을 중심으로 개인적 경험을 이야기할 수밖에 없다는 점을 이해하여주시기를 바랍니다. 따라서 어느 정도 일반성을 띤 이야기를 할 수 있을지 자신이 없습니다.

저는 주로 마을 단위를 중심으로 이야기를 하겠습니다.

우선 70년대 초반의 선전활동으로서의 교육활동의 내용과 방법이 어떤 것이었느냐 할 때, 교육의 목적은 농촌 사회의 민주화 혹은 협동화 등의 추상적인 것이었습니다. 교육 내용 면에서 있어서는 농민의 경제 잉여를 직접 유출시키는 각종 기관, 관제단체, 행정관리들의 비리를 폭로하는 데 치중되어왔습니다. 가령 농협의 강제출자문제, 농지개량조합의 조합비 문제, 경지정리 과정에서 발생하는 부당징수문제 또는 새마을사업의 비리나 반농민적 성격, 경지정리 과정에서 발생하는 부정부패들, 주로 이런

---

* 이 글은 1980년대 초(1983년경으로 추정) 농민운동 활성화를 위한 비공개 모임에서 글 쓴이가 발제한 것이다.

것들을 폭로하는 것이 교육 내용의 주류를 이루어왔습니다. 농민들이 잘 모르는 부분을 먼저 깨우친 사람들이 폭로·인식시키고, 그를 통해서 맹신적으로 따랐던 지도자에 대한 분노·배신감을 유도하는 것이 주요 내용이었습니다.

그러나 그렇게 하여 집단의식이 형성되었다 하더라도 그것이 행동의 실천으로 나타나기에는 한계가 많았습니다. 그를 위해서 우선 준법투쟁을 유도했습니다. 교육만으론 행동을 유도하기가 어려웠기 때문이라고 생각합니다. 그래서 '위의 정치하는 사람들은 잘하려고 하는데 그 아래 관리들이 부정을 행한다. 그러니 이것을 고치는 것이 민주화다'라는 식으로 사고케 함으로써 행동에 자신감을 불러일으키려고 노력했습니다.

이런 식으로 해서 촉발된 투쟁이나 성과를 가지고 70년대 후반에는 농민들의 이해에 더욱 접근하면서 토지문제, 농산물가격문제, 농업이 구조적으로 안고 있는 내·외부적인 문제들을 구체화하고 현장의 운동세력을 조직해갔습니다. 그리고 이것이 더 나아가서 민족문제로 귀결되었습니다. 이것이 70년대의 전반적인 교육 내용이요 성격이었다고 생각됩니다.

교육의 대상 및 참여자가 누구였느냐 하면, 마을 단위의 경우 대부분 마을에서 소외당하고 있는 영세소농·중농이었고, 연령적으로는 30대였습니다. 그러나 마을 단위 교육을 주도한 사람은 마을을 위해 뭔가 봉사해야 되겠다고 생각하는 사람들, 잘살기 위해 몸부림쳤던 사람들, 특히 새마을운동에 열심이었다가 환멸을 느낀 사람들, 기존의 농민·농촌단체에서 열심히 일하다가 한계를 느낀 사람들이었습니다. 이들은 정부단체 등의 비자율성에 환멸을 느껴 농민들끼리 뭔가 해보고 싶던 차에 그런 욕구와 운동이 맞아떨어짐으로써 마을 단위 교육을 주선하고 주도할 수 있었다고 봅니다.

교육 장소로는 주로 사랑방이 활용되었고, 예배당도 많이 사용되었습니다. 강사는 초기에는 주민 자체보다 외부 지식인이었으나, 70년대 후반에는 주로 현장 출신 사람들이 마을 단위 교육을 담당하는 형태로 발전했습니다.

다음으로 활동 과제와 방법이 무엇이었느냐 하면, 우선 투쟁 목적이 철저하게 주민의 이익 실현이었습니다. 가령 농협의 강제출자 거부라든지, 산림조합비 문제, 부당세금 거부, 관리들의 횡포 시정, 부정부패 색출 등이 마을 단위 투쟁 목적이었고, 그 외에 마을 단위 민주화운동이 있었습니다. 그런데 이것이 70년대 후반에는 조직 명분 투쟁으로 발전한 것이 흐름이 아니었나 생각됩니다.

투쟁의 전술은 초기에는 준법운동(서명받은 진정서 제출, 여론화, 조사활동 등)이었으나 70년대 중반 이후에는 이것을 집단적으로 폭로하는 기도회 등 반합법적 운동 형태로 나타났습니다. 대규모 기도회를 열어 확산시킨다든지, 몇 개 마을이 연합으로 어떤 기관에 들어가 집단행동을 벌인다든지 하는 형태로 발전했습니다. 여기에서 나타난 전술이 꽹과리 작전, 걸고넘어지기 작전 등이었습니다.

70년대 초 새마을사업의 정체가 드러나고 농민들이 회의를 품게 되자 가농 같은 단체가 전국적으로 결성되고 농민들의 호응을 얻게 됩니다. 가톨릭농민회에서 뭘 한다 해서 가보면 지금까지 듣지 못하던 과감한 발언을 하고 확신을 주는 내용의 교육을 하고 하니까 이런 것들이 농민을 강하게 사로잡았던 것 같습니다. 그리고 마을 단위 투쟁 대상이었던 군청 등도 자주적 농민단체들에서 과감한 발언이 나오자 이게 전국적으로 큰 세력을 갖고 있고 상부 행정기관과도 어떤 관계가 있는 게 아닐까 싶어 겁을 집어먹고서 상부 기관에 알려지기 전에 문제 해결을 하려고 쉬쉬하면서 문제 해결에 도움을 주었지만, 이제는 이 단체들의 실상이 드러나 군청 등에 대한 호소력도 약해지고 농민들에 대한 호소력도 약화되고 있는 것 같습니다.

70년대를 통해서 운동을 주도한 조직·단체는 거의 기독교 단체였고, 하향식 구성 체계를 가졌던 것으로 보입니다. 그리고 거의 대부분 자금이 절대적으로 외부로부터 제공되었던 특징을 지니고 있습니다. 그러나

70년대 중반, 몇몇 현장에서 자생적 조직을 시도한 적이 있습니다. 예를 들어 1976~1977년에 함평농민회, 강진농민회, 무안 농사형제회, 보성의 민우회 등 자생적 농민조직을 가지려는 시도가 있었습니다. 그러나 이미 전국적 조직과 강력한 지도력을 가진 가농의 지도 역량에 흡수되거나 흐지부지되어버렸습니다.

운동 참여자의 이념적 수준은 대체로 주어진 조건하에서 농민의 현실적 이해를 대변하는 정도, 양심적 가책 때문에 하지 않을 수 없다는 정도였고, 소수이지만 농민의 현실을 제도적 모순의 결과로 파악하면서 민족운동으로 발전시키려는 의지를 지닌 사람도 있었습니다.

이제 이런 토대 위에서 80년대 운동 상황을 봅시다. 우선 저는 1980년 5월 이후 1982년까지를 일시적인 운동의 침체기로 봅니다. 미국문화원 방화사건 등과의 연루로 인한 타격 등이 그 요인이라고 생각됩니다. 그리고 제5공화국의 정의사회구현 표방은 현장운동의 명분을 상당히 약화시켰습니다. 그래서 이 기간에는 문화 행사, 전국 행사 등으로 일관했습니다. 그리고 농민운동을 탄압하는 양상이 변모했음에도 불구하고 그에 대처하는 수단은 구태의연했던 점도 운동 침체의 한 요인이 아닌가 생각됩니다. 70년대에는 주로 기구의 상부구조를 탄압했었습니다. 가령 서울의 한국농업근대화연구회, 크리스챤아카데미, 가톨릭농민회 전국본부 등의 직원을 구속시켰던 것이 그 예입니다. 반면에 현장에 대한 탄압은 경찰의 위협에 의한 감정적 탄압이 고작이었습니다. 그런데 80년대에 들어서는 현장에 전 행정력을 투입하여 탄압하는 양태로 변하고 있습니다. 그것은 이미 상부구조는 체계가 잡혔기 때문에 상부구조를 박해하는 것은 국제적 여론만 악화시키고 다른 운동권을 자극할 뿐이라고 생각하는 때문이 아닌가 싶습니다. 그래서 전 행정력을 현장 탄압에 투입시키고 있는데, 이들의 전략과 전술은 상당히 유화적이고도 기만적인 측면이 있습니다. 가령 청소년후계자 육성기금 지원과 1982년 이후 24억 원에 달하는 10년간 무이자 자금 살포, 농협 강제출자 등의 문제의 자발적 해결, 신품종 강요 등의 강제행정 해소, 부정부패 척결 장담, 기계화영농단·청소년회·정화위원회·개발위원회 등 각종 소그룹 개편 강화 및 신설, 반상회 강화 등 박해가 총력전의 형태로 나타나고 있는 것입니다.

그래서 이 시기에 마을 단위에서 경제적 협력활동이 급증합니다. 그로 인해서 풍물 교육을 통한 접근 방법이 빠져 있는 도농 간의 만남, 자연농법, 공해문제, 건강 보호 등으로 농민운동의 관심이 상당 부분 할애되었습니다.

한편 이 기간은 동시에 70년대 평가 및 현장운동의 재편 시기였습니다. 우선 기존 운동단체들에 대한 농민들의 상당한 외면 현상이 일어났습니다. 활동 목적은 지지하나 가입하여 활동하는 것은 괴롭다는 등의 솔직한 고백들이 있었고, 교회와의 관계에서는 눈치를 보아야 하므로 앞으로는 농민적 방법과 배경을 기반으로 한 운동이 되어야 하지 않겠느냐는 반성도 있었고, 일반 농민운동세력으로부터 고립되었다는 비판도 있었습니다. 가령 4H 회원과 가농 회원과의 교류 단절 등이 그러한 비판의 근거였습니다. 그래서 한국농민회 구성 등이 논의되었고, 70년대의 마을 단위 또는 전국 단위의 조직에서 이제는 군 단위 등 지역 단위 조직을 주체세력으로 삼으려는 움직임이 확대되고 있으며, 그 외에도 운동의 통일성을 확보하려는 노력으로서 '함평군·무안군 현장문제 대책위원회', '강진농우회' 결성 등 새로운 움직임이 일어나고 있습니다.

또한 70년대에는 조직원 훈련에 상당히 소홀함으로써 운동에 대한 소명감을 강화시키는 데 실패하였고, 아울러 조직원들의 역사의식이 결여되고 운동의 통일성이 결여되는 결과를 낳고 말았다는 반성도 있습니다. 그래서 80년대에는 각 지역을 중심으로 소그룹 운동화가 시도되고 있습니다.

70년대를 통해 운동 상부구조가 파괴되면서 운동 역량이 상당히 소모되었고, 운동 지도부가 70년대의 30대 초반에서 80년대에는 40대로 접어들어 그들의 개인적인 활동 역량이 축소됨으로써 운동 역량이 전체적으로 축소된 면도 있습니다. 그 밖에 자연 탈락하는 현상도 운동 역량을 축소시키고 있습니다. 이를 보충하기 위해 청년 분과를 구성하는 등 후진 양성에 노력을 기울이고 있습니다. 그리고 이념 교육을 강화하고 있습니다.

70년대를 다시 한 번 돌아보면 전남의 경우, 커다란 집단적 사건이 많았습니다. 함평고구마사건, 광산군의 삼도단지와 본양면의 경지정리사건, 벌교 농지개혁사건, 무안군 단위조합 임시총회소집사건 등이 그 주요 사건들이었습니다. 그런데 무슨 이유에서인지는 몰라도 80년대에는 이전에 큰 운동이 있었던 지역이 대부분 운동 침체 현상을 보이고 있습니다. 80년대에도 계속 살아남은 지역은 대체로 마을 단위 활동이 성공한 지역입니다. 이런 지역에서는 꾸준히 조직이 확대되는 반면, 투쟁에 실패한 지역은 침체 현상을 보이고 있습니다.

1982년 하반기에 들어 모든 농산물가격이 하락세를 보이고, 같은 해 말에는 제5공화국의 반농민적 경제정책이 진상을 드러냄으로써 정부의 슬로건에 대한 신뢰가 추락하고 농민들의 불만이 증대됨으로써 객관적 조건이 성숙하자 기존 농민단체들이 재활성화를 시도하기 시작합니다. 이것이 각종 현장 단위 교육의 활성화로 나타나고 있고, 1983년 구례지역에서의 농지개량조합과의 집단적 싸움에서의 승리, 함평·무안 등지 추곡수매 싸움에서의 성공 등을 통해 그 역량이 나타나고 있는 것 같습니다.

김규식　농민운동과 외부와의 관계를 주로 말씀하셨는데, 농민운동 내부적 관계의 문제를 볼 때, 1979년에 기독교농민회가 탄생되었는데 그것이 어떤 의미를 갖는다고 보시는지 묻고 싶습니다. 가톨릭농민회와의 관계에서 볼 때 같은 운동을 하는 기구가 하나 더 생긴 것이냐, 아니면 노선의 문제상 각기 다른 어떤 부분을 담당하는 것이냐 하는 점에 대해서 이야기해주시면 좋겠습니다.

노금노　70년대는 거의가 가농의 독무대였고, 그래서 가농을 중심으로 정리를 했습니다. 기농이 어떤 내용과 성격을 가지며, 기존 운동과 어떤 관계에서 태동되었느냐 하는 것은 참석하신 기농 회장님을 통해 듣는 게 좋겠다고 생각되고, 80년대에는 두 기관 사이에 강한 통일성이 요구된다는 점을 말씀드릴 수 있다고 봅니다.

박현채 80년대에는 협동화 추세가 있다고 말했는데, 그것이 좋은 현상인지 나쁜 현상인지, 그리고 왜 그렇게 판단하는지 말해주면 좋겠습니다. 가농이 비대화해지니까 보수화해서 자기를 지키려는 데 머무르고 있다는 말도 있는데, 거기에 대해서는 어떻게 생각하십니까?

노금노 저 자신으로서는 무어라고 말씀드릴 자신이 없고, 토론 과정에서 함께 이야기했으면 합니다.

나상기 1970년대와 관련해서 이우재 선생께서 글을 통해 정리하신 내용을 보면, 70년대 운동의 문제점 중의 하나로서 광범위한 농민 참여가 되지 못했다고 지적하고 계신데, 왜 그것이 되지 못했는지 그 원인이 규명되어야 할 것 같습니다. 그리고 농지문제라든지 농협의 민주화, 농산물 수매가문제 등이 제기되기는 했으나 광범위한 경제투쟁으로 발전되지 못했다는 지적도 있는데, 이 역시 광범위한 농민 참여의 결여와 관련하여 이야기되어야 할 것 같습니다. 광범위한 농민 참여가 왜 안 되는지, 그리고 그것을 실현할 수 있는 최소한의 계기가 군 단위 연대활동의 태동과 같은 조직 차원에서의 노력에서 찾아질 수 있는 것인지의 문제들이 조금 이야기되었으면 합니다.

노금노 70년대에 들어왔던 해결사라는 칭호를 벗어버리기 위해 80년대에는 농민적 배경에 근거한 농민운동 전개가 광범위하게 이루어지고 있다고 봅니다. 개인적인 견해를 말한다면 70년대 이전의 수십 년 동안 이 땅에는 농민운동다운 농민운동이 없었다고 생각합니다. 70년대에 비로소 태동하다시피 하면서 농민운동이 부활했는데, 이제 겨우 10여 년이라는 짧은 역사를 놓고 광범위한 참여를 이루지 못했다고 평가를 내리는 것은 다소 성급한 평가라고 생각합니다.

정광훈 선교단체가 농민운동을 드러내놓고 본격적으로 했을 때 과연 전체 농민의 호응을 얻을 수 있었을까라는 가정에 대해서는 어떻게 생각하십니까?

노금노 저는 선교단체가 70년대의 농민운동을 정말로 확실하게 주도하지 못했다고 생각합니다. 오히려 농민 스스로가 선교단체를 끌어들여 함께 일하려고 노력했으면 했지 선교단체가 역사적 책임감을 가지고 70년대를 이끌어왔다고는 생각하지 않습니다.

김정순 80년대에 있어서의 전체 농민운동의 전략은 무엇이라고 보십니까?

노금노 제게 주어진 주제는 70년대를 정리하는 것이었고, 지금 제기하신 주제는 함께 토론해야 할 주제라고 봅니다.

배종렬 한 지역에 가톨릭의 공소가 들어오고, 이어서 기장 교회가 들어오고, 가농이 들어오고, 또 기농이 들어오고 하여 그 지역이 4분 되는 등 농민 선교단체들 사이에 농민 분열이 생기는 경우가 있는데, 이들 사이의 내부적 통일을 기하는 것이 더 긴급한 과제라고 말씀하시는 분이 있었는데, 그 점에 대해서는 어떻게 생각하십니까?

노금노 어떤 분이 그런 말씀을 하셨는지 모르지만 현장의 운동 양상이나 내용을 알고 하신 말씀이신지 모르겠습니다. 어떤 것을 분열이라고 하시는지 잘 이해가 되지 않고, 다분히 교회 중심적인 발상에서 나온 생각이라고 봅니다. 전체 농민운동의 차원에서는 협력관계라고도 볼 수 있기 때문입니다.

장상환 구체적으로 드러난 사건이 없었다고 해서 80년대 초반을 농민운동의 침체기라고 볼 수 있을지 의문입니다.

노금노 가농이나 기농의 입장에서 운동이 침체됐느냐 아니냐를 판단해서는 안 된다고 봅니다. 가농이나 기농이 농민들의 자연발생적인 집단적 저항을 모두 수용하고 있느냐 하면 그렇지 못하기 때문입니다.

나상기 광주사태가 발생했을 때 어째서 농민들의 경우에는 군 단위면 군 단위대로 집단적 요구가 표출되지 못했다고 보십니까?

노금노　　상황에 주체적으로 대처할 만한 지도 역량이 확보되어 있지 못했고, 그럴 정도까지의 운동 경험 축적이 이루어져 있지 못했기 때문이라고 봅니다.

나상기　　10·26 이후 5·17까지 뭔가 약동했던 시기에 노동운동은 생활상의 요구를 사회화하고 정치화하는 데 상당히 적극적이었는데, 농민운동의 경우에는 대전농민대회, 헌법 관계 공청회 등을 제외하면 현장 단위투쟁이 희박했던 것으로 기억합니다.

노금노　　상황에 대한 평가를 한 결과 상황이 유동적이므로 좀 더 관망해야 한다는 데 의견이 모아졌기 때문에 적극적인 활동이 유보되었고, 그래서 전남농민대회도 5월 19일로 미루어졌던 것입니다. 해방 이후처럼 전부 드러났다가 당할 수도 있다고 보았기 때문입니다. 그러니까 농민운동이 앞서 말씀하신 그 기간 동안에 소극적이었던 것은 역사적인 경험을 존중하려는 뜻도 있었고, 물론 역부족이라는 생각 탓도 있었습니다.

박시영　　구례 수세 현물납부 사례를 공동체 활동 사례로 들었는데, 운동단체가 그런 방식을 전략으로 추구해야 한다고 보시는 것인지, 아니면 자연발생적으로 그런 행동이 나왔다는 뜻으로 말씀하신 것인지 알고 싶습니다.

노금노　　공동체운동이라는 가농의 목표 자체에 대해서 가농 내부에서도 아직 완전한 합의에 이르지 못하고서 계속 모색하는 단계에 있다고 보기때문에 공동체 활동이 전략적으로 권장되어야 한다든지 또는 배제되어야한다든지 하는 식으로 자신 있게 대답할 수가 없습니다. (1983)

농민운동의 과제와 전남 농민운동의 통일단결에 대하여
－전남 농민 동지 여러분께 드리는 제안*

1988년 7월 초순

배종렬, 최성호, 정관수, 노금노

여러 가지 어려움에도 불구하고, 농촌 현장에서 밤과 낮을 가리지 않고 농민운동 발전을 위해 수고하시는 동지 여러분께 깊은 애정을 느끼면서 인사드립니다.

이 땅의 가장 중요한 주인이면서도 가장 천대받고 억압·수탈당하고 있는 농민의 인간된 삶의 쟁취, 생존권 보장, 조국의 민주화·자주화를 위해 열심히 투쟁해온 보람으로 농민운동은 일보 일보 발전해가고 있습니다.

그러나 농민대중의 생활은 갈수록 더 어려워지고 있으며, 미국과 군부 독재정권, 독점재벌의 정치·경제·문화·사회 등 농민 생활 전반에 대한 지배와 억압·수탈은 더욱더 치밀하고 악랄해져가고 있습니다.

이러한 시점에서 먼저 농민운동에 종사해왔던 우리 네 사람은 농민운

---

* 이 글은 80년대 후반 들어 가톨릭농민회·기독교농민회·자주적 농민회 등으로 분립되어 있던 전국 농민운동 진영의 통일단결 움직임이 활발해지던 때, 1988년 7월경 글쓴이가 배종렬(기농), 최성호(가농), 정관수(가농) 제씨와 함께 전남 농민운동 진영에 농민운동조직의 통일단결을 위한 전남지역 농민운동가 모임을 제안하는 제안서로서, 글쓴이가 대표 집필한 것이다.

동의 발전을 위하여, 더 나아가 민중운동의 발전을 위하여 우리가 해야 할 일은 과연 무엇인가를 겸허하게 생각해보고 우리 네 사람의 역할이 무엇인지를 찾아 올바르게 수행하기 위하여 몇 차례 만남을 가진 바 있습니다.

우리 네 사람의 만남에서 나누어진 의견은,

첫째, 현 정세와 농민운동의 과제는 무엇인가.

둘째, 농민운동의 과제를 실현해가는 구체적 방도는 무엇인가.

셋째, 농민운동의 과제를 풀어가는 데 있어서 우리 네 사람의 역할은 무엇인가 등이었습니다.

우리 네 사람은 그동안 우리끼리 나눈 의견을 현장에서 열심히 활동하고 계시는 여러 동지들과 함께 나누고 동지들이 활동하시는 데 도움이 될 수 있기를 바라면서 우리들의 의견을 동지 여러분께 공개적으로 알리는 데 합의했습니다.

우리 네 사람은 우리들의 견해를 알리는 데 있어서 몇 가지 우려되는 바에 대하여 의견을 나누었습니다. 먼저 우리 네 사람은 조직의 대표로서 만난 것이 아니며, 농민운동 발전을 열망하는 개인 자격으로서 논의한 것임을 밝혀두고자 합니다.

또한 지금까지 우리 네 사람이 전남지역, 전국 농민운동에서 주요한 직책과 역할을 담당해왔던 배경으로 인하여, 우리들의 의견이 자칫하면 지시나 명령처럼 잘못 전달돼서는 안 된다는 점에 의견을 같이했습니다. 즉, 우리 네 사람은 가톨릭농민회나 기독교농민회, 전국농민협회의 조직 대표나 책임자로서 여러분께 말씀드리는 것이 아니라, 농민운동 발전에 기여하고자 하는 개인들로서 말씀드림을 참고해주시고 이해해주시기를 부탁드립니다.

우리들의 의견이 진정 동지 여러분의 활동에 도움이 됐으면 하는 바람과 함께 농민운동 발전을 위한 논의가 보다 활발하게 진행되고 그 논의가 현장 농민대중과 결코 분리되지 않고 실천적으로 수행됐으면 좋겠다는 생각입니다.

동지 여러분들의 진지한 검토를 부탁드립니다.

분단조국 44년 7월 초순

배종렬, 최성호, 정관수, 노금노

- 배종렬: 무안에서 농사를 짓고 있고, 전前 한국기독교농민회총연합회 회장을 역임한 바 있으며, 현재는 광주전남민중운동협의회 의장을 맡고 있다.
- 최성호: 구례에서 농사를 짓고 있고, 현재 한국가톨릭농민회 전국 부회장을 맡고 있으며, 어민의 생존권 쟁취와 조직화를 위해서도 활동하고 있다.
- 정관수: 무안에서 농사를 짓고 있으며, 현재 한국가톨릭농민회 전남연합회 회장을 맡고 있다.
- 노금노: 함평에서 농사를 짓고 있으며, 현재 함평군농민위원회 회장과 전국농민협회 사무국장을 맡아 활동하고 있다.

1. 현 정세와 농민운동의 과제

(1) 현 정세에 대하여

전남 농민대중은 전남지역 전역에서 평민당 국회의원 후보에게 정치적 의미의 한 표를 던졌습니다. 이것은 무엇을 의미하는가. 현재 농민이 처한 정치적 상황에서 전남 농민들은 자신의 정치의식 수준에서는 최선의 선택을 하였다고 볼 수 있습니다. 왜냐하면 민정당세력을 반대하고 거부하는 것과 더불어 당연히 제시되어야 할 실현 가능한 정치적 대안이 전남 농민들에게는 평민당세력뿐이었기 때문입니다.

전남 농민대중에게 있어 정치세력은 세 부류의 세력이 알려져 있습니다. 그 첫째는 민정당을 비롯한 미국, 군부독재정권, 독점자본으로 이 세력은 군청, 민정당 지구당, 경찰, 관제 어용조직 등과 함께 반대와 거부의 대상이며 없어져야 할, 언젠가는 개혁되어야 할 세력입니다. 둘째는 평민당세력입니다. 평민당세력은 많은 농민들에게 그동안 전남 민중들에 대한 정치적 억압과 지배·수탈로부터 쌓여진 '한'의 주체로서 김대중 씨를 지지하고 있습니다.

마지막으로 또 하나의 세력은 우리들 농민운동세력입니다. 농민회세력은 정치권력을 지향하는 세력으로 명확하게 알려져 있지 않으며 대부분 양심적이며, 반정부적 세력, 평민당과 가까운 사람들, 순수하며 비타협적으로 투쟁하는 것이 과격하게 알려져 있는 세력입니다. 즉, 농민회는 농민대중의 정치적 대안으로까지는 인식되어 있지 않은 것입니다. 이러한 농민대중에게 알려져 있는 정치세력들 간에 4·26총선으로 드러난 전남 농민대중의 정치적 선택은 민정당세력에 대한 절대적 반대, 거부의 표시로서 김대중 씨로 상징되는 평민당에 대한 지지로서 드러났던 것입니다.

4·26총선의 결과로 전남지역에서 민정당 국회의원 전원이 탈락함으로 인해 미국과 군사독재정권, 독점자본, 민정당세력의 지배 기반을 확보해 가는 데 매우 치밀하고 고도의 작전을 펼쳐나갈 것이 예상됩니다. 이것은 장기적으로 다음 선거를 예비하는 것일 수도 있으며, 단기적으로 지배세력의 정책을 농민에게 관철시키기 위해서도 필요한 작업일 것입니다.

즉, 지역에서 행정기관, 정부기관 그리고 관제 어용단체들이 보다 긴밀하게 결합하여 연합하도록 할 것이 틀림없습니다. 이들이 사용할 수 있는 주요한 전술은 회유와 선심, 그리고 농민운동세력 및 지역 내 양심적이며 진보적인 세력들에 대한 분열공작일 것입니다. 이는 특히 지방자치제 실시 과정에서 매우 치밀하게 전개될 것으로 예상됩니다.

4·26총선은 전남 농민대중의 정치의식을 한층 더 고양시켰습니다. 전남지역 전 지역에서의 민정당 패배는 농민대중에게 단결된 힘과 일치된 반민정당 정치의식을 심어주기에 충분하며 반정부 의식을 더욱더 고무시

컸다고 볼 수 있습니다. 수없이 뿌려졌던 선거자금과 각종 회유와 선심, 여론조작, 부정선거에도 불구하고 민정당을 단호히 반대한 것은 농민대중의 정치의식이 결코 저급하지 않음을 보여주고 있는 것입니다. 이것은 현재 농민대중 정치의식의 긍정적인 측면입니다.

동시에 반민정당 의식이 평민당의 지지로 드러난 것은 현재 농민대중이 가지고 있는 정치의식의 한계와 더불어 농민대중의 정치의식과 투쟁을 발전시키기 위해서는 농민의 자주적 정치의식의 고양과 농민 주체의 실현 가능한 정치적 대안을 가진 세력이 등장해야만 되는 과제를 보여주고 있습니다.

4·26총선은 전남지역에서 평민당세력을 강화시켜주었습니다. 평민당 세력은 농민대중의 반민정당 의식의 대가로, 그리고 평민당에 대한 심정적 지지의 대가로, 평민당 이외의 정치적 대안이 제시되지 못한 대가로 자신의 세력을 강화시켰습니다.

농민회세력은 대부분의 농민대중에게 정치권력의 대안으로 알려져 있지 않습니다. 가장 헌신적으로 가장 치열하게 비타협적으로 싸워왔음에도 불구하고 농민운동세력은 정치적 대안으로 농민들에게 인식되어 있지 않은 것입니다. 지역 정치력의 장악으로부터 전국적 정치권력의 대안으로 발전하기 위하여 그리고 농민의 자주적이며 주체적인 정치권력으로, 대안으로 성장·발전하기 위해서 농민운동세력은 지금 무엇을 어떻게 해야만 하는가? 그것은 원칙적으로 농민운동 및 농민대중의 진정한 정치적 목표, 그리고 이 목표를 달성하기 위한 실현 가능한 방법과 방침을 농민대중 속에서 세우고 그것이 농민대중의 것이 될 때, 그리고 그것을 쟁취하기 위하여 통일단결하여 헌신적으로, 농민대중의 스스로의 힘으로 굳건히 서서 투쟁해갈 때만이 비로소 가능한 것입니다.

(2) 농민운동의 과제에 대하여

4·26총선의 결과 속에서 전남 농민대중은 자신들의 정치의식이 결코 저

급하지 않으며 자신들은 수탈·착취·지배·억압하는 세력이 누구이며, 자신들이 반대해야 할 세력이 누구인가를 명확히 인식하고 있음을 보여주고 있습니다.

4·26총선은 농민대중의 정치의식에 있어서 농민문제는 농민의 자주적 단결·투쟁만이 해결할 수 있다는 자주적 정치의식이 매우 중요한 문제임을 보여주고 있습니다. 평민당세력 또한 농민대중이 농민회로 단결해 있을 때만이 비로소 농민을 위한, 농민에 의한 일을 할 수 있도록 만들 수 있을 것입니다. 농민대중의 자주적 정치의식을 고양·무장시키는 것은 매우 중요한 과제이며, 이것은 농민의 이익을 위한 투쟁 과정 속에서만이 힘있게 얻어질 것입니다.

농민운동세력은 이제 자신의 정치적 목표를 명확히 해야 합니다. 그리고 그 정치적 목표를 달성하기 위한 방도·방침을 농민대중과 함께 공유해야만 합니다. 농민운동세력은 농민문제를 해결할 수 있는 유일한 농민의 정치세력으로서 건설되기 위해서 무엇을 이루고자 농민운동을 하는 것인가를 분명히 공개적으로 대중과 함께 만들어가며 알려야 하는 것입니다.

그동안 우리는 농민대중과 함께하기 위하여 많은 노력을 해왔습니다. 많은 면농민회·군농민회가 건설되었고, 수세거부대책위원회, 농협민주화추진위원회 등 과제별·요구별 조직 그리고 작목별 조직도 만들어가고 있습니다. 그러나 이러한 조직을 운영하고 발전시키는 데 있어 많은 고민과 어려움을 겪고 있는 것 또한 사실입니다.

우리는 그동안의 경험과 실천 속에서 농민대중과 함께하지 못하는 어떠한 계획이나 실천도 힘을 가질 수 없음을 뼈저리게 느껴왔습니다. 이러한 교훈을 되살려 면농민회를 발전시키는 데 있어서 어려움이나 농민운동을 하는 데 있어 여러 가지 어려움을 반드시 농민대중과 함께 농민대중 속에서 그 방도를 찾는 것이 가장 현명한 방법임을 확신할 수 있습니다. 즉, 현재 우리 농민운동의 주요한 과제 중의 하나는 농민대중과 강고히 결합하여 광범한 농민의 자주적·주체적 조직을 건설하는 것입니다.

또한 우리들의 고민 중의 하나는 투쟁을 바르게 지도하고 조직을 잘 운영하여 발전시키며 올바른 사상과 품성으로 농민대중에게 신뢰받는 대중활동가를 육성하며 우리 스스로 어떻게 역량을 강화할 것인가도 매우 중대한 과제 중의 하나라고 생각됩니다.

정리해보면 현재 우리에게 주어져 있는 주요한 과제는,

첫째, 농민대중의 자주적 정치의식의 무장과 광범한 농민대중의 조직 건설.

둘째, 농민운동의 정치적 목표, 즉 정치노선, 그리고 이를 달성하기 위한 투쟁노선과 조직노선을 농민대중의 생활로부터 찾아내어 정립하는 것.

셋째, 농민대중활동가의 역량을 강화시키는 것으로 말할 수 있겠습니다.

위의 과제를 해결해가기 위해 농민운동세력은 무엇을 가장 중요하게 가장 먼저 해야만 할 것인가. 우리는 농민운동의 통일단결이 무엇보다도 중요한 일임을 밝히고자 합니다.

2. 농민운동은 왜, 무엇을 위하여 통일단결해야만 하는가?

첫째, 이 땅에서 미국, 군부독재정권, 독점자본의 지배를 물리치고 진정한 민주정부를 건설하기 위하여.

농민문제는 미국, 군부독재, 독점자본 집단이 이 땅에서 권력을 행사하는 한 결코 해결될 수 없습니다. 노동자, 농민, 애국청년학생, 진보적이며 양심적인 제 세력이 함께한 진정한 민주정부가 건설되었을 때만이 농민의 생존권과 정치적 권리를 완벽하게 보장하는 제반 농업·농촌·농민정책을 실시하여 농민의 인간다운 삶을 보장할 수 있는 것입니다.

둘째, 농민대중의 자주적 정치의식의 무장과 광범위한 조직화를 이룩해내고 미국과 군부독재, 독점자본과 투쟁을 전개하기 위하여.

각 마을, 각 면, 각 군, 각 도 등 지역별 농민조직과 딸기·고추·양파 등 작목별 조직, 부당수세·농협 민주화 등 과제별·요구별 조직 그리고 청년 농민·여성농민 계층별 조직, 기독교·가톨릭 농민 등 종교별 조직 등 광 범위한 농민의 자주적 조직을 건설하는 길만이 저들과의 투쟁에서 승리 할 수 있는 유일한 길입니다. 이러한 자주적 정치의식의 무장과 조직화는 농민운동의 통일된 방침 아래 수행되었을 때만이 힘을 발휘할 수 있을 것 입니다.

셋째, 각 정세, 각 시기, 각 국면에 있어 농민운동의 투쟁 방향과 전술을 통일하여 올바르게 채택하고 각 대중의 조건에 맞게끔 실천하기 위하여.

넷째, 전국 각 지역의 농민운동세력의 통일단결과 전남지역 민중운동 세력의 통일단결을 촉진·고무하고 그 계기와 발판을 마련하기 위하여.

전남지역에 있어서 농민운동은 그 어느 지역보다 중요합니다. 또한 전 남지역 민중운동은 전국 민중운동 발전에 많은 기여를 해야 할 상대적으 로 선진적인 지역인 것입니다. 이러한 점에서 전남 민중운동세력은 진정 한 농민문제를 해결하기 위해서도 전남 민중운동세력을 강화하는 데 직 간접적으로 노력해야만 합니다. 전남 농민운동세력은 전남지역의 노동 자·청년학생·진보적 지식인·양심적 종교인들과 올바르게 조직적·사상 적으로 결합해야만 합니다.

전남 농민운동세력은 그동안 전남지역에서 진보적 제 세력과 청년학생 세력이 농민문제와 농민운동에 대한 올바른 인식이 부족한 것에 대한 많 은 문제를 느껴왔습니다. 광주를 중심으로 한 전남지역의 각 운동세력에 게 농민문제와 농민운동을 바르게 인식시켜주고 그들과 힘 있게 만나기 위해서는 전남 농민운동세력이 하나의 깃발 아래 통일된 방침과 프로그 램을 제시하여 추진하며 모범적으로 단결·투쟁해나갈 때만이 비로소 가 능한 것입니다.

다섯째, 지역 내 교사 및 야당 등 진보적 세력과 농민운동이 올바르게 연대·결합하기 위하여.

4·26총선 이후 그동안 농민들의 투쟁과 민중운동세력의 투쟁의 대가로 승리한 평민당세력은 현재 분열되어 있는 농민운동세력이 견인할 수 있을까. 현재 농민운동세력의 분열된 상태로는 도저히 불가능한 것이며, 도리어 평민당세력을 강화하는 데 농민운동세력이 기여할 것입니다. 농민운동이 통일단결되어 광범한 농민대중과 함께했을 때만이 평민당세력을 지도·견인하며 민중운동 발전에 기여하도록 만들어갈 수 있는 것입니다.

평민당세력이 두려운 것이 아니라 평민당세력이 가지고 있는 부정적인 측면, 즉 그들이 가지고 있는 타협적 속성과 보수성 등이 농민대중의 자주성·창조성, 주체적 정치의식의 발전을 왜곡시키며, 농민대중의 주체적 투쟁 성과를 농민대중의 것으로가 아니라 평민당세력의 것으로 귀착시키며, 결국은 농민대중을 관객으로 앉히고야 말 것이라는 점을 경계해야 된다는 것입니다. 농민운동세력은 이러한 평민당세력의 부정적인 측면을 경계하고 견제·지도하면서 평민당세력이 가지고 있는 현재의 긍정적인 측면을 십분 활용하여 농민대중의 자주적 정치의식을 함양하고 단결투쟁으로 조직화하는 데 평민당세력이 기여하도록 만들어야만 하는 것입니다.

이렇게 하기 위해서는 어떻게 해야 하겠습니까.

그것은 농민운동세력이 통일단결하여 광범한 조직을 가졌을 때만이 가능할 것입니다. 이 사회의 모든 것은 힘에 의해 결정됩니다. 우리 농민이 가지고 있는 힘은 오직 통일단결된 자주적 조직, 광범한 농민의 조직밖에는 없습니다.

농민운동세력은 평민당세력뿐만 아니라 군 단위에 살고 있는 교사대중·청년학생대중·소상인 등 군 단위의 각 계급·계층을 조직화하는 데 핵심적인 역할을 해야 하며, 그들을 지도해야 할 사명을 가지고 있습니다. 농민운동세력은 미국과 군사정권, 독점자본을 물리치기 위해 모든 세력을 결집시켜 군 단위 민중·민주전선을 건설하는 데 노력해야만 합니다. 왜냐하면 미국과 군사정권, 독점자본세력은 농민 혼자만의 힘으로 물리치기에는 벅찬 상대이며, 또한 저들은 끊임없이 자신들의 지배를 관철시키기 위해서 여러 계층·계급에 파고들고 있기 때문입니다. 따라서 지역에서 모든 애국·민주세력을 결집시켜야 하며, 이는 지역의 농민운동세력이 중심이 되어 꾸려가야만 하겠습니다. 이것 또한 농민운동세력이 통일단결하여 통일되고 일관된 방침을 가지고 수행했을 때만이 비로소 가능한 것입니다.

여섯째, 농민운동세력의 역량을 통일적으로 배치하고 발전시키기 위하여.

농민운동세력이 발전하는 데 필요한 활동가의 역량, 즉 인적인 역량 그리고 재정 등 물적인 역량을 따로따로 중복되는 것이 아니라 통일되게 배치한다면, 우리는 보다 효율적으로 활동을 수행할 수 있게 될 것입니다.

농민운동세력의 분열은 농민운동 발전에 가장 주요한 걸림돌이 되고 있음을 우리는 냉정하게 인정해야만 합니다. 농민대중에게는 단결을 주장하면서 농민운동세력은 각 조직, 각 개인별로 분열되어 있는 모습은 농민대중에게 신뢰받을 수 없는 것입니다.

또한 거듭 강조하고 싶은 것은 진정 농민의 인간다운 삶의 쟁취와 이 땅의 민주주의 실현을 원하는 사람과 세력이라면, 자기 개인의 이익보다도, 자신이 속해 있는 조직의 이익을 생각하기 전에 먼저 농민 모두의 이익을 위한 길이 진정 무엇인가를 생각해보아야 합니다. 전남 농민운동이 통일단결하지 못하는 한 결코 농민의 삶은 변화될 수 없으며, 농민운동도 바르게 발전할 수 없고, 농민운동의 발전 없이는 개인의 이익도 조직의 이익도 보장되지 않는 것입니다.

그동안 여러 가지 감정적인 대립과 불신을 통일단결해야만 모두가 살수 있다는 대전제 속에서 농민운동의 목표와 그 목표를 실현하기 위한 방침을 논의하며 함께 실천하면서 동지적 애정을 회복하고, 저 간악한 독재의 무리와 싸워나가는 데 한 사람의 힘이라도 뭉쳐내는 길이 농민의 올바른 길이라고 생각됩니다.

지난 6월 8일 군부독재정권은 소위 '농어촌개발과 구조개선 방향'이라는 그럴싸한 이름으로 농민에게 선전포고를 한 바 있습니다. '3정보 소유 상한제 철폐와 1,500평 미만의 빈농을 이농'시킨다는 것인데, 이것은 농민에게 농사를 그만 짓든지 소작농이 되든지 둘 중 하나를 선택하라는 '농민 쫓아내기' 작전을 공개적으로 드러낸 것입니다. 농민은 땅을 잃게 될 것이고, 소작농으로 전락할 것이며, 많은 농민들이 이농하여 도시 실업자가 되어 독점재벌은 가열차게 투쟁하는 노동운동을 탄압하는 수단으로 사용할 것입니다. 이러한 때에 농민운동의 통일단결은 보다 절실히 요구되는 우리들의 과제인 것입니다.

3. 전남 농민운동세력의 통일단결을 위하여 무엇으로부터 시작할 것인가

전남 농민운동의 통일단결은,

첫째, 군 단위 농민운동세력의 통일단결을 기반으로 해야 합니다. 군 단위 농민운동세력의 통일단결 없이 이루어지는 도 단위 통일단결은 형식적인 통일단결에 그칠 수밖에 없음을 우리는 그동안 여러 번 경험해왔습니다.

둘째, 통일단결은 당위론적인 통일, 원칙적인 통일이 아니라 현재 농민운동의 주요한 과제를 해결하기 위한 통일, 그리고 지역 농민운동의 발전을 위한 실천적인 통일단결이 되어야 한다고 생각합니다.

셋째, 지역 내 농민운동의 질과 양, 역량 그리고 주·객관적인 조건을 면밀히 검토하여 현재 가능한 수준에서부터 시작해야만 합니다. 그리고 많은 의견이 나왔을 때는 소수의 의견을 존중하되 다수의 의견에 따라 결정해야 할 것입니다.

넷째, 농민운동의 통일단결은 조직의 통일뿐만 아니라 농민운동 목표 즉 정치·투쟁·조직 노선에 대한 견해 일치 속에서 이루어져야 합니다.

다섯째, 군 단위 통일을 기초로 하여 전남지역 농민운동세력의 통일단결이 도 단위에서도 이루어져야 합니다. 이는 도 단위 기구 중심이 아니라 군 단위 지역 농민운동세력이 중심이 되어 추진해야 합니다.

여섯째, 농민운동세력의 모두를, 하나도 빠짐없이 통일단결을 이룩하는 것이 좋겠지만 현재 통일단결에 적극적으로 찬동하는 세력이 먼저 뭉쳐 통일단결하는 것이 매우 중요합니다.

4. 군 단위 통일단결은 어떻게 가능할까

통일단결이 중요한 일이며 이를 정력적으로 추진해야 한다고 믿는 사람들이 먼저 시작해야만 합니다. 우선 무엇을 위해서 통일단결할 것인가를 명확히 하고, 현재 군 단위의 농민운동세력의 실정과 조건을 엄밀히 검토하여 통일단결의 방식과 내용을 논의해야 할 것입니다.

통일단결한다고 해서 일상적으로 해야 할 활동들을 하지 않고 회의나 논의만 한다면 바람직하지 않을 것입니다. 군 단위 농민운동세력은 크게 가농, 기농, Y농 그리고 지역별로 군·면 조직, 낙우회 등 작목별 조직, 농협민주화추진위원회, 수세거부대책위원회 등 과제별·요구별 조직이 있으며, 이들 조직은 한 개 군에 1~3개 조직으로 존재해 있습니다.

통일단결이 모든 조직을 없애고 새로운 조직을 만든다거나 여러 개의 조직을 모두 없애고 하나만 있게 한다는 등의 생각을 해서는 안 될 것입니다.

즉, 군농민회 내부에 동일한 목적과 목표를 가지면서 군 단위에 살고 있는 농민대중의 지역별·종교별·계층별·요구별·과제별·작목별 조직을 통일시키는 것입니다.

위 조직 속에서는 특히 면농민회가 중요한 위치와 역할을 하게 될 것입니다.

가톨릭농민회나 기독교농민회는 군농민회의 전체 목표를 달성하기 위해 군 지역 내에 살고 있는 가톨릭 농민대중을 대상으로 농민운동을 수행하면서 도에 있는 가농연합회나 전국본부와 협의하며 조직관계를 가질 수 있는 것입니다. 그리하여 어떻게 하면 가톨릭 농민, 기독교 농민을 조직화하고 그들의 권리를 쟁취할 것인가에 대한 방침을 수립하여 조직·교육·선전·투쟁활동을 전개하는 것입니다. 이러한 관점하에서 만약 지역 내에 불교 신자가 많다면 군농민회에서 결정하여 불교농민회도 만들 수 있을 것입니다.

그리고 가톨릭농민회나 기독교농민회는 신자만 참여하는 것이 아니라 신자가 아닌 농민도 본인의 의사에 따라 활동할 수 있는 것이며, 면농민회 등에도 가톨릭 신자나 기독교 신자도 자유롭게 참여할 수 있어야 할 것입니다.

또한 통일된 조직의 최고의결기관은 마을 대표자회의(현재 지회, 분회 및 마을 농민회의 대표기구)가 되는 것이 바람직하다고 생각됩니다. 마을 대표자회의는 현재 가농·기농의 분회나 지회 대표, 그리고 마을농민회 대표로 구성하며 군농민회의 모든 것을 결정하는 최고의결기관이 되는 것이 장기적인 전망에서나 농민대중조직으로서 군농민회 건설에 필요한 일입니다. 깊은 검토가 있으시길 바랍니다.

이렇듯 군 단위 농민운동세력의 통일단결 방식은 기존의 농민운동 역량을 최대한 모아, 바르게 결합·통일시키는 일이 되어야 할 것입니다. 무엇을 위하여 통일할 것인가가 일치된다면 통일단결 방식의 문제는 함께 논의·협의하여 그 지역의 실정에 맞게 만들어갈 수 있을 것입니다.

5. 전남 농민운동세력의 도 단위 통일단결은 어떻게 이뤄져야 할까

어떤 사람은 군농민회의 통일단결이 끝나고 나서 도 단위 농민운동의 통일단결이 이루어져야 한다고 말합니다. 그러나 이것은 단계적으로 이루어지는 것이 아니라 군농민회 건설준비위원회가 만들어지면, 각 군농민회 준비위원회가 모여 도 단위 농민운동의 통일단결의 추진체가 되어야 할 것입니다.

6. 몇 가지 제안

농민운동의 통일단결을 촉진시키기 위해서 7월 28일 오후 4시 목포가톨릭센터에서 전남지역 농민운동활동가 간담회를 개최할 것을 제안합니다.

만약 7월 28일 간담회 개최에 찬성하신다면 7월 28일 이전까지 각 지역, 각 조직에서 활발한 논의를 통해 전남지역 군 단위, 도 단위 통일단결에 대한 합의된 의견을 가지고 7월 28일, 간담회에서 충분히 의견을 교환하여 성과 있는 간담회가 되기를 바라는 바입니다.

가능하다면 7월 28일 이전까지 각 군 단위에서 각 조직원들이 함께 모여 지역 농민운동의 통일단결에 대한 견해를 모아보기를 제안합니다.

7. 끝내면서

지금까지 밝힌 견해는 어디까지나 현장활동기 여러분들이 농민운동의 통일단결 사업을 해가시는 데 도움이 됐으면 하는 바람에서 쓰였습니다.

농민운동의 통일단결 사업은 농민운동과 민중운동을 발전시키는 데 중요한 초석이 될 역사적인 사업인 것입니다. 아무쪼록 하루빨리 굳건한 현장조직에 기반한 농민운동의 통일단결이 달성되기를 바라면서 동지 여러분들의 분투를 기대합니다.

감사합니다.

전남 농민활동가 간담회를 제안합니다.

- 일시: 1988년 7월 28일 오후 4시부터 7월 29일 오전 12시까지
- 장소: 목포가톨릭센터
- 참가비: 5,000원
- 내용: 농민운동의 과제와 전남 농민운동의 통일단결에 대하여

농민운동의 어제와 오늘: 조직 발전을 중심으로*

1. 들어가는 말

농민문제란? 종합적으로 정치적 억압과 경제적 수탈의 문제다. 따라서 바로 농민운동의 과제는, 전체 민족의 자주적 삶을 억압하며, 남북통일을 저해하고 있는 제국주의세력을 물리치고, 진정한 민주정부를 수립하여, 민중의 정당한 노동을 수탈하는 반민중 계급을 타파함으로써 농민 구성의 절대다수를 차지하고 있는 빈·소농들의 진정한 해방이 달성될 수 있다는 것을 뜻한다.

그렇기 때문에 현 단계 농민운동은 한국 사회 전체 변혁운동 틀 속에서 그 위상이 설정되어야 함은 물론이다. 그리고 궁극적으로는 자본주의 생산관계인 소유의 불평등을 해소하는 기층 민중운동의 중요한 영역을 담당해나가고 있는 것이다. 따라서 농민해방(정치·경제·사회·문화)은 전체 변혁운동의 성격과 발전 내용에 조응하여 그 수준을 규정받는다 하겠다.

70년대 이후 76년 '함평고구마 피해보상운동', 84년 '함평·무안 농민대회', 85년 '고추생산비 보장투쟁' 등을 거치며 발전하고 있는 농민운동은 88년 이후 운동조직의 자주노선과 투쟁에 있어 대중노선이 정착 단계

---

* 이 글은 『서강』 19호(서강대학교 교지, 1989. 10)에 실린 것이다.

에 접어들었다고 볼 수 있다. 그리고 이러한 조직 역량과 투쟁 역량은 필연적으로 전체 농민운동조직의 통일문제를 제기하면서 89년 군 단위 지역 정치력 장악에 보다 구체적인 집단적 사례를 창출해나가고 있다.

이 글은 바로 이러한 운동의 발전 과정을 '70년대 농민운동의 형성과 준법투쟁기', '80~82년 70년대 농민운동의 반성과 평가 시기', '82~84년 자주적 농민운동의 모색기', '85~87년 자주적 농민운동의 형성기', '88년 이후 자주적 농민운동의 정착 시기' 등으로 구분하여 정리하면서, 현재 당면한 농민운동의 문제점은 무엇이며, 전국적 통일조직 건설을 향한 내부 논쟁은 어떤가를 살펴보고자 한다. 그리고 전국적 통일조직이 힘 있게 추동되기 위해서는 그 주체는 누구인가를 모색해보면서 향후 농민운동을 조망해보고자 한다.

2. 농민운동 약사略史

(1) 70년대(농민운동의 형성과 준법투쟁기)

1950년대 이후 20여 년 동안 단절되었던 농민운동은 1970년대에 들어서면서 농민운동적 성격을 갖는 조직의 출현을 보게 된다. 1973년 당시의 사회 상황과 조건은 제국독점세력이 한국의 민중 수탈을 더욱 확대하는 자본 수출을 강화하면서 국가권력을 매개로 고도의 자본을 축적해가는 과정에서 국가권력이 민중에 대한 통치와 지배를 더욱 강화하는 시기였다. 이 같은 일련의 과정은 농민들에게 있어서는 정치적 억압과 경제적 착취가 더욱 심화되고 제도화됨을 의미하는 것이었다.

따라서 농민들의 불만은 한층 더 깊어질 수밖에 없었고, 이에 대한 대응으로서 자구책을 위한 농민들의 몸부림은 조직적인 모습으로 나타날 수밖에 없는 상황이었다. 그러나 20여 년 동안이나 단절되었던 농민운동, 그사이 엄청나게 변화된 사회 성격과 통치기술에 의한 농민의식 등의 한계 또한 그만큼 큰 것이었다. 바로 이 같은 상황과 조건 속에서 모습을 드러낸 것이 가톨릭농민회였다.

그러나 가톨릭농민회는 출발에서부터 주체적 농민운동이 갖추어야 할 모습과는 크게 다른 성격으로 출발하였다. 우선 명칭에서부터 주체적 농민운동의 성격을 갖추고 있지 못했으며, 조직 역량 또한 천주교회라는 사회적 배경(종교적 권위)에 크게 의존했다. 뿐만 아니라 운동의 지도이념 그리고 이것을 수행하는 조직과 조직 체계, 재정 동원에 이르기까지 대부분 교회의 지원에 의존했다. 그만큼 농민 스스로가 주체적으로 꾸려나가려는 의지 또한 미약했던 것이다.

그럼에도 불구하고 당시의 상황에서 가톨릭농민회는 출발과 함께 많은 농민들의 기대와 참여 속에 현장활동가 양성과 조직·선전·투쟁 역량을 농민 속에서 강화하고 경험을 축적해나가면서 농민을 수탈하는 지배세력에 맞서 '부정부패 척결', '쌀값보장운동', '농협 민주화운동' 등을 추진했다.

한편 75년에 들어서면 학생운동 인자들과 진보적 지식인들이 교회기관의 지원하에 '크리스챤아카데미 농촌사회교육'을 개설하여 농민운동 지도자 양성 교육을 전담함으로써(75~79까지 1,200여 명의 교육생 배출) 운동의 사회과학적 인식과 지도력을 개발·축적하는 계기가 된다.

이렇듯 가톨릭농민회와 크리스챤아카데미 농촌사회교육의 성과는 76년 '함평고구마 피해보상투쟁'으로 그 실천적 역량을 드러내면서 3년 동안의 끈질긴 투쟁 끝에 78년 5월 지배세력으로부터 보상 요구액 전액을 쟁취해내는 데 성공하게 된다.

이상에서처럼 70년대 농민운동의 최대 투쟁 사례라 불리는 함평고구마 사건의 해결은 당시 농민운동 발전은 물론 전체 민주화운동 발전에도 지대한 공헌을 하게 된다. 그리고 이러한 성과는 79년 초 또 하나의 종교적 성격을 띤 기독교농민회라는 조직이 전남지방을 중심으로 조직적 역량을 갖추는 계기가 된다.

이렇듯 70년대 농민운동의 전반적 성격은 종교적 성격에 바탕을 두면서 교회의 인적·물적 지원에 의존하면서 당시 반독재투쟁의 사회·정치 세력과 연대 속에 농민 생존권 보장과 체제 내적인 반독재 준법투쟁의 성격이었다. 이러한 모습은 주체적 농민운동, 적어도 자주적 조직운동으로서의 모습은 아니었다.

그리고 이러한 운동의 성격은 79년 7월 오원춘사건을 계기로 한 독재 권력의 농민운동에 대한 전면적 탄압과 80년 5·18군부쿠데타로 인한 폭압적 상황에서 그 한계를 노정하게 된다.

(2) 80~82년(70년대 농민운동의 반성과 평가)

79년 10·26사건을 계기로 80년 초 소위 민주화의 봄을 맞이하게 된다. 이 시기에 군 단위 지역에서는 거창의 아림농민회, 의창의 신기농민회 등을 필두로 자주적 농민운동조직을 건설하려는 시도가 있었고, 전국적으로는 농민연합회 창립의 움직임이 나타났다. 그러나 이러한 움직임은 70년대 교회의 막강한 후원과 지도 아래 전국적 규모로 세력을 확장했거나 확장 과정에 있던 가농과 기농에 비해 상대적인 열세를 면치 못하고 있었다. 그러던 중 5·18군부쿠데타와 광주민중항쟁 진압 이후 모든 농민운동은 한동안 깊은 침체의 늪으로 빠져들게 되었다. 또 한편으로는 70년대 농민운동에 대한 반성의 계기를 갖게 된다.

그럼 여기서 광주민중항쟁을 농민운동 관점에서 조명해보기로 하자.

광주민중항쟁은 제국독점세력의 지배하에 있는 권력집단이 그동안 억눌려왔던 민중들의 자기 해방을 위한 민주화의 거센 물결에 위협을 느낀 나머지 정상적 방식으로는 도저히 국가권력의 유지가 불가능하다는 판단 아래 일단의 군대를 동원한 폭압적 조치를 취함으로써 야기되었다. 또 다른 한편으로는 지배세력의 이 같은 악랄한 탄압으로, 민주화를 통하여 비참한 삶을 개선해보려는 대다수 민중들의 희망이 무참히 짓밟히는 것에 대한 저항이었다. 그리고 이것은 비교적 민중운동이 활발했던 광주에서 죽음을 불사한 혁명적 열기로 폭발했던 것이다.

민중들의 삶을 지키려는 정당한 투쟁은 5월 20일 이후 22일까지 전남 전역을 휩쓸었다. 무장한 시민군은 농촌의 각 군 단위 소재지에 입성하면서 농민들의 열렬한 지지를 받았다. 그러나 그 열기는 얼마 가지 못했다. 23일이 지나면서 점차 시들어 오히려 농민들은 시민군과 함께한 자기 행동에 대해 두려워하기 시작했다. 이에 따라 광주는 고립적 상황에 처하게 되어 27일 새벽 살인마들이 쏘아대는 M16과 미제 탱크에 의해 혁명 광주는 짓밟히고 이 나라 민주주의는 또다시 좌절된다.

　　숨 막히는 일주일 동안 농민운동은 어떤 모습을 보였는가? 한마디로 공포와 두려움 바로 그것이었다. 군 단위는 물론 도 단위, 전국 단위 가릴 것 없이 단 한 건의 조직적 움직임도 없었다.

　　당시 서울의 봄으로 불리던 1월과 5월까지의 5개월 동안 전국 단위에서는 3월 여의도 소재 전국경제인연합회 회의실에서 농민 헌법 공청회 개최, 그리고 4월에는 대전에서 각 정당의 대표들을 초청하여 '민주농정 실현을 위한 전국농민대회'를 옥내 집회로 개최한 것에서도 보듯이 지극히 소극적인 대응으로 일관하고 있었다.

　　5월에 접어들자 학생운동, 노동운동 등 여타 운동세력은 농민운동의 이러한 미온적인 대응에 노골적으로 비판을 가해온다. 이에 자극을 받은 농민운동 지도부는 5월 초 일단의 회합을 통하여 '민주농정 실현을 위한 전남농민대회'를 사실상의 전국대회로 5월 19일 개최했으나 광주지역의 급변하는 상황에 속수무책이었으며, 한 번도 경험하지 못한 폭압적 상황에 지도부마저 두려움에 벌벌 떨었다.

　　대회 장소인 북동 천주교회에서 오후 3시가 되자 더 이상 버티지 못하고 전남지역 모든 농민운동의 지도부는 농민들에 대한 더 이상의 조직적 지도를 포기했다. 대회장에서 구수회의를 끝낸 지도부는 농민들에게 무조건 해산을 종용했다.

　　당시 농민운동의 조직 체계상 지휘 계통은 전국본부＝도연합회＝마을 단위 분회로 계통화되어 있었다. 그러니까 현장운동의 직접 지도부는 도 단위였다. 5월 19일 현장운동의 사령탑이 지도를 포기해버린 상황에서 20~23일 사이 함평·무안·해남 등지에서는 시민군이 입성하여 농민들로부터 열렬한 환영을 받을 때도 몇몇 활동가의 개별적 활동만 있었지 조직적 대응은 단 한 건도 없었던 것이다.

우리는 여기서 1970년대 농민운동의 이념이 얼마나 허약했던가를 느끼지 않으면 안 되었다. 게다가 당시의 조직 체계상 현장투쟁의 직접 지도부는 광주에 있었다. 이것은 농민운동의 조직 체계와 지휘 계통에 중대한 문제를 나타냈다. 설사 19일 도 단위 지도부가 더 이상의 지도를 포기하지 않았다 하더라도 전남지역 전역에 걸쳐서 모든 교통이 차단되고 통신이 마비되어버린 상황에서 농촌의 각 군 단위를 어떻게 지도할 수 있었겠는가? 군 단위 역시 산간벽지 마을에 뿔뿔이 흩어져 있는 마을 단위 조직들을 긴박한 상황에서 무슨 방법으로 연결시켰겠는가?

전남지역으로 확산된 민주화의 열기는 농민운동 이념의 허약함과 조직체계의 결함, 지도력 배치문제 등으로 인하여 각 군 단위에서 광범위하게 지속되지 못하고, 광주는 고립무원의 상태에서 27일 새벽을 맞이했던 것이다.

이것은 전체 운동 속에서 농민운동의 역할이 무엇이며, 그것이 얼마나 중요한가를 느끼게 한다. 따라서 그동안 애매했던 운동 이념에 대한 철저한 비판과 함께 운동의 직접 지도력은 생산현장인 군 단위로 그리고 읍·면 단위로 집중 배치되어야 하고, 또한 조직의 체계와 내용은 이상의 것들을 가장 적합하게 이루어내는 형식으로 재편되어야 함을 구체적 경험을 통해 인식하게 된 것이다.

(3) 82~84년(자주적 농민운동의 모색기)

그럼에도 불구하고 이상의 경험을 현실에 적용하여 실천으로 옮기기까지는 숱한 어려움과 많은 시간, 내부 투쟁을 벌이지 않으면 안 되었다. 보다 올바르게 농민운동의 이념을 정립하고 실천적 내용을 갖추기 위해서는 기존의 잘못된 경험과 싸워야 했고, 기존의 기득권을 더욱 확대하려는 세력들의 탄압에 지혜롭게 대처해야 했다. 이러한 논쟁과 다툼은 80년대 초반에는 "아직은 농민들이 힘이 없기 때문에 교회라는 사회적 배경에 의존하면서 인적·물적 자원을 활용하고 자주적 농민운동을 조심스럽게 키워나가야 하므로 가농과 기농에 의한 새로운 조직 건설은 농민운동의 분열을 초래한다"는 입장과, 기존의 의존적이고 비주체적인 자세는 오히려 농민대중의 자주적 의지를 저하시키고 운동 발전에 지장을 초래한다고 보고 "농민의 주체 역량에 맞게 운동을 꾸려나가되 교회와의 관계는 전체 운동 속에서 상호 주체적 협력관계로 정립되어야 한다"는 입장이 상호 대립되었다.

이상과 같은 내부 논쟁은 81년 7월 한국농민회 결성 움직임이라는 파문을 일으키기도 했지만 조직으로까지 발전하지는 못했으며, 농민운동은 전반적으로 침체 상태를 면치 못했다. 현장조직들은 자생력 강화라는 기치를 내걸고 군 단위 역량 강화를 위한 몸부림을 쳤지만, 회원으로만 있어도 고맙다고 해야지 회비는 무슨 놈의 회비냐는 식의 타성에 젖은 회원들의 자세는 좀처럼 고쳐지지 않았다.

1983년에 접어들면서 상황이 조금씩 변화하기 시작한다. 전 정권의 광폭한 농민수탈정책이 더욱 기승을 부리게 되자, 운동단체들의 활성화를 위한 몸부림은 농협 조합장 직선제 100만인 서명운동으로 표출된다. 그리고 84년에는 농민운동의 정치투쟁력 향상과 비주체적 기도회 형식의 투쟁 방식을 극복키 위하여 함평과 무안군의 기농·가농 활동가들이 주축이 되어 2개월 동안의 준비 끝에 9월 2일 함평 장터에서 농가부채 탕감과 외국 농축산물 수입저지, 전두환 방일반대 등 10여 가지의 농민 생존권적 요구와 정치적 구호를 내걸고 '함평·무안 농민대회'를 개최하기에 이른다.

이처럼 노골적인 정치 구호를 내걸고 장소를 읍내 장터로 택한 투쟁 방식은 그때까지의 농민운동에서는 전국에서 최초로 시도된 것인 만큼 80년대 농민운동의 향방을 가늠하는 중요한 의미를 지니고 있었다. 그러나 대회 준비 과정에서의 우연한 실수로 인하여 광주에서 동원된 600여명의 정·사복 경찰과 1,000여 명에 달하는 공무원들을 조직적으로 동원한 탄압세력에 의하여 대회가 열리기도 전에 활동가 40여 명이 예비 검속되고 대회 과정에서 농민 측의 부상자만도 60여 명에 이르는 등 함평 장터는 전쟁터를 방불케 하였다.

그 후 이 대회의 평가를 둘러싸고 함평과 무안지역의 활동가들 사이에서는 보다 주체적인 농민운동을 태동시키는 시기상의 문제와 군 단위 운동의 통일 방식에 대해서 심한 의견 차이를 드러내게 된다.

함평지역 활동가들은 9월 2일 농민들이 나타낸 반응과 그 후 계속되는 여론을 토대로 이제는 농민들 스스로 책임지는 자주적인 군 단위 농민조직을 건설할 수 있다는 확신 아래 군 조직 준비에 박차를 가하여 85년 4월 1일 '함평농우회'를 창립하기에 이른다. 독자적인 군 단위 조직으로는 그 첫발을 내디딘 것이다.

한편 무안지역 활동가들은 '9·2농민대회'에 나타난 농민들의 반응을 볼 때 아직 군 단위 주체적 농민조직의 건설은 시기상조임을 내세워 85년 초 가농과 기농이 '무안군 농민운동협의회'를 결성하기에 이른다.

(4) 85~87년(자주적 농민운동의 형성기)

함평과 무안의 각기 다른 이러한 모습은 두 지역이 당시 전국 농민운동에 미치는 영향과 중요성으로 인하여 의도했든 그렇지 않든 간에 상관없이 한쪽은 기존 조직의 형태에 대한 변화 없이 내부의 체질을 개선해서 주체적 군 단위 농민조직을 점진적으로 건설한다는 입장을 대변하게 되고, 또 한쪽은 기존의 형식을 과감히 탈피하여 보다 분명한 농민적 성격이 주도하는 입장을 대변하는 쪽에 서게 된다. 소위 '체질 개선론'과 '자주적 대중조직 건설론', '농민적 성격의 우위론'과 '양 성격의 상호 병립론'의 대변인 것이다.

80년 이후 내부 논쟁이 거듭되어오던 것이 이제 공식적 조직 간의 논쟁으로 발전된 것이다. 초기에는 50여 개 군 단위에 계통조직을 거느리고 있는 가농·기농과 1개 군에서 이제 갓 건설된 함평농우회라는 힘의 역학 관계 속에서 함농은 '분파주의'니 '영웅주의·모험주의'니 하는 등등의 일방적 비난과 비판을 온몸으로 부딪치면서 조직의 와해 위기를 겪기도 했고 때로는 기존 조직들과 심한 마찰을 빚기도 했다.

그렇지만 이러한 과정들은 주체적 농민운동의 건설과 발전이라는 면에서 상호 작용으로 나타났으며, 특히 85년 전국의 군 단위 시장과 가두에서 격렬하게 벌어졌던 소몰이투쟁은 과거 기도회 형식의 투쟁과는 크게 다른 것이었다. 84년 '함평·무안 농민대회'에서 개척되었던 시장투쟁 경험이 보다 발전된 형태로 적용되면서 투쟁의 새로운 장을 열었던 것이다.

주체적 농민조직을 갈망하면서도 조직으로서의 실행력을 경험하지 못한 각 군 단위 활동가들은 현재의 조건에서 함농이 과연 농민 '빽'만 가지고 탄압을 견디어낼 수 있을 것인가? 그리고 자발적·자립적·주체적 농민운동의 뿌리를 내릴 수 있을 것인가를 우려하면서 주시하기 시작했다.

함농은 출범 첫해를 교육과 단합대회 등을 통하여 회원을 확보하면서 무난히 넘기고 86년에는 4월 2일 '개헌 서명운동'의 조직적이고 공개적인 추진, 5월 17일 함평 장터에서 '학살정권 타도', '양파 생산비 보장' 등 몇 가지 요구를 내걸고 집회 및 시위를 벌이는 등 격렬한 투쟁을 전개한다. 이 과정에서 핵심활동가 세 명이 구속되었다가 3개월여 만에 풀려나 8월 중 회원 단합대회를 개최하고 별 탈 없이 조직활동은 계속된다.

이러한 과정을 통해서 함농은 함평 현장에 그 뿌리를 굳건히 내리고 있음을 보여줌과 동시에 '농민들은 아직……'이라는 이유를 내세워 군 단위의 주체적 농민조직의 건설을 유보하려는 것은 이제 더 이상 명분이 될 수 없음을 실천을 통하여 제시해주고 있었다.

그 결과 곧이어 전북 김제군에서, 경남 거창군에서, 전남 담양군에서, 충남 예산군에서 자주적 군 조직들이 속속 탄생하기 시작했다.

군 단위 자주적 조직을 건설하려는 노력은 87년에 접어들면서부터 더욱 거세게 일어나 경남 의창·함양에서, 전북 부안·순창에서, 충북 보은·청원·음성에서, 경기 화성·포천 등 수십 개 군 단위에서 속속 모습을 드러냈다. 그리고 87년 2월에는 이 같은 현장조직들의 기반 위에 '전국농민협회'가 어려운 탄압국면을 뚫고 결성되었다.

1950년 이후 지금까지 몇 차례의 전국조직 시도가 있었지만 번번이 내·외적인 어려움으로 인하여 결실을 맺지 못하다가 70년 이후 가농의 출발, 기농의 결성 그리고 이들 제 단체의 운동 경험을 수렴하고 잘못된 것은 잘라내어 자주적 농민운동의 전국적 조직의 완결을 보게 된 것이다.

군 단위 자주적 대중조직은 87년 후반에 들어서면서 전남의 해남·나주·화순, 전북의 순창 등지에서 수세거부투쟁을 전개했고, 이를 토대로 광범위한 농민대중의 참여 속에 군 단위 대중조직들이 속속 건설되어 홍성·진안·하동·영천·영동 등등에서 대중조직 건설이 줄을 이었다.

(5) 88년 이후(자주적 농민운동의 정착 시기)

87년 12월 29일 나주에서 추진된 부당수세 거부대회는 1만여 명의 농민대중이 참여하는 대성과를 거두었다. 이어 88년 상반기 중에 20여 개 군 단위에서 터져 일어난 '부당의보료 납부거부와 부당수세 거부투쟁'은 1개 군 단위에서만도 수천 명씩이 동원되는 모습으로 나타났다. 그리고 88년 하반기에는 경북 북부지방의 청송·안동·상주·영양 등을 중심으로 '고추 생산비 보장투쟁'이 거세게 추진되면서 전국적으로 확산되었다. 뿐만 아니라 88년 한 해 동안 추진된 전국 단위 농민대회만도 일곱 차례에 걸쳐 연인원 20만 명이 동원되는 대중적 참여 열기를 보여주었다. 그리고 각 군 단위 자주적 대중조직들은 면 단위, 마을 단위로 계통화되면서 조직체계를 완결하는 것과 동시에 각종의 대중사업을 추진, 자금의 재생산구조를 확장해나가고 있다.

이러한 자주적 대중조직의 진출은 과거의 활동가 중심적 조직과 선언적·선도적 투쟁양식의 한계를 대중적으로 극복해가고 있음을 뜻하기 때문에 농민운동의 매우 발전적인 현상이다. 뿐만 아니라 농민들은 이제 이와 같은 투쟁과 조직을 통하여 암울했던 과거의 체념과 패배 및 굴종의 역사를 청산하면서 민중이 주인이 되는 새로운 역사의 지평을 열어가고 있다고 하겠다.

89년에 접어든 농민운동은 2월 여의도 농민대회에 2만여 명이 조직적으로 참가하여 70년 이후 가장 격렬한 투쟁을 전개하여 노동자 집단의 튼튼한 동맹세력임을 실질적으로 입증하였는가 하면, 3월에는 '전국농민운동연합'의 전국적 조직을 결성하는 데까지 진전되었다.

그리고 5월에는 전남지역의 나주·함평·담양·장성·영암·광산 등 8개 시·군 단위 농민회들이 연대하여 8만여 농지개량조합원을 대표하는 '영산강 농지개량조합' 대의원 선거와 조합장을 비롯한 임원 선거에 참여를 선언하였다. 이것은 농민운동이 또 하나의 선거투쟁 전술을 독자적으로 개발함을 의미하는 것과 함께, 농민의 정치세력화에 한 발짝 다가서는 실천적 의미를 함축하고 있다.

선거투쟁의 결과 전체 대의원 당선자 60%(150명 중 92명)를 농민회 후보가 장악하는 성과로 나타났으며, 이어서 조합장은 물론 임원의 50%를 당선시키는 승리를 쟁취하였다. 이러한 성과는 지역 정치력 장악이라는 운동 과제를 안고 있는 농민운동에 투쟁 전술의 다양화라는 측면에서 매우 긍정적인 면을 보여주고 있다.

이상에서 살펴본 바와 같이 70년 이후 빌진하고 있는 농민운동은 운동의 자주성과 주체성 확립이라는 면에서 85년 함농의 출범, 그리고 86년 각 군 단위 자주적 대중조직의 결성, 87년 전국농민협회의 창립, 89년 3월 전국농민운동연합의 결성, 그리고 89년 6월 현재 100여 군 단위에 자주적 대중조직이 건설되어 있다는 점에서 농민운동의 자주노선이 이제 정착 단계에 접어들었다고 평가할 수 있다. 또한 84년 '함평·무안 농민대회', 85년 '소몰이투쟁', 87년 '수세투쟁', 88년 '의보투쟁과 고추생산비 보장투쟁', 89년 '농산물 수입저지와 제값받기 여의도 농민대회' 그리고 최근의 '영산강 농지개량조합 선거투쟁'에서 나타난 농민대중의 참여와 조직성에서 대중노선 역시 정착 단계에 접어들었다고 볼 수 있다.

이렇듯 그동안 농민운동의 발전 과정에 비추어볼 때 운동의 자주노선과 대중노선이 정착 단계에 접어들면서 필연적으로 제기되는 것은 전국적 농민운동조직의 위상과 통일 방식과 내용을 둘러싸고 벌어지는 통일노선의 제기이다. 88년 하반기부터 농민운동 내부에서 제기되고 있는 농민운동 통일을 둘러싼 논쟁은 바로 이와 같은 농민운동의 객관적 정세의 필연적 반영이라고 볼 수 있다.

3. 최근 농민운동의 현황

(1) 농민단체의 성격

89년 현재 활동하고 있는 농민단체들을 기능별로 분류하면, 먼저 '농민경제단체'로서 농협은 중앙회와 9개 도지부 그리고 1,500여 개에 달하는 면 단위 조합이라는 방대한 계통조직으로 이루어져 있다. 여기에 종사하는 임직원 수만도 3만 명에 달하고 있다. 농민을 상대로 신용·구매·판매·이용·공제 사업 등을 통하여 농민의 경제활동에 막대한 영향을 끼치고 있다. 전 농민의 90%가 조합원이며, 연간 취급하는 사업량만도 수십조 원에 달하고 있다.

하지만 사업 내용과 운영 면에서 정부의 대농민 통제기관, 독점재벌의 농민수탈창구라는 원성과 비난을 면치 못하고 있는 실정이다. 농협의 이같은 반농민적 기능은 자주적 농민단체들로부터 민주화투쟁의 표적이 되고 있다.

둘째, 품목별(업종별) '낙우회', '육우협회', '딸기생산자협회', '양파조합', '양돈협회' 등 동일 품목과 같은 업종의 생산자들이 자기 집단의 특수한 생산기술과 이익을 목표로 전국 단위 또는 지역별로 조직하여 활동하고 있는 단체들이다. 이 단체들은 크게 정부의 승인과 지원하에 활동하는 소위 정부 산하단체(낙농육우협회·양돈협회)와 자주적인 단체(강진딸기협회·창녕양파조합)로 그 성격이 나누어진다. 정부 산하단체들은 행정력과 자금력이 비교적 체계화되어 있고 자립도가 높은 데 반해, 운영에 있어서는 비민주적이다. 이에 반해 자주적 단체들은 전국적인 조직 체계가 형성 과정에 있고 자금력이 부족한 실정이다. 그러나 회원의 참여도가 매우 높고 운영에 있어 회원의 의사를 최대한 존중하는 민주적인 장점을 갖고 있어 조직이 날로 발전하고 있다.

이들 제 단체들의 사회정치적 수준은 낮은 편이지만, 정부의 농업정책이 자기 집단에 불리하게 작용할 때는 조직원을 동원하여 농민운동세력과 함께 대정부투쟁을 벌인다. 작년과 같은 경우만 하더라도 미국의 농축산물 수입에 항의하는 수차례 걸친 전국과 지방 단위의 공동투쟁을 함께 전개한 바 있다. 이러한 과정에서 농민운동단체와 품목별 생산자단체들이 전국 단위에서의 연대투쟁기구인 '전국농민단체협의회'가 결성되었다.

셋째, 전 농민의 사회정치적 권익 실현과 민족문제 해결, 민중해방을 목표로 투쟁하는 '전국농민협회'(87년 결성), '전국농민운동연합'(89년 창립), 각 군 단위 독자적 농민회들이다. 이들 제 단체들은 농민의 정치의식 향상과 조직 역량과 투쟁 역량을 높이기 위한 교육과 선전, 조직원 교양과 훈련, 투쟁력 개발에 주력하고 있으며, 민족·민주 제 세력과 연대·연합 등을 이루어가고 있다. 또 한편으로는 대중 기반의 확충과 강화를 위해 품목별 생산자조직의 창출, 경제단체의 민주화 등을 위한 지도력 발휘를 통하여 지역과 전국 차원에서 전 농민의 대표성을 획득해가고 있다.

이상과 같이 현재 활동하는 농민단체와 조직은 크게 세 가지 성격으로 구분되지만, 농민문제의 해결이 궁극적으로 기존 정치권력에 대한 성격 변화와 민중권력의 창출에 의해서만 이루어진다는 점에서, '농민경제단체', '품목별 생산자단체' 이외에도 관제적 성격의 농민단체 그리고 자조적·문화적 성격의 농민 제 단체들까지도 대중적 기반으로 확충, 지도력을 발휘해야만 하는 임무를 '전 농민 권익실현단체'들이 띠고 있다는 점에서 농민운동의 조직노선이 합리적으로 관철되어야 할 것이다. 그리고 우선적으로는 농민운동세력의 통일단결이 요구되는 것이다.*

(2) 농민운동조직 현황

89년 현재 농민운동조직의 전국적 구심으로는 '전국농민협회'와 '전국농민운동연합'으로 양대 산맥을 형성하고 있다. '전국농민협회'(이하 '전농')는 80년대 이후 '군 단위 자주적 농민대중조직' 건설, '농민운동의 농민적 성격 우위론'의 입장에 선 세력들에 의해서 87년 2월 15개 군 단위 조직들이 주축이 되어 결성된 조직이며, 현재 24개 군에서 가맹하고 있는 단일조직이다.

이에 반해 '전국농민운동연합'(이하 '농운연')은 적어도 외형상으로는 80년 이후 가농과 기농의 체질을 개선해서 자주적 농민운동을 점진적으로 키워나가야 한다는 입장과 그렇기 때문에 교회의 지원과 협력에 의존하면서 '농민적 성격과 종교적 성격의 상호 병합'을 주장해오던 세력에 의해 87년 6월 항쟁 이후 열린 정치적 상황 아래 군 단위 자주적 대중조직을 건설한 일단의 조직들과 함께 89년 3월 가농과 기농의 조직들이 주축이 되어 연합적 단체로 갓 출발하였다.

그리고 양 전국조직에 아직 가맹치 않고 있는 독자적인 군 단위 조직들이 20여 개 지역에서 활동하고 있다. 이렇게 볼 때 형식적으로는 현재 농민운동의 조직 현황은 '전농' 20여 개, '농운연' 70여 개, 독자농 20여 개 등으로 연합조직에 가장 많은 세력이 참여하고 있다고 하겠다. 전체적으로는 139개 군 중 110개 군에 농민운동조직이 그 뿌리를 내리고 있다.

하지만 위에서 나열한 숫자들이 오늘의 농민운동에 대한 실상을 파악

---

* 이 글의 원문에서는 이 부분에 대하여 본 유고집에 실린 3부 4장의 「현 단계 농민 현실과 농민운동의 과제와 방향」을 참고하도록 했다.

하는 데는 별로 의미가 없다. 왜냐하면 전국조직들과 관계를 맺고 있는 가맹조직들이 횡적·수직적 관계에 있어 지도력과 결합력(이념적·행정적·재정적·계층적 지휘 통제력, 의사결정 수준 등)이 지극히 저급한 수준에 있기 때문이다. 그리고 운동 역량의 기본 단위인 군 단위 조직들이 농민대중을 포용하고 있는 영향력이 1개 군 단위에 몇천 명 선에서 불과 몇십 명에 이르기까지 심한 격차를 보이고 있는 현실과, 또 전국 단위의 단일조직과 연합조직의 질적인 차이를 고려할 때 비교되기 어려운 점들이 있다. 아무튼 전국조직은 물론이고 군 조직들에 있어서도 조직 운영에 소요되는 자금의 재생산구조가 매우 취약하다는 점에서 오늘의 농민운동 현실을 고려해야만 한다.

그럼에도 불구하고 농민운동 전국조직들과 세력들 사이에는 일정한 입장의 차이점들이 발견된다. 그리고 이 같은 입장의 차이는 크게 민족모순과 계급모순을 실천에 적용하는 문제에서부터 해결 방식을 둘러싼 사업 내용에 이르기까지 일정하게 그 모습을 드러내고 있다. 이는 전국조직들의 89년 사업과 투쟁 방침에서도 부분적으로 부각되고 있다.

(3) 89년의 주된 투쟁

88년 호남지방을 중심으로 전개된 수세투쟁과 경북지방을 주축으로 전국화된 고추생산비 보장투쟁, 그리고 전국 단위를 중심으로 추진된 미국 농축산물 수입저지와 농축산물 가격보장투쟁은 89년에 들어서면서 2월 13일 여의도 '수세폐지와 고추제값받기' 농민투쟁을 계기로 그 절정을 이루면서 농민문제 해결을 위한 사회정치적 압력을 한층 더 높여주었다. '전국농민협회'와 '전국농민운동연합'이 89년 계획하고 있는 몇 가지 활동계획 중 중심적으로 추진하고 있는 투쟁은 '농운연'의 '수입개방 저지'와 '전농'의 '농가부채 정리'로 그 특징이 대변되고 있으며, 전체 군 단위에서는 농협·농개조 등에 대한 대의원들을 비롯한 조합 임원 장악을 위한 선거투쟁이 한창이다.

그럼 수입개방 저지와 농가부채투쟁이 갖는 운동의 성격과 현재적 한계를 살펴보기로 하자.

수입개방 저지는 농축산물 가격보장의 전제조건이자 반제국주의 투쟁적 성격을 직접 내포하고 있다는 점에서 농민의 이해 실현뿐만 아니라 민족문제 해결의 한 면을 동시에 담당하고 있다고 하겠다. 따라서 수입개방 저지는 전체 민족운동에 있어서의 명분은 물론 현 단계 농민운동의 중요한 과제임이 분명하다. 특히 수입개방 저지투쟁은 농민 내부의 계층적 대립 없이 전 농민을 투쟁 대열에 이끌어낼 수 있는 장점을 지니고 있다.

하지만 이 투쟁이 구체적으로 농민대중의 직접적인 이해를 동인으로 투쟁을 전개하기 위해서는 앞에서 농민조직을 살펴본 바와 같이 '품목별 생산자조직'들의 자주적 조직 역량과 전국 결합 능력이 더욱 진전되어야 한다. 그럴 때만이 실제적이고 지속적인 투쟁력을 발휘할 수 있을 것이다.

현재는 '품목별 생산자단체'들의 조직과 투쟁 역량이 초기 단계에 있음으로 인하여 생산현장 단위에서 생산적(구체적 성과) 투쟁이 전개되지 못하고 있는 실정이다. 즉, 농축산물 수입으로 직접적 타격을 받는 '품목별 생산자조직'들의 부재로 인하여 투쟁 내용이 지극히 정치선전적 의미에 치중되는 명분 투쟁 이상으로 발전하지 못하고 있는가 하면, 전국조직들 역시 대규모 집회와 시위를 통한 사회·정치적 압력의 정도를 강화하는 수준에 머물고 있는 실정이다. 운동이 보다 생산적이기 위해서는 농민대중의 구체적 이해를 수반하는 '품목별 조직 역량' 개발과 확충에 조직적 역량이 집중 투입되어야 할 것이다.

'전농'이 중심적으로 추진하고 있는 '농가부채 정리' 투쟁의 배경으로 농가부채는 지난 수십 년 동안 반농민적 농업정책의 집적된 결과로 89년 현재 약 8조 원에 달하고 있다. 농가별 평균 400만 원이 넘는 부채를 현 상태의 농업소득을 가지고서는 상환 능력은커녕 더욱더 부채가 누적될 수밖에 없다는 절박한 현실에서 농민 또한 적극적 대응을 하지 않을 수 없다.

뿐만 아니라 부채의 성격과 유형을 살펴보면, 부농과 중농 이상이 재산

증식과 생산성 부채 비율이 높게 나타나고 있으며, 상대적으로 빈·소농은 생계 유지와 가계 소비성 부채가 더 높게 나타나고 있다. 따라서 부채정리의 구체적 투쟁 방향과 내용에 따라 그 주체가 빈·소농 주도, 즉 기층 민중적 내용을 의도하고 있다는 점에서 보다 본질적인 계급적 성격을 띠고 있다.

또한 87년 이후 농가부채는 이내 심각한 사회·정치적인 문제로 부각되어 제도권 정치세력들까지도 다분히 개량적이기는 하나 각 당마다 나름의 해결책을 제시하면서 대응하고 있다. 농민들 역시 빈·소농들이 마을 단위로 유형별(소입식 자금) 부채상환 거부투쟁을 통하여 상환 연기 조치 등으로 부분적 성과를 거두고 있다. 때문에 투쟁력 발전에 따라서 더 큰 성과를 수렴할 수 있다는 점과 투쟁 방식에서 상환거부라는 농민 기득권을 유지할 수 있다는 점 또한 부채투쟁의 유리한 측면이다.

하지만 이 투쟁 역시 운동의 계급적 성격의 발전 못지않게 자칫 농민 내부의 계층 간 대립을 격화시켜 경우에 따라서는 투쟁세력의 고립과 분열을 초래한다는 문제점을 내포하고 있다.

따라서 부채투쟁이 실제적 의미를 갖기 위해서는 부채 실태에 대한 계층별 이해관계가 보다 정확히 검증되어 투쟁의 성격이 분명히 정립되어야 할 것이다. 그리고 이러한 성격을 토대로 각 현장 단위에 유형별로 부채투쟁 방침이 구체화되고 보다 많은 실천 사례가 창출되어야 한다. 이처럼 빈·소농 주도의 원칙이 관철되는 '부채정리 대책위' 같은 구심체가 확실할 때 부채투쟁의 본질을 왜곡·변질시키는 오류를 방지할 수 있을 것이다.

이상에서 살펴보았듯이 '수입저지'와 '부채정리' 투쟁 등으로 '농운연'과 '전농'이 89년 주요 투쟁 과제를 각각 독자적으로 설정하게 된 배경에는 대중성과 구체성, 민족모순과 계급모순을 인식하고 실천하는 입장에 대한 반영이라고 하겠다.

물론 수입문제와 부채문제가 갖는 성질이 결코 따로따로 분리되어 파악될 수도 없다. 농민의 노동을 수탈하는 독점자본의 지배구조 속에 한 고리로 연결되어 있는 동일선상의 문제이다. 수입개방 저지투쟁이 반제 국주의적 성격을 보다 강하게 풍기고 있다면, 부채문제는 계급적 성격을 그만큼 강조하고 있다. 이것은 한반도 모순구조가 민족모순과 계급모순 의 두 측면에서 상호 중첩되고 있는 현 단계 전체 상황과 같은 것이라 하 겠다.

하지만 제국주의의 침략은 침략 그 자체에 목표가 있는 것이 아니라 약 소민족 내부의 노동을 수탈하는 데 최종적 목적이 있는 것이고, 제국주의 는 이러한 과정을 통하여 자기 내부의 계급모순을 타 민족에게 전가하고 있다는 점에서 농민운동의 계급적 성격의 발전은 필연적이라 할 것이다.

전국조직들이 수입개방 저지, 농가부채 정리를 따로따로 부르짖는 것 은 별 의미가 없다. 한목소리, 같은 행동만이 농민대중 이해를 실현하는 데 한 발짝 더 다가설 수 있으며, 농민운동의 통일과 단결 역량을 확대· 강화할 수 있을 것이다.

(4) 전국적 농민운동 통일조직을 둘러싼 제 문제

88년 7월 전남지역 농민활동가 모임(이 점에 관하여는 본인의 논문, 「현 단 계 농민 현실과 농민운동의 과제와 방향」, 『한국농업·농민문제연구 II』를 참조할 것) 이후 전국적 통일조직 건설을 둘러싼 노력과 논쟁은, 70년 이래 발전 하고 있는 농민운동이 88년에 진입하면서 운동의 자주노선·대중노선이 정착 단계에 들어섬으로 인하여 필연적으로 제기된 것이다. 이러한 배경 은 바로 향후 농민운동의 발전이 이제 전국적 통일조직을 건설함으로써 만이 한 단계 더 발전할 수 있다는 의미를 내포하고 있음을 뜻한다.

그럼 여기서 농민운동 통일에 대한 몇 가지 원칙을 제시하면서 그동안 논쟁이 되고 있는 이견을 살펴보기로 하자.

첫째, 농민문제의 궁극적 해결은 기본적으로 자본주의 사회에서 노동자 의 근본문제인 소유의 불평등을 해결해야만 하는 과제와 함께한다는 점에서 하나의 사상, 하나의 제도를 지향하는 지도 사상을 담보해야 한다.

둘째, 한반도를 둘러싼 제국주의 지배와 분단모순, 국내 독점세력의 민중 수탈을 물리치기 위한 민족·민주 제 세력과의 올바른 전선 구축 및 강고한 투쟁을 지향해야 한다.

셋째, 농민대중의 특수한 경제적·사회적·정치적 이익을 전취하기 위하여 농민전선의 전국적 통일과 단결을 확보해야 한다.

넷째, 각 정세, 각 시기, 각 국면에 있어 농민운동의 투쟁 방향과 전술을 통일하여 올바르게 구사하고 각 대중의 조건과 능력에 맞게 실천해야 한다.

이상 네 가지 원칙을 수행하기 위해서는 그 과정이 빈농의 주도와 실천 투쟁을 통한 통일의 과정이어야 함은 물론이다. 그리고 농민을 못살게 하는 적이 누구인가를 분명히 보았다면, 또한 이를 위해 어떠한 사상과 제도를 쟁취하고 확립해야 하는가가 분명하다면, 이것을 위해 힘을 생산하고 행사(배분)하는 조직 또한 하나로 통일되는 점은 너무도 당연하다. 특히 군 단위 농민운동의 통일은 무엇보다도 중요하며, 그것이 통일되어야만 전국의 통일도 가능하다. 따라서 현장활동가들의 주체적 조직 통일 노력이야말로 운동 통일의 기초인 것이다.

현재 전국 단위 통일조직 건설을 둘러싸고 대립되고 있는 이견들은 첫째, 전국조직 위상과 체계상의 문제이다.

'전국농민협회'는 농민운동 통일을 위해서는 개별 각 군 단위 조직의 주체들이 전체 농민운동에 대한 실천 강령을 합의·제시하고, 이 같은 강령을 기준으로 군 단위 대중조직 통일사업을 벌여나가면서, 현장의 통일조직의 힘을 추동력으로 하여 전국단일조직을 건설해야 한다고 주장하고 있다. 따라서 계통조직은 전국과 군 단위로 2단계이고, 도 단위는 지부적 성격이어야 하며, 빈·소농이 운동의 주체라는 일관된 방침을 갖고 있다.

따라서 현 시기의 운동세력의 역할을 '단일조직 추진위원회' 같은 기구를 구성하여 각 군 단위의 분립·분열되어 있는 조직들에게 전국의 개별 조직들은 각자 계통적 지도력을 발휘하여 단일한 농민회가 실제적으로 건설되도록 지원과 협력을 할 때라고 보고 있다.

이에 반해 '전국농민운동연합'은 현재의 개별 전국조직들의 형식과 실체를 인정하는 바탕 위에 연합적 질서를 갖자면서 연합체 내에 '조직통일위원회'를 두어 실천 강령과 주체 설정 등에 이르는 제반 문제를 해결해나가야 한다는 방침을 채택하고 있다. 따라서 도 단위 조직 역시 연합적 성격으로 가고 있다.

이러한 입장의 차이는 현실성과 원칙 강조라는 면에서 상호 긍정적 측면이 있다. 하지만 운동의 통일이라고 할 때, 연합적 질서는 개별 조직의 해체를 전제로 하지 않는다는 점에서 참여조직의 독자성을 인정하고 있기 때문에 그만큼 수준이 떨어지는 것이다. 그리고 연합은 사회경제적 처지가 다른, 이를테면 농민과 교사 집단, 학생 집단과 종교단체 등이 일정한 시기 단계까지 공동의 목표를 조직적으로 수행해나갈 때 연합적 질서는 유의미한 내용을 지닌다.

농민운동조직들(가농·기농·전농·농운연)은, 처음부터 요구별(대책위) 또는 품목별 생산자단체, 종교적(선교 목적) 농민단체, 농민경제단체(협동조합)가 아닌 사회구조적인 문제 해결을 기본 목표로 하는, 사회경제적 처지가 동일한 농민운동을 표방하고 있다는 조직들이라는 점에서, 단일조직이 아닌 연합을 전국조직의 위상으로 상정한다면 그만큼 설득력이 약하다고 할 수밖에 없다.

더구나 현실에 있어 연합이 곧 통일이라고 주장하는 기독교농민회가 지난 2월 운동의 통일을 위해 자기 계통조직〔산하〕 군 조직의 해체를 선언하고서도 유독 뿌리를 상실한 도 단위 기독교농민회와 전국의 총연합회를 유지시키는 근거는 무엇인가? 뿐만 아니라 운동의 통일을 주장하는 가농 역시 군 단위와 도 단위 조직을 기존 그대로 독자적 운영을 하고 있지 않은가? 이것은 바로 전국조직의 위상을 사실상 종교적 성격과 농민적 성격이 상호 조직 체계 내에서 공존하는 지극히 불합리한 내용으로서 연합을 상정하고 있는 것이 아닌가 하는 의구심을 갖게 한다.

또 전국농민협회 역시 군 단위가 중심이 되는 전국의 단일조직을 주장하면서 통일조직 건설에 대한 노력과 그 실체를 보여주지 못하고 있다. 이는 실제로 '전농'의 주도하에 '전농'으로의 통일을 바라고 있지는 않은가 하는 의혹을 갖게 한다. '전농'이 진정으로 군 단위 대중(통일)조직 주체의 전국단일조직을 바란다면, 최소한 '전국단일조직 준비위원회' 또는 '전국단일조직이 건설되면'이라는 꼬리를 붙여서라도 현재의 '전농'을 해체할 의사가 있음을 공식적으로 천명해야 할 것이다.

두 번째로는 운동 통일에 의한 시기상의 문제와 우선순위의 문제이다. 특히 이 점에 관하여는 현재 전국조직에 가맹치 않고 있는 군 단위 독자적 농민조직들의 움직임이다. 이들 제 조직은 전국의 양 조직 중 그 어떤 조직도 그 자체로는 전국조직 통일의 주체가 되지 않아야 한다는(될 수 없다는) 시각을 갖고 있다. 따라서 전국적 통일조직은 '전농'과 '농운연' 그리고 독자농들이 다 함께 명분을 가지고 참여할 수 있는 방안을 모색하는 움직임을 벌이고 있다. 때문에 이들은 독자적 군 단위 통일조직이 전국 단위 통일의 임무를 띠고 있다는 생각을 하고 있다. 그리고 군 단위의 조직 통일을 이루어낸 조직들이 기존 전국조직에의 참여를 보류하면서 이 같은 움직임에 뜻을 함께하는 군 단위들도 나타나고 있는 실정이다. 이렇듯 이 같은 입장에 동조하는 세력들은 많은 조직들이 군 단위 통일을 이루어 낼 수 있는 시기까지의 과정이 필요하다고 보고 있는 것이다.

89년 현재 군 단위 조직들의 주된 관심사는 87년 이후 역동성을 나타내고 있는 농민대중에 대한 지도력 확보에 치중하고 있으며, 농민의 일상적 활동 단위인 마을과 투쟁의 실천과 형성 단위인 면 단위의 조직 체계를 정립하고, 행정력 확보와 재정의 자립화를 통한 군 단위 농민운동 통일에 최대의 관심이 집중되고 있다. 또 한편에서는 아직 대중 기반이 취약하여 과거 소수 활동가 중심적 한계를 면치 못하고 있는 지역들은 이것을 극복키 위해 심혈을 기울이고 있다.

군 단위의 이러한 모습들은 전국조직에 가맹하고 있는 군 단위 조직들도 대부분 예외가 아니다. 대다수 조직들은 전국조직이 요구하는 사업량, 회비 납부 의무를 지극히 제한된 범위 내에서만 수행하고 있는 실정이다.

군 단위에서 통일된 조직이 형식만 갖추고 있으되 실제의 사업과 투쟁에 있어서는 아직도 기존 조직별로 많은 갈등을 해소치 못하고 있기 때문에 전국조직과 함께 결정한 사업과 투쟁마저도 일관되게 수행치 못하는 경우 또한 많다. 심지어 조직원들 중에는 자기가 소속된 군 조직이 전국의 무슨 조직과 어떤 관계를 맺고 있는지조차도 잘 모르는 실태마저 있다.

이것은 농민운동 통일을 활동가 수준의 통일이냐 대중조직의 통일이냐 하는 시각의 차이가 내부에 존재하고 있다는 것이며, 기본적으로는 통일의 중심 단위인 군 단위 운동력이 전국 단위 통일을 힘 있게 추동할 만한 정도의 역량을 갖추지 못하고 있는 현실의 군 단위 상황에 기인한다. 이렇게 볼 때, 통일운동의 단위는 아직은 군 단위임을 입증해주고 있는 것이다.

때문에 운동의 상층에서 벌어지는 통일 논의와 대립이 그만큼 전체 통일 역량의 생산성을 떨어뜨리고 있다고 하겠다. 전국조직들의 통일 논의의 생산적 증대를 위해서도 현장을 동원하는 식의 통일 논의가 지양되어야 하며, 투쟁에 있어서도 개별 조직 중심 또는 자기 세력 위주가 아닌 군 단위 통일 역량을 확대·강화하는 구체적이고 현실적인 노력을 기울여야 할 것이다.

4. 전망

(1) 농민운동 통일에 대하여

전국 운동 통일의 기본 역량인 군 단위는 그동안 발전한 운동력을 토대로, 운동 관계의 급격한 변화를 초래하면서 조직의 개별성을 극복하는 새로운 관계(지도노선의 통일과 대중조직의 통일)로 나아가고 있다. 앞에서도 살펴본 바와 같이 이러한 변화는 빈·소농의 조직적인 운동 주도를 실현해가는 과정이며, 이것의 발전에 비례하여 전국적 농민운동 통일 또한 그 시기와 수준이 전망된다고 하겠다.

이렇게 볼 때 농민운동 통일은 지도 사상의 통일, 실천 강령의 통일, 조직의 통일로 이어지는 시점을 완성 단계라 할 수 있을 것이다. 그리고 이러한 과정은 농민운동 내적인 요인에 의해서만이 아니라 전체 운동, 그중에서도 노동운동의 발전 정도에 따라 영향을 받지 않을 수 없다.

따라서 지금 논쟁이 되고 때로는 혼란스럽기까지 한 비계급적·무차별적 성격의 통일 논의는 현재 복잡한 양상을 띠고 있는 민족·민주운동 성격을 그대로 반영하고 있다고 볼 수 있다.

좀 더 수준이 낮은 농민조직의 통일만 하더라도 운동 내부의 자주노선, 대중노선의 정착이 완료된 시점에서 조직 통일이 이루어질 수 있을 것이다. 특히 현 공안정국과 탄압국면을 감안할 때 89년 하반기 동안은 농민운동의 통일운동이 전국 단위에서는 소강상태를 보이면서 상대적으로 군 단위 통일 역량 강화에 모든 역량이 집중 투입될 것으로 전망된다.

(2) 투쟁 과제에 대하여(89년 하반기를 중심으로)

미국 농축산물 수입 확대로 인한 농민 노동의 극심한 수탈은 전체 농민들로 하여금 수입개방 저지에 더 높은 관심을 불러일으키고 있으나 직접적 이해 당사자로서 조직 역량의 취약이 구체적 투쟁을 효과적으로 전개치 못하는 한계는 앞에서도 살펴보았다.

하반기 농민투쟁은 쌀값과 정부 수매량 확보투쟁에 그 어느 때보다도 적극적인 모습을 드러낼 것이다. 왜냐하면 지금 농촌은 작년의 수도작 풍작으로 인해 시장의 쌀값이 바닥시세를 면치 못하고 있기 때문이다. 이는 필연적으로 햅쌀이 출하되는 10월과 11월의 시장 쌀값 형성에 큰 영향을 끼치게 될 것이다. 때문에 89년 정부 수매가와 시장 시세의 폭은 그만큼 격차가 벌어질 수밖에 없다.

당연히 농민들은 수매가의 생산비 보장과 수매량의 확대 요구로 나타날 것이다. 그리고 이러한 투쟁은 연말을 전후로 한 각종 대여자금 회수기에 부채 상환거부로 이어지면서 수입개방 저지의 정치사회적 압력을 강화하는 대규모 집회시위로 분출되리라 전망된다. 그리고 지자체 선거에 대비한 정치력 장악을 위한 선거투쟁이 12월과 90년 1·2·3월에 집중적으로 실시될 농협장 선거에 보다 적극적으로 나타날 것이다.

　이 밖에도 삼남지방을 강타한 수해 피해보상을 둘러싼 부정과 비리, 관리들의 비민주적 대응에 대한 농민들의 집단적 저항과 함께 토지확보투쟁을 비롯한 일상적인 과제들이 추진될 것이다.

　하반기를 이렇게 전망하는 가운데 농민운동은 농민의 생존권적 요구를 동인으로 공안정국에 대응하면서 대중투쟁력을 확대하고 지도 역량 강화에 힘써나갈 것이다. (1989)

현 단계 농민 현실과 농민운동의 과제와 방향*

1. 들어가는 말

농촌 들녘에 경운기 소리 요란하고 어장골 다랑치 논에서는 향만 아범의 소몰이 외침이 뒷산을 타고 멀리 메아리친다. 이제 또 금년 농사가 본격적으로 시작되고 있다. 호미를 허리춤에 차고 바쁜 걸음을 재촉하는 순이 어멈, 못자리 준비에 땀 흘리는 돌이 아범, 쉴 틈 없이 움직이는 농부들의 머리에 '금년에는 반드시 수지맞는 농사를 지어야지' 하는 소박한 희망과 기대가 부푸는 시기이다. 하지만 농사꾼들의 한쪽 가슴에는 소박한 희망 대신 근심과 걱정, 분노와 좌절, 체념과 한숨이 심사를 괴롭게 하고 있다.

그것은 지난 수십 년 아니 수백 년 동안이나 억압과 굴종만을 강요당한 채, 자신들의 피와 땀을 빼앗겨온 과거가 매년 이맘때면 회상되기 때문이다.

---

* 이 글은 『한국농업·농민문제연구 II』(한국농어촌사회연구소 편, 연구사, 1990)에 수록된 논문인데, 글쓴이가 『農•活 : 학생농촌활동의 길잡이』(도서출판 광주, 1988)에 실은 「농민문제와 농민운동」에다 뒤에 쓴 「현 단계 농민운동 통일 방안」을 보태 수정·보완한 것이다. 3절 '농민운동의 과제와 방향'의 '(1) 최근 농민투쟁의 전개 과정과 성격' 가운데 농민건강권 쟁취투쟁 항목은 이 유고집 2부의 「함평 의료보험개혁투쟁」과 중복되어 생략했다.

양파 이파리가 초록빛으로 뒤덮인 텃논에서 동력분무기로 농약을 치고 있던 상섭 아버지가 조합에 비료 끊으러 갔다 돌아오는 나를 보더니 기계를 걸머진 채로 말을 건넨다.

"어이, 세상 많이 변했어. 옛날 같으면 양파에다 뭔 놈의 비니루 씌우로 벌써부터 농약허고 지랄을 떨 것인가? 농약값, 비니루값이 비료대보담 훨씬 더 들어간다니까."

"맞어. 비료는 또 어떻고. 요새는 퍼부어봤자 효과도 없당께."

"올해는 공기가 좀 어쩔 것 같은가?"

"글씨, 누가 알 것이여. 작년에는 망아네기* 되어버렸은께 금년에는 시세를 봐야 쓸 것인디."

"또 수입헌다는 정보는 없던가?"

"그것도 알 수가 없어. 요새는 하도 떠드니까 발표도 안 허고 수입해버리는 수가 하도 많은께."

"오메, 만약 또 수입해버리면 큰일인디. 이번에도 죽을 쒀버리면, 자네도 뻔히 알다시피 나는 인자 끝장이여! 아, 즈그메 씹헐 놈들……, 수입 땜새 해먹고 살 것이 없당께!"

기계를 작동하며 논으로 들어가는 상섭 아범 얼굴에는 수심이 그득하다. 금년 나이 41세, 나보다 한 살 위다. 그렇기 때문에 농사일이란 무엇이든 도가 튼 사람이다. 술은 아예 입에 대지도 않는 데다 성격마저 꼼꼼하여 동네에서는 착실하고 부지런하기로 소문이 자자하다.

하지만 '일 잘허는 놈치고 잘사는 놈 없다'는 푼수로, 이 사람도 식구 여섯에 땅이라고는 밭 서 마지기가 있을 뿐, 논은 한 뙤지기(뙈기)도 장만치 못했다. 금년에도 남의 논 열 마지기를 빌려서 양파를 심었다. 양파 값이 시세를 맞추어야만 땅세를 주고 들어간 비용 빼고 품삯이라도 건진다. 그

---

* 전남지방에서 양파 값 폭락 때 자주 쓴 신조어로 양파의 일본말 '다마네기'와 '망해버린 양파'의 합성어.

래야만 가용 돈 쓰고 지난번 아들놈 등쌀에 못 이겨 외상으로 들여놓은 컬러 텔레비전 대금을 갚을 수 있다. 양파 시세가 오르고 내리는 문제는 여섯 식구의 생명줄이 왔다 갔다 하는 심각한 문제다.

세상은 변한다. 농민들의 생각도 끊임없이 바뀌어가고 있다. 1970년대만 하더라도 일제로부터 우리를 해방시켜준 고마운 나라 우방이요, 혈맹으로까지 추앙받던 미국이었다. 그러나 지금은 농민들도 자신들의 생존권을 지키고자 미국에서 물밀듯이 들어오는 쇠고기, 양담배, 포도주, 과일주스 등 농축산물 수입을 막기 위해서 피나는 투쟁을 벌이고 있다.

또한 침략자로서 원수로만 여겨져왔던 중국이 이제는 우리의 중요한 무역 상대국이 되고 있으며, 텔레비전에서는 소위 서남해안 시대를 한껏 부추기고 있지 않은가?

뿐만 아니라 유신독재의 농민 통치와 수탈의 수단으로 시작된 강압적·관제적 새마을운동이 농민들의 생각과 행동을 지배하고 있던 1970년대 초반, '농민들은 잘살고 있는가? 못살고 있는가?'라는 문제제기로부터 시작되어 극히 일부에서 타올랐던 이 나라 농민운동이 지금은 그 규모가 전국적으로 확산되었으며, 이제는 1개 군 단위에서만 수천 명씩 동원되어 생존권투쟁은 물론 정치투쟁까지 전개할 정도로 변화·발전하기에 이르렀다.

조직활동 역시 농민들은 아직 힘이 약하다는 이유로 외부의 힘과 지원에 의존해왔지만, 1980년 5월 광주항쟁을 계기로 더 이상 농민을 힘이 약한 존재로만 파악해서는 안 된다고 보고, 이를 극복하기 위한 피나는 노력을 자주적으로 펼치고 있다. 그 결과 1985년 이후 현장에서부터 자발적이고 주체적인 운동조직의 출현을 보았고, 이어서 전국 단위 조직까지도 결성되어 보다 질 높은 농민운동의 발전이 추구되고 있다.

이것은 바로 우리 사회가 계속 변화·발전해가고 있음을 증명하는 것이며, 그 속에서 농민들의 역량과 조건 또한 변화되고 있음을 의미한다.

따라서 1980년대 후반에 들어선 현재의 시점에서 볼 때 농민문제는 무엇이며, 해결 방향은 어떻게 설정해야 하는가, 그리고 이를 위한 조직과 투쟁의 올바른 노선은 무엇이며, 농민운동의 통일을 위한 활동가들의 자세와 실천활동은 어떻게 펼쳐나가야만 할 것인가를 정리해보고자 한다.

2. 농민문제의 실태와 원인

(1) 농민의 소중함

세상은 어떻게 발전하는가? 사회를 발전시키는 기본 동력은 무엇인가? 그것은 두말할 필요도 없이 모든 인류가 살아가는 데 기본적으로 필요한 의식주를 해결해주는 생산활동이다. 즉, 인간의 생산적 노동이다. 아무리 훌륭한 예술가와 유명한 정치가도 생산적 노동이 없이는 존재할 수 없다. 인간의 생산적 노동이야말로 세상을 발전시키는 위대한 힘이다.

생산은 누가 하는가? 직접 생산을 담당하는 사람은 노동자요 농민들이다. 그중에서도 농민들은 이 나라 4,000만 국민의 피와 살을 생산하는 농업이라는 직업을 가지고 노동하는 사람들이다. 농민이야말로 이 세상의 그 어떤 직업보다도 소중한 직업에 종사하고 있다.

바람직한 세상, 정의로운 사회, 불평등보다는 평등을 지향하는 사회! 그러한 사회는 열심히 일하는 사람들이 대접받고 인격이 무시당하지 않을 때 비로소 이룩될 수 있다. 농민들은 이 세상의 어떤 계층, 그 누구보다도 감사와 존경을 받아 마땅하다. 왜냐하면 이 땅의 농민들은 민족의 생명을 유지시켜주는 생산자일 뿐만 아니라, 공산품 구매자이고 원료 제공자이자 노동력 공급자이다. 이렇게 이중 삼중으로 민족의 발전과 산업의 발전에 기여하고 있기 때문이다.

그런데 오늘의 농민 현실은 어떠한가? 농민들은 이 사회로부터 감사와 존경을 받기는커녕 기본적으로 먹고 입고 살아야 할 생계비도 나오지 않는 적자 농사를 면치 못하고 있다. 호당 400만 원이 넘는 빚더미에 짓눌려 신음하고 있으며, 농촌의 젊은이들은 농사를 짓는다는 이유 때문에 장가마저 못 가, 마침내 농촌은 버림받은 땅이 되었고, 농민은 최소한의 삶마저 거부당하는 현실이다.

두루미 새끼 몇 마리가 죽으면 동물학박사, 환경학박사, 내과·외과 의사들이 텔레비전에 둘러앉아서 두루미의 죽음을 슬퍼해주지만, 농민이 농약에 중독되어 죽어가면 사회적 관심은커녕 돈이 없어 치료도 받지 못한 채 죽을 수밖에 없다. 농민 몇 사람이 죽어봐야 그것은 신문에도 나지 않는다.

뿐만 아니라 지난 1965년만 하더라도 이 나라의 식량자급률은 95%였는데 1988년 현재 40%도 못 되는 실정인가 하면, 머지않아 30%로까지 내려갈 전망이다. 이제 우리 국민은 외국에서 식량을 도입하지 않으면 절반 이상이 굶어 죽어야 하는 절박하고도 심각한 민족 생존의 위기에 직면하고 있다.

누가 이토록 농촌을 황폐화시키고 있으며, 농민을 죽음의 벼랑으로 몰고 있는가? 민족의 자존과 자립경제의 뿌리를 송두리째 뽑아가는 원흉은 어디에 있는가? 이상의 물음에 대한 해답은 농민문제를 구체적으로 파헤쳐보는 과정에서 선명하게 드러날 것이다.

(2) 농민은 누구인가

농민은 누구인가? 어떤 문제를 안고 있으며, 그들을 수탈하는 자는 누구인가? 한마디로 말하기는 어렵다. 물론 농사짓는 사람이 농민이다. 그리고 정치적으로 억압당하고 있으며, 경제적으로는 수탈당하고 있다. 따라서 농민을 수탈하는 자들은 반농민적 정치권력과 독점세력이라고 해버리면 간단하겠지만, 농민운동이란 시각에서 농민은 누구이고, 해결해야 할 과제는 무엇이며, 조직과 투쟁 노선은 무엇인가를 고려하면서 농민은 누구인가를 생각하면 문제가 그렇게 간단하지 않다.

우선 농사를 짓는 농민 중에서도 직접 농토를 소유하고 있는 농민이 있는가 하면, 순전히 남의 땅만을 소작 부치는 농민도 있다. 또 농토를 가지고 있는 농민 중에서도 서너 마지기를 소유하고 있는 빈농이 있고, 10여 마지기의 영세농과 20여 마지기의 중농, 40~50마지기의 부농도 있다. 소작농 역시 순소작농, 소자작농, 자소작농 등이 있다. 그런가 하면 1년 내내 품팔이만 해서 살아가는 농업노동자도 있다.

또 다른 한편으로는 토지는 몇 마지기 있으면서 동시에 공무원, 조합 직원, 장사꾼 등의 직업을 가지고 있는 경우도 많다. 뿐만 아니라 쌀·보리를 주로 하는 미맥농가, 소·돼지만을 전업으로 하는 축산농가, 딸기·오이 등 비닐하우스를 전문으로 하는 농가, 양파·마늘·고추·담배 등을 재배하는 농가들도 있다. 이 밖에도 세금은 세금이되, 수세만을 부담하는 농민, 농지세만을 부담하는 농민이 또 다르다. 농가부채를 볼 때에도 빚이 없는 농가와 적은 농가, 그리고 많은 농가가 있다. 그 외에도 정부의 특혜 지원금을 받는 농민과 받지 못하는 농민이 있다.

이렇듯 농민은 농민이되 각자가 처해 있는 조건과 처지에 따라서 이해관계 역시 천차만별이다. 토지를 요구하는 농민, 농산물의 제값을 바라는 농민, 품값을 더 받고자 하는 농민, 보다 전문화된 농업기술을 갈망하는 농민, 작목 선택에 관심이 깊은 농민 등, 이해가 서로 조금씩 또는 크게 상충되는 경우도 얼마든지 있다.

같은 직업을 갖고 있음에도 처해 있는 조건에 따라 작목별·요구별·계층별로 서로 다른 문제를 안고 있는 사람들이 농민이다. 그러므로 농민운동의 측면에서 '농민은 누구인가'를 분명히 하는 것은 매우 중요한 의미를 갖는다. 왜냐하면 '농민은 누구인가'는 농민운동의 성격이 무엇이고 주체가 누구인가, 그리고 실천해야 할 일거리들이 무엇인가를 규정하기 때문이다.

1970년대 농민운동은 이러한 문제를 분명하게 정리하지 않았다. 운동의 성격과 주체가 불분명했고, 그렇기 때문에 실천상의 문제도 많았던 것이다. 이러한 문제는 과거와 현재(1970년대와 1980년대)에 있어 정도의 차이가 있을 뿐 여전히 혼선을 빚고 있는 실정이다.

지금도 '농민운동은 대중운동이며 계급운동'임을 주장하는 사람들이 실제로 현장에서는 성격이 애매한 조직을 선전하고 있는가 하면, 농민의 자발성과 주체성을 강조하면서도 정작 내용은 외부 의존적으로 농민대중과의 관계에서 고립을 면치 못하고 있는 경우가 허다하다.

따라서 농민운동이 사회운동으로서, 주체적 실천과 함께 전체 변혁운동에 바르게 기여하기 위해서는 농민들이 부딪치고 있는 각각의 구체적 문제 속에서 농민은 누구인가를 밝혀내야 한다. 그리고 농민을 수탈하는 대상을 찾아내어 해결 과제와 주체를 설정하고, 이에 따르는 조직노선과 투쟁노선을 확립하여 구체적 대중활동을 실천해야 할 것이다

이는 오늘 이 땅의 농민들이 당면하고 있는 중요한 문제들을 살펴보는 과정에서 정리될 것이며, 이에 따라 농민문제를 인식하는 각자의 시각도 통일될 수 있을 것이다.

(3) 농토를 빼앗기는 농민들

농민은 농토에서 자신의 노동을 실현한다. 그러므로 농사꾼에게 토지는 생명이다. 토지는 이처럼 귀중함에도 불구하고 현재 200만 전체 농가 중에서 120만여 가구(65%)나 되는 농가가 남의 땅에서 농사짓는 소작농 신세를 면치 못하고 있다. 이 때문에 소작농민들은 뼈가 부서지도록 고생한 노동의 결과를 절반 이상이나 땅을 차지한 자들에게 빼앗기고 있다. 이렇게 빼앗기는 돈만 해도 매년 6,000억 원에 이르고 있다. 이러한 소작지 면적은 65만 4,000정보로서 이 나라 전체 농지의 30.5%에 달하고 있다. 더구나 농민도 아닌 자들이 차지해버린 토지만도 27만 정보에 달하고 있는데서 토지문제가 얼마나 심각한가를 실감할 수 있다.

농민들은 땅이 없다는 이유 하나만으로 자신의 노동의 절반을 빼앗기고 있는가 하면, 한편에서는 땅을 소유했다는 이유 하나만으로 농민들의 피와 땀을 빼앗아가는 기생충 같은 세력이 활개를 치고 있다는 말이다.

그들은 누구인가? 대부분 국가권력을 틀어쥐고 있는 자들, 그리고 수천억, 수조 원에 달하는 자본을 소유하고 있거나 운영하는 독점재벌들이다. 그 좋은 예가 홍성·울산 등지에 수천만 평을 차지한 현대, 제주도 등지에 수백만 평을 소유하고 있는 김모·정모, 또한 삼성의 2,000만 평 등, 이 밖에도 이름만 대면 금방 알 수 있는 재벌과 권력자들이 수없이 많다. 뿐만 아니라 국가에서 직접 소유하고 있는 국·공유지인 임야·하천부지 등도 임대료라는 형태로 농민들의 노동을 가로채고 있다.

그리고 이러한 세력들은 정경유착이라는 모습으로 소수의 권력집단을 형성하고 있으며, 국가라는 법적·제도적·정책적인 장치를 앞세워 자신들의 농민 수탈을 은폐시키고 그럴듯하게 합리화하면서 하위 집단을 통하여 끊임없이 농민들의 숨통을 틀어쥐고 피와 땀을 조여 짜고 있는 것이다.

1988년만 하더라도 고창 삼양사 소작답 양도를 위한 고창농민투쟁, 세종대학 재단을 상대로 한 평택 농민들의 토지반환투쟁 등 수십 건의 집단적 토지소유권 분쟁에 권력집단은 공권력과 경찰력을 앞세워 폭력적 탄압으로 일관했었다. 소위 경자유전의 헌법 정신에 따른 농민들의 정당한 요구마저도 저들은 그토록 짓밟고 있지 않은가?

이상과 같이 현재의 토지문제는 소작료의 원천인 소유권을 둘러싼 국가권력과의 싸움으로 나타나고 있다. 즉, 농촌 내부의 계층적 대립이 아닌 국가권력을 매개로 하는 자본가집단과 토지 없는, 토지 적은 농민과의 관계라는 계급적 대립으로 나타나고 있는 것이다. 이것은 바로 자본가 권력집단이 농민들로부터 토지라는 중요한 생산수단을 빼앗음으로써 농민을 노예화시키고, 자본의 무한한 욕구를 채우기 위하여 농민들의 노동을 착취하는 하나의 과정이다.

지금 이 순간에도 소위 서남해안 시대의 붐을 타고, 독점자본의 하위세력들은 호남평야의 토지를 탐욕스럽게 침탈하고 있다. 토지 브로커·부동산 중개업자들은 자본의 충실한 시녀가 되어, 돈에 굶주리고 있는 농민들에게 지폐뭉치를 흔들어대며 각본을 연출하고 있다. 조상 대대로 가꾸고 사랑해온 생산농민들의 토지를 빼앗기 위하여, 산천을 질주하며 기름진 들판에 더러운 말뚝을 박고 있는 것이다.

우리들의 보금자리요, 삶의 터전이자 생명인 토지, 어찌하여 주인의 얼굴도 보지 못한 채 '누구의 명의로 이전하더라도 이의 없다'라고 써진 계약서에 도장을 찍어야만 하는가? 내가 살고 있는 마을에서도 10여 농가가 불과 며칠 사이에 이 같은 과정을 거쳐 소작농 신세로 굴러떨어졌다. 아니, 어쩌면 힘겨운 부채더미에 신음하고 있는 농민들에게는 이들의 음흉한 미소가 차라리 기다려졌는지도 모른다. 경자유전의 원칙을 지키기 위하여 각 읍·면 단위마다 설치되어 있는 '농지위원회'라는 제도적 장치가 무슨 소용이 있는가? 그것은 오히려 독점세력의 욕구를 은폐시켜주는 도구에 불과할 뿐이다.

물론 농촌 내부에도 토지소유와 소작료를 둘러싼 계층적 대립이 없는 것은 아니다. 그러나 이러한 문제는 현 단계 농민운동의 주된 투쟁 대상이 누구인가라는 문제와 전체 민중운동과의 관계 속에서 고려되어야만 할 것임을 이해하는 가운데 문제 해결을 모색해야 할 것이다.

(4) 피와 살까지도 외제라니!

'부지런히 반복半福'이라는 말이 있다. 사람이 태어날 때 큰 복을 타고나지 못할 바엔 부지런히 일 잘하는 복이라도 타고나야 한다는 말이다. 그런데 요즈음 우리 농민들 처지에서는 부지런히 반복은커녕 죽음을 재촉하는 그야말로 망할 놈의 복이 되어버렸다.

소를 열심히 키웠지만 그놈의 수입 때문에 살림이 거덜나고, 태산 같은 부채만 더욱 불어났지만 떼어먹을 배짱마저 없어서 외양간 한쪽 구석에 쭈그리고 앉아 농약을 털어 마셔버린 고 서형석 씨가 부지런하지 못해서인가? 이번에는 큰맘 먹고 마늘농사 열심히 지었지만, 가격이 똥값이라 하는 수 없이 한밤중에 별을 보고 눈물을 씹으며 야반도주 신세가 되어버린 이농자! 선진농업의 기수라고 어르고 부추기는 등쌀에 경운기·이앙기·콤바인·트랙터를 몰면서 과학영농을 해봤지만, 별볼일 없이 기계만 녹슬고 망가져 빚만 지자 홧김에 술 한잔 들이켜고 경운기를 거칠게 몰다 꼴아박아 허리가 병신되어 밤일마저 치를 수 없게 되자 마누라까지 서울로 줄행랑을 쳐버려 신세 조진 영농후계자!

좀 더 잘살아보려고 부지런히 일을 했지만, 그 결과는 열심히 일한 것이 도리어 유죄가 돼버리지 않았는가? 우리 농민들의 처지에서는 '부지런히 반복'이라는 옛말도 소용없게 되어버렸다.

농민은 생산과정에서 보다 많은 소득을 얻고자 비료·농약·경운기·비닐 등은 물론이고 때로는 종자까지도 구입해 자신의 노동력과 함께 생산에 투입한다. 이렇게 해서 생산된 농산물은 또다시 돈과 바꾸기 위해 시장으로 실려간다. 오늘날의 세상은 자본주의 사회이기 때문에 돈이 없으면 하루도 살아가기가 어렵다. 돈이 있어야 가정을 꾸려갈 수 있고, 또 다음 농사에 필요한 모든 것을 살 수가 있게 된다.

그런데 농민들이 농산물을 팔아 돈을 얻는 통로는 대체로 다음과 같다. 그 첫 번째는 농민들이 자기 생산물을 가지고 정부 수매에 응하는 것이다. 추곡·하곡 수매, 양파·고추·담배 수매 등등이 그렇다. 이때 농산물 가격은 정부에서 결정하고 심부름은 농협에서 주로 담당한다.

두 번째는 읍·면 소재지에 상회 등의 연락망을 쳐놓고 장사하는 사람들(수집상·중개인)과 밭떼기 흥정을 하기도 하고, 아니면 5일 장날마다 장터에서 장사꾼들이 정해주는 시세대로 농산물을 파는 경우이다.

세 번째는 주로 소득 작물(양파·딸기·오이 등)을 생산하는 생산자들이 서울 등지의 대도시 공판장이나 위탁상에 맡겨서 파는 경우이다. 이때도 역시 당일 그 시간에 정해지는 시세에 따라 팔게 된다.

농민들이 필요로 하는 생활필수품과 농업생산자재 등을 구입하는 경우에도 통로는 비슷하다. 정부와 농협을 통한 비료·농약·농기계·텔레비전·냉장고 등을 구입하거나, 시장에 나가 상인을 통하여, 또는 끼리끼리 서울 등지의 대도시 도매상을 통하여 구입해오는 실정이다. 이때 구매하는 모든 공산품가격은 (자신의 농산물을 팔 때 정부나 상인 등 사가는 사람들이 정해주듯이 농민들이 공산품값을 정해주는 것이 아니라) 정부와 생산업체 또는 상인들이 정해주는 값을 주고 사오게 된다.

그러니까 농민들은 자기 농산물을 팔 때에는 값을 주는 대로 받고, 필요한 물품을 사올 때에는 달라는 대로 주고 사오게 되는 것이다. 이 같은 농산물과 공산품의 서로 바꾸어 먹기(교환)는 하루에도 수없이 반복된다.

그런데 이 교환 과정에서 팔 때는 본전도 못 건지고 사올 때는 비싸게 사오는 것이 반복된다면, 농민들은 아무리 열심히 일을 해도 가난하게 살 수밖에 없다. 왜냐하면 농민들은 농토에서 피땀 흘린 노동의 대가인 농업생산물을, 공산품과 바꾸어치기 하는 과정에서 값(돈)으로써만 실현하기 때문이다. 그러므로 농산물을 만들어내기 위하여 투자한 각종의 경비(비료대·농약대·종자대 등)를 제한 나머지는 자신의 노동력에 대한 값이 얼마로 치러지느냐 하는 것은 매우 중요하다. 그것은 곧 노동자들의 임금과 같고, 공무원의 월급과도 같다. 농민들은 농산물값이 바로 자기의 월급인 셈이다.

이처럼 농민은 자기가 생산한 농산물을 시장에 내다판 돈으로 자기와 가족들의 생활을 유지하는 사람들이다. 이처럼 농업소득에 의해서 자기 생활을 꾸려가는 사람, 이들이야말로 진짜 농민이다. 왜냐하면 이런 농민이야말로 자기가 처한 현실을 가슴으로 절실히 느끼는 사람이고, 문제 해결에 있어서도 가장 올바른 생각을 할 수 있기 때문이다.

농사를 하면서도 자기 생활에 필요한 돈이 농사 수입 이외의 방법을 통하여 조달되는 공무원, 장사꾼, 사채업자나 도시에 나간 자녀들의 송금 등의 수입으로 생활에 보탬이 되고 있는 사람들은 농업이라는 직업을 갖고 있되 주체적 농민이기에는 부족한 것이 많다. 이들은 농민 현실을 가슴으로 느끼기에도, 문제 해결을 위한 행동을 하기에도 진짜 농민들과는 일정한 거리가 있을 수밖에 없고, 때로는 진짜 농민들과 이해관계가 대립되기도 한다. 농민운동의 주체가 누구인가 하는 문제는 농산물가격문제를 보는 시각과 함께 매우 중요하다.

앞에서도 보았지만 농민들은 자기 땀의 결과인 농산물을 시장에 내다 팔아서 노동의 성과를 실현한다. 따라서 농산물가격은 전 농민의 사활적 이해가 걸려 있는 문제이다. 가격문제에 있어서만은 소작농이든 빈농·소농·중농·부농이든, 또는 축산·양돈·양파·고추·쌀 등 어느 것을 생산하는 농가든, 그 어떤 계층, 그 어떤 작목을 생산하는 농민이든 관심의 정도에 차이가 있을 뿐, 이 땅의 모든 농민들의 이해가 직결되어 있다.

그렇다면 이처럼 우리 농민의 생사와 직결되는 농산물가격과 공산품 구입가격에 누가 절대적 영향을 미치고 있으며, 어떤 세력이 농민들의 노동을 수탈하고 있는가? 그것은 바로 현 정권과 독점세력, 그리고 이들을 배후에서 지배하고 조종하면서 한국 민중의 고혈을 빨아가는 미·일제국의 독점세력이다.

이들이 한국 민중을 수탈하는 중요한 방법 중의 하나가 저임금정책의 지속이다. 저임금정책의 지속을 통하여 국민의 절대다수를 차지하고 있는 생산적 노동자들의 노동을 빼앗아가고 있는 것이다. 그리고 이 같은 저임금정책을 가능케 하는 조건이 노동자들이 먹고사는 음식물 비용을 떨어뜨리는 저농산물가격정책이다. 바로 이러한 정책의 충실한 담당자가 현 정권이다. 정부는 매년 쌀·보리 등의 농산물수매정책과 농협을 통한 공산품 판매구조를 통하여 시장가격을 틀어쥐고 있다. 시장의 쌀값이 조금만 오르면 정부 보유미를 대량으로 방출하고, 또 때로는 소·돼지 값이 너무 폭락하면 농산물가격안정기금을 통하여 일정량을 수매하기도 하여 가격을 조절한다. 하지만 이는 어디까지나 저농산물가격의 지속적 유지라는 틀 속에서 행해지는 지극히 한정된 역할일 뿐이다. 뿐만 아니라 정부는 이 같은 가격 조절 기능을 통하여 여타의 모든 농산물, 즉 콩·딸기·양파·오이 등 소득 작물의 가격 형성까지도 통제한다. 단지 계절적·기후적 조건에 따르는 약간의 가격 진폭만을 허용할 뿐 시장가격의 독점을 통하여 재배면적까지도 사실상 통제함으로써 전반적인 저농산물가격을 지속적으로 유지하고 있는 것이다.

1988년 가을에도 정부는 '양특적자', '물가고' 등 이미 설득력을 상실한 이유를 내세워 추곡가 인상폭을 10% 내외로 묶으려 했다. 이에 대해 농민운동단체들(가농·기농·전농)은 연구기관의 금년도 쌀 생산비 추계 발표에 근거하여 쌀 생산농가 90%에게 생산비를 보장하는 '쌀 1가마 10만 7,778원(47% 인상) 보장과 전량수매'를 주장하였다.

정부는 도리어 소비자단체들을 통해 쌀값 인상을 반대하는 데모를 벌이도록 했으나 소비자단체들의 강한 반발에 부딪혀 망신만 당하고 말았다.

이러한 사실은 지난 수십 년 동안 수행된 정부의 가격정책을 구체적으로 살펴보면 더욱 선명히 드러난다. 쌀값만 보더라도 정부는 그동안 한 번도 농민들이 흘린 땀의 대가를 보장해주는 선에서 쌀 수매가를 책정해본 적이 없다.

지난 1986년 당시 농민들이 쌀 1가마당 투자한 생산비가 7만 7,327원이었고, 정부 발표 생산비는 4만 3,977원, 수매가는 6만 4,060원이었다. 그해 시장의 평균가격은 6만 9,699원이었다. 쌀 1가마 생산비와 정부 수매가격 사이의 차액은 무려 1만 3,267원이나 된다. 이것은 수매가와 생산비의 차이가 가장 적던 1986년 말과 비교한 것이고, 1980년 이후 7년 동안 평균 차액은 1만 5,000원을 넘고 있다. 쌀 한 가지에서만도 농민들은 매년 1조 원 이상씩이나 손해를 보았으니, 하물며 수십, 수백 종에 달하는 농산물의 가격 손실액을 합한다면 가히 엄청난 금액에 달할 것이다. 그러니 현재 호당 400만 원이 넘는 전체 7조 원에 달하는 농가부채는 이같은 농업정책의 필연적 산물인 것이다.

현 정권이 누구의 편에 서 있으며, 그 본질이 무엇인지는 불을 보듯 뻔하다. 더구나 현 정권은 농민과 노동자들을 착취하는 독점세력의 이윤을 더욱 뒷받침하고, 전체 민중을 제국주의의 노예로 전락시키는 망국적인 미국 농축산물 도입을 지금도 계속 확대시키고 있다.

미국의 농업과 농민을 보호하기 위하여 400여 종이 넘는 농축산물이

들어오면, 이 땅의 농민은 죽어가고 농업생산기반은 파괴된다. 이렇게 하여 민족자립경제의 기반이 점점 무너지고 흔들릴수록 우리 민족은 미국과 일본의 독점세력에 예속될 수밖에 없다. 식량자급률이 40% 이하로 떨어졌다는 것은 이제 우리 국민의 절반 이상이 외국의 농산물을 먹어야 하고, 우리 민족 전체의 절반이나 되는 피와 살 역시 외제라는 말이 된다. 이것은 우리의 생각까지도 외제일 수 있음을 뜻한다. 제국·독점세력은 우리 경제에 깊숙이 침투하여 노동하는 사람들의 피와 땀을 빼앗아가고 있다.

농업생산에 중요하게 소요되는 대부분의 비료공장만 하더라도 미국의 독점자본이 절반이나 투자하고 있다. 그리고 비료 값은 얼마 전까지만 하더라도 요소 1포(25kg)에 국제 시세가 약 3,000원이었던 데 비해 우리 농민이 농협을 통해서 공급받는 가격은 6,000여 원이었다. 뿐만 아니라 농업생산에 소요되는 모든 농약·경운기·콤바인 값 등등이 독점가격이고 생활용품, 문화시설, 심지어는 볼펜·아이스크림·음료수 값까지도 터무니없이 비싼 독점가격이다.

보라! 자립경제의 토대가 파괴된 나라가 외세에 종속된 삶을 살지 않았던 경우가 세계 어느 역사에 있었던가? 황폐화된 농촌은 곧 민족의 주체적 삶을 말살하는 것이다. 민족 생존을 지키고자 하는 몸부림은 1970년대와 1980년대의 농민운동 과정에서 줄곧 가격 실현을 위한 투쟁으로 줄기차게 전개되어왔다. 특히 1980년 이후 제국·독점세력들에 의한 한국 민중의 수탈은 더욱 강화되고 있다. '개방경제', '개방농정'이라는 등식으로 구조화되어 있는 외국 농축산물 수입 확대는 농민들의 수입저지투쟁을 한층 더 거세게 만들고 있다.

1985년 전국의 수십 개 장터에서 소값 폭락에 항거하는 농민들의 소몰이시위가 봇물처럼 터져 일어났는가 하면, 1986년 함평 우시장에서는 분개한 축산농민이 자기 소를 때려죽이는 사태까지 있었다. 1987년에는 제원·제천 담배경작 농민들의 양담배 수입저지투쟁, 무안·함평 농민들의 양파·마늘 값 보장을 위한 국도 점거농성, 그리고 1988년 1월 과천 정부

종합청사 앞에서 4,000여 낙농육우농가들에 의한 쇠고기 수입반대 시위와 육우협회 회원들의 국회의사당 앞 점거투쟁, 지난 1988년 4월 22일 전국 6개 농민단체 회원 1,000여 명의 미국대사관 앞 시위, 지금도 전국 방방곡곡에서 끊임없이 벌어지고 있는 각종의 농민대회와 미국 농축산물 수입 오적들에 대한 화형식 등이 거침없이 확산되고 있다.

뿐만 아니라 1986년 경남 진양 농민들의 고추 불량종자 피해보상운동, 1987년 전남 강진의 불량비닐 피해보상 집단투쟁, 매년 연례행사가 되어버린 쌀값쟁취투쟁 등 수많은 저항과 투쟁은, 민족의 생존과 자존을 지키려는 농민들의 줄기찬 항거인 것이다.

농민문제는 이 땅의 모든 노동하는 사람들의 피와 땀이 수탈당하는 문제요, 민족 생존의 문제다.

수십만 청년학도들의 '4천만 죽이는 농축산물수입 결사저지'의 투쟁 구호와 양담배 수입을 반대하는 '인도주의실천의사협의회'의 성명서, '건강사회실현약사회'의 입장 천명과 지원활동, 그리고 소비자단체를 대표하는 '한국여성단체연합'의 무분별한 농축산물 도입에 대한 분명한 반대 결의와 수입저지투쟁의 동참 선언, 전국의 노동운동단체들의 농민 입장 지지와 각종 투쟁, 심지어 독점자본의 농민 수탈 보조축인 농축수협까지도 수입에 대한 문제를 지적하고 있는 것이 오늘의 현실이다.

이렇듯 수입문제는 모든 피해 계층이 공통적으로 해결해야 할 과제임이 입증되고 있다. 또한 농민 노동의 대가를 수탈당하는 농산물가격문제는 노동의 대가를 수탈당하는 노동자들의 임금문제와 함께 농민과 자본가 간의 계급대립인 것이다. 그리고 전 농민이 직접적인 이해 당사자로서 운동에 참여할 수 있는 가장 폭이 넓은 문제이자, 제국주의 수탈에 대한 투쟁이라는 점에서도 가격문제는 운동의 핵심적 과제이다.

(5) 협동은 협잡이 되어

'등치고 간 빼간다'는 속담이 있다. 또 '어르고 뺨 때린다'는 말도 있다. 말로는 생각해주는 척하면서 실상은 빼앗아간다는 뜻이다. 그렇다! 우리 농민들의 현재의 처지가 그런 꼴이다.

농민들은 모두가 농협 조합원들이다. 그리고 현행 농협의 목적을 보면 "이 법은 농민의 자주적인 협동과 단결을 통하여 농업생산력을 증진하고 농민의 경제적, 사회적 지위 향상을 도모함으로써 국민경제의 균형 있는 발전을 기함을 목적으로 한다"라고 되어 있다. 이 같은 목적을 달성하고자 농협에 종사하는 임직원의 수만도 전국적으로 4만 명을 넘고 있다. 또한 1년 취급하는 물량만도 금액으로 따지면 6조 원에 달한다. 가히 놀랄만한 숫자다.

농협의 각종 행사 때나 농협 건물의 담벼락에 어김없이 나부끼고 있는 '협동으로 생산하여 공동으로 판매하자!', '자조·자립·협동' 등의 구호들은 농민들이 보기만 해도 저절로 배가 부를 수밖에 없는 구호들이다.

그런데 정작 조합의 실제 주인이어야 할 농민들은 하나같이 "협동 좋아하네, 협동해서 공동으로 망하자는 협잡조합이여! 사무실 차려놓고 농민 피를 빨아가는 것이 농협이당께!" 이렇게 기회만 있으면 농협에 대해 눈을 흘기며 열을 올리면서 험담을 퍼부어댄다. 그러면서도 또 한편으로는 농사철만 되면 비료를 사기 위해, 영농자금을 얻기 위해 조합 문턱을 수없이 드나든다. 보기 싫어도 별수 없고, 가기 싫어도 어쩔 수 없는 노릇이다. 비료는 농협에서 독점을 하고 있으니 그렇고, 돈이 없어서 빚을 얻어야만 하기 때문에 그렇다.

각 읍·면 단위마다 들어선 농협이 1년 동안 벌어들이는 총 수익금이 1억이라고 치면, 그중에 8,000만 원은 조합이 농민들을 상대로 돈장사해서 벌어들인 돈이다. 일반 대출금의 금리는 14.5%이며 제때에 갚지 못하게 되는 날이면 연체가 붙어 18%로 껑충 뛴다. 우리나라에서 이보다 비싼 금리는 없다. 뿐만 아니라 정부로부터 빌려오는 영농자금 3%짜리를 농민들에게 8%로 높여 받고 있어 중간에서 5%나 떼어먹고 있는 실정이다. 그러므로 농민은 빚쟁이요, 농협은 돈장사꾼인 것은 뻔할 뻔자다. 오늘날 농민들이 농협을 일제 때 농민들을 수탈했던 '금융조합'과 다를 바 없다고 보는 판단은 정확한 것이다. 뼈 빠지게 일해서 남에게 돈장사시켜 주고 자신은 종노릇하는 것이 농민들이다.

농민 대표라는 조합장은 1961년 군사정권이 '농민들은 민주적 자질이 부족하기 때문에 선거를 해서는 안 된다'는 이유를 내세워 정부에서 대신 임명해준다며 임시조치법을 만들어가지고 지금까지 27년 동안이나 정부에서 임명하고 있다. 현재는 농민들이 대통령도 직접 뽑는데 말이다. 그러니 조합장이 자기 목줄을 틀어쥐고 있는 정부의 눈치만 보지 농민들의 눈치를 볼 턱이 없다.

이런 조합장에게 조합원들이 1년 동안 주는 새경은 쌀로 치면 150가마가 넘는다. 전무는 200가마 정도나 된다. 조합에서는 구매사업을 한답시고 연쇄점을 통하여 독점재벌이 공급하는 텔레비전, 냉장고, 경운기, 설탕, 미원 등 공산품을 충실하게 팔아치우는 데만 열을 올린다. 그것도 비싼 독점가격으로만. 요즈음에도 품질이 낮은 묘판용 비닐을 시중 시세보다 더 비싸게 공급하다가 말썽을 빚고 있다.

왜 농협이 본래 목적대로 농민 잘살기운동은 하지 않고, 돈장사에만 혈안이 되고 비싼 공산품을 팔아주는 역할만 하면서 농민들의 노동의 대가를 수탈해가는 파이프 구실을 하는가? 그것은 바로 독점재벌이 정부에 예속되어 있는 농협을 통하여 농업금융을 통제하고 또 가격 수탈을 하기 때문이다.

1983년 전국 농민운동단체들이 앞장서 임시조치법 철폐를 위한 100만인 서명운동을 벌였으나 총대들에 의한 조합장 추천 방식만 약간 변경되었을 뿐, 지금도 악법은 폐지되지 않고 있다. 이는 정부와 독점재벌이 농민을 수탈하는 데 농협을 얼마나 중요한 통로로 활용하고 있는지를 실감하게 해준다.

1987년에는 전남 무안·나주 등지에서 조합원들이 면 단위에서 600여 명씩 모여 농협 민주화대회를 개최하고 투쟁을 전개한 바 있으나, 아직도 농협은 정부와 독점재벌들의 손아귀에 쥐어져 농민들의 것이 되지 못하고, 농업금융과 가격 수탈의 중요한 축을 이루고 있다.

농지개량조합이라는 기구도 마찬가지다. 일제 때 우리 농민을 수탈하기 위한 수단으로 만들어놓은 수리조합을 자유당 독재, 5·16군사정권들이 명칭만 몇 차례 바꾸어오면서 수십 년 동안 농민들에게 물세라는 세금을 강제로 징수하는 수단으로 삼고 있다. 다른 치수(댐 건설, 한강 개발 등)는 모두가 국가 예산에서 하면서도 농민들에게만은 유독 하늘에서 떨어진 물을 1단보(300평)당 1만 5,000원씩이나 받아내고 있는 것이다. 도시 사람들의 1년 수도료보다도 더 비싸다. 수십 년 동안 빼앗긴 돈이 얼마나 많겠는가! 그뿐인가. 조합이라고 하면서 조합장이 어떻게 선출되고 어떤 방식으로 관리·운영되는지조차 공개되지 않고 있다. 농민들은 이 같은 농조를 가리켜 민정당의 노후대책기관일 뿐이라고 비난하고 있다.

작년에는 해남·나주·순창·화순·강진 등 여러 지역 농민들이 수천 명씩 '수세 납부거부', '농지개량조합 해체'를 주장하면서 적극적인 투쟁을 전개하였다. 이에 놀란 권력집단은 연간 1,000억 원 이상에 달하는 수세를 1988년부터는 절반만 거두겠다고 발표했다. 그러나 이러한 조치는 농민들의 주장을 왜곡하고, 투쟁 열기를 가라앉히려는 수작일 뿐이다. 지금도 이곳저곳에서 많은 농민들이 수세거부·조합해체를 위한 투쟁을 계속 전개하고 있다.

그런가 하면 1988년 1월부터 시작된 농어촌 의료보험조합도 기막힌 또 하나의 농민수탈기구이다. 겉으로는 마치 국가에서 농민들에게 질병을 치료받을 수 있는 기회를 부여하고, 사회보장이 잘 실시되고 있는 것처럼 보인다. 그런데 그 구체적인 실상을 보면 한마디로 어처구니가 없다. 첫째, 사회보장이란 측면에서 볼 때 소득이 많은 사람들에게 국가가 세금을 많이 거두어서 국가의 예산 운영을 통하여 소득이 낮은 사람들이 치료를 받을 수 있도록 함으로써 보다 많은 국민의 건강을 개인보다는 국가가 책임지는 것이 바로 이 제도인 것이다. 그런데 이 세상에서 가장 낮은 소득에 쪼들리며 국민의 식량 생산을 위해 노동하는 과정에서 발생한 질병을 치료받을 농민들에게 이 사회에서 가장 많은 보험료를 부과하고 있다.

1개월에 50~60만 원씩 받는 공무원이나 회사 직원들의 월 보험료가 7,000~8,000원 수준인데, 월 소득이 20만 원도 채 못 되는 영세농민들에게 1만 원에 달하는 보험료를 내라는 것이다. 더구나 타 직업에 종사하는 사람들은 국가 보조가 50%인 데 비해서 농민들은 30%도 못 된다. 그리고 이것마저 소위 각 군마다 독립채산제로 조합을 설립하게 하여 그 운영비와 임직원들의 보수로 국고 보조가 탕진되고 있다. 또한 유독 농민들만 재산과 가족 수를 기준으로 하여 보험료를 책정함으로써 농민들은 지방 군수보다 더 비싼 보험료를 부담하는 경우가 있는가 하면, 조선 시대에나 있었던 인두세를 내야 하고 매월 재산세를 내는 꼴이 된다.

이러한 제도는 도대체 동서고금을 막론하고 어떤 나라에서도 볼 수 없는 참으로 희한한 제도이다. 이것은 또 하나의 농민수탈정책에 불과한 것이다. 그리고 가난한 농민들의 건강은 없는 놈들끼리 알아서 하라는 것이 아니고 무엇인가?

이에 대한 농민들의 분노는 즉각 행동으로 나타났다. 경기도 포천에서, 충북 보은에서, 충남 예산에서, 전북 김제와 부안에서, 전남 함평에서, 경남 남해와 하동 등, 전국 각 지역의 농민들이 '지역 조합주의 철폐! 전국의 통일적 의료보험 실시!'를 요구하며 조직적이고 단결된 투쟁을 전개하였고, 지금도 투쟁은 계속 확산되고 있다. 수많은 농민들의 보험증 반납과 보험료 납부거부 사태가 전 농촌지역에서 나타나고 있으며, 전남 함평의 경우에는 3월 현재 보험료 납부율이 17%밖에 되지 않아 사실상 조합 운영이 난관에 봉착해 있는 실정이다. 최근 정부는 보험료 지원을 50%로 인상할 계획이라고 발표했으나, 지정 치료기관과 의료시설 등 해결되어야 할 문제가 한두 가지가 아니다.

이 밖에도 국가의 각종 기관과 단체, 군·읍·면 단위 행정관서의 관제 조직들을 통해 농민들의 고혈을 갈취해가는 물것들은 수없이 많다.

소득도 없는 농사에 강제로 징수되는 농지세가 그렇고, 소위 '○○비'라는 명목으로 걷어가는 재향군인회비, 체육진흥회비, 적십자회비, 도로출력비가 그렇고, 또한 각 마을별로 세금처럼 부과되는 불우이웃돕기성금, 각종 의연금, 공공건물 건립기금, 각급 기관장 부임 시 기부금, 텔레비전 시청료 등 농민들이 부당하게 빼앗기고 갈취당하는 온갖 잡세가 20여 가지나 된다. 어디 그뿐인가? 심지어 새마을이란 이름으로 지원되는 각종 사업자금의 10% 상납이 관행이었고, 소득개발특별자금, 낙후마을개발자금, 영농후계자지원자금 등 조건이 비교적 좋은 지원금은 수혜 당사자와 관리들 간의 뒷거래 없이는 어림도 없다.

(6) 농민문제는 경제적 수탈과 정치적 억압의 문제

이상에서 우리는 농민들이 구체적으로 부딪치고 있는 현실을 토대로 농민들이 당면하고 있는 문제들을 정리해보았다. 여기서 드러난 농민문제는 그것이 토지를 둘러싼 문제이든 농산물가격의 부등가교환과 각종 조합문제 또는 그 밖에 어떤 문제이든 농민들의 고통을 가중시키고 인간적인 삶을 가로막고 있는 것은 바로 농민 자신들이 흘린 피와 땀의 대가가 정당하게 실현되지 못하고 있는 데 그 원인이 있음을 알 수 있다. 그리고 농민들의 노동의 대가를 빼앗아가는 사람들은 저임금과 저농산물가격으로 이 땅의 수많은 생산적 노동자들의 노동을 수탈해가는 제국독점세력이며, 이들의 이해를 실현시켜주는 국내 정치권력과 독점세력임을 명백하게 알 수 있다. 뿐만 아니라 이처럼 농민들이 정당한 노동의 대가를 부당하게 빼앗길 수밖에 없는 것은 최고 통치권력인 국가권력의 성격이 반민중적·반민주적이기 때문임을 알 수 있다. 반민중적 권력집단은 각종 통치제도(악법과 농업정책)와 직접 탄압기구(경찰 등)를 통하여 농민들의 정당한 요구와 저항을 폭력적으로 억압하고, 한편으로는 기만과 회유, 설득으로 일관하고 있는 것이다.

이러한 이유로 감사와 존경을 받아야 할 농민들은 지금 이 순간에도 호당 400만 원이 넘는 부채에 신음하고 있으며 자립경제의 터전은 파괴되고 있는 것이다.

농민문제는 경제적 수탈의 문제요, 정치적 억압의 문제이다. 그리고 노동의 결과를 빼앗기지 않으려는 세력과 빼앗는 세력, 즉 지배하는 세력과 그 지배를 벗어나 공평한 대접을 받고자 하는 세력 간의 계급대립인 것이다. 따라서 농민문제의 궁극적인 해결은 정치권력의 문제를 해결함으로써 가능하다. 정치권력을 획득하는 문제는 이 땅에서 억압당하는 전체 민중들의 공통적인 과제이다. 그리고 이것은 실천에 있어서 반외세·반독점 민주변혁을 그 내용으로 한다. 이를 위한 주체는 가장 심한 억압과 수탈 속에 살아가는 노동자와 농민이다.

반외세·반독점 민주변혁의 내용을 농민의 입장에서 본다면, 첫째로는 자주적 민주정부 수립과 외세 지배의 척결 및 정치적 민주주의의 실현이다. 둘째로는 농업 관계 제 악법의 철폐와 농민 기본권의 완전한 실현이고, 셋째로는 식민지 경제구조의 타파와 자립적 민족경제의 건설이고, 넷째로는 독점재벌 해체와 농민의 토지 지배권 확립이며, 다섯째로는 농업 생산비 보장과 농축산물의 수입 금지 등으로 볼 수 있다.

이러한 해결 과제가 보여주듯이 농민문제의 해결은 우리 민족이 전체적으로 안고 있는 외세 지배와 계급문제의 해결이라는 차원에서, 민족문제 해결 없이 농민문제 해결 없고 농민문제 해결 없이 민족문제 해결 또한 없음을 알 수 있다.

3. 농민운동의 과제와 방향

앞에서 살펴보았듯이, 오늘날 농민문제의 실태와 성격 및 원인은 한국 사회의 구조적 모순에서 구해야 하며, 이는 현 단계 농민문제의 해결 과정 역시 한국 사회의 변혁운동으로서의 일반적 임무 속에 농민대중의 의식화·조직화·세력화를 구체적으로 실천해나가는 것임을 말해준다.

그러면 현 단계 농민운동은 구체적으로 어떻게 전개되고 있으며, 앞으로 전체 사회변혁운동의 대의에 올바로 복무하기 위해서는 어떠한 방향 아래 어떠한 과제를 해결해나가야 하는가.

본 글에서는 이러한 주제에 대하여 최근 농민투쟁의 전개 과정과 성격, 농민운동의 주체와 군 단위 농민운동의 주요 임무, 농민대중조직의 대중화와 바람직한 통일 방향, 그리고 농민운동 통일의 조직 형태와 내용 등으로 나누어 살펴보기로 한다.

(1) 최근 농민투쟁의 전개 과정과 성격

1987년에 이어 1988년에도 급속한 발전을 거듭하고 있는 농민운동은 지난 대통령 선거와 국회의원 총선거를 경과하면서 한층 더 확대된 정치적 공간에서 투쟁 역량과 조직 역량을 전국적 규모로 확산시키고 있다. 농민투쟁의 전개 과정과 성격을 실천 과제별로 살펴보기로 하자.

가. 농지소유권 확보투쟁

1987년 8월, 소작답 양도를 주장하며 수백 명의 소작농민들이 지주 측 회사인 삼양사에 몰려가 20여 일 동안이나 줄기찬 투쟁을 전개한 전북 고창 '소작답 양도대책위원회' 농민들은 그 후 지주 측과 협상을 통해서 1평당 1,881원(시가 4,000여 원) 식의 유상양도를 쟁취하였고, 금년 농사 추수를 앞둔 시점에서는 급수비라는 명목의 수세를 둘러싸고 지주 측과 투쟁을 벌이고 있다. 그리고 65일 동안이라는 장기간의 농성투쟁을 결행했던 경기도 평택 대양학원(세종대 재단) 토지반환투쟁은 몇 차례에 걸친 지주 측과의 협상이 결렬, 1988년 5월 지주 측의 직영지 10만 평에 대하여 농민들이 직접 농사를 짓겠다는 결의와 함께 소작료거부투쟁에 돌입, 끈질긴 투쟁을 계속하고 있다. 1988년 1월 충남 서산 금은농장 소작인들이 '소작답 무상양도 추진위원회'를 결성, 지주 측과 협상을 벌이던 중 경찰의 폭력적 개입으로 30여 명이 연행되자, 농민들은 구속자 석방 등을 요구하며 80여 일 동안 농성투쟁을 벌이면서 투쟁을 계속하고 있는가 하면, '현대 간척지 농지불하 요구투쟁', '해미 공군기지 설치반대 농민투쟁', 제주도 지역의 '군사기지 건설저지 농민투쟁', 경기도 안성지역의 철도부지 분쟁, 경북 경주의 농지 강제수용령 철회투쟁, 전남 영암군 학파농장 소작인들의 '무상양도 및 소작료반환투쟁', 무안의 숭의농장과 해남 봉동리의 '토지반환투쟁' 등, 이 밖에도 농토를 되찾고자 하는 농민들의 크고 작은 투쟁은 수십 개 지역에서 진행되고 있다.

이처럼 토지 없는 농민과 토지 적은 농민들의 투쟁은 날이 갈수록 확산되고 있으며, 이에 대한 정부와 독점세력들의 탄압 또한 격화되어 토지소유를 둘러싼 대립은 더욱 심해지고 싸움도 격렬해지고 있다.

지난 7월 14일 전남 영광군 염산면 '가음 방조제 무상등기 추진위원회' 소작농민 70여 명이 경작지 무상등기를 요구하며 경운기 11대에 분승하여 영광군청으로 향하던 중 현지 경찰의 무자비한 습격으로 소작인 이재열 씨(45세)가 경운기에 추락하여 목숨을 잃는 사태까지 벌어졌다. 뿐만 아니라 지난 1월 이후 8개월 동안 농지소유권투쟁 과정에서 당국에 의해 연행되거나 구속되고, 경찰의 폭력적 탄압에 부상을 당한 농민은 수백 명에 이르고 있다.

그리고 이러한 각 지역의 투쟁은 상호 고립분산적인 한계를 극복해야 한다는 필요와 함께 전국 단위 운동단체들(가농·기농·전농)의 지원과 협력으로 지난 9월 14일 '전국토지무상양도대책위원회'의 결성으로 발전하였다. 각 지역의 토지투쟁 농민들은 ① 수탈해간 농민의 토지를 즉각 반환하라, ② 정부는 농민들의 토지투쟁에 대한 탄압을 즉각 중지하고 농민들의 정당한 요구를 실현하라, ③ 각 정당은 농민들의 토지투쟁에 적극 동참·협력하라, ④ 우리는 농민들의 정당한 토지 요구가 실현될 때까지 연대하여 투쟁한다, ⑤ 전국의 토지분규지역 농민들은 '전국토지무상양도대책위원회'로 단결하자 등 다섯 가지 주장을 내걸고 '전국토지무상양도대책위원회'를 결성하였으며, 앞으로 보다 조직적인 대중투쟁을 위해 투쟁대열을 가다듬고 있다.

이상과 같이 1988년도 토지투쟁은 일찍이 볼 수 없었던 투쟁 역량과 조직 역량으로 대중적 토대 위에서 추진되었으며, 그 성격에 있어서도 소작료의 원천인 소유권 확보투쟁이자 대상이 바로 국가권력과 자본가세력이란 점에서 계급적 성격을 더욱 뚜렷이 하고 있다.

나. 가격보장운동과 수입저지투쟁

1988년의 가격보장운동은 모든 농축산물의 가격폭락을 뒷받침하고 주도하는 미국 농축산물 수입저지와 정부의 저농산물가격정책에 대해 전국의 농업·농민단체들이 조직적으로 대응하면서 불타오르기 시작했다.

지난 1월 한국낙농육우협회, 한국육우협회 등에 의해 4,000여 양축농민들이 과천 정부종합청사 앞에서 쇠고기 수입을 반대하며 벌였던 시위를 시발로 하여, 4월에는 전농·가농·기농 그리고 생산자단체, 영농후계자 등 9개 농민단체들이 건국대학교에서 '외국 농축산물 수입저지 전국농민대회'를 개최하고, 이어서 광화문 네거리에 위치한 미국대사관까지 가두시위를 벌였다.

5월에는 '농축산물 수입저지 전국농민결의대회'가 여의도 국회의사당 앞에서 열렸는데, 본 대회는 전국의 농업·농민단체 회원 3만여 명이 참석할 예정이었으나 정부당국의 탄압과 방해로 인하여 대회 당일 여의도에는 5,000여 명만이 참석하였다. 이날 전국 각지에서는 대회 참가를 저지하는 경찰에 맞서 고속도로에서, 각 군 소재지에서 농민들의 끊임없는 시위와 투쟁이 있었으며, 여의도 대회에는 야권 3당의 국회의원 20여 명이 참여했으나 농민들로부터 심한 야유를 받기도 한다.

7월에도 국회의사당 앞에서 농민대회가 열렸는데, 국회로 진입하려는 농민들과 이를 저지하는 경찰 간에 심한 몸싸움이 벌어졌다.

이렇게 네 차례에 걸쳐 추진된 전국대회 형식의 투쟁은 연인원 4만여 명이 참가하는 높은 열기를 나타냈으며, '정부종합청사', '미국대사관', '국회의사당' 등의 투쟁 장소가 말해주듯이 농민들의 투쟁 대상이 미국과 현 정권으로 분명해지고 있다. 뿐만 아니라 각종 집회에서는 어김없이 '수입5적과 미국'에 대한 화형식이 거행되었다.

이렇게 결집된 역량은 다시 각 지방과 군 단위로 확산되면서 더욱 거세게 타올랐다. 5월 진주·광주·부산 등지에서 10여 차례의 도 단위 투쟁이 전개되었는가 하면, 7월 이후에는 함평(7월 4일) 등 30여 개 군 단위에서 수입저지결의대회와 강연회, 현수막걸기운동 등이 추진되었다. 뿐만 아니라 전주농어민후계자협의회의 수입반대 서명운동과 YMCA의 양담배 불매운동 등 크고 작은 투쟁들이 줄을 이었다.

특히 지난 9월부터 고추 값이 폭락하자 경북 북부지방(청송·영양·봉화·안동)을 필두로 거세게 몰아치고 있는 고추생산비 보장투쟁은 충북·전남·전북 등의 고추 주산지로 확산되고 있으며, 10월 말 현재 30여 차례의 대중투쟁이 일어났고, 앞으로도 계속될 전망이다. 그러면 여기서는 지난 9월 19일 청송에서 개최된 농민대회의 투쟁 사례를 간략하게 살펴보기로 하자.

청송군 농민대회는 청송읍 장날을 기해 오전 11시경 고추시장에서 시작되었다. 며칠 전 고추 값 하락을 방지하기 위해 농수산부에서 고추 1근당 2,000원씩 2만 톤을 수매하겠다고 발표했음에도 불구하고 이날 장에서 형성되는 고추시세는 1근당 1,300원에서 1,700원까지 거래되고 있었다.

대회장에 운집한 2,000여 생산농민들은 최근 고추 값이 폭락하게 된 이유는 정부의 미국 농축산물 도입에 그 원인이 있다고 분석하면서 수입을 강요하고 자행하는 미국과 현 정권을 규탄하는 소리가 드높게 일었다. 농민들은 '즉각 수입을 중단할 것', '고추 1근당 생산비 2,500원을 보장하고 수매 희망 전량을 수매하라'고 정부에 촉구했다.

이어서 수천 명의 농민들이 대오를 형성하여 농협 군지부까지 가두시위를 벌였다. 군지부에 집결한 농민들은 4층 청사를 완전히 장악하고 그동안 반농민적 행위를 일삼았던 농협의 문제점을 낱낱이 꾸짖고 응징하는 한편, 이제 농민이 농협의 주인자리를 되찾아야겠다는 결의와 행동의 표시로 군지부장을 무등 태워 시가행진을 벌였다.

오후 1시쯤 시위농민들은 고추 값 폭락에 대한 질의의 회답을 듣기 위해 군청으로 향했다. 이때 시위에 참가한 농민이 3,000명을 넘었음에도 불구하고 평화적인 질서를 잘 유지하고 있었다. 1시 10분쯤 청송군청 앞에 집결한 3,000여 농민들은 정문을 굳게 닫고 출입을 엄격히 제지하는 200여 경찰에 의해 정문 통과를 제지당했다. 이에 농민들은 흥분을 자제하면서 그러면 군수가 직접 정문 앞에 나와서 농민들의 질의에 대해 답변해줄 것을 요구했다. 하지만 청송군수는 농민들의 요구를 묵살한 채 육중한 철문과 200여 경찰을 사이에 두고 대치상태인 농민들에게 30분이 지나도록 모습조차 보이지 않았다. 기다리다 못해 화가 치민 농민들은 막아선 경찰과 심한 몸싸움을 벌이기 시작했다.

수천 명의 농민들이 정문 통과라는 한마음으로 힘을 합해 함성을 내지르자 육중한 철문도, 경찰의 인의 장벽도 아침햇살에 이슬 녹듯 무너져버렸다. 몸과 마음을 부둥켜안은 수천의 농민들은 허물어진 장벽을 밟고 군청 앞마당에 집결하였다. 그리고 농민의 의사를 무시하고 얕잡아보는 행정당국의 무례함과 무책임을 소리 높이 성토하자 그때서야 군청당국자의 정중한 사과와 함께 해명이 있었다.

농민들은 군청 마당에서 농축산물 수입저지와 고추생산비 보장에 대한 의사 표시로 미국 화형식을 거행하기 시작했다. 수천 명의 농민들은 화형식을 당연한 행사로 여기면서 '미국'이 불에 타자 커다란 함성으로 분노와 결의를 드높였다. 그 후 농민들은 투쟁을 지속적으로 벌이기 위해 지역조직을 결성키로 합의한 후 자진해산하였다. 이러한 고추 생산농민들의 투쟁은 10월 전국의 정당·사회단체(14개)들의 적극적 관심 속에 '농산물 제값받기 지원대책위원회' 결성을 토대로 소비자와 생산자를 연결하는 모습으로 발전해가고 있다.

그런가 하면 전남 강진의 딸기 생산농민들은 불량비닐 피해보상운동의 성과로 7월에는 '딸기생산자협회'라는 조직의 결성을 보았고, 8월 경기도 포천지역 참외 재배농민들도 '홍농종묘'의 불량씨앗 공급으로 빚어진 피해에 대한 보상운동을 조직적으로 전개하여 3,000여만 원의 보상금을 쟁취하는 데 성공했다. 이렇듯 개별 자본을 상대로 한 농민들의 투쟁 또한 확대·발전하고 있다.

이러한 농민들의 투쟁은 10월에 접어들면서 전 농민의 이해가 걸린 쌀 생산비 보장투쟁으로 결집되고 있다. 농민들은 이미 1988년도 쌀 1가마당 생산비를 10만 7,778원으로 발표·제시한 바 있으며, 올해 정부 추곡 수매가는 생산비를 보장하고, 출하 희망량 전량을 수매해야 한다고 국회와 정부 측에 주장했다.

각 농민단체들은 이의 실현을 위해 각 정당과의 교섭, 공청회(10월 12일) 등을 개최했으며 특히 가톨릭농민회는 야권 3당에서 농성투쟁을 전개한 바 있다. 현장에서는 '쌀 생산비 보장쟁취대회'(안동), 전남지역 각 군 단위별 '담화문' 발표 등을 통하여 대정부 압력을 강화하고 있다.

이상과 같이 농산물가격을 둘러싼 농민들의 투쟁은 올해 들어 다양하고도 전체적인 대정부투쟁과, 생산작목별로 구체적인 개별 자본과의 투쟁에 이르기까지 조직적인 투쟁과 광범위한 농민의 참여가 이루어지고 있다. 특히 가격 보장을 위한 싸움의 중요한 내용이 미국의 농축산물 수입저지투쟁과 일맥상통하고 있다는 점에서 더욱 중요한 과제라 할 수 있다.

다. 부당수세거부 및 농지개량조합 해체투쟁

앞에서도 보았던 것처럼 1987년 12월 전남 해남과 나주지역에서 1만여 몽리민들이 집회를 갖고, "우리는 부당한 수세를 더 이상 낼 수 없다", "못내 못내 절대 못내 부당수세 절대 못내"라는 주장과 함께 시작한 수세거부투쟁은 1988년에도 전북 순창, 충남 홍성·공주, 전남 화순·강진·장성·곡성·영암·무안·함평 등 호남지방을 중심으로 전국적으로 확산되고 있다.

4월 14일에는 전남 나주에서 〔전남북 합동집회로〕'호남지역수세대책 위원회'가 주최하는 농민대회가 개최되어 수세거부는 물론 농조 해체를 정식으로 주장하고 나섰다. 이날 대회에서는 3,000여 농민들이 대회를 저지하는 경찰에 맞서 광주-목포 간 고속도로를 점거하고 3시간 동안 격렬한 투석전을 전개하여 양측에서 수많은 부상자가 발생했으며 2명이 구속되었다.

그리고 전북 순창에서는 수세징수 강제차압반에 맞서 각 마을 단위로 농민들이 유기적인 상호 협력과 단결된 투쟁을 전개함으로써 강제 차압 행위를 격퇴시키는 성과를 거두었다.

9월 14일에는 각 지역 현장 대표 90여 명이 자리를 함께하여 '전국수세 대책준비위원회'를 구성하였으며, 가농·기농·전농 등 전국 단체들과 함께 하반기 투쟁에 돌입하였다. 준비위원회에서 참여 농민들은 수세 철폐, 농지개량조합 해체, 정부의 수자원관리청 신설 등을 주장하였다.

이에 반해 기존 농지개량조합 측은 농개조 해체를 반대하는 대책위원회를 결성하여 반농민적 작태를 계속하고 있다.

그리고 정부와 민정당은 현행 농조의 기본 골격을 유지하되 운영을 민주화하며 수세는 기존(300평당 1만 5,000원)의 절반 수준인 7,000원(300평당 10kg) 선으로 낮추어 징수하겠다는 방안(개정안)을 정기국회에 상정해 놓고 있다.

그런가 하면 야권 3당은 농조를 해체하고 지방자치단체에서 관리·운영토록 하며 수세는 여당과 비슷한 안을 역시 가을 국회에 제출해놓고 있는 실정이다.

그러나 이들 모두 농민들의 주장을 제대로 반영하고 있지 못하다. 따라서 농민과 운동단체들은 10월 들어 각 도 단위·군 단위로 '수세폐지대책 위원회'를 확대·강화하면서 지난 10월 28일 전주에서 수세 공청회를 개최하여 법 개정에 관한 농민들의 입장을 재확인하였다. 11월 1일에는 각 군 단위 수세대책위원회 대표들이 참가하여 '전국수세폐지대책위원회'를 정식 발족하였다.

이제 수세고지서를 발부하고 수세를 징수하는 기간인 11월 20일부터 12월 20일 사이에 집권세력과 농민 간에 또 한 차례의 격돌이 예상된다. 각 현장에서는 이 싸움에 대비한 각종 조직 강화, 선전활동이 활발히 추진되고 있다.

라. 농협 민주화운동

1970년대 고구마 수매자금 80억 유용으로 빚어진 '함평고구마 피해보상운동'과 강제출자거부 등을 비롯한 농협비리 척결, 1983년의 '임시조치법 철폐와 조합장 직선제 서명운동', 1987년 면 단위·마을 단위의 농협민주화추진위원회의 투쟁 등으로 발전해온 민주농협쟁취운동은 이제 정기국회에서의 농협법 개정을 앞두고 새로운 국면으로 돌입하고 있다.

1988년에 추진된 투쟁은 전국 단위의 민주농협법쟁취투쟁과 현장 단위의 조합장직선제투쟁으로 대별된다.

전국 단위에서는 1987년 9개의 농협·농민단체들이 농협법 개정 농민공청회를 통하여 공동 제안한 민주농협법 시안을 토대로 법 개정 작업을 추진하였다. 그 주요 내용은 다음과 같다.

첫째, 현행법은 농협의 성격을 경제단체로 규정하고 있다. 따라서 농협이 경제단체라면 생산작목별·업종별로 구체적 이해를 토대로 하는 다른 조합 설립의 자유도 특별법에 근거하여 주어져야 함을 뜻한다.

둘째, 농협의 구조는 면 단위 조합을 기본으로 도 단위 연합회와 전국 단위 총연합회로 개편한다.

셋째, 총연합회의 총회는 단위조합장들(약 1,400여 명)로 구성한다.

넷째, 사업에 있어서는 단위조합의 독립성을 토대로 하되 도연합회에게도 경제 행위의 독자성을 부여하며, 독점자본과 정치권력의 농민 지배·수탈에 효과적으로 대항하도록 하고, 총연합회는 계통조직의 지원·

지도를 체제화하여 구조적 관료화를 예방하고 정부의 간섭과 통제로부터 독립하여 대정부 대표성을 발휘토록 함으로써 농민에 의한, 농민을 위한, 농민의 농협을 만들어가야 한다고 보았다.

그런데 정부와 농협 측은 1988년 6월 15일 농림수산부 주최 '농협법 개정 공청회'를 통하여 조합장 간선제를 골간으로 하는 기만적인 개정안을 제시하고 합의를 끌어내려 하였다. 이에 전문연구기관들의 거센 반발과 함께 전국 농민운동단체들이 강력한 거부투쟁을 다각적으로 펴나가자, 9월 정부와 민정당은 현행 농협 제도와 체계는 그대로 온존시킨 채 조합장 선출 방법만을 직선제로 바꾸어 정기국회에 제출하였다. 따라서 민정당 안은 현행 농협의 체제와 비민주적 성격을 온존시키는 범위 내에서의 제한된 절차적 민주화라는 문제점과 조합장 선출에 있어서도 직선과 간선을 정관 사항으로 처리하게 하고 정관의 승인권자를 주무장관으로 규정함으로써 정부의 농협 지배를 여전히 유지하려는 저의를 숨기지 않고 있다.

이에 비해 야당의 농협법 개정안 역시 민정당의 그것과 별 차이가 없다. 단지 조합장을 직선한다는 것과 정부의 간섭을 조금 완화한다는 정도의 차이일 뿐 농민들이 제시하고 있는 개정안과는 현격한 차이를 보이고 있다. 이는 농협 민주화를 바라보는 근본적 시각의 차가 그만큼 크기 때문이다.

현장에서는 전남 진도·나주, 경북 청송 등지에서 농민 조합원들이 조합장 선출 시 직접 선출을 하려고 총대들의 조합장 간선을 저지시키고 보류 또는 연기 조치하는 등의 투쟁이 있었으며, 전반적으로는 농협 민주화를 위한 대중집회, 교육·선전활동이 추진되었다.

아무튼 농협법 개정을 눈앞에 둔 시점에서 각 정당들과 농민운동단체들 간의 농협 민주화를 바라보는 현격한 시각의 차이는 법 개정 이후에도 농협의 완전한 민주화가 이루어지고 사회정치적 결사체로서 농민조합 설립의 자유가 보장될 때까지 농민들의 투쟁은 계속될 것이라는 점을 예고

하고 있다.

마. 농가부채 상환거부투쟁

1988년 현재 약 7조 원으로 추산되는 농가부채는 지난 수십 년 동안 자행되어온 반농민적 농업정책의 총체적 결과물의 한 형태이다.

1985년 전국부채대책위원회가 농가부채를 정부가 책임지고 탕감하라는 구호와 함께 신민당사 점거농성을 벌인 것을 계기로 농가부채문제는 농민들의 실천적 투쟁 과제로 등장하였다.

하지만 농가부채 그 자체가 문제의 원인이라기보다는 결과적 성격을 가진다는 면에서 보면 독자적인 실천 방법을 개발하려는 노력이 미흡했다. 뿐만 아니라 부채문제의 독자적 실천은, 피억압 농민대중 내부의 윤리적·정서적 불합리성과 현실적 계층대립으로 인한 경제적 신용관계가 고려되어야 한다는 한계에 부딪쳐, 농민의 가장 극심한 고통임에도 불구하고 그간의 운동이 구호 중심의 활동가 위주의 투쟁에서 벗어나지 못했다.

그러나 1987년 대통령 선거 시기에 농가부채문제가 각 정당의 선거 공약으로서 전면적인 정치사회적 해결 과제로 등장하는 과정에서 농민운동의 계급적 성격의 강화와 함께 실천적 과제로 부각되고 있다.

지난 대통령 선거 당시 각 정당이 내세운 선거 공약을 살펴보면 다음과 같다.

저 민정당의 경우 농가소득개발정책 강화를 통한 해결을 밝히고, 평민당의 경우 농가부채정리특별법의 제정 및 1년 이내 탕감을 약속하며, 민주당의 경우 상환유예, 10년 거치 10년 상환, 정기국회에서 의원입법 추진 등이었다.

한편 정부는 농가부채의 성격이 생산성 부채로 바뀌어가고 있다고 주장, 점진적인 자체 해결을 주장하고 있으나, 작금의 추세는 농가부채가 더욱 증가되고 있기 때문에 문제의 성격에 관한 정부의 시각이 근본적으로 바뀌어야 한다.

농민단체에서는 부채를 지게 된 원인이 정부의 농정에 있다고 보고 전액 탕감할 것을 주장하면서 농민들 스스로의 투쟁을 통한 상환거부를 투쟁 방침으로 제시하고 있다.

현장에서 1988년도에 추진한 부채 상환거부투쟁을 보면 전남 함평에서 마을 농민들이 소입식 자금 상환거부 결의를 통하여 실천활동을 전개하고 있으며, 최근에는 경북 북부지방의 고추 생산농민들이 고추 1근당 2,500원씩 계산하여 농협부채 현물상환을 결의하는 농민대회 형식의 우회적 거부투쟁을 청송·안동 등지에서 확산시키고 있다. 그럼 여기서 소입식 자금 상환을 거부하고 나선 함평군의 어느 마을에서 나온 유인물을 인용해보기로 한다.

〈소입식 자금(82년~83년)에 대한 우리의 입장〉

지금으로부터 5년 전(82년 8월) 소를 열심히 키우면 농민도 잘살게 되리라는 정부의 선전과 정책을 우리는 굳게 믿어왔다.

따라서 우리 마을 24농가는 소위 '낙후마을 소득개발'이라는 명목으로 지원되는 정부의 자금을 82년과 83년 사이 1가구당 70만 원에서 100만 원까지 빚을 내었다.

당시 정부의 대출자금은 5년 거치 5년 균등분할 상환과 함께 무이자라는 조건이었다.

이처럼 비교적 조건이 유리한 자금이었기에 우리 마을 사람들은 모두 다 그 자금을 쓰려고 했지만 금액은 2,000여만 원으로 한정되었다. 때문에 마을에서는 몇 차례 회의가 열렸으며 결국 국가의 지원자금 혜택이 보다 못사는 농민들에게 우선적으로 돌아가야 한다는 자체 내의 의견합의로 마을민 중에서도 가장 못살고 그중에서도 농촌에서 계속 살고자 하는 농가에 우선적으로 배정키로 하였던 것이다.

이렇게 하여 자금을 지원받게 된 24농가는 모두 1,500평 이하의 영세빈농들이었다.

우리는 서로 세 사람씩 연대보증을 서가며 차용증서에 도장을 찍었고 읍사무소에 자금을 수령하러 갔다.

그런데 읍사무소 담당자는 자금을 지원받고도 소를 사지 않을지 모른다며 소를 분명히 산다는 확인을 하지 않고는 자금을 줄 수 없다는 것이었다.

우리는 하는 수 없이 함평 우시장에 나가 한 마리에 100만 원에서 120만 원까지 하는 송아지를 각 농가마다 구입함으로써 본 자금을 받아올 수 있었다.

그리고 2년 동안 친자식보다도 애지중지하며 행여 병이 날세라 밤잠을 설쳐가면서 열심히 소를 키웠다.

그런 덕택으로 구입 당시 송아지는 무럭무럭 자라 황소가 되어가고 있었다. 돈에 쪼들리는 사람들은 팔기 위해서 소를 몰고 우시장으로 나가기 시작했다.

그런데 어찌된 영문인지, 공무원들은 정부의 지시라며 소를 팔지 못하게 했다. 뿐만 아니라 소를 팔게 되면 자금을 즉각 회수해버리겠다고 협박하기까지 했다. 많은 사람들은 소를 팔지도 못하고 84년 이후부터는 소값이 떨어지기 시작했다. 외국에서 수입하는 소 때문에 값이 폭락한다고 입을 모았다. 이럴 수가 있는가, 도대체 무슨 놈의 정책인가? 소를 키워 소득을 올리라고 자금까지 꿔주어놓고 미국 소를 수입하여 값을 폭락시키다니…….

이제나 저제나 값이 오르기를 기다려보았으나 소값은 계속 떨어질 뿐이었다.

소를 열심히 키워 잘살아보겠다는 우리의 희망과 힘써 키운 노력의 대가는 허공으로 날아가버리고 오히려 사료 값, 빚 독촉에 더욱 시달리지 않으면 안 되었다.

더 이상 버틸 희망을 상실해버린 우리는 어쩔 수 없이 소를 우시장으

294

로 끌고 나가 헐값으로 팔지 않을 수 없었다. 계산을 해보니 한 마리당 100여 만 원씩 손해만 보고 말았다.

금년 5월 신문, 라디오, TV에서는 정부의 축산정책 잘못으로 농민들만 수조 원의 막대한 손실을 입었다고 했다. 결국 소를 수입하여 우리 농민을 죽이고 몇몇 개인들은 수천억 원의 이익을 챙겼다고 한다. 더구나 이 같은 죄악을 저지른 자들은 제5공화국의 핵심부에 있었던 사람들이었다고 한다. 이와 같은 사실을 접한 우리 농민들은 한마디로 기가 막히고 치미는 분노를 참을 수 없다.

그런데 7월이 되자 82년과 83년 두 차례에 걸쳐서 정부에서 빌려주었던 축산자금을 상환하라는 빚 독촉이 함평군수의 명의로 우리 마을 24농가에게 배달이 되었다. 이에 우리 24농가는 8월 10일 밤 회의를 갖고 다음과 같은 입장을 결의하였다.

다   음

- 정부는 축산정책의 잘못으로 빚어진 우리 마을 24농가의 총 피해액 2,400만 원(1농가당 100여만 원)을 보상하라.
- 우리는 이상과 같이 정당한 피해보상이 이루어질 때까지 낙후마을 소득개발자금 상환을 거부한다.

1988. 8.
전남 함평군 함평읍 내교리 외대화 24농가 일동

농가부채 상환거부투쟁은 부채 회수 시기인 연말을 전후로 하여 여타의 실천투쟁과 함께 더욱 조직적으로 추진될 전망이다.

이 밖에도 전체 민중운동 속에서 살펴보면, 민족통일운동의 일환으로 가농이 북한 농민들과 판문점에서 만나자고 한 제안이 있었고, 8·15남북학생회담 추진운동에 전농이 참여한 것, 그 후 10월 각 농업·농민단체들(전국 9개 단체)이 남북 농민 교류를 효과적으로 추진키 위한 전국농민단체협의회(회장 유달영)를 결성한 것을 들 수 있고, 농학연대활동의 일환으로 대학생 농촌활동(전국 3만 명)이 추진되었다.

그리고 광주민중학살 책임자 규명 및 처벌, 제5공화국 비리 진상규명투쟁 등에서 민중운동 제 세력과 공동투쟁을 했다.

이상에서 살펴본 것처럼 1988년 농민투쟁의 성격은, 자신들의 정치적 자유를 억압하고 있는 독재권력과 독점재벌로 표현되는 자본가세력의 정치경제적 억압과 수탈로부터의 해방이라는 투쟁 목표를 가지고 활동했음을 알 수 있다. 뿐만 아니라 농민들은 이제 자신들이 스스로 체험한 경험을 통해서 독재권력과 자본가집단을 총체적으로 조종하고 지배하는 것은 미국이라는 사실을 인식하고 미국까지도 직접 투쟁 대상에 포함시켜가고 있음도 사례를 통해 증명되고 있다.

그리고 이러한 투쟁을 지속적으로 수행해나가는 유일한 무기는 자신들의 직접적인 이해가 걸린 생존권적 요구를 바탕으로 스스로 단결해나가면서 줄기찬 역량을 발휘하는 것임을 보여주고 있다.

우리는 여기서 한 사회의 변화·발전이 생산의 직접 당사자인 대중의 무한한 힘에 기초해서만 확실하게 진보해나간다는 사실을 새삼 실감케 된다. 이렇게 볼 때 현재의 농민투쟁은 자본주의 사회의 대립적 인간관계로서 농민들의 계급적 입장을 더욱 강하게 각인받으면서 자기 해방을 위한 성격을 획득해나가고 있다고 하겠다.

(2) 농민운동의 주체

앞에서도 보았듯이 농민들이 당면하고 있는 문제는 어느 한두 사람의 문제가 아니라 농업이라는 직업에 종사하면서 살아가는 모든 사람들의 집단적 문제이다. 따라서 문제의 해결 역시 농민들이 스스로 똘똘 뭉쳐서 조직적인 힘을 가지고 해결하지 않으면 안 된다. 농민들이 집단적이고 조직적인 힘을 갖고 있지 않을 때에는 농민문제는 해결될 수 없다. 유명한 정치가나 위대한 개인이 농민문제를 해결할 수 없을 뿐만 아니라 농민적 입장을 제대로 대변하기조차 어려울 것이다.

농민들이 자주적 협동·단결을 통하여 농민을 억압하고 수탈하는 모든 세력에 맞서 스스로를 해방시키기 위한 지속적이고도 조직적인 활동을 통해 농민문제를 해결해나가는 것이다. 따라서 농민운동의 주체는 농민이며, 특히 그중에서도 자신의 노동의 결과를 제국주의와 그에 종속된 국내 독점세력에게 최종적으로 수탈당하는 농업노동자적 성격을 갖는 빈농이다.

민주변혁 과정에서 빈농은 농토에 대한 요구와 생산비 보장에 대한 요구, 취업 기회의 보장 등에 대한 요구를 자신의 절실한 주장으로 제기하게 된다.

중농 또한 독점세력의 광폭한 농업 수탈에 직면하여 민주변혁 과정에서 내외독점세력에 대항하게 된다. 중농은 농업 생산요소 및 노동력 재생산 비용의 증대, 저농산물가격, 상업적 농산물의 가격 파동, 부채 누적 등의 압박에 의해 자립경영 기반을 상실하여 빈농화할 위기적 상황에서 자립경영 기반의 확보와 유지를 위한 노력을 전개하게 된다. 이것이 빈농과 중농이 함께 손잡고 단결하여 투쟁할 수 있는 조건이다.

한편 부농은 상대적으로 우수한 생산수단을 기반으로 농촌 내에서 빈농, 농업노동자와 대립관계에 서지만, 민주변혁 과정에서 기본적으로는 내외독점자본과 대립관계에 서게 된다.

이와 같이 농민운동은 빈농 주도하에 중농과 연대하고 부농을 견인함으로써 전 농민층과 결합되는 것이다. 이것은 바로 모든 농민이 민주변혁 운동에 직접적 이해의 당사자로서 주체적으로 참여하는 것을 의미한다.

또한 농민운동은 직접 생산자인 광범위한 농민들의 결속된 힘을 바탕으로 문제를 해결해간다는 점에서 대중운동이다. 따라서 생산현장인 군 단위와 면 단위 그리고 마을 단위에서 농민조직을 얼마나 대중적이고 또 강고하게 건설하느냐 하는 것은 전국 농민운동에 있어서도 사활이 걸린 문제가 아닐 수 없다.

그래서 여기서는 주로 군 단위 농민운동의 주요 임무를 거론하고자 한다.

(3) 군 단위 농민운동의 주요 임무

전체 운동 속에서 군 단위 농민운동의 주요 임무는, 민주변혁의 대상으로서 대립관계에 있는 지배집단 중 그 핵심이 되는 중앙 지배권력의 정치경제적·물적 기초를 제거함과 동시에 전체 민중운동의 튼튼한 기지로서의 역할을 하는 것이다. 이를 위해 현재 농민을 지배하고 있는 중앙권력의 농민통제 집단과 구조가 군 단위에서는 어떻게 형성되어 있는가를 검토함으로써 보다 효과적으로 임무를 수행할 수 있을 것이다.

군 단위 지배구조로는 다음의 몇 가지를 들 수 있다.

첫째, 정치적 억압과 사상 통제를 동시에 수행하는 지배구조이다. 군 단위에 지구당 또는 연락사무소를 두고 각 마을에까지 활동장 등의 조직체제를 갖고 있는 민정당과 읍·면 단위 경찰서·지서로 체계화되어 있고 전투경찰을 포함해 250명 이상을 헤아릴 수 있는 경찰이 있다. 이 두 기구는 농민을 직접 억압하고 탄압하는 중요한 두 개의 축이다. 그동안 군 단위 농민운동의 과정에서 농민들의 민주적 요구와 최소한의 생존권적 투쟁이 벌어질 때마다 이 두 기구는 어김없이 농민들을 탄압하고 투옥하는 데 앞장서왔다. 뿐만 아니라 예비군과 민방위까지 농민을 탄압하고 억압하는 수단으로 이용되고 있는 사례도 많다. 그리고 1개 군 단위마다 수백명에 달하는 교육공무원들도 농민 자녀들에게 농업 천시 사상과 개인주의 그리고 반공이라는 획일화된 사고만을 강화시키는 기능을 담당한다는 점에서 농민들을 통제하고 길들이는 구조라고 할 수 있다. 이 밖에도 농민의 순수한 생존권적·정치적 요구와 행동을 일방적으로 불온시하면서 저들의 지배와 수탈을 은폐하기 위해 반공이라는 이름으로 동원되고 조종되는 각종의 단체들도 있다.

이상의 기관과 단체, 세력들은 농민들의 정치적 주장과 경제적 요구를 바탕으로 추진되는 농민운동을 직접 또는 간접으로 탄압하고 억압하는 말단 권력기구들이다 이들은 국가와 반공이라는 명분과 자기 이해에 따라 동원되는 세력들이다.

둘째, 행정통제기구를 들 수 있다. 이 기구는 가장 방대하고 강력한 체계를 통하여 읍·면·리·반까지를 일사불란하게 장악(농민의 주거 이전, 각종 정책 수행 등)하고 있다. 각종 세금 징수, 읍·면·리장 등 행정기관장의 인사권, 관제 어용단체(번영회·문화원·새마을 정화위·개발위·농지위 등), 농업 관련단체(농협·축협·수협·의보조합·농개조 등)의 설립 인허가와 단체 대표들의 사실상 임면권 등을 휘두르며 군 단위 통치권력을 행사하고 있다.

이처럼 모든 것이 행정기관장인 군수에게 종속되어 있고 군수 역시 중앙권력의 하수인이기 때문에 중앙권력의 반민중성은 곧바로 군 행정에 있어서도 농민의 민주적·자치적 요구를 반영하지 않고 농민을 통제·수탈하는 데 동원되고 있다. 여기에 종사하는 직원만도 수백 명에 이른다.

셋째, 경제통제구조이다. 지배적인 통제기구로는 각 읍·면 단위로 조직되어 있고 군지부를 정점으로 하는 농협이 있다. 마을 단위까지 체계화되어 있는 영농회까지 합하면 이 역시 600명을 넘고 있다. 앞에서도 보았지만 농협은 자체 사업인 신용사업(돈장사), 구매사업(공산품 판매), 이용사업, 판매사업 등을 통하여 독점자본의 농민 수탈을 위한 하수인으로서 그 역할을 충실히 하고 있을 뿐이다. 뿐만 아니라 축협, 농개조 등 각종 농업·농민 관계조합들 역시 각 마을 단위까지 총대 등을 두고 농민을 경제적으로 장악하고 통제하는 하수인이 된 지 오래다.

넷째, 농업기술통제기구로 농촌지도소를 들 수 있다. 이들은 최소한의 생산비마저도 실현되지 않는 현실임을 뻔히 알면서도 농업기술만을 앞세워 증산=가격폭락을 조장하는 역할을 하고 있다. 더구나 농어민후계자회, 청소년회, 영농기술자회 등 관제조직을 통하여 젊은 청년들에게 게으르고 못나고 유통정보 능력이 없어서 못사는 것처럼 오도함으로써 독점세력의 농민 수탈을 은폐시키고 청년농민들의 정신을 흐리게 하는 죄악을 범하고 있다.

끝으로 여론통제구조이다. 군내에는 번영회, 문화원, 반공단체, 무슨 청년회, 향토문학회, 또 무슨 클럽 등 각종의 관제적 조직들이 많이 있다. 그리고 이러한 단체들은 군내 권력집단과 밀착되어 있거나 그 주변에서 기생하는 경우가 대부분이다. 그렇기 때문에 권력집단의 필요에 따라 읍·면 단위의 다방가, 시장통 등의 여론을 조종하고 조작하는 데 동원되기 일쑤이다. 특히 농민들과 행정기관과의 집단적 분규가 야기될 때는 번번이 동민들에게 불리한, 왜곡된 여론을 형성하는 장본인들이다. 물론 안방까지 깊숙이 침투해 있는 TV는 농민 자신들이 부딪히고 있는 문제를 올바로 인식할 수 없도록 여론과 생각을 통제·지배하는 최대의 괴물이다.

이상과 같이 농민들을 직접 지배하고 수탈하는 통로와 세력들을 군 단위를 토대로 살펴보았다. 농민을 통제하는 통로는 대체로 다섯 통로이며, 본인이 원하든 원하지 않든 이 같은 구조 속에 포함되어 직업과 직장을 가지고 있거나 동원되는 세력은 1개 군 단위에 2,000명을 넘어서고 있으며 날로 증가되는 추세에 있다. 물론 숫자로 비교할 성질의 것은 아니다. 이 속에 포함되어 있는 세력 중에서도 민주변혁을 지향하는 사람이 있을 수 있기 때문이다. 단지 오늘날 현실의 구조적 성격이 그렇다는 것이고, 농민운동은 바로 이와 같은 성격의 구조와 여기에 포함된 사람들과의 직간접적인 관계 속에서 투쟁하고 있다. 그리고 이 싸움에서 승리해야 한다.

또 한편 군 단위 권력세력은 농민들의 집단적 저항을 효과적으로 저지시키려는 방안의 하나로 군 단위 권력의 정점을 이루며 획일적 명령 체계를 가지고 있는 소위 지역대책회의라는 것을 운영하고 있다. 이것 역시 중앙권력의 철저한 통제 아래 있다. 그리고 이것은 농민들의 공격 목표와 투쟁의 정도에 따라 회의 참여자들이 수시로 바뀌며 대체로 정점을 이루는 자들은 군수, 안기부 조정관, 해당지역 검찰, 보안대장, 경찰서장, 그리고 농민들의 공격 대상이 된 기관장 등으로 구성된다. 필요에 따라서는 교육장, 번영회장 등 어떤 성격의 기관장이든 참여하며 그 명령이 고유한 임무를 벗어난 것이든 부당한 것이든 지역대책회의의 명령은 지상명령이나 다름없이 수행된다.

농민들이 의료보험조합 문제를 시정하기 위해 대회를 개최해도 거기에는 반드시 경찰이 투입되고 읍·면사무소와 군청 공무원들이 동원되고 농협 직원들이 동원된다. 나주에서 농민들이 부당수세거부운동을 전개하자 인근 군 단위 경찰은 물론 도경, 심지어 다른 도의 경찰까지 차출되었다.

이처럼 국가권력이 지역대책회의라는 군 단위 핵심권력기구를 통해 통일적으로 행사되고 각 기관들이 장악되어 있는 조건 속에서는 농민들의 요구 실현 역시 그것이 농협문제든 면사무소 문제이든 심지어 마을 내 사소한 이장 선출문제든 모두 정치적 성격을 띠게 되고 정치적 차원의 해결을 필요로 하게 된다. 다시 말하면, 면 단위 조합장을 누구로 할 것인가, 또는 면장은 어떤 사람이 적합한가, 농민이 직접 뽑을 것인가 아니면 간선제로 할 것인가, 또한 영농자금을 어떤 규모와 방법으로 배정할 것인가의 문제까지도 이해 당사자인 농민들의 뜻은 배제된 채 권력세력의 의도에 따라 처리되는 것이다. 그 좋은 예가 바로 농협, 의보조합, 농조 등 농업·농민 관계 단체장들이 농민과는 전혀 생소한 사람들이라는 점이다. 농민들은 이를 가리켜 민정당 노후대책기관이니 또는 민정당 선거공로자 취직기관이니 하고 비판하며, 농어민후계자를 가리켜 말단 민정당원이라는 등으로 비난하고 있다.

따라서 군 단위 운동의 중요 임무인 중앙 지배의 물적 기초 제거는 군 단위의 농민권력을 창출해나가는 과정이며, 정치력을 장악하는 것이다. 이것을 위해서는 각 마을 단위의 각종 직책인 이장, 반장, 개발위원장, 부녀회장, 총대 등 15가지가 넘는 지배권력의 최종적 수행자들을 농민의 입장에 철저히 서도록 하는 활동, 그리고 농민의 이익에 반하는 모든 지시와 명령에 조직적으로 저항·거부하고 어떠한 이유에서도 외부의 간섭 없이 마을대표를 선출하는 권리를 쟁취하는 활동이 전개되어야 한다. 면장의 마음에 드는 사람이 아니면 동네 이장 하나도 마을 사람들이 직접 뽑을 수 없는 임명제 아래서 무엇이 되겠는가?

그리고 이러한 활동은 면·군 단위에서도 마찬가지다. 농민이 절대다수인 농촌에서 읍·면장, 군수는 바로 농민대표나 다름이 없다. 군수는 물론 읍·면장, 농협장 등 각종 농업·농민단체장을 농민들이 직접 선출하고 운영할 수 있어야 한다. 이것은 바로 읍·면 단위에서부터 완전한 지방자치를 실현하는 것이며, 현 시기의 운동적 과제는 민주적 지방자치법 제정과 쟁취를 위한 투쟁이다.

한편 현장 농민들의 당면한 경제적 요구를 토대로 전개되는 경제투쟁은 군 단위 농민운동의 주요 임무인 중앙지배력의 물적 기초 제거라는 점에서 매우 중요하다.

경제투쟁은 1976년 함평고구마 피해보상운동을 계기로 지난 수년 동안 군 단위 농민운동이 발전해오면서 농민 스스로의 다양한 경험의 축적과 함께 많은 성과를 올리고 있다. 1987년 이후 80여 군 단위에서 추진된 농축산물 수입저지와 농산물가격보장운동, 농가부채 탕감, 영농자금 확보, 부당수세 폐지, 의료보험료 납부거부, 농지소유권 확보투쟁 등 각 군 단위의 실정에 따른 각종 투쟁은 성과 면에서 두드러진 발전 양상을 나타내고 있다. 그 대표적인 예로서 전남 해남과 나주, 전북 순창 등 몇 개 군에서 집중적으로 추진된 부당수세 거부와 농지개량조합 폐지운동은 1987년 11월 26일 해남군 농민대회에 3,000여 명이 참가하고 12월 29일 나주군에서는 8,000명이 참가하는 열기로 나타났다. 그리고 이와 같은 농민들의 조직적이고 장엄한 투쟁은 농민들로부터 매년 2,000억 원 이상씩 어김없이 징수해가던 수세를 1988년부터는 500억 원 이상 삭감되도록 만들었다.

이것은 농민을 지배하던 중앙권력의 지배권 행사가 농민들의 힘에 의해 저지당하고 있음을 나타내는 것이며, 그만큼 농민들에 대한 수탈을 포기했음을 의미하는 것이다. 그리고 수세제도 자체의 폐지 또는 개혁을 주장하고 있다는 점에서 농민들의 정치적 영향력이 성장하고 있는 것이다.

수세뿐만 아니라 금년부터 시행되고 있는 의료보험료 납부거부투쟁도 역시 그렇다. 농민을 괴롭히고 수탈하는 모든 문제(그것이 비록 하찮은 것일지라도)에 대한 조직적 대응은 중앙지배력의 물적 기초를 뿌리로부터 차단함으로써 반민중적 중앙권력의 힘을 그만큼 약화시키고 민주변혁을 앞당기게 한다. 그러므로 군 단위 투쟁에서는 무엇이 농민을 괴롭히고 있는가를 열심히 찾아내어 조직의 역량에 맞게 실천하는 것이 무엇보다 중요하다. 지금 당장 정치적 힘으로 나타날 수 없다 하더라도 그것이 농민들의 생각을 발전시키고 조직화할 수 있는 것이라면 경제협동사업이든, 농업기술문제이든 조사활동, 유통정보 또는 꽹과리를 두드리는 일이든 여러 가지 형태와 방법으로 접근하고, 농민과 함께 먹고 자고 일하면서, 그 속에서 성장해야만 한다.

반외세·반독재 민주변혁의 전략은 생각만 가지고 있다 해서 실현되는 것은 결코 아니다. 이러한 전략을 현재의 농민 실정에 맞게 그리고 대다수 농민과 유리되지 않고 대중과 굳게 결합하여 구체화할 때만 우리의 목표는 성취될 수 있을 것이다.

(4) 군 단위 농민운동의 대중화

이제까지 우리는 현재의 농민문제가 무엇이며, 농민들이 어떻게 수탈당하고 있는가를 살펴보았다. 그리고 문제 해결을 위해서는 전체 민중운동의 한 영역으로서 군 단위 농민운동이 수행되어야 한다는 점도 분명히 했다. 뿐만 아니라 농민운동의 주체는 보다 계급적 성격이 강한 빈·소농일 수밖에 없다는 점과 주체적인 투쟁 과제로서 정치적인 것과 경제적인 것들을 정리해보았다.

그러면 이를 위한 실천 수단인 조직노선은 무엇이며, 그 성격과 내용은 어떻게 꾸려져야 하는가? 그리고 군 단위 농민운동의 통일에 대한 노력은 어떻게 나타나야만 광범위한 농민대중이 참여하고 결속할 수 있을 것인가를 살펴보기로 하자.

농민문제의 해결은 농민 스스로에게 그것을 해결할 만한 힘이 있을 때 가능하다. 그리고 그 힘은 흩어져서 개별적으로 행사되는 것이 아니라, 굳게 단결되어 목표를 향해 계획적이고도 지속적으로 행사되어야만 한다.

바로 이러한 힘은 조직을 통하여 생산되고 행사된다. 그렇기 때문에 농민운동은 조직이 그 생명이다. 한마디로 조직 없는 운동은 있을 수 없다. 따라서 어떤 사상과 내용으로 무장된 조직이 운동을 지도하느냐 하는 문제는 매우 중요하다. 즉, 올바른 농민운동은 그 지도 사상이 얼마나 사회 변혁의 주체인 노동자적 성격으로 무장되어 있느냐, 그리고 정치적으로 각성된 빈·소농의 입장을 견지하면서 그들의 문제를 실천적 내용의 중심 과제로 하여 투쟁하는가에 따라 결정된다. 더욱이 조직에 있어서 필수불가결한 요소인 사람, 자금, 배경, 이론 등이 과연 얼마나 주체적이고 대중적으로 동원되고 있으며 또한 행사되는가 하는 문제는 농민대중조직운동의 성패를 좌우하는 것이다.

1988년 현재 각 군 단위 농민운동조직의 현실은 그 성격과 활동 내용 면에서도 매우 다양한 모습을 보이고 있다. 우선 그 형식만 보더라도 예를 들면, 가톨릭농민회 음성군협의회가 있고, 무안군기독교농민회가 있으며, 김제군농민협회·해남군YMCA농어민회·영천군농우회·나주군농민회 등이 있다. 그 명칭도 다양하며 종교적 성격을 갖고 있는 조직이 있는가 하면, 그냥 농민적 성격으로 뭉쳐 있는 조직도 있다. 또한 종교적 성격을 띠고 있다 하더라도 교회의 명칭만 따르고 인적 구성에 있어서는 비신자들로 구성되어 있는 경우도 있고, 신자들이 중심이 되어 있는 곳도 있다. 그리고 농민적 성격을 가지고 있다 하더라도 활동 내용과 수준에 있어서 경제협동활동만을 하고 있는 곳이 있는가 하면, 상당한 정치적 각성을 가지고 있는 곳도 있으며, 청년 중심 또는 장년층 중심인 조직도 있다.

전국조직인 한국가톨릭농민회처럼 전국본부라는 강력한 중앙집권적 운영 방식을 택하고 있는 단체의 계통조직으로서의 군 단위 조직이 있는가 하면, 한국기독교농민회총연합회처럼 전국조직에 연합적 성격으로 참여하는 곳이 있고, 전국농민협회처럼 각 군 단위 조직이 다양한 명칭과 형식을 가지면서도 전국조직에의 가입을 통하여 단일 체계를 이루고 있는 경우도 있다. 뿐만 아니라 전국조직에 가입하지 않고 독자적 활동을 하는 조직들도 있다.

그 외에도 면 단위 농민회의 연합적 성격으로 군 단위 조직을 구성하는 가 하면, 의창군이나 청원군처럼 면 단위가 지부로서의 위상을 갖기도 한다. 또한 무안군처럼 가농·기농의 군 단위 조직들이 무안군 농민운동협의회라는 연대조직을 만든 곳도 있고, 영동군농민회처럼 가농·기농·전국 계통의 군 단위 조직들이 독자성을 가지면서 단일한 명칭을 사용하고 있다든가 각 군별로 1~3개 혹은 많으면 4~5개까지의 군 조직들이 상존하기도 하고, 1개 조직이 1개 군을 담당하고 있는 지역도 있다. 이 중에는 회원 수가 1,000명에 육박하는 조직도 있고 기백 명 정도 아니면 수십 명밖에 안 되는 경우도 있다.

이상과 같이 매우 복잡하고 혼란스럽기까지 한 양상을 보이고 있는 것이 바로 오늘날 군 단위 농민운동조직의 현황이다. 그렇기 때문에 조직과 조직 간에, 회원과 회원 간에 불필요한 오해도 있으며, 때로는 자기 조직을 보호하기 위해 타 조직을 비방하기도 하고, 회원들에게 바르게 전달되어야 할 정보나 소식마저도 차단하는 경우조차 없지 않다. 하나로 통일되어서는 안 될 이유나 근거가 전혀 없는 조직들까지도 분산되어 있기 때문에 가뜩이나 재정이 빈약한 처지에서 낭비 또한 심한 경우도 많다. 물론 이러한 부정적인 측면만 있는 것이 아니라 운동 발전에 도움을 주는 긍정적 측면도 없지는 않다. 그러나 긍정적 측면보다 부정적 측면이 더 많다는 것이며, 가능하다면 힘을 모으고 행사하는 조직이 통일되면 될수록 그 힘은 더욱 강해지고 효율적이라는 당연한 명제 앞에 오늘의 각 군 단위 개별 조직들은 책임을 느껴야 할 것이다. 그리고 올바른 농민운동 발전을 위하여 불필요한 아집과 편견을 하루빨리 걷어차버려야 하리라 본다.

조직은 목적을 달성하기 위한 수단이다. 또한 외부적으로는 투쟁의 무기이며 내부적으로는 단결의 무기이다. 그렇기 때문에 어떤 이유에서도 조직을 위한 조직, 농민 위에 군림하고 농민을 대상화시키며 일시적 성과만을 고려한 나머지 운동의 주체적 발전을 지연시키고 퇴보시키는 조직들은 도태되어야 마땅하다.

그동안 운동의 발전 과정에서의 긍정적인 경험을 더욱 살리고 부정적인 측면은 냉철히 평가함으로써 운동 발전의 밑거름으로 삼아야 할 것이다. 이를 위해 현재까지의 군 단위 농민운동이 어떻게 발전해왔는가를 되돌아보면서 군 단위 농민운동의 조직노선과 통일 방법을 제시하고자 한다.

가. 자주적 농민운동의 몸부림

1950년대 이후 20년 동안 단절되었던 농민운동은 1970년대에 들어서면서 농민운동적 성격을 갖는 조직의 출현을 보게 된다. 1973년 당시의 사회 상황과 조건은, 제국독점세력이 한국의 민중 수탈을 더욱 확대하는 자본 수출을 강화하면서 국가권력을 매개로 고도의 자본을 축적해가는 과정에서 국가권력이 민중에 대한 통치와 지배를 더욱 강화하는 시기였다. 이 같은 일련의 과정은 농민들에게 있어서는 정치적 억압과 경제적 착취가 더욱 심화되고 제도화됨을 의미하는 것이었다.

따라서 농민들의 불만은 한층 더 깊어질 수밖에 없었고, 이에 대한 대응으로서 자구책을 위한 농민들의 몸부림은 조직적인 모습으로 나타날 수밖에 없는 상황이었다. 그러나 20여 년 동안이나 단절되었던 농민운동, 그사이 엄청나게 변화된 사회 성격과 통치기술에 의한 농민의식 등 한계 또한 그만큼 큰 것이었다. 바로 이 같은 상황과 조건 속에서 모습을 드러낸 것이 가톨릭농민회였다.

그러나 가톨릭농민회는 출발에서부터 주체적 농민운동이 갖추어야 할 모습과는 크게 다른 성격으로 출발하였다. 우선 명칭에서부터 주체적 농민운동의 성격을 갖고 있지 못했으며, 조직 역량 또한 천주교회라는 사회적 배경(종교적 권위)에 크게 의존했다. 뿐만 아니라 운동의 지도이념, 그리고 이것을 수행하는 지도세력과 일반 회원에 이르기까지 또한 조직 체계와 재정 동원에서도 대부분 교회에 의지했다. 그만큼 농민 스스로가 주체적으로 꾸려나가려는 의지 또한 미약했던 것이다.

그럼에도 불구하고 당시의 상황에서 가톨릭농민회는 출발과 함께 많은 농민들의 기대와 참여 속에 현장활동가 양성과 조직·선전·투쟁 역량을 농민 속에서 강화하고 경험을 축적해오면서, 농민을 수탈하는 지배세력에 맞서 '부정부패 척결', '쌀값보장운동', '농협 민주화운동' 등을 추진했다. 그리고 1970년대 농민운동의 최대의 투쟁 사례라 불리는 함평고구마 피해보상운동은 3년 동안의 끈질긴 투쟁 끝에 지배세력으로부터 보상 요구액을 쟁취해내는 데 성공하게 되어 농민운동 발전은 물론 전체 운동 발전에 지대한 공헌을 하게 된다.

그러나 그렇게도 업적이 큰 투쟁을 전개하는 과정에서 한편으로는 주체적 농민운동의 발전을 더디게 하는 몇 가지의 문제점이 극명하게 드러난다.

그럼 여기서 함평고구마사건의 경과를 살펴보면서 그 문제점을 분석해보자.

당시 농협의 약속 불이행으로 피땀 흘려 생산한 고구마를 길바닥에 내동댕이친 채 썩히고 만 함평의 7,000여 고구마 생산농가들의 분노는 함평 천지를 뒤덮었다. 이 같은 농민들의 억울함과 분노를 조직화해낸 세력은 가톨릭농민회였다. 그리고 이 운동은 함평에서 광주로 또 전국 단위로 발전하면서 3년 동안의 끈질긴 투쟁 끝에 1978년 4월 광주 북동 천주교회의 농민대회를 거쳐 70여 명의 사람들이 죽음을 불사한 8일 동안의 단식을 함으로써 귀중한 승리를 쟁취하고 그 막을 내린다. 8일 동안의 단식은 이 사건을 해결하는 최후의 결정적인 분수령이었다.

그런데 70여 명의 단식 결행자 중 정작 피해 당사자인 함평지역 고구마 생산농가는 단 한 사람뿐이었고, 함평에 사는 사람은 네 명에 불과했다. 그 외 66명은 전국의 농촌에서 농민대회에 참석했던 가농 회원, 그 밖에 광주지역 청년학생, 민주인사들이었다. 1976년 11월 사건 발생 후 이듬해 4월까지만 해도 수백 명의 피해 농가들이 광주 농협도지부에 몰려가 끈질긴 투쟁을 벌였던 분노의 열기는 왜 단식의 현장까지 연결되지 못했는가? 여러 가지 이유가 있을 수 있겠으나 당시 함평지역 활동가들은 중요한 원인을 이렇게 지적하고 있다.

"직접 피해 당사자들의 억울함과 분노를 생산현장에서부터 조직화하여 정치적으로 각성된 힘을 바탕으로 사건 해결을 꾀하는 방법을 택하지 못하고, 농민들은 아직 힘이 없다는 이유로 교회라는 사회적 배경과 지원에 의존하여 문제를 해결하려는 발상이 결국은 운동에 참여한 농민들마저도 체념과 패배, 두려움으로부터 한 발짝도 벗어나지 못하게 했다."

이와 같은 원인 분석이 틀린 것이 아니라면 그 결과는 무서운 것이었다. 사건 해결 후 함평의 피해 농가들은 보복을 두려워한 나머지 몇 개 마을에서는 보상금 수령을 거부하는 사태로까지 연결되었다. 누가 이러한 사태를 원했겠는가마는 피해 당사자들이 주체가 되지 못하고 조직활동 자금이 자립적이지 못한 채 외부 원조에 뒷받침된, 그리고 문제를 발굴하고 폭로하는 데까지는 농민들이 동원되지만 해결의 힘은 교회라는 배경에 의존하는 그러한 비주체적인 농민운동은 그 한계가 너무나도 명백한 것이었다.

농민들의 자발성·자립성, 주체적 인식과 활동으로 무장된 조직에 의해서만이 외부 또는 교회의 협력과 지원을 운동 발전에 올바르게 수용할 수 있고, 그럴 때에만 그것이 정당함을 명확하게 제시한 것이다. 농민들의 자발성·자립성·주체성을 키우기 위한 노력을 게을리 한 채 불쌍한 농민들을 도와주어야 한다는 소박함과 조급함은 농민들에게 은혜를 베풀었다는 의미는 있을지 몰라도 주체적 농민운동의 발전에는 장애적 요소가 아닐 수 없는 것이다. 이러한 문제는 함평고구마 피해보상운동에서만 나타난 것은 아니었다.

1970년대 중반 농민 의식화 교육을 주도적으로 담당했던 크리스챤아카데미 농촌사회교육, 1970년대 후반 도 단위를 구성 단위로 출발했던 기독교농민회 등 거의 모든 조직들이 정도의 차이가 있었을 뿐 조직의 인적·물적 자원을 외부에 의존하고 있었으며, 농민들은 힘이 없다는 공통의 인식을 하고 있었다는 점이 1970년대 농민운동의 전반적 성격이었던 것이다. 이러한 모습은 주체적 농민운동, 적어도 자주적 조직운동으로서의 모습은 아니었다. 물론 조직 속에 포함되어 있던 개별적 활동가들까지도 모두 그랬다는 것은 아니다.

이러한 조건에서 1979년 10·26사건을 계기로 1980년 초 소위 민주화의 봄을 맞이하게 된다. 이 시기에 군 단위 지역에서는 거창의 아림농민회, 의창의 신기농민회 등을 필두로 자주적 농민운동조직을 건설하려는 시도가 있었고, 전국적으로는 농민연합회 창립의 움직임이 나타났다. 그러나 이들 움직임은 1970년대 교회의 막강한 후원과 지도 아래 전국적 규모로 세력을 확장했거나 확장 과정에 있던 가농과 기농에 비해 상대적인 열세를 면치 못하고 있었고, 그러던 중 5·18군부쿠데타와 광주민중항쟁 진압 이후 모든 농민운동은 한동안 깊은 침체의 늪으로 빠져들게 되었으며, 한편으로는 1970년대 농민운동에 대한 반성의 계기를 갖게 된다. 이러한 점에서 1980년부터 1982년 사이의 시기는 80년대 자주적 농민운동조직의 건설을 위한 모색기에 해당된다.

나. 자주적 농민조직의 위상과 임무

그러면 군 단위 자주적 농민조직들이 지속적으로 수행해야 할 정치적 과제와 경제적 과제를 어떻게 광범위한 농민대중의 참여를 바탕으로 추진할 것인가, 이를 위한 조직노선은 무엇인가를 정리해보기로 하자.

대중조직이란 말 그대로 많은 농민들이 참여할 수 있는 형식과 그 속에서 각각의 농민들이 직접적인 자기 이해관계를 관철해나갈 수 있을 때 가능한 것이다. 그렇기 때문에 대중운동이라고 하면서도 1개 군 단위에 훈련된 몇십 명만이 모여서 활동하는 과거의 활동가 중심 조직 방식은 과감히 극복되어야만 한다. 그리고 사업에 있어서도 지속성이 있어야 한다.

이를 위해서는 생산작목별 조직이 필요하다. 예를 들면, 주곡 생산을 주로 하는 미맥작목반이라든가 또 딸기만을 전문적으로 생산하는 딸기협동반, 오이작목반, 양파작목반 등 지역의 주요 생산품목에 따른 생산조직이 그것이다. 이렇게 구체적인 공통의 이해와 과제를 가지고 있는 농민들끼리의 조직이 있을 때 이들은 생산기술, 유통정보, 생산자재의 공동 구입, 판매가격 등에 공동으로 대처하면서 강하게 결속될 수 있는 것이다. 지금도 낙우회·양돈협회·계우회, 강진지역의 딸기작목반, 진양의 고추작목반 등 협동조직들은 공통의 이해를 가지고 자발적·자립적 활동을 전개하고 있으며, 필요에 따라서는 종자회사·비닐회사·비료회사 등을 상대로 투쟁을 하기도 하고 정부의 농산물수입정책에 대항하기도 한다.

군내에 다양한 작목조직을 만들어 결합하고 지도하는 일은 곧바로 수백, 수천 명의 대중 기반을 갖는 것이고 조직을 확대·강화하는 중요한 활동이다. 하지만 이러한 조직들은 그 자체로서는 경제적 기능만을 수행한다는 한계를 지니고 있으며, 현재와 같은 조건에서는 그 경제적 기능마저도 폭이 매우 좁다. 뿐만 아니라 그러한 조직은 전체 지역농민을 대표하는 조직일 수도 없다. 그리고 작목별 조직은 개인의 조건과 가격 변동에 따라서 생산작목이 수시로 바뀔 수 있기 때문에 구성원이 한시적 성격을 갖고 있다는 점에서도 항상적 조직은 아닌 것이다.

다음으로는 농민을 괴롭히는 국가 제도나 법, 정부의 반농민적 정책 수행에 대항하는 투쟁조직으로서 요구별 조직이 있다. 예를 들면 나주·순창·해남의 '수세대책위', 영암과 서산의 '토지대책위', 청송·안동·영양의 '고추대책위', 함평·부안의 '의보대책위', 보은의 '수입개방저지대책위', 제천의 '양담배수입거부대책위', 무안의 '부채대책위' 등이다. 현재는 이 같은 요구별 조직이 대중 동원과 투쟁 면에서 대단한 성과를 올리고 있다. 금년 봄 나주와 해남에서 추진된 수세싸움은 수천 명을 동원했고, 함평·무안의 의보투쟁 역시 수백, 수천 명이 투쟁에 동원된 바 있다.

하지만 요구별 조직 역시 농민 각자가 처해 있는—수세를 내는 사람, 해당되지 않는 사람, 의보료가 많거나 적은 사람, 부채가 있거나 없는 사람 등—조건에 따라서 현실적 이해가 다를 수 있고, 또 지배독점세력이 농민을 억압하고 수탈하는 방식의 차이에 따라서 대중의 참여 정도와 조직 기반이 변동되기 때문에 항상적일 수 없고, 전체 농민을 포괄적으로 대표할 수 없을 뿐 아니라 정치적 과제를 수행하는 데는 한계가 있다. 그러나 작목별 조직과 요구별 조직은 농민의 다양한 경제적 요구를 실현하고 구체적 이해를 바탕으로 한 조직적 참여를 가능케 한다는 점에서 대중운동의 중요한 조직사업이 되는 것이다.

그러나 작목별·요구별 조직만 가지고는 군 단위 농민운동의 정치적 과제를 수행하기 어렵다. 예를 들면, 어떤 지역에 낙우회가 잘 조직되어 있을 수도 있고, 또 양파작목반이 조직되어 있을 수도 있다. 그렇지만 면장을 선출하고 조합장을 뽑는 데 있어 어떤 작목조직이 대표성을 가질 수 없고 요구별 조직 역시 마찬가지다.

그래서 전체 지역농민의 정치적 요구를 포괄해서 수렴하고 대변하면서 각종의 정치적 과제를 수행할 수 있는 조직이 필요하다. 바로 ○○군 농민협회, ○○군 농민회 등이 지역의 대표성을 갖고 있는 조직이다. 따라서 지역별 조직은 대중조직이면서도 작목별·요구별 조직과는 그 역할이 다르다. 지역별 조직은 작목별·요구별 조직들을 창출하고 상호 결합시키면서 대중적 기반 위에서 정치적 과제를 수행하고, 그 내용인 정치력을 확대시켜나가는 것을 주요 임무로 한다. 물론 정치권력에 관한 문제는 정당에 의해 수행되는 것이 아닌가라는 반문이 있을 수 있다. 하지만 이러한 반문은 현재의 전체적 정치 현실을 감안한다면 충분히 이해될 수 있을 것이다.

(5) 현 단계 농민운동의 통일 방안

가. 농민운동의 통일을 보는 시각(과거와 현재)

농민운동 역사에서 가장 강력한 통일체는 1945년 11월 13일 준비위원회가 발족되고 동년 12월 10일 결성을 보게 된 '전국농민조합총연맹'(이하 '전농')이었다. 당시 전농은 일제 치하에서 가열찬 투쟁을 벌여왔던 각 현장 단위의 농민투쟁세력을 주축으로 하면서 1945년 8월 이후 일시적인 정치적 공간에서 표출된 농민대중조직들을 망라하여 전국조직을 통합하게 된다. 그리고 활동을 통해 각 현장 단위(농민사·농민조합·농민위원회 등) 제 조직들을 군 단위로 통합하면서 명칭까지도 '농민조합'으로 통일시켜낸다. 이렇게 해서 건설된 전농은 최대 조합원 수 300만 명까지를 포괄하는 조직단체로 발전하게 되나, 미군의 남한 강점과 한국전쟁 등으로 인하여 그 기반이 철저히 파괴되고 남한의 농민운동은 50~60년대의 단절기라는 역사적 상황을 거치게 된다.

당시의 전농 건설에 대한 필요와 임무를 보면 그 필요성으로서 4개 항을 들고 있다. ㄱ) 토지문제의 해결로서 농민대중의 특수한 경제적·정치적 이익을 전취하기 위하여, ㄴ) 농민대중의 강력한 조직적 훈련을 위하여, ㄷ) 당면하고 있는 민족통일전선에 농민대중이 적극적으로 참여하며 나아가서는 그의 강력한 추진력이 되기 위하여, ㄹ) 반동분자들의 전국적 농민단체 결성 기회를 봉쇄하며 그 공작에 압도적으로 항쟁키 위하여…….

그리고 전 농민 통일의 조직적 임무는 다음과 같이 세 가지를 들고 있다. ㄱ) 전국 각지에 있는 농민조합으로 하여금 전농에 참여케 할 것, ㄴ) 전농 중앙은 전농 확대·강화를 위해서 미조직 지방에 직접 또는 도연맹을 통하여 '오르그'(조직원)를 파견해서 조직활동에 착수할 것, ㄷ) 반동농민단체에 침투하여 그 대중과 접촉하며 진보적 분자를 획득하여 그 대중을 바른 방향으로 인도하여 전농의 기치하에 도입시킬 것.

또 전국적 통일조직 결성의 이유로 전국 농민의 공고한 결합이 없이는 당시의 기본 문제인 토지해방을 위한 강고한 투쟁을 전개할 수 없기 때문이라고 밝히면서, 또한 농민을 억압하는 제 세력에 맞서 투쟁함으로써 민주주의 정권을 수립하는 데 민중이 주체적으로 참여해야 한다는 설명을 덧붙이고 있다. 우리는 여기서 운동의 과제와 현실 면에서 당시의 상황과 오늘의 상황을 비교하면서 현 시기 농민운동의 통일 단계에 필요한 방향과 내용을 정리할 필요가 있다. 해방 당시의 상황은 일제의 폭압적 탄압이 무너지면서 농민들에게도 새로운 세상의 희망을 갖도록 했고, 이러한 전망은 농민들을 조직적 진출이라는 역동성으로 나타나게 하기에 충분했다. 이러한 현상은 1987년 6월 항쟁을 계기로 창출된 상황과는 정도와 내용의 차이가 있지만 그때의 상황과 비교해볼 수 있다. 6월 항쟁 이후 지금까지 농촌의 현장에서 나타나는 농민대중의 조직적 진출은 지난 70년대 이후, 아니 1945년 전농 이후 가장 높은 농민의 역동성을 보여주고 있는 데서도 그것을 알 수 있다. 하지만 오늘의 현상은 6월 항쟁 이후 1년이 지나고 2년째 접어들어도 농민운동의 전국적 통일은 이루어지지 못하고 있다. 왜 그럴까? 그것은 바로 오늘의 농민문제가 과거보다 매우 복잡하고 다양한 양상을 띠고 있기 때문이며, 이러한 제 문제를 포함하는 지도 사상의 관철이 구체화되지 못함으로 인하여 농민운동 제 조직들이 분파성을 띠고 있기 때문이다. 그러면 과거 전농의 활동 당시에 농민이 처한 상황과 조건은 어떠했으며, 오늘의 농민 제 조건은 어떠한가를 보기로 하자.

우선 1945년 당시 전농의 결성과 통일은 강력한 지도 사상에 입각한 정치세력(조공)의 지원과 지도에 의하여 뒷받침되었다. 그러나 오늘의 상황은 지난 수십 년 동안 극우반공 지배이데올로기에 의해 농민 단결의 무기인 계급성이 철저히 탄압받아왔으며 지금도 탄압받고 있는 실정이다. 이것은 농민 이외의 민중운동에 있어서도 마찬가지이다. 따라서 현재는 농민대중이 투쟁을 통해 표출하는 계급적 역동성마저 효과적으로 조직화해내지 못하고 있는 현상에서 지도력의 허약함이 증명되고 있다.

둘째, 전체 국민 구성의 비중에서 농민이 차지하는 정치사회적 역량이 과거의 그것에 비해 양적으로 현저하게 축소되었다는 점이다. 전농 당시에는 전체 민족 구성의 대다수가 농업에 종사하고 있었던 데 비해, 현재는 남한 인구의 20%만이 농민이다. 그만큼 농민들의 정치사회적 영향력이 상대적으로 줄어들었다. 이 또한 민중운동세력의 농민운동에 대한 관심과 적극성을 끌어들이는 데 일정한 한계로 작용하는 것이다.

셋째, 당시의 농민 구성의 대다수는 토지를 매개로 소작료라는 형태로 지주로부터 가혹한 수탈을 당하고 있던 소작농민들이었다. 따라서 소작료문제와 토지문제는 전 농민의 직접적이고 단일한 공통적 요구로서 조직적 통일 역량으로 나타났다. 그리고 또 한 가지 당시의 농업생산은 미맥 위주였기 때문에 농민들의 이해관계가 쉽게 하나로 통일될 수 있었다. 이와 비교해서 오늘의 농민대중의 이해는 토지를 요구하는 농민, 농산물 제값받기를 바라는 농민, 가격문제 중에서도 소를 키우는 농민, 오이·딸기·담배·양파·마늘·쌀·보리 등 작목별 이해에 따라 시기별·조건별 요구와 주장이 다르다(이 점에 대해서는 본인의 「농민문제와 농민운동」, 『農 • 活』, 광주, 1988을 참고할 것). 뿐만 아니라 투쟁 대상 역시 과거의 지주처럼 선명히 드러나는 것이 아니라 일부 특수한 경우를 제외하면, 농민들에 대한 경제잉여의 수탈은 독점자본의 영세소농 지배라는 가격기구(생산재 구입과 생산물의 판매)를 통한 수탈이 지배적이고, 이들은 또 국가라는 통치기구를 통하여 농민을 억압하고 수탈하기 때문에 과거 전농 시절의 수탈 양식과 이에 대응하는 투쟁 양식과는 차이가 있다고 하겠다.

넷째, 과거에는 소위 나라를 새롭게 건설해야 하는 시기였기 때문에 지배세력의 수탈기구 등이 재편 정비 과정에 있었으나, 지금은 각종 통치수단(제도·법·행정능력), 물리적 탄압기구(경찰·군대), 어용단체(반공단체 등), 관제기관(농협·농개조·의보조합 등) 등이 정예화되고 잘 조직되어 있어 농민운동의 단결과 통일을 저해하고 있다. 그 예로 금융조합의 후신인 농협은 전체 농민의 경제통제기관이 된 지 이미 오래고, 이런 단체에 종사하는 임직원 수만도 4만 명이 넘고 있다. 또한 1960년대에는 1개 군 단위 경찰병력이 100명 미만이었는 데 비해 지금은 200명을 넘고 있다. 농민들은 그동안 이농으로 인하여 절반 이상이나 줄어들었는데도 말이다. 이처럼 농민탄압세력과 기구들이 상대적으로 강화·발전하였는 데 반해 농민운동은 1950년 이후 20여 년 동안이나 사실상의 단절기를 보내야만 했다는 사실에서 그 격차는 더욱 심해졌다고 볼 수 있다. 이처럼 열악한 조건에서 1970년대 초반 기독교적 성격을 기반으로 발족한 전국 농민운동단체와 조직들은 당시의 폭압적 정치 상황과 편협한 조직의 성격, 조직 방식과 활동의 교회 의존성 등으로 인하여 전체 농민을 포괄하는 통일적 조직으로 발전하기에는 한계성을 지니고 있었다. 뿐만 아니라 바로 이러한 편협한 대중조직은 그 자체로서 분파성을 띠면서 고착되어왔으며, 1985년 이후부터 이러한 문제점을 극복하고자 하는 노력들이 현장에서부터 일어나면서 현재의 상황을 맞이하고 있는 것이다.

이상 몇 가지 외에도 비교할 것들이 더 있겠으나 지면 관계상 생략하기로 한다. 1945년 12월에 결성하여 1950년 이후 조직이 파괴되고 그로부터 40년 후인 1987년 2월에 발족된 '전국농민협회' 그리고 계속 건설되고 있는 현장의 자주적 농민조직들을 포함하여 다른 점을 분석해본다면, 첫째, 과거의 전농이 해결 과제로 제시했던 것이 반외세·반봉건 민주정부 수립이었던 데 비해, 오늘의 농민운동은 반외세·반독점 민주변혁을 과제로 제시하고 있다는 점에서 구별된다. 둘째, 조직운동의 성격에 있어서는 모두가 대중조직으로서의 위상을 가지고 있지만, 당시의 전농은 지도 사상이 분명한 당의 지도하에서 사실상의 외곽단체로서 역할과 임무를 수행했었다. 하지만 오늘의 농민운동은 통일적 지도부(당)의 지휘하에 있다고 볼 수 없다는 점 또한 차이라고 하겠다. 그리고 또 한 가지는 1945년 전농은 강력한 중앙집권적 지도부(당)에 의해 당시의 민족적·정치적 임무 수행에 농민이 전체적·획일적으로 동원되는 투쟁을 자기 내용으로 했던 데 비해서, 지금은 농민운동은 투쟁에 있어 농민대중의 일상적 요구를 중심으로 자발적·주체적 투쟁 과제 설정과 싸움을 주요 내용으로 펼치면서 전체 민중적·민족적·정치적 임무를 수행하고 있다는 점에서 다르다고 하겠다. 이것은 투쟁의 발전 단계에 있어서도 현재는 군 단위 투쟁력을 토대로 전국 단위로 (연대, 공투) 이행되고 있는 데 반해, 과거 전농은 전국적 투쟁 방침이 전국적 명령 계통을 따라 이행되는 것으로 나타났다.

따라서 조직력의 구심 역시 현재는 군에서 도 단위로 형성되어가고 있으며, 전국 단위의 성장과 발전을 최우선 과제로 설정하고 있다. 이에 반해 1945년 전농은 전국조직의 결성과 함께 투쟁성이 급격히 고양되어 도 단위로 조직되어 내려가는 형식을 밟았다. 그리고 군 단위 조직 역시 전체적으로 투쟁을 통한 성과를 기반으로 조직되기보다는 중앙의 지도력에 의해 결집되는 경우가 많았다. 이것은 지도 구심의 문제와 관련이 있었던 것 같다.

이상과 같이 서로 다른 점을 비교해보면서 이 시점에서 우리가 중요하게 보아야 할 것은 과거의 장점이 오늘의 운동에서는 아직 채워져 있지 못하고, 오늘의 장점이 과거에는 부족했음을 파악해보아야 한다는 것이다. 즉, 과거에는 분명한 지도성이 현장에까지 관철되면서 통일성이 유지되었지만, 또 한 측면에서는 투쟁의 획일성과(이것은 당시의 전평[조선노동조합전국평의회]도 마찬가지였다고 본다) 함께 민족적·정치적 임무의 실천이 대중의 일상적 요구·정서와는 형식적으로만 결합되었다는 점이다. 때문에―물론 당시의 국내외적인 힘의 역학관계상 어쩔 수 없었던 점을 충분히 인정한다. 단, 오늘의 농민운동과의 관계 속에서의 지적이다―그만큼 현장대중의 자발적이고 주체적인 생명력과 끈질긴 투쟁력을 견인해내는 데는 한계가 있었다. 그랬기 때문에 중앙조직이 거대한 힘에 의해 파괴되자 현장의 계통조직들 역시 운명을 함께하는 결과로 나타났으며, 이것이 바로 50년대와 60년대 기간을 농민운동의 단절기라고 보는 역사적 평가의 한 원인이 된다.

그런가 하면 오늘의 현실에서는 전국적 지도력의 상호 분립으로 인하여 운동의 전체적 추진력이 약하고 현장대중의 계급적 투쟁을 강고히 견인할 수 없을 뿐만 아니라 소모적 투쟁으로 역량(선전·투쟁·조직)을 낭비하고 있다. 이것은 농민운동의 정치적 임무를 방기하는 요인마저 되고 있다. 그럼에도 불구하고 농민의 일상적 요구를 바탕으로 추진되는 크고 작은 투쟁 속에서 건설되는 현장조직은 또 그만큼 끈질긴 생명력을 가지고 있다.

이렇듯 과거와 현재를 비교해볼 때 우리 앞에 제시되는 것은 농민의 일상적·집단적 요구를 토대로 생명력을 갖고 있는 운동의 역량을 농촌의 전 지역으로 확대시키고, 각 지역(도 단위)과 전국 단위로 발전·체계화해내는 일 그리고 과학적 지도 사상에 의해 제 조직들의 실천 강령을 통일시키고 조직을 통합시켜냄으로써 농민운동의 정치적 임무를 차질 없이 수행하는 것이다. 대중의 노동을 수탈하는 제 세력으로부터의 해방이란 곧 농민의 정치적 해방(민중권력)을 의미한다는 점에서 보더라도 농민운동의 단결과 통일이 무엇보다 시급한 일이다.

나. 농민운동 통일의 주체와 방향

앞에서도 거론했지만 1970년대에 들어서면서 조직이 출범하여 지속적 발전을 거듭하고 있는 농민운동은 1988년 현재 가농·기농·Y농·가여농·전농협 등 전국단체가 있고 이 단체들은 각 도 단위 그리고 군 단위 마을에 이르기까지 각자의 계통조직들을 가지고 있다. 그리고 모두 대중조직임을 표방하고 있으며 형식이야 어떻든 간에 그 속에서 활동하고 있는 대다수 회원들과 활동가들이 지향하고 있는 방향 또한 대체로 일치되고 있다. 전국단체와 아직 공식적 연결을 맺지 않고 있는 몇 개 군 단위 대중조직들도 대체로 같은 입장들이다. 어떤 모임에서나 토론을 해보면 세세한 방법에 대해서는 상호 엇갈린 주장들이 나타나는 경우가 있지만, 농민운동이 현실적으로 해결해야만 하는 중요한 사안에 대해서는 다 같은 원칙과 방법을 가지고 있음이 쉽게 확인된다.

그럼에도 불구하고 현장활동의 기본 단위이자 투쟁의 직접 지도부인 군 단위에서 활동을 하다 보면 중요한 활동가들 간에 투쟁의 수준·방식 등 특히 조직과 투쟁 성격을 둘러싸고 마찰을 빚는 일이 많다. 때에 따라서는 저 단체는 너무 투쟁만을 일삼기 때문에 함께하기가 곤란하다거나 또 저 사람들은 싸움도 하지 않으면서 성과만 따 먹으려고 한다. 그러니 조직이기주의다. 기회주의다 하고 욕을 하거나 성숙되지 못한 조직이니 하면서 상대 조직을 헐뜯고 비난하는 등 서로 자기 얼굴에 똥칠하는 경우가 비일비재한 현실이다. 특히 전국조직의 현장조직들 간에는 더욱 심하다. 때문에 전국단체에서 일하는 책임자들이 본의 아니게 비판 대상이 되기도 한다.

그렇다. 당연할지도 모른다. 모든 사람들은 개인의 어려운 문제를 해결하고 기본적 자유를 획득키 위하여 조직에 가입한다. 왜냐하면 오늘날 사회가 조직사회이므로 조직을 통하지 않고서는 개인의 문제가 해결되지 않기 때문이다. 이처럼 조직은 개인을 끌어들이는 정당성을 갖고 있으며, 끊임없이 자기 조직을 확대·강화하려는 기본 생리를 갖고 있는 것이다. 뿐만 아니라 조직은 교육과 훈련 그리고 정신적·물질적 보상을 통하여 구성원의 생각과 행동을 복종시킨다. 또 그 조직이 아무리 잘못된 것이라 할지라도 조직 내부의 결정이 없는 한 자기 조직을 파괴하려는 그 어떤 작용에 대해서도 반발하게 된다. 잘못되어 파괴당하게 되는 순간까지도 그렇다.

그렇기 때문에 군 단위 활동가들은 현재의 농민운동조직들의 옳고 그름에 대한 판단을 개별 조직 속에서 또는 어떤 조직이 표방하는 입장 속에서 내리기보다는 우리 민족이 처한 현실과 해결 과제를 적확히 인식하고 농민들의 삶을 저해하는 적이 누구인가, 그것을 기본적으로 해결하는 주체는 누가 되어야 하며, 무엇이 농민의 자발성과 자립성·주체성을 떨어뜨리고 있으며 운동 발전을 더디게 하는가를 똑바로 보아야 할 것이다.

여기서 농민운동 통일에 대한 몇 가지 원칙을 제시하면 다음과 같다.

첫째, 농민문제의 궁극적 해결은 기본적으로 자본주의 사회에서의 노동자의 근본문제인 소유의 불평등을 해결해야만 하는 과제와 함께한다는 점에서 하나의 사상, 하나의 제도를 지향하는 지도 사상의 통일을 담보해야 한다.

둘째, 한반도를 둘러싼 제국주의 지배와 분단모순, 국내 예속독점세력의 민중 수탈을 물리치기 위한 민족·민주 제 세력과의 올바른 전선의 구축 및 강고한 투쟁을 지향해야 한다.

셋째, 농민대중의 특수한 경제적·정치적·사회적 이익을 전취하기 위하여 농민전선의 전국적 통일과 단결을 확보해야 한다.

넷째, 각 정세·각 시기·각 국면에 있어 농민운동의 투쟁 방향과 전술을 통일하여 올바르게 구사하고 각 대중의 조건과 능력에 맞게 실천해야 한다.

이상 네 가지의 원칙을 수행하기 위해서는 그 과정이 빈농의 주도와 실천투쟁을 통한 통일의 과정이어야 함은 물론이다.

그리고 농민을 못살게 하는 적이 누구인가를 분명히 보았다면, 또한 이를 위해 어떠한 사상과 제도를 쟁취하고 확립해야 하는가가 분명하다면, 이것을 위해 힘을 생산하고 행사(배분)하는 조직 또한 하나로 통일되는 것은 너무도 당연하다. 특히 군 단위 농민운동의 통일은 그 무엇보다도 중요하며, 그것이 통일되어야만 전국의 통일도 가능하다. 따라서 현장활동가들의 주체적 조직 통일 노력이야말로 운동 통일의 기초인 것이다.

군 단위 통일은 어떻게 이루어져야 하는가. 농민운동의 통일은 농민이 주도하는 성격의 주체적 통일, 자금의 자립적 통일, 농민 '빽'에 의존하는 투쟁의 통일, 즉 농민적 방법과 농민적 배경에 의한 통일이어야 하며, 그럴 때만이 조직의 통일이 이루어진다.

이상과 같은 발전 과정을 거쳐서 종교적 성격은 분과 내의 특성에 따라 가톨릭 또는 기독교 전국조직과 연결되고, 군 농민을 포괄하는 지역조직이 대표성을 갖고 전국의 협회 또는 연맹·연합에 계통조직으로 연결된다. 작목별·요구별 조직들도 마찬가지다. 이렇게 해서 몇십, 몇백을 헤아리는 현재의 지역조직들이 작목별·요구별·종교별 조직을 연결하고 창출·지도하면서 대중조직으로의 발전과 통일을 이루어내는 것이다. 이것은 노동운동에 있어 노동조합이, 학생운동에 있어서 총학생회가 각각의 대중조직으로서 전체 노동자, 전체 학생을 대표하고 있는 것과 같다.

이상과 같이 군을 대표하는 지역조직은 지역 내 여건에 따라 공장의 노동조합·민교협·교회 인권단체·양심단체·정당·청년단체 등 민주 제 단체와 민중운동조직들과 연합·연대하면서 민주변혁을 위한 전국 또는 지방 단위와의 관계를 정립해나가게 된다.

다. 농민운동 통일을 향한 노력

그동안 발전을 거듭하고 있는 농민운동은 1985년 이후 1987년을 지나면서 군 단위를 기반으로 몇 가지의 전형적인 사례를 창출하면서 최근 들어서는 군 단위와 도 단위에서 그 성과를 드러내고 있다. 하지만 현실이 객관적으로 요구하는 순발력과 농민대중의 참여 면에서 볼 때 만족할 만한 성과나 전형으로 보기에는 부족한 점이 많다. 그렇지만 이러한 노력들은 농민운동을 통일시켜가고자 하는 의지의 한 표현이라는 점에서 긍정적인 면과 부정적인 면이 있긴 하지만 보다 바람직한 통일 논의에 그만큼 폭넓은 자료를 제공하고 있다는 점에서는 성과로 볼 수 있을 것이다.

아무튼 군 단위와 도 단위가 이러한 움직임은 필연적으로 현재의 전국 단위 운동조직의 지도노선과 조직 방식에 대한 비판을 불러일으키면서 전국 단위 조직들 역시 농민운동 통일에 대한 민감한 관심과 논의를 가질 수 있는 계기를 넓혀주고 있다.

그동안 군 단위에서 진전되었던 과정을 살펴보면, 1987년 8월 8일 함평농우회와 함평군기독교농민회의 활동가 40여 명이 자리를 함께하고 그동안의 논의를 한 단계 발전시키면서 '함평군 농민운동의 지도노선 통일'과 '대중조직의 통일' 원칙에 따라 통일하였다. 그리고 통일조직으로서 '함평군농민위원회'라는 명칭과 내용으로 통합을 선언함과 동시에 9월 20일

'민주농촌 실현을 위한 함평농민대회'를 통하여 완전 통합을 이루어냈으며, 1988년 4월에는 함평가톨릭농민회와 공동으로 활동가 교육을 실시하고, 토론 결과 '함평군농민회'라는 통일조직 건설의 원칙에 합의하였다.

무안에서는 각 면 단위 대표와 가농·기농의 군 단위 대표가 함께 참여하는 '무안군 농민운동 통일을 위한 준비위'가 결성되어 활동 중에 있으며, 경남 거창에서는 거창군 농민회와 가농의 지역협의회가 '거창군농민회'로 통일되었다(4월). 또 충남 예산의 '예산농민회'와 전국농민협회 산하 '농의회'가 '예산군농민회'로 통일되었다. 이 밖에도 충북 영동의 '자주농민회' 등이 군내의 서클적 대중단체들을 단일한 명칭하에 통합해내고 지도노선을 통일시켰으며, 이러한 노력들은 각 군 단위에서 매우 활발히 추진되고 있다.

도 단위 차원에서는 1988년 3월 충북지역에서 도내 6개 군 조직들이 모여 '충북농민연합'이라는 조직을 결성하였고, 전북에서는 '전북농민위원회'라는 형식의 기구가 활동하고 있다. 하지만 두 지역의 도 단위 기구들은 아직 도 단위 통합체로 보기에는 미흡한 점이 있다고 하겠다. 왜냐하면 아직도 지역 내 많은 군 단위 운동조직들이 가입을 보류하고 있거나, 형식상의 지도노선마저 합의하지 못하고 있기 때문이다.

이에 반해 전남지방은 아직 도 단위 통합기구가 건설된 것은 아니지만, 이를 위한 노력이 매우 활발히 추진되고 있는 지역이다.

지난 4월 8개 군 단위 조직·단체 소속 대표 및 활동가들이 자리를 함께하고 농민운동이 통일되어야 한다는 인식하에 추진한 '4인 소위'가 3개월 동안 준비하여 7월 28~29일 이틀 동안 전남지역 활동가 간담회가 개최되었다.* 이 활동가 간담회에는 전국조직인 가농·기농·전농의 계통조

---

* 배종렬, 최성호, 정관수, 노금노 등 '4인 소위'가 농민운동 통일단결에 대한 입장을 밝히고 이와 관련하여 전남지역 농민운동가 모임을 제안한 「전남 농민 동지 여러분께 드리는 제안」은 이 유고집 3부(농민운동의 과제와 방향)에 실려 있다.

직은 물론 지역별 자생 또는 자주적 조직을 포함하여 단체 소속 활동가 90여 명이 참가하여 전남지역 농민운동 통일에 관한 활발한 토론이 있었다. 그리고 참가자 전체 토론을 통하여 채택한 합의 내용은 농민운동 통일에 관하여 원칙적인 입장을 확인하는 정도의 단계에 머물러 있지만, 전체 농민운동 속에서 전남지역이 차지하고 있는 위치와 실세를 감안하고, 활동가 간담회 이후 진전되는 통일운동의 실천력을 볼 때, 향후 농민운동 통일에 대한 방법과 내용에 많은 시사점을 던져주고 있다고 하겠다. 그럼 여기서 당시(7월 28~29일) 발표된 문건과 합의 내용을 토대로 주요 내용을 살펴보자.

먼저 4인 소위에서 제안한 '농민운동은 왜, 무엇을 위하여 통일단결해야만 하는가?'라는 데 대해 다섯 가지의 입장을 밝히고 있다.

첫째, 이 땅에서 미국, 군부독재, 독점자본의 지배를 물리치고 민중이 원하는 민주정부를 수립하기 위하여. 둘째, 농민대중의 자주적 정치의식의 무장과 광범위한 조직화를 이룩해내고 미국과 군부독재·독점자본과 투쟁을 전개하기 위하여. 셋째, 각 정세·각 시기·각 국면에 있어 농민운동의 투쟁 방향과 전술을 통일하여 올바르게 채택하고 각 대중의 조건에 맞게끔 실천하기 위하여. 넷째, 전국 각 지역 농민운동세력의 통일과 단결 및 전남지역 민중운동세력의 통일단결 촉진을 고무하고 그 계기와 발판을 마련하기 위하여. 다섯째, 지역 내 진보세력과 농민운동이 올바르게 연대·결합하기 위하여.

이상 다섯 가지를 제시하고 있으며 통일을 위한 조직 방식과 위상으로는 농민운동의 목적 달성에 부합하는, 기존 조직단체들의 성격과 역할 그리고 필요에 따라서 적재적소에 배치하고 결합시키는 방식을 택하고 있다. 즉, 군 단위에서는 '농민회'라는 형식으로 면 단위별·종교별·계층별·요구별·과제별·작목별 조직들을 통일시켜낸다는 것이다. 이렇게 통일된 '농민회'의 최고의결기관으로는 '마을대표자회의'를 상정하고 있으며, 통일사업은 군 단위와 도 단위가 동시에 상호작용을 하는 방식이 효과적임도 아울러 제시하고 있다.

다음은 이 모임에서 합의된 내용이다.

- 전남지역 농민운동은 통일되어야 하며, 전남지역 모든 활동가들은 농민운동 통일을 위하여 노력하여야 한다.
- 농민운동 통일의 기본 중심 단위는 군 단위로 하며, 군 단위 농민회 단일조직 건설을 목표로 한다. 단, 지역의 특수성에 기초하여 과정을 진행시킨다.
- 군 단위 농민운동 통일을 지원하고, 제기되는 당면 투쟁을 효과적으로 전개하기 위한 논의조직으로서 도 단위 농민운동 통일을 위한 소위원회를 구성한다.
- 통일소위원회는 실무자를 둘 수 있다.
- 민주쟁취농민위원회는 발전적으로 해체한다.
- 소위원회 구성은 배종렬(기농), 정광수(가농), 노금노(전농)와 농민문제연구소 대표 1인, 나주 1인, 화순 1인, 해남 1인, 도합 7명으로 구성한다.

이렇게 해서 구성된 '전남지역 농민운동 통일소위'는 그 후 활동에 들어가게 되고, 전남지역 농민운동은 통일소위와 관련하여 몇 가지 변화가 이루어지고 있다.

영광군에서처럼 농민운동 통일을 위한 '특별위원회'가 구성되는가 하면, 도 단위 차원에서도 그동안 11개 군 단위 조직들이 작년부터 발전시켜오던 '전남지역 농민단체 간담회'를 전남지역 모든 군 단위(가농·기농 포함)가 함께하자는 제안과 함께 '통일소위'에서 이를 주관토록 했으며, 지난 10월 결성된 '수세폐지 전남대책위원회' 역시 '통일소위'의 논의를 거쳐 결성 과정을 밟아나갔다. 뿐만 아니라 '통일소위'에서 주관하는 전남지역 '농민단체대표자회의'가 정기적으로 개최되어 그때그때 전남지역의 당면한 투쟁 방향과 방침들을 조정하고 구체화시키면서 실천투쟁과 함께 조심스럽게 통일의 방향을 모색해나가고 있다.

이렇게 볼 때 현재까지 진행되고 있는 농민운동의 통일을 향한 노력은 아직 맹아적 수준이지만 군 단위를 중심으로 도 단위 차원에 이르기까지 논의와 형식의 틀이 연결되어 있다. 그리고 군 단위에서는 지도력(구심)의 통일과 조직단체들(작목별·요구별·종교별)의 성격과 역할을 바르게 위치 짓는 통일의 내용을 채워가고 있으며, 도 단위에서는 주로 지도 구심을 형성해가는 과정이자 각 조직 간의 연대 협의 수준이라고 볼 수 있다. 또한 활동가 수준의 통일을 향한 의지적인 노력과 각 조직 간 공동투쟁을 통한 결합이 현재의 통일운동의 계기와 내용으로 되고 있음도 알 수 있다.

라. 농민운동 통일의 조직 형태와 내용

그러면 이제까지 진전된 사례를 기초로 군 단위 조직의 통일 과정과 조직 형태를 모색해보면서 그 노력은 어떠해야 하는가, 그리고 도 단위, 전국 단위 조직의 역할은 무엇이어야 하는가를 살펴보자.

① 군 단위 조직의 통일 과정과 형태

앞에서도 거론했듯이 농민운동의 통일은 농민들의 집단적·근본적 문제를 해결하기 위한 방향에서 투쟁력과 조직 역량을 확대·강화하는 한 과정이다. 따라서 하나의 사상, 하나의 제도를 실현키 위한 지도 사상의 통일 과정이어야 하기 때문에 논의와 실천 내용에 있어서도 선진적 활동가 몇 사람들만의 관념적 독점물이 되어서는 안 된다. 또한 조직이기주의, 소영웅적 발상에 의한 실천은 더더욱 금물이다. 통일운동은 대중과 함께하는 투쟁 속에서 부단히 검증되고 다듬어지면서 전형을 창출해가는 과정이 되어야 하며, 공개적이고 떳떳하게 실천되어야 한다. 이러한 원칙을 견지하는 가운데 각 군 단위 조직들의 노력 또한 배가되어야 할 것이다.

현장활동가들은 통일을 추진하고 실천해가는 데 있어 농업노동자적 성격인 빈농 주체적 관점에 서야 한다. 이것은 당면 투쟁을 설정함에 있어서 대중(특히 빈농)의 절실한 이해와 관심이 중시되어야 한다는 것이고, 어떤 과제의 실천이 보다 손쉬운가보다는 어떻게 하면 농민운동의 빈농 주도를 담보해갈 수 있겠는가를 기준으로 삼아야 할 것이다.

그동안 군 단위에서 논의되고 실천하는 통일운동은 대체로(일부에서 이의가 없는 것은 아니나) 군 '농민회'의 단일조직 건설에 합의하고 있는 것 같다. 그리고 이것을 이루어가는 내용에 관해서는 다음과 같은 의견이 있다. 첫째, 기존의 운동조직과 기구는 모두 해체하고 새로운 '농민회'를 건설해가야 한다는 의견. 둘째, 농민적 성격이 주도하는 조직이 있는 곳에서는 기농·가농·Y농 등 기타 성격의 조직들이 농민적 성격의 조직에 통합 흡수되는 방식이어야 한다는 의견. 셋째, 군내 운동조직(가농·기농·전농)과 작목별(오이·딸기·낙우 등)·요구별(수세대책위·부채대책위·농산물가격대책위 등) 조직, 그리고 여성회·청년회 등등을 총망라하여, 즉 그동안 각 조직들이 벌여온 실천상의 역할이나 성격에 따른 차별이 없이 같은 위상 아래 연합 형식의 단일조직을 건설하여 지도력을 창출해가야 한다는 안. 넷째, 기존의 각 조직들을 성격과 역할별로 위치 짓고 분과 형태로 기능케 하며 이것의 총합 형태인 '농민회' 단일조직을 세우고 '마을대표자회의'라는 최고의사결정기구를 두어 지도 구심(권력의 정점)을 형성, 밑으로부터 체계화시킨다는 안. 이상 네 가지로 정리할 수 있겠다. 네 가지 과정은 모두 다 일장일단이 있을 수 있다. 그리고 상호 엄격히 구분되는 것은 아니며, 진전의 속도에 차이가 있을 수 있고 상호 연관을 갖고 있다.

첫째와 둘째 의견의 경우는 모두 '헤쳐 모여'라는 안에 차별성을 두고 있을 뿐 비슷한 안이다. 첫째·둘째 안의 장점은 그렇게 될 경우, 강력한 통일조직으로서 불필요한 파벌과 힘의 분산을 예방할 수 있다는 점이다. 하지만 이의 실현을 위해서는 강력한 힘의 논리가 전제된다는 점에서 몇 가지 점들이 고려되어야 한다.

우선 이 방안에 따르면 기존 조직들의 해체가 불가피한데, 그럴 경우 전국적 계통조직들은 통일 논의의 과정을 전국 단위로 확대하든가 아니면 각 군 단위에서 독자적인 결정을 해야만 한다. 때문에 그만큼 융통성이 줄어들게 된다. 뿐만 아니라 그동안 고질적으로 나타났던 조직이기주의와 다른 조직원들 간의 감정대립 등을 유발하는 분파적 문제에 봉착할 위험이 있다.

또 한 가지는 통일 논의가 대중 지향적이기보다는 자칫 조직 간의 소모적 논쟁으로 나타나 그나마 대중 역량이 빈약한 현실에서, 도토리 키재기식 토론이 현재의 당면 투쟁을 방기하게 되는 본의 아닌 결과를 초래할 우려가 있으며, 대중에게는 불신감마저 주게 되지 않을까 우려된다.

끝으로 기존 조직들이 현실적으로 동원 가능한 가용 역량을 활용하는 데 일정한 타격이 우려되고, 농민 내 계층적·계급적 입장에 따른 기능적·성격적 역량 배치를 효과적으로 수행하는 데도 적합하지 않을 수 있다. 따라서 이러한(첫째·둘째) 주장은 현실에 있어서나 통일 이후 단계에 있어서도 설득력이 별로 없으므로 통일 운동 역량을 힘 있게 동원하지 못해 실천력이 허약한 통일 과정이 될 수밖에 없다.

셋째 안은 현재의 빈약한 대중 기반을 확대할 수 있다는 점과 분산된 역량을 결집시키는 긍정적인 면이 있지만 이 또한 부정적 측면이 도사리고 있다. 우선 현재 군에서 활동하고 있는 생산작목별 생산자단체, 요구별·종교별, 또는 여성회·청년회 등은 그 나름대로 고유한 성격과 기능을 가지고 활동하고 있다. 이러한 성격을 무시하고 무차별 수평적·연합적 통일을 한다면 당면 이익 중심(작목별·계층별) 투쟁과 목적 지향적 지도성의 혼란으로 인하여 운동의 성격이 흐려지게 되고(지도와 피지도, 견인과 연합·제휴 등) 개량화의 범주에 머물러버릴 우려가 있다. 뿐만 아니라 연합적 성격이란 통일과는 다르다. 또한 농민을 수탈하는 대상과 정도에 따른 다양한 효율적 투쟁보다는 획일적 대응을 하지 않을 수 없어 투쟁 수준과 방법을 둘러싸고 투쟁의 통일을 기할 수 없게 되면 대중의 다양한 자발적 참여를 떨어뜨릴 위험이 있다. 따라서 대중적 확산과 통일성 강화라는 긍정적 내용이 실제에 있어서는 본말이 전도되는, 현 상태 유지 이상을 기대할 수 없게 된다. 물론 현재의 지도 역량이 작목별·요구별·계층별 제 조직에 충분히 발휘되는 조건이라면 다른 평가를 내릴 수 있다.

넷째 안 역시 합리적인 것처럼 보이나, 한편 상당히 타협적인 내용을 담고 있다. 그럼에도 불구하고 넷째 안이 현재 각 지역 군 단위에서 가장 많이 시도되고 있는 경향이다. 따라서 필자의 견해와 함께 넷째 방안을 토대로 정리해보겠다.

우선 넷째 안은 앞의 세 가지 안에서 제기된 문제점을 극복하고 장점을 수용하는 방안이라고 볼 수 있다.

1988년 현재 군 단위에서 조직활동을 하고 있는 조직(가농·기농·전농·Y농·지역단체 등)은 그동안 반제·반독점 민주변혁을 위한 투쟁을 그 어느 단체들보다 우수하게 수행해온 조직들이다. 이제 농민운동의 통일이라는 과제 앞에 더 이상 조직의 이익을 우선하는 것을 지양해야만 한다. 그리고 서로의 실세를 인정하는 바탕 위에 감정의 찌꺼기들을 버려야 할 것이다.

그러한 자세로 지역대중의 요구에 대한 투쟁을 연대 또는 공동으로 모색하고 진행시켜나가야 한다. 그 예로서 전남지역(나주·함평·무안 등)에서 추곡가문제에 대해 각 군 단위 조직들이 함께 담화문을 발표하고, '수세대책위원회'를 꾸려가는 모습들을 참고할 수 있겠다. 그리고 각 조직들이 함께 농민(회원) 단합대회를 가지고, 농민운동과 관련된 학습·간담회·교육 등을 공동 실시(충남 예산)하면서 인식의 폭을 넓히고, 대중과의 결합 능력을 높여나가야 한다. 뿐만 아니라 군 지역의 단일 신문 발간 등 선전사업을 통일시켜나감으로써 농민들의 신뢰도를 깊게 구축해가는 노력을 펼쳐나간다.

이러한 과정을 축적시켜나가면서 군 단위 통일에 대한 방향과 방법(청송·거창 등)을 함께 논의해나가야 한다. 또 미조직 마을과 면 단위는 공동의 작업을 통하여 마을농민회·면농민회 등 투쟁과 조직사업을 추진하는 가운데 군농민회 건설 '준비위'(화순·상주 등)를 구성하고, 목적과 운영 방식, 조직 체계 등을 세워나간다. 이러한 노력이 축적되면 통합 또는 창립 대회를 준비한다.

군농민회의 참여 방식과 운영으로는 다음과 같은 안을 구상할 수 있겠다. 최고의사결정기구인 '마을대표자회의'(1개 군에 400~500여 개 마을이 있음)를 설치하고 마을대표자회의에는 군내 운동조직과 마을 단위에서 대표를 파견한다. 그러면 기존의 조직들은 실세에 따라 수적 분배가 이루어지게 될 것이다. 그렇다고 무원칙한 대표자 선출을 의미하는 것은 아니다.

마을대표자회의는 상설의결기구로 '중앙위원회'(또는 상임위원회)를 구성한다. 중앙위 산하에는 지역의 조건과 실정에 따라 작목별·요구별·계층별·종교별·연령별 위원회를 두고, 군내 조직단체들의 고유한 성격과 역할에 따라 조직 단위로 참여케 한다. 예를 들면 가농과 기농·Y농 등은 종교별 위원회에 현재의 조직이 그대로 참여하면 된다. 그리고 각자 성격에 따른 기능을 수행하게 되는 것이다. 각 조직의 대표와 면 단위 대표, 그 외 마을대표자회의에서 선출하는 군 '농민회 임원' 등은 당연직 중앙위원이 된다. 중앙위원회는 산하에 집행위원회를 두며 중집위 산하에 사무국을 설치, 실무를 총괄한다. 뿐만 아니라 조직의 크기 여하에 따라서 필요한 기구를 둘 수 있겠다.

여기서 또 한 가지 파악되어야 할 사항은 처음부터 지역별 조직으로 명칭과 내용을 갖고 활동해온 조직은 자연히 군농민회로 흡수·해소되는 과정을 밟아야 한다는 것이다. 그리고 면 단위와 마을 단위는 군농민회의 지역위원회 또는 지부적 위상으로 정립되어야 한다. 물론 처음부터 명칭을 단일화시키는 것보다는 일의 내용을 그렇게 가져가면 된다.

이렇게 형식과 내용이 꾸려지면 농민회는 명실상부한 지역(군) 대표조직으로 군 전체 농민의 경제적·정치적·사회적 입장을 대표하게 되고, 농민회에 분과 형식으로 참여한 각 조직들은 각 조직의 성격과 고유한 임무에 따라 대표성을 발휘하게 된다. 뿐만 아니라 실천에 있어서도 현재의 작목별·요구별 등 각 조직 단위의 역량이 소모됨 없이 발휘되게 될 것이다.

이상과 같이 현재의 조건과 현실을 토대로 운동 발전을 조망하면서 기존 운동 역량을 손실 없이 수렴하고 통일적 역량을 강화하는 방안으로서 군 단위 농민운동 통일 방안을 제시했다. 구체적인 설명이 더 필요하고, 또 이에 따르는 문제점도 많을 것이다. 다만 현재의 농민운동 현실과 점증하는 통일 요구에 대한 논의를 진전시키고자 하는 고민의 한 표현이다. 운동이 더욱 발전하고 상황이 변하면, 더 높은 단계의 통일 방안이 제시될 것이다.

② 도·전국 단위 조직의 역할

현재 점증하고 있는 농민운동 통일을 향한 여러 움직임은 반민중세력의 농민에 대한 억압과 수탈이 더욱 광폭화되고 있는 것과 함께 상대적으로 단결의 필요성을 절실하게 느끼는 농민대중의 투쟁의지 고양으로부터 원인을 도출할 수 있겠다. 이것은 그동안 농민운동의 개별 조직 중심, 또는 서클 위주의 운동 양식만을 가지고는 끓어오르는 농민들의 투쟁적 진출을 지도하고 확산시키는 데 한계가 있음을 뜻한다. 앞으로도 농민운동 통일에 대한 농민들의 요구는 더욱 진전될 것이다.

따라서 그동안 전국의 농민운동을 지도해온 그리고 앞으로도 상당 기간 지도성을 발휘할 전국운동단체들의 농민운동 통일에 대한 역할 또한 그 임무가 막중하다 하겠다. 그럼 여기서 현장의 운동조직들이 기존의 전국단체에 대해 비판하는 몇 가지를 살펴보면서, 앞으로의 역할이 어떠해야 하는가를 생각해보자.

첫째, 운동 방식이 지극히 개별 조직이기주의적 대응이어서 군 단위 운동 통일에 효과적으로 기여하지 못하고 있다는 지적이다. 예를 들면 전국조직이 어떤 마을에서 농민을 조직할 때 ○○마을 농민회(이것은 군 단위나 면 단위도 마찬가지다)라는 형식으로 전 부락농민이 참여할 수 있는 방식이 아니라 기존의 명칭을 내세워 참여토록 함으로써 그 자체가 분파성을 띠게 됨은 물론, 마을 내에서 대다수 농민들의 참여를 제도적으로(종교적 신념이 다른 경우) 막아버린다는 지적이다. 그리고 나아가 이웃 마을이나 지역에 조직을 넓혀가는 과정에서도 같은 방식을 택하게 되어 농민대중과의 횡적 연결을 통한 결합보다는 중앙조직과의 수직적 관계를 중시하게 된다는 점이다. 뿐만 아니라 이러한 과정을 통하여 소속감을 갖게 된 조직원들은 이후 교육과 훈련 과정 속에서 더욱더 고착화되어감으로써 각 개별 조직 소속원들 간에 농민운동에 대한 견해의 차이와 통일을 바라보는 관점의 차이 등이 나타난다는 것이다. 이렇게 될 때 현장에서는 걸핏하면 각 조직 간에 감정상의 문제까지 발생하기도 해서 난처한 경우가 많다는 점도 아울러 강조한다.

실제에 있어서도 이와 같은 조직이기주의적 사례는 수없이 많다. 최근에도 전남의 어떤 군에서 군농민회가 이미 구성되어 있는데, 또 다른 조직이 면 단위를 파고드는 경우가 있었다. 이렇게 될 때 심한 경우에는 각 개별 조직 간에 지역의 기득권을 주장하는 촌극마저 빚어지고 있는 실정이다.

이러한 문제들은 개별 조직의 입장에서는 정당성이 있을지 몰라도 지역의 통일과 단결을 위해서는 바람직하지 않다고 하겠다. 진정 농민운동의 단결과 통일을 바란다면 전국조직들은 현재의 조직 방식을 바꾸어야 할 것이다. 전국의 단체들은 현장의 단결과 통일 역량을 확대·강화하는 일념으로 현장 지역대중조직 건설에 지원과 협력을 아끼지 말아야 할 것이다.

둘째, 전국조직들의 계통조직에 대한 획일적 지도 방식이다. 물론 조직이란 민주적 의사결정과 집행 능력의 통일성을 생명으로 하지만, 현장에서 벌어지는 사례를 보면 당면하고 절실한 현장투쟁 계획을 현장의 각 단체들이 수립해나가는 과정에서 어떤 단체는 상부조직의 승인을 받아야 한다느니 지시가 없어서라는 이유로 꽁무니를 빼는 경우들이 많다. 이러한 경우는 기본적으로 현장조직 중요 간부들의 비주체적이고 외부 의존적인 성향에 문제가 있는 것이지만, 그동안 여러 경험들에서 볼 때 전국조직들도 책임을 면키 어려울 것이다.

전국조직의 각종 지도와 훈련 내용에 있어 자립적 의지를 높여주고, 현장투쟁 능력과 독자적 실천력을 고양하는 방향에서 이런 문제들을 풀어가야 할 것이다. 뿐만 아니라 전국조직들 간에 공동 노력을 통하여 농민운동의 성격과 운동 방향에서부터 통일 방식에 이르기까지 인식을 함께하려는 자체 노력과 현장활동가들에 대한 합동모임 주선 등 다각적인 실천활동이 뒤따라야 한다.

4. 글을 맺으며

의세에 종속된 국내 권력과 독점세력에게 자신들의 노동의 대가를 빼앗기고 억압당한다는 점에서 농민운동은 오늘날 계급운동으로서의 성격을 갖는다. 그렇기 때문에 운동의 주체로 계급적 성격이 강한 빈·소농이 등장할 수밖에 없다. 따라서 투쟁과 조직노선이 이에 적합하게 대응해나갈 때만이 전체 민족·민주운동을 발전시키고 농민해방의 그날을 앞당길 수 있을 것이다.

이를 위하여 모든 활동가들에게 요구되는 것은 일차적으로 군 단위의 주체적 대중조직을 건설하는 일이며, 또한 작목별·요구별·종교별·계층별 제 농업·농민단체들을 고유한 성격과 역할에 맞게 위치 짓는 것이다. 그리고 하나의 사상, 하나의 제도를 향한 운동의 통일을 이루어나가기 위해서는, 투쟁 속에서 빈·소농 주도의 실천 강령을 단일화시켜나가는 가운데 조직의 통일을 이루어냄으로써 농민운동의 조직 역량과 투쟁 역량을 더욱 강고하고 폭넓게 건설해나갈 수 있어야 한다.

전체 운동 속에서 농민운동의 위치와 역할은, 자본주의의 기본 문제인 생산관계의 법적 표현으로서의 소유문제 해결이라는 차원에서 노동운동의 근본목표와 동일하다는 점에서도 매우 중요하다. 따라서 각 지역 현장에서 우리 운동의 기본 세력인 노동운동과의 동맹을 강화해나가는 일은 전체 민중운동 발전에 가장 중요한 기본 축이 될 것이다. 뿐만 아니라 현단계 민족문제 해결의 중요 세력인, 애국적 청년학생 그리고 진보적·양심적 제 세력과 올바른 연대·연합전선을 이루어나가는 일 또한 중차대한 농민운동의 임무이다.

하지만 그동안의 경험에 비추어볼 때 민중운동 제 세력들의 농민운동에 대한 이해 부족과 함께, 농민운동이 일정하게 소외되어왔음을 숨길 수 없다. 때문에 이 시대의 민중문제를 가슴으로 느끼고 아픔을 함께하는 제 세력들이 농민운동의 중요성과 특수성을 새롭게 인식하고 주체적 농민운동 발전에 보다 올바른 입장에서의 지원과 협력을 보내야 할 것이다. 그럴 때만이 민족의 통일과 민주주의, 민중해방을 위한 모든 민주양심세력과의 올바른 연합·연대가 이루어질 것이다.

마지막으로 강조하고 싶은 것은 '농민들은 아직……'이라는 비주체적 자세와 개인의 편익을 위해 혹은 조직의 이익 때문에 눈이 어두워 그럴듯한 말장난으로 주체적 농민운동을 방해하고 지연시키는 것은 역사를 기만하는 행위일 뿐이며, 종국에는 그 자신마저도 파멸에 빠뜨리는 어리석음을 면치 못할 것이다.

끝으로 이 글에 대해 견해를 달리하는 분이 있다면 언제든지 토론을 마다하지 않을 것이며 바른 실천과 이론에 입각한 문제점이 지적되면 그것은 나의 좁은 경험과 짧은 견해의 소치로 보고 즉각 수정할 것임노 아울러 밝혀둔다. (1990)

농민운동조직 논쟁[*]

1. 들어가는 말

70년대 초반 '농민들은 잘살고 있느냐 못살고 있느냐'라는 문제제기로부터 극히 일부 지역에서 타오르기 시작한 농민운동은 70~80년대를 거치면서 그 역량이 전국적으로 확산되었다.

조직 발전 역시 70~80년대 초반까지만 해도 농민들은 아직 힘이 약하다는 이유를 들어 교회의 사회적 배경과 재정 지원에 크게 의존했었지만, 80년 5월 광주민중항쟁을 거치면서 이제 더 이상 농민운동이 외부 의존적일 수 없다는 내부 반성과 함께 85년부터 군 단위 자주적 대중조직이 건설되면서 87년 2월 전국농민협회가 결성되고 그리고 89년 3월 전국농민운동연합이 창립되었다.

89년 12월 현재 농민운동의 조직 현황은 농촌지역 138개 군 중 120개 군 지역에 운동조직이 활동하고 있다. 전국적으로는 한국가톨릭농민회·

---

[*] 이 글은 1989년 당시 자주적 농민회를 대표하던 전국농민협회와 전국농민운동연합(가톨릭농민회·기독교농민회) 등이 전국 농민운동 단일조직으로의 통합을 추진하던 시기에 글쓴이가 농민운동의 조직 통일화를 둘러싸고 80년대 동안 전개되어온 논쟁들을 정리한 것이다. 출처: 『80년대 한국사회 대논쟁집』(중앙일보사, 『월간중앙』 1990년 신년호 별책부록).

한국기독교농민회총연합회·전국농민협회·전국농민운동연합이 있으며,
위 4개 조직에는 100여 개 군 단위 농민조직들이 가입되어 있다. 그리고
전국조직에 가입하지 않고 독자성을 유지하고 있는 군 조직은 운동조직
이 없는 군 단위를 포함하여 40개 군 지역에 달하고 있는 실정이다.

따라서 현 시기 농민운동의 당면한 조직적 과제는 현장의 자주적 대중
조직을 건설하는 것과 전국적 단일조직을 건설하는 과제를 안고 있다.

2. 조직통일 논쟁의 발전 과정

지금도 계속되고 있는 전국적 통일조직 건설을 위한 논쟁은 80년 5월 광
주민중항쟁 후 70년대 농민운동에 대한 반성과 평가로부터 시작하여 자
주적 대중조직 건설을 향한 몸부림의 과정과 함께 87년 2월 전국농민협
회가 결성되기까지를 제1차 논쟁 단계, 그리고 88년~89년 3월 전국농민
운동연합이 결성되기까지의 시기를 제2차 논쟁 단계로 편의상 구분할 수
있겠다.

이렇게 논쟁의 시기를 구분하는 것은 전국적 통일조직을 건설하려는
그간의 논쟁들이 곧 농민운동의 자주성 확립과 대중성 확보를 통하여 운
동조직의 과도기적 상태를 극복코자 하는 노력의 일환으로서 단계적 발
전 과정을 거쳐왔기 때문이다.

3. 제1차 논쟁 단계

제1차 논쟁은 80년 직후 70년대 농민운동의 반성과 평가 시기인
81~82년 사이에 촉발되었다. 이 시기에는 70년대 유일한 전국조직이었
던 한국가톨릭농민회(이하 '가농') 이외에도 81년 3월, 한국기독교농민회

총연합회(이하 '기농')라는 전국조직이 결성되었다. 따라서 전국적 농민조직의 역량이 양분되고 분립되게 된다.

그런가 하면 또 한편에서는 자주적 대중조직의 건설을 통하여 70년대 농민운동의 비주체적 성격과 다분히 교회의 인적·물적 자원에 의존했던 성향을 벗어나려는 조직적인 움직임이 일어난다. 이러한 움직임은 경남과 전남, 그리고 전북, 경기 지방의 활동가들이 주축을 이루면서 전국적인 조직 건설을 모색하였으나 조직 결성으로까지는 진전되지 못했다.

하지만 이러한 두 흐름 사이의 산발적인 대립과 논쟁은 84년 9월 2일 농민운동의 정치투쟁성 강화와 대중투쟁 역량 확보라는 기치를 내걸고 추진되었던 함평·무안 농민대회의 평가를 둘러싸고 본격적인 논쟁에 돌입하게 되고, 조직 간 논쟁으로 발전한다. 당시 주요 쟁점을 살펴보면 다음과 같다.

첫째, 기존 조직을 유지하려는 가농과 기농 측은 자주적 대중조직을 건설하려는 움직임에 대해 포악한 독재권력의 탄압이 계속되는 상황에서 농민의 자주적 힘만을 믿고 대중조직(종교적 성격이 아닌)을 건설하려는 것은 무모한 모험주의 또는 몇몇 활동가들의 소영웅주의적 '발상'이라고 비판하면서 설사 조직을 건설한다 하더라도 곧바로 탄압에 직면하여 파괴되고 말 것이기 때문에 결국은 농민운동의 역량 손실만을 초래한다는 입장이었다. 따라서 지금의 시기는 농민조직이 교회의 지원과 보호를 받으면서 농민의 조직 역량을 키워나가야 할 때이다. 농민운동의 모든 역량을 가농과 기농에 보다 적극적으로 투입하여 조직의 문제점과 체질을 개선해 나가야 한다고 강조하면서 기존 조직을 확대하고 강화하는 데 주력한다.

둘째, 이에 반해 자주적 대중조직의 건설만이 농민조직의 제 문제(비주체성·의존성)를 해결할 수 있다고 믿는 측은, 이제 농민조직이 선교의 대상이나 수단이 아닌 차원에서 농민운동과 교회와의 관계는 새롭게 정립되어야 한다. 종교적 성격의 농민조직은 종교의 편향에 따라 농민집단을 분열케 하는 역기능이 먼저 나타나고 있다. 지극히 온정주의적 조직 지도 방식은 농민들로 하여금 자신들을 더욱 힘없고 나약한 존재로 느끼게 만드는가 하면, 마치 교회가 농민문제를 해결해줄 수 있을 것이라는 환상과 의존적 습성을 조장하고 있다. 기존 조직을 확대·강화하는 행위는 기회주의적 작태라고 공격했다. 이러한 입장은 자주적 대중조직의 건설만이 농민운동의 자주화·자립화를 앞당길 수 있다는 논지를 펴면서 군 단위 조직 건설에 주력했다.

이상의 논쟁을 요약하면 '체질 개선론' 대 '대중조직 건설론', '농민적 성격과 종교적 성격의 상호 병립론' 대 '농민적 성격 우위론'의 대립이었던 것이다.

이 논쟁은 85년부터 군 단위 자주적 대중조직을 건설한 15개 군농민회(또는 협회)들이 87년 2월 전두환 정권의 폭압적 탄압을 뚫고 전국농민협회를 결성함으로써 정리된다. 그리고 곧이어 6월 민주대항쟁 이후 전개된 정치적 상황과 함께 종교적 형식의 농민운동조직들이 나타내는 대응 양식의 변화로 다음 단계로 이행한다.

4. 제2차 논쟁 단계

제2차 논쟁 시기는 88년 10월부터 각 조직들이 전국적 통일조직 건설에 대한 논의를 공식화하면서 시작된다. 동년 11월 1일 가농·기농 측이 전국농민운동협의체 결성을 위한 간담회를 갖고 같은 달 21～23일까지 전국농민협회(이하 '전농')가 전국 35개 군농민단체를 초청하여 전국조직 통일에 관한 토론회를 개최하였다. 이어 11월 24일 대전 가농회관에서 전농·가농·기농 3단체와 군 단위 독자농 합동으로 전국 및 도·군 조직 대표자 회의를 갖고, 동 회의는 전국단체 각 1인, 도 단위 1인으로 농민조직 전국협의체를 위한 준비소위원회를 구성했다.

하지만 전농은 그로부터 10여 일 후인 12월 6일 협의체 논의에 불참을 선언하게 된다. 당시 전농의 불참 이유는 농민조직 통일 논의는 기존의 전국 개별 조직을 해체하고 단일조직을 건설하는 데 있음에도 협의체 운운하는 것은 개별 조직을 유지시키려는 의도가 있다, 따라서 이것은 현상 고착적인 발상으로서 농민대중의 현실적 통일 요구에 역행하는 반통일적 논의이기 때문에 이 같은 논의를 중단하고 즉각 단일조직 건설을 위한 논의를 시작해야 한다는 것이 불참의 이유였다.

이에 대응하여 가농, 기농 그리고 협의체 건설에 찬성하는 군 단위 독자농들이 논의를 진전시켜가는 속에서, 89년 1월에는 협의체보다 결합도가 높은 연합체를 논의하자고 전농 측에 제안하게 되나, 이 역시 전농은 거부한다. 즉, 전국조직들의 개별적이고 독자적인 활동을 전제로 하고 있다는 점과 운동연합 안은 대중조직들의 통일이 아닌 활동가 수준의 통일에 치우칠 우려가 있다는 판단이었다.

이렇게 되자 그동안 협의회·연합으로 논의를 발전시켜온 가농과 기농은 이에 찬성하는 군 단위 독자농들과 함께 89년 3월 1일, 전국농민운동연합(이하 '연합')을 결성한다. 한편, 전농은 89년 2월 3일, 「왜! 우리는 단일한 전국조직을 요구하는가?」라는 문건을 발표하고, 4월 13일에는 연합체 가입을 거부한 군 단위 독자농들과 함께 전국 단일조직 추진을 위한 조직대표자회의를 갖는다.

5. 논쟁의 정리와 전망

앞에서도 언급되었지만 쟁점을 분명히 하기 위해서 전농 측이 밝히고 있는 「왜! 우리는 단일한 전국농민조직을 요구하는가?」(89년 2월 3일) 문건과 연합 측이 밝히고 있는 「전국농민운동연합 결성 과정에 관한 보고서」(89년 1월 18일)를 인용해보자.

연합 측 「보고서」 회칙 제2조, "농민대중의 당면 투쟁 및 자주적 조직화

(군농민회)를 추동·강화하여 농민운동조직의 전국적 통일을 적극 추진한다.” 동 「보고서」 12쪽, “협의체 결성은 농민운동의 조직 통일을 목표로 하여 현 단계 걸맞은 연합적 질서를 구축하자는 데 있다.”

이상과 같이 '연합' 건설은 전국적 단일조직을 위한 과정으로서 설치된 것이라고 할 때, 현재 분립되어 있는 농민조직의 현실성을 강조하고 있다고 하겠다.

이에 반해 전농 측의 문건은 연합 측 「보고서」 15쪽 3항에서 밝히고 있는 기농 해체 선언 방침, 동 「보고서」 14쪽 5항과 15쪽 9항, 가농 조직의 대중적 통일조직으로의 개편 결의 등과 85년 이후 꾸준히 발전해온 자주적 대중조직들과 87년 이후 더욱 확산되고 있는 운동 역량에서 볼 때, 더 이상 전국통일조직 건설을 지체할 이유가 없다고 밝히면서 즉각 '연합' 결성 노력을 중단하고 전국단일조직 준비위 또는 추진위를 구성하자는 것이다.

이 밖에도 여러 가지 대립점과 논쟁이 있지만, 현재는 진행 중에 있고 또 제한된 지면 관계상 생략한다.

이상에서 살펴본 바와 같이 2단계 논쟁은 자주적 전국조직과 종교적 성격의 전국조직이 전국적 통일조직 건설 시기를 둘러싸고 각 조직들이 처해 있는 조건과 입장의 차이, 그리고 여기에 제 조직들의 이해관계까지 증폭되어 전개되었다고 하겠다.

이제 90년대를 맞이한 시점에서 한 가지 분명한 사실은 전국조직의 분립으로 인해 전체 농민운동의 인적·물적 자원이 낭비되고 있다는 점이다.

앞으로 전개될 통일 논의는 그동안 농민운동 발전 과정에서 생성된 농민운동으로서의 대중조직관과 변혁운동으로서의 농민대중조직을 바라보는 시각의 차이를 좁히는 데 집중될 것이다.

89년 농민운동의 성과로 전국적 통일조직 건설에 대한 논의가 그 어느 때보다도 성숙한 이때, 우리 모두에게 요구되는 것은 개별 조직의 이기주의를 걷어차버리는 것이다. (1989)

한국 농업문제와 전농 결성의 의미*

1. 들어가는 말

'농업문제'는 구체적으로 다른 산업, 곧 공업·상업 등에 비해서 오늘의 농업이 어떤 문제를 안고 있는가를 파악하는 경제적 측면을 다루는 개념이다. 농업문제의 개념을 이렇게 정리할 때, 그것은 역시 도시와 농촌을 상대적으로 비교하면서 농촌의 생활환경과 농민의 사회의식 등이 어떠한 문제에 부딪히고 있는가를 파악하는 사회적 측면을 가리킨다고 할 수 있다. 그리고 농민문제라는 개념은 한국 사회 속에서 농업에 종사하는 농민들의 모든 권리와 정치적인 지위의 문제를 다루는 것이다. 따라서 농민문제의 개념은 농민들의 경제·사회·문화·정치적 문제를 포괄적으로 다루는 개념인 것이다. 이상에서 정리해보았듯이 사용하는 개념에 따라서 파악하는 문제점이 구분될 수 있으며, 문제의 해결 방향 역시 그만큼 차이가 있을 수 있다는 점에서 어떤 개념을 사용하느냐는 매우 중요한 의미를 갖는다.

---

* 이 글은 1990년 2월 13일 전국 농민운동 단일조직의 결성을 위해 전국의 78개 시·군 농민회 대표와 참관인 등 200여 명이 참석하여 '전국농민회총연맹 준비위원회'를 발족할 때 준비위원회 사무처장의 중책을 맡은 글쓴이가 그 후 전국적인 조직화 사업을 위해 작성한 것이다.

지난 70~80년대에 정부의 주도로 추진되었던 이른바 '농촌 새마을운동'은 초가지붕을 기와지붕으로 바꾸고, 울타리를 걷어치우고 벽돌담을 쌓으며, 울긋불긋 페인트칠을 하고, 농토를 넓히고 마을길을 확장하는 등 농촌의 주변 환경을 개선하는 데는 상당한 성과가 있었다. 곧 농촌의 생활환경을 도시의 그것과 어느 정도 격차를 줄이는 데 있었다는 점에서 농촌문제를 부분적으로 해결하였다고 할 수도 있다.

하지만 농촌의 생활환경을 개선한다는 명분으로 정부의 시책에 농업소득 외에는 달리 소득이 없는 농민들을 강제로 동원한 결과, 농민들의 권리가 짓밟히고 농가부채가 눈덩이처럼 불어나 고통 중에 신음하게 되었다. 결국 '농촌 새마을운동'으로 농촌문제는 다소 개선되었을지 몰라도, 농민문제는 더욱 심각한 상태로 떨어져 본말이 뒤바뀐 결과가 되고 만 것이다.

이렇듯 우리는 오늘의 농업·농민문제를 다루어감에 있어서 그 어떤 개념을 사용하든지 인간을 중심에 두어야 하며, 농업·농촌·농민문제 역시 농민의 민주적 권리와 이익에 초점을 맞추어 다룰 때 그 의미가 있는 것임을 강조해두고자 한다.

2. 농업 개황과 농업문제의 심각성

(1) 농업 개황

1988년 말 현재 농가인구는 727만 2,000명으로 전체 인구 대비 17.3%를 차지하고 있다. 농가 호수는 182만 6,000호로서 이 가운데 전업농이 77.6%, 겸업농이 22.4%로 구분된다. 그리고 총 경지면적은 214만 4,000정보(1정보는 3,000평)이며, 이 가운데 논이 130만 정보, 밭이 84만 정보로 호당 평균 경지면적은 1.174정보(약 3,520평)이다.

또 전체 농가의 65%가 소작농·자소작농·소자작농이며, 농지의 31%

가 소작지화되어 있다. 뿐만 아니라 소작지의 63%가 비농민의 소유로 되어 있는가 하면, 이 때문에 소작농들이 지불하는 소작료만도 연간 7,000억 원을 넘고 있다. 계층별 구성을 보면 1정보 미만이 63.8%, 1~1.5정보 미만이 20.6%, 1.5~3정보 미만이 15.7%로 나타나고 있다.

농가소득은 평균(농외소득 포함) 752만 9,000원으로 도시의 가구당 평균소득 886만 3,000원의 84.9%이다. 농업소득(농외소득 제외)에 따른 가계비 충족도를 보면 평균 72.1%에 불과하며, 그나마 평균 경지면적 이하의 가계비 충족도는 50%를 밑돌고 있다.

(2) 농업문제의 심각성

이상에서 개략적으로 살펴본 바와 같이 현재 농업에 종사하고 있는 농민들은 농업에 종사하면서도 자기 땅을 갖고 있지 못한 농가가 대부분을 차지하고 있으며, 소득 면에서도 절반 이상이 농업소득만 가지고는 자기 생계마저 지탱하지 못하고 있는 상태에 있는 것이다.

따라서 현재 이 나라 농민들은, 4,000만 국민의 생명줄인 피와 살을 생산하는 소중한 산업인 농업에 종사하면서도, 스스로 자부심과 긍지를 갖기보다는 농사를 짓는다는 것 자체가 수치스럽고 한스러운 고통에 짓눌려 하루하루를 지탱하고 있다.

농촌의 총각들은 시집올 처녀마저 없어 비참한 자기 신세를 면하고자 도시로 도시로 이농의 보따리를 싸야만 하고, 그나마 길이 막힌 총각들은 자신의 신세를 비관하며 농약을 마시고 자살하는 사태가 속출하고 있다. 어디 그뿐인가? 눈덩이처럼 불어나기만 하는 농가부채(호당 평균 500만 원)를 갚을 길이 없어 밤중에 빚잔치를 벌이고 야반도주를 하는 농민들……. 그리고 그렇게 할 배짱마저 없어 비관 자살하는 참상들이 농촌 곳곳에서 줄을 잇고 있다. 한마디로 말해 농민들은 경제적 가난, 사회적 멸시, 정치적 억압 속에 신음하면서 피 끓는 분노와 응어리진 한을 삼키고 있는 것이다.

우리가 따져보아야 할 것은, 왜 인간으로서 농민이, 식량 생산자로서 자립경제의 기초산업인 농업에 종사하는 농민들이 이토록 비참한 상태에 이르렀는가? 그 원인은 어디에 있으며, 이러한 문제는 민족 전체의 자주적인 삶에 어떤 영향을 끼치게 되는가에 있다. 이 점을 명확히 하기 위해서는 새벽부터 밤늦게까지 뼈 빠지게 일하는 농민들의 노동의 성과가 어디로 흘러들어가고 있으며, 그 책임이 어디에, 누구에게 있는가를 따져보아야 한다.

현상과 과정 속에서 살펴보면, 우선 노인들은 자신들이 열심히 일을 해서 농축산물을 생산한다. 그리고 농축산물을 시장에 내다팔아서 다음 번의 생산에 필요한 비료·농기계·농약 등을 구입하고, 자신들의 생활에 필요한 필수품도 구입할 수 있게 된다. 따라서 농민들이 정부 수매나 시장에 출하하는 농축산물의 가격은, 노동자에게는 임금이요, 공무원에게는 월급과 똑같은 것이다. 농축산물의 생산비를 보장받느냐 못 받느냐 하는 문제는 농민들의 생명줄이 걸린 중요한 문제다. 그런데 이 나라 농축산물 시장의 가격을 조절하고 통제하는 세력은 권력을 틀어쥐고 있는 정부와 독점재벌들이다.

정부는 시장의 쌀값이 조금 오르면 소비자를 위한다는 미명으로 정부 보유미를 대량 방출하여 쌀값을 떨어뜨린다. 그 좋은 예가 첫째로 정부의 각종 수매가정책이다.

정부는 지난 수십 년 동안 쌀 수매정책을 수행하여왔다. 그런데 한 번도 농민들에게 쌀 생산비를 보장하는 선에서 수매를 해본 적이 없다. 구체적인 사례를 살펴보면, 지난 1980년 당시 쌀 생산비는 (쌀 80kg 1가마에) 7만 1,057원이었는데, 그해 정부 수매가는 4만 750원이었다. 결국 농민들은 쌀 1가마당 3만 307원씩의 적자를 감수해야만 했다.

이러한 정책은 70년대는 물론 80년대에도 계속되었다. 1983년의 경우 생산비 7만 5,498원, 수매가 5만 5,970원, 적자폭 1만 9,528원, 1987년도의 생산비 8만 5,625원, 수매가 7만 3,140원, 적자폭 1만 2,485원 등으로,

이러한 적자폭은 1989년에도 정도의 차이만 있었을 뿐 마찬가지였다. 따라서 농민들은 수백 가지 농축산물 품목 가운데 쌀 한 가지에서만도 매년 1조 원 이상의 적자를 감수해야만 했던 것이다. 이러한 형편이니 농민들이 뼈 빠지게 일을 해봐야 경제적 빈곤을 면할 수 있겠는가?

농민들은 자신들이 생산한 농축산물을 팔 때에만 손해 보는 것이 아니라, 농민들이 필요한 비료·농약·농기계·텔레비전·냉장고 등 생산자재와 필수품을 구입할 때도 역시 터무니없이 비싼 값에 구입하지 않을 수 없다. 왜냐하면 독점재벌들이 생산한 공산품은 모두가 독점가격이기 때문이다. 한마디로 말해서 주는 대로 받고 달라는 대로 주고 구매해야 하는 경제구조 속에서 농민들이 무슨 재주로 농가부채를 걸머지지 않을 수 있겠는가?

둘째로 지난 1950년에 이른바 '경자유전'耕者有田의 원칙 아래 실시한 농지개혁 이후 정부의 저농산물가격정책의 지속으로 결국 농민들이 또다시 농토를 빼앗기고 소작농으로 전락해버린 토지소유권의 문제다. 농민들은 자기 소유의 땅이 없다는 오직 하나의 이유 때문에 땀 흘려 수확한 생산물을 절반이나 농토를 차지한 자들에게 바쳐야만 한다. 이렇게 어이없이 빼앗기는 돈만도 매년 7,000억 원에 이르고 있다.

농민이 자기 땅이 없다는 한 가지 이유 때문에 7,000억 원을 빼앗겨야 하고, 또 땅을 차지했다는 이유로 다른 사람이 열심히 일한 노동의 성과를 가로채가는 불로소득자들이 활개를 치는 것이 이 나라의 현실이다.

셋째로 미국의 농축산물 수입문제이다. 1988년 말 현재 우리나라의 식량자급률은 39.6%에 불과하다. 1965년만 하더라도 93.9%이던 것이 이렇게 낮아져버렸다. 이제는 우리 국민의 60.4%는 외국의 농축산물을 먹지 않으면 생명조차 부지할 수 없게 되어버렸다. 우리의 피와 살이 외제인 상황에서 민족의 자주적인 삶이 어떻게 지켜질 수 있단 말인가? 실로 한심하기 짝이 없는 현실이다.

지금 이 순간에도 매일 3만 톤씩 외국 농축산물이 들어오지 않으면, 우리 국민의 대다수는 굶어 죽을 수밖에 없는 비참한 상태에 직면하고 있다.

넷째로 현 지배세력의 농민에 대한 정치적 억압과 폭력적 탄압이다. 이 땅의 농민들은 앞에서 열거한 바와 같이 농민을 수탈하고 못살게 하는 모든 세력과 제도적 정치들에 맞서서 정당한 요구와 주장을 건의·집회·시위의 형태로 진행시켜나가고 있다. 민주주의 사회에서 자신들의 노동의 성과를 지키고 인간적 존엄성을 일으켜 세우고자 하는 것은 지극히 당연한 행동인 것이다.

이러함에도 불구하고 독점재벌의 입장에 선 현 정권은 농민들의 정당한 집회·결사·행동의 자유를 온갖 기만과 회유와 폭력적 탄압으로 억누름으로써 농민들에게 억압과 굴종만을 강요하고 있다. 그 좋은 예가 작년의 여의도 농민대회에 대한 정부의 폭력적 탄압이다.

농민들은 폭락하는 쌀값에 생존의 위협을 느끼면서 정부의 추곡 수매가를 생산비가 보장되는 선에서 결정해달라고 여러 차례 건의한 바 있고, 또 민의의 전당인 여의도 국회 앞에서 '쌀값보장 전국대회'를 개최하기 위하여 합법적인 절차에 따라 1989년 11월 15일, 전국농민대회의 집회 허가를 신청함과 아울러 평화적 행사임을 여러 차례 강조했음에도 불구하고 정부는 대회 개최를 불허하고 말았다. 뿐만 아니라 행사 당일인 11월 15일에는 전국의 전 경찰병력과 행정공무원 수십만 명을 동원하여 전쟁을 방불케 하는 폭력을 농민들에게 자행했던 것이다. 그렇다고 해서 전국농민대회가 정부의 의도대로 무산되지는 않았다. 농민들은 그처럼 악랄한 탄압을 당당히 뚫고 전국농민대회를 열었다. 이상과 같은 탄압은 지난 수십 년 동안 계속되었으며 지금도 계속되고 있다.

또 한편 이 땅의 700만 농민은 있어도 농민의 정치적 대표성은 보장되지 않고 있다. 심지어 마을의 이장까지도 정부에서 인사권을 틀어쥐고 임명하고 있다. 이 밖에도 갖가지 농업·농민단체들의 반농민적·비민주적 제도와 장치들, 국가가 유독 농민들에게만 부당하게 징수하는 갖가지 조세의 징수, 농민수탈제도인 농촌 의료보험제도의 실시 등 농민의 경제·

사회·정치적 문제들은 수없이 많지만 지면 관계상 생략한다.

(3) 농업·농민문제의 책임

앞에서 본 바와 같이 농업·농민문제는 어제오늘에 발생한 우연한, 또는 일시적인 문제가 아니고, 한국 사회가 안고 있는 경제·사회·정치 등 각 분야와 관련된 문제이다. 그리고 이것은 자본가계급으로 대표되는 지배 집단과 피억압 대상으로서 농업노동자인 농민 사이의 문제이다. 뿐만 아니라 신식민지적 성격인 한국 사회와 이것을 규정하는 미국의 한국 지배라는 종속과 지배, 수탈의 문제인 것이다.

좀 더 분명하게 정리한다면, 농민을 수탈하는 집단은 한국 민중을 지배하는 미국 독점자본이며, 이러한 수탈이 이루어지는 구체적인 과정은 국내 독점재벌의 이윤 확대를 보장해주는 저임금정책과 이를 위해 필수불가결한 저농축산물가격정책의 실시를 통해서이다.

그 가운데서도 저농축산물가격정책은 곧 독점재벌의 농업 지배와 농민의 노동을 수탈하는 구조의 표현이라 할 수 있다. 독점재벌은 이것을 통하여 몰락하는 농민들이 농촌을 떠나 도시로 이주함으로써 생기는 노동력을 지속적으로 보장받음으로써 노동자의 저임금을 가능하게 한다. 그리고 농민들의 이농과 도시 유입은 재벌의 농민 토지 침탈의 계기가 되며, 이로 인해 농민들은 소작농으로 전락, 이중 삼중으로 노동을 수탈당한다.

또 한편, 농업의 황폐화는 필연적으로 식량 생산기반을 정체시켜 부족한 농축산물을 미국으로부터 수입케 하여 곡물재벌들의 욕구를 채워주고, 우리 국민의 생명줄을 거머쥔 미국은 한국을 자기의 국가 이익에 맞게 정치·군사·경제적으로 종속시키면서 재편해가고 있는 것이다.

3. 농민문제의 해결 방안

현 단계에서 농민문제의 해결은, 농업과 농민 내적인 역량과 농업구조의 개선만으로는 그 해결이 어렵다. 따라서 농민문제의 해결은 민족의 자주적인 삶을 향한 노력과 민중해방을 위한 차원에서 구해진다. 따라서 이를 위한 진정한 민주주의의 실현이 선결 과제이다.

농민의 생존권 확보라는 측면에서는 우선 가격구조에서 '등가교환제'가 실현되어야 한다. 그리고 이와 함께 외국 농축산물의 수입을 규제할 수 있는 제도적 장치가 마련되어야 한다. 지금 당장 수입하지 않으면 안 될 품목을 제외하고는 국내 자급이 가능한 식량자급 기반의 확충을 위한 노력을 적극 지원·육성하여 식량자급률을 높여나가야 한다.

농축산물의 생산비가 보장되려면 '농축산물수입규제법'의 제정이 반드시 필요하다. 농축산물의 수입이 확대되고 있는 한, 지금 실시되고 있는 이른바 '양곡관리법'은 아무 소용이 없다. 농축산물수입규제법과 '농축산물가격보장법'의 제정은 등가교환제 실현의 전제조건이다.

그리고 경자유전의 원칙에 입각한 토지개혁이 단행되어야 한다. 농사 짓는 사람이 농토를 소유하고 경영할 수 있을 때만이 농업 발전이 가능한 것이고, 사회 발전을 좀먹는 불로소득자들이 일소될 수 있을 것이다.

또한 농민의 생존권 보장을 위하여 농민들 스스로가 단결할 수 있고, 농민의 이익에 반反하는 세력에 대하여 농민들에게 단체교섭과 단체행동을 뒷받침하는 '농민3권'이 제정되어야 하며, 경제적 약자인 노인들이 스스로를 위한 협동조합을 설립할 수 있는 자유가 허용되어야 한다. 그리고 농민의 정치적 이해를 대표할 직능대표제가 정치제도로서 보장되어야 한다. 이 밖에도 그동안 반농민적 농업정책의 결과인 '농가부채정리법', 농민의 건강권을 실현하기 위한 '농민의료보장법', 농민 자녀에 대한 '교육보장법', 비민주적인 농협법의 개정 등의 제도적·정책적 장치들이 실현되어야 한다.

이상과 같이 농민의 생존권이 보장되는 각종 제도와 정책들이 실현될 수 있을 때, 바로 지금 진구렁에 빠진 농업과 농민을 살리는 길이며, 식량 생산 담당자인 농민에게 희망을 줄 수 있을 것이다. 그리고 이것은 농민들뿐 아니라 이 땅에 살고 있는 모든 사람들의 자주적인 삶을 지켜줄 수 있을 것이며, 자립경제의 터전을 마련할 수 있게 할 것이다.

하지만 이러한 해결 방안이 자본가세력의 입장에 선 현 정권에 의해서 달성될 수 있을 것인가? 한마디로 말해 불가능하다. 현 정권이 버티고 있는 한 농민들에게는 더욱 가혹한 수탈과 억압만이 있을 뿐이다. 왜냐하면 현 정권과 갖가지 제도적 장치들은 농민을 수탈하고 억압함으로써만 존재할 수 있기 때문이다. 따라서 농민운동은 한국 사회의 경제·사회·정치 구조를 변혁시켜야만 하는 민중운동의 한 영역을 담당하고 있는 것이다. 그렇기 때문에 농민문제의 해결이 없이 민족문제의 해결이 없고, 민족문제의 해결이 없이 농민문제의 해결 또한 그 전망을 갖기는 어렵다. 이제 농민문제는 우리 전체의 문제라는 시각에서 농민을 살리는 운동에 모든 세력이 함께 나서야 할 것이다.

4. 농민운동 약사와 전농의 결성

(1) 농민운동 약사

8·15해방 직후인 1945년 12월, 동학농민혁명 이후 가장 큰 농민운동단체인 '전국농민조합총연맹'이 결성됨으로써, 이 땅의 농민운동은 또다시 가장 힘찬 고양기를 맞이한다. 하지만 민족의 비극인 6·25를 전후로 한 남북 분단을 거치면서 300만 농민이 참여했던 전국농민조합총연맹은 와해되고 만다. 그 뒤의 50년대와 60년대까지는 사실상 농민운동의 단절기였다.

이처럼 20여 년 동안이나 역사적 단절기를 거친 농민운동은 70년대에 들어서면서 제국독점세력의 국가권력을 통한 농민수탈체제의 확립기인 1972년 '10월 유신' 정권과 같은 시기에 '한국가톨릭농민회'라는 종교단체의 성격에 바탕을 둔 전국조직이 결성된다. 이후 가톨릭농민회는 70년대 농민운동의 유일한 전국조직으로서 현장운동가 양성, 농협 민주화투쟁, 쌀 생산비 조사와 가격보장운동 등을 통하여 이 시기 농민운동의 성격이라고 할 수 있는 반독재 준법투쟁을 주도한다.

특히 1976년 함평고구마 피해보상투쟁의 시작과 1978년의 승리는 억압에 찌든 전국 농민을 각성케 하여 농민대중의 농민운동에 대한 참여를 촉발케 하는 계기가 되었다. 그러나 이러한 성과에도 불구하고 가톨릭농민회를 중심으로 한 70년대의 농민운동은 그 조직의 종교단체적 성격(사람·자금·배경·이론 등)으로 인해 다분히 교회 의존적인 한계를 지니고 있었다. 그리고 이러한 성격은 1979년 오원춘사건을 계기로 한 독재권력의 전면적인 농민운동 탄압과 1980년 5월의 군부쿠데타라는 폭압적 상황 속에서 70년대 농민운동이 전개했던 반독재 준법투쟁의 외부 의존적 한계를 극명하게 드러내었다.

80년대에 들어선 농민운동은, 더욱 강포한 농업수탈체제로 무장한 전두환 정권하에서 70년대 농민운동에 대한 반성과 함께 변혁운동으로서 발전을 모색하게 된다. 이러한 노력은 바로 '자주적 농민대중조직'으로서 새로 태어나려는 몸부림이었다. 따라서 1980년에서 1984년까지는 자주적 농민운동의 모색기에 해당된다고 볼 수 있다.

그리하여 이 시기에는 1983년에 '농협 조합장 직선제 실시를 위한 100만인 서명운동', 1984년의 '함평·무안 농민대회' 등이 추진되면서 투쟁의 장과 조직 방식이 일정하게 과거의 기도회적 방식을 극복하면서 대중의 정서에 결합되어나갔다. 한편 1982년에는 '한국기독교농민회총연합회'라는 전국조직이 창립되었다. 이를 계기로 농민운동의 전국조직은 크게 가톨릭농민회와 기독교농민회로 분립된다.

1985년에 들어서면서 자주적 농민조직 건설의 몸부림은 4월 1일의 함평농우회의 결성과 함께 현장에서부터 그 실체를 드러내기 시작했다. 그리고 투쟁에서도 전두환 정권의 수입개방 조치에 저항하는 소몰이시위가 전국 20여 개 장터에서 대중적 열기를 뿜어내면서 단순한 경제적 권리의 요구 차원을 뛰어넘는 정치투쟁적 구호들이 등장하였다.

1986년에 들어서면 4월 19일 무안에서 '수입정권 타도'를 위한 궐기대회가 열렸고, 이어서 5월 17일 함평에서 '학살정권 타도'를 위한 농민대회가 열리는 등 현장의 정치투쟁들이 군 단위 농민운동조직들에 의해서 추진되었다.

1987년 2월 27일에는 15개 군 단위 자주적 농민운동조직들이 주체가 되어 '전국농민협회'가 결성되기에 이르렀다. 특히 전국농민협회는 과거의 가톨릭농민회나 기독교농민회처럼 종교적 성격이나 배경에 의지함이 없이 농민 스스로의 역량에 의한 전국조직 건설이었다는 점에서 큰 의의를 갖는 것이었다. 따라서 1985년에서 1987년까지 시기는 자주적 농민운동조직을 형성하고 전국조직을 건설하는 시기였다.

1987년 6월의 민주대항쟁은 이 나라의 민주화를 앞당기는 성과와 함께 각 군 단위에서 수많은 자주적 대중조직들이 결성되는 발전적 모습들을 보여주었다. 그리고 12월 29일에는 드디어 전남 나주와 해남을 시발로 부당한 수세징수에 항의하는 농민들이 수천 명씩 투쟁에 나서는 대중적 열기가 고양되었다.

그리고 1988년에 들어서는 자주적 농민운동의 열기가 더욱 고양되어 토지투쟁 60건, 농축산물 수입저지와 가격보장투쟁 100여 건, 농민건강권 실현을 위한 부당한 의료보험료 납부거부투쟁 50여 건, 수세 납부거부 및 수리청 신설 요구투쟁 100여 건, 농가부채 상환거부투쟁 30여 건, 자주농협 쟁취투쟁 40여 건, 기타 40여 건 등, 1988년 한 해 동안 400여 건의 투쟁이 전개되었다. 이와 함께 전국 단위의 투쟁만도 4월 17일의 '농축산물 수입저지를 위한 전국 농민결의대회', 5월 17일의 '여의도 농민대회', 11월 17일의 2만여 농민이 참여한 여의도 농민대회 등 일곱 차례에 걸쳐서 10만여 농민이 투쟁에 나섬으로써 그 성과를 드높였다.

1989년 2월 13일에는 또다시 서울 여의도에서 2만여 농민들이 결집하여 '부당수세 거부 및 농축산물 제값받기'를 위한 농민대회를 드높은 열기 속에서 개최함으로써 80년대에 들어 자주적 농민운동의 최대 고양기를 맞이하였다.

그리고 3월 1일에는 가톨릭농민회와 기독교농민회가 주축이 된 '전국농민운동연합'이 출범했다. 여기에는 80여 개 군 단위 조직들이 참여함으로써 농민운동단체로는 가장 큰 규모의 전국조직이 결성되었다.

하반기에는 그동안 분립되어 있던 가톨릭농민회·기독교농민회·전국농민협회·전국농민운동연합 등 전국조직과 아울러 독자적인 군 단위 농민조직들이 총망라되어 '쌀값보장과 전량수매쟁취 전국대책위원회'를 결성하여 투쟁의 단일적 대오를 형성한다.

이러한 성과를 바탕으로 12월부터는 자주적 농민대중운동의 전국적 단일조직의 건설을 위한 활발한 논의가 진전되면서 90년대의 아침을 맞이하게 되었다.

(2) 전농 건설의 추진 상황

1990년 1월 31일, 전국농민운동연합(가톨릭농민회, 기독교농민회, 일부 독자농 참여)과 전국농민협회 등 단체와 이들 전국적 농민조직에 참여하지 않은 '독자농 전국모임'의 주요 간부 30여 명이 대전 가톨릭농민회관에서 회의를 갖고, 전국 단일조직을 건설하기로 합의하였다. 이 회의에서는 새로 결성될 전국 단일조직의 성격으로 '합법공개 대중조직', '빈·소농 주도 원칙의 견지', '변혁 지향', '군농민회 주체'를 구현하기로 했다. 그리고 2월 13일에는 전국 군농민회 대표자회의를 소집하기로 하였다.

2월 13일에는 전국의 78개 군농민회 대표와 참관인 등 200여 명이 참석하여 12시간에 걸친 진지한 회의를 통하여 '전국농민회총연맹 준비위원회'(이하 '전농'으로 줄임)를 결성하였다. 또한 준비위원회는 위원장에 경북 영덕군농민회의 권종대 씨를 선출하였으며(사무처장으로는 노금노, 정책실장으로는 나상기 씨 선출), 전농의 결성을 실제적으로 준비해갈 29개 군농민회로 추진위원회를 구성하였다.

전농의 건설은 기존의 조직들을 통합하는 데도 의의가 있지만, 더욱 중요한 것은 준비 과정을 통하여 각 군에서부터 전농의 위상에 맞게 자주적 대중조직을 건설하고 전국적 단일대오를 형성하는 데 중점을 두고 있다. 따라서 1990년 3월 현재 각 군 단위의 실태 조사 설명회 추진, 각 도별 연맹 준비위원회 결성 등으로 바쁘게 움직이고 있다.

나아가 4월 24일에는 100여 개의 군농민회들이 파견한 대의원들에 의하여 '전국농민회총연맹'이 출범하게 될 것이다.

(3) 앞으로의 활동 전망

지난 1980년의 광주민중항쟁 이후 변혁운동으로서 성격을 발전시켜온 농민운동은, 10여 년 동안의 피나는 노력과 시행착오를 거친 뒤 90년대의 아침을 맞이하여 마침내 전국적 단일조직의 결성을 눈앞에 두고 있다.

앞으로 전농은 벼랑 끝에 내몰린 이 땅의 700만 농민의 경제·사회·정치적 지위를 향상시키고, 나아가 민족의 자주적인 삶을 지켜내고, 민중해방을 위해 일해야 할 책임과 임무가 막중하다. 따라서 당면한 농민의 요구인 농축산물의 생산비가 보장되는 수매가격의 실현, 농축산물의 수입 저지, 농민 건강권의 확보, 농민에 의한 농지소유의 실현, 농협·축협 등 각종 농축산업 관련 협동조합의 민주화 등 농민생존권을 구현하는 사업과 투쟁에 주력하게 될 것이다.

뿐만 아니라 농민을 억압하는 모든 세력과 제도적 장치들에 맞서 정치적 자유를 쟁취하기 위한 노력도 병행하게 될 것이다. 그리고 나아가 자기 노동의 대가를 빼앗기고 정치적 자유를 억압당하고 있는 모든 세력과 굳게 결합하여 민족의 자주적 삶을 지켜나갈 것이며, 민중의 진정한 해방을 향해 힘차게 전진할 것이다. (1990)

4부

함평지역 농민운동사

함평군 농민운동사 1*

1. 함평군의 약사

함평군의 지리적 위치는 한반도 남서쪽이다. 전라남도의 서북쪽에 위치하고 있으며 선사시대부터 농경 집단이 살았고, 조선조 태종 9년(1409년)에 이르러 함풍현(손불·신광·대동·함평읍)과 모평현(월야·해보·나산)을 통합하여 함평현이라 이름했고, 이것이 현재의 함평군을 이루고 있다.

함평인의 기질을 역사 속에서 살펴보면, 무예를 좋아하고 불의에는 참지 못하는 기질이었음을 쉽게 짐작할 수가 있다.

외세의 침략에 대한 저항으로서 한말에는 심수택 등 함평 출신 의병 대장급만도 50여 명에 이르렀고, 철종조(13년) 함평의 민중봉기와 동학혁명의 과정에서 수십, 수백 명이 이 땅의 민중 생존을 위해 목숨을 바쳐 싸웠음이 역사를 통해 증명되고 있다.

이와 같은 빛나는 항쟁사는 끊임없이 일제 치하에서 상해임시정부 김철과 같은 독립투사를 배출했는가 하면, 국내에서는 3·1독립운동과 관

---

* 이 글은 평소 농민운동가들에게 자기 지역 농민운동사(민중운동사)의 정리와 활용을 항상 강조한 글쓴이가 생전에 늘 자신의 역점 저술 과제로 삼은 「함평지역 농민운동사」의 시론적 글로서 1985년경에 정리한 것으로 추정된다.

련, 함평과 문장에서 일제의 간악한 통치에 조직적인 저항투쟁이 있었으며, 노동자와 농민을 위한 항쟁을 벌이다 일경의 발포로 10여 명이 죽었고, 살아남은 수십 명은 옥고를 치르면서 이 땅의 민중들과 함께했던 선배 동지들의 빛나는 업적을 들 수 있다. 이어 70년대 함평고구마사건으로 대표되는 농민들의 크고 작은 권익투쟁, 그리고 84년 함평·무안 농민들의 연대투쟁을 통한 농민적 배경과 농민적 방법이 전체 농민운동의 질적 전환을 촉구하고 새로운 방향을 제시하고 있는 현재까지가 함평 농민운동사의 역사적 흐름이라고 하겠다.

우리가 운동사를 다루는 의미는 역사적 사실들을 단순히 사실대로 조명하는 데에만 있는 것이 아니고, 역사를 통해서 우리들의 위치를 보다 명확히 정리하고, 그 토대 위에서 현재 우리들의 자세를 반성하면서 과연 오늘의 역사는 무엇이 문제이고, 우리들에게 무엇을 요구하고 있는가를 인식하는 데 있다. 또한 우리의 사명이 무엇인가를 음미하면서 올바른 행동을 모색하는 데 의미가 있다고 본다(현재 우리는 반성할 점이 너무 많다).

물론 한두 시간 강의만 가지고 함평운동사를 정리한다는 것은 별 의미가 없다고 생각한다. 우리들에게 보다 유익한 운동사가 되기 위해서는 더 많은 시간을 배정해서 구체적이고 지속적으로 연구·검토되어야 할 것이다.

오늘은 이 점을 전제로 하면서 앞으로의 활발한 논의를 위한 문제제기 정도로 정리해보았다(능력도 없고, 자신도 없다).

2. 함평군의 개황

- 함평군의 인구: 1409년(태종 9년) 1,608명에서 1965년 14만 1,845명으로 절정에 이르다가, 1981년에는 9만 2,960명으로 줄어들고 현재는 약 8만 명대에 이르고 있다.
- 농가인구와 호수: 농가인구 7만 1,233명(군 전체 인구 대비 약 80%),

농가 호수 1만 4,892호(군 전체 호수 대비 약 75%)

  – 군 호수는 1409년 315호에서 1965년 2만 2,716호, 81년 1만
    9,180호

- 경지면적: 총 1만 6,233정보 중 논 1만 238정보, 밭 5,995정보
- 호당 경지면적: 총 1.09정보, 논 0.69정보, 밭 0.40정보(전국 평균에
  비해 약간 높음)
- 산업경제 면: 벼 4만 3,905톤(평균 300평당 450kg), 보리 1만
  5,807톤, 두류 3,362톤, 서류 4,083톤, 잡곡 308톤 생산
- 소득 작목
  – 양파: 82년 기준, 재배면적 1,240정보, 생산농가 6,000호, 생산량
    31.22톤
  – 담배: 82년, 생산농가 3,700여 호, 조수익 11억 6만 7,292원
  – 돼지: 82년, 사육농가 4,230호, 사육 마릿수 6,513두
  – 한우: 83년, 3,000여 호, 1만 163두
  – 고구마: 83년, 2,000여 호(78년 이후 재배면적 축소)
  – 잠업: 83년, 496호, 3,614만 원
  – 김: 83년, 181호, 8억 3,000만 원
- 행정구역: 83년 현재, 1읍, 8면, 104개 법정리, 232개 행정리, 481개
  부락, 866개 반
- 세입·세출: 82년 현재, 세입 58억 2,600만 원, 세출 56어 2,400만 원

3. 함평지역의 주요 운동사

(1) 철종조와 함평 민중봉기

철종 13년(1862년), 3대째 세도를 부리던 안동 김씨들은 민중의 고혈을
착취하는 데 혈안이 되어 있었다. 이때 당시 세곡징수법을 열거해보면,

30여 종의 세목을 붙여 수탈해갔다. 그 유형 몇 가지를 보면 다음과 같다.

- 환곡: 각 고을 사창에 보관된 곡식을 춘궁기에 농민들에게 꾸어주고 가을에 받아들이는 제도. 벼 가마니에 모래, 짚을 넣어 강제로 나누어주고 알곡을 거두는 아전, 수령들의 착복이 극심(정부미 교환 양곡).
- 곡상미: 쥐와 부식에서 오는 손실을 보충한다는 명목으로 1석당 3되
- 인정미: 세무 담당관에게 대한 위로비. 1석당 2되=(웃지, 커미션).
- 은결: 당연히 징수해야 할 땅 평수를 속여 보고하고 실제 징수(농지세).
- 백징: 공지를 징세 대상에 올려 강제 징수(백골징포, 손해가 나도 세금을 문다).
- 허결: 근거 세목(장부)이 없는데 문서만 작성하여 징수 횡령(손불: 을류농지세), 누진세 적용.
- 허유: 관리들이 창고 양곡을 착복하고는 장부만 있는 것처럼 꾸민다 (문장: 창고지기, 비료 등등).
- 가승미, 창역가, 작지가, 미인역가, 배삯, 진상가미, 치계색작미인가, 영주인력가미, 간석미, 타석미, 진결, 도결, 재부작간, 반작, 가분, 입본, 증고, 반백, 분식, 집신, 탄정, 세진, 사혼.

위와 같이 기상천외한 이름에 붙여진 세금에 울던 조선조 말의 농민들. 이러한 문란정치를 두고만 볼 수 없다는 폭발 직전의 시대적 배경 속에서 민중봉기는 모의되고, 실천에 옮겨졌다.

드디어 1862년 2월 19일 진주에서 봇물처럼 터졌다. 경상우도병사 백낙신은 환곡으로 4~5만 냥을 착복하였다. 이와 같은 사례는 비단 그곳만이 아니었다. 유재춘을 주동으로 농민들이 병영으로 쳐들어가 아전을 불속에 집어던져 죽이고 창고의 곡식을 나누어주었다.

함평은 장날, 정한순이 주동이 되어 1862년 음력 4월 16일 거사를 단

행하게 된다. "함평 장날, 함평 현감 권명규를 그대로 둘 수 없다, 불의를 보고 참지 못하는 우리 함평사람들이요." 1,000여 명이 기를 들고 일부는 죽창, 일부는 몽둥이로 무장하고 권명규를 짚동가리에 태우고 읍내를 돌았고 아전은 모두 도망쳤다. 조정에서는 조종관을 급파, 협상=자진출두.

권명규는 4월 16일자 파면, 귀향. 몇 사람은 섬으로 유배. 주동자 정한 순, 이방헌, 김기용, 진경심, 김백환, 홍일모 6명은 효수되고, 동조자 11명은 유배된다.

함평 민중봉기는 5월 4일 전북 고산, 5월 13일 전남 장흥, 5월 15일 순천으로 이어졌고, 함평에서 봉기를 일으켰던 많은 사람들이 제주도로 도피, 제주 민중봉기를 선동하였다.

(2) 동학농민전쟁과 함평

동학의 배경은 당시 봉건지배세력에 의해 도탄에 처한 민중을 구하고 외세를 배격하며 평등사회를 건설하고자 일어난 조직적인 민중혁명이다.

함평과 동학의 관계를 보면, 1894년 4월 16일 6,000~7,000명이 영광을 통해 함평으로 진군하여 22일 두 편대로 나누어 나주와 장성 쪽을 향했고, 당시 함평의 권풍식 현감은 농민군을 보호했다는 죄목으로 관군에 의해 한양으로 압송되어 곤장 100대에 처하는 형을 받았다.

당시 동학군의 사상과 상황을 기록해놓은 것을 보면,

나주 목사와 일문일답: 전봉준이 성의 동문을 통해 관아에 들어서자 당황한 목사는 황망히 일어나 누구냐고 물었다. "나는 동학군 대장 전봉준이오. 주관은 괴이히 여길 것 없소. 그대도 조선 사람이요, 나도 조선 사람이라. 조선 사람으로 대하기를 어찌 이와 같이 저마하시오. 방금 우리나라는 왜이가 독한 손을 내밀어 침략을 꾀하고 국정은 나날이 그릇되어가서 나라의 존망이 목전에 있음을 그대는 아시는지 모르시는지 모르겠소. 어서 바삐 꿈을 깨시오." (오늘의 현실과 같음)

집강소 설치. 12개 개혁 조항은,

① 도인과 정부와의 사이에 오래 끌어온 혐오의 감정을 씻어버리고 모든 행정에 협력할 것.

② 탐관오리는 그 죄목을 조사해서 일일이 엄벌할 것.

③ 횡포가 심했던 부호들을 응징할 것.

④ 불량한 유림과 양반은 중히 다룰 것.

⑤ 노비문서는 불태워버릴 것.

⑥ 칠반천인(조예, 나장, 일자, 조군, 수군, 봉군, 역보)의 대우는 개선하고, 백정이 머리에 쓰는 평양 갓을 버릴 것.

⑦ 청춘과부의 재가를 허락할 것.

⑧ 무명잡세는 모두 거두어들이지 말 것.

⑨ 관리의 채용은 지벌을 타파하고 인재를 등용할 것.

⑩ 외적과 내통하는 자는 엄벌할 것.

⑪ 공사채는 물론하고 기왕의 것은 무효로 할 것.

⑫ 토지는 평등하게 나누어 경작케 할 것.

(3) 동학군의 제2차 봉기와 함평

1894년 음력 9월 18일, 함평에서 1,000여 명이 봉기했으며, 대접주는 이태형으로서 삼례까지 진군을 한다. 그 후 동학의 실패로 이고창의 밀고에 의해 처형되고(20만~30만 명 사상), 그의 아들 이충범이 밀고자를 현 함평읍 사거리에서 살해하여 창자를 씹으며 활보했던 유명한 대사건이 벌어졌다.

또 장흥의 이방언, 함평의 이화진(손불면), 무안의 배규인, 담양의 국문보 등이 호남의 유명한 접주들이다.

이때 함평에서만도 300여 명이 재판도 없이 처형을 당했고, 그중 지도급 인사는,

- 12월 5일, 접주 이화진, 김경오, 노덕희, 이춘식, 이재면, 이곤진, 김성필, 김인오, 김성서(함평에서 총살)

- 12월 6일, 김치오, 정곤서, 김경선, 윤경욱, 정원오(5명, 함평에서 총살)
- 12월 7일, 이두연, 김학필, 이관섭, 이창규, 공명오(함평에서 총살)
- 12월 8일, 이재복, 김원숙(총살)
- 12월 9일, 윤정보, 장경삼, 박춘서, 정평오, 김시한, 윤찬진, 김경문, 박경중(8명 총살)
- 12월 10일, 정경택, 서기현, 이익성, 이태형, 이은중(나주 감영에서 처형), 총 34명 정식 처형

1895년 3월 29일, 전봉준, 손화중, 최경선, 성두한, 김덕명 등 농민군 지도자들이 처형됨과 아울러 [동학의 불길은] 꺼지고 말았다.

(4) 항일의병전과 함평 출신 의병활동

제1차 봉기. 을미사변. 1896년 1월 20일(단발령)부터인데 이때 함평에서는 집단 봉기는 없었고 개인적으로 타 지방 참여.

제2차 의병봉기는 1905년 11월 18일 보호조약으로 일어남.

제3차 의병봉기는 1907년 7월 31일 군대해산령에 격분. 이때 삼성·삼평이란 말이 나왔다(배일 사상이 강해 일본이 골치를 앓았던 지역).

1908년 전남에서는 1일 1건 정도(294건), 1909년 574건씩 일어남.

함평 출신 의병장 김태원(죽봉)의 투쟁 전과를 보면,

1907년 11월 3일 일군 20여 명 살해(적장 포함).

1908년 1월 1일 일인 토벌대 100여 명 습격(적장 살해), 1월 17일 함평 주재소 습격(50여 명 살해), 4월 25일 함평군 오산면 박동산 전투에서 전사.

김율: 1월 3일 함평 주재소 습격.

심수택: 월야면 정산리, 1909년 이후 600~700명 대부대였으며, 활동 범위는 전남북 일대.

이때 불리었던 노래: "심남일은 용마를 타고 산 밖으로 뛰어갔고, 강현수는 풍운조화를 부려 공중으로 날아갔다."

이외에도 탁월한 전투가 수없이 있었으나 지면 관계상 줄이고, 의병으

로 공적이 있는 분만을 소개한다.

- 박영근(나산면 수산리), 이남규, 이두헌, 김계선, 김교락, 김교한, 김동술, 김두식, 김병구, 김용우, 김헌관, 노경수, 박성현, 박장봉, 박치일, 서성학, 양창죽, 서봉관, 신동욱, 신동하, 심삼국, 오영찬, 윤의병, 이돈두, 이천범 외 15명, 계 43명.

(5) 함평의 3·1독립운동

함평 출신으로 상해에 망명해왔던 김철이 귀국하여 윤백헌, 이인행, 정기연 등이 주축을 이루어 만세운동을 일으키게 된다. 만세운동은 주로 함평과 문장지역으로 나뉘어 추진된다.

1919년 3월 19일 함평공립보통학교 송대호, 정기연, 윤치선, 정영도, 김용언, 김재문 등이 주도하여, 유인물을 만들어 살포하려다 사전 발각된다(유인물 내용: "슬프다 우리 민족들, 사천년의 역사를 가진 나라로 어이하여 왜적 일본에게 국토를 빼앗길 수 있으랴, 우리 힘으로 강토를 찾아보자.").

3월 26일은 직접 시위를 하는데, 시위대가 점점 불어나자 일경이 발포하여 10명이 사망, 20명 검거, 이 중 11명 송치. 이때 밤에는 횃불 봉화 시위까지 벌어졌다. 다음은 송치된 11명의 재판 결과. 조사현(내교리, 농업) 1년 6월, 송대호(대동, 학생) 1년, 정기연(나산 이문리, 학생) 1년, 윤치선(함평리, 학생) 8월, 김재문(대동 금산, 농업) 8월, 김준령(대동 금산, 농업) 8월, 정영조(학교면 죽정리, 학생) 8월, 김용언(학교면 죽정리, 학생) 6월, 모순기(함평리, 농업) 6월, 윤태완(대동 상옥리, 학생) 4월, 이행록(대동 용성리, 학생) 4월.

4월 1일 학교면, 4월 2일 나산면, 4월 3일 손불면, 4월 5일 엄다면 만세 시위.

4월 8일 문장 장날에서의 만세 주도자는 이인행, 이윤상, 김기택, 윤의명 외 20명.

(6) 노동운동과 농민운동

1920년대 1924년 4월 182개 단체가 서울에서 모여 전 조선노농총동맹을 결성한다.

함평에서는 1923년 소작쟁의와 산업회사·운수업 쟁의가 빈번하고, 따라서 노동운동 쪽은 노동회관 건립기금을 조성키 위해 농악대를 조직함으로써 출발(상향식 체계). 주도인물: 신현기(함평읍 내교리), 조사현, 이명준, 서을남, 김폰바우, 장석전, 서상국, 최광윤, 임준탁.

농민운동 쪽은 함평농민조합을 결성, 복리증진에 힘쓰다. 주도인물: 정장현, 이광 등이며 3년간 집행유예.

노동운동 쪽은 8월 농악대가 가가호호 방문, 모금을 하였고, 일경과 시비, 항일의식이 폭발, 경찰서 습격. 16명 검거당함.

(7) 청년운동

1920년 함평청년회 조직, 회장 이재혁, 정장현, 정기연 활약.

(8) 1945년 해방 이후 움직임(함평)

사상적 대립이 격화되면서 제일 먼저 건국준비위원회가 발족, 이재혁이 위원장으로 피선되나 미군정으로 종지부를 찍고, 함평농업고등학교를 중심으로 민청(공산)·학련(민족)세력 간의 폭력적 사태가 끊임없이 발생한다.

한편 농민운동 쪽은 전국농민조합총연맹(전농) 산하로 들어가 활동을 벌인다.

전농 행동강령
① 소작료는 3·7제로 하되, 이모작 이상에 한하여 불납不納키로 한다.
② 일본제국주의자, 친일파 민족반역자의 토지는 무상몰수하여 빈농에게 분배한다.
③ 토지의 이용·관리권은 농민이 확보하고 비율에 따라 적정 분배한다.

362

④ 농산물가격 제정은 농민의 이익도 존중하자.

⑤ 제세금 및 일체 공과금은 지주가 부담하고 종자대·비료대·수세는 반반 부담으로 하자.

⑥ 농민에 대한 고리대금을 폐업하라.

⑦ 금융조합·농회·산업조합은 즉시 협동조합으로 전환하되 농민이 관리하자.

⑧ 수리조합은 국유로 하여 무상으로 농민에게 개방하라.

⑨ 단일 고도 누진세를 실시하되 빈농은 면세하라.

⑩ 소작료 입모 사정제를 폐지하라.

⑪ 사음·관리인 등 중간착취제를 폐지한다.

⑫ 감작·불작 시는 소작료를 면제하고 빈농은 최저생활을 국가가 보장하라.

⑬ 강제 공출, 강제 부역 철폐.

⑭ 농업노동자의 최저임금, 노동시간을 제정하라.

⑮ 농민을 위한 농촌 금융기관을 설치하자.

⑯ 농촌의 반봉건적 머슴 착취제를 반대하고, 그들의 대우를 개선하자.

⑰ 근로청소년의 문화 향상을 본위로 한 교육제를 실시하되 그 비용은 국가 부담으로 하라.

⑱ 농촌 문화시설, 의료기관의 확충과 농촌 오락기관을 확충하라.

⑲ 남녀 18세 이상 선거권과 피선거권을 가지자.

⑳ 농민의 언론·출판·집회·결사·신앙의 자유를 획득하자.

㉑ 농민은 노동자와 굳게 동맹하자.

㉒ 농민은 전농의 깃발 아래로!

㉓ 조선 완전 독립 만세.

㉔ 조선인민공화국 만세.

㉕ 국가 부담으로 탁아소·원아소·산원 등을 공동 실시하라.

1948년 정부 수립, 1950년 좌우 복수전, 패배.

그 후 20여 년간 운동다운 운동이 없었고, 있었다 하더라도 성격 면에서 크게 후퇴하고 70년대를 맞이한다.

4. 1970년대(80년대 포함) 투쟁과 조직 발전, 그리고 반성

(1) 1970년대 운동 배경

- 1960년 이후 공업 성장 정책＝저농산물가격＝농가경제 상대적 빈곤 ＝부채 누적＝농업 기피＝급격한 이농＝생산력 저하＝신품종 공급 ＝강제 경작＝관료적 농민 지배
- 자발적·자조적 농업·농민단체들의 관제화로(농협 임원 임면 임시조치법, 새마을운동) 농민들의 자율적 의사 표현 봉쇄(개발위·반상회), 새마을운동의 부역 동원.
- 10월 유신독재 정권에의 불신과 장기 권력에 의한 부정부패.
- 이와 같은 배경을 갖고 있었기 때문에 1970년대 투쟁의 주류(쟁점)는 관료주의와 부정부패와의 농민권익투쟁이었다.

(2) 연대별 사건과 조직 형성 그리고 중심인물

가. 운동의 모색기

1970년

- 노광숙, 진영남(가농 교육 이수) 가격문제
- 노금노(마을금고 교육 이수), 임재상(4-H, 농촌문화연구회)
- 조직: 노금노(함평읍 내교리 외대화 50여 명), 임재상(4-H), 천주교

1972년

• 동강교회 계통＝기장 출신(고대 노동문제연구소 교육 이수), 가농과 연결(서경원)

1973년

• 선전: 가덕교회 중심
• 교육: 향진회 교육, 서경원(당시 사무국장)
• 투쟁: 외대화 비료대 착복사건(최초 집단적 문제제기), 노금노
• 조직: 외대화 60여 명, 기타 산발적 5~6명

1975년

• 교육: 노금노(노광숙 추천) 가농 교육 및 크리스챤아카데미 교육
      임재상(농촌문화연구회 주선) 가농 교육 및 크리스챤아카데미 교육
      김양혁(김동춘 추천) 가농 교육 및 크리스챤아카데미 교육
      김용주(서경원 추천) 가농 교육 및 크리스챤아카데미 교육
      오동철(서경원 추천) 가농 교육 및 크리스챤아카데미 교육
• 투쟁: 저수지 노임 실현투쟁(외대화) 13명, 노금노 주도
• 조직: 외대화 7명, 향진회 5명

나. 세력 형성기

1976년

• 선전: 4월 6일 65명 교육 참가(가덕, 향진, 외대화, 백련, 장련, 신기, 문장 공소, 송정)
• 투쟁
① 농협 강제출자 거부운동 성공(전국 최초), 합법투쟁, 36명에서

70여 명 참여, 지도자 연행 조사

　- 주도: 노금노, 정병오, 한제열(서경원 지원)

　- 교육 및 모임 15회 실시, 가농은 태풍의 눈이 됨.

② 고구마사건 발생, 전략회의, 청화식당

　- 대책위 구성: 서경원, 노금노, 임재상, 임정택, 김양혁, 안문환,

　　장두병(17명 참가)

　- 조사 착수, 162농가 피해액 309만 원

• 조직: 가농 ― 외대화 7, 가덕 11, 향진 5 백련 6, 장련 8, 박련 7명

　　일반 ― 월봉, 송정, 성곡, 율산, 진례, 신기, 동촌

• 중심인물: 서경원, 노금노, 김양혁, 오동천, 조용진, 임재상, 강영인,

　　모영주, 정병오, 임정택, 안문환, 장성일, 이석현

• 관의 대응: 3월 최초 연행, 12월 3명 연행, 조사 탄압

1977년

• 선전: 교육 수 차례, 회의, 집단 항의, 최초 유인물 배포, 다각적인 선전

• 교육: 가농, 크리스챤아카데미 교육 15명 이수, 사상적 무장과 당위

　　성 확보

• 투쟁

① 2개 면 6개 마을 농협 민주화투쟁(농협 점거)

② 고구마 피해보상, 집단 저항, 생산농가들의 열렬한 참여 속에 광주

　기도회, 농협 도지부 농성, 400여 명 참가

③ 초가지붕 강제철거 사건 발생(군청 점령)

④ 을류농지세 사건 발생(소문내기)

　- 노금노의 화려한 투쟁 시기(유명 인사). 1년에 3회 경찰 신세, 성공

　적 대응(나기섭, 박성자, 김갑현, 지성철, 양남진, 장두병, 장종태, 이춘

　섭, 박용선, 이영실, 박성호), 『대화』지(크리스챤아카데미 발행) 게재.

• 조직: 가농 ― 외대화, 신기, 가덕, 향진, 마양, 장련, 백련, 도화, 백토

일반—월봉, 해정, 영흥, 송정, 성곡, 진례, 용두, 동촌

함평농민회 시도—18명 참가(대표) 외대화, 마양, 장련, 백련,

월봉, 송정, 율산, 용두, 기타

- 고구마 협상

※ 서경원(가농), 노금노(일반 농민), 임재상(4-H), 노선대립.

※ 테러, 협박, 회유, 폭력 등 모든 수단이 동원됨.

1978년

- 선전: 유인물, 교육, 조사, 문화
- 투쟁: 을류농지세, 갑류농지세, 하·추곡 수매사건,

   함평고구마 피해보상투쟁 승리.
- 조직: 가농 독점 시대(연합회장, 총무, 지도신부)

   가농—외대화, 가덕, 향진, 마양, 장년, 백련, 신기, 동촌, 백

   토, 소성, 창서, 청류, 우치

   일반—월봉, 해정, 영흥, 송정, 성곡, 월산, 진례, 용두

   상기와 같은 세력이었으나 가농이 주도하게 된다.

   이때 윤종형, 백성남, 윤득종, 박시영, 김용기 등이 발굴된다.

※ 서경원, 임재상, 김양혁, 노금노, 장두병 등으로 지도되던 체계가 임
   재상, 김양혁 등이 소극적 자세인 반면, 노금노가 가농을 중심으로
   전권을 주도한다(이때도 경찰에 두 차례 연행, 감금당하면서).

※ 전국적으로는 엄청난 파문을 불러일으킨다.

※ 지치고, 사건의 비중에 비해 침체 상태였다.

다. 침체 분열 시기

1979년

- 이때는 유신 말기에서 아카데미사건, 오원춘사건, YH사건, 남민전사

건, 10·26사건으로 탄압 양상의 첨예화
- 선전:
  ① 개신교 쪽 손불, 산남, 수문이, 일공구 등 바닥 작업
  ② 가농 불온시에 대한 명분 투쟁에 휩싸임
- 투쟁: 3월 크리스챤아카데미사건(노금노 조사받음), 오원춘사건(윤종
  형 조사받음)
  하곡 수매부정 사건, 노풍벼 피해보상운동(마량, 청류)
  쌀 생산자대회 참가
- 조직: 가농만 유일하게 고군분투, 지부 결성, 현장화
  YH사건, 아카데미사건 후 고립화
  농민운동의 질적 전환을 위한 그룹 육성
  냉천 분회 구성 총 23개 마을 장악

1980년
- 초반 정치참여세력과 기층운동 고수세력 간의 논쟁
- 투쟁: 광주 투쟁 참여, 함평 봉기 참여
  반외세 문화원 투쟁과 현장 경제투쟁 대립
  농민대회 참가
- 조직: 전반적 침체(운동 과제 방향 혼란)
  기농의 태동, 적극화(나산, 수치 조직 24개)

1981년
- 선전: 농민운동조직 명분 투쟁(불온과 비불온)
- 투쟁: 가덕 도로공사 집단 저항
  문화운동의 방향 모색(외대화, 마양)
  갑류농지세 사건, 마양 토지문제 제기
  반외세투쟁선언문사건 관련 분위기 침체

- 조직: 불온시와 정치적 공포로 이탈 현상(장련, 백련, 박련, 영흥, 진례 등 10여 개 마을 고립 침체)
- 가농의 고립화로 인한 독자적 조직 움직임과 대립으로 인한 힘의 분산(연합, 농민회)
- 광주미문화원 방화, 반외세투쟁선언문사건 등으로 내부 이념 분열, 결집력 약화와 노선대립의 첨예화
※ 이와 같이 유능한 활동가들의 전국·도 단위 사건 연루로 인하여 현장 지도 역량 미비와 정치적 분위기로 인하여 정체된다.

라. 재편기

1982년
- 선전: 통일성 강화와 이념 형성
- 투쟁: 마양 토지문제 제기(100여 명)
  무안농민대회 300여 명 동원
  회유책에 대응한 조직 내 단속
- 조직: 군 단위 운동의 통일성 강화를 위한 소그룹운동 전개(이념의 통일, 가농조직 한계 극복, 가농·기농·기타 통합)
  조직의 질적 향상을 위해 동부·서부 나눔
  기농의 조직활동 시작
  이렇게 하여 기존 24개 마을에서 손불 3개 마을(산남, 소명, 판교, 갑산, 기타) 등 총 28개 마을에 조직 형성

마. 대중화(인정), 정착화(자립화·자주화·자발화) 시기

1983년
- 농협 조합장 직선제 100만 서명운동, 문화운동, 지역 단위 협동사업

전개

- 선전: 교육사업 전개
- 투쟁: 수리세 투쟁, 소 자금 사건, 부당 버스요금 투쟁을 통하여 운동의 대중화(2,000명 서명), 공개장 발표, 결의문 등
- 여성 농민운동 시작, 조직화
- 각종 사회세력 공식 인정, 대중화, 지식인 포함
- 기농과의 연대 강화
- 조직: 담곤, 옥산동, 노적, 사동, 사천, 학교 2곳(공소 등등), 월양, 용암, 용정리 등 확대. 총 37개 마을 확장
- 주도인물은 박시영, 윤종형, 박성규, 김영관, 양남진, 양종한, 이은열, 윤득종(모영주)
- 기존에는 서경원, 노금노, 김갑현, 장두병, 백용선, 백성남, 지성철, 김용기, 김용주, 김영인, 모영주, 강영인, 조용진
- 신참으로는 김태헌, 성호길, 나옥석, 기농 3명
- 약 25명이 운동 주도세력을 형성한다.

1984년

- 투쟁: 부당 버스요금, 출고료, 조합장 선거, 소 융자금 부정사건, 설문조사, 협동사업 개발(지역 단위)

  9·2농민대회 준비와 투쟁을 통한 여론 조성

※ 농민적 배경과 농민적 활동 방법 제시

- 조직: 운동의 정착화=자립, 자주, 자발성

  가작, 기산, 함평읍 3개 지역이 개척되면서 총 40개 마을에 확산되고 각종 사회세력 등 단체들이 운동의 정당성을 지지하고 나서는 데로까지 발전하였다.

5. 평가와 반성

1) 역사적 정통성을 갖고 있는 운동 주체가 (일제의 탄압, 6·25의 복수전, 우익독재 정권들에 의해) 1960년 이후 조직 보존의 생명력을 상실한 토대 위에서 1970년대의 운동 주체가 형성되었고, 1984년 농민대회는 역사적 맥을 잇는 가능성을 보여주었으며, 운동을 분명히 정착화시킨 보람된 사명을 완수하였다. 운동의 특징을 보면 다음과 같다.

2) 빈농 주체의 특징을 갖고 있다. 초기 단계의 고립화와 폭발성. 따라서 중농과 지식계층이 참여할 수 있는 과제 개발이 필요(농산물 유통과정 등)하다.

3) 조직의 명분을 위한 투쟁보다는 대중의 이해관계(이슈 중심) 투쟁만이 광범위한 대중을 동원하였다. 명분 투쟁은 대중행동을 촉발시키지 못했다. 대중의 이해관계에 토대한 투쟁의 적극화가 필요하다. 조직·선전·교육보다는(기존 단체 거부) 일을 위한 교육이 필요하다.

4) 1979~1981년 침체의 원인은 ① 당국의 탄압으로 인한 공포 분위기 ② 명분 투쟁 일변도 ③ 구심점의 외부 지향 활동으로 내부 수용 능력 부족 탓이다. 이는 조직 지도 능력의 약화(정예화된 훈련원 열세), 이념 체계 약화를 초래했다. 9·2농민대회 반성 후 현장의 관심 증대는 바람직한 현상(노총무, 박시영, 윤종형 등등)이다.

5) 고구마 피해보상투쟁과 9·2투쟁 성과 비교
   - 고구마 피해보상투쟁: 성과는 전체 운동 고무 훈련, 문제점은 자발성·자주성 약화 초래
   - 9·2농민대회: 성과는 농민적 방법과 배경(자발·자주), 문제는 계획 방만, 실천력 미비

6) 뜻을 크게 갖자
   - 마을에서의 좁은 이해, 가정·교회에서의 좁은 이해, 청소년회, 신협, 소시민 근성, 여자, 돈 등. 정치의식을 높이자.

7) 전체 농민과 운동세력 비교

• 농가인구 7만 1,233명 중 약 1만 명 13%

• 농가 1만 4,892호 중 약 2,000호 15%

• 마을 481개 부락 중 약 40개 마을 9.8%

8) 종합 정리

• 무릇 운동이란 함은, 한 시대의 정치·문화·경제·사회 모든 영역에서 모순을 인식하는 주체들이 모순을 파생시키는 제 요인을 제거하는 동시에 그 해결의 차원에서 행동하는 모든 행위를 말한다.

• 모든 운동은 행동을 그 생명으로 하며, 행동은 통일된 조직에 의해 이루어져야 한다. 농민문제는 전체 농민의 통일적 행동을 수렴할 수 있는 운동조직에 의해서 해결되어야 하며, 전국 농민의 통일적 운동조직 결성에 있어 군 단위 농민운동 통일이 그 기반이 되어야 하며, 군 단위 농민운동에 있어서 면과 부락은 그 초석(근거지)이 되어야 한다. (1985)

함평군 농민운동사 2[*]
−70년대 '농협 강제출자 거부운동'과 '고구마 피해보상운동'을 중심으로

1. 배경

농민이 당면한 경제적 빈곤, 사회적 천대, 정치적 소외, 문화적 낙후 등 제 문제의 해결을 위해 조직적·주체적·지속적인 투쟁을 농민운동이라 정의한다.

이러한 관점에서 70년대 초반에 태동해서 오늘에 이르는 농민운동은, '농촌운동', '새마을운동'과 같은 관제적 성격의 운동과, 토지문제 해결을 주요 과제로 전개된 봉건제하의 농민봉기, 일제 치하의 소작쟁의, 8·15 직후의 '전국 농민조합운동'과도 그 성격이 구별되어야 한다.

왜냐하면 토지해방이 주된 과제였던 50~60년대는 '유상몰수', '유상분배'를 골자로 하는 농지개혁으로 토지문제의 부분적 해결과 함께 한국의 자본주의가 본격적인 독점자본주의로 이행하는 시기였으며, 70년대는 독점자본에 의한 농가경제 잉여의 수탈이 한국 자본주의 발전이라는 미명하에 확립되었기 때문이다.

---

[*] 이 글은 앞서 글쓴이가 자신의 역점 저술 과제로 삼은 「함평지역 농민운동사」의 시론에 해당하는 「함평군 농민운동사 1」에 이어 집필한 글로서, 1990년경에 작성한 것으로 추정된다.

70년대 농민운동의 주·객관적 배경은 다음과 같다. 독점자본의 유통 과정을 통한 농민 수탈이 본격화되면서 정경유착에 기반한 공업 성장 위주의 정책은 저임금 유지를 위한 저농산물가격정책, 도농 간의 산업 격차, 농민의 상대적 빈곤의 심화로 나타났으며, 군사독재 정권하의 관료들의 부정부패가 기승을 부렸다. 이는 필연적으로 농민의 생존권을 위협하게 되고 불만이 증폭되었으며, 농민은 자구적 집단 저항 이외의 다른 대안이 없었던 것이 객관적 요인이다.

또한 1972년 전국적 규모의 농민운동조직인 '한국가톨릭농민회'의 결성과, 74년 '크리스챤아카데미'에서 실시한 농민운동 지도자 양성 교육 등에 의해 농민운동의 주체적 역량이 성숙되었다. '함평고구마 피해보상 운동'의 중심인물들이었던 서경원, 노금노, 임재상, 임정택, 모영주, 지성철, 윤종형 등이 가톨릭농민회 회원이거나 크리스챤아카데미 교육 이수자들이었다.

2. 농협 강제출자 거부운동

함평 농민운동은 1975년 정부의 비호 아래 농업 자재 및 공산품 판매권을 독점하고 있던 농협에 대한 집단 저항으로 시작되었다.

농협은 "농민의 자주적 협동, 단결을 통하여 농민의 경제적, 사회적 지위 향상을……"이라고 설립 목적에서 밝히고 있듯이 농민이 주인임에도 불구하고 실제는 정부의 대농민 통제기구였으며, 독점재벌의 공산품 판매 창구라는 역기능으로 농민의 원성의 대상이었다. 1974년 요소 1포(25kg)당 농협 판매가격이 74원이었는데, 조작된 품귀 현상으로 포당 400~500원으로 폭등하였으며, 뒷거래가 횡행한 것이 그 단적인 예다.

이러한 현실 속에서 고조된 농민들의 불만과 당시 농민문제를 체계적으로 인식하기 시작한 주체 역량이 결합하면서 최초의 집단적 저항으로 나타난 것이 농협 강제출자 거부운동이다.

이 운동은 1975년 4월 함평읍 내교리 외대화마을 농민 20여 명이(중심인물: 노금노) 함평읍 단위농협에서 8시간 동안 강제출자 거부농성을 벌이면서 시작되었다. 함평읍 장련리 월선, 백련마을(중심인물: 장성일), 대동면 금산리 가목장마을(중심인물: 서경원), 대동면 운교리 마량, 판교마을(중심인물: 조용진), 해보면 상곡리 모평마을(중심인물: 윤종형), 학교면 월산리(중심인물: 임재상), 손불면 죽장리(중심인물: 이재오), 월야면 정산리 신기마을(중심인물: 장두병) 등 함평군 전역으로 확산되어갔으며, 1978년까지 50여 회 연인원 1,500여 명이 참여하였다.

강제출자 거부투쟁을 벌인 대부분의 마을에 가톨릭농민회 분회가 조직된 데서 알 수 있듯이 이 운동은 함평지역 농민운동의 조직 근간과 이후 고구마 피해보상투쟁의 추진 역량으로 나타났다. 또한 이 운동의 성과는 전국화되었고, 국지적 농민투쟁이 전국적 농민투쟁으로 발전하는 계기가 되었다.

3. 함평고구마 피해보상운동

(1) 배경

농협중앙회는 76년산 고구마 수매자금으로 120억 원을 정부로부터 지원받았는데, 이 자금을 목적대로 사용하지 않고 주식회사 보해 등 7개 주류제조회사에 대출해주고(80억 원), 생산농가에게는 수매자금으로 지원한 것처럼 각종 장부를 조작했다. 각 단위농협들은 당초 약정한 물량을 제때에 수매하지 못하고 방치함으로써 7,300여 농가의 고구마가 포당(15kg) 300~800원에 상인들에게 홍수 출하되었고(당시 농협 수매가: 15kg 1,317원), 그나마 팔지 못한 고구마는 노변에 야적된 채 눈비를 맞고 썩어버리는 참상이 벌어졌다.

1976년 3월부터 각 읍·면 단위농협은 마을별 순회 좌담회를 개최하여 76년산 고구마는 농협을 통해 계통 출하할 것을 선전하였고, 15kg 1포대당 1,317원의 가격을 제시하였다. 이러한 내용은 동년 5월 KBS TV에 방영되기도 하였다.

농협의 약속을 철석같이 믿었던 농민들은 농협이 배포한 수매용 포대에 고구마를 포장하여 자동차 운송이 용이한 도로변에 야적해놓았다. 10월부터 수매를 시작했지만 극히 일부만을 수매했고, 11월이 지나도록 노변에 야적한 고구마는 부패의 위험이 높아지기 시작했다. 불안해진 농민들이 농협에 항의를 했지만, 농협은 계속 수매 일정을 미루기만 했고, 다급해진 농민들은 상인들에게 판매를 시도했지만 포대당 300~800원에 그것도 팔기 싫으면 그만두라는 식이었다.

농협의 약속 불이행이 빤한 상황에서 농민들은 일시에 상인들에게 몰려들었고, 상인들은 더욱 헐값에 매수하면서 터무니없는 감량을 적용했다. 대동면 백호리 임정택 씨의 경우 400포를 상인을 통해 팔았는데, 포대당 450원에 감량을 포대당 40%를 적용받았다. 가는 곳마다 고구마 썩는 냄새가 진동하였고, 그만큼 농협과 정부에 대한 농민들의 분노도 높아만 갔다.

이 같은 현상은 함평만이 아니라 인근 무안군을 비롯한 전남·북 전 지역에 일반화된 현상이었음에도 불구하고 왜 함평에서 유독 조직적이면서도 치열한 고구마 피해보상투쟁이 전개되었는가. 함평지역은 농협 강제 출자 거부운동을 통해 농민운동 주체 역량이 타 지역보다 성숙된 조건이었기 때문이다.

이 사건으로 인하여 농협 관련자 600여 명이 해임·감봉·견책·경고 등의 조치를 당했고, 당시 박정희 군사독재의 권력형 부정부패에 대한 농민투쟁의 전국적 대명사가 되었다.

(2) 전개

1975년 이후 농민운동 역량을 꾸준히 키워온 가톨릭농민회는 농민의 피와 땀의 결실인 고구마가 노변에서 썩는 참상을 해결하는 활동을 시작하기 이른다. 76년 11월 17일 청하식당에서 서경원, 노금노, 임재상, 임정택, 장성일, 모영주, 정병오, 지성철, 박명섭, 김갑현, 장두병, 조용진 등이 모임을 갖고 피해 상황 조사와 보상투쟁을 결의하였다. 이들은 '함평군고구마 피해보상 대책위원회'를 발족시킴과 동시에 1차로 11월 30일까지 피해 조사에 나서기로 하였다.

그러나 피해 조사 착수와 동시에 경찰의 탄압으로 5개 읍·면 9개 마을 179농가만이 조사 완료되었으며, 12월 20일경에야 조사 집계가 마무리되었다. 이후의 전개 과정은 일지로 대신한다.

- 1977년 1월 11일: 함평 천주교회 광장에서 조사된 피해액을 농협 측에 제시하고 보상을 촉구하는 결의문 채택.
- 동년 1월 30일: 가톨릭농민회 대전 본부, 전남연합회 정기총회에 사건 보고.
- 동년 4월 18일: 농협 측의 협상 제안으로 농협 도지부 판매과장과 대책위원들이 협상을 시도했으나 결렬됨.
- 동년 4월 22일: 광주 계림 천주교회에서 500명, 농협 도지부에서 150여 명의 피해 농민들이 전투경찰과 대치·농성 중 경찰의 진압으로 농민 15명 부상.
- 동년 4월 23일: 천주교 장홍빈 농민회 지도신부의 주선으로 대책위원회 대표가 고건 당시 전남도지사와 면담을 갖고 농수산부 현지 조사 결과를 토대로 대책을 강구하겠다는 약속을 받음.
- 동년 4월 25일: 농수산부와 농협중앙회가 현지 실태 조사 착수.
- 동년 7월 26일: 서울 동대문 천주교회에서 500여 신자를 대상으로 진상 보고회 개최(노금노 발표).
- 동년 8월 17일: 부산에서 전국 기독교청년회 진상 보고회 개최(서경

원 발표).

- 동년 11월 22일: 대전 전국농민대회에서 함평고구마 피해보상운동 경과 보고.

- 1978년 4월 24일: 광주 북동 천주교회에서 농민대회 진행 중 경찰과 대치, 단식투쟁을 전개. 이 단식투쟁에는 총 73명이 참여하였으며, 4월 29일까지 계속됨. 단식투쟁 기간 동안 가톨릭농민회 전국 지도 신부단 15명이 동참 단식을 결행했으며, 천주교 광주대교구 50여 명 의 신부단의 동참 단식 결행. 전국의 교회, 인권단체, 민주화운동단 체의 지도급 인사 150여 명이 격려차 방문.

- 동년 4월 29일: 드디어 농협이 피해 농가에 대한 직접 보상(보상금 309만 원)을 제의함에 따라 함평고구마 피해보상투쟁 승리.

- 동년 5월 6일: 전국 5대 일간지에 '단군 이래 최대의 부정사건'이라 는 제목하에 수매자금 80억 유용사건의 진상이 밝혀지고, 농협 임직 원 600여 명이 무더기 징계조치됨.

(3) 고구마 피해보상운동 과정의 탄압 사례

고구마 피해보상운동이 전개되는 동안 농협은 책임 회피를 위해서, 지방 행정관청과 경찰은 사회 혼란 예방과 치안 유지라는 이유로 보상운동의 중심인물과 생산농민들을 회유·협박·연행·구금하는 등의 방법으로 탄 압하였다. 그 유형과 사례는 다음과 같다.

농협은 임직원들을 동원해 피해 조사에 응한 생산농가들을 찾아다니면 서 "본인이 생산한 고구마는 본인의 영농 형편상 상인에게 판매하였으므 로, 농협 등 관계기관에 하등의 이의가 없음"이라는 확인서를 받아내는 촌극을 연출했다. 확인서 제출을 거부하는 농민들에게는 온갖 회유와 협 박으로 강제로 확인서를 쓰도록 요구했다. 이에 대책위원회는 "본인이 써 준 확인서는 농협 임직원들이 강제로 받아간 것이므로 본인의 피해 보상 요구에 아무런 증거 자료가 될 수 없음을 해명합니다"라는 해명서를 받으러 다니면서 피해 농민들이 단결하도록 노력하였다. 갈수록 사태가 심각해지자 농협은 당시 보상투쟁의 중심적 지도자인 서경원 씨에게 썩은 고구마를 농협 수매가격에 가져가겠다고 회유하였으나, 이는 농협의 책임을 시인하는 증거가 되었다.

77년 4월 18일 함평읍 사거리 소재 신흥식당에서 대책위원회와 농협이 협상을 벌였는데, 농협 측의 제안은 피해 농가마다 송아지 입식자금 15만 원씩을 저리 융자하겠다는 것이었다. 그러나 피해 농가들과 대책위원회가 직접 보상 이외의 어떠한 간접 보상도 거절함으로써 결렬되었다.

각 행정관청은 직원들을 동원하여 대책위원들과 마을 책임자들의 활동을 감시하고 회유토록 하였다. 77년 10월 함평읍 내교리 외대화마을 노금노 씨 등의 집이 소위 지붕 개량을 하지 않았다는 이유로 공무원 11명을 동원하여 가옥 5채의 초가지붕을 강제 철거하였다. 이 사건은 피해 당사자는 물론 농민운동단체와 전국적인 여론의 질타 등 정치 쟁점화될 조짐이 보이자 행정당국이 사과하고 적정한 피해를 보상함으로써 사건 발생 20여 일만에 해결되었다.

경찰은 피해보상운동의 전 과정을 통해 가장 적극적으로 탄압함으로써 농민들이 구금되거나 부상을 입는 사태가 벌어졌다. 경찰의 탄압은 농민들에게 가장 공포의 대상이었다.

3. 함평 농민운동의 역사적 의의

철종 9년 정한순 할아버지께서 "불의를 보고서도 참는 것은 우리 함평 사람이 아니오"라고 외친 이후 함평의 농민운동은 '동학농민혁명', 일제하 항일운동, 해방 후 농민조합운동 등으로 면밀히 이어져 50~60년대의 단절기를 극복하고 70년대에 비로소 그 전통이 복원되었다. 70년대 함평 농민운동은 자본주의하에서 농민의 생존권이 어떻게 침해당하고 있으며,

그 해결의 방법이 무엇인지를 실천적으로 제시함으로써 이후 전국 농민운동의 방향 정립에 크게 기여하였다. 70년대 이후 줄곧 농민운동의 실천적 과제로 등장했던 '쌀 생산비 보장운동', '부당농지세 시정운동', '수세납부 거부투쟁', '소값 피해보상운동', '농가부채 해결운동' 등은 강제출자 거부운동과 고구마 피해보상운동을 통해 실천적으로 체득한 자주적·조직적·지속적 농민운동을 정립해가는 과정이었다.

또한 지금의 전국농민회총연맹(1990년 4월 24일 창립)으로 단일화된 전국 농민운동조직 역시 함평군가톨릭농민회, 함평농우회, 함평군농민회로 이어지는 자주적 농민조직 결성 노력이 결실을 맺은 것이다.

한편으로 함평 농민운동은 70년대 유신독재와 80년대 전두환 군사독재 정권에 맞서 6·10항쟁에 이르기까지 줄기차게 이어져온 민주화운동에도 기여한 바 크다. 이것은 함평 농민운동의 전개 과정과 중심인물들의 활동을 보면 확연해질 것이다.

이러한 과정은 일지로 대신한다.

- 75년: 강제출자 거부운동
- 76년: 함평고구마 피해보상운동
- 77년: 쌀 생산비 보장운동, 초가지붕 강제철거 보상운동
- 78년: 부당농지세 시정운동
- 79년: 노풍 피해보상운동
- 80년: 광주민주화운동 다수 참여
  광주미문화원방화사건(박시영, 윤종형)
- 81년: 반외세투쟁선언문사건(모영주, 박시양)
- 83년: 농협 조합장 직선제 실시 100만인 서명운동
- 84년: 함평·무안 농민대회
- 85년: 소값 피해보상운동
- 86년: '학살정권 타도 함평농민대회', 민주헌법쟁취 서명운동 전개
- 87년: 농가부채대책위원회 결성

6·10항쟁 다수 참여

민주농촌 실현을 위한 함평농민대회

농축산물 수입저지 함평농민대회

구속자 석방을 위한 함평경찰서 집단농성

민주쟁취국민운동본부 함평지부 결성

공정선거감시단 대통령 선거 감시활동

- 88년: 의료보험조합비 거부투쟁, 쌀값보장 농민대회
- 89년: 수세폐지 농민대회
- 90년: 함평군농민회 창립, 전국농민회총연맹 결성 참여

※ 사건별 구속자 명단

- 76년: 서경원, 노금노 긴급조치 9호 위반 입건
- 77년: 농협 도지부 농성 중 박성호, 장성일, 장두병, 임정택, 지성철,
  모영주, 서경원, 오동철 등 15명 부상
- 78년: 서경원, 노금노 긴급조치 9호 위반 피소
- 79년: 노금노 중앙정보부 연행, 반공법 위반혐의 조사
- 80년: 광주민주화운동 관련 서경원 구속, 노금노 연행
  광주미문화원방화사건 주도로 박시영, 윤종형 구속
- 81년: 반외세투쟁선언문사건으로 모영주, 박시양 구속
- 84년: 함평·무안 농민대회 사건으로 노금노 구속
- 86년: 학살정권 타도 함평농민대회 사건으로 노금노, 양종환, 성호길
  구속. 나옥석, 박성규 외 6명 연행 구류
- 87년: 농가부채대책위원회 사건으로 노금노 구속
- 89년: 수세폐지 농민대회 사건으로 김갑현, 노금노 연행 조사 (1990)

함평농우회의 결성과 활동 평가*

1. 머리말

1980년 5월 광주민중항쟁 이후 일정 기간 동안 운동권 내부에 나타났던 침체와 참담한 현실은 1970년대 민중운동에 대한 격렬한 비판을 불러일으켰다. 또한 이것은 이 민족이 처한 역사적 상황을 보다 근본적으로 해결해보고자 하는 활동가들 사이에는 수많은 논쟁과 함께 인식의 차이를 드러내게 되었던 것이다. 그런가 하면 보다 굳건한 대중투쟁 역량 확보를 위한 실천 과정에서 인식의 차이에 따른 다양한 대중조직들을 출현시켰다.

전체 사회 구성 속에서 국내외 독점세력으로부터 자신들의 노동의 대가를 수탈당하고 있는 계급적 성격이 강한 계층의 토대 위에 추진되는 농민운동 역시 위와 같은 과정을 밟아왔다. ㄱ 대표적인 사례가 1985년 4월 1일 함평농우회(이하 '함농')의 출현이다. 더구나 함농이 출현한 지역은 1970년대 경제투쟁의 대표적 사례였던 '함평고구마 피해보상운동'과 1984년 농민운동의 정치투쟁적 성격 강화와 현장 대중투쟁 역량 확대를 위한 시장투쟁 계획 아래 농민 집결지를 시장으로 택했던 '함평·무안 농

---

* 이 글은 글쓴이가 1986년 7월경 당시 함평농우회 회장으로 활동하면서 조직의 결성 및 활동에 관한 종합 평가보고서로 작성한 것이다.

민대회'가 실천된 지역이기도 하기 때문에 함농은 출발에서부터 전체 농민운동권의 비상한 관심의 초점이 되었다.

비상한 관심이란 다음 두 가지에서이다. 첫째는 현장의 건강한 농민대중조직을 건설하려는 활동가들에게 함농은 (함농 스스로가 그것을 원하든 원하지 않든 상관없이) 일정한 방향을 제시하고 있다고 보고, 과연 현재의 농민대중이 처한 조건과 탄압세력의 성격에 비추어볼 때 교회의 인적·물적 배경과 지원 없이 농민 스스로 투쟁 역량을 확대할 수 있겠는가, 그리고 농민적 요구에 기초한 투쟁을 수행할 수 있을 것이냐는 물음에 함농이 실천적으로 대답해주고 있다는 입장에서이다. 둘째는 기존의 기구 운동을 유지해야 한다는 입장에서 농민운동은 아직도 교회의 인적·물적 배경과 지도하에 농민운동을 보호하면서 대중적 역량을 키워가야 할 때라고 하는 인식하에 아직은 함농과 같은 조직단체의 출현은 시기상조이다, 모험주의다, 분파주의다 등 비판적 관점에서이다. 이상 두 가지는 그동안에도 많은 논쟁이 있어왔고, 현재도 계속되고 있으며, 당분간 계속될 전망이다. 물론 각각의 운동 입장이나 인식의 차이에 따라 이러한 관심이 없을 수도 있다.

그러나 어쨌든 첫 번째의 경우는 기존 기구 운동 토대와 투쟁 수단 및 형태를 비판하면서 새로운 대중조직 건설을 당연한 것으로 보고 현장과 전국 단위 조직 건설에 박차를 가하고 있는 것이 현실이고, 두 번째는 새로운 대중조직 건설보다는 기존의 가농·기농을 고수하면서 체질 개선을 통한 대중 역량 증대를 꾀함과 동시에 농민운동권의 새로운 움직임을 봉쇄하려는 행동을 하고 있는 것 또한 현실이다. 그리고 이 양대 세력의 움직임은 현재의 농민운동에 중요하게 영향을 미치고 있는가 하면, 때로는 활동가들 사이에 격렬한 논쟁과 함께 감정적 대립을 촉발시키기도 한다. 때문에 현장활동의 지도적 위치에 있는 활동가는 물론 운동 인자들이 어떤 입장을 수용하면서 실천적 활동을 해야 하는가는 매우 중요하다. 왜냐하면 활동가들의 현재 실천적 내용은 그것이 어떠한 정치노선과 투쟁노선에 따른 조직활동이냐에 따라서 우리 운동의 궁극적 과제인 '농민해방'의 그날을 앞당길 수도, 아니면 크게 후퇴시켜버리는 결과를 초래할 수도 있기 때문이다.

이 글은 함평지역에서 1970년대와 1980년대 초반, 그리고 현재에 이르기까지 실천된 투쟁 경험을 토대로, 왜 함농이 출현하지 않으면 안 되었는가를 밝히고, '수입정권 타도', '5·18학살원흉 처단' 등의 구호를 내걸고 함농에 의해 주도된 1986년 5월 17일 투쟁이 함평지역 농민운동 발전에 끼친 의의를 정리하고자 한다. 그리고 전체 농민운동권에 대해서는 첫째, 그동안 기존 단체들이 함농에 가한 옹졸하고도 무모한 비난과 비판에 대해 함농의 입장을 천명하고, 둘째, 보다 굳건한 현장 대중조직을 건설하려는 활동가들에게는 그동안 함농의 사례를 제공하고자 한다. 이 글에 대해서 가해지는 비판과 충고는 함평지역 농민운동 발전에 채찍으로 받아들일 것이며, 전체 운동 발전에 기여하리라 확신한다.

2. 우리가 보는 농민운동의 입장

우리 운동의 궁극적 목표는 민중해방이다. 민중해방은 한 사회가 창출할 수 있는 제 생산력의 무한한 발전과 그 결과에 대한 공정한 분배가 실현될 때만 보장된다. 그리고 이것은 현재도 자신의 노동을 수탈당하고 있는 노동자·농민들이 자기 자신을 지키기 위한 강고한 조직과 투쟁을 통해서 한반도를 규정하고 있는 미일제국주의세력과 예속독점세력을 물리치고 민중이 주체가 되는 사회제도를 확립해야 한다고 하는 점에 있어서 분명하다. 따라서 농민운동은 한반도 민중들의 전체 문제를 근본적으로 해결해야 하는 민족·민중운동의 한 영역이다. 때문에 현장 농민운동은 독점세력의 최종적 수탈 대상으로서 가난과 억압 속에 고통받는 대다수 농민들의 토대 위에 대중조직을 건설하고 올바른 대중정치노선에 입각한 투쟁을 통하여 중앙지배력의 물적 기초를 제거함과 아울러 정치력을 장악하여 반동을 막고, 나아가 전체 민중운동의 굳건한 기지 역할을 수행하는 것이 제1차적 임무이다. 함농은 이와 같은 임무에 충실하고자 시도한 노력이다.

3. 함평농우회의 출현 배경

함농의 출현은 1970년대 농민운동의 성과와 발전적 비판으로부터 그 배경을 두고 있다. 1970년대 농민운동을 성과 면에서 살펴보면, 1970년대 초·중반 기독교적 성격이 주도하는 조직단체의 출현과 몇몇 농민교육기관들의 활동은 농촌 현장에 활동 인자들을 배출해내기 시작한다. 그리고 이들에 의해 주도되는 농민들의 크고 작은 권익실현투쟁은 다양한 투쟁 전술을 개발해내기에 이른다. 이와 같은 과정을 거치면서 1970년대 후반에는 함평에서도 '농협 민주화투쟁', '함평고구마사건', '을류농지세 사건', '쌀값보장운동' 등의 실천적 내용이 증명하듯이 이제 비로소 농민운동이 현장에 뿌리를 내리면서 정착되기 시작한다(우리는 이것을 1970년대 농민운동의 과도기적 정착화라 부른다. 현재도 마찬가지라고 볼 수 있지만).

이처럼 현장운동가 배출, 투쟁 전술 개발, 운동의 정착화 등 이상 세 가지 점은 70년대 농민운동 과정에서 창출된 성과 중에서도 두드러진 성과라고 할 수 있다. 더구나 지난 50년대 이후 20여 년이나 단절되다시피 했던 농민운동 현실을 감안할 때 대단한 진보라 하지 않을 수 없다. 따라서 이 같은 진보가 있기까지 운동에 몸 바친 모든 분들의 노력과 희생 또한 높이 평가되어야 할 것이다.

그러나 1980년 5월 광주민중항쟁이 전개되는 상황에서 70년대 농민운동의 대표적 투쟁 사례라 불리는 함평고구마사건의 발생지인 함평지역 농민운동력은 어떠한 모습을 보였는가. 5월 21일 소위 시민군이 함평을 휩쓸고 지나가고, 그러고 나서 곧바로 함평공원에서는 관제적 군중대회가 개최되고 반민중적 기회주의 세력들이 날뛸 때, 우리는 무엇을 했는가를 검토하지 않으면 안 되었다. 당시의 농민운동권의 모습은 그것이 곧바로 70년대 농민운동의 투쟁 수준과 조직 역량을 반영하고 있기 때문이다.

한마디로 함평지역 농민운동력은 이 기간 동안 이렇다 할 조직적 움직임을 단 한 건도 보이지 못했다. 소위 운동 지도부마저도 당시의 상황에 어떻게 대처해야 할 바를 모른 채, 두려움에 목을 움츠리고 무력하기만 했지 않은가? 여기서 우리는 70년대 농민운동의 이념적 수준의 취약성을 절감하게 된다. 뿐만 아니라 80년대 초반에 나타난 현장조직들의 침체와 와해, 농민대중과 농업단체들로부터의 고립, 운동 인자들의 나태, 어려운 상황에서 회원으로 있어도 고맙다고 생각해야 할진대, 회비는 무슨 놈의 회비냐는 식의 일반 조직원들의 비자립적이고 외부 의존적인 자세, 더욱더 노골화된 수탈체제로 전환되어온 예속독점세력의 수입개방, 농가부채 증가 등으로 인한 농민대중의 불만 증대, 또한 지역 내 기독교적 성격을 가진 운동단체들 간의 분파성에서 오는 통일성이 절실히 요구되는 등 수많은 문제에 당면한다.

이와 같은 해결 과제 앞에 직면한 우리는 비로소 농민운동의 집단적·계급적 성격을 실천적으로 인식했던 것이다. 아울러 70년대 농민운동의 초계급적 성격과 인적·물적 자원의 외부 의존적 한계와 기구주의적·사업적 성과 위주적·계통조직들의 관료주의적 속성의 문제점들을 비판적으로 분석하고, 이것으로부터 과감한 탈피와 운동의 주체성을 강렬히 요구하기에 이른다.

따라서 우리는 이제 편협한 운동적 사고를 지양하고 함평지역 7만 농민대중의 요구를 토대로 굳건한 대중운동을 전개함으로써 보다 질적으로 심화된 80년대 상황을 능동적으로 대처하고자 했던 것이다. 그리고 이것은 지역 내 광범위한 농민대중의 역량을 조직화해내고, 이 일을 기초로 투쟁을 전개할 때만이 우리의 운동 목표가 앞당겨질 수 있다고 확신했기 때문에 그동안 주위의 많은 우려와 비난을 받으면서도 의지를 굽히지 않고 투쟁을 계속하고 있는 것이다.

함농의 출현은 1980년으로 거슬러 올라간다. 농민운동의 올바른 이념성 확보만이 70년대 운동의 취약점이었던 대중 토대 미약과 외부 의존적 편향을 극복할 수 있다는 확신하에 지역 내 활동가들 간에 '녹두'라는 소그룹의 탄생을 보게 된다. 그리고 이 모임은 1984년 전국에서 최초로 시도된 '농민운동의 정치투쟁으로의 전환, 이를 위한 대중 역량 구축을 위한 시장투쟁' 계획하에 추진된 함평·무안 농민대회 준비 과정과 투쟁 과정에서 무안지역 활동가들과 더불어 중추적 역할을 수행한다.

그러나 함·무농민투쟁은 준비 과정에서 정보 누설로 인해 대회가 시작되기도 전에 1,000여(전투경찰 600, 공무원 400) 탄압세력의 무자비한 폭력에 60여 명의 부상자를 낸 채, 시장투쟁을 효과적으로 수행하지 못하고 말았다. 그럼에도 불구하고 투쟁의 규모와 격렬성, 그리고 준비 과정에서의 훈련 등으로 해서 당시의 투쟁이 함평지역 내 농민들에게 미친 영향과 대중의 역동성은 대단한 것이었으며, 활동가들에게 끼친 충격 또한 큰 것이었다. 지역 내 활동가들은 이 투쟁을 통해서 농민들이 올바른 이념과 운동 원칙의 지도하에 자신들의 이해에 기초한 대중투쟁을 스스로의 책임하에 운동 목표를 향한 투쟁을 전개할 수 있는 역량이 충분함을 구체적으로 인식한 것이다.

이제 더 이상 "농민들은 아직……", "큰 힘을 갖고 있는 교회 배경이 지켜주어야……"라는 이유를 내세워 농민운동을 타협주의화하고 소시민적 사고를 부채질하는 자세는 역사적 책임을 방기하는 기회주의적 속성에 불과할 뿐임을 선언하게 된다. 그리고 그동안 함평·무안지역 가농·기농 간의 연대활동은 그야말로 가농과 기농 간의 극히 제한된 범위의 연대활동이었을 뿐, 실제 함평·무안 농민들의 연대활동이 아니었기에 보다 진보적 입장에서 전체 농민을 담보할 수 있는 연대투쟁으로 발전해야 함을 요구하기에 이른다. 이를 위한 전제로서 우리에게 주어진 과제는 군 단위 전체 농민을 담보할 수 있는 대중조직 건설이었다.

4. 농우회 활동

그러면 그동안 농우회 활동 1년을 정리해보기로 하자. 우선 농우회 1년을 활동 면에서 구분해보면 (1) 창립 단계, (2) 대중투쟁 훈련 단계, (3) 직접투쟁 단계의 3단계로 나누어볼 수 있다.

(1) 창립 단계

이 단계는 대중 접촉, 선전 단계에 해당된다. 그리고 조직의 형식과 내용을 채우고 지역 내 대중단체들과 조직 환경을 조성하는 활동에 주력한다.

함농은 앞에서도 밝혔듯이 농민운동을 민족·민주운동 관점에서 파악하고 있다. 전략적으로는 반민중적 예속독점세력을 물리치고 민중권력 지배를 통한 생산 결과의 공정한 분배제도가 확립될 때 농민해방이 이루어질 수 있다고 본다. 따라서 농민운동은 농민대중의 현실적 이해관계를 실현하는 투쟁을 통해 조직 역량을 확대·강화함으로써 전체 민중권력을 창출하는 조직 전략을 토대로 하고 있다. 또한 현장운동의 굳건한 토대를 구축하기 위해서는 조직활동의 중요한 인적·물적 토대가 되는 선전·투쟁, 그리고 사람·이론·자금·배경 등이 농민들의 책임하에 동원되는 활동 방침을 갖고 있다.

농민들의 자발성과 책임성·주체성이 함농의 모토이다. 이것을 다시 말하면 자주의식·자립주의·자력갱생을 의미한다. 이렇게 모토를 확립하게 된 여러 이유 중에서 가장 큰 이유는 그동안의 농민운동이 교회 등 외부 의존적 성향으로 인하여 농민들의 자발적 참여와 책임적 토대, 주체적 투쟁 역량이 허약하고 대중 기반이 취약하다고 보기 때문이다.

1985년 4월 1일 창립총회를 거쳐 그해 11월까지 활동을 보면, 선전면에서 「배우고 생각하고 협동합시다」 제하의 기관지 1, 2, 3호를 매회 2,000여 매 발간하여 인맥을 통한 배포, 시장 배포의 방법으로 각 자연부락 단위를 연결, 80여 개 마을에 배포하고 있다(함평지역 자연마을은 400여개). 내용은 주로 지역 역사, 작목별 경제 정보, 지역 소식, 함농의 탄생과 필요성을 알리는 지극히 초보적인 수준으로 일관되었다.

8월에는 그동안 연결된 농민들을 대상으로 하계 단합대회를 개최하였는데, 각 면 단위에서 100여 명이 참가하는 대성황을 이루었다. 농우회 창립 이후 최초로 시도된 대중집회였다. 대회의 결과는 농민들의 농우회에 대한 적극성에 비해 진보성이 미흡했다는 평가가 나왔다. 또한 지역 내 대중적 기반을 넓히기 위해 농협, 번영회, 청소년회, 기농 등 대중단체들과 접촉활동을 활발히 전개하여 지지 기반을 확보하는 활동에 주력했고, 작목별 생산조직을 위한 마을 내 작목반 등을 연결하는 활동이 계속되었다. 조직 내적으로는 재정 확보와 분과위원회(5개 분과) 체제로 분업적 체계를 확립해나갔다.

이와 같은 창립 단계 활동은 함농이 지역 내외로부터 능력 이상의 반응과 호응을 불러일으켰다. 또한 이 시기에 주목되는 점은 교회적 성격에 바탕을 둔 기존 기구 운동단체들의 농우회에 대한 비난이었다. 농우회가 4월 1일 창립되자마자 가톨릭농민회에서는 그해 5월 함농이 농민운동에 분파 작용을 한다며 문제를 제기했고, 7월에는 가농·기농 등이 또다시 함농에 대한 비난을 함으로써 함농에서도 8월 이후 조직적 대응을 시작했고, 전체 농민운동권에 함농을 둘러싼 전국적 논쟁이 벌어지게 되었다. 이 논쟁은 정상적 방법보다는 비정상적인 인신공격 형태로 일관되었다.

창립 단계에 대한 자체 내의 평가는 1) 노력에 비해 예상치를 넘어선 성과가 있었고 지역 내에서 명실상부한 위치를 확보했다, 2) 농촌경제의 실질 당사자의 포용보다는 청년 예비농민들의 대거 참여가 두드러졌다, 3) 여성 운동력 확보가 미흡했다, 4) 지역 내 일반 농민 결합, 대중단체와의 접근은 양호하나 기존 운동세력(가농·기농)에 대한 접근은 미흡했다, 동시에 불필요한 오해도 있었다 등. 대체로 총괄적인 평가는 당시의 조직 역량으로는 창립 단계 수준에서 성공적이었던 것으로 나타났다.

(2) 대중투쟁 훈련 단계 (1985년 12월~1986년 5월)

이 단계에 있어 조직적 활동을 살펴보면 우선 함농 활동 첫해를 마무리하고 두 해째를 맞으면서 본격적인 대중정치투쟁을 위하여(1986년 1월) 조직 체계를 전면 개편하고 회칙 개정, 각 분과 개편 등을 단행했다. 조직력 강화를 위한 소그룹 활동을 강화키로 했으며, 각급 단위조직의 위치 정립, 운동노선 확립을 위한 정치노선에 대한 학습(3월), 탄압에 대비한 보안 체계 및 지휘 계통 확립 등이 이루어진다.

교육·선전·훈련 면에서는 2월 중 핵심인물 30여 명에 대한 2박 3일 동안의 집체 훈련 실시, 3월 전남사회운동협의회 주최 농민운동가 세미나에 5명 참가, 4개 면 단위 지역교육 실시, 4월에는 조직 핵심간부들에 대한 정치학습 2회, 5월 1일 전체 농우회원 단합대회 실시, 그리고 농우회 기관지 제목을 「민주농민」으로 바꾸고 내용 역시 농민 정치의식을 강화하고 투쟁의지를 고양하는 쪽으로 4, 5호 4,000부를 발간하여 100여 개 마을을 연결하기에 이른다.

투쟁 면에서는 각 마을 단위에서 농협문제 시정 노력과 개헌투쟁의 열기와 농민들의 관심을 수렴키 위해 농민단체에서는 최초로 성명서 형식을 빌린 '민주헌법 쟁취하여 농민 살길 농민이 찾자'라는 제목으로 유인물 3,000부를 4월 12일 함평 장터에서 조별로 나누어 배포하는 훈련과 함께, 소위 개헌 정국에 대한 농민들의 올바른 입장을 갖도록 하는 투쟁과, 4월 19일 무안지역 농민투쟁에 회원 10여 명이 지원투쟁을 벌였다. 그리고 함평 가농의 현장문제 해결을 위한 가두시위에 5월 9일 회원 30여 명이 주체적으로 훈련을 쌓는 등 5·17투쟁을 위한 훈련을 계속해나갔다.

(3) 직접 투쟁 단계

가. 5·17농민투쟁 경과

5·17투쟁이 있기까지는 자체 내부에 4월 초부터 공식·비공식 계획과 훈련이 계속되었다. 투쟁 당일은 함평 장날이자 토요일이었다. 그리고 5·18광주항쟁 6주기를 하루 앞둔 시기였다. 이날 12시 50분부터 미리 각 조별로 동원된 회원들은 함평 장터와 군내 곳곳에서 운집한 농민들에게 '수입정권 물리치고 농민 살길 농민이 찾자', '못갚겠다 농가부채 현 정권이 책임져라!', '마늘 생산비 보장하라', '예속정권 타도하자', '미국 농축산물 수입결사반대', '영농자금 신용대출 1,000만 원으로 올려라!', '5·18학살원흉 처단하자!' 등등의 함평 농민들의 생존권적 요구와 정치적 구호가 뒤섞인 유인물 수천 장을 20여 분 동안에 걸쳐서 배포하고, 오후 1시 20분부터는 함평읍 버스정류소 광장에서 수입정권 타도 궐기대회를 갖고, 곧이어 각종 플래카드와 피켓 등을 앞세우고 가두시위를 전개하여 예속정권의 반농민적 폭압을 폭로하는 농민들의 정치집회는 2시 30분경 뒤늦게야 출동한 경찰과 시위농민들이 충돌하게 된다.

그 결과 4명의 농민이 구류처분을 받고, 회원 3명이 구속되었다. 재판이 진행되는 동안에도 후속 작업으로 농민특보 발행, 성명서 발표, 구속자 석방을 위한 대책위원회 구성, 서명운동 전개, 구속자 가족들에 대한 농번기 일손 돕기 등, 7월 9일 구속된 3명이 석방되고 21일 본 투쟁에 대한 총평가가 이루어질 때까지 계속되었다.

나. 5·17농민투쟁의 의미

이제 5·17투쟁이 함평 농민운동 발전에 끼친 의미를 정리해보기로 하자. 5·17투쟁은 함평 농민운동 발전은 물론 전체 운동 발전에도 몇 가지 시사하는 바가 크다고 하겠다.

① 투쟁 구호에서 나타나듯이 5·17투쟁은 함평지역 농민대중의 급박

하고도 절실한 요구의 토대 위에 전개된 정치투쟁이란 점에서 과거의 경제투쟁적 성격과는 엄밀히 구별된다. 5·17투쟁은 미국을 정점으로 하는 예속독점세력의 지배하에 농민을 수탈하고 억압하는 현 정치권력의 성격을 타도하지 않고서는 현실의 농민들이 당면하고 있는 고통이 근본적으로 해결될 수 없음을 농민대중 앞에 분명히 제시했다. 또한 우리의 투쟁 역량 집결은 현장 농민들의 절박한 요구를 토대로 조직화되고, 나아가 반민중적 정치권력의 성격을 폭로하고 타도하는 데까지 진전될 때만이 농민운동의 올바른 정치투쟁임을 보여주고 있다.

②5·17투쟁에 동원된 인적·물적 자원(4월 초부터 7월 21일까지 사람·자금·이론·배경·조직·선전·훈련 등)과 자신들의 절박하고도 절실한 현실의 고통이 '함농'이라는 결집된 역량을 토대로 전략·전술적 지도하에 당시의 투쟁 목표가 달성되었다. 이 또한 과거의 종교적 배경과 지원에 의존하던 운동과는 구별된다. 따라서 함농은 농민 이외의 그 어떤 세력의 직접적 배경과 지원 없이 농민 스스로에 의해서 조직되고 창출된 투쟁력인 것이다. 때문에 소수 독점세력에 의해 농민들의 노동의 대가를 수탈당하는 농민대중이 존재하는 농촌 현장 어느 곳이든 올바른 운동 이념과 타는 열정으로 무장된 활동 인자가 있는 지역이라면 이와 같은 농민적 방법과 농민적 배경에 의한 정치투쟁력이 조직화되고 발휘될 수 있음을 객관적으로 증명해준 것이다.

이제 더 이상 '농민들은 힘이 부족하기 때문에', '농민들의 의식이 낮기 때문에' 등등의 '아직은 더'라는 이유를 내세워 보다 건강한 농민운동조직의 건설을 게을리 하고 방기하는 자세는 진보적일 수 없다. 더구나 편협한 명칭이나 초계급적 성격을 탈피함으로써 올바른 대중조직을 건설하려는 움직임에 대해 왜곡·비방하는 태도들은 비판되어야 마땅하다. 농민대중의 끓어오르는 분노와 열정을 집단적이고 지속적인 투쟁력으로 조직화하려는 노력은 게을리 하면서 마치 그것이 농민대중의 낮은 의식과 기회주의적 속성 때문인 것처럼 오도하며 자신들은 집단적·기구주의적 이기주의에 흠뻑 젖어 조직 보호 본능적 작태를 연출하는 사이비 활동가들에게 더 이상 농민운동을 담보해둘 수 없음은 자명하다. 그것은 농민운동이 자신들의 전유물인 것처럼 거만한 관료주의적 횡포로 대중을 기만하고 역사적 책임을 방기하는 기회주의일 뿐이다.

③ 5·17투쟁은 함평 농민운동의 정통성 회복을 의미하는 것이며 발전하는 농민운동의 필연적 산물이다. 5·17투쟁은 함평 농민운동의 발전에 매우 뜻 깊은 역사적 의미를 지닌다. 지금으로부터 100여 년 전 "불의를 보고도 참는 것은 우리 함평인이 아니오!", "사람을 천히 여기는 저들의 만행을 보고도 어찌 가만히 있겠소!" 철종조 9년 4월 16일 함평 장터에서 정한순 할아버지의 주도하에 농민 1,000여 명의 봉기를 시작으로 함평 농민운동은 시작되었다. 제1차(100명), 제2차(1,500명 봉기, 삼례까지 진군) 동학농민혁명에서 보여준 반외세·반봉건 혁명의 불굴의 투쟁, 일제 치하에서 민족해방투쟁으로 끊임없이 이어졌다.

반외세 민중해방운동은 1940년대 함평 농민조합운동으로 폭발적 고양기를 맞이하나, 1950~60년대의 단절기를 거쳐 1976년 함평고구마 피해보상운동을 기반으로 1984년 9월 2일 함평·무안 농민대회의 발전적 토대 위에 86년 5월 17일 함평 장터에서 터져 나온 함평 농민들의 함성으로 함평 농민운동의 역사적 정통성이 회복된 것이다.

정통성 회복이란 무엇을 의미하는가? 곧 그것은 우리 운동사의 흐름 속에서 면면히 줄기차게 뻗어 내려온 '반외세 민중해방투쟁'이다. 이것은 바로 5·17투쟁에서 보여준 바와 같이 대중적 요구에 기초한 정치투쟁을 의미한다. 5·17투쟁은 농민들의 절박한 고통을 근본적으로 해결해보고자 하는 농민들의 주체적 의지로부터 출발한 것이고, 함평 농민운동의 역사적 전개 속에서 나타난 발전적 산물인 것이다.

④ 5·17함평농민투쟁은 5·18광주민중항쟁의 의미를 농민운동적 차원에서 구현코자 했던 실천적 의지의 노력이다. 매년 이때가 되면 우리들은 생산현장을 떠나 광주로 집결하여 5·18 당시의 의미를 되새기는 각종 행

사(기도회, 망월동 참배 등등)에 참여하거나 여타 운동세력과 합세하여 도시의 밀집된 공간에 겹겹이 배치된 전투경찰과 불리할 수밖에 없는 한두 차례의 분풀이를 하는 것 정도로 일관해왔던 것이 고작이었다.

그러나 작년부터 우리 활동가들 사이에서는 그동안의 대응 양식에 대한 반성이 일기 시작했다. 5·18 기간 동안 우리가 유리한 투쟁의 장인 생산현장투쟁을 방치함으로써 농촌지역 경찰 역시 광주로 집결한다. 또한 좁은 공간에서의 싸움은 우리 농민들에게만 불리한 것이 아니라 광주지역의 (노동자, 학생 등) 운동력에도 매우 불리하다. 보다 넓은 농촌 전 지역에서의 투쟁이 확산되어야 한다. 그럴 때만이 병력의 도시 집중 또한 분산시킬 수 있다. 5·18투쟁을 생산현장에서 농민대중의 직접적 이슈를 가지고 주체적 투쟁을 해야 한다는 논의들이 그사이 계속되어왔다.

5·17의 날짜가 가리키듯이 함평 농민투쟁은 이 같은 전술적 공간을 즉, 경찰병력의 광주로의 집중으로 농촌이 치안 공백 상태가 되는 것을 활용하고자 했다. 그리고 이와 같은 투쟁 전략이 적중했음이 다음과 같은 사실들에서 구체적으로 증명되었다. 함평 경찰은 5월 16일을 전후로 해서 전 병력의 절반 이상이 광주로 이동 배치되었다. 이러한 상황에서 5·17농민투쟁이 터지자 당황한 경찰 지도부는 18일 급히 광주로 이동 배치된 병력을 철수하여 지역 방어에 들어간다. 이렇게 되자 광주의 병력 배치는 그만큼 구멍이 뚫리게 되고, 당시 함평 경찰이 배치된 화니백화점과 충장로파출소 부근 지역은 광주지역 운동력에 의해 장악되었다.

이것은 전체 민중운동력이 어떠한 배치 능력을 가져야 하는가를 실천적으로 제시하고 있으며, 앞으로의 농민운동이 어떤 역할을 수행해야 하는가에 대한 방향을 제시하고 있다.

⑤ 5·17투쟁은 '84함평·무안 농민대회'의 발전적 계승이다.

84년 9월 2일 80년대 농민운동의 이정표를 제시하는—농민운동의 경제투쟁성을 정치투쟁으로 전환하고 이를 위한 대중적 토대 구축을 위한 시장투쟁 계획 아래 시도된—농민대회는 그 선도성에도 불구하고 민중수탈세력의 포악한 탄압과 자체 역량 미숙으로 효과적 투쟁을 전개하지 못했다.

그로부터 2년 후 당시의 경험들을 발전적으로 수렴한 함평 농민들은 시장에서, 버스정류소에서, 가두에서, 투쟁 공간으로서 시장을 확보하고 정치투쟁을 수행함으로써 84투쟁을 발전적으로 계승한 것이다. 이와 같은 발전적 계승은 현장운동의 편협한 초계급적 한계를 과감히 극복하고 생산대중이 직접 책임을 담당하고 지도하는 조직의 출발에서부터이다.

그럼 여기서 잠시 84함·무투쟁 당시 함께 투쟁을 전개했던 무안지역 활동가들에 의해 주도된 지난 86년 4월 19일 무안농민투쟁에 대한 우리의 입장을 개진해보고자 한다. 왜냐하면 기독교농민회 기관지 「농민세상」 7월호에 게재된 '무안 농민실천대회 경과와 평가'라는 제하의 글을 보면, 함평의 5·17투쟁이 마치 무안의 4·19농민투쟁의 영향을 받아 함농의 노선이 급격히 변경된 것처럼 왜곡되어 있는데, 이는 함농에 대한 오해와 편견에서 비롯된 인식의 소치라고 보기 때문이다.

물론 운동이 올바로 발전하기 위해서는 한 지역의 경험만을 토대로 성장하는 것은 아니기 때문에 무안지역의 훌륭한 투쟁 사례가 함평 농민운동 발전에 영향을 줄 수 있음을 부인하지는 않는다. 하지만 함평 농민운동의 투쟁 전략은 함평 농민들의 현실적 조건과 그동안 투쟁 수준을 고려한 바탕 위에서 주체적으로 수립된 것이다. 때문에 함평의 5·17투쟁을 무안의 4·19투쟁의 성과로 보는 것은 더더욱 옳지 못한 망상이다. 왜냐하면 함평농민투쟁(5·17)과 무안농민투쟁(4·19)은 그 준비 과정·조직·배경·투쟁 양상에서 질적으로 다른 차이성을 보이기 때문이다.

무안투쟁은 평가에서 밝히고 있듯이 '농민투위'라는 형식을 담보로, 비공개 동원 체제이자 타 운동세력과의 연대투쟁이라는 점에서 함농의 5·17투쟁과는 구별된다. 함농 자체 내에서도 4월 19일 무안 현지에 지원투쟁을 했기 때문에 다음과 같은 시각에서 4·19투쟁의 문제점들을 평가한 바 있다.

첫째, 왜 비공개 동원을 했음에도 불구하고 사전 정보가 누설되어 경찰의 대대적 탄압을 초래했으며, 당초 계획한 집결지인 시장과 버스정류소를 저들에게 장악당한 채 교회 내로 들어갈 수밖에 없었는가에 대하여 우리는 비공개운동이 담아야 할 내용을 실천적으로 터득하지 못한 채 관념적으로만 인식한 저급한 운동 역량과 수준에 있었다고 보았다.

둘째, 투쟁의 주체가 되어야 할 농민대중의 투쟁 역량의 조직화에 대한 노력보다는 당일 투쟁성만을 높여보고자 하는 성과 위주의 연대투쟁적 발상의 결과가 아니었는가 하는 문제점을 지적한 바 있다.

이러한 문제점들은 이미 84년 함·무농민투쟁에서 검증되었던 것이다. 당초 계획했던 시장과 정류소에서 투쟁이 불가능하다고 판단한 농민들이 교회로 들어가게 되는데, 같은 생산현장에서 동일한 이해관계와 문제를 안고 있는 투쟁의 당사자들이 자신들이 소속한 기구와 교회적 편향에 따라서 둘로 나눠지는 촌극을 빚고 말았다. 이것이 투쟁 전술상 계획된 것이라면 또 이해가 될 수도 있겠으나, 도저히 납득하기 어려운 상황이 벌어진 것이다. 이 점에 대해서도 우리는 무안농민투쟁의 조직적 주체인 '농민투위'는 형식에 불과했고 사실상 가농과 기농이라는 두 개의 조직 구조상의 문제가 무안 농민들을 둘로 갈라놓았다고 평가한 바 있다.

그렇다면 왜 무안 농민투위는 실제 내용을 갖지 못했는가? 이것은 전남 운동 전반에 걸쳐 살펴보지 않으면 안 된다.

금년 상반기 동안 전남 도 단위(전남사회운동협의회 농민투위)를 시발로 몇 개 군 단위에서 농민투위 시도가 있었으나 하나같이 조직 간에 마찰을 빚고 말았다. 물론 도 단위 농민투위 역시 답보 상태를 면치 못하고 있는 실정이다. 이것은 농민투위를 구성함에 있어 현재 농민운동 기구들의 현실을 충분히 고려하지 못한 채 관념적 당위성만을 강조했던 성급함에도 문제가 있지만, 보다 큰 원인은 투위가 담고자 하는 내용에 비추어 그 형식을 가져감에 있어 대상과 접근 방법에 문제가 있었음을 반성하지 않으면 안 된다. 수많은 농민대중의 집단적 이해와 계급적 성격을 토대로 투위를 가져가려는 노력보다는 기존의 기구주의적 한계에 흠뻑 젖어 있는 운동 지도부를 논의의 주 대상으로 삼았다는 데 그 원인이 있는 것이다. 이것은 생산현장에서부터가 아닌 도 단위에서부터 투위가 결성된 것에도 잘 나타나 있다. 따라서 무안 농민투위 역시 애당초부터 그 형식은 유지될 수 있었을지 모르나 그 내용을 채울 수 없었음은 빤한 것이었다.

물론 무안지역 동지들의 투쟁에 대한 숭고한 노력과 불굴의 의지를 가볍게 생각하려는 의도는 추호도 없다. 다만 현장의 투쟁 사례들이 글로써 정리될 때 성과 위주 편향으로 기울거나 투쟁 과정에서 나타난 문제점들을 올바르게 평가하지 못할 때, 그것은 한갓 홍보를 위한 평가로 전락해 버릴 뿐만 아니라 글을 읽은 일반 대중에게는 환상을, 현재 운동 역량과 수준을 정확하게 파악하고자 하는 활동가들에게는 오류를 범할 수 있는 기회를 제공해주는 역할만을 할 수밖에 없다고 보기 때문이다.

우리는 함평·무안지역의 보다 높은 차원의 연대는 각각 지역 전체 농민적 요구를 수렴할 수 있고, 그들의 참여가 가능한 것이어야 한다고 본다. 이것은 바로 현장조직이 지역 전체의 농민을 담보할 수 있는 그릇에 의해 수행되어야 함이고, 그 그릇은 단일 구조와 지도성을 가질 때 더욱 효율적임을 아울러 강조하고 싶다.

왜 무안지역 활동가들에 의해 주도된 4·19무안농민투쟁이 84년 함·무 농민대회 당시에서 조금도 진전됨이 없이 당시 함·무농민투쟁에서 나타난 문제점—사전 정보 누설, 대대적 탄압 자초, 투쟁의 장 상실, 교회로의 이동—의 전철을 밟지 않을 수 없었는가를 보다 철저하게 과학적으로 분석하지 않으면 안 될 것이다.

5. 평가

함농의 1년여 활동과 그러한 활동의 총집결로 나타난 5·17투쟁은 앞에서 정리하고 있듯이 함평 농민운동 발전과 전체 운동 발전에 몇 가지 의미를 부여하고 있음에도 불구하고, 다음과 같은 점들에 대해서 반성해야 할 점 또한 많다.

무엇보다도 함농의 출발은 그동안 농민운동의 종파적이고 편협한 과도기적 성격을 극복하고 대중적 토대를 굳건히 하고자 하는 노력이라는 점에서 그 정당성이 있다고 하겠다. 따라서 함농은 그 노선에 있어 철저한 대중노선을 견지해야 하는 것이다. 대중노선이란 함평지역 절대다수를 차지하고 있는 농민(중농 이하)들의 현실적 이해와 생활상의 요구의 실현을 거부당하고 있는 정치적 억압에 대한 분노를 대중 결속과 투쟁의 무기로 삼아야 한다는 의미다. 또한 광범위한 생산대중의 작목별 소득 조직의 권익 실현 과정에서 그것이 갖는 물리력— 보다 큰 이해관계—과 함께 의도적이고 계획적인 노력으로 생산관계의 법적 표현인 소유의 문제를 해결하는 제반 조건을 충족시키는 투쟁 역량으로 진전되는 것을 말한다. 즉, 투쟁을 과학적으로 조직화하는 것이 대중노선의 기본 방침이다.

5·17투쟁은 당일 제시한 구호와 투쟁 형식에서만 보면 농민대중의 일상적 요구를 토대로 전개된 정치투쟁이었던 것이 확실하다. 그러나 우리가 분명하게 보아야 할 것은 무슨 구호를 내걸고 어떤 형식의 투쟁을 했는가도 중요하지만, 그것을 규정하는 질적인 면, 즉 그 구호가 대중이 가지는 현재의 의식과 어떻게 결합되어 있으며, 이해관계 면에서 얼마나 절실한 문제인가, 그리고 투쟁을 담보하는 유형·무형의 조직력이 어떻게 실세화되고 있는가 하는 것이 더 중요하다. 왜냐하면 구호와 형식을 내용적으로 규정하는 대중적 토대와 조직적 결속이 담보되지 않으면, 그 구호와 형식은 몇몇 급진좌파들의 관념적 차원을 벗어나지 못함으로써 투쟁 이후 오히려 대중으로부터의 고립이라는 현상을 낳기 때문이다. 여

기에 5·17함평농민투쟁이 반성해야 할 점이 있는 것이다. 물론 5·17투쟁 이후 대책활동에 각계에서 답지한 성금과 8월 초에 개최된 단합대회에 참여한 절반 이상의 사람들이 새롭게 연결된 농민들이었다는 점에서 볼 때, 대중으로부터의 고립은 우려할 만한 일은 아니라고 할 수 있으나, 5·17투쟁의 대중 동원 방법의—비공개 동원—한계성과 당일 투쟁에서 관심 있게 지켜보는 농민들은 1,000명에 달했지만 주체적 투쟁을 수행한 농민들은 사전에 계획적으로 동원된 농민들뿐이었음을 직시할 때, 함농이 함평의 7만 농민을 담보할 수 있는 대중운동을 추구한다고 하는 관점에서, 왜 농민들이 그와 같은 모습을 보이지 않으면 안 되었을까? 그 문제점은 어디에 있는가? 대중력을 확보하기 위한 현 단계 방향은 무엇인지 심사숙고하지 않으면 안 된다. 이 점은 7월 21일 함농의 5·17투쟁에 대한 총평가에서 여러 지역—각 면 단위—농민들의 입을 통해 구호의 극렬성에 대한 문제점이 직접 제기되었던 데서도 나타나고 있다. 또한 투쟁을 자기가 서 있는 생산현장에서부터 작목별·소득 지향별·소그룹별로 마을단위를 조직화하려는 줄기찬 시도를 게을리 한 채 일시적인 종이쪼가리 몇 장과 몇 시간의 학습과 교육, 그리고 투쟁 당일 선전·선동에서 농민의 정치투쟁력을 기대한다는 것이 얼마나 추상적인 관념성인가를 문제 삼지 않으면 안 된다.

또한 투쟁 당일 보다 많은 농민대중이 투쟁에 참여할 수 있도록 하는, 즉 대중의 관심을 행동으로 촉발시키는 행사 진행보다는 계획된 순서를 진행하기에 급급한 투쟁 지도부의 문제를 지적하지 않을 수 없다.

대중전단 배포야 잘되었다고 볼 수 있지만, 정류소에서 대중집회 시 경찰병력 출동을 너무 우려한 나머지 10분도 채 못 되어서 집회를 끝내버리고 계획적으로 동원된 농민들끼리만 가두시위로 들어간 점, 가두시위 도중 진로 선택을 놓고 지도부가 우왕좌왕하다 다시 터미널로 방향을 되돌려가지고—이때 이미 경찰병력이 출동해가지고 터미널 쪽을 지키고 있었음. 따라서 시위는 당연히 시장 쪽이나 농협, 군청 쪽으로 갔어야 했음―투쟁 효과를 방기한 채 경찰과 충돌해버린 점, 행사가 끝난 후 주요 간부들에게 투쟁현장에서 즉시 철수를 명령했으나 명령이 전달·시행되는 과정에서 신속성이 발휘되지 못하고 긴장이 해이된 채, 할 일을 다한 것처럼 의기양양해가지고 잡아갈 테면 잡아가라는 식으로 자기 책임을 방기한 점, 이 밖에도 동원된 회원이 시위 과정에서 주체적으로 참여치 않고―비공개된 인원 중에서도 5~6명이나 있었음―방관한 점 등 많은 문제점이 나타났다. 이는 함농 지도부가 아직도 투쟁을 성과 위주로 수렴하려는 잘못된 경험을 근절하지 못했음을 나타낸 것이며, 정치투쟁이 요구하는 훈련의 불철저성에 있다고 하겠다. 아울러 농민들의 일상적 요구 실현을 위한 투쟁과 운동 목표를 분명하게 제시하는 정치투쟁이 각각 그 지도력에 있어 어떤 내용과 형식으로 발휘되어야 할 것인가, 그리고 이를 위한 방향이 무엇이어야 하는가를 생각하게 해준다.

함농은 5·17대중정치투쟁을 계획했지만 그 결과는 회원 동원에 의한 일반 농민들의 정치적 각성을 촉구하는 이른바 '선도 정치투쟁'으로 귀결되고 말았다. 함농이 스스로 채택한 대중노선에 비추어볼 때, 그것이 담아야 할 성격에서 평가할 때, 반성해야 할 점이다. 그리고 그 반성은 5·17농민투쟁 결과에서보다는 함농의 활동 전 과정에서 분석·비판되어야 한다. 그럴 때만이 함농이 보다 굳건한 대중적 토대를 구축할 수 있을 것이다.

6. 맺음말

농민운동의 자력갱생을 부르짖고 있는 함농이라는 새로운 현장 조직단체가 활동을 시작한 지도 14개월이 지났다. 전체 농민운동 역사 속에서 이 기간은 짧은 한순간에 불과하지만, 이 기간 동안에 함농에 의해 실천된 성과 중에서도 두드러진 성과라고 할 수 있는 것은 농민들 스스로가 농민적인 방법과 배경을 토대로 하여 힘을 결집하고 단결된 투쟁을 전개하면서 조직 역량을 확대할 수 있음을 실천적으로 증명함으로써 그동안 교회적 성격의 한계를 면치 못하고 있는 농민운동에 새로운 장을 열었다는 점일 것이다. 이는 보다 건강한 현장운동을 지향하는 활동가들에게 신선한 충격과 함께 희망과 용기를 갖게 했다.

그러나 또 한편, 함농의 평가에서 나타나고 있듯이 아직도 현장 대중력 개발과 결집, 투쟁을 직접 규정하고 있는 선전·투쟁·조직활동 면에서 기존의 기구주의적이고 성과 위주의 발상이 근절되지 못하고 있음이 드러났으며, 그 외에도 많은 시행착오가 있었음을 발견할 수 있다. 이 점 역시 현장활동가들이 각기 속한 지역의 형편과 조건에서 어떻게 대중을 확보할 수 있을 것인가에 대해 시사해주는 바 크다고 하겠다.

함농은 올바른 농민운동을 지향하는 모든 분들의 비판을 적극적으로 수용하고자 한다. 그러나 여기서 한 가지 밝혀두고자 하는 것은 운동에 대한 비판이 건전해야 한다는 것이다. 85년 「민중법당」이라는 기관지에 함농에 대한 비판적인 글이 거론되어 있는데, 우리는 이 글이 무엇을 노리고 쓰였는지조차도 이해할 수 없다. 더구나 어떤 사람이 그와 같은 평가를 했는지조차 밝히지 않고 있다. 별것도 아닌 내용을 가지고 자신의 이름마저도 밝히지 않는 행위를 볼 때 그 비판의 논리적 근거가 허약함을 입증하는 것이다. 운동을 발전시키고자 하는 고난에 찬 몸부림에 대해서 격려는 못 할망정, 하찮은 감정이나 조직이기주의에 매몰되어 비굴하기 짝이 없는 방법으로 함농을 왜곡·비난하는 모습들을 우리는 수차에 걸쳐 보아왔다. 이와 같은 건전치 못한 왜곡과 비난들은 농민운동을 발전시키는 데 도움을 주지 못할 뿐만 아니라 당사자들은 물론 그 조직의 발전에도 결코 이롭지 못할 것이다.

우리는 언제나 어떤 조직, 누구하고도 농민운동 발전을 위해서라면 건전한 토론이 활발히 전개되기를 바라며, 그렇게 될 때, 우리가 지향하는 '농민해방'의 날은 그만큼 앞당겨질 것이라고 믿는다. (1986. 7)

함평고구마투쟁의 주역 — 노금노*

1980년대 중반, 민주화운동의 열기가 타오르면서 현장에 대한 관심이 고조되던 무렵에 한 농민운동가의 수기가 세상에 나왔다.『땅의 아들』이라는 제목이 붙은 두 권의 책이었다.『땅의 아들』은 처음으로 나온 농민운동가의 수기였고, 이후 대학생들이 농촌으로 투신하는 데 큰 영향을 주었던 필독서였다. 나 역시 그 책을 읽으며 싸움의 한복판에서 치열하게 싸우는 농민운동가의 모습에 부끄러움과 가책을 느꼈던 기억이 있다.

수십 년의 세월이 흐른 후, 그 책의 주인공 노금노 씨를 만났다. 그는 여전히 함평에 살고 있다. 태어나서 예순이 넘은 지금까지 고향을 떠난 적이 없다. 노금노는 좌·우의 대립이 극심했던 1949년 함평군 대동면에서 태어났다. 하지만 태어난 지 사흘 만에 함평읍으로 이사를 왔기 때문에 지금 살고 있는 함평읍 내교리 외대화 마을이 고향이나 다름없다.

위로 다섯 명의 누나들이 태어난 끝에 얻은 독자였다. 귀하디귀한 아들이 태어나자마자 이사를 한 데는 이유가 있었다. 노금노의 할아버지는 고향에서 한약방을 운영했고 아버지는 상당한 수준의 한학을 한 인물이어

* 이 글은『한국농정신문』에서 70~80년대 농민운동의 산증인을 모시고 2012년 3월 12일부터 2013년 2월 18일까지 18회 동안 기획 연재한 '역사와 함께 인물과 함께'의 두 번째 편으로「함평고구마투쟁의 주역 — 노금노」를 전재한 것이다. 소설가 최용탁 씨가 직접 인터뷰, 정리한 것으로『한국농정신문』2012년 3월 26일자에 게재되었다. 이 글이 소개되고 6개월이 채 안 되어 운명을 달리한 고 노금노 님의 가장 최근 모습을 볼 수 있는 글이기 때문에『한국농정신문』의 허락을 얻어 유고집에 실었다.

서 마을의 구장을 맡고 있었다. 마을을 둘러싼 불갑산 자락에서는 좌·우
익이 충돌했고 어쩔 수 없이 낮에는 구장을, 밤에는 인민위원장을 맡아야
하는 아슬아슬한 상황이 계속되었다. 양쪽에서 식량이나 물자를 징발하
여 살림도 점점 어려워졌다. 그런 와중에 노금노가 태어나자 대대로 살아
온 고향을 떠야겠다는 결심을 굳히게 된 것이었다. 그렇게 노금노는 극심
한 좌·우의 소용돌이 속에서 세상에 나왔다.

군청으로 쳐들어가다

읍내에 나와 고등학교를 졸업한 노금노는 마을 사람들과 조를 짜서 막노
동판을 돌아다녔다. 그러던 중에 군청에서 발주한 저수지 보수공사를 맡
게 되었다. 마을 사람들을 동원하여 부실하게 조성한 저수지 한쪽이 터지
자, 책임 물을 것을 두려워한 관청에서 몰래 보수공사를 맡긴 것이었다.
꽤 많은 돈을 약속받고 일주일 만에 공사를 끝냈다. 그런데 군청에서 엉
뚱한 말을 늘어놓기 시작했다. 하자보수는 원래 공사를 했던 업체가 책임
을 지는 것이므로 그쪽으로부터 돈을 받아 건네주겠다는 거였다. 처음엔
그러려니 하고 기다렸지만 갈 때마다 핑계를 대고 미루기만 했다.

　몇 달이 지나 설날이 다가오도록 도무지 돈을 줄 기미가 보이지 않자 마
침내 분노한 이들은 섣달그믐날 거나하게 술을 마시고 군청으로 쳐들어
갔다. 일곱 명의 장정들이 들이닥쳐 거친 소리로 악을 쓰니까, 건설과 직
원들이 모두 도망가고 말았다. "술도 취했겠다, 아주 거칠게 나갔지. 우리
가 느그들 잡아먹으러 온 거 아니다, 돈만 주면 간다. 섣달그믐인데 집에
가서 보대끼느니 여기서 자고 갈란다, 하고 난리를 치니까 결국 급하게
돈을 구해서 가지고 오더라고. 그날로 돈을 다 받았어."

　그때를 회상하는 얼굴에 미소가 번졌다. 사실 일부러 술을 마시고 간 것
이었다. 그때만 해도 면직원만 와서 돌아다녀도 괜히 기가 죽던 시절이었

다. 그런 판에 감히 군청으로 쳐들어간다는 것은 생각할 수도 없었다. 하도 억울하니까, 술기운을 빌려서라도 용기를 낸 것이었는데 의외로 쉽게 해결이 되자, 노금노는 퍼뜩 깨달았다. 힘없는 사람들이라도 단결해서 싸우면 큰 힘을 낸다는 것, 정당한 일에 대해서는 싸워야 한다는 깨달음이었다.

이십대 초반에 얻은 소중한 경험이었다. 이후로도 노금노는 농촌활동에 열심히 매달렸다. 4H운동, 농촌문제연구소, 마을금고운동, 재건운동회 등 다양한 분야에 참여하면서 여러 곳으로 교육을 받으러 다니기도 했다. 지금 생각하면 농촌운동이라기보다 농촌활동이었는데 그때는 그것이 농촌을 잘살게 하는 길이라는 믿음이 있었다. 그런데 그런 생각이 깨지게 되는 계기가 찾아왔다. 1974년 여름이었다. 평소에 존경하던 사촌 형이 그를 불러 구례 천은사라는 절에서 농민교육이 있으니 참가해보라는 권유를 했다.

무엇이든 농촌과 관련된 교육이면 먼 길을 마다않던 노금노는 별 생각 없이 길을 나섰다. 그때까지만 해도 영농교육을 하는 줄로만 알았다. 천은사에 가보니 분위기가 보통의 농업교육과는 딴판이었다. 그 자리에 있었던 사람들은 서경원, 이우재, 이길재, 최성호 등이었다. 농촌문제와 정책에 대해 비판적인 교육을 처음 받은 노금노는 처음엔 거부감이 들기도 했다. 당시 이장을 맡고 있던 노금노에게 이우재는 충격적인 말을 했다. 당신 같은 사람이 이장을 맡고 있으니까 농촌이 이 모양 이 꼴이라는 것이었다. 농협이 아무 근거 없이 강제로 출자금을 걷어도 막기는커녕 당연한 것으로 생각하는 사람이 무슨 농촌지도자냐, 라는 호된 질책이었다. 구례 천은사의 교육은 노금노의 의식을 급격하게 흔들어놓았다.

그 자리에서 나누어준 『농협과 조합원』이라는 책을 집에 돌아와 한 자 한 자 뜯어보듯이 읽었다. 내용을 줄줄 외워 나중에는 농협 민주화에 대한 강의도 하러 다닐 정도였다. 전태일이 『근로기준법』이라는 책을 통해 노동자가 가진 법적인 지위에 눈을 떴듯이 노금노는 그 책을 통해 농민과 농협에 대해 새로운 인식을 갖게 되었다. 천은사에서 돌아온 노금노는 즉시 농협의 강제출자 거부운동에 돌입했다.

가톨릭농민회 분회 결성과 고구마투쟁

당시 농협은 3,000원짜리 비료 한 포를 구입할 때마다 1,000원의 출자금을 얹어서 거두었는데 법적인 근거는 전혀 없었다. 운동을 하려면 당연히 조직이 있어야 했다. 천은사에서 만난 이길재와 긴밀하게 연락을 주고받으며 광주 전남에서 처음으로 가톨릭농민회 함평읍 외대화 마을분회를 결성하였다. 비슷한 시기에 대동면의 서경원도 분회를 결성하고 동시에 투쟁에 돌입하였다. 함평읍의 싸움은 의외로 싱겁게 끝났다. 여러 개의 마을 사람들이 한꺼번에 몰려가서 요구를 하니까, 겁을 먹고 순순히 농민들의 요구를 받아들였던 것이다.

하지만 대동면에서는 농협 직원들이 조직적으로 대항하는 바람에 서로 뺨을 치고 주먹이 오가는 사태가 벌어졌다. 그 일로 노금노는 처음으로 함평경찰서에 입건되어 조사를 받는 경험을 하게 된다. 강제출자 거부운동은 지역에서 가톨릭농민회의 역량이 크게 강화되는 계기가 됐다. 결국 이듬해부터 벌어지는 고구마투쟁의 힘도 그러한 함평농민회의 역량이 뒷받침된 것이었다.

당시 고구마는 함평 농민들의 중요한 소득원이었다. 전체 농가의 절반이 넘는 7,000여 농가가 고구마를 재배하고 있었는데 1976년 봄, 정부는 그해에 생산되는 고구마를 전량 수매하겠다는 약속을 마을마다 공문으로 돌렸다. 수매가격은 15킬로그램 포대당 1,370원씩 책정됐다. 고구마를 주정원료로 쓰는 7개의 주정회사와 농협중앙회, 정부가 한 약속을 믿고 농민들은 수확한 고구마를 포대에 담아 자동차가 들어올 수 있는 길가에 쌓아두었다.

그런데 농협 측에서 고구마를 실어갈 기미가 보이지 않았다. 길가에 쌓여 눈비를 맞으며 썩어가는 고구마를 보며 노금노는 사태가 심각함을 깨닫기 시작했다. 이미 농협 측에서는 고구마를 수매할 생각이 전혀 없었던 것이었다. 나중에 밝혀졌지만, 이 사건은 농협중앙회가 농민들의 고구마를 수매하겠다는 명목으로 정부로부터 120억 원이라는 거액의 자금을 받고, 주정회사와 짜고 수입원료를 들여온 다음, 농민에게 고구마를 수매한 것처럼 거짓 장부를 꾸민 사건이었다.

이 희대의 사기사건에 가담한 공무원과 농협 직원들 숫자가 600명이 넘었다. 당시에는 물론 이런 복잡한 속내를 몰랐고, 당장 수매하기로 했던 고구마가 길가에서 썩어가자 그 문제를 제기하기 위해 노금노를 비롯한 마을의 대표들이 모였다. 1976년 11월 23일이었다. 이들은 회의에서 문제의 심각성을 공유하고 우선 구체적인 피해 조사에 들어갔다. 가톨릭 농민회원들이 주축이 된 조사위원회가 활동을 시작하자, 곧바로 경찰과 농협의 방해공작이 들어왔다. 그들은 농민들에게 농협의 책임을 묻지 않겠다는 확인서를 받는다거나, 조사위원들과 접촉하는 사람은 경찰이 잡아간다는 협박을 일삼았다. 그때만 해도 경찰이나 관이라면 벌벌 떨던 시절이었다. 빨갱이니 구속이니 하는 말에 겁을 먹은 사람들은 조사를 기피했고 결국 7,000여 피해 농가 중에 조사에 응한 농가는 190여 농가였다.

조사를 토대로 피해보상대책위원회가 꾸려진 게 1977년 1월 11일이었다. 대책위에서 보상을 요구하는 결의문을 채택하자 함평농협에서 해명서 비슷한 것을 만들어 보내왔다. 내용은 하등 농협의 책임이 없다는 변명이었다. 이에 대해 강력하게 투쟁할 것임을 천명하자 그들은 회유공작에 나섰다. 피해 농가에 송아지를 한 마리씩 사주겠다는 제안이었다.

직접 피해보상이 아닌 간접 보상 방식을 두고 대책위 내부에서 의견이 갈리기도 했지만 우여곡절을 거쳐 가농 전남연합회 차원의 대규모 운동을 전개하기로 결정되었다. 4월 22일에 고구마 피해보상을 위한 1차 농민 기도회가 광주 계림 천주교회에서 열렸다. 농민들과 학생운동가, 반독재운동을 전개하던 인사 등 500여 명이 모인 기도회는 출동한 전경들과 부딪쳤다. 그 자리에는 그저 남편을 따라온 부인네와 농민대회가 무언지 잘 모르고 참석한 노인들도 있었는데 투구를 쓴 경찰이 난입하니까, 울고 불고 기절을 하는 일이 일어나기도 했다. 노금노로서도 제대로 된 데모를 해보긴 처음이었다.

투석전이 벌어지고 가혹하게 구타를 당하면서도 밤늦게까지 농성을 계속하여 연행된 사람들을 끝내 석방시켰다. 어쨌든 1차 농민대회는 경찰의 탄압으로 처절하게 깨지고 말았다. 노금노는 그해 6월에 서울로 올라와 동대문 천주교회에서 고구마 사태에 대해 발표했다. 언론 탄압으로 단 한 줄의 기사도 나가지 않던 시절에 사회에 알릴 수 있는 길은 그런 통로밖에 없었다.

또 다른 주역인 서경원은 부산으로 가 특유의 선동적인 어구로 사태를 설명하였고 서서히 각계각층에서 문제에 대한 공감이 퍼져갔다. 고구마 투쟁을 승리로 이끈 것은 78년 4월에 광주 북동 천주교회에서 시작한 단식투쟁이었다. 농민운동가와 각 지역의 활동가, 신부님 등 73명이 단식에 돌입했다. 당시 가농 전남연합회 총무였던 노금노는 단식에 참여하는 한편, 내부에서도 총무를 맡아 각종 기록을 담당했다.

단식에 호응하여 문익환 목사를 비롯한 성직자들, 정치인들의 응원 방문이 줄을 이었다. 단식이 계속되며 쓰러지는 사람이 속출하고 커다란 사회문제가 되자, 결국 정부에서 손을 들었다. 공식 사과를 하고 피해액 309만 원을 현금으로 들고 왔다. 농민운동사에 빛나는 승리로 기록된 함평고구마투쟁은 목숨을 건 단식 끝에 쟁취한 것이었다.

노금노의 삶을 짧은 지면에 옮길 수는 없다. 그는 이후에도 현대사의 굵직한 사건 한복판에 있었다. 크리스챤아카데미사건으로 고문을 받고 남민전사건 때도 피해 다녀야 했다. 광주항쟁 때 사태를 최초로 외부에 알린 이도 그였다. 노금노의 조카가 연루된 광주미문화원방화사건으로도 적잖은 마음고생을 했다. 농민운동의 범위를 넘어 엄혹했던 시절을 온몸으로 살아냈다고나 할까.

80년대에 노금노는 농민운동이 질적인 비약을 할 시기가 되었다는 인식을 굳히게 됐다. 농민들의 자주적인 운동체가 중심이 되어야 한다는 신념으로 노금노는 자주적 농민운동의 효시로 평가받는 '함평·무안 농민대회'를 주도했다. 그리고 그 힘으로 함평농우회를 결성했다. 이후, 각지에서 탄생하는 군 단위의 조직적 운동체인 농민회의 시작이었다. 노금노 선생의 이야기를 들으면 대단한 이론가라는 감탄이 절로 나온다. 꼼꼼하게 자료를 모아둔 것이나 운동에 대한 정확한 인식과 분석, 수십 년 전에 일어난 정파 간 대립과 논쟁점 등에 대해 놀라운 기억력과 통찰을 보여주었다.

80년대에 나온 『땅의 아들』의 후속편을 집필할 계획도 가지고 있다. 그 책이 나오면 제대로 된 농민운동사가 탄생할 거라고 믿는다. 요즘 선생은 암 수술 이후 건강을 회복하는 중이다. "암 중에도 젤로 어렵다는 췌장암이었어. 의사가 수술 안 하면 6개월은 살고 수술하면 수술하다가 죽을 확률이 80프로라는 거여. 그래서 내가 6개월 더 살믄 뭣허냐, 20프로 확률이라도 수술허자, 그랬지." 수술 후에 남들은 몇 달도 버티지 못한다는 항암 치료를 1년 동안이나 했다. 의사들도 기적이라고 할 정도로 지금은 예후가 좋은 상태이다.

아내인 임화자 씨는 유명한 음식 명인이다. 신지식인으로도 선정되었고 전남우리음식연구회 회장이기도 하다. 본인의 이름을 걸고 '임화자 전통식품'이라는 기업을 운영하는데 꽤 단단하게 사리를 잡은 듯했다. 부디 사업도 번창하고 건강도 회복하여 땅의 아들이 살아온 기막힌 이야기들을 책으로 만날 수 있기를 마음속으로 빌어본다.

최용탁 — 소설가

(2012. 3. 26)

5부

농민 정치세력화의 일선에서

농민의 정치세력화를 위하여!*

(본 문건은 함평군농민회의 올바른 정치적 입장을 세우기 위하여 내부 토론 자료 겸 교양 자료로 제출한 것입니다. 농민회의 공식 문건이 아님도 밝혀둡니다.)

1. 정치란 무엇인가? 현실정치에 대한 농민들의 생각

우리 함평지역 농민들은 현실정치에 대해 '민자당', '평민당'을 가릴 것 없이 강한 불만과 불신을 갖고 있다. 뿐만 아니라 '씹헐 놈의 세상 콱 뒤집어져버렸으면' 하는 분노와 함께 새로운 정치를 갈망하고 있다.

이러한 농민들의 생각은 그동안 이 나라 정치가 단 한 차례도 고통당하는 농민(민중)해방을 위하여 행해지지 않았음을 웅변적으로 설명해주고 있다고 하겠다.

일제하에서 우리 농민(민중)을 수탈하고 탄압했던 친일파 정상배들과 독립운동가들에게 모진 고문을 자행했던 일제 경찰 간부들을 고스란히 미군정 요직에 등용하여 또다시 우리 민중을 고문·학살케 하였다.

그리고 이승만 독재, 5·16 박정희 군사정권, 전두환·노태우 정권에 이르기까지 이어져오면서 끊임없이 이 땅의 민중을 속이고 짓밟고 수탈하면서 미국 등 외세에 대하여는 온갖 아양을 떨어왔다.

---

* 이 글은 글쓴이가 지난 1990년 11월 9일 치러진 '함평·영광 보궐선거'에 농민후보로 출마하기 전에 작성 일자는 알 수 없으나 그해 본인이 회장을 맡고 있었던 함평군농민회 내부에서 선거와 관련, '농민 정치세력화'에 관한 조직의 정치적 입장을 토론·정리하기 위해 직접 작성한 토론 문건이다.

따라서 농민들에게 있어 정치는 두려움의 대상이요, 나와는 별 상관없는 것, 괜히 아는 체하다간 '내민 놈이 정 맞는다' 격으로 알아도 모른 체 정치를 무관심의 대상으로 머무르게 강요당했던 것이다.

하지만 우리 농민이 정치에 대해서 무관심하다고 해서 잘못된 정치의 결과적 피해까지도 면할 수 있는 것은 아니다. 왜냐하면 정치는 결정과 집행을 통해서 우리에게 엄청난 영향을 끼치기 때문이다.

지금 우리가 당하고 있는 농축산물 수입개방문제, 농가부채문제, 쌀값문제, 토지문제 등 역시 기존의 정치세력들의 잘못된 정치의 산물인 것이다. 이 순간에도 정치세력(민자·평민·민주)들은 한 줌도 못 되는 대재벌들과 미국의 돈벌이를 위해서 농축산물의 수입을 개방하고 4,000만 국민을 고통의 벼랑으로 내몰고 있지 않은가?

2. 왜! 정치가 필요한가?

모든 사람은 자기에게 필요한 모든 것을 갖고, 보고, 쓰고, 듣고, 먹고, 누리고 싶어 하는 욕망을 가지고 있다. 때문에 인간의 욕망은 무한하다(끝이 없다)고 한다. 하지만 우리가 살고 있는 사회는 인간의 욕망을 채워주는 모든 것(돈, 쌀, 귀금속, 좋은 집, 자동차 등)은 인간의 피땀 흘린 생산적 노동을 통해서만이(일을 해야만이) 얻어지는 것이며, 그렇기 때문에 제한되고 한정될 수밖에 없는 실정이다. 즉, 인간의 욕망은 무한한 데 반해서 욕망을 채울 수 있는 물질적 재화는 유한하다.

이처럼 인간의 무한한(끝없는) 욕망을 제한되어 있는 물질적 재화를 가지고 필요에 따라 공정하게 분배하고, 또 더 많은 물적 재화를 생산키 위해서는 사람들과 사람들 사이에(세상살이 과정) 조정과 통합의 질서가(서로의 욕망을 채우려 하는 과정에서 싸우고 다투는) 필요하게 된다.

예컨대 우리 마을(50호)에 컬러 텔레비전 한 대가 생겼다고 하자. 많은 사람들은 서로 차지하려고 상호 눈치 보다가 서로 싸우게 될 것이고, 이 과정에서 서로의 감정이 심해지면 하찮은 일 같지만 예기치 않았던 큰 싸움으로 확대될 수도 있을 것이다.

그러기에 여기에는 반드시 여러 사람이 다 함께 승복할 수 있는 조정(협상)과 통합(질서, 법)이 필요한데, 즉, 텔레비전을 공공 장소인 마을회관에 설치하여 관리자에게 관리토록 해가지고 정해진 시간에 다 함께 볼 수 있도록 마을 사람들이 합의하고 지켜낼 수 있다면 훌륭한 정치가 된다. 왜냐하면 여러 사람들이 서로 싸우지 않아도 많은 사람들의 욕망을 채워주게 되었기 때문이다. 바로 이 같은 조정과 통합을 넓은 범위에서 보면 국가의 살림살이도 마찬가지다.

정치는 바로 이러한 인간의 필요 때문에 그 정당성이 있으며, 그렇기 때문에 정치는 그 과정·결정·집행에 있어 가장 공정해야만 한다. 정치가 만일 공정치 못하고 여러 사람을 위해서가 아닌 어떤 특정 세력만을 위주로 수행되어버리면 도리어 인간과 인간들 간에 대립과 투쟁만을 더욱 격화시킬 뿐, 정치는 증오의 대상이 될 수밖에 없다. 오늘 우리 사회가 극심한 갈등을 겪고 있는 이유도 정치가 소수 세력의 이익만을 위해서 다수의 욕망을 채워주지 못하고 그들의 행복을 찬탈하고 있기 때문이다.

그렇기 때문에 우리는 정치지도자(대통령, 앞으로 있을 군의원, 면장, 군수 등)를 바로 뽑고 올바른 정치를 하도록 감시할 의무가 있다. 이러한 정치를 직업적이고 전문적으로 하는 사람을 정치인, 전문적으로 행하는 집단을 정당이라고 한다.

우리는 또 회의·선거·투표를 통해서 선출된 대표=우리의 일꾼=에게는 맡은 바 직위에 걸맞은 권한을 행사할 수 있도록 우리 각자의 권리를 위임해주게 된다.

바로 이것을 권력이라고 한다. 권력은 올바른 정치를 하기 위하여 못된 행위를 일삼는 사람과 독재세력을 강제로 제압하는 힘이다. 바로 이 힘은 정치를 통해서 형성·분배된다. 때문에 정치란 권력의 생산과 분배라고도 한다.

권력이란 사람을 강제로 움직이는 힘이다. 그래서 국가는 정치를 통하여 군대·경찰 등 권력기관을 보유하고 다수의 행복을 위하여 좋지 못한 세력을 제압하는 폭력을 공권력의 이름으로 동원하는 것이다. 하지만 지금은 국가의 권력을 부당한 폭력을 동원하여 틀어쥔 독재세력들에 의해 자행되고 있기 때문에, 우리 모두가 분노하고 이러한 세력을 물리치기 위해서 농민운동(조직과 투쟁)을 하고 있는 것이다.

이상에서와 같이 우리가 뽑아준 (지금은 그렇지 않은 경우가 더 많지만) 대표들은 직위나 역할에 따라서 우리의 생존과 직결된 세금 징수, 농축산물의 가격 결정, 교육, 수입 또는 수출 등 이 밖에도 중요한 사항들을 결정하고 집행한다.

정치라는 것이 바로 이 같은 역할을 하기 때문에 정치는 우리에게 반드시 필요한 것이며 무관심하거나 외면할 수 없는 것이다. 우리의 민주적 의사를 무시하는 정치는 독재(우리를 고통스럽게 하는 것)일 뿐이며, 잘못된 정치를 바로잡으려는 적극적인 노력이 부족할 때, 그것은 곧 나 자신의 억압과 굴종을 방관하는 어리석은 행위일 뿐이다.

3. 누구를 위한 정치여야 하는가?

올바른 정치는 이 세상을 유지시키는 데 가장 소중한 것을 더욱 발전시키고 이러한 일에 종사하는 사람들의 인격의 발전과 행복을 추구하는 것이어야 한다.

세상을 움직이는 가장 위대한 힘은 무엇인가? 그것은 두말할 필요도 없이 역사를 발전시키는 인간의 생산적 노동이다. 왜냐하면 인간의 생산적 노동 없이는 사회 발전은커녕 세상을 유지하는 것조차 생각할 수 없다.

먹고 입고 거주하는 인간 생존의 기본 문제를 해결하는 것이 바로 사람들의 생산적 노동이기에, 이것이 없이는 아무리 유명한 정치가(대통령), 위대한 예술가, 발명가들도 존재할 수조차 없다.

그러면 생산적 노동은 누가 하는가. 직접적으로는 이 땅의 가족을 포함한 2,000만 노동자, 800만 농민이다. 그리고 이와 뜻을 함께하는 1,000만 도시빈민, 100만 청년학생, 진보적인 지식인들이다.

정의로운 사회는 국민의 절대다수를 차지하고 있는 민중(노동자·농민·청년학생·빈민·진보적 지식인)의 노동의 대가가 보장되고, 그들의 뜻이 곧바로 현실정치에 반영되는 정치여야 한다.

4. 현실정치의 모습은 어떠한가?

한마디로 현실정치는 민중 억압·수탈 정치이자 기회주의(간에 붙었다, 쓸개에 붙었다) 세력들만이 판을 치고 있다. 반민중 정치세력들은 민중을 어떻게 억압하고 수탈하며 회유·기만하는가? 그리고 이들은 왜 그럴 수밖에 없는 것인가?

첫째, 현 집권세력인 민자당은 1945년 미군정의 보호하에 살아남은(역사 발전을 거역하는) 친일·친미 반동세력을 조상으로 하고 있다. 소위 이승만·박정희·전두환·노태우로 이어져온 반공 보수반동 집단인 것이다.

이들은 지금도 미국의 강력한 군사력외 보호하에 미국의 독점자본과 국내 독점재벌 등 소수 특권층의(전체 국민의 10% 미만) 이익을 충실히 보호하는 정치적 입장을 대변하고 있다. 정치자금은 대재벌들에 의해 조달되고 있으며 민중세력에 대하여 끊임없는 억압과 탄압을 일삼고 있다. 미국의 독점자본과 국내 대재벌들의 이익을 수호하기 위해서는 노동자들에게는 낮은 임금을, 농민에게는 낮은 농축산물가격을 지속적으로 수행하지 않으면 안 된다.

때문에 노태우는 87년 선거에서 '금융실명제'라는 공약을 해놓고도 오히려 이 법의 제정을 앞장서서 저지하고 있다. 금융실명제란 부당한 방법으로 돈을 너무 많이 벌어버린 사람들이 은행에 돈을 저금할 때 본인의 이름으로 하지 않고 남의 이름이나 비밀리에 저금해놓은 사람들에게(90년 현재 이러한 돈은 15조 원에 달하고 있음) 본인의 이름으로 저금하라는 뜻이다.

이처럼 간단한 사례에서 보듯이 그들이 말로는 별소리를 하더라도 속셈이 누구의 편인지 금방 알 수 있다.

따라서 민자당은 노동자·농민을 수탈하고 이에 반대해서 대드는 세력을 온갖 폭력을 사용하여 탄압하는 것이 자신들의 생명이요, 본질이다. 이러한 정치세력에 대해 농민들이 선정을 기대하는 것은 나무에서 물고기를 찾는 어리석음에 다름 아니다.

둘째, 현재 유일 야당은 평민당과 민주당이다(민주당은 평민당과 비슷하기 때문에 평민당 모습을 파헤치면서 별도로 거론은 생략한다). 특히 평민당은 호남지역 대중의 강력한 지지 속에 성장한 지역당 신세를 면치 못하고 있다. 이렇게 되기까지는 민자당세력의 지역분할정책인 지역감정 유발과 야당지도자에 대한 극심한 탄압의 결과로 형성된 대중정서에 기반하고 있다.

평민당은 주로 대재벌들로부터 소외당한, 그러면서도 경제적으로는 민중세력과는 비교가 되지 않는 중소기업, 그리고 형편이 넉넉한 중산층으로부터 자금 지원을 받고 있다. 정치적 입장은 친미를 표방하면서도 민자당을 반대하여 때로는 노동자·농민·서민을 위한 국민정당이라고 외치고 있다.

때문에 정치 색깔이 매우 애매한 동요세력이다. 민중세력의 힘이 커질 때는 민중의 편에 서는 듯하지만 민자당세력의 탄압이 거세지고, 자금줄인 중소기업들의 이해와 노동자·농민들의 이해가 대립될 때는 민자당에 달라붙는 지극히 기회주의적(간에 붙었다 쓸개에 붙는) 태도를 보여주고 있다. 굳이 정치적 입장을 규정한다면 자유주의적 보수세력(정치적으로는 독재에 반대하면서 경제적으로는 민자당과 별 차이 없음)이다.

이들의 행적을 구체적으로 살펴보면 88년 농민들이 수세거부투쟁을 벌일 때 농민들이 수세를 거부하는 것은 부당하다고 반농민적 입장을 분명히 하면서 민자당과 함께 농민을 외면하다가 1단보당 10kg는 내야 한다고 법안을 제출했다. 하지만 농민들의 여의도 항쟁이 있은 후 수세는 민자당에 의해 5kg로 격감되었다. 또 모든 농민이 반대하는 '농어촌진흥공사법'을 지난 3월(90년) 민자당과 함께 만장일치로 통과시켰다. 뿐만 아니라 노동자들의 임금인상투쟁이 거세게 일어나자 평민당은 혼란을 빙자하여 노동자들로부터 등을 돌리기도 했다.

어디 그뿐인가. 최근에는 민자당에 반대하여 의원직 사표를 내더니, 작금에 와서는 야권통합을 빌미로 정기국회에 들어가려고 혈안이 되어 있다. 이것은 바로 민중의 힘에 의해 민자당이 무너지면 평민당 역시 무너질 수밖에 없다는 현실인식을 갖고 있기 때문이다. 그만큼 평민당 내에 반민중세력이 많다는 구체적 증거이며, 며칠 전 민자당 박철언이란 의원이 민자당과 평민당 연합 운운하는 것을 볼 때 이들이 속으로는 민자당과 얼마나 가까운 것인가를 알 수 있다.

평민당이 민자당을 반대하는 것은 정권을 장악하기 위한 것이지 노동자·농민들의 고통을 해결하려는 의지가 애당초 없음을 우리는 알 수 있다.

그럼에도 불구하고 우리 지역의 농민들이 평민당에 대한 지지 정서가 강하다는 점에서 한 치의 주의도 게을리 하지 않아야 할 것이다. 왜냐하면 우리가 농민운동을 하는 것은 진정으로 농민(민중)을 위한 정치의 실현을 위해서 온갖 고통을 무릅쓰면서도 용기를 잃지 않고 투쟁하고 있는 것이지, 기회주의적이고 정권욕에 사로잡혀 (87년 대선 당시 반민정당 투쟁을 위해 후보를 단일화하라는 온 민중의 여망을 외면했던) 민중의 염원을 무시한 세력의 심부름꾼〔노릇을 하려는 게〕아니다.

현재 농민의식 속에 흐르고 있는 평민당에 대한 지지 정서는 개인에 대한 지지 정서일 뿐 장기적 정치 전망에서 볼 때 일시적 현상에 불과하다. 이를 더욱 구체적으로 뒷받침해주는 것은 평민당 스스로가 당 운영에 있어 비민주적 독재 상태를 면치 못하고 있는 점이다. 보라! 지역 내 출세주의자들이 평민당의 이름으로 날뛰는 모습을……

우리는 현실에 조급해할 것이 아니라 좀 더 장기적인 안목을 가지고 우리 농민들이 보다 올바른 정치적 태도를 견지할 수 있도록 줄기찬 노력을 펼쳐나가야 한다.

셋째, 소위 요즈음 신문지상과 텔레비전에 거론되는 '야권통합추진위원회'의 입장이다. 이들은 현재 거대 여당에 맞선 통합 야당을 만들어 반민자당 투쟁력을 강화하자는 것이며, 나아가 민중의 정치 역량을 키워나가자는 방침을 갖고 있다. 물론 반민자당 투쟁을 강화하자는 데 반대하는 사람은 누구도 없을 것이다. 하지만 이 시점에 있어 무엇보다도 중요한 것은 민중의 정치의식이 고양되고 조직적 역량이 커져가는 선상에서 의미가 있는 것이지 보수야당세력의 들러리나 서면서 그 결과로 유명세 있는 몇 사람들의 국회의원이나 만들고자 하는 통합 논의는 오히려 반민자당 투쟁마저도 약화시킬 위험을 경계하지 않을 수 없다.

특히 '통추위'는 일부 재야 명망가 몇 사람을 제외하고는 그 조직 내에 민중의 분노가 피 끓고 있는 대중조직과의 연결고리가 매우 취약하다는 점에서 협상주의에 빠져들 위험이 있다. 우리는 과거의 경험에 비추어볼 때 입장이 분명치 않은 세력의 말로가 어떠했는가를 되새겨보아야 할 것이다.

5. 농민의 정치세력화를 위하여

한편 아직 정당화되어 있지는 않지만 지난 수십 년 동안 이 당의 민족 정기를 바로 세우고 민중을 위한 정치를 실현코자 투쟁하며 산화해간 선배 동지들의 반석 위에 성장하고 있는 민중세력이 있다.

이 세력은 과거의 경험에서나 현재의 모습에서 가장 확실한 민중정치세력이다. 그리고 이러한 민중의 조직 역량은 해를 거듭할수록 믿음직하게 성장하고 있다.

100만 청년학생조직의 '전대협', 2,000만 노동자조직의 '전노협', 800만 농민의 희망인 '전농', 30만 교사의 지표인 '전교조', 1,000만 도시빈민의 요구를 대변하는 '전빈련', 민중에 의한 민중의 정치를 표방하고 지구당 결성에 박차를 가하고 있는 가칭 '민중당' 등이 있다. 그리고 이 세력은 전국 방방곡곡으로 뿌리를 내리면서 반민중 정치세력, 기회주의적 보수세력들을 향해 힘찬 투쟁을 전개하고 있다.

오늘의 한국 정치를 기본적으로 좌우하는 세력은 바로 민중세력이다. 자 보라, 줄기차게 뻗어가는 민중세력에 위협을 느낀 민자당과 더 이상 자신의 기회주의적 사기행각을 감출 수 없다고 판단한 김종필·김영삼은 3당 야합을 실현했다.

또 민중과 민자당 사이에 줄다리기를 하고 있던 평민당 역시 크게 동요하면서 그 정체를 드러내려 하고 있지 않은가?

이제 우리의 당면한 임무는 민중에 의한, 민중을 위한, 민중의 통일된 당을 건설하는 일이다. 그리고 앞으로 있게 될 지자체·총선 과정을 통하여 우리의 대표를 선출해내야만 하는 역사적 임무를 부여받고 있다.

동지들, 피맺힌 한을 머금고 숨져간 선배 동지들의 핏줄을 이어받은 농민 동지 여러분. 이제 우리는 암울했던 억압과 굴종, 두려움의 굴레를 벗어 던지고 전진하는 역사 속에 더욱 알차게 단결합시다.

민중의 시대가 역사의 전면에 떠오르고 있습니다. 아집과 게으름을 떨쳐버리고 더욱 새로운 각오로 농민과 함께 자고 먹고 일하면서 민중시대를 열어갑시다. (1990)

함평·영광 보궐선거 투쟁 평가*

1. 농민후보 추대 배경과 준비 과정

(1) 농민후보를 추대하게 되는 배경

1974년 가톨릭농민회 결성과 함께 조직활동을 지속하고 있는 함평지역 농민운동은, 70년대 농민운동의 최대 투쟁 사례였던 '함평고구마사건', 농민운동의 정치투쟁성 강화와 대중성 확보를 위해 전국에서 최초로 시도된 '함평·무안 농민대회', 85년 4월 1일 자주적 농민운동조직인 '함평 농우회' 결성, 86년 '학살정권 타도를 위한 함평농민대회' 개최, 87년 '전국농민협회' 결성의 주도적인 역할, 90년 4월 2일 지역 내 가농·기농·농우회를 통합한 '함평군농민회' 창립 등을 거쳐오면서, 농민적 성격(농민적 방법과 배경)이 주도하는 농민운동을 정착시키기 위해서 지역 내 활동가들의 선진적이고 의지적인 노력이 지속되어온 지역이다.

따라서 90년대를 정치적 농민운동의 시대로 스스로 정리하고 있는 함평군농민회가 정치적 농민운동에 걸맞은 실천활동으로서 이번 보선에 농

---

* 이 글은 지난 1990년 11월 9일에 치러진 '함평·영광 보궐선거'에 '농민후보'로 출마한 글쓴이가 선거 패배 후 그해 12월경 출마의 전 과정을 「함평·영광 보궐선거 투쟁 평가」 라는 제목으로 정리해둔 것이다.

민후보를 내게 된 한 요인이다. 이것은 농민운동의 한 단계 높은 발전과 새로운 활동 영역 개척의 의미를 가진다.

그동안 함평군농민회(함농)의 정치적 입장을 활동 속에서 정리해보면 80년 이후 변혁운동의 일환으로 농민운동을 수행해왔으며 87년 대선 과정에서는 후보단일화 입장을 견지하였다.

그리고 88년 총선 시기에는 이 지역에서 농민운동을 오랫동안 해왔던 서경원 씨가 평민당의 입당을 통한 국회의원 출마를 계기로 해서 지역 내 가농이 서경원 씨를 공식 지지한 반면, 함평군농민위원회는(농우회·기농) 공식 입장을 천명하지 않음으로써 두 개의 입장으로 대립되었다. 특히 함평군농민위원회의 이 같은 입장은 평민당과 입장의 차이를 드러내는 계기가 되었다.

90년 4월 농민운동의 통일단결이라는 전국적인 기운과 지역 농민들의 요구에 부응한 단일조직인 함평군농민회가 건설되었으며, 이번 보선을 계기로 농민후보를 독자적으로 추대하는 단일한 입장을 갖게 된 것이다. 이처럼 단일한 입장으로 의견이 모아지게 된 배경을 살펴보면, 90년 3월, 여야 만장일치로 농민을 죽이는 농어촌발전대책법 통과, 그리고 우루과이라운드 협상을 둘러싸고 나타낸 기존 정당들의 반농민적인 입장을 체험했고, 때문에 더욱 심화된 농업·농민의 절박한 상황을 이번 보선을 통하여 전체 사회에 제기코자 하는 회원들의 의지적인 대응이 바로 농민후보 전술을 낳게 된 것이다.

한편 지역 농민대중과 직접적인 정치적 관계를 유지시킬 수밖에 없는 지자체(선거) 실시를 눈앞에 두고 함농의 정치적 입장에 보다 강한 내적인 통일성과 연관성이 요구되고 있었다. 뿐만 아니라 지자체의 적극적인 대응을 위해서는 일정 정도 준비 과정이 필요했으며, 이것은 바로 보선을 통한 조직 재정비 의미를 갖는 것이었다.

또한 서경원 의원의 방북사건은 그것의 본질적인 의미와는 관계없이 지역 내 농민들에게 심각한 영향을 끼쳤다. 그리고 이러한 영향은 현실적 농민운동에 매우 큰 죄악이었다. 한마디로 "무식한 놈 뽑아주었더니 결국 우리를 배신하다니"〔라고 생각한〕 농민들은 농민회 자체가 무식한 과격 집단이라는 단정을 내리고 있었다.

때문에 이 같은 지역 대중들의 농민운동에 대한 왜곡된 인식을 씻어주지 않고서는 그 어떤 활동도 진전되기가 어려웠다. 따라서 우리는 보선 국면을 통해서 농민회의 정확한 입장과 농민에 대한 신뢰를 재구축하지 않으면 안 되었다.

(2) 준비 과정

가. 직접적인 계기

8월 26일 서경원 의원이 대법원의 유죄 판결과 함께 의원직을 상실하였다. 따라서 영광·함평지역 농민들의 보선에 대한 관심이 고조되기 시작했다. 농민회 역시 그동안 비공식적이고 추상적이었던 논의가 9월 4일 소집된 제5차 중앙위원회에서 '보선대책'이라는 제목으로 안건이 채택되었다.

하지만 제5차 중앙위에서는 토의치 못하고 다음 회의로 넘겨졌다. 다음 회의로 넘겨지게 된 이유는 당시 회의가 9·7전남농민대회 점검을 위해서 소집되었기 때문에 시간적인 여유가 없어서였다.

9월 7일 전남농민대회장에서는 타 군 단위, 전국 단위 중요 간부들이 영·함 보선에 대한 의미를 나름대로 정리하면서 함농의 중요 간부들에게 '적극적인 대응과 후보 추대'를 종용하였다. 또 전남도 내의 민민운동 단체 중요 간부들 역시 영·함 보선에 관한 함평 쪽의 반응을 예의 주시했다. 하지만 이들은 대부분 신중한 태도들이었다.

9월 9일 제6차 중앙위에서 토의된 보선대책은 농민후보를 출마시키자는 의견들이 다수를 차지하면서 적극적으로 개진되었다. 이에 대해 신중을 가하자는 측은 사안의 중대성에 비추어 별도의 군농민회 전 회원과 중요 활동가들이 함께 참여하는 회의를 소집하여 결론을 내리자고 제안했다. 따라서 결론은 9월 13일 11시 함평 전교조 사무실에서 전체 회의를 소집키로 하고 끝맺었다.

9월 13일 11시부터 38명의 임원과 중요 활동가들이 참석한 가운데 각자 의견 발표, 전체 토의, 의사결정 순으로 오후 7시까지 진행되었다. 각 개인들의 의사 발표를 통해서 나타난 견해는 농민후보를 출마시키자는 의견이 28명, 보류하자는 의견이 5명, 전체 결정에 따르겠다는 의견이 5명이었다. 이어서 농민후보안과 보류안을 가지고 찬반 토론에 들어갔다. 토론 과정에서 나타난 주장을 요약해보면 다음과 같다.

보류안

첫째, 시기상조이며, 이유는 함농 단일조직으로 통합 건설된 지가 지난 4월이었기 때문에 그만큼 농민회의 결속력이 약할 수밖에 없다.

둘째, 농민후보 추대라는 명분을 반대하지는 않지만, 지역 내 평민당의 압도적 분위기를 이겨내기가 힘들 것이다.

셋째, 농민회 내부에 단일한 정치적 입장이 정리되지 않았기 때문에 자체 내의 분열이 우려된다.

넷째, 우리는 입장을 함께한다 하더라도 같은 선거구인 영광군농민회의 입장이 의문이다.

농민후보 추대안

첫째, 작금의 농업·농민문제는 최대의 위기적 상황에 몰려 있다. 따라서 선거의 승패를 떠나서 각종 합법적 공간을 활용하여 농업·농민문제의 심각성을 부각시키는 선전투쟁을 전개하여야 한다.

둘째, 기존의 정당들이 아예 농민을 무시한 채 반농민적인 행위들을 자행하고 있다. 특히 민자당과 야합하는 평민당의 한계를 폭로하고 농민들에게 올바른 정치적 입장을 갖도록 촉구해야 한다.

셋째, 농민회의 통일단결을 위해서다. 정치적인 입장이 하나로 통일되지 않는 한 앞으로 있을 지자체에 있어서도 평민당의 기만적인 태도를 바로잡을 아무런 힘도 가질 수 없다. 이번 보선을 계기로 조직을 정비하고 농민회의 정치적 입장을 분명히 하자!

넷째, 농민들은 반농민적 민자당에, 기만적인 평민당에 식상해 있다. 농민들에게 참민주정치가 무엇인가를 일깨워주고, 정치에 대한 새로운 희망을 가질 수 있도록 노력할 때만이 농민회에 희망이 있다.

이 밖에도 양측의 대립된 주장이 몇 가지 더 있었지만, 크게 보아 이상의 범주에 속하는 내용들이었다.

찬반 토론이 계속되던 중 보류론을 주장하던 측이 보류안을 철회하고, 농민후보 추대안에 찬성함으로써 전원 만장일치 박수로 '농민후보 추대안'이 결정되었다.

이어서 동 회의는 '농민후보추대준비위원회'를 구성키로 하고, 준비위원장에 모영주를 선출하였다. 그리고 15일까지 준비위원을 읍·면별로 2명씩을 추천키로 했으며, 동시에 '영광·함평 보궐선거 대책위원회'를 전체 회원의 이름으로 발족시켰다.

9월 15일 '농민후보추대준비위원회'가 구성되고, 준비위 명의로 「영광·함평 보궐선거에 우리는 왜! 농민후보를 추대하는가?」라는 공식 문건(준비위 문건 제1호)을 제작, 지역에 배포(9월 20일)함으로써 공개적이고 본격적인 '농민후보 추대' 활동이 조직적으로 추진되었다.

나. 농민후보 추진 과정에서의 쟁점들

함평군농민회의 '농민후보 추대' 활동이 가맹조직인 전국농민회총연맹으로부터 공식 확정되기까지는 많은 논쟁이 있었다. 그리고 이러한 논쟁들은 어떻게 정리되었는가를 살펴보는 것이 보선투쟁의 성격을 파악하고, 현 단계 농민운동의 수준을 인식하는 데 참고가 될 수 있을 것이다. 그러면 같은 선거구였던 영광군농민회, 전남도연맹 순으로 살펴보기로 하자.

① 영광군농민회와의 관계

보선에 관하여 영광군농민회와의 첫 만남은 9월 7일 전남농민대회가 열리고 있는 전남대학교에서였다. 함평 측의 제안으로 상호 면담이 이루어졌고 양측 회장은 9월 8일 영광에서 만날 것을 약속하였다. 9월 8일 오후 5시경 영광군농민회 사무실에서 함평군농민회 회장·사무국장, 영광군농민회 회장·사무국장·교육부장 외 1명이 자리를 함께했다. 이날 모임에서 양측의 의견을 요약해보면, 함평군농민회는 작금의 농업·농민에 가해지고 있는 심각한 문제들을 보선이라는 합법적인 공간을 활용하여 대중화시켜내고, 앞으로 지자체 실시에 대비해서 조직 역량을 강화시켜내야 함을 이유로 농민후보를 추대하자고 제안했으며, 아울러 농민후보는 영광군농민회에서 구체적인 인물을 추천했으면 한다는 의사를 피력하였다.

영광군농민회는 조직 결성이 지난 8월 15일(90년 8월 15일)에야 되었기 때문에, 또 독자적인 농민후보 추대가 현 시기의 반민자당 투쟁에 혼선을 초래할 우려가 있다는 견해를 피력했다. 그리고 영광에서의 농민후보자 추대는 생각해보지도 않았다는 이유를 내세워 함평 측의 제안에 완곡한 반대의 뜻을 개진했었다.

이날 양측이 합의한 수준은 보선대책을 위해서 각각 책임 있는 회의를(영광 12일, 함평 9일) 소집키로 했으며, 가능한 한 두 조직이 단일한 입장을 견지할 수 있도록 노력키로 했다.

그 후 함평은 9일 중앙위를 거쳐서 9월 13일 전체 회의에서 농민후보를 추대키로 결정되었고, 이튿날 전국총연맹 비상중앙위원회에서 광고를 통하여 이 같은 사항을 공개하고, 특히 전남지역 중앙위원(영광 회장 참석)들에게는 별도의 자리에서 구체적인 보고를 하게 된다.

영광 쪽은 9월 18일 함농의 사무국장이 영광을 방문하여 확인한 바(당시 방문은 함평 쪽의 후보 추대 결정사항 전달과 영광 쪽 회의 결과 확인차 방문) 영광군농민회의 12일 회의는 소집되지 않았음을 확인했고, 9월 26일 공식 입장을 결정하는 회의를 소집했음을 알게 되었다. 9월 20일 함평에서 사무국장 연대사업부장이 재차 영광을 방문하여 함평 측 결의 문건(준비위 문건 제1호)을 전달하고 상호 의견 조정을 도모하려 했으나, 영광 쪽의 반응은 냉담하기만 했다. 뿐만 아니라 영광군농민회는 영광 전교조에 전달한 위 준비위 문건 50여 부를 오해의 소지가 있다며(농민후보 추대를 영광도 동의한 것같이 오해) 회수해버리는 태도를 보였다.

그 후 영광과 함평과의 만남은 몇 차례 더 있었지만, 감정상의 문제까지 겹쳐서 결국은 의견이 좁혀지지 못하고, 9월 25일 전남도연맹 회의에서 각기 다른 입장을 가지고 만나게 되었다. 9월 25일의 입장 차이는 함평과 도연맹 관계를 참고 바람.

9월 26일 영광농민회 회의에 전남도연맹 운영위원회에서 함평농민회장과 도연맹 정책실장을 대표로 파견키로 했음. 영광농민회 회의는 도연맹 파견 대표들을 회의장 밖에 대기시킨 채 진행. 회의 중 9월 25일 도연맹에서도 농민후보 지지 결의가 있었음을 보고하자 "도연맹에서 와서 선거를 치르라고 해!"라는 영광 회장의 고성이 회의장 밖에까지 들렸음. 결정된 사항만을 함평농민회장에게 통보함. 결국 도연맹의 영광회의 참관 교섭의 임무는 영광 측의 외면으로 차단되었고, 회의 결정사항만을 통보받았음. 영광농민회의 공식 결정사항은 ① 특정 후보를 지지하지 않는다, ② 선거기간 동안 반민자당 투쟁을 전개한다, ③ 공정선거 감시활동을 전개한다, ④ 보선대책위원회를 구성한다 등이었으며, 이 같은 결정은 영광농민회의 9월 27일 공식 기자회견을 통하여 공개되었다.

9월 30일 전남도연맹 사무실에서 오후 2시 영광 측 회장·사무국장·선대위원장·교육부장과 함평 측 회장·사무국장·연대사업부장, 그리고 도연맹의 사무국장·정책실장·전국총연맹의 사무처장 등 11명이 자리를 함께한 후 상호 입장을 조정하는 회합에 들어갔다. 그리고 동 회합은,

ㄱ. 영·함 보선에 범민주 단일후보를 적극 추진한다.

ㄴ. 범민주 단일후보는 영·함 농민회가 추천하는 인사가 되도록 노력한다.

ㄷ. 범민주 단일후보 추진 주체로 전농, 함농, 영광농, 평민당, 민주당, 민중당, 통추위, 국민연합으로 하고, 이의 교섭은 전농 중앙이 맡는다.

ㄹ. 이상의 세력들이 단일후보에 합의할 경우, 영·함은 합동회의를 소집하여 후보자를 추대한다.

ㅁ. 협상이 진행 중에는 영·함은 독자적인 활동을 계속 추진한다.

ㅂ. 이상의 범민주 단일후보 추진과 방식은 10월 6일 서울에서 공식 기자회견을 통하여 제안한다 등 6개 사항에 대한 합의를 도출하기에 이른다.

따라서 10월 5일 밤 12시부터 영광·함평·도연맹·전국총연맹 대표 15명은 전농 사무실에서 10월 6일 새벽 5시까지 기자회견 문안 작성을 가지고 토론을 벌이게 된다.

하지만 영광 측은 범민주 단일후보 주장만을 회견문에 넣고, 농민후보와 농민회의 추천권은 문건에서 빼고 협상 과정에서 내용적으로 관철시키자는 것이었고, 함평 측은 범민주 단일후보는 영광·함평 농민회에서 추천하는 농민대표이어야 함을 명시하자고 맞서, 결국 합의를 보지 못한 채 전국총연맹 측에 위임하게 된다.

10월 6일 9시 전국총연맹이 영광·함평의 주장을 독자적으로 정리한 문안으로 기자회견(회견문2 참고)을 하게 되고, 회견 후 영광과 함평은 제각기 자신들의 주장이 희석화되었다고 불만을 토로하였다.

동일 오후 3시에 전농의 주선으로 소집된 회합은 '전농, 영광, 함평, 통추위, 민중당, 민주당'만이 참석하여 전농 측의 제안 설명을 듣는 것으로 끝이 났다.

동 회합에서 함농 측은 농민대표가 아닌 단일후보는 의미가 없음을 선언하고, 10월 13일 함평에서 기자회견을 통하여 평민당이 후보를 내지 말고 농민후보를 지지해줄 것을 권고하는 입장을 밝힌다.

10월 15일(?) 영광농민회는 농민후보를 반대한다는 9월 26일자 공식 입장을 번복하는 문건(영광 문건 제1호)을 발표하게 된다.

10월 28일에는 영광농민회가 농민들에게 보내는 담화문(영광 문건 제2호)을 통하여 농민후보를 반대한다는 입장을 유권자들에게 발표한다.

② 전남도연맹과의 관계

함농의 농민후보 추대 결정은 9월 14일 대전에서 개최된 전국농민회총연맹의 비상중앙위원회에서 최초로 공식화되고 공개되었다. 함농 회장은 동 회의에 참석하여 광고 시간에 농민후보를 추대코자 하는 배경과 함농의 결정 과정을 보고하였다. 그리고 전남지역에서 참석한 중앙위원들에게는 별도의 모임을 통하여 재차 보고되었다.

이처럼 농민후보 추대 움직임이 공개적으로 확인되자, 조직 내의 움직임은 크게 두 가지 경향으로 나타나기 시작했다. 농민후보 추대를 찬성하는 쪽은 농민운동의 정치세력화라는 과제를 실천적으로 개척하려는 함농의 결단을 긍정적으로 평가하면서, 작금의 심각한 농업·농민문제를 전체 사회에 부각시킬 수 있는 효과적인 투쟁 영역을 확보한다는 점에서 동참의 뜻을 나타냈다.

한편, 반대하는 측에서는 농민후보의 독자적인 추진을 현 시기의 반민자당 투쟁전선에 혼란을 야기하는 농민운동 내의 분열적 경향이자 개인적으로는 출세주의적 태도라고 비판을 가하면서 농민후보 추진을 저지시키려는 움직임을 벌여나가기 시작했다.

이러한 움직임은 전농 회칙—중앙위원급 이상은 정당에 가입할 수 없다—에 대한 유권해석 요구로 나타났고, 한편으로는 전남도연맹의 공식 회의를 소집하자는 의견으로 대두되었다. 이렇게 되자 당사자인 전남도연맹은 사무국의 공식 논의를 거쳐서 9월 25일 오후 2시로 도연맹 운영위원회, 집행위원회 그리고 참여를 희망하는 활동가들이 함께 참석하는 합동 연석회의를 소집하게 된다.

이렇게 공식 회의를 소집한 도연맹은 9월 24일 영광과 함평에 각각 실무진을 파견해서 지역 내 여론 동향과 농민회 간부들과 접촉하게 된다.

9월 24일 함농 사무실에서 도연맹 사무국장, 정책실장, 간사 그리고 함농 회장, 사무국장 등이 자리를 함께하고, 9월 25일 회의와 회의 안건에 대해 서로 다른 입장을 견지하게 된다.

함농에서는 도연맹이 9월 25일 소집한 합동회의는 회칙상 소집 근거가 없으며 필요하다면 상설의결기구인 운영위원회의 의결이 있어야만 가능하다고 문제를 제기하면서 합동회의 소집을 철회하든가 아니면 함평·영광 보선에 관한 안건을 삭제할 것을 요구했다.

이러한 문제제기에 대해 도연맹은 합동회의를 소집한 배경은 영·함 보선 때문이라기보다는 11월 중에 있을 '추수대동제' 준비를 위해서라고 해명하였다. 그리고 어차피 영·함 보선문제도 현안의 중대 사안이기 때문에 의견을 모아야 할 필요가 있음을 강조했다.

함농이 이처럼 9월 25일 합동회의에 예민한 반응을 보인 것은 첫째, 회의 소집이 적법한 절차를 무시하고 있다는 점과 또 영광농민회의 공식 입장 정리가 9월 26일로 회의 일정을 잡아 놓고 있기에 자칫 도연맹의 회의 결정이 영광농민회 회의에 영향을 끼치게 될지도 모른다는 우려에서였다. 또한 비공식적인 통로를 통해서 입수된 정보는 도연맹의 몇몇 간부들이 함평의 농민후보 추대를 저지키 위한 움직임이 있으며, 특히 영광에 대해 함평 측의 안을 조직적으로 반대토록 종용하고 있다는 설이 있었기 때문이었다.

어쨌든 함농의 주장은 도연맹 사무국에 의해 받아들여지지 않았고, 도연맹 합동회의는 9월 25일 14시 예정대로 소집되었다. 함평에서도 6명이, 영광 역시 4명의 대표가 파견되었다. 이날 회의에 참석한 군농민회는 17개 군에서 50여 명이 참석하였다.

회의는 개회와 함께 벽에 부딪혔다. 함평에서 의사진행 발언을 통해 회의 소집에 관한 법적 근거를 제시하라고 요구함과 아울러 전농 중앙 사무처장에게 유권해석을 해줄 것을 질의하고 나섰다. 회의는 정회되었고, 운영위원들만 별도로 긴급회의에 들어갔다. 긴급회의에서는 합동회의의 불법성이 인정되었다. 따라서 합동회의 소집책이 공식 사과키로 하며, 회의는 토론회로 명칭을 바꾸었고, 영·함 보선대책 안건은 '농민의 정치적 입장에 관한 토의'로 수정하여 토의키로 합의했다. 토론이 진행되는 동안 결정을 요하는 사안이 있을 때 별도의 운영회의를 소집키로 하고 토론회를 속개하기로 했다.

곧이어 소집된 토론회에서는 현안문제 몇 가지를 토의·정리하고, 오후 4시부터 농민의 정치적 입장에 관한 토의를 시작했다. 토론 사회는 전농 중앙 사무처장이 맡아보았다. 토의는 함평 측의 입장 설명과 영광 측의 입장 설명 그리고 자유토론 순으로 진행되었다. 당시 제안된 함평과 영광의 입장을 살펴보자.

ㄱ. 함평 측의 입장

농민후보를 추대키로 한 것은 현재 심각한 문제를 보선이라는 합법적 공간을 최대한 활용하여 선전장으로 삼고자 하는 것이며, 기존 정당들의 반농민성을 폭로함으로써 농민들에게 올바른 정치의식을 심어주고자 한다. 함농의 결정은 어떤 노선에 입각한 대응이라기보다는 농민운동의 영역을 확대하고 조직력을 강화시키겠다는 농민적인 결단이다. 물론 보선 국면에서 반드시 농민후보를 내야만 효과적인 선전을 할 수 있는가에 대해 다른 주장도 있겠으나, 이 점에 대해 우리는 과거(87~88년)의 경험을 되살려보아야 할 것이다. 그리고 영광에서 문제를 제기하는 것처럼 함평에서 일방적으로 결정하여 영광에 강요한다는 오해가 있는 것 같은데, 이것은 보선이 갖는 시일의 촉박성 때문이지 다른 의도가 없다. 영광의 공식 입장이 있어야 서로의 주장을 조정하지 않겠는가?

또 한 가지는 농민후보 추대가 오히려 민자당에 도움을 주게 되고 내각

제 음모에 말려들지 않겠느냐는 우려에 대해서, 적어도 전남지역에서만은 농민들은 이미 지난 87~88년 양대 선거 국면에서 반민자당 투쟁을 표로써 훌륭하게 수행했었다. 작금의 상황이 결코 민자당에게 유리한 국면이 아닌데도, 민자당에 반대하는 농민이 농민후보가 나왔다고 해서 민자당을 찍을 리 있겠는가? 오히려 문제가 되는 것은 이 지역의 농민대중의 정서를 지배하고 있는 보수 야당의 반농민성을 폭로함으로써 농민의 올바른 정치의식을 일깨우는 일이 당면한 과제인 것이다. 선거는 평민당 대 농민후보 간의 대결이 될 것이다. 반민자당 투쟁에 혼선을 초래할 것이라는 판단은 기우일 뿐이다. 당선을 목표로 하는 것이 아니기 때문에 우리는 손해 볼 것이 없다고 본다. 각 군 단위의 지원과 협력을 바란다.

ㄴ. 영광 측의 입장

아직 군농민회의 입장은 결정되지 않았다. 농민후보는 원칙적으로 찬성하나 현실에 있어서는 문제가 많다. 특히 영광농민회는 조직이 건설된 지가 얼마 되지 않을 뿐만 아니라 회원 중 평민당원이 50%를 넘고 있다. 영광농민회가 어떤 입장을 결정하게 되면 조직 분열이 우려된다.

그리고 현 정세하에서는 반민자당 투쟁이 중요하다고 본다. 평민당 지지가 일색인 상황에서 농민후보 추대는 시기상조다. 지지를 받지 못할 것이다. 오히려 농민회 분열만을 초래할 것이다. 뿐만 아니라 민자당은 이번 보선을 통하여 내각제 개헌의 정당성을 홍보하는 전략을 적극화시킬 것이다. 또한 농민후보를 추대하려면 단일조직인 전농의 정치적 입장이 먼저 정리되어야 할 것이다. 현 회칙에도 명시되어 있는 정당 가입 금지 조항에 대한 유권해석도 분명히 내려져야 할 것이다.

이후 토론은 영광·함평의 입장에 대해 찬성·반대·보완 등 타 군농민회의 질문 등 토론이 있었으며, 회칙에 대한 유권해석은 "농민후보는 정당의 소속이 아니기 때문에 회칙상 하자가 없다는 합의가 전농 의장단·

처실국장단 회의에서 있었다"는 전농 중앙 사무처장의 보고가 있었다.

밤 8시 장소를 옮겨서 운영회의를 소집하여 영·함 보선에 관한 도연맹의 공식 입장을 결의하자는 제안이 있었고, 곧바로 운영회의가 소집되었다. 소집된 운영회의에서는 영·함 보선에 관하여 함평의 농민후보 추대를 지지키로 결정했으며, 아울러 9월 26일 영광 회의에서 농민후보 추대를 위한 함평 측의 결정을 반대하지 말도록 합의했다. 따라서 영광 회의에 도연맹의 정책실장, 함평군농민회장을 파견키로 하고, 회의는 산회되었다(위 ① 영광군농민회와의 관계를 참고 바람).

10월 24일 긴급 소집된 운영회의에서는 9월 25일 운영회의 결정이 왜곡되었다는 문제제기가 있었으나 아무런 결론이 없이 토론만 무성한 채 산회되었다. 당시의 문제제기는 '전국농민회총연맹 중앙집행위원회'에서 10월 11일 전남도연맹의 9월 25일 운영위원회의 결정사항을 근거로 농민후보 지지를 결의했는데, 이는 전남도연맹의 결정이 왜곡되어 전달되었기 때문에 그 같은 결정이 내려졌다는 것이었다. 이 같은 문제제기를 한 측에서는 전남도연맹의 9월 25일 결정은 그냥 함평의 농민후보 추대를 추인 인정한다는 수준이었지, 전남도연맹의 공식 입장으로 농민후보 추대를 지지키로 한 것이 아니라는 것이었다.

10월 27일 운영회의에 함평은 참석치 못했다. 왜냐하면 이때는 이미 영·함 보선이 10월 22일 후보등록이 공고되고, 27일은 농민후보가 등록을 하는 날이자 등록 마감일이었다. 따라서 함평은 이미 더 이상 도연맹에서 농민후보에 대한 찬반 논의가 무의미하다고 판단했기 때문이었다.

회의는 "농민후보를 지지하되 공개적 입장을 천명하지 않고 내부적인 지지만을 한다"로 결정되었다.

(3) 선거투쟁 전략과 후보 선정

가. 선거투쟁 전략

본 문건은 함평 농민후보추대위에서 9월 27일에 확정한 종합계획서다.

제목: 함평·영광 보궐선거 투쟁에 관한 종합계획서

1) 기본 방향

2) 농민후보를 추대하는 정당성과 현실성

3) 선거 대책

　①후보 추대 계획

　②득표를 위한 구호

　③선거 조직

　④각 부서별 역할과 사업량

4) 추진 일정

5) 현재 제기되고 있는 문제점들

1) 기본 방향

① 농민의 정치적 입장을 통일시켜 조직력을 강화하고 지역 내 정치력을 확대한다.

② 회원들의 구체적 실천 능력을 고양시켜 조직 지도 역량을 높인다.

③ 농민대중에게 패배, 체념, 불신, 의존성을 타파할 수 있는 계기를 조성함으로써 정치에 대한 새로운 희망과 함께 농민집단의 주체성을 일으켜 세운다.

④ 800만 농민의 절박한 현실을 대변하고, 농민의 정치세력화 운동에 복무하며, 반민자당 투쟁을 전개함으로써 전체 민족·민주운동 발전에 기여한다.

2) 농민후보를 추대하는 정당성과 현실성

① 현 정세는 민자당 독재, 국회 파행, 야권의 분열, 지역감정 심화 등으로 인하여 기존 보수정치판에 대한 국민들의 뿌리 깊은 불신의 폭이 더욱 깊어가고 있다. 따라서 농민들은 깨끗하고 새로운 정치를 절실하게 바라고 있지만, 조직화된 힘으로 나타내지 못하고 있는 실정이다. 농민후보가 앞장서고 우리 회원들이 광범위한 선전과 선동을 해낼 때, 농민들은 새로운 희망과 자신감을 가질 것이다.

② 농발대법(농어촌발전종합대책법) 국회 만장일치 통과, 우루과이라운드 협상 등으로 더욱 심각한 위기에 처한 농민들은 이제 그 어떤 정당에게도 자신의 운명을 내맡길 수 없는 처지에서 몸부림치고 있다. 따라서 이번 보궐선거는 영광·함평지역 차원을 훨씬 뛰어넘어 800만 농민의 절박한 요구를 선거 구호로 내세워야 한다.

특히 각종 여론과 메스컴들은 함평·영광으로 집중될 것이며, 우리는 이러한 국면에서 국회의원 1인을 뽑는 일보다 농민의 절박한 현실과 요구를 표로써 나타낼 때만이 우리가 살길임을 농민들은 설득력 있게 받아들일 것이다.

③ 평민당이 국회 해산, 총선 실시를 내걸고 의원직을 사퇴했을 때, 국민들은 평민당에게 지지를 보냈다. 하지만 평민당의 작금의 태도는 민자당과 협상을 통해 국회에 등원하려 하고 있다. 우리는 이번 보선을 통하여 반민자당 투쟁 의지를 분명히 밝히고 평민당의 잘못된 부분을 비판하면서 김대중 씨가 함정에 빠지지 말도록 하는 농민들의 뜻을 나타내야 한다는 점 또한 지역의 특수한 상황을 고려할 때 설득력이 있을 것이다.

④ 외국농축산물수입규제법, 농축산물생산비보장법, 쌀값문제, 농발대 폐기, 우루과이라운드 협상 반대 등을 공약으로 제시하면, 수많은 농민들이 농민회야말로 우리의 편이라고 굳은 신뢰를 보낼 것이다.

⑤ 농민회는 이제 몇 사람들이 하는 소그룹이 아니라 대다수 농민들이 자신의 이익을 농민회를 통하여 취득할 수 있도록 하는 활동이 요구되고

있다. 그리고 이것은 내년에 있게 될 지자체 선거에서 가시화될 수 있을 것이다.

즉, 우리는 지자체에서 도의회·군의회의 일부를 장악해야만 하는 과제를 안고 있는 것이다. 때문에 우리는 지역 내 평민당 후보와 대립은 피할 수 없는 현실이다. 하지만 현재 농민회 조직은 제각기 입장이 다르고 불분명하기 때문에 지자체 선거가 닥치면 분열의 위험이 도사리고 있다.

따라서 이번 보선을 통하여 조직 내부를 분명히 정리하고 농민의 확고한 지지 기반을 쌓는 과정으로서 이번 보선은 매우 중요하다. 우리는 분열을 우려하는 것으로 만족할 수 없기 때문에 통일·단결할 수 있는 명분과 실제적인 내용을 가지고 부단히 노력해야만 한다.

⑥ 이번 보선을 통하여 서경원 전 의원의 정치적 복권을 실현해야 한다. 현재 평민당은 민자당과 협상을 하고 있는 한 서의원 문제를 거론치 않을 것이며, 제명 상태에서 풀지 않을 것이다. 다소 서투른 방법이기는 했지만 전 민족적인 입장에서 볼 때 얼마나 장한 일인가. 또한 서의원이 얻은 6만 5,000표 중에는 그가 농민이기에 농민의 입장을 대변해주리라는 기대 속에서 취득한 표 역시 상당하리라 본다.

우리는 이 역사적 사건을 다시금 재조명하면서 그 정당성 주장과 함께 현 민자당의 반통일성, 평민당의 비도덕적인 자세를 비판하고, 서의원의 정치적 복권을 주장해야 한다.

⑦ 지난 9월 13일 38명이 모여서 내린 후보 결정 논의를 상기하면서 이 지역 농민들의 뜻과는 아무 관계없이 또 지역활동 경험도 없는 뜨내기를 공천하려는 평민당의 비민주적인 모습을 보라! 우리는 이제 지역 농민들에게 진정한 민주주의를 어떻게 실현시켜나가야 하며, 누가 민주주의를 논할 자격이 있는가를 따져보아야 한다.

3) 선거 대책

① 후보 추대 계획

- 농민회, 전교조 및 농업·농민단체 대표 및 참여를 희망하는 사람들의 서명을 받아서 모임을 갖고 '후보추대위원회'를 구성한다.
- 후보추대위는 후보 추대에 따른 자격 및 추천방식 등 제반 사항을 마련하여 9월 말까지 후보를 내정하고, 10월 초에 후보 추천대회를 통하여 공식화한다.

② 득표를 위한 구호

- 800만 농민의 사활을 표로써 표현하자
- 농민에게 희망을, 정치에 새 바람을
- 쌀 생산비 보장과 전량 수매

③ 선거 조직

구성

- 선거대책위원회는 영광·함평의 각 읍면별(3명씩 2조), 전국본부, 도연맹, 지역 내 전교조, 각 농업·농민단체, 그리고 희망자에 한하여 구성한다.
- 전 회원과 참여를 희망하는 제 민주단체로 구성하며, 전국총연맹 의장을 상임고문에, 도연맹 등 전남 내 각 군 농민회장을 고문에 추대한다.

조직 체계

- 다음의 '조직 체계도' 참조.

조직 체계

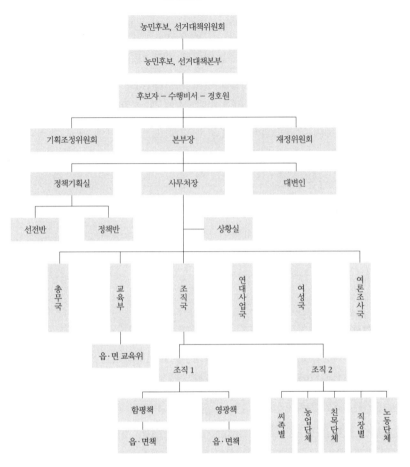

④ 각 부서별 역할과 사업량

- 기획조정위원회: 상임고문, 후보자, 본부장, 사무처장, 정책기획실
  장으로 구성하고 매일 회의를 통하여 선거 전반을 총괄 기획한다.
- 재정위원회: 선거에 필요한 재정을 조달하며 소요 재정을 회원
  1인당 쌀 1가마 내기 운동, 회원 300명 모금 등으로 3,000만 원,
  지역 내 모금 500만 원(유관단체 관련 인사), 외부 모금, 타 군, 서
  울·광주 등 2,500만 원 등 총 7,000만 원을 조달한다. 조달 책임

실무는 본부장이 맡는다.

- 정책기획실: 정책과 기획을 책임지며 선전을 총괄한다.
- 사무처장: 실무를 총괄한다.
- 조직: 각 읍·면·리·동 단위 책임자를 조직하고 관리하며, 직장별·씨족별·부문별 조직 관리를 맡는다.
- 교육: 각 읍·면별로 좌담회(교육) 팀을 1조 3인씩 2개 조를 편성하여 2회에 걸쳐서 전문교육을 실시한다. 그리고 유세장 선봉대 및 자원봉사자 교육을 담당한다(9월 말까지 50%, 10월 10일까지 100% 실시).
- 홍보 선전: "농민후보 추대하여 농민살길 찾아보자"(9월 25일까지) 농민신문 발행(9월 30일), 후보 소개 자료(10월 10일까지), 선거 공보, 후보자 명함, 팸플릿 등을 제작하고 배포한다.
- 총무: 각종 행정사무 연락, 문서 기록 등
- 연대사업부: 도연맹, 전국총연맹 등 유관단체 지원 체계 구축, 학생지원부대 교섭 관리 배치 600여 명(각 마을)
- 여론조사국: 각 후보 지지도 파악을 위한 전화 설문, 지역 내 여론 동향 파악

4) 추진 일정(투표일을 11월 5일로 잡았을 때)
① 후보추대위원회 후보 내정 9월 25일, 10월 5일 이전 후보자 추천대회 개최, 10월 15일까지 후보 추천 서명
② 재정 조달 계획
- 9월 25일까지 500만 원
- 10월 5일까지 1,500만 원
- 10월 15일까지 2,000만 원
- 10월 30일까지 2,000만 원

③ 조직

　• 9월 말까지 40%

　• 10월 15일까지 100% 완료

④ 홍보와 교육은 각 부서별 사업량 참고

5) 현재 제기되고 있는 문제점들

① "농민후보 추대는 민자당의 조종을 받고 있다. 그리고 결국은 사퇴할 것이다"라는 흑색선전에 대응이 필요하며,

② 결국은 농민후보 출현은 민자당에 반사이익을 주게 될 것이라는 우려와 여론에 설득력 있는 대안이 필요하며,

③ 조직 내 분열을 걱정하고, 농번기라는 바쁜 일손 때문에 조직이 가동되지 못하는 문제에 대한 대책이 세워져야 한다.

나. 후보 선정

9월 13일 후보추대준비위원회는 9월 27일까지 2차례 모임과 활동을 통해서 함평지역에서만 각 읍·면 단위별로 후보 추천위원 2명씩을 선임 완료했으며, 이 밖에 함평 전교조 2명, 기타 2명으로 구성을 완료했다.

그리고 9월 29일 밤 전체 회의를 소집하여 2명의 후보를 추천받아 노금노 씨를 후보자로 내정했다.

1월 11일 전국농민회총연맹 중앙집행위원회에서 최종적으로 함평군농민회의 농민후보 추대안을 승인받았으며, 10월 13일 함평에서 공식 기자회견을 갖고, 영광·함평 보궐선거에 노금노 씨를 농민후보로 추대한다고 공식 발표하기에 이른다.

2. 선거투쟁과 조직활동(10월 20일~11월 10일까지)

선거투쟁은 함평군농민회가 9월 13일 농민후보를 추대키로 공식 결의하고, 9월 27일 후보추천위원회에서 노금노 씨를 후보로 확정했음에도 불구하고, 그동안 영광농민회와의 교섭 과정, 도연맹과 전국총연맹의 최종 결정, 내적으로는 농번기로 인한 조직원들의 미가동, 경험의 부재, 자금 동원의 불확실 등의 이유로 우여곡절을 겪은 끝에 10월 20일부터서야 본격적인 활동에 착수하게 된다.

활동은 선거대책본부를 함평읍 내교리 단위조합 4거리 2층 건물에 설치하는 작업으로부터 시작되었다.

(1) 각 위원회 및 부서별 사업과 활동

가. 기획조정위원회

기획조정위원회는 상임고문, 후보자, 본부장, 사무처장, 정책기획실장, 상황실장과 이 밖에 필요한 인원이 참가하여 밤늦게 하루 활동을 총점검하고, 내일의 상황에 대비하는 1일 회의를 통하여 선거투쟁 전반을 지휘·총괄하였다. 회의는 주로 후보자 활동, 조직선 점검과 대책, 좌담회 추진, 선전활동에 따른 역량 배치 및 유세투쟁의 전략·전술에 중점을 두고 운영되었다.

지침 자료는 「영광·함평 보궐선거에 따른 종합계획서」, 「농민후보 필승을 위한 제1단계 선거전략」, 「유세일정계획」 등이다.

기간별 중심 활동 내역은 다음과 같다.

- 10월 20~27일: 각종 계획의 구체화, 후보자 추천 서명, 선전홍보물 제작, 조직선 구축, 자금동원, 후보자 각 단체 방문을 통한 얼굴 알리기.
- 10월 28일~11월 2일: 내외의 활동 역량과 지원세력 배치, 좌담회 개발 및 실시, 선전 역량의 여론 형성지(주로 읍·면 단위 상가와 5일장

대상) 침투, 유세투쟁을 위한 조직 동원 점검.

- 11월 2~6일: 유세 과정에서의 선전·선동, 대안 제시, 상대 측의 동향 분석과 대책, 유권자의 여론 파악, 선전 역량의 마을 단위 공략.
- 11월 6~9일: 확보된 조직선을 통한 이탈표 방지, 표 굳히기에 주력.

나. 홍보 선전

선관위에서 제작·배포한 선거 공보, 선거 벽보를 제외하고 선거 기간 동안 자체 제작·배포된 홍보 선전물은, '농민후보 추대하여 농민살길 찾아보자' 3만 부, '농민후보 말 좀 합시다' 4만 부, 후보 추천용 2만 부, 후보자 소개용 2만 5,000부, 명함 5만 부, 전단 3만 부, 기호 4번 5만 부, 그리고 외부 지원용 교수 성명서 및 지지 광고 5만 부, 전농 등 각계의 지원 유인물 20여 종 5만 부가 배포되었다. 그러니까 총 배포량은 35만 부 정도이다.

초기에는 영광·함평을 포함하여 차량 1대에 20여 명 정도의 배포 인원이었으나, 중반 이후에는 차량 2대에 30여 명이 전문적으로 수행했으며, 배포 방식은 각종 집회 시 읍·면 단위 장날을 활용했으며, 11월 1일부터는 각 면들을 순회하면서 호별 방문 배포를 집중적으로 하였다.

내용은 •후보자를 알리고 과격한 인상을 고려해서 가능한 한 온화하고 의지가 강한 그리고 지적인 면을 살리고자 했으며, •농민을 상대로 한다는 점에서 글씨는 크게 문안은 짧고 간명하게, •농민문제 해결을 위한 실질적이고 전문적이며 구체적이고자 노력했다.

문제점

- 너무 종류가 많았다. 너무 농민 위주였다. 농번기인 탓에 농민들이 읽어볼 수 없었고, 특히 농민들이 보는 문화에 익숙하지 않았다.
- 선전 요원들이 농민의 정서를 함께하는 데 익숙하지 못했고, 외부 지원요원들로 채워져 연결자 파악, 농민적 접근 방식에 한계가 있었다.

- 초기의 유인물은 글씨체, 문안, 색깔 등에서 농민후보다운 독특한 이미지를 살려내지 못했다.

다. 조직

조직사업은 전체 조직의 책임자가 10월 20일 전에 선정되었으나 담당자의 바쁜 농사일 관계로 제대로 가동되지 못하다가 10월 25일경에야 본격적으로 가동되었다.

조직활동은 영광과 함평으로 크게 구분하여 읍·면별 책임자 선정 작업으로부터 시작하여 리·동 단위 책임자 선정 작업으로 내려갔으며, 지역 내 동원·선전·좌담·득표활동을 총괄하는 방식으로 진행되었다.

함평지역은 7개 읍·면은 농민회 활동가를 주축으로 선정·활동했으며, 1개 면은 씨족(노씨) 사조직 책임자였고, 1개 면은 조직책마저 선정되지 못한 상태에서 각종 활동이 비조직적으로 추진되었다.

자연부락 480개 중 120여 개 마을에 조직책이 선정되어 활동했으며, 그룹별 좌담회가 실시된 곳이 90여 개였고, 후보자 직접 방문 순회, 군 단위 조직책임자들의 조직적 교섭 관리, 읍·면 단위 조직책의 득표활동 또는 주민 설득차 방문한 마을이 (120개 마을 조직책 선정 지역을 포함하여) 200개 마을을 넘지 않았다. 단지 선전반이 개별 농가 방문을 통한 전단 배포 지역만 350개 마을을 순회한 것으로 나타났다.

영광지역은 연락소를 거점으로 함평군농민회와 무안군농민회원을 중심으로 타 군농민회 활동가들이 주된 활동을 담당했던 지역이다.

9개 읍·면 중 조직책이 선정된 지역은 4개 면(영광읍, 묘량, 대마, 법성)에 불과했고, 그나마 11월 초 투표일을 7일 정도밖에 남겨놓지 않은 상태였다. 따라서 자연부락 단위 조직책은 10여 개 마을에 불과했다(영광군 전체 자연부락은 550여 개임).

활동은 주로 홍보선전팀의 각 마을 순회, 읍·면 단위 상가와 장날을 이용한 후보자와 조직책들의 순회 악수 공세, 각종 행사 참여, 유세장에서의 선전·선동에 선거의 조직 역량이 중심을 이루었다.

좌담회는 30여 회를 실시했다. 조직책들의 마을 단위 활동은 거의 없었으며, 군 단위 조직책들의 각종 단체(학교 등) 방문 설명, 마을 단위 순회 개별 면담 등이 50여 회 있었다.

씨족별 조직은 노씨 150여 명 대표자 모임, 홍농 원자력 노동자 조직 접촉 시도, 천주교회 추수감사제 연결, 원광대학생들의 좌담회 실시 등이었다.

문제점

- 경험 부족과 자금력의 열세로 인한 사기 저하, 자신감 결여로 인하여 한정된 지역에서만 맴도는 식이었다.
- 농번기로 인하여 조직원들의 가동률이 현저히 저하되었고, 그나마 입장을 달리하는 회원들의 소극적·방관적 자세로 인한 문제.
- 조직책들이 대중적으로 알려져 있지 못한 관계로 농민들에게 설득력이 약했다.
- 고립분산적인 조직력, 능력의 한계, 훈련 부족으로 인하여 역부족이었다. 특히 행정력이 뒷받침되지 않아 시행착오가 너무 많았다.

이 같은 문제는 좌담회 시간 배정, 좌담회 당시 분위기 파악, 사후 뒷마무리 등에서 심각한 문제를 야기했다. 간단한 다과 준비를 하지 못해 좌담회에서 형성된 분위기마저 저하시키는 경우도 있었다.

※ 조직책 선정은 계획에 대해 15%, 좌담회는 12%, 종교별·씨족별·단체별 조직율은 2% 정도였고, 마을 순회 역시 30% 수준에 머물렀다.

※ 실적이 이러함에도 불구하고 득표활동이 되는 능력 면에서는 전체 유권자의 50%를 차지하는 농민층에 대한 대안이 없었으며, 조직책 역시 30대층이라는 한계를 인식하고 조직원들의 의식과 지역 내 신뢰도 면에서 실제 역량은 형식적 수치에 비해 더욱 낮을 수밖에 없었다.

※ 여러 면에서 역부족이었지만 선거 과정에서 회원을 제외한 연결자

1,000여 명, 조직원들의 경험 축적, 동지적인 결속력 강화, 당당한 자세 등은 성과였다.

라. 교육

계획은 각 읍·면별로 교육위원회를 꾸리기로 했는데, 영광·함평 군 단위에서만 실행되었고, 읍·면 단위는 3개 면에서만 실적이 있었다.

총 좌담회 수는 600회(전체 마을의 60%)를 계획했지만, 140여 회를 넘지 못했다. 평균 좌담회 참석자 수는 25명으로(들판 좌담회 20여 회) 총 4,000명을 대상으로 실시하여 전체 유권자의 3.4%이고, 후보자의 연일 인사, 조직책들의 접촉을 포함하면, 그리고 유세장 청중 6회 평균 1,500여 명, 3만 명으로 총 유권자의 27%를 접촉했다.

문제점

- 계획에 비해 교육 주체 능력이 모자랐으며, 행정력의 부재로 인하여 타 군농민회 지원 인력을 효과적으로 배치하지 못했다.
- 농번기로 인하여 교육 추진 조건이 어려웠고, 시일의 촉박성으로 인하여 턱없는 무리였다. 더구나 선거가 임박해 행하는 좌담은 득표에는 별 도움이 되지 못하였다. 이것은 득표 결과에서도 드러났듯이 투표일 3일 전까지 지역과 그 후 실시 지역에서 선명히 나타나고 있다.
- 후보자에게 시선이 집중되는 시기에 있어 후보자가 담당할 수 있는 좌담회량은 한정될 수밖에 없으며, 일정 역시 비생산적인 계획이 많았다.
- 좌담회 내용은 비교적 좋은 반응을 얻었으나 시간이 너무 짧았으며, 후속 작업이 부재했다.
- 좌담 대상 마을 선정에 문제가 있었다. 주로 좌담이 농민회 조직이 있는 지역 또는 노씨 세력에 집중되었는데, 역량상 어쩔 수 없었다 하더라도 고려됐어야 했다.

마. 사무 처리

사무 처리(행정력)는 10월 20∼27일까지 후보 등록에 필요한 ① 후보 추천 서명을 위한 서명 목표에 따른 각 읍·면별 목표를 세우고(서명은 함평에서만 추진되었음), 차질이 없도록 수시 점검·독려(서명 목표 1만 명), 서명자 관리를 위한 분류 작업, ② 각 읍·면별로 자연마을 종합대장을 만들어서 수시로 파악되는 조직책 연결자, 좌담회 실시 여부, 선전물 배포 현황 등을 체크·정리하고, ③ 영광·함평에 사무소 설치, 자원봉사자 활동 요령 교육 배치, ④ 재정 모금을 위한 각종 활동과 회계장부 체계 확립, 현금 출납, 선거 사무 종사원 및 방문자 숙식 해결(총 4,000장 들어감).

10월 27일∼11월 2일까지는 상황실 설치, 매 시간 각 부서별 활동 체크(1일 활동보고서 체계화), 언론기관과의 관계(기자회견, 성명서 발표 등), 좌담회 개발 수행, 연결자 정리 접촉, 서명자 관리를 위한 감사장 발송 2,000여 명, 각종 동원 차량 배치 관리, 현수막 설치, 후보자 활동과 수행 업무 관장.

11월 2∼8일까지는 유세투쟁에 수반되는 각종 실무 처리(동원 계획, 유세 내용 준비·분석·처리), 투·개표 참관인 배치, 선거 사무원 등록 및 교체.

11월 10일까지는 투표 당일 기동반 편성 각 투표구 점검, 부정선거 감시, 개표 상황판 설치, 개표 집계.

문제점

- 추천 서명이 목표에 비해 크게 미달되었다. 목표 1만에 대해 실적 2,000명. 서명이 함평에서만 추진되었다.
- 회계업무 처리가 조직적으로 처리되지 않았으며, 이 밖에 연결자와 각 부서의 활동이 체계적으로 파악되지 않았다.
- 사무실 분위기가 농민후보 분위기를 느낄 수 없는 청년, 자원봉사자 중심이었다. 회원들로부터도 오해와 거리감을 사게 되었다.
- 상황실 담당자가 수시로 바뀜으로써 상황이 단절되었다(특히 현장과

의 혼선을 많이 빚었다).

바. 여성

당초 계획은 유권자의 절반을 차지하는 여성 유권자를 겨냥하여 조직책 발굴, 좌담회 실시 등을 통하여 득표로 연결시키려 했다. 하지만 조직 내에 이러한 역할을 수행할 적합한 인물이 없어 조직적인 추진이 되지 못했다.

실제 활동은 농민회 여성부장과 후보자 부인, 그리고 외부 지원 인력이 팀을 꾸려 읍·면 단위 연결 지역을 인사차 방문하는 일(4개 읍·면 실시)과 농민회 연결 부락(20여 개 마을) 순회, 20여 개 지역에서 좌담회·간담회 실시가 있었다. 들판 작업장 수시 접촉.

그리고 선거 사무 인력 100여 명의 숙식 처리를 담당하였다.

문제점

- 역할의 중요성에 비해 정책 부재, 여성의 특성과 농민후보 이미지 문제, 핵심 담당자의 부재 등으로 인하여 조직적이고 체계적인 활동이 이루어지지 못했다.
- 농번기로 인하여 농민회 여성 연결자마저 가동시키기 어려웠다. 더구나 전무한 자금 상태, 무경험 등의 열악한 조건에서 고전을 면치 못했다.
- 책임성의 결여로 활동이 중복되고 혼선을 빚었다.
- 남성 유권자들보다 더한 맹목적 평민당 지지 성향, 농민후보에 대한 흑색선전에 효과적인 대응은 역부족이었다.

사. 여론 조사

여론 조사는 별도의 사무실을 확보하고, 전화기 2대로 4명의 인력이 전화 설문을 통하여 10월 25일부터 11월 5일까지 300여 명 각 후보에 대한 지지도 파악, 11월 5~8일까지는 농민후보에 대한 지지 호소 500여 명, 그리고 한편에서는 읍·면 단위 여론 형성지인 다방과 술집 등에 사람을 파견, 일반 여론의 흐름을 파악하는 데 중점이 모아졌다.

※ 선거구의 개황과 특징, 유권자 분포, 각 후보의 주된 정책 등이 비교되어야 함.

전화 설문에서 나타난 유권자들의 반응은 대부분 평민당 지지자였으며, 민자당과 평민당에 대해서는 소신 있는(지역감정 해소, 지역사회 개발) 답변이 있는 데 반해서, 농민후보는 무소속이라는 한계, 도중하차 우려를 나타냈다. 농민후보에 대한 지지는 10%였다.

문제점

- 설문 내용이 농민후보에 대한 지지를 유도하려는 의지가 약했다. 뿐만 아니라 전화번호가 제대로 입수되지 않았으며, 농번기이기 때문에 새벽과 밤중에 집중적으로 설문이 이루어져야 했는데, 우리는 낮에 주로 했기 때문에 허탕을 많이 쳤다.
- 물량 면에서 너무 적어(전화 2대) 전체 여론을 파악하는 데 한계가 있었다.
- 다방과 술집 등 여론 수집 역시 담당자들의 과학적이고 요령 있는 파악이 이루어지지 못하였다. 이유는 수적으로 너무 적어 형식에 그쳤고, 그나마 체계적이고 지속적으로 되기보다는 우연적이고 편향적이었다. 오히려 우리 쪽의 유리한 여론을 들으려는 심리적 상태로 일관되었다.

아. 후보자 활동

후보자는 후보를 정점으로 수행팀(4~5명), 경호팀(3명), 차량 1대(봉고), 유세 시는 차량 2대에 한 그룹을 이루어 선거대책본부에서 매일 체크해주는 일정에 따라 활동하면서 선거 전반을 총괄하였다.

활동은 주로 각 지역 방문 인사, 자연마을, 들판 작업 현장 순회, 대책본부 참모회의 참여, 각종 언론과 매스컴 인터뷰, 방문자 면담, 정책 개발과 구상, 좌담회 실시, 각 단체 방문 강연, 유세, 선거 후 각종 뒤처리 사무, 평가회의 참여, 감사장 발송 등이었다.

- 각 지역 방문은 10월 20일부터 27일 후보 등록까지 집중적으로 실시되었는데, 함평지역은 1읍 8면 전 지역을, 영광지역은 3읍 8면 중 5개 읍·면을 방문했다. 그리고 각 단체 행사 참여는 농협의 농민대회 2회, 교회 2회, 축우회 1회, 회갑 및 상가 방문 3회, 대학교 1회 등이었다. 방문한 행사 참여 시에는 주로 유권자와 악수, 인사, 간단한 연설 등을 통해 농민후보의 정당성, 지지 호소 등 이미지 부각에 노력했다. 특히 지역 방문 시에는 읍·면 단위 소재지 상가와 5일 장날을 활용, 유권자와 직접 접촉활동을 전개했다. 이렇게 만난 유권자는 전체 유권자의 9%, 1만 1,000명이었다. 후보자가 방문하는 지역은 홍보선전반에 의해 사전 홍보물이 유권자에게 전달된 후 방문했다.
- 자연부락 순회와 들판 작업장 찾아가기 역시 위와 같은 내용이었으며, 10여 개 읍·면 단위, 120여 개 마을, 50곳이었다.
- 각 언론과 인터뷰는 텔레비전 각 4회, 라디오 3회, 신문 6회, 이 밖에 잡지 또는 주간지 10여 회였다. 대담 또는 인터뷰는 대책본부에 사전 연락이 되어 수시로 이루어졌다(사무실과 현장에서).
- 정책 구상과 채택은 참모회의에서 이루어졌으며, 개인의 구상은 활동 중 문득문득 떠오르는 생각을 메모해서 밤 12시 이후 취침 시간에 구체적으로 정리한 뒤 이튿날 참모들의 생각과 종합하여 판단·처리했다.
- 유세는 6차에 걸쳐 있었는데, 내용은 후보자가 직접 간단한 요점 메모를 중심으로 유세장마다 지역 특성에 맞게 융통성을 발휘했다. 기본 내용은 인사, 소개, 반민자당, 평민당 비판, 농민문제 정책 제시, 지지 호소, 마무리 순이었다(예: 11월 2일 유세는 수매가문제, 영광에서

는 공해문제, 또 연설 순서에 따른 배열 등이다).

- 방문자 면담은 후보자가 쉬는 시간을 주로 활용했는데 대체로 유세 시작부터 줄을 이었다. 분류하면 외부 지원팀, 봉사자, 성금 제공자, 새로 발굴된 연결자 등이었다.

- 좌담회는 주로 27일 이후에 집중적으로 이루어졌는데 밤 시간이 활용되었다. 연결자를 통해서(조직원, 씨족) 주로 개인 집에서 개최되는데, 내용은 인사, 출마 배경, 현 정세, 농민 단결 촉구, 지지 호소. 그리고 박수를 2차례 유도하는 순으로 진행되었다. 하룻밤에 평균 5개 마을을 순회했기 때문에 1곳에서 10분 정도씩의 체류 시간밖에 내지 못했다.

- 투표 당일에는 각 투표소를 방문할 계획이었으나 참모진의 만류로 함평·영광 사무실만 방문했으며, 상황실에서 진행 상황을 확인했다.

- 선거 후에는 12일 모임을 통해 저하된 사기를 격려했으며, 곧바로 2,200여 명에게 감사장 발송, 엄다면·손불면 등 현지 순회 방문 인사, 각종 평가회 참석 등이 있었다.

문제점

- 후보 수행팀이 수시로 교체됨으로써 그나마 경험이 축적되지 못했고 체계적이지 못했다.

- 특히 후보자 주변에 연령층이 너무 젊은 것이 농민후보다운 이미지를 심는 데 문제가 있었다. 옷차림 역시 서경원 씨 때문에 무척 신경을 쓰느라 소박하게 어필하지 못했다.

- 후보자 스스로도 경험이 없어서 초반에는 대중적 이미지를 내지 못했고, 주변 인물들 역시 상대에게 안정감을 주는 데 부족했다.

- 좌담회가 후보자 1팀에 의해서 치러져 유권자의 마음이 결정되기 이전에 실시되어야 효과적이며, 투표 전일에 실시된 좌담은 호기심을 유발시키는 데 만족해야 했다.

448

- 각 단체 행사 시에도 전체를 상대로 연설할 기회를 잡지 못하고 한 번 다녀갔다는 정도에 불과했다.
- 투표 당일 투표소를 방문치 않은 것도 문제였다.

※ 좌담의 성과는 지지 기반 확보에 도움을 줄 수 있었다.

※ 유세 내용과 능력이 가장 뛰어났다.

※ 들판 농사 현장 방문 시 맨손으로 대응한 것은 평가해볼 일이다.

자. 재정

계획은 수입 7,000만 원(후보자 1,000만 원, 회원 2,000만 원, 지역 내 모금 500만 원, 광주지역 500만 원, 서울지역 2,000만 원, 타 군농민회 500만 원, 기타 500만 원)을 세웠으나, 실제는 후보자 1,500만 원, 지역 내, 회원, 서울, 타 군농민회, 기타, 총 5,000만 원이었다(숙식 포함하여).

문제점

- 회계사무 처리가 엉망이었다. 수입과 지출이 명확히 정리되지 않았다.
- 회원들의 모금이 극히 저조했다.
- 좌담회 다과비가 계획적으로 집행되지 못했다.
- 마지막 활동비가 너무 늦게 뿌려졌다.
- 선거 계획에 비해 턱없이 부족한 재정 계획이었다.

(2) 유세투쟁

가. 유세투쟁의 조직력

선거에 있어 중요한 3요소(조직력, 자금, 후보자의 능력과 정책 대안) 중 우리가 가장 유리하다고 판단했던 것이 바로―후보자의 능력과 경력, 그리고 선거구민의 80%가 농민이라는 점에서 농민문제 해결에 대한 구체적 대안을 가지고 있다는 점에서―유세투쟁이었다. 그리고 첫 유세가 농민후보의 출신 지역인 함평읍에서 치러진다는 점에서 매우 중요한 것이었다.

유세 준비는 조직력을 통한 유세장의 사전 분위기 장악, 유세 내용에 따른 지지 기반 확대, 유세 후 세 과시 등 3단계로 추진되었다. 여기서 가장 중요한 것이 유세장 사전 분위기를 좌우할 조직력 동원이었다.

따라서 상황실을 제외한 모든 역량이 함평중학교 유세장으로 투입되었다. 3일 전부터 우리 측 지지자 동원은 계획적으로 추진되었으며, 유세 당일 모든 후보자의 조직력 역시 유세장으로 집결되었다.

오전 9시 30분부터 각 후보 진영의 유세장 입구 분위기 장악이 시도되었고, 이것은 후보자를 알리는 각종 선전물을 배포하는 홍보전으로부터 시작되었다.

우리는 조직 동원 지지자 300여 명, 각 부서의 활동요원 100여 명, 전국 각지의 지원세력 100여 명, 도합 500여 명이 조직적으로 동원되었다.

후보자는 10시 정각에 유세장 입구에 도착했으며, 지지자의 연호와 함께 유세장 본부석에 도착하였다. 타 후보도 속속 입장했고, 조직적으로 움직이는 기세는 농민후보, 평민당 후보, 민자당 후보, 무소속 후보의 순으로 나타났다.

※ 유세 전날 밤 참모회의에서 농민후보 이미지 부각을 위해 운동원들이 '쌀값 쟁취, 농민후보' 마대 조끼를 입기로 결정했으나, 후보자의 서경원 의원 이미지 고려 때문이라는 설득으로 취소되었다.

10시 10분쯤 유세장에 모인 청중은 대략 400여 명으로 추산되었다. 예상했던 인원보다 적었고, 분위기도 담담했다. 연설 순위 추첨에서 4번을 뽑아 다소 사기가 저하되었다. 우리는 맨 끝에 퇴장 여세를 몰아가기로 했다.

1번 조기상 후보는 지역사회개발(칠산종합개발계획)을 내세웠고, 평민당에 대한 집중적인 공격과 서슴없는 인신공격을 했다. 연설 솜씨는 노련했지만 호소력이 없고 반응 역시 별무였다. 유세 후 500여 명이 빠져나갔다.

2번 이수인 후보는 현역 국회의원들에 둘러싸여 세를 과시하며 등단,

지역감정 해소와 김대중 씨의 대권 구도를 위해 지지를 호소했다. 하지만 연설 솜씨는 별것이 없었고 내용 역시 김대중뿐이었다. 조직 동원된 인원들만 김대중에 대한 지지를 호소할 때마다 박수로 응답했다. 연설이 끝나자 1,000여 명이 빠져나갔다.

3번 김기수 후보가 연설하는데 유권자들을 지루하게 만들어 흥미를 느끼지 못한 사람들 1,000여 명이 유세장을 떠났다.

4번 농민후보가 등단했을 때 청중은 1,500명이었다. 유세장 분위기는 담담했으나 상대적으로 생동감 있고 절실한 내용이 설득력을 높였으며 뛰어난 연설 솜씨 또한 인정받았다(말은 제일 잘한다는 여론 퍼짐).

유세 후 퇴장하는 청중과 함께 농민후보 연호하며 2,000여 미터 행진, 제일병원 앞에서 기동경찰 100여 명과 대치, 심한 몸싸움이 벌어졌다. 12시쯤 본부 사무실 앞에서 경찰과 대치하는 가운데 영광 군남 유세장으로 향했다. 연설 순위 4번이 무척 아쉬웠다.

군남 유세장에서는 농민후보가 타 후보를 훨씬 능가하는 평가를 받았으며, 자타가 인정하는 분위기였다. 순위 추첨 역시 3번을 뽑아 오전의 경우보다 좋았지만 평민당은 후보가 첫 번째 연설을 하고 빠져나갔다. 지지자들은 이렇게 하면 당선 가능성까지를 전망하기도 했다.

하지만 3일 문장 유세에서는 타 후보들이 첫날 패배를 만회하기 위해서 조직력을 대거 동원했고, 우리는 상대적으로 열세를 면치 못했으며, 유세장에서 (평민당과) 집단 몸싸움이 벌어졌다. 세에 있어 밀리기 시작했고, 운 나쁘게도 4번을 뽑아 완전히 실패했다.

5일 법성 유세 역시 4번으로 실패하고 말았으며, 오후 학다리 유세에서는 1번을 뽑아 오전의 실패를 만회했으나 남대협 학생들의 정치 행위로 마지막 유세자인 평민당 판을 만들어버렸다.

6일 영광읍 마지막 유세는 2번으로 5,000여 명에게 농민후보의 주장과 연설 솜씨를 유감없이 발휘했다.

- 첫날과 영광 마지막 유세를 제외하고 3번, 4번을 뽑아 매우 아쉬웠다. 처음부터 후보가 직접 추첨을 했어야 했다.
- 농번기로 인하여 유세장 청중이 의외로 적었고, 6회 총 2만 명 중 각 후보 진영이 상시 동원 인원(조기상 3,000, 평민당 4,000, 농민후보 1,500, 김기수 300, 기타 500)을 뺀 전체 유권자의 10%만이 참가했다. 이것은 농번기와 평민당의 영남 인사 공천에 대한 관심도 저하에 원인이 있다(평민당 아성 → 의외 공천 → 맥 빠진 선거).
- 기본적으로 열세인 자금력 · 조직력으로 인하여 역부족이었다.
- 적은 역량이었지만 최선을 다했고, 농민후보의 뛰어난 연설 · 정책 등이 자부심을 갖게 했다.
- 농민문제의 사회적 해결, 공감대 형성, 보수 양당의 반농민성 폭로 등으로 지지 기반을 형성했다.
- 남대협의 반농민적 행위가 유세장 분위기를 반감시켰고, 반사이익은 평민당에 돌아갔다.
- 우리 측 외부 지원도 막강했음을 보여주었다.

나. 타 후보 진영의 움직임과 농민후보에 대한 영향

① 평민당

평민당은 영남 인사를 공천함으로써 지역 대표성을 무시한 독단, 지역 여론을 외면한 비민주성, 심각한 농민문제를 지역감정 해소라는 명분으로 선거 쟁점을 왜곡시킨 반농민적인 기만성 등의 악조건을 만회하기 위해서, 김대중 씨가 일주일 이상을 체류하는 적극성과 현역 국회의원 60여 명을 동원하고 외곽조직을 최대한 활용하는 등 총력전을 전개함으로써 농민후보에 끼친 영향은 지대했다.

김대중 씨는 선거 공고 훨씬 전(밀양 방문)부터 평민당은 농민의 당이라는 등의 언론 플레이를 통하여 사실상 선거전에 돌입했으며, 10월 26일 영광의 옥외집회, 11월 3일 이후 영광·함평을 넘나들면서 읍·면 단위는 물론 리 단위까지 방문함으로써 김대중에 대한 열렬한 지지 성향을 11월 7일 함평 집회를 마지막으로 묶어세웠다.

뿐만 아니라 현역 국회의원 60여 명, 각종 외곽세력을 마을 단위에 집중적으로 투입함으로써 바람과 조직력의 일맥상통을 이루어냈다. 뿐만 아니라 사실상 지역 권력을 장악하고 있는 여건을 최대한 활용(각종 불법 자행, 농민후보에 대한 견제)했고, 각종의 흑색선전(민자당 표 먹고 나왔다. 농민후보는 자칭이고 사실상 농민단체는 평민당을 지지한다. 농민후보는 똑똑하지만 다음에 기회가 있고, 김대중 씨는 이번에 지면 끝장이다. 수세 등 농민문제를 평민당이 해결했다. 이번 선거는 노태우 대 김대중의 대결이다) 등으로 농민후보를 선거전의 주적으로 삼았다.

평가

평민당 일색의 지역 정서, 권력의 프리미엄, 바람, 조직력, 자금력, 외곽 동원세력 등에 비해 농민후보는 역부족이었다.

그럼에도 불구하고 끝까지 버티면서 정면 대결을 벌였던 우리의 역량 또한 대단했다. 보선이기 때문에 우리가 불리한 점이 많았다. 우리는 성장하고 저들은 쇠퇴한다는 측면에서 잠재적 지지 기반을 형성하는 계기가 되었다.

② 민자당

선거 초반에는 정면 승부를 하는 데 농민후보가 자기들에게 유리할 것이라는 분석을 한 것 같다. 하지만 중반 이후 유세 과정(해보면)에서 "1번을 찍지 않으려면 무소속 4번을 찍으시오"라는 발언과 그 후 영광에서 공식 유인물("조기상 눈물로 호소합니다")을 통하여 같은 내용을 발표한 것은 농민후보에 대한 견제였으며, 이것은 민자당 상층의 대응이었던 것 같다.

즉, 국회 등원을 바라고 평민당 후보가 TK세력이라는 점에서 오히려 평민당의 당선을 부채질했고, 농민후보는 큰 손상을 입었다. 유권자들에게 마치 민자당과 농민후보가 담합을 한 것처럼 보이게 함으로써 농민후보를 견제했던 것이다.

평가

우리는 민자당에 대한 지지표는 별로 없을 것으로 보고, 평민당에 비해 적극적인 대응을 하지 않았다. 승부는 민자당의 고정표 1만 5,000에 있다고 보지 않았기 때문이다.

그런데 평민·민자가 상층 담합이 있을 것까지는 미처 생각하지 못했고, 또 농민후보에 대한 흑색선전(위에서 말한 '눈물로 호소')에 대해 대처할 시간적 여유나 역량이 부족했다.

③ 무소속

김기수 후보는 애당초 평민당 사람이었기에 사퇴할 것이라는 판단을 했었으나 결국 사퇴함으로써 농민후보는 유권자들에게 후보단일화 여망에 반대한다는 인상을 주게 되고, 또 농민후보도 사퇴했다는 흑색선전을 믿을 수 있도록 해줌으로써 농민후보에 대한 견제 출마였음이 드러났다.

다. 민족·민주운동권의 동향

농민후보의 출현은 조직 내외에 많은 반응을 불러일으켰다. 이것은 여러 운동권에도 마찬가지였다. 직간접적으로 관심을 표방한 단체로는 당사자 입장인 전국농민회총연맹, 전국교직원노동조합 전남지부, (가칭)민중당, 전남광주지역민주연합, 전남광주지역 학생운동조직인 남대협, 농민후보 지지하는 대구경북지역 교수 일동, 서울대학교 총학생회 등을 비롯한 10여 개 대학과 각 서클, 한국농어촌사회연구소, 민주화를 위한 전국교수협의회 등이며, 이 밖에도 전국농민단체협의회 등 공식·비공식 단체 및 개인들이 성금을 보내주고 지원차 다녀갔다.

이상의 단체들은 농민후보에 대해 어떤 영향을 주었으며, 입장은 무엇이었는가?

① 전국농민회총연맹

보선 국면을 맞이한 영광·함평 농민회가 가맹되어 있는 전농은 영광·함평의 서로 다른 보선 대응 방식 때문에 가장 많은 회수와 기간 동안 이 문제에 대해서 논의를 진전시켰다.

최초에는 영광·함평 농민회의 입장 차이를 조정하는 데 주력했다. 10월 6일에는 후보단일화 입장을 공식 천명하면서 그 논의의 주체를 전농·통추위·민중당·평민당·민주당·국민연합으로 제안했다.

그러나 이상의 제안과 논의가 진전이 없자 직접 평민당과 접촉을 시도했으며, 10월 11일 중앙집행위원회에서 최종 입장을 정리하였다. 전농의 입장은 농민후보를 지지하는 것으로 결정되었으며, 11월 6일에는 영광 현지에서 전국 의장단·중앙위의장·사무처장·정책실장이 전농의 농민후보 지지를 기자회견을 통해 공식 천명함과 아울러 그동안 평민당이 (10월 26일, 11월 2일) 농민회가 평민당을 지지한다는 발언에 대해 유감을 표시했다.

평가

전농의 이 같은 입장 천명은 운동 방향과 회칙, 강령에 입각할 때 지극히 당연한 결론이었다. 하지만 이 같은 입장 천명이 농민후보에게 어떤 영향을 주었는가.

- 농민후보를 추대한 함평의 입장에서는 상급조직의 결정을 기다리느라 사실상 선거 준비를 하지 못하는 차질과 어려움을 겪었다(함평은 9월 13일 추대 결정 후 1개월이 지나서야 결정됨). 따라서 지역 내외의 연대세력을 구축하는 데 별 효과가 없었다. 특히 전농의 이 같은 처세

는 결국 평민당이 대중 앞에서 '전농이 지지한다'라고 농민을 현혹하는 역할을 방치하는 결과를 빚었다.

- 선거에 필요한 실무인력 역시 중앙에서는 1명만이 배치될 정도로 지원이 약했다. 민자·평민의 중앙 지원과 비교할 때 실로 한심스럽기 짝이 없는 것이었다.

- 단일조직으로서 중앙조직의 지도력이 하부조직인 영광농민회에 대해 아무런 지도성을 발휘하지 못한 채 무능을 드러냈다.

※ 각급 농민회에서 함평에 실무인력을 파견하고, 성금과 조직적 지원을 한 곳은 전남을 포함하여 30개 군농민회로 나타났다.

※ 하지만 함평 측의 경험 부재로 인하여 인력을 배치하고 효과적으로 활용하는 데는 효율성을 발휘하지 못했다.

② 전국교직원노동조합 전남지부

대외적인 입장 표명 없이 내부적으로는 특정 후보를 지지하지 않는다는 방침을 갖고, 영광·함평 지회가 공식·비공식 개인 자격으로 선거에 개입하지 못하게 했다.

하지만 함평·무안 등 각 군 전교조 조합과 조합원들이 실무인력을 파견하고 성금을 보내주었다. 그리고 일단의 조합원들이 전남도지부의 자체 결정에 반발하여 공식 토론을 제안하기에 이르렀으며, 공식 토론이 이루어졌다.

※ 함농에서는 전남도지부 결정에 대해 노농동맹적 시각과 하층연대라는 시각에서 문제를 제기하는 여론이 많았다.

③ (가칭) 민중당

농민후보에 대해 자체 결의로 지원하기로 했으며, 작 지구당에서 20여명의 실무인력을 파견했고, 성금을 보내주었다. 그리고 유세 기간 동안 고위 간부들이 파견되어 선거투쟁을 지원했다.

- 민중당의 선거 경험이 있는 실무인력이 파견되어 경험이 없는 농민 후보 측에게 많은 도움을 주고 특히 헌신적 자세에 대해 자체 훈련의 기회를 주었다.
- 하지만 선거 경험이 대부분 도시의 경험이어서 농촌 실정에 적응하기 어려웠고, 노력한 만큼 득표에 도움을 주지 못한 면이 많았다. 특히 지역 특성상 민중당이라는 이미지가 농민들에게 설득력이 발휘되기는 낯선 면이 있었고, 어떤 때에는 거부감을 주는 경우마저 있었다.

④ 광주전남민주연합

특정 후보(농민후보, 평민당 후보)를 지지하거나 구체적 반대 없이 반민자당 투쟁에 차질을 우려하는 기자회견과 함께 단결된 반민자당 투쟁을 유권자들에게 촉구했다.

⑤ 전남광주지역 대학생대표자협의회

농민후보를 반대하는 공식 문건을 수만 부 제작하여 조직적으로 각 유세장과 읍·면 단위(총 인원 100여 명)를 돌면서 농민후보에 대한 방해공작 활동을 전개하였다.

문건에서 밝히고 있는 농민후보에 대한 반대 명분은 반민자당 투쟁에 혼란을 주고 현 농민 역량에 맞지 않은 대응으로 규정하였다.

평가

- 사실상 평민당 지지자들이었다. 농민회의 문제제기에 많은 학생들이 설득력 있는 투쟁을 펴지 못했고, 일부 핵심세력에 조종당하는 순진한 학생들이 대부분이었다. 유세장에서 유인물 살포 시 농민후보 측의 제지를 받기도 했다.
- 농민들은 오히려 농민후보 측에서 동원한 과격 학생들로 인식하는

여론이 많았고, 특히 유인물 내용과 형식이 농민 정서와 문화에 맞지 않아 어느 쪽에도 도움을 주지 못했다. 평민당은 학다리 유세 때 이들의 파워를 적극 활용하여 득을 보았다.

⑥ 농민후보를 지지하는 61명 교수 성명서

농업경제학을 연구하고 민주화를 추진하는 전국 교수 61명이 농민후보를 지지하는 성명서를 발표하고 또 『한겨레』에 "농민을 위한 정치는 농민이 하자"라는 제목으로 광고를 냈으며, 대표단 7명이 영광·함평을 방문, 직접 유권자들에게 유인물을 배포하는 활동이 있었다.

※ 농민후보에게는 큰 힘이 되었으며, 조직원들의 사기를 드높이는 역할을 했다. 이에 평민당에서는 이수인 후보를 지지하는 교수들의 입장 표명이 있었다. 하지만 농민후보 지지 교수는 호남 이외의 지역 출신 교수들이었고, 또 평민당 지지 교수들은 호남 출신이 대다수를 차지하는 현상을 보여주었다.

⑦ 각 대학의 입장 발표

해방불꽃, 서울대학에서 농민후보에 대한 공식 지지 표명 등 충남대·경북대·영남대·목포대·전남대·조선대 등 17개 대학 서클에서 실무역량을 파견했고, 성금을 보내주었으며, 농활대를 꾸려 보냈다.

⑧ 민중의 정치세력화를 바라는 단체 및 개인

전남지역기독노동자회, 인천의 노동단체 등에서 지지 성원, 입장 발표가 있었고, 이 밖에 노동운동·사회운동 활동가들의 직간접적인 지지 성원 활동이 있었다.

전체 평가

• 농민후보에 대한 민민운동권의 대응은 지지·중립·반대 등 크게 세

가지로 나타났다. 그리고 농민후보 진영에 실제적인 힘을 나타냈는가 하면, 이에 못지않게 악영향을 끼친 경우도 있었다.

- 성향별로는 소위 피디PD 계열이 농민후보 지지, 엔엘NL 계열이 반대·중립 입장으로 나타났으며, 농민운동권의 분열된 모습이 그대로 재현되었다.

- 특히 열성적인 지지와 적극적인 반대 움직임을 목격한 말없는 다수는 이러한 모습을 겪으면서 운동권의 현실을 개탄했고, 포용력이 없는 대응에 '민자당만도 못한 놈들'이라는 비판을 서슴지 않았다.

- 농민후보를 낸 함농은 운동권의 이 같은 현상을 예상은 했으면서도 막상 현실화되자 적지 않게 당황했다. 본의 아니게 함농은 본래의 취지와 운동권의 노선 논쟁에 말려드는 것을 안타까워만 했지 속수무책이었다. 조직 내에서도 많은 오해가 있었던 것도 사실이고, 이 같은 오해는 선거 후에도 계속되고 있으며, 소위 농민회파와 민중당파 등으로 갈등이 계속되고 있다.

라. 각 언론의 보도와 농민후보에 끼친 영향

① 지방신문

지방신문은 『광주일보』, 『무등일보』, 『전남일보』가 연일 선거 상황을 보도함으로써 비교적 민자·평민의 대결로 기사의 방향을 잡아나갔다. 이러한 보도 태도는 무소속에 비해 상대적으로 비중이 높을 수밖에 없었지만, 특히 평민당의 지역감정 해소에 초점을 맞춘 각종 세미나, 집중보도, 민자당의 칠산종합개발계획 심층 취재에 비해 농민문제의 심각성을 다룬 보도는 상대적으로 없었다. 그중에서도 『무등일보』가 비교적 농민후보에 대한 비중을 높이 다루었다. 단, 각 신문이 농민후보 연설의 뛰어난 모습은 공인했다.

② 지방 텔레비전

지방 텔레비전은 비교적 후보자에 대한 비중을 공정하게 다루었지만 농민후보의 정책 대안 주장은 상대적으로 취급을 적게 했다.

③ 전국 텔레비전

양 텔레비전이 각 두 차례에 걸쳐 특집방송을 했고 비교적 공정한 보도였다. 하지만 매번 뉴스 시간 또는 특집방송에서 농민후보는 민중당이라는 등식으로 연결시키는 모습을 보였다.

④ 라디오

KBS, MBC, CBS 등이 각 한 차례씩 특집으로 보도했는데 비교적 돋보였다. 하지만 민중당과 농민후보를 연결시키는 태도는 MBC 같은 경우 너무 심했다. 엉뚱한 '선거 후 민중당 입당'이라는 주석을 달기까지 했다.

⑤ 각종 잡지

『시사저널』, 월간 『말』, 『일요신문』, 전국 일간지들은 대부분 특집 및 일반 기사에서 농민후보를 민중당과 연결시켜 보도했다.

⑥ 전체 평가
- 민중당과의 본의 아닌 연결이 농민후보에게 불리하며, 이것을 상대 후보(평민) 측의 의도적인 언론 플레이로 파악하고 회견 때마다 해명을 시도했으나 시정되지 않았다.
- 무소속이라는 한계가 있었음에도 불구하고 농민후보라는 희소 가치, 깨끗한 선거 운동 방식 등이 언론의 관심을 끌어주었다.
- 언론 역시 재정 능력·정치력 등이 모자라는 한계를 실감해야 했다.

마. 투표 당일 상황과 후보에 끼친 영향

투표 당일 날씨는 갑자기 추워졌고 하루 종일 비가 내렸다. 이것은 유세 과정에서 4번을 뽑아 실패한 경우처럼 농민후보 진영에게 극히 불리한 것이었다.

상대 후보들은 막강한 자금력과 조직력을 동원하여(민자·평민은 각 투표구마다 봉고 및 자가용까지 배치) 유권자들을 실어 나름으로써 막판 공세를 하는데, 농민후보 진영은 자금은 일찍 바닥이 났고 운동원 역시 각 투표소 참고인으로 배치되었으니 차량 동원, 인원 동원이 전무한 상태였다. 유권자의 55% 이상이 50세 이상인 연령 분포와 겹쳐서 더욱 불리한 것이었다.

뿐만 아니라 후보자마저 투표구를 한 군데도 순회하지 못했다. 후보자는 돌자고 했지만 참모진은 우리가 먼저 돌면 상대측도 명분을 가지고 돌게 되고 저들의 우수한 기동력을 불러들일 필요가 없다는 판단이었다. 유권자의 판단은 이미 내려졌다는 판단도 작용하였다.

평가

열성적 운동원의 부족으로 투표장 분위기(총 투표소는 115개)를 장악하지 못했고, 후보자 순방 철회 역시 사기를 저하시켰다.

바. 선거 결과

투표 2~3일 전부터 농민후보 진영에서는 최선을 다했다는 의견들과 함께 투표 결과를 떠나 농민후보가 승리했다는 자평이 나오기 시작했다.

그것은 모든 것이 부족한 현실에서 당당하게 최선을 다했다는 만족감의 표시이자, 막강한(상상을 초월하는) 평민당의 김대중 씨와의 대결이었다는 자부심과 함께 유일하게 우리만이 농민문제를 거론함으로써 일반 농민들의 지지도 "농민후보가 제일 똑똑하다"는 분위기인 것으로 의식하고, 투표까지 연결되었으면 하는 기대감의 표시였다.

선거 결과는 완패였다. 7만 7,013명이 투표한 가운데 유효표 7만 3,208표 중 평민당 이수인 후보 5만 5,187표(75.4%), 민자당 조기상 후보 1만 6,412표(22.4%), 무소속 농민후보 노금노 1,612표(2.2%)로 나왔다. 평민당의 압승이었으며, 우리는 모든 투표구에서 평민당·민자당에게 졌다. 유일하게 1개 투표소에서만 민자당을 이겼을 뿐이다.

감표 요인
- 조직력·자금력·선거에 대한 무경험 등 역부족이었다.
- 김대중 씨에 대한 적극적인 지지 성향과 60여 명의 현역 국회의원을 앞세운 바람과 총력전의 위력을 격파하지 못했다.
- 평민당의 농민후보를 주적으로 한 각종 전술, 김대중은 마지막이라는 위협과 상황을 이용한 선동력, 김대중은 늙었고, 농민후보는 젊다는 호소력 앞에 표의 큰 흐름이 있었다.
- 서경원 씨가 뿌려놓은 농민후보에 대한 반작용.
- 지역감정 해소와 함께 영남 인사 공천에 대한 충격요법.
- 농민후보에 대한 가시적 지지를 표로 연결시키는 집중력 부재.
- 유권자 50세 이상이 55%였고, 그들은 김대중 씨와 함께한 정치적 역경, 농번기로 인한 조직 동원 차질, 투표 당일 날씨.
- 흑색선전, 민자당 조종, 노태우-김대중 대결 구도.
- 민자당의 농민후보 견제.
- 무소속이라는 한계, 농민들의 계급의식 미성숙.

내적 요인
- 준비 부족, 내부 분열, 무경험, 운동원 젊은 층 중심, 조직자금 부족, 지원세력 분열.
- 선거 전략·전술 문제, 세 싸움 중심, 기존의 방식 대응, 농민후보다운 전술 부재, 평화적 대응, 선전물의 비대중성.

긍정적 요인

- 황제처럼 군림하는 김대중 씨와 당당하게 겨루었다는 점.
- 평민당과 다른 세력을 대중에게 인식시킨 점과 함께 농민문제의 심 각성을 부각시키고 공감대 형성, 장기적 지지 기반 구축.
- 조직의 문제점 발굴, 정치적 입장의 통일, 결속력 강화.

사. 여론

- 농민후보에 대해 찬성하지만 민자당에 반사이익을 주지 않겠는가.
- 서경원 뽑아주었지만 그가 우리 망신만 시켰지 않았는가.
- 뽑아준다고 하더라도 무소속이 무엇을 하겠는가.
- 민자당으로부터 돈 먹고 나왔지 않느냐.
- 김대중은 마지막, 농민후보는 여유가 있다.
- 사람은 똑똑하고 말은 잘하지만 너무 어리다. 젊은 사람들뿐이다.
- 농민회는 민중당이다.
- 이번에는 어쩔 수 없었다. 다음에 보자.
- 너무 표가 나오지 않았다. 황색 바람에 놀랐다.
- 처음에는 내 지역 사람이 아니라 반발했지만 듣고 보니 이해 간다.
- 농민문제 해결할 사람 찍겠다. 내 지역 사람 찍겠다.
- 농민후보 찍겠다. 지역 개발하는 사람 찍겠다.

자. 조직원들의 여론

- 우리가 주인인데 외지 사람들이 주인노릇을 하고 우리는 로봇이다.
- 함께 뛰지 못해 미안하다(농번기), 시기상조다.
- 유세에 불려 다니다 표에 신경 쓰지 못했다.
- 좌담이 많아야 하는데 그렇지 못했다.
- 우리는 그동안 피 터지게 싸웠고, 성과는 평민당이 차지했다.
- 농민회 활동 방식을 바꾸어야 한다.

- 농민회 가지고는 선거를 치를 수 없다.

※ 10월 27일 후보 등록 시 8명 연행

3. 선거 후 대응 (11월 10일~12월 10일)

(1) 지역 내 여론과 지역 내 반응

지역 내 여론은 크게 세 가지로 나타났다. 첫째, 선거 결과(평민당의 압승)에 대해 당연한 귀결이라는 것, 둘째, 평민당 압승에 대해 놀랍다, 그렇게까지 이길 줄은 몰랐다, 지역감정이 더욱 심화되는 것이 아니냐는 우려, 셋째, 농민후보의 표가 너무 적게 나왔다는 여론 등이었다.

첫 번째 여론

- 이 지역이 원래 평민당 아성이기 때문에 김대중 씨가 대권에 도전할 수 있는 길을 마련해주어야 한다는 전반적인 여론이 표로써 확인된 것이다.
- 김대중 씨와 평민당 국회의원 60여 명 등 총력전, 그리고 이에 호응하는 11월 7일 5만 명의 운집 등을 보면서 예상되었다.

두 번째 여론

- 평민당의 영남 인사 공천으로 인하여, 그리고 사퇴정국에서의 후보자 공천 등이 악재로 작용하여 겨우 승리하지 않을까.
- 그동안 민자당이 1년 전부터 바닥 작업을 꾸준히 벌여왔고, 농민후보의 선전 등으로 팽팽한 3파전으로 보았는데 싱겁게 끝나버렸다.

세 번째 여론

- 지역 유권자의 80%가 농민이고 작금에 가해지고 있는 농민 현실을

464

감안할 때 농민후보가 상당히 선전을 벌인 만큼 표도 나올 줄 알았는데 너무 적게 나왔다.

(2) 농민후보 측에 나타난 여론(전화 격려, 순회 방문)

- 표와 상관없이 농민문제를 집중적으로 제기했고, 정정당당하게 끝까지 싸운 모습에 찬사를 보낸다.
- 이번에는 어쩔 수 없었다. 농민후보가 젊으니까 이해해야 할 것이다. 용기를 잃지 말고 열심히 뛰어라. 다음에는 좋은 결과가 있을 것이다.
- 아직은 평민당의 아성이고, 김대중 씨가 살아 있는 한 어쩔 수 없는데 시기상조였다. 서운하게 되었다.
- 너무 홍보가 되어 있지 않았더라, 이번에 얼굴을 알렸으니까 다음 기회를 바라보는 것으로 만족해야 한다.
- 선거 운동원들이 너무 젊고, 표를 획득할 수 있는 능력들이 부족하더라. 특히 50대 이상을 겨냥한 활동이 별로 없더라.
- 앞으로 지자제 선거 등이 있으니까 실망하지 말라.
- 백기완 씨 등 민중당 사람들이 판을 치고, 농민후보는 곧 민중당이라는 여론 때문에 표가 적게 나왔을 것이다.
- 괜스레 나와 가지고 고생만 했다.

(3) 조직 내 반응

- 우려했던 최악의 결과다. 우리는 피 터지게 싸웠고, 그동안의 성과는 김대중 씨가 고스란히 가져가버렸다.
- 사람을 믿을 수 없다. 그렇게 철석같이 믿었던 사람과 지역에서도 표가 나오지 않았다.
- 가만히 있었어도 그 정도의 표는 나왔을 것이다. 도저히 결과를 믿기 어렵다.
- 회원들마저 너무 움직이지 않더라. (1990. 12)

"졌지만 이겼다" 농민후보 노금노,
"대중에 대한 신뢰 확인"*

김대중 총재와 일전을 불사한 농사꾼. 스스로가 이번 보궐선거를 "노금노 대 김대중의 한판 승부"였다고 당당하게 말하는 사람. 영광·함평 보선에서 무소속으로 출마했던 농민후보 노금노(41) 씨는 총 유효표 7만 3,000여 표 중에서 2.19%인 1,600여 표밖에 못 얻었다. 대패大敗였다.

그러나 노씨의 표정은 싱글벙글이다. '대성공'이란다. 좀체 웃음기 없는 얼굴이기에 그의 밝은 표정은 더욱 티가 난다. 노씨의 선거운동을 도운 청년들의 표정에서도 패자의 낭패감이나 부끄러움을 전혀 읽을 수 없다.

"우리는 개표 전에 이미 승리했다. 대중을 끝까지 믿어야 한다. 가능성이 있다. 대중의 선택은 그럴 수밖에 없었다. 우리가 불신당한 것이 결코 아니다." 노씨의 낙선 소감이다. 적어도 1만 표는 예상했던 노씨다. 그런데 왜 2,000표도 못 얻었을까. 그의 말대로 농민 유권자에게 '불신당한 것은 아닌데도' 무슨 이유로 표로 연결시키지 못하고 2,000표 미만이라는 부진한 성적에 머물렀을까.

그의 표 분석은 이렇다. 그가 이끄는 농민회의 순수한 도덕성이나 양심이 기존 정치세력이 구사하는 각종 흑색선전과 권모술수를 표로 이겨내기에는 상당한 한계가 있었다는 것이다. 선거 일자도 의도적이었다고 꼬

---

* 이 기사는 『시사저널』 56호(1990. 11. 22)에 게재된 것이다. 함평·영광 보궐선거에 출마한 농민후보 노금노의 선거활동에 대한 중앙 언론의 드문 취재 기사로서, 당시 정황을 집약적으로 보여주고 있어 『시사저널』의 전재 허락을 얻어 유고집에 소개한다.

집는다. 하필 농번기를 선거 기간으로 잡았기 때문에 농민들을 적극적으로 동원할 수 없었고, 그 농민들이 농민후보의 정견을 제대로 들어볼 기회도 적었다는 것이다.

노씨는 패배의 결정적인 원인을 '김총재 탓'으로 돌린다. "김대중 씨가 여기에 일주일을 내려와 있었다. 마을 구석구석까지 다 찾아다녔다. 국회의원도 50여 명이나 투입되었다. 평민당은 '노금노는 똑똑한 청년이다, 그러나 그 사람은 다음에도 국회의원 될 수 있지 않느냐, 이번에는 김대중 총재를 밀어달라'고 호소했다. 그리고 그 호소가 주효했다."

그는 "평민당이 영남 인사인 이수인 후보를 공천함으로써 대중 정서를 꽁꽁 묶어놨다"고 역설적인 분석도 한다.

의회에 진출, 농민운동을 정치투쟁으로

노씨는 다음 선거에 재도전 의사를 밝혔다. 그의 14대 총선 재출마 계획은 정치계에 발을 디밀겠다는 한 정치 지망생의 소박한 희망 사항만은 아니다. 70년대부터 계속된 노금노 씨의 농민운동 경력을 들춰보면 그가 14대 총선을 겨냥하고 있는 까닭이 분명해진다. 74년 가톨릭농민회의 함평 외대화(노씨의 출신지) 분회 결성으로부터 그의 '운동 경력'이 시작된다. 76년의 함평고구마사건은 그의 운동 경력에서 빼놓을 수 없는 중요한 계기다.

80년의 광주민주화투쟁을 겪으면서 노씨는 종교적 성격의 70년대 농민운동에 한계를 느끼고, 농민운동단체가 주도한 전국 최초의 대중집회인 84년 함평·무안 농민대회를 통해 처음으로 농민운동의 정치투쟁성을 강화시킨다. 대중성을 확보하기 시작한 것이다.

그는 논 2,000평을 갖고 있는 농사꾼이다. 학벌이라고는 국민학교 졸업밖에 안 된다. 그러나 지금까지 1,500여 회의 강연회에 나가기도 했고 재야단체에서는 '이론가'로 통한다.

80년대 농민운동 이론의 쟁점은 정치화와 순수 농민운동을 병행해야 한다는 병립론과 농민적 성격이 강조되는 주도론의 대립이었다. 노씨가 바로 이 논쟁에 불을 붙인 장본인이다. 그는 "90년에 와서 전국농민회총연맹 결성으로 80년대 논쟁은 종결됐다"고 선언한다.

"80년대가 변혁운동으로서의 농민운동 시대였다면 90년대의 농민운동은 정치적 농민운동의 시대"라고 그는 주장한다. 그의 14대 출마 계획은 70년대에서 80년대에 걸친 20년간의 시대적 배경을 깔고 있는 셈이다.

"농민운동의 정치세력화가 주요 과제로 등장하고 있다. 그 첫 시도가 바로 이번 보궐선거에 농민후보가 나왔다는 점이다." 그는 또 한 번 운동의 선두에 선 것이다.

정식 구속과 입건 일곱 차례, 수도 없이 많은 연행과 연금. 그의 농민운동 경력에 따라붙는 뒷 경력이다. 그는 1년에 반 이상은 고향 함평을 떠나 있다. 전국 각지에서 열리는 강연회에 참석해야 하기 때문이다. "20년간의 농민운동은 외로운 길이었다. 나만큼 성공의 기쁨을 많이 맛본 사람도 적을 것이고, 쓰라린 배신을 나만큼 많이 당한 사람도 없을 것이다."

노금노 씨는 그러나 이번 유세 기간 중 "노금노를 모르는 사람도 많다는 것을 알았다"고 했다. 어쩌면 이것이 이번 선거를 통해 얻어낸 그의 교훈이자 한계일지도 모른다.

이여환 기자
(1990. 11. 22)

주민의 인간다운 삶과 진정한 지방자치 실현을 위하여

〔엮은이 주〕

• 이 글은 고 노금노 님이 지난 95년 무소속 농민후보로 제2대 함평군의회 의원으로 당선된 후, 주민의 인간다운 삶과 진정한 지방자치 실현을 위해 열정적으로 활동하던 시기에 군정 질의를 한 내용들입니다. 많은 질의 내용들 중 함께 나눌 만한 것들을 골라 유고집에 실었습니다.

• 그때그때 질의 내용들이 포괄적이기는 하지만 읽는 이들을 위해 그 대표적인 주제를 중간 제목으로 골라 붙였습니다.

생산적인 자치경영 체제로의 변화*

함평읍 출신 노금노 의원입니다.

존경하는 의장님과 동료 의원 여러분! 그리고 정원강 군수님과 관계 공무원 여러분!

우리는 지난 6월 27일을 계기로 자치단체장을 우리 군민의 손으로 선출하였고, 제2대 지방의회를 구성하여 그야말로 완전한 지방자치제를 시

---

* 이 질의는 1995년 11월 13일 제37회 함평군의회(임시회) 본회의에서 행한 것이다.

행하게 되었습니다. 주민의 손으로 직접 선출하여 출범시킨 우리 군은 타 시·군 자치단체와의 경쟁에서 낙오되지 않기 위해서라도 우리 스스로의 능력 향상과 경쟁력 강화에 혼신의 힘을 기울여야 할 것입니다. 변화의 시점에 있는 우리 군은 그동안의 비능률적이었던 행정 체제를 보다 생산적인 자치경영 체제로 변화시켜 경쟁력 높은 자치단체로 새롭게 태어나야만 합니다.

평소 존경하는 정원강 군수님!

여러 가지로 어려운 여건에 놓여 있는 우리 함평군의 현실에 비추어볼 때, 자치단체장에 대한 군민들의 기대와 욕구는 더욱 상승하고 있습니다. 따라서 막중한 임무를 부여받은 함평군수의 각오와 책임 또한 더욱 새롭게 느껴지리라 믿습니다. 본 의원 역시 더 큰 각오와 무거운 책임감으로 이 자리에 섰습니다. 본격적인 지방자치 시대를 맞아 이번 임시회에서 본 의원이 맨 먼저 군정 질문을 하게 된 것을 매우 뜻 깊게 생각합니다. 과거의 임명제 군수와는 다른 민선 군수로서 책임 있고 소신 있는 답변을 기대하면서 군정 주요 사안에 대해서 질문하겠습니다.

먼저 함평군 발전과 번영에 대한 기본 방향은 무엇입니까? 지방자치가 전면 실시된 지도 벌써 5개월째 접어들고 있습니다. 지난 수십 년 동안에 걸쳐 자행되어온 군사독재 정권의 비민주적인 상명하달식의 파행적 행정 폐단을 씻어내고 진정한 지방자치 시대에 합당한 함평 발전의 기틀을 세우기 위해서 노심초사하시는 공무원 여러분의 노고에 대해 진심으로 경의를 표하는 바입니다.

공무원 여러분! 전면적 지방자치란, 한마디로 우리 함평군의 살림살이를 군민 스스로가 책임지고 꾸려나가는 것입니다. 따라서 주민에 의해 선출된 민선 군수와 군의원의 사명은 군민들의 뜻을 받들어 우리 군의 자주적인 발전과 자립적 함평을 건설해나가는 것이 제1차적인 임무입니다. 자주적인 발전과 자립적 함평을 건설해나가기 위해서는 우선 먼저 우리 군이 안고 있는 문제, 즉 경제적 어려움과 사회적 갈등, 그리고 문화적인 낙후 등으로 인하여 표출되는 군민 의식이 지극히 외부 지향적이고 체념적인 상태에서 이에 대한 현상과 본질을 정확히 파악하고 분석하여 대책을 세우고, 그 대안을 군민에게 제시하는 일이 우리 모두에게 주어진 당면한 임무입니다. 바로 이러한 임무는 군수가 주체가 되어서 함평군 발전과 번영에 대한 기본 방향과 중장기적 목표를 군민에게 제안하고 군민의 동의를 거쳐서 구체적인 실천 작업을 착실히 추진해나가야 할 것입니다.

존경하는 군수님! 본 의원은 함평군의 발전과 번영에 대해서 다음과 같은 시각을 제시합니다. 첫째, 농가소득의 향상이 곧 함평군의 발전과 직결된다는 점입니다. 95년 현재 군민의 7할을 차지하고 있고, 소득의 7~8할을 농업소득에 의존하고 있는 우리 군의 조건에서 농가소득이 향상된다 함은, 그것은 곧 생산에 필요한 원료와 자재의 구매력 향상으로 나타나게 되며, 나아가 사회적·문화적 생활에 필요한 소비를 증가시켜 관내 상업과 서비스업 등 관련 업종의 소득 증가를 기할 수 있게 됩니다. 이와 같은 연쇄 소득의 증가는 세수의 증가로 나타나게 될 것이며, 증가된 세수는 보다 고소득 중심의 특화산업과 2차, 3차 산업에 대한 지원 확대로 발전될 것입니다. 앞으로 전개되는 정보화 시대에 있어 농업은 '다품종 소량 생산 체제'로 진전될 것이며, 이것은 농업 상품의 전문화, 가공·유통 체계 정비, 상표화 등이 발전의 관건이 될 것입니다.

둘째, 장기적으로 함평은 서해안 개발 시대의 도래와 함께 이에 수반되는 개발 계획에 의해 그 역할이 규정될 것입니다. 따라서 우리는 함평이 위치한 지정학적인 조건을 활용하여 발전 방향을 세워나가야 할 것입니다. 우리는 여기서 다음과 같은 조건을 주목할 필요가 있습니다. 우리 함평은 광주와 목포의 중간에 위치하고 있다는 점입니다. 그리고 이러한 조건은 함평을 주거환경에 알맞도록 개발해야 할 필요를 갖게 합니다. 지금은 광주와 목포에서 함평으로 출퇴근하는 현실이지만, 앞으로 교통이 더욱 발전되고, 상대적으로 광주와 목포권의 공해문제가 심화될 때 함평에 살면서 광주·목포로 출퇴근하는 환경의 변화가 초래될 수 있습니다. 이를 위해서는 우리 함평의 발전 계획은 비교적 비공해산업인 자연자원을 활용한 관광산업 및 레저산업의 개발 유치와 서비스산업, 그리고 읍·면별 특성과 경쟁력 분석에 따른 첨단농업의 발전으로 타 시·군에 비해서 물 좋고 공기 좋은 고장으로, 쾌적한 환경에서 주거할 수 있도록 하는 방향으로 개발해나가는 것입니다. 이 밖에도 제한적인 소규모 공업단지 유치 등 여러 가지 대안이 있습니다만, 본 의원은 함평의 발전과 번영에 대해 상기와 같은 시각을 가지고 있습니다. 그리고 이 같은 시각에서 볼 때 우리 함평군의 행정제도와 인력 배치는 물론, 예산 편성 역시 많은 변화가 있어야 할 것입니다.

군수에게 다음과 같이 묻겠습니다.

1. 함평군 발전과 번영에 대한 중장기적 목표와 방침은 무엇입니까?

2. 행정기구의 개편과 인력의 재배치가 필요하다고 보는데 어떠한 방침을 갖고 있습니까?

3. 예산의 편성과 집행이 인건비 등 경상비 중심인데, 보다 생산성 있는 예산 편성의 방침은 무엇입니까? 여기에 대해서 구체적인 답변을 바랍니다.

다음은 우리 군의 연도별 평균 소득 지표가 필요합니다.

본 의원은 이번 군정 질문을 위해 필요한 자료로 판단되는 94년도 함평 관내 개별 가구당 평균 소득은 얼마이며, 각 산업별(업종별) 개별 가구당 소득은 얼마인가에 대한 자료를 집행부에 요청한 바 있습니다. 그러나 놀랍게도 없다는 사실을 확인했습니다. 참으로 한심스럽습니다.

군수께서는 "함평군의 연평균 가구당 소득이 얼마입니까?"라고 물으면 뭐라고 대답하시겠습니까? 본 의원도 똑같습니다. 뭐라고 할 말이 없습니다. 더구나 지금은 함평 군민이 못산다고 해서 그 책임을 중앙 정부의 정책 잘못이라고 떠넘기던 그 시절하고는 다릅니다. 이제 우리는 우리 군이 외부와의 치열한 경쟁에서 살아남고 발전과 번영을 위해서 피나는 노력을 하지 않으면 안 될 막중한 책임과 의무를 띠고 있습니다. 따라서 본 의원은 우리 군의 살림을 정확히 파악해야 한다고 생각합니다. 그래야만이 앞으로의 계획에 대한 기초로 활용될 수 있지 않겠습니까? 왜 소득이 이렇게 낮으며 그 원인은 무엇인가, 대책은 어떻게 세워야만 올바른 것인가를 알 수 있지 않겠습니까? 구체적인 분석과 과학적인 대안이 아닌 막연한 바람과 우연에 의존하는 탁상공론으로는 이제 안 됩니다. 본 의원은 어떠한 경우에도 군민의 소득과 각 산업별(업종별) 생산성 등을 정확히 파악한 자료를 토대로 군정 발전 계획이 수립되어야 한다고 생각합니다. 군수께 다음 사항에 대해 답변을 요구합니다. 군정 발전 계획의 기초 자료인 가구별 소득과 산업별(업종별) 생산성을 조사하는 전담 부서가 필요하다고 보는데, 군수의 의견은 어떠한지요?

다음은 함평 한우(고급육) 육성 방안은 무엇이며, 판로 개척의 지원 방안은 무엇입니까?

21세기 정보화 시대는 농업생산 분야에 있어서도 다품종 소량 생산 체제로 진전되는 추세입니다. 그리고 이러한 생산 방식의 채택은 과거의 대량생산·대량판매의 방식으로는 더 이상 세계무역기구WTO로 대표되는 국제 경쟁력은 물론 국내 경쟁력에 있어서도 그 경제적 가치가 효용을 상실해가고 있기 때문입니다. 지금도 그렇지만 앞으로 전개될 인류의 먹거리 문화는 무공해 지향성과 다양한 개성과 취향에 따르는 고급스러운 입맛, 먹는 즐거움 등으로 한층 더 고급화되어가고 있습니다. 따라서 농업생산 역시 첨단기술과 지역 조건을 활용한 고품질의 생산과 개성이 뚜렷한 상품만이 시장을 장악할 수가 있습니다. 그리고 한편으로는 생산자 및 생산단체 스스로가 가공·유통·판매의 이윤까지도 자신들의 소득으로 귀속시켜나가는 필연적 과정을 밟아가고 있습니다. 따라서 우리 함평군도 이 같은 방향에 부응하는 비전을 가지고 행정적인 지원과 예산의 뒷받침을 해나가야 할 때입니다. 그럼 여기서 우리는 지난 과거를 뒤돌아볼 필요가 있습니다. 지난 70년대 우리 함평의 주요 소득 작목 중에서 양파는 빼놓을 수 없는 작목 중의 하나였습니다. 하지만 지금은 이웃의 무안군이 양파에 대한 전국적 주도권을 행사하고 있다는 사실입니다. 상대적으로 우리 군은 생산기술, 유통 체계, 상품성이 그만큼 뒤떨어져 경쟁력을 상실당하고 있는 것입니다. 바로 이 점은 우리 군의 생산자 모두는 물론이고, 행정당국 역시 많은 것을 자각케 하고 있습니다. 뿐만 아니라 지금은 또 그 어떤 상품이 우리의 연구 부족과 방심으로 인하여 타 시·군에 추월당하고 있는지도 모릅니다.

군수님! 지금 우리 관내에는 다음과 같은 사례가 있습니다. 함평영농조합법인에서는 '함평천지우'라는 상품성을 전국 시장에서 독점적으로 확보코자 서울의 중계동에 독자적인 함평천지우 고급육 매장을 개설하여 매월 1억 원 이상의 매상을 올리고 있으며, 매상고는 날로 증가되고 있으며 그만큼 상품성을 인정받아가고 있습니다. 따라서 이들은 함평천지우에 대한 법적인 상표권을 획득하기 위하여 93년부터 함평군이 특허 출원을 통하여 생산자단체들을 보호해주도록 교섭을 해온 바 있었습니다. 하지만 당시의 함평군은 이들의 요구를 수렴해주지 못했습니다. 때문에 함평영농조합에서는 자신들의 비용을 투자하여 특허청에 함평천지우라는 특허 출원과 함께 현재 특허 획득을 목전에 두고 있습니다.

그런데 금년 9월 함평군이 뒤늦게 이에 대해 이의를 제기하게 되었습니다. 이의를 제기한 내용은 특허법상의 '현저한 지역 명 사용 불가'라는 내용입니다. 따라서 지금 현재 특허청에는 함평영농조합법인의 특허 출원과 함평군의 이의 신청이 동시에 계류 중인 것을 본 의원은 파악한 바 있습니다. 군수님! 농업 분야에서도 특정 상품의 시장 획득 경쟁이 치열한 상황에서 우리 군의 특허 출원은 때늦은 감이 있지만, 소비자의 신뢰를 통한 농가소득과 직결된다는 점에서 매우 중요한 사안입니다. 따라서 본 의원도 이 문제의 원만한 해결을 위해 노력하겠습니다. 하지만 몇 가지 대안이 필요하기 때문에 군수에게 묻겠습니다.

첫째, 특허권 획득 자체만 가지고 생산농가의 소득이 보장되는 것은 아닙니다. 상표권이 보장되고 농가소득이 증대되기 위해서는 상표 관리가 매우 중요합니다. 만일 상표 관리가 철저하지 못할 때는 함평천지우는 소비자들로부터 외면당하는 수모와 함께 생산자들의 피해는 물론 군민 전체에 대한 명예마저 상처를 입게 된다는 사실입니다. 따라서 본 의원은 특허 관리를 위한 가칭 상표관리위원회 같은 기구가 필요하고, 이에 따르는 입법 조치(조례 제정) 등 전담 부서가 있어야 한다고 보는데, 군수의 대안은 어떠하신지요?

둘째, 함평천지우를 비롯한 함평의 특정 상품인 양파, 마늘, 엽삭젓, 돗자리 등 생산농가의 소득과 직결되는 상품의 시장 확대를 위한 대책은 무엇이며, 지원 방안은 무엇입니까?

셋째, 현재 함평영농조합법인과 함평군 사이에 문제가 되고 있는 특허 출원에 대해 어떤 해결 방안을 갖고 있는지요. 참고로 '현저한 지역 명 사용 불가'라는 법 규정은 별 문제가 아닌 것으로 본 의원은 파악하고 있습니다.

다음은 군수님 임기 중 객관적인 인사 원칙을 묻습니다.

인사가 만사라고 하여 인사가 잘못되면 모든 행정이 잘못될 것입니다. 군수께서는 이 거대한 조직의 총수로서 인사 행정이야말로 공무원의 사기에만 국한되는 문제가 아니라 직접 군민에게 영향이 미치게 되므로, 민선 군수로서 한 점 부끄럼 없이 양심에 입각하여 그 누가 보아도 공정성과 객관성이 있는 인사가 될 수 있도록 심혈을 기울여주시기 바랍니다. 전면적인 지방자치 시대를 맞이하여 민선 군수 취임과 함께 군수의 인사에 대한 재량의 폭이 더욱 넓어진 것으로 알고 있습니다. 따라서 권한이 강화된 만큼 그 책임 또한 더욱 막중할 것입니다.

그러면 다음 질문에 답하여주시기 바랍니다.

첫째, 현행 인사 제도는 군수의 자의적 정실 인사의 우려가 있을 수 있다고 본 의원은 생각하는데, 군수님의 재임 기간 동안의 객관적인 인사 기준은 어떤 것입니까?

둘째, 부군수를 위원장으로 하고 7명(공무원 4명, 민간인 3명)으로 구성되는 인사위원회의 위원은 어떤 자격과 기준에 의해 인선되는지, 정 군수님 취임 후 인사위원회는 어떠한 목적으로 몇 번이나 개최되었으며, 군수님께서는 이 인사위원회가 현재로서 타당하다고 생각하는지요? 또 계속해서 이 위원회를 존속시킬 것인지요?

셋째, 현재의 인사위원회는 군수 산하에 있어 군수 눈치를 살피는 유명무실한 인사위원회로서 객관성이 없다고 여기는바, 선진국처럼 각계각층의 여러 인사들을 참여시켜 중립적인 인사위원회를 구성하여 인사의 공정성과 객관성을 좀 더 높일 수 있는 방안은 없는지요?

넷째, 일명 노른자위라는 자리에 근무하는 공무원들이 남보다 빨리 승진하는 자리가 공식화되어 있는데, 다른 사람이 싫어하는 자리나 또는 기를 쓰고 가지 않으려는 민원 부서 및 기타 어렵고 소외되는 부서에 근무하는 공무원들에게도 동등한 승진의 기회를 줄 수 있는 대책은 없는지요?

다섯째, 내무부 산하 공무원은 6급에서 5급으로 승진하는 시험 제도가 폐지되고, 심사제로 바뀐 것으로 본 의원은 알고 있는데, 그렇다면 군민이 이해할 수 있는 군수의 객관적인 승진 원칙은 무엇입니까?

여섯째, 본청과 읍·면 직원 간의 인사 교류에 대한 원칙과 방침은 무엇인지요?

다음은 함평 여객·자동차 터미널 이전 계획을 묻습니다. 현재의 함평 여객·자동차 터미널은 그 장소의 부적합성으로 인하여 본 군의 주도하에 92년부터 이전 계획을 수립하여 추진했던 것으로 알고 있습니다.

그런데 지금 이 시간까지도 터미널은 이전되지 않고 있습니다. 이로 인한 우리 함평은 교통문화의 저급성과 함께 주민의 불편은 물론, 작금에는 군민들로부터 행정력에 대한 불신풍조마저 대두되고 있는 형편입니다. 따라서 터미널의 이전문제는 먼 훗날의 장밋빛 청사진이 아니고, 군정의 화급한 과제로 등장했습니다. 이와 관련하여 다음 사항을 군수에게 묻습니다.

첫째, 공청회 등 막대한 군 예산을 투입하여 지정 고시한 번지의 지역으로 이전하지 않는 이유는 무엇입니까?

둘째, 기 지정 고시된 지역 이외의 지역으로 터미널을 이전할 계획은 있는지, 있다면 그 시기는 언제쯤인지요?

셋째, 터미널 이전에 따르는 기존 상가들의 상권 보장과 예상되는 특정인들의 반대 여론에 대한 대비책 등 제반 문제에 대한 대안은 무엇입니까?

넷째, 터미널의 이전은 시가지 형성과 발전에 직접 연관을 갖는데, 이러한 관점에서 주민의 시급한 요구 또한 매우 중요합니다. 따라서 1차 옮겨서 시가지가 형성되고 난 다음, 또다시 옮기는 단계적인 방안을 연구해 보셨는지요?

다음은 군민의 날 변경이 필요한데, 군수의 견해는 어떠합니까? 지난 10여 년 전 군사독재 시절에 제정되어 지금까지 시행되고 있는 함평군민의 날은 10월 5일입니다. 본 의원은 함평군민의 날을 4월 중으로 변경하고자 합니다. 그 이유는 현재의 10월 5일이 우리 군민의 뜻이 반영되어서 정해진 것이 아니고, 군사독재 정권이 10월을 문화의 달로 지정하면서 상부의 획일적인 지시에 의해서 날짜만 선택된 것이기 때문에 다음과 같은 문제가 있습니다.

첫째, 군민의 날은 우선 군민 전체가 함께 동참할 수 있어야 한다는 점에서 10월은 농번기이기 때문에 대다수의 군민(농민)들의 참여가 매우 어렵습니다.

둘째, 군민의 날은 군민 모두가 단결 역량을 더욱 드높이고, 한편으로는 군민 화해의 날이라 민·관이 더욱 굳게 결속하는 날이 되어야 하기 때문입니다. 따라서 군민의 날은 함평인의 혼이 살아 숨 쉬는 역사적 정통성과 당위성이 있는 날이어야 하는데 10월 5일은 함평인에게 그리 큰 의미가 없습니다.

셋째, 민선 자치 시대를 기념하고 군민의 뜻에 의해 날짜를 선택하도록 함으로써 군민 스스로가 함평을 사랑하고 만대번영의 주역으로 나서게 하는 정신적 각오가 필요하기 때문입니다. 군수의 견해는 어떠한지요? 그리고 계획이 있다면 시기와 일자를 제안해주시기 바랍니다. 서두에서도 밝혔듯이 군수님의 구체적이고 책임 있는 답변을 다시 한 번 강조하면서 이상으로 군정 질문을 마치겠습니다. 감사합니다.

주민의 인간다운 삶을 위한 자치행정을 바라며*

함평읍 출신 노금노 의원입니다.

존경하는 의장님과 동료 의원 여러분!

그리고 정원강 군수님과 관계 공무원 여러분!

타 시·군에 비해 소득 자원과 개발 여건 그리고 재정 형편이 매우 어렵고 부족한 조건에서도 함평군의 만대번영을 위해서 군민들의 다양한 요구에 부응하기 위하여 동분서주하고 있는 공무원 여러분의 노고에 대해 진심으로 경의를 표하는 바입니다.

평소 존경하는 정원강 군수님!

민선 군수로 취임한 지도 어느덧 1년 4개월째를 맞이하고 있습니다. 이제 우리 군민들은 자신의 손으로 직접 군수님과 의원 의원들에 대하여 기대했던 바가 임기 중 어떤 모습으로 실현되고 있는지를 비상한 관심 속에 지켜보고 있습니다.

이같이 군민들의 기대와 관심은 민선 군수에 의해 자치제 실시 이후 나타나고 있는 긍정적인 면과 부정적인 측면에 이르기까지 다양한 내용과 형태로 그 여론이 형성 표출되고 있는 실정입니다. 3년 임기의 중반에 들어선 본 의원 역시 더욱 무거운 책임감과 함께 지난 활동을 반성하면서 그동안 군수님 책임하에 추진되었거나 진행되고 있는 몇 가지 사항에 대하

---

* 이 질의는 1996년 10월 16일 제44회 함평군의회(임시회) 본회의에서 행한 것이다.

여 질문하겠으니 구체적이고 소신 있는 답변을 기대합니다.

먼저, '인심 좋고 풍요로운 함평 건설'의 성과와 문제점은 무엇입니까?

'인심 좋고 풍요로운 함평 건설'에 대한 의지를 좀 더 구체적으로 인식하자면, 함평 군민의 화합과 단결을 지향하고 남부럽지 않은 넉넉한 삶을 목표로 제시하고 있다고 하겠습니다. 따라서 이 개념은 함평군의 현 상태를 경제적으로는 가난하고, 사회·문화적으로는 계층 간, 직종 간, 지역 간, 씨족 간 등의 반목과 대립이 심화되어 함평 발전의 걸림돌이 되고 있다는 것을 인식하고 있음을 전제로 하고 있습니다. 본 의원도 이 같은 인식에 공감하고 있는 바입니다. 따라서 본 의원은 슬로건이 한낱 구호에 그치지 않고 다양하고 풍부한 실천 내용을 담아서 함평의 발전과 번영에 기여했으면 하는 바람을 가지고 있습니다. 그리고 이 같은 슬로건이 지속적인 추진력을 갖기 위해서는 지금의 함평이 처해 있는 사회·경제·문화적인 현실을 정확히 객관적으로 파악할 수 있어야 하며, 보다 많은 군민들로부터 공감대를 형성시켜나가야 합니다.

군수님께 묻습니다.

첫째, 슬로건의 전제가 되고 있는 우리 함평의 사회·문화적 갈등과 낙후, 그리고 경제적 가난의 문제가 그 무엇과 비교해서 어떠한 상태이며 어느 정도 심각하다고 보십니까?

둘째, 군수는 취임 후 채택한 슬로건의 목표를 향해 무엇을 어떻게 변화시키기 위하여 노력했습니까?

셋째, 성과가 있었다면 이것을 측정할 수 있는 가늠자인 경제적 수치(소득 향상)와 사회적 지표(교통범죄 예방, 생활환경, 화합을 위한 조치 등)를 제시해주십시오.

넷째, 일 추진 과정에서 문제가 있었다면 무엇이며, 이의 시정을 위한 방안은 무엇입니까?

다섯째, 앞으로 일의 성과와 문제점을 점검하는 가늠자는 무엇이며, 이의 전담 부서는 어디입니까?

다음은 96년 2월 조직 개편의 성과와 문제점은 무엇입니까?

군수님께서는 지난 2월 확정된 조직 개편 안에 따라 동년 6월 1일 인사를 단행함으로써 조직 개편을 마무리하였습니다. 따라서 조직 개편 안이 의회를 통과한 후 4개월여의 시차를 두고 단행된 인사였기에 그동안 행정 공백을 우려하는 군민들의 여론 또한 많았습니다. 그러나 더욱 중요했던 것은 민선 군수 취임 후 군민들의 최대의 관심사였던 조직 개편을 통한 불필요한 인원을 줄이고, 기구를 통폐합하여 군민들에게 부응하는 자치 행정상을 어떤 모습으로 선보이느냐 하는 점이었습니다. 이처럼 중요한 의미를 갖고 있는 조직 개편이었기에 본 의원 역시 조직 개편 안이 한창 논의 중일 때 집행기관에 대해서 '96년 2월 중 간담회 시 조직 개편의 핵심적인 필요와 당위성에 대하여 다음과 같은 의견을 제시한 바 있습니다.

첫째, 공무원들의 소속감·단결력·추진력 향상을 어떻게 도모할 것인가?

둘째, 공무원들의 사기와 자부심을 어떻게 상승시켜 주민에게 봉사할 수 있게 할 것인가?

셋째, 예산(비용)을 얼마만큼 절감하여 군민의 소득 증대와 이를 위한 간접시설 확충에 투입할 수 있을 것인가 등입니다.

군수님께 묻겠습니다.

첫째, 군민들의 최대의 관심사이자 여망이었던 조직의 통폐합을 통한 인원 감축과 비용 절감에 부응하셨다고 보시는지요?

둘째, 조직 개편의 결과는 형식만 변형되었을 뿐, 내용 면에서 별로 달라진 것이 없고, 인원 감축 요구는 반대로 본청 인원이 더 늘어났습니다. 그렇다면 군민들의 바람이 잘못된 것인지 아니면 조직 개편이 잘못되었는지 답변 바랍니다.

셋째, 조직 개편의 성과는 무엇이며, 문제점은 어떤 것입니까? 그리고 문제의 개선책은 무엇입니까?

다음은 노인복지 대책에 대해 묻습니다.

우리 군의 노인 인구는 전체 군민 대비 약 22%를 차지하고 있습니다.

96년 현재 65세를 기준으로 해서 분류되는 노인층은 우리나라가 가난을 떨쳐버리기 위하여 허리띠를 졸라매면서 경제 성장의 주역을 떠맡았던 30~40대의 청장년층이었습니다.

오늘 우리가 이만큼의 경제적인 안정과 문화적 생활을 향유할 수 있는 배경에는 현재의 노인층들에 의한 피땀 어린 노력의 결실임을 우리 모두 공감하고 있습니다. 따라서 우리는 현실의 노인들이 당면하고 있는 경제적 어려움과 사회적인 소외감, 문화적 이질성 등 제반 문제 해결에 결코 인색해서는 안 될 것입니다. 물론 오늘의 제반 노인문제 해결은 국가적인 차원에서 보다 광범위하게 다루어져야 하며, 노인복지 예산을 대폭 증액하여 해결해나가야 할 문제입니다.

본 의원이 제안하는 대안은 우리 군의 현실 속에서 우리의 능력으로 할 수 있는 가능한 방안을 강구하여 대처해나가자는 것입니다. 즉, 군민의 20% 이상을 점하고 있는 노인들의 높은 도덕적인 경륜과 경제적 경험을 사회적인 역량으로 집결케 하여 함평의 발전과 번영에 기여할 수 있도록 하자는 것입니다. 이를 위해서는,

첫째, 노인들의 높은 도덕적인 경륜과 사회·경제적 경험을 후진들이 바르게 받아들일 수 있도록 하는 방안이 다각적으로 모색되어야 합니다.

둘째, 노인들의 사회적 소외감을 덜어주고, 사회참여에 대한 의욕을 드높여줄 수 있는 방안이 개발되어야 합니다.

셋째, 쾌적하고 건강한 생활을 유지시키기 위한 각종의 보건의료 혜택의 기회를 더욱 넓혀주고 노인체육시설을 확충해나가야 할 것입니다.

군수님께 묻겠습니다.

첫째, 함평군에서 관리하고 운영하는 각종 단체나 심의기구, 위원회 등 의사결정 기구에 노인 대표성을 인정하고 참여의 폭을 넓혀 줄 용의는 없는지요? 있다면 어떤 기구의 참여가 가능한지 답변 바랍니다.

둘째, 노인들에게 적합한 운동인 게이트볼 등 노인 체육 인구의 저변 확대를 위한 방안은 무엇인지요.

셋째, 대한노인회 함평군지부 등 노인단체, 복지시설 등에 각종 보조금과 지원금을 높여주어야 한다고 생각하는데, 군수의 견해는 어떤지 답변 바랍니다.

넷째, 노인단체에 대한 운영비(사실상 실무자 활동비) 지원이 타 관변단체(문화원 등) 등에 비교해 현저히 낮은데, 이를 시정할 용의가 있는지에 대해 답변 바랍니다.

다음은 수입쌀 함평군 관내 반입에 대해 묻겠습니다.

세계무역기구와의 협정에 따라 수입되는 쌀의 전량을 가공용으로만 사용하겠다던 정부가 국민에 대한 약속을 파기한 채, 최근 가공용이 아닌 식용 쌀로 수입을 하고야 말았습니다. 『한겨레』 보도에 의하면 국민의 80%가 식용 쌀 수입 계획 자체를 반대하고 있습니다. 농업용 주업으로 하는 인구가 7할이 넘는 우리 함평 군민 역시 식용 쌀 수입을 반대하는 것은 너무도 당연한 것입니다. 따라서 우리 군의회에서도 지난 6월 제42회 함평군의회 임시회에서 식용 쌀 수입 계획 철회를 요구하는 군민의 의사를 대표해서 중앙 정부 등 관계 요로에 건의문을 채택하여 발송한 바 있습니다. 그리고 최근에는 중국산 수입쌀이 목포항, 여수항 등을 거쳐 들어올 때 수많은 농민들이 결사 저지에 나서는 등 심각한 사회문제로 제기된 바 있습니다. 그런데 이처럼 문제를 안고 있는 수입쌀이 우리 군 관내에도 학교면과 해보면 소재의 창고에 810톤이나 보관되기에 이르렀습니다. 이 같은 사실을 뒤늦게 알게 된 군민들은 심한 불쾌감과 함께 이것을 받아들인 함평군에 불만과 불평이 고조되고 있습니다.

군수님께 묻겠습니다.

첫째, 군민의 정서에 반하는 수입쌀이 우리 군으로 반입하게 된 경위를 상세히 답변해주십시오.

둘째, 군수가 군민의 뜻을 대변해서 수입쌀 반입을 막을 수 없었는지 답변 바랍니다.

셋째, 군수는 식용 쌀 수입을 찬성합니까? 반대합니까? 답변 바랍니다.

넷째, 앞으로도 수입쌀이 우리 군 관내로 반입될 계획이 있다면 받아들이겠습니까? 아니면 거절하겠습니까? 지금 이 시간에도 켄터 미국 상무장관이 미국 쌀을 다시 수입하라는 압력을 계속 넣고 있다는 보도를 오늘 아침에 제가 접한 바 있습니다. 이런 상황을 감안해서 이 부분에 대한 확실한 답변을 다시 한 번 부탁드립니다.

다음은 함평천지 상표 등록 추진에 대해 묻겠습니다.

본 의원은 95년 11월 13일 제37회 함평군의회 임시회 제2차 본회의에서 군정 질문 시에 우리 군이 중점 육성하고자 하는 농축산물에 대하여 상표 등록의 필요성과 중요성에 관하여 질문을 한 바 있으며, 또한 향후 상표 관리 방안에 대해서도 자세한 제안을 한 바 있습니다. 따라서 상표 등록이 왜 필요하며, 어떤 방식으로 관리되어야 하는가에 대해 설명을 생략하고 제37회 함평군의회 임시회의 본 의원의 질문으로 대체하겠습니다.

95년 11월 13일 제37회 함평군의회 임시회 제2차 본회의에서 군수께서는 우리 군의 각종 농축산물과 서비스 업종을 포함하여 총 77종을 95년 9월 28일자로 특허청에 상표 등록을 하였다는 답변을 하였습니다. 뿐만 아니라 96년 7월 1일 군수 취임 1주년을 맞이하여 군민복지회관에서 600여 군민들이 경청하는 가운데 본 상표는 96년 9월부터 우리 군 농어민들이 사용할 수 있게 되었다는 보고도 있었습니다. 하지만 지금이 96년 10월인데도 상표 사용은 물론 가장 중요한 상표 관리 방안 역시 준비되지 않고 있습니다.

따라서 군수님께서 직접 군민에게 제시한 약속마저 지켜지지 않았습니다. 신뢰를 최고의 덕목으로 삼아야 할 자치단체장의 약속이 지켜지지 않고 있음을 본 의원은 안타깝게 생각하면서 군수님께서 묻겠습니다.

첫째, 왜 군수의 군민에 대한 약속이 지켜지지 못했는지, 그 이유가 준비 부족인지 아니면 상품의 필요성과 중요성에 대한 다른 판단 때문인지 답변 바랍니다.

둘째, 함평군과 함평영농조합법인 사이의 상표권 분쟁이 왜 발생했는지, 그리고 분쟁 해결을 위한 협상이 왜 결렬되고 답보 상태에 있는지, 그 책임이 어디에 있다고 보는지 답변 바랍니다.

셋째, 상표권 획득 후 그 관리를 어떻게 해야만 관련 농어민들의 소득 증대에 기여할 수 있는지에 대해 답변 바랍니다.

넷째, 현재 함평군의 행정 역량으로는 77종에 달하는 방대한 물량의 상표 관리는 거의 불가능할 뿐만 아니라 도리어 목적에 반하는 결과가 예상되며, 자칫 함평 군민의 명예만 실추되는 우려를 하지 않을 수 없는데, 이에 대한 견해를 밝혀주시기 바랍니다.

다섯째, 상표 관리에 있어 제1의 조건은 동일한 생산 체제, 동일한 원자재(원료), 독특한 생산기술(조건)과 함께 상품의 질이 지속적으로 평준화되고 상승화될 때 상표로서 가치가 있다고 하겠습니다. 이를 위해서는 지역 내 생산자단체들의 토론과 합의를 통한 통합이 장기적으로 필요합니다. 따라서 행정기관이 상표권을 획득하는 것보다는 오히려 상표권을 포함하여 지역 내 생산자단체들을 집중 지원함으로써 군민 소득 향상에 기여하는 방안도 중요하다고 생각하는데, 이에 대한 견해를 밝혀주시기 바랍니다.

여섯째, 함평천지우, 왕골돗자리 등 몇 개(5품목 이하) 상품만을 선택 관리하는 방안을 검토해보셨는지요? 검토해보았으면 그 내용을 답변해주십시오.

다음은 함평 여객·자동차 터미널 이전 계획 추진이 어떻게 되고 있습니까?

95년 11월 13일 제37회 함평군의회 임시회 제2차 본회의에서 본 의원이 행한 함평의 저급한 교통문화 해소와 시가지 발전을 위해 시급한 현안인 터미널 이전 계획에 대한 질문에 관하여 군수께서는 함평읍 도시계획 변경 후 전문가나 권위 있는 기관에 용역 의뢰하여 가급적 빠른 시일 내에 이전하겠다는 요지의 답변을 한 바 있습니다. 또다시 반복되는 말이 되겠습니다만, 터미널 이전 계획은 함평군이 92년부터 이전 계획을 수립하여 공청회, 지정고시 등 과정을 거치면서 수천만 원대의 군비를 낭비하고도 4년여 동안 시간만 끌고 있는 실정입니다. 뿐만 아니라 민선 군수 취임 후 1년 4개월이 지난 이 시점까지조차 언제 어떻게 하겠다는 계획마저 없습니다. 그리고 이러한 무계획성은 최근 함평군에서 홍보 자료로 발간한 군수 공약 사항 「96시행계획 함평의 발전을 위해 함께 노력합시다」의 자료에서도 단 한 줄도 언급되지 않고 있습니다.

군수님께 묻습니다.

첫째, 함평 여객·자동차 터미널 이전 계획이 군수의 선거 공약 사업인지 아닌지를 분명히 답변 바랍니다.

둘째, 현 군수는 임기 중에 터미널 이전 계획이 없는 것 아니냐는 주민들의 여론과 우려가 있는데 사실인지 답변 바랍니다.

셋째, 도시계획 변경 후 전문가나 권위 있는 기관에 용역 의뢰하여 후보지를 결정하겠다고 했는데, 그렇다면 도시계획 변경과 터미널 후보지를 결정하는 시기는 언제쯤으로 잡고 있는지 답변 바랍니다.

넷째, 터미널 이전을 둘러싸고 벌어지고 있는 주민들의 엇갈린 의견을 언제 어떤 방법으로 수렴할 것인지 답변 바랍니다.

다음은 돌머리 해수욕장 개발과 운영 계획에 대해 묻겠습니다.

우리 함평은 천연의 자연 조건을 활용하여 개발할 수 있는 관광자원이 그리 많지 않은 실정입니다. 그럼에도 불구하고 돌머리 해수욕장은 광주와의 거리가 가깝고 비교적 교통편이 용이하다는 점이 있어서, 이곳을 이용하는 관광객의 수가 매년 증가되고 있습니다.

금년에도 95년 5만 9,000명, 96년 8월 현재 6만 5,000명, 작년 대비 10% 정도가 늘어날 전망입니다. 따라서 우리 군은 이 곳을 주변의 해수찜 명소와 연계하여 이중 관광객이 찾아오는 유명 관광지로 개발해야 합니다.

최근의 관광산업은 기존의 자연 조건에다 인공적 편익시설과 오락문화 시설을 추가해서 개발해나가는 추세입니다. 돌머리도 재래식 풀장이 아닌 현대식 풀장과 숙박시설, 위락시설 등과 부수시설을 함께 어느 관광지 못지않게 각광을 받을 것으로 본 의원은 확신합니다.

함평군에서 발간한 「함평의 발전을 위해 다 함께 노력합시다」의 홍보지에 돌머리 보강 개발에 대한 계획을 검토해본 바 있습니다. 하지만 보강 계획 사업 여부보다 더 중요한 것은 그동안 돌머리 개발 계획을 연구하고 피부로 느끼고 있는 돌머리 해수욕장 종합 개발 계획을 지역 주민들의 의견을 충분히 수렴해서 사업을 추진해야 한다고 본 의원은 생각합니다.

군수님께 묻겠습니다.

첫째, 돌머리 해수욕장 보강 개발 사업은 우리 군 어떤 관광지보다 우선적으로 시급히 추진되어야 한다고 보는데, 군수님의 견해는 어떠합니까?

둘째, 돌머리 해수욕장을 관리하고 운영함에 있어 편익시설의 부족과 상인들의 불친절 등으로 이용객들의 불평이 많은데, 이의 시정 방안은 무엇입니까?

셋째, 돌머리 해수욕장 개발 계획을 오래전부터 생각해오고 있는 지역 내 주민들의 의견을 수렴하여 사업에 착수해야 한다고 보는데, 이에 대한 공청회·토론회·간담회에 대한 견해는 어떠한지요?

넷째, 돌머리 해수욕장 운영과 시설 투자 재원 확보를 위해 민자 유치, 시설 이용의 유료화가 필요하다고 보는데, 군수님의 견해는 어떠합니까?

다음은 공사 부실 방지 대책에 묻겠습니다.

공사 부실을 예방하기 위해서는 공개 입찰과 수의 계약 과정에서 부정과 비리를 차단하고, 무자격자에 대한 하도급을 막고, 감독과 검사 기능을 강화하여 견실한 공사가 될 수 있도록 하는 것이 제1차적인 조건이라 할 수 있습니다. 하지만 이 같은 기능만으로는 완벽한 공사를 기대할 수는 없습니다. 각급 사업에 적합한 사업비와 이에 합당한 설계가 필요하며, 공사 발주 시기를 잘 선택하는 것인 매우 중요한 관건이 됩니다. 본 의원이 파악한 바에 의하면 설계 자체가 잘못되어 공사 도중 설계를 변경하거나 아니면 설계 잘못을 인정하면서도 예산(사업비) 등 여타의 이유로 공사를 강행하여 해당 지역 주민들의 민원이 야기된 경우가 있습니다. 뿐만 아니라 공사 발주 시기를 잘못해서 시공업자들에게 부분적으로 재공사를 하도록 하는 문제들이 있습니다.

군수님께 묻습니다.

첫째, 96년 함평군과 읍면에서 발주한 공사 중 설계 변경이 있었거나 설계 잘못으로 인한 민원이 제기된 사업장은 몇 건이며, 이에 관한 자료를 제출해주십시오.

둘째, 95~96년 공사 완료 후 부실 공사로 판명되어 하자 보수 기간 내에 보수 공사가 이루어진 사업장과 하자 보수 기간이 넘어버린 사업장별로 각각 자료를 제출해주십시오.

셋째, 공사의 성격에 따라서 장마철, 농번기, 동절기를 피해서 공사 발주를 해야 한다고 보는데, 이에 대한 답변을 바랍니다.

이상으로 본 의원의 군정 질문을 마치겠습니다. 다시 한 번 강조하건대 군수님의 구체적이고 명확한 답변을 바랍니다. 오랜 시간 동안 경청해주셔서 대단히 감사합니다.

민생 기반 민주주의 실현의 소중함*

함평읍 출신 노금노 의원입니다.

존경하는 의장님과 동료의원 여러분! 그리고 정원강 군수님과 관계 공무원 여러분!

지금 우리 현실은 굴지의 재벌 기업들이 부도 사태에 직면하고 있는 가운데 대선을 눈앞에 둔 정치권은 한치 앞을 가늠해볼 수 없을 정도로 온 국민의 마음을 불안하게 하고 있습니다. 여기에 설상가상으로 정부의 추

---

* 이 질의는 1997년 10월 21일 제52회 함평군의회(임시회) 본회의에서 행한 것이다.

곡 수매가 동결 방침은 농민들이 피땀 흘려 이룩한 풍년 농사의 기쁨마저도 빼앗아버리려고 하고 있습니다.

그리고 이러한 제반 문제는 지난 수십 년에 걸쳐서 자행되어 온 독재정권 치하에서 비정상적으로 성장해온 독점자본의 경쟁력 약화와 파행적 정치 구조가 빚어낸 원인과 결과라고 분석됩니다. 따라서 오늘을 사는 우리 모두에게 민생 기반의 민주주의 실현이 얼마나 소중한 것인가를 다시한 번 일깨워주고 있습니다.

이상에서 살펴본 것처럼, 대외적인 어려운 현실과 타 시·군에 비해 소득 자원과 재정 형편이 매우 어렵고 부족한 조건에서도 청정함평 건설과 함평군의 만대번영을 위하여 열심히 노력하고 있는 공무원 여러분의 노고에 진심으로 경의를 표하는 바입니다.

평소 존경하는 정원강 군수님께서 초대 민선 군수로 취임하신 지가 바로 엊그제 같은데 벌써 임기를 마무리하는 시점에 접어들고 있습니다. 본의원 역시 같은 처지입니다. 시작도 중요하지만 그 동안 벌여놓은 일들을 어떻게 마무리해야 하는가는 시작 못지않게 지난 활동을 하나하나 반성하면서 진행되고 있는 몇 가지 사항에 대하여 질문하겠으니 구체적이고 분명한 답변을 해주시기 바랍니다.

그럼 먼저 함평군 경영수지 개선 대책에 대해 묻겠습니다.

함평군 순 채무액 증가는 95년 말 대비 97년 현재 216억 원으로 2년 동안 무려 120% 증가했습니다. 그리고 군비 지원 대상인 사회단체 보조금, 주민자치회를 비롯한 각종 회의 참석 수당, 청정함평 건설 사업비, 체육단체 지원비 및 운영비, 정액 보조금 등 사회적 비용 역시 95년 말 대비 200% 이상 증액되었으며 각종 시설물 관리비 및 운영비 역시 대폭 증가하고 있는 실정입니다.

또한 이러한 비용의 상승은 향후 추진 예정인 위민실 신축 등 행정기관의 신개축, 난공원 조성, 위인 동상 건립, 공설운동장 및 체육시설 계획 등 관리비 성격의 예산 증액이 대폭 늘어날 전망입니다. 물론 민선자치 시대를 열어가는 초입에서 주민의 사회적 요구에 부응해나가야만 하는 현실의 고통을 본 의원도 모르는 바는 아닙니다. 95년 말 기준 담배소비세, 재산 매각 수입, 순 세계 잉여금 등 불안정성 세수 증가를 감안해도 지방세 증가는 97년 현재 80% 증가에 그치고 있으며, 함평군이 역점 사업으로 벌이고 있는 경영 수익 사업 역시 당초 계획에 미치지 못하고 있는 실정을 감안해도 함평군의 재정 자립 전망에 대해 심각한 우려를 표명하지 않을 수 없습니다.

그리고 이러한 현상은 우리 함평 이외의 모든 자치단체들이 '경영행정 구현'이라는 필수적 과제를 극복하기 위하여 심혈을 기울이고 있는 일반적 추세와는 상당한 차이가 있다고 본 의원은 파악하고 있습니다.

군수에게 묻습니다.

첫째, 경영행정 구현은 군수의 방침과 노력만으로는 부족하고 전 공무원이 단결된 의지와 드높은 사기에 기반한 노력이 있어야만 가능하다고 보는데, 이에 대한 방안은 무엇입니까?

둘째, 현재의 관습적인 관리행정 체계를 생산적 경영행정 체계로 전환할 대안은 무엇입니까?

셋째, 기존의 재정 자립 중장기 대책이 대폭 수정되어 더욱 적극적이고 다양한 내용으로 발전되어야 한다고 보는데, 군수의 견해는 무엇입니까?

넷째, 새로운 경영 수익 사업의 개발 내용은 무엇입니까?

다음은 함평읍 도시계획 재정비에 대해 묻습니다.

함평읍 도시계획 재정비 기간이 98년 11월로 다가오고 있습니다. 그 동안 임명제 군수 체제하에서 잘못되었던 도시계획을 이번 기회를 통하여 바로잡고 함평읍이 균형 있게 발전할 수 있도록 하는 중차대한 임무가 군수님께 주어졌습니다. 군수님의 탁월한 능력과 비전을 기대하면서 다음 사항에 대해 묻겠습니다.

첫째, 주민들에게 가장 많은 손해와 불편을 끼치고 있는 소방도로 계획선에 대하여 어떤 원칙과 기준을 가지고 재정비하시겠습니까?

둘째, 수호리·자풍리·만흥리 지역이 도시계획에 포함되어서 앞으로 예상되는 망운국제공항, 서해안 개발 계획과 함께 연계 발전할 수 있도록 하는 것이 타당하다고 보는데, 군수의 견해는 어떠합니까?

셋째, 획일적으로 그어진 공원 지역을 함평읍 발전에 조응하는 내용을 재조정되어야 하는데 군수의 견해는 무엇입니까?

넷째, 공용버스 터미널, 5일 시장, 주요 시설 지역에 대한 위치 선정이 재조정되어야 하는데 군수의 구상은 무엇입니까?

다음은 인사 정책의 문제점에 대해 묻겠습니다.

95년 제37회 임시회에서 본 의원의 인사 원칙과 기준에 대한 질문에 대해서 깨끗하고 투명한 인사, 정실 인사의 배격, 군민에 대한 봉사, 군민의 소득 증대에 기여하는 공무원 우대, 능력과 적성에 따른 적재적소 배치 등을 인사 원칙과 기준으로 제시한 바 있습니다. 다음 사항에 대해 묻겠습니다.

첫째, 군민의 건강문제와 직결된 보건소장, 농업소득과 직결된 작물계장 등 중요 부서의 인사가 반년 이상 표류하고 있음으로 인하여 실제적인 피해자는 주권자인 군민이라고 보는데, 이토록 장기간 인사를 하지 않은 이유는 무엇이며, 그 대책은 무엇입니까?

둘째, 본청 농수산진흥과, 농업소득과, 그리고 읍·면 단위 일부에 건축직, 세무직 공무원이 배치되지 않음으로써 민원 봉사 행정에 불합리성이 지적되고 있는데, 이에 대한 대안은 무엇입니까?

셋째, 군수 취임 후 인사를 미진했던 점은 무엇이었습니까?

넷째, 군수 취임 후 인사위원회는 몇 번이나 개최되었으며, 기존의 인사 원칙과 기준이 바뀐 내용은 무엇입니까?

다음은 함해지구개발계획 해제 건의활동에 대해 묻습니다.

본 의원은 96년 행정사무감사 시에 군민의 막대한 이해가 걸려 있는 함해지구개발계획 해제운동을 함평군의 주도하에 보다 적극적으로 전개해줄 것을 촉구한 바 있습니다. 물론 군수님의 주도하에 인근 군과 함께 중앙 부처를 상대로 건의활동을 심도 있게 펼쳐오고 있는 것 역시 잘 알고 있습니다. 군수로서 당연한 노력이기도 하지만, 그동안의 노고에 진심으로 감사드립니다. 하지만 본 의원의 판단으로는 현재의 상황에서는 대표자 중심의 건의활동만 가지고는 본 개발계획을 무산시키는 데 한계가 있다는 점입니다. 이제 실제적인 피해 당사자들인 군민 전체가 이 운동의 주체로 나서야 할 때라고 생각합니다.

다음 사항에 대해 묻겠습니다. 함해지구 매립 해제는 함평 군민 전체의 생존권이 걸려 있는 문제임에도 불구하고 아직도 일부 여론 주도층과 일반 군민들 사이에 찬반 논쟁이 계속되고 있는 실정입니다. 따라서 이 문제에 대한 단일하고도 단결된 여론 형성이 필요한데, 이에 대한 대책은 무엇입니까?

둘째, 함평군의 주도하에 개발계획의 부당성을 체계화하는 공청회 등이 필요한데, 군수의 대안은 무엇입니까?

셋째, 군민의 전체 역량을 동원하기 위하여 번영회 등 사회단체를 포함한 가칭 '함해지구개발계획 해제를 위한 대책위원회'를 구성할 용의는 없는지요?

다음은 공공임대주택 추진 보류에 대해 묻겠습니다.

무주택 공무원들에게 내 집 마련의 꿈을 심어주고, 함평 이외의 지역에서 함평으로 출퇴근하는 공무원들을 관내에 거주토록 함으로써 주민에 대한 행정서비스를 확대하고 주민들의 불만을 해소시키려는 목적으로 그동안 추진해온 공공임대주택 사업 추진을 본 의원 역시 찬성하는 바입니다. 그런데 지난 6월 이후 군수께서는 공공임대주택 사업 추진을 사실상 포기하고 일반임대주택 사업으로 대체하려 하고 있습니다. 다음 사항에 대해 묻습니다. 구체적이고 책임 있는 답변 바랍니다.

첫째, 일반임대주택에서는 당초 계획한 공공임대주택 사업의 목적을 달성할 수 없음이 명백한데, 이에 대한 군수의 견해는 무엇입니까?

둘째, 군수의 제안으로 '주택사업 특별회계 설치 조례 및 운영 조례안'

을 개정하였고, 토지 매입비 및 설계비로 6억 4,300만 원을 본 회의에서 승인을 받았으며, 전남도로부터 98년 지방재정 투융자 대상으로 대상 확정되어 함평읍 내교리 471번지 외 5필지에부터 선정을 마쳤는가 하면, 토지 소유자로부터 토지 사용 승낙서를 청구한 상태에서 본 사업을 포기한다고 했을 때, 그동안의 행정력 낭비와 예산의 소진, 그리고 함평군에 대한 공신력의 실추로 인한 피해는 누가 어떤 방법으로 만회할 것입니까?

셋째, 군수가 제안하고 의회의 승인을 필한 안건에 대하여 뚜렷한 명분과 사전 협의마저 없이 사업을 포기 변경하는 등, 신성한 의회와 의원 모두의 인격을 무시한 처사는 재량권을 벗어난 행정 행위라고 본 의원은 판단하는데, 군수의 견해는 무엇입니까?

넷째, 지방세수 증대와 행정력 절감이라는 본말이 전도된 이유로 기 추진 중이던 공공임대주택을 포기하고 민간 임대주택을 추진하는 것은 민선 자치시대의 봉사 민본 행정에 역행하는 처사라고 본 의원은 생각합니다. 따라서 본래의 계획대로 공공임대주택 사업을 추진해야 한다고 보는데, 군수의 분명한 입장을 밝혀주십시오.

다음은 건설 공사 부실 방지 대책에 대해 묻습니다.

각종 건설 공사의 설계·시공·감리 등 단계별로 부실 공사 방지를 위하여 건설 관계자 교육을 실시하고 도급액 5,000만 원 이상 사업에 대해서는 건설기술 사전설계 심의위원회를 운영하여 공정별, 시공 단계별, 확인 및 예비 검사를 하는 등 부실 요인의 사전 예방을 위하여 위민실에 시설검사계를 신설 운영하고 있는 것으로 알고 있습니다. 그럼에도 불구하고 설계 미비로 인한 추가 예산이 투입된 종합위민실 신축 공사 과정에서 감독 소홀로 빚은 나산면 청사 신축 공사 등 많은 문제점들이 속출하고 있는 실정입니다. 보다 정확하고 세심한 부실 공사 방지 대책을 촉구하면서 다음 사항에 대해 묻습니다.

첫째, 97년 9월 18일까지 완공키로 하였으나 공정은 현재 50%에도 미치지 못하고 있으며 추가 공사비만도 6,000여만 원의 증액이 요구되고 있는 종합위민센터에 대해서 '건설기술 사전설계 심의위원회'의 심의 대상이 되었는지, 심의했다면 그 내용을 답변해주시기 바랍니다.

둘째, 96~97년 사이에 발주한 각종 건설 사업 중 준공 검사 및 현장 점검을 통하여 재시공 및 현장 시정 조치를 36건 했다고 하는데, 재시공 업체와 시정 조치를 받은 업체 및 사업장에 대해 답변해주십시오.

셋째, 부실 공사 적발 시 계약 부서나 건설협회 등에 통보하여 불이익을 받도록 한다고 했는데, 몇 개 업체나 통보했으며 불이익을 받은 업체는 몇 개나 되며 그 내용은 무엇입니까?

넷째, 지금 공사 중인 함·학 간 시범도로는 노폭 8차선으로 길 건너 농가들의 농산물 운반 시에 교통사고 위험 등이 예상되는데, 이에 대한 대책은 무엇입니까?

다음은 시설채소단지 진입로 포장이 시급합니다.

우리 함평관내 3,000평 이상의 시설채소 단지는 9개 영농조합법인과 작목반에서 운영하는 면적은 6만 6,000여 평에 달하고 있습니다. 그리고 재배 작목은 오이와 토마토가 주종을 이루고 있습니다. 오이나 토마토 고소득 작목으로서 국내 시장뿐만이 아니라 수출을 통한 외화 획득에도 일익을 담당하는 산업으로 발전하고 있는 것이 전국적인 추세입니다.

특히 96년에 설립된 함평읍 가동 시설채소단지는 오이를 재배하여 평당 5만 원의 소득을 올림으로써 주위 농민들에게 영농 의욕을 높여주고 있는 성공 사례로 평가되고 있습니다. 그런데 본 의원이 파악한 바에 의하면 아직도 몇 가지 문제가 있음을 확인했습니다.

현재 함평관내 시설채소단지는 생산 조건이 너무 취약한 상태입니다. 수확한 상품을 운반하는 농로가 너무 좁고 비포장 상태이기 때문에 우기 때에는 상품 질을 떨어뜨리는 문제가 있으며, 그만큼 생산 비용이 많이 들어가 시장 경쟁에서 매우 불리한 조건에 놓여 있습니다. 다음 사항에 대해 묻습니다.

첫째, 9개 지역 시설채소단지의 비포장 농로는 4,400m이며 이에 대한 포장이 시급한데, 예산 확보 계획은 어떠합니까?

둘째, 생산비 절감과 상품의 질 향상을 위한 지원과 지도 방안은 무엇입니까?

셋째, 함평 오이·토마토 상표화를 이용한 차별화 전략은 무엇입니까?

다음은 함평읍 한국통신 앞에서 함평슈퍼 앞까지의 간선도로 개설이 시급합니다.

함평읍의 교통문제는 공용버스터미널을 중심으로 집중된 수많은 차량 통행으로 인하여 더욱 가중되고 있습니다. 따라서 한국통신 앞에서 함평 슈퍼까지의 250m 간선도로의 개설이 매우 시급한 상황입니다. 본 의원이 파악한 바에 의하면 군수께서는 군청 앞에서 실고 앞까지의 도로 확장을 우선 생각하여 개설을 뒤로 미루고 있다는 점입니다. 다음 사항에 대해 묻습니다.

첫째, 교통난이 가장 심각한 터미널로 집중되는 차량 진입을 분산시키는 유일한 방안이 간선도로의 개설이라고 보는데, 군수의 견해는 무엇입니까?

둘째, 군수께서 우선시하는 군청 앞에서 실고까지의 도로 확장은 터미널 주변의 교통 혼잡을 더욱 가중시키게 되리라는 판단입니다. 따라서 우선순위의 변경이 필요한데, 이에 대한 군수의 견해를 밝혀주시기 바랍니다.

셋째, 간선도로의 개설은 함평읍 시가지 개발에도 크게 기여할 것으로 예상되는데, 이 점에 대해 군수의 견해를 밝혀주십시오.

넷째, 간선도로 계획 선에 포함되는 함평읍 농협 소유 토지를 무상으로 제공하라는 조건을 제시하고 있다는데, 사실인지요. 사실이라면 너무 무리한 조건 제시라는 여론이 있는데, 이에 대한 견해는 무엇입니까?

다음은 지도소 이전설에 대해 묻습니다.

첫째, 현 함평읍 소재 함평군 지도소를 학교면 월산리 농업 실습포로 이전한다는 여론이 있는데, 이에 대한 군수의 입장은 무엇입니까?

둘째, 지도소 이전 계획이 사실이라면 현재 그 추진은 어느 정도까지 진전되었는지 과정을 설명해주시기 바랍니다.

셋째, 지도소 이전 운운과 군수께서 주장하는 종합위민과는 어떤 합리성이 있는지요. 그리고 절대다수의 주민과 농민들의 반발이 예상되는데, 이에 대한 대책은 무엇입니까.

다음은 학교역의 명칭 변경을 제안합니다.

우리 함평 관내의 유일한 열차 역은 지금의 학교역입니다. 그런데 학교역이라는 명칭 때문에 열차를 이용하는 불특정 다수의 손님들은 함평군과 학교역을 연계하여 이해하는 정도가 매우 낮은 실정입니다. 특히 지방자치 시대에 있어서 함평군의 상징하는 대외적 이미지의 제고는 매우 중요하다고 생각합니다. 이웃 무안군 역시 몽탄역을 무안역으로 개칭하려는 움직임이 구체화되고 있는 실정입니다. 따라서 우리 함평에서도 학교역사 이전 시기에 맞추어 함평역으로 개칭하는 것이 바람직하다고 본 의원은 생각하는데, 군수의 견해는 어떠한지요?

다음은 함평학숙 건립에 대해 묻습니다.

광주광역시권에 함평학숙을 세우겠다는 군수의 공약은 어떻게 추진되고 있습니까? 현재까지 추진되고 있는 실적에 대해 답변해주시고 향후 계획 또한 제시해주시기 바랍니다.

다음은 마지막으로 함평만권, 관광지 조성 계획에 대해 묻습니다.

군수께서 95년도에 발표한 함평만권 관광지 조성 계획에 보면 신흥해수찜 주변 개발에 96~97년 사이에 12억, 돌머리 개발 계획에 20억을 투자하여 인공 풀장 확장과 산책로, 가로등 설치, 민박시설 유치 등 각종 사업을 추진하겠다고 했습니다.

그리고 96년 본 의원의 군정 질문에 대해 돌머리 개발 계획에 대하여는 96년 11월 중 주민 공청회를 개최하여 모든 계획을 확정하겠다고 답변하셨습니다. 본 의원은 96년 군정질문 시에 돌머리 개발에 관한 당위성과 현실성이 기대되는 효과에 대해 제안한 바 있음으로 오늘은 생략하고 군수님께 묻습니다.

첫째, 함평만권 관광지 조성 계획이 당초 계획과는 현저한 차질을 빚고 있는데, 그 이유는 무엇이며 향후 대안은 무엇입니까?

둘째, 돌머리 개발 계획에 대한 주민 공청회가 아직도 추진되지 않고 있는데, 그 이유는 무엇이며, 언제쯤 추진할 것입니까?

셋째, 해수욕장 인공 풀장 확장 계획은 왜 아직 실현되지 못하고 있는지 그 이유를 설명해주시고, 향후 계획에 대해 답변해주십시오.

넷째, 돌머리 해수욕장의 주차시설이 부족한데, 개인이 유료 주차시설을 설치하겠다고 신청하면 어떻게 하시겠습니까?

이상 12가지에 대한 본 의원의 군정 질문을 마치겠습니다. 군수님과 해당 실과장님의 성의 있고 책임 있는 답변을 바랍니다. 그동안 경청해주신 모든 분들에게 감사드립니다.

6부

칼럼을 통해 본
노금노의 농업·농촌·농민 사랑

이명박 정부, 농업정책 있는가?*

농민문제의 심각성!

얼마 전 통계청이 발표한 지역별 농가소득과 부채비율을 살펴보면 2007년
우리 전남은 소득 2,754만 5,000원, 부채 2,934만 5,000원으로 전국 9개
도 중에서 가장 꼴찌로 나타나고 있다. 뿐만 아니라 전체 평균소득 역시
2006년 대비 1% 줄어들었으며, 이는 1998년 이후 9년 만의 일이다.

아직도 농어업 소득에 절대적으로 의지하고 있는 우리 전남의 처지에
서 이 같은 수치는 농민은 물론 전남 전체 도민의 입장에서 심각한 문제일
뿐만 아니라 허탈한 심정을 금할 수 없다.

뭔가 획기적인 대책이 수립되어 실의에 빠져 있는 우리 농민과 농촌의
앞날에 희망을 갖게 하고 열심히 일할 수 있도록 해야만 국민경제 발전에
도움이 될 것이다.

현 정부의 농업정책은?

지난 2월 5년 임기를 시작한 이명박 정부는 절망에 처해 있는 농민들에게
어떠한 농업정책을 통해서 해결하려고 하는가?

---

* 이 논설은 글쓴이가 주필 겸 논설위원으로 활동한 『서남권신문』(인터넷 새무안뉴스)
2008년 4월 2일자에 게재된 것이다.

그동안 우리 농민들에게 비친 현 정부의 경제정책은 '대재벌 위주의 친기업정책', 'FTA협상의 조기 인준', 시장만능주의로 무장한 '신자유주의 경제질서' 등으로 농민들이 썩 동의하기가 껄끄러운 내용으로 우리 농민들과 영세서민들에게 다가서고 있는가 하면, 소위 정부 각 부처 통폐합이라는 명분을 내세워 '농진청' 폐지를 발표함으로써 이명박 정부는 농민을 위한 정부가 아님을 의심케 하는 입장을 스스로 천명하고 말았다. 더욱이 지난 대통령 선거는 물론이요, 지금 벌어지고 있는 제18대 국회의원 선거에서도 한나라당이 쏟아내고 있는 각종의 정책 공약들을 살펴보면, 농업·농촌·농민에 대한 그 어떠한 공약도 찾아보기 힘들 정도다.

이것은 비단 한나라당뿐만이 아니다. 민노당·진보신당을 제외한 많은 정당들도 작금에 처한 농업문제 해결을 위한 분명한 정책을 갖고 있지 못한 것 같다.

농업과 농민의 소중함

'농업은 생명산업이고 농민은 국민을 먹여 살리는 민족의 어머니다'라는 말이 있다. 지금 우리나라의 식량자급률은 27%에 불과하다. 그런가 하면 지난 한 해 동안 세계 곡물시장에서는 밀과 콩 값이 80~100% 이상 폭등하고 있으며, 쌀 역시 같은 추세를 나타낼 것으로 전문가들은 전망하고 있다.

이것이 바로 머지않아 국제적 긴장관계가 핵무기 못지않은 식량의 무기화를 예고하고 있는 것이다. 좀 심한 비유일지는 몰라도 배고픈 사람에게 자동차, 컴퓨터를 먹으라고 할 수는 없지 않은가?

식량자급률이 27%에 불과한 우리는 장기적으로 어떤 대책을 세워야 하는가? 불을 보듯이 자급자족적 자립경제의 터전을 세워나가는 것만이 유일한 길이다.

공업 분야는 경기가 위축될 때 공장을 잠시 멈추었다가 경기가 살아나면 다시 가동하면 되는데, 농업이라는 공장은 한번 파괴되면 회복 기간이

20~30년을 필요로 하는 것이 농업생산의 특수성이다.

국민으로부터 5년간 임기를 위임받은 이명박 정부와 야당을 포함한 모든 정치세력들에게 농업정책에 대한 몇 가지를 간곡히 제안하고자 한다.

장기적인 농업 발전 정책에 대하여

무엇보다 농업·농촌의 유지 발전이 국민경제와 국가사회의 지속가능한 유지 발전에 필수적인 최소 기본 조건임을 함께 인식하는 것이다.

첫째, 국민이 농업에 요구하는 안전한 먹거리 공급이며,

둘째, 국제적인 식량위기에 대비한 식량의 안정적 공급이며,

셋째, 환경과 농업의 조화에 의한 풍요롭고 쾌적한 농업·농촌의 유지 발전으로 지속가능한 사회경제 발전의 토대를 제공하는 것이며,

넷째, 남북의 특수한 조건에 대비하여 통일에 대비하고, 민족 공동의 이익을 실현하는 남북 농업 협력의 확대 강화가 장기적 농업정책의 기본이 되어야 함을 제안하고자 한다. (2008. 4. 2)

정치에 대한 새로운 인식을 위하여*
－권력의 생산과 분배

4·9총선 개헌 저지선 실패

지난 대선에 이어 4·9총선 역시 한나라당의 승리로 막을 내렸다. 사실상 뿌리가 같은 친박연대, 선진당을 포함한 당선자 수는 과반을 훌쩍 뛰어넘은 180석에 달하고 있다. 그야말로 수구보수세력의 압승인 것이다.

이에 반해서 민주당은 개헌 저지선인 100석을 목표로 했지만 80여 석에 그치고 말았다. 뿐만 아니라 손학규 당 대표를 비롯한 당의 지도급 인사들이 줄줄이 낙마함으로써, 선거 패배의 책임과 향후 정책노선을 둘러싼 당내 갈등이 심각할 것으로 예상된다.

특히 평화·민주·개혁·통일세력의 정치적 뿌리인 광주와 전남에서는 민주당이 압승을 했음에도 불구하고 승리를 자축하기보다는 앞날에 대한 답답함과 걱정스러움이 우리의 주위를 엄습하고 있다.

정치란 무엇인가?

정치는 정치공학적 관점에서 권력의 생산과 분배다.

권력이란 무엇인가? 권력이란 한마디로 사람을 부리는 힘이다.

힘은 어디서 나오는가? 조직을 통해서 나온다.

---

* 『서남권신문』(인터넷 새무안뉴스) 2008년 4월 13일자.

조직이란 무엇인가? 기계에 비유하면 사람이라는 동력과 자금이라는 연료에 의해서 움직이는 유기체이다.

권력의 생산과 분배란? 대선과 국회의원 선거를 통해서 국가권력의 일부를 위임받은 권한을 지닌 대표 또는 정당들이 물적 재화의 생산·분배·유통·소비를 둘러싼 인간적 관계 속에서 사회 제 집단들의 이해관계를 (행정·입법·사법 차원에서) 조정하고 통합해나가는 것이다.

따라서 어떠한 정치노선과 입장을 띤 정치세력이 국민으로부터 더 많은 권한을 위임받았는가 하는 것은 매우 중요한 일이다. 왜냐하면 권한의 크기에 따라서 우리들은 일상생활에서 직접적인 영향을 받을 수밖에 없기 때문이다.

가령 노동자, 농민, 영세상공인, 중소기업, 작은 관리 등 국민의 대다수를 차지하고 있는 사람들의 입장을 대변하는 정치세력이 더 많은 권한을 위임받았다면, 그들의 입장과 이익을 옹호하고 실현하는 방향에서 각종 제도와 정책들을 만들고 실천해나가게 된다.

하지만 4·9총선 결과는 지난 대선과 마찬가지로 우리 광주·전남 도민이 바라지 않았던 쪽으로 권력과 권한의 크기가 이동해버렸다. 왜! 이런 결과를 초래했을까? 어떤 이는 노무현 정권에 대한 앙금의 결과라고 분석하기도 하고, 또 다른 사람들은 지난 4년 동안 민주·평화·개혁세력의 분열로 인한 자책골을 먹었다고 한다. 그런가 하면 대권 후보를 잘못 선택한 대선 참패에 따른 후폭풍이라고 말하는 사람도 있다.

정치에 대한 새로운 인식을 위하여

우리는 지난 5년 동안 민주당·열린우리당·대통합신당·통합민주당 등 이름조차 다 기억 못 할 만큼 이합집산하는 모습을 지켜보아야만 했다. 실제 당원들은 하루가 멀다 하고 이 당에서 저 당으로 옮겨 다녀야 하는 서글픔을 겪었다.

그리고 이것은 평화·민주·개혁·통일세력이 선거에 이기기 위한 고육

502

지책이라는 변명 앞에 이해가 안 가는 것은 아니지만, 그 결과는 선거 참패라는 성적표뿐이었다.

뿐만 아니라 민주주의의 꽃인 상향식 민주주의는 개혁 공천이라는 미명하에 하향식으로 후퇴해버렸다.

이제 또다시 새로운 각오로 임할 때이다. 바라건대 평화·민주·개혁·통일에 합당한 정치노선과 상향식 민주주의를 실현할 굳건한 의지와 장기적 대안으로서 통합민주당을 바로세우고, 발전시켜나가는 데 통합민주당과 평화·민주·개혁세력들은 살신성인의 자세를 보여주기 바란다.

5년 전 참여정부는 아파트 분양가 원가 공개를 공약으로 내세웠다가 그것을 실천하지 못했다.

어디 그뿐인가? 서민대중의 입장에 서겠다고 권한을 위임받은 정치세력이 정책에 있어서 한나라당과 크게 다를 바 없다면, 그리고 당 운영이 비민주적이라면 서민대중에게 남는 것은 배신감뿐이다.

지난 수십 년간 우리나라의 정치 문화는 냉전 시대의 정치에 대한 두려움, 극심한 지역주의에 매몰 등으로 침체되었으며, 그 결과 정치에 대한 불신풍조가 만연하고 정치인은 출세주의자로 비쳐왔다.

정치에 대한 왜곡된 인식은 급기야 이번 총선 투표율 50% 이하라는 사상 초유의 사태를 낳고 말았다.

앞에서 보았듯이 정치는 우리가 싫든 좋든 위임된 권력과 권한에 의해서 우리들의 일상생활에 구석구석 영향을 미치고 있는 게 엄연한 현실이다.

이제 우리 모두는 정치에 대해 새롭고 바른 인식을 가져야 한다. 정치를 두려움의 대상 또는 지역주의 볼모가 아닌 나 자신의 올바른 삶을 지켜내는 결사체로 인식하고 적극적인 자세로 정치에 임해야 한다.

평화·민주·개혁·통일세력이 앞으로 있을 지방선거와 5년 후 대선에서 국가권력을 위임받아, 노동자·농민·영세상공인·중소기업·작은 관리 등 서민대중에 대한 삶의 질을 높이고, 민족통일을 앞당길 정치를 힘 있게 할 수 있도록 적극 나서야 할 때다. (2008. 4. 13)

함평나비, 세계를 향해 날다!*

지난 4월 17일 함평체육문화센터에서 한승수 국무총리가 참석한 가운데 '2008 함평 세계 나비·곤충 엑스포' 개막식이 있었다.

친환경 곤충을 소재로 하는 이 행사는 이석형 함평군수와 군민들에 의해서 지난 8년 동안 '함평나비축제'와 함께 자력으로 세계적 행사를 준비했다는 점에서 타 지방자치단체는 물론 많은 사람들의 이목을 집중시키고 있다.

앞으로 45일 동안 각종 행사를 관람하고 체험하게 될 지구촌 사람들로부터 본격적인 평가를 받게 될 것이다. 어려운 조건에도 불구하고 그동안 함평 군민들이 쏟은 열정과 의지를 높이 평가하면서 반드시 성공할 수 있기를 기원한다.

'2008 세계 나비·곤충 엑스포'의 두 가지 의미

'2008 세계 나비·곤충 엑스포'는 두 가지 점에서 의미를 새겨볼 수 있겠다.

첫째, 나비가 날아다니는 모습을 볼 때 우리는 자연생태가 살아 있음을 느낀다. 하지만 이윤 동기를 주목적으로 한 자본주의의 공업생산은 공해로 인한 자연생태가 파괴되고, 인간의 쾌적한 삶에 역행하는 무서운 재앙

---

* 『서남권신문』(인터넷 새무안뉴스) 2008년 4월 21일자.

을 초래하고 말았다.

우리는 지금 그 무엇 하나 안심하고 먹을 수도 이용할 수도 없는 세상을 살고 있다. 따라서 친환경 자연생태 복원 등을 위한 각종 산업이 현실과 내일을 선도하는 시대에 접어든 지 이미 오래다.

특히 사람의 생명을 유지하고 발전시켜나가는 데 가장 중요한 먹거리 산업이야말로 "그것이 얼마나 친환경적인가? 무엇이 건강한 삶을 지켜주는 것인가? 하는 것"이 현재 산업의 기본 중심이다.

우리나라의 먹거리 산업의 중심지는 우리가 살고 있는 전남지역이다. 전통적으로 우리 전남은 비옥한 농토와 넓은 토지를 보유하고 있으며, 환경오염으로부터 그 피해가 상대적으로 가장 적은 지역이다.

이제 우리는 이러한 장점과 특수성을 극대화하고 차별화해나가면서 소득향상에 기여할 수 있는 자원의 발굴과 소재 개발에 더욱 적극적으로 전진해야 할 것이다.

'2008 함평 나비·곤충 엑스포'는 함평에서 시작되었지만, 이제 함평을 뛰어넘어 전남 전체, 더 나아가 전체 지구촌 사람들의 생명을 지켜내고 희망을 심어주는 생명산업으로 발전시켜나가야 할 것이다.

둘째, 역사적으로 산업의 발전은 농·공업을 근간으로 상업, 서비스, 정보, 문화, 첨단과학 등 경제 발전과 함께 그 분야가 확대·재생산되어왔다.

따라서 미래산업으로서 곤충을 소재로 한 산업화는 세계 각국의 중요 관심사일 뿐만 아니라 이미 선진 제국들은 본격적인 연구 작업에 들어갔다.

다행스럽게도 함평의 이석형 군수와 군민들은 세계적인 곤충의 산업화에 지대한 공헌을 하고 있다. 함평군은 지난 8년 동안 수백만m²에 달하는 자연생태공원을 조성했는가 하면, 곤충에 대한 연구소와 체험시설 등을 마련했으며, 전국적 차원에서도 '곤충생태연구학회' 등이 함평을 중심으로 둥지를 틀어가고 있다.

새로운 산업이 개척된다는 것은 여기에 참여하는 모든 사람들의 소득이 발생하고 부가가치가 향상됨을 의미한다. 이러한 노력이 더욱 알차게 진전된다면 우리 전남 함평은 곤충산업의 세계적 발상지로서 중심적 역할을 하게 될 것이다.

국가가 적극 나설 때이다

자본주의를 만개시킨 영국의 산업혁명이 있기까지는 이를 가능케 하는 인적·물적·제도적·기술적 재결합이 있었듯이 곤충의 산업화를 위해서는 지속적 연구기관을 필두로 산업단지 조성, 전문인력 확보를 위한 전문대학 설립 등 해야 할 일이 너무도 많다. 한두 개의 지방자치단체가 감당할 수 없는 대역사이다.

'2008 함평 나비·곤충 엑스포' 개최 성과가 그동안 함평 군민들의 자발적이고 주체적인 노력의 결과라면, 이제는 국가적 차원의 인적·물적·제도적 지원을 통해서 곤충을 소재로 하는 산업화를 완성해야 할 것이다.

또한 '군민의 결집된 힘이 이와 같은 대역사를 완성하는 데 매우 중요하다'는 사실을 자각해야 할 것이다. (2008. 4. 22)

FTA와 식량주권*

국제 곡물 재벌들의 횡포

지난 80년 소련이 아프가니스탄을 침공하자 미국은 이에 대한 보복으로 소련에 대해 곡물 금수 조치를 취했다. 식량을 무기로 소련을 압박했던 것이다. 같은 해 우리나라도 비슷한 사건을 겪었다. 냉해로 흉년이 들어 쌀 부족 사태를 빚자, 정부는 미국, 일본 등 11개 국가에서 224만 톤의 쌀을 긴급 수입하기에 이른다.

당시 쌀 수입에 간여했던 농림부의 전직 고위 간부의 괴로운 회상이다. "이 무렵 일본에는 재고미가 많이 남아돌아 생산비보다 크게 못 미친 가격에 한국에 팔기로 양 정부 간 약속이 이루어졌습니다. 그런데 쌀은 국제 쌀 시장에서 구입해야 하는 것 아니냐며, 미국의 쌀 수출업자들이 압력을 가하는 바람에 우리 정부는 미국 쌀을 사올 수밖에 없었습니다."

1980년 국제 쌀 가격은 톤당 300달러였는데 우리나라는 500달러에 사오게 되었으며 11개국과 쌀을 사겠다고 계약하는 바람에 나중에는 수입 쌀 재고문제로 곤욕을 치르기도 했다.

카길로 대표되는 세계 5대 곡물 메이저들은 세계 시장 점유율 75%를 차지하고 있다. 그중 40%를 점유하고 있는 것이 카길이라는 미국의 곡물

---

* 새무안뉴스 2008년 5월 7일자.

재벌이다. 카길은 우루과이라운드 협상과 그 후 세계무역기구 농업 협상을 주도한 미국의 협상 전략을 짠 그룹이기도 하다. 이처럼 5대 곡물 재벌들의 영향력은 매우 막강하다. 한편에선 대다수 식량 수입국들에게 농업시장 개방을 압박하면서 다른 한편에서는 가격 담합을 통해 폭리를 취하고 있다.

1972년 세계 밀 생산량이 2.4% 감소하자 밀을 팔지 않아 시세가 3배나 폭등하게 만들었는가 하면, 심지어 아르헨티나의 페론 에비타 정권이 곡물사업을 국영화하자 정권 퇴진을 배후 조정했고, 남미 니카라과에 사회주의 정권이 들어서자 곡물 수출을 중단함으로써 5년 후 친미 정권이 들어서도록 했다.

2008년 현재 쌀 1톤당 가격은 1,000달러를 넘어서고 있다. 이는 전년 대비 매우 높게 폭등한 가격이다. 카길은 금년 1분기에만도 9억 달러의 경상이익을 남겼다. 식량자급률이 24%에 불과한 우리나라의 곡물과 사료 공급을 이들이 장악하고 있다. 더구나 세계 주요 곡물 수출국(미국, 태국, 인도, 호주 등)들은 자국의 식량안보를 위해 수출을 제한하기 시작했다. 식량을 무기로 한 국제적 긴장관계는 더욱 심화될 전망이다.

우리 농업의 피해

한미FTA 체결로 인해 직접적인 피해를 입게 될 산업과 당사자는 농업과 농민이다. 전문연구기관들에 의하면 농업 분야에서 최소 2조, 최대 8조 8,000억 원의 피해가 예상된다고 한다.

이러한 계산은 단순 피해액만을 염두에 둔 것으로서, 농업이 지니는 다원적 기능을 고려할 때, 그 피해 정도를 정확히 예측할 수 없는 문제이다. 한국농촌경제연구원 조사에 따르면 농업의 다원적 가치는 연간 30조 원에 달하는 것으로 추산되고 있다.

한미FTA 협상 내용을 살펴보면, 여러 가지 문제들 중에서도 개방되는 품목과 양허 내용이 너무 광범위하다는 점이다. FTA협상은 미국하고만 하는 것이 아니고 앞으로 중국, 일본, 유럽연합 등 세계 여러 나라들과도 체결할 수밖에 없을 터인데, 한미FTA 농업 부분 협상이 그 기준이 될 수 있다는 점에서 향후 더 큰 문제들을 예고해주고 있다.

정부가 내놓은 피해 대책을 살펴보면, 향후 10년간 21조 원을 농업에 투자하겠다는 것이고, 직접 피해 보상에 가까운 내용은 매년 1,000억 원씩 잡혀 있으며, 나머지는 구조 개선과 우수 농업인 확보를 위해 투·융자하겠다는 것이다.

그런데 한·칠레 협정 이후 보았듯이 직접 피해 품목에 대한 직불제도는 조수입이 80% 이하로 떨어질 때로 하고 있어, 실질적 보상이 되지 못하고 있다. 뿐만 아니라 농업은 생산조건상 작목별 유기적 생산관계를 형성하고 있는데도, 피해의 도미노 현상을 피해 대책에서는 전혀 반영하지 못하고 있다.

이상과 같이 한미FTA 협상은 국익을 위해서도 재검토되어야 하며 농업에 대한 피해 대책 역시 보완되어야 할 것이다.

식량주권을 세우자!

앞에서도 살펴보았듯이 식량을 무기로 벌어지는 국제적 긴장관계는 또 언제 어디서 어떤 형태로 폭발하게 될지 모른다. 따라서 먹을거리의 자급자족화를 저해하는 그 어떤 명분과 경제정책도 용납될 수 없다. 더구나 식량자급률이 24%에 불과한 우리나라의 처지에서 볼 때 식량의 자급화는 국가적 과제이자 실천적 목표로 제시되어야 한다.

이를 위해서는 생명산업인 농업과 이에 종사하는 농민들을 바라보는 국민들의 시각 교정과 자각이 필요하다. 그리고 중장기적인 농업 발전 계획이 새롭게 수립되어야 한다. 그동안 우리나라가 공산품의 해외 시장 개척과 경쟁력 우위를 통해 이만큼의 경제 성장을 이루었다면, 이제부터라도 식량주권을 앞당겨 나아갈 때 비로소 우리는 세계 속에 우뚝 서는 한국인으로서 자부와 긍지를 느낄 수 있을 것이다. (2008. 5. 7)

'경제공황'이라는 어두운 그림자*
―신자유주의 경제는 자본주의 내적 모순 완화의 자본운동 법칙

경제란 상품의 생산·분배·유통·소비에 이르기까지의 물질의 흐름을 집약적으로 표현하는 개념이다. 그리고 이것과 매개되어 있는 인간적 제 관계를 생산관계라고 한다.

경제제도로서 자본주의가 성립하는 조건은 자유로운 임노동과 생산수단의 사적 소유를 전제로 하고 있다는 점에서, 생산수단의 집단적 또는 조합적 소유에 기초한 사회주의 경제제도와는 대립되는 개념이다.

그런데 우리는 흔히 민주주의 반대는 공산주의 또는 사회주의라는 등식으로 혼란을 일으키는 경우가 있다. 이것은 정치제도와 경제제도를 잘못 비교함으로써 발생하는 오류이다. 민주의 반대는 독재이고 공산주의 또는 사회주의의 반대는 자본주의라고 하는 것이 보다 정확한 비교이다.

역사적으로 자본주의가 이행되어온 과정을 살펴보면 자본의 원시적 축적기라고 불리는 원격지 간 상업자본주의를 거쳐 산업자본주의 단계와 독점자본주의 단계를 지나 지금은 자본주의가 고도로 발달한 국가독점자본주의를 거치고 있다.

산업자본주의 단계는 자본주의 초기 단계로서 소규모 자본을 가진 생산자들이 시장에서 자유 경쟁하던 시대를 말한다. 우리나라의 경우를 살

---

* 『서남권신문』(인터넷 새무안뉴스) 2008년 5월 12일자.

펴본다면 50~60년대 현재 우리가 살고 있는 각 군 단위에서도 대장간을 비롯한 소주회사, 아이스케이크공장, 과자공장 등 수많은 회사들이 독립적으로 존재하면서 시장에서 상호 경쟁하던 모습들을 기억할 것이다. 그래서 이때를 만인 대 만인의 경쟁 시대, 합리적 이윤 추구의 시대라고도 한다.

하지만 이러한 경쟁은 자연적 조건이나 자본의 크기, 새로운 기술 개발, 경영 방법과 능력의 차이 등으로 인하여 경쟁에서 이기는 자와 몰락하는 자가 있기 마련이다. 경쟁에서 승리한 자는 몰락한 회사들을 집어삼키면서 거대한 자본가로 성장하게 된다.

70~80년대에 들어서면 우리 주변에 있던 대장간, 소주공장, 아이스케이크공장 등은 모두 사라지고 포항제철, 해태제과, 보해, 진로 등과 같이 전국의 판매망을 총괄하는 거대 독점자본들이 등장한다. 몇 개 안 되는 회사들이 전국의 시장을 독점하고 지배하면서 자유 경쟁과 합리적 이윤 추구는 무시되고 담합에 의한 가격 독점과 초과이윤 실현으로 자본의 시장 지배력을 한층 더 강화시켜나가게 된다. 이러한 단계를 독점자본주의 단계라고 한다.

이렇게 발전하는 자본주의는 국가권력의 일부 또는 전체를 장악해나감으로써 자본의 이윤을 극대화시키는 것이다. 각종 선거(대선, 총선, 지방선거)에 자기 사람을 당선시키고 국가기관에 영향력을 행사함으로써, 이제는 시장에서만이 아니라 국가의 예산 편성과 정책 결정 등, 즉 국가권력을 통해서 자본의 이윤을 창출하고 정치권력을 자본의 지배하에 둠으로써 무한한 이윤을 추구해나가는 것을 국가독점자본주의 단계라고 한다.

우리나라의 삼성과 현대 등으로 대표되는 수많은 자본가세력은 국회는 물론이고 각종 국가기관에 자기 세력을 심어놓고 관리하면서 이윤 실현에 필요한 영향력을 행사하고 있다는 점에서 '한국 자본주의 역시 국가독점자본주의의 정점에 있다'고 하겠다.

자본주의하에서 생산의 동기는 이윤에 있다. 모든 생산은 팔기 위한 생산이며 상품 교환 과정에서 가격 수탈을 통해 이윤을 극대화하는 것이 생산의 주된 목적인 것이다. 무엇이 국민에게 유익한 것인가? 어떤 것이 인류의 건강한 삶에 더 좋을 것인가 하기보다는 어떻게 해야만 더 많은 이윤을 창출할 수 있을 것인가를 중시하는 것이 자본의 윤리이자 운동법칙이다.

이윤이란 무엇인가? 생산 과정에 투하된 능동적 노동이 창출한 잉여가치의 일부이다. 자본가는 생산수단을 소유했다는 이유로 잉여가치의 일부를 취득한다. 이렇게 취득되는 이윤은 생산·분배·유통·소비의 연속과 반복을 통해서 소수의 자본가에게 집중·집적되는 것이 자본주의 경제구조이다. 따라서 자본주의하에서 부익부 빈익빈의 양극화 현상은 필연적 귀결이다.

자본주의 모순은 생산의 사회적 성격과 생산된 잉여가치의 사적 소유에 있다. 그리고 이 모순은 공황이라는 질곡을 피할 수 없다. 자본주의 초기에 느리게 반복되던 공황은 자본주의 발전 속도만큼 그 주기가 매우 빠르게 반복되고 있다.

지금 미국을 비롯한 선진 자본주의 제국들은 상시적 공황에 신음하고 있다. 특히 작금의 자본주의 경제는 매우 우려되는 상황을 노출하고 있다. 이미 미국의 몇몇 금융회사들이 도산위기에 처했는가 하면 달러 가치 하락과 주가 폭락 그리고 유례 없는 유가 폭등과 국제 식량 공급의 불안정성 등이 이를 증명하고 있다.

지난 80년대 우루과이라운드 협상을 시작으로 WTO, FTA로 대변되는 신자유주의 경제는 자본주의 내적 모순을 완화시켜 현재의 경제 위기를 모면해보고자 하는 자본의 운동법칙에 다름 아니다. 하지만 이것 역시 문제 해결의 열쇠가 될 수 없음은 너무도 자명하다. 도리어 이것은 국제적 힘의 역학관계를 고려할 때 힘이 약한 국가나 민중들에게 그 책임을 떠넘기는 방책에 불과하다.

미국 소고기 전면 수입으로 전 국민이 분노하고 있는 이유는 직접적으로는 자신들의 건강권을 지키려는 의사 표시이지만, 근본적으로는 국제 독점자본의 무자비한 횡포에 우리 민중들의 이익을 지켜내고자 하는 생존권의 요구이자 더 이상 물러설 수 없는 저항인 것이다. (2008. 5. 12)

다시 타오르는 봉화峰火*

─국민에게 알리기 위한 봉화峰火였지 방화放火가 아니다

80년 5월 전두환·노태우로 대표되는 신군부가 국가권력을 찬탈하려는 야욕으로 선량한 광주시민을 폭도로 매도하면서, 고도로 훈련된 공수부대를 투입해서 광주와 전남의 시·도민을 학살한 사건이 5·18광주민주화운동이다.

당시의 항쟁 기간을 날짜별로 살펴보면 18~20일까지는 죽음을 불사한 시민들의 분노와 투쟁이 광주·전남 전 지역으로 확산되던 기간이었으며, 20~26일까지는 투쟁의 일시적 승리와 함께 광주시민에 의한 시민 자치가 이루어진 시기였다. 27일은 중무장한 군 병력에 의해서 민주화의 요구가 무참히 짓밟힌 날이었다.

특히 21일은 그해 석가 탄신일이자 피로 얼룩진 날이었다. 이날은 시민들에 의해서 전남도청이 접수되고 목포를 비롯한 해남·강진·영암·나주·함평·무안 등 전라남도 전 지역에서 수많은 사상자가 발생했는가 하면, 전쟁을 방불케 하는 총격전이 여러 곳에서 벌어졌다. 민주화를 요구하는 투쟁 열기가 절정에 달했던 날이었다. 그로부터 15년이 흐른 후에야 '광주 폭동'은 '광주민주화운동'으로 정립되었다.

80년 12월 9일 밤 9시경 빛고을 광주에서는 또 하나의 사건이 터졌다.

---

* 『서남권신문』(인터넷 새무안뉴스) 2008년 5월 25일자.

광주 미문화원이 불길에 휩싸였던 것이다. 이를 감행한 사람들은 당시 유일한 농민운동단체였던 가톨릭농민회 회원들이었다. 이들의 개별적 신분은 농민 윤종형·박시영(함평), 대학생 임종수, 광주 상인, 정순철(여수, 학교장 출신), 김동혁(영광) 등 5명이었다.

전혀 예상치 못했던 미문화원방화사건에 직면한 전두환 군부는 이 사건이 몰고 올 파장을 두려워한 나머지 전기 누전에 의한 단순 화재라는 공식 발표를 해놓고, 다른 한편으로는 관련자 색출에 주력한다. 이후 구속된 사건 당사자들은 법정 진술을 통해서 "5·18 기간 동안 수많은 광주시민을 살상케 한 전두환의 군대 이동을 승인해준 미국에 대한 항의의 표시이자 응징"이라고 했다. 그리고 이러한 사실을 전 국민에게 알리기 위한 "봉화였지 방화가 아니라"고 자신들의 주장을 강조했다. 이들은 1심에서 7년에서 1년까지 실형을 선고받았다.

그렇다. 이들의 주장대로 광주민중항쟁에서의 미국은 시민의 편이 아닌 전두환 군부의 손을 들어주었던 것이다. 이러한 미국의 태도는 80년 이후 우리 국민들의 반미 감정을 더욱 악화시키고 확산시키는 데 주된 요인이 되었다. 82년 부산 미문화원이 불에 타고 서울에서는 애국청년학생들에 의해서 미문화원이 점거되는 등 외세 배격과 주권을 지키려는 국민적 운동이 급속하게 확산되어나갔다.

이명박 정부가 들어선 지 3개월이 되어가고 있는 이때 우리 국민들의 미국에 대한 감정은 80년 당시와 매우 흡사하게 진행되고 있다. 이명박 대통령은 미국을 다녀와서 우리 국민이 보다 값싸고 질이 좋은 소고기를 먹을 수 있도록 하기 위해서 한·미 소고기 협상을 매듭지었다고 했다. 하지만 이것은 다수의 소비자들을 자기 편으로 끌어들여서 축산 농가들의 저항을 고립화시키고 굴욕적인 소고기 협상 내용을 은폐하려는 의도임이 만천하에 드러났다.

이에 분노한 국민들의 함성이 지금 들불처럼 타오르고 있다. 중·고등학생들까지도 촛불 봉화에 앞다투어 나서고 있지 않은가? 전두환 정권은 무고한 시민 학살과 권력 찬탈이라는 치명적인 약점을 보완하기 위해서 우리 민중들의 피와 땀을 쥐어짜는 경제적 이권을 미국에 내주었는데, 이명박 대통령은 미국에 어떤 약점이 있었기에 전체 국민의 건강권마저 미국에 헌상한 채 촛불 봉화에 시달리고 있는 것인가? 시급히 기존 협상을 파기하고 다시 협상해야 할 것이다. 현 정권이 대미 굴욕적 자세를 고치려 하지 않는 한, 보다 강력한 국민적 봉화가 기다리고 있을 뿐이다. (2008. 5. 25)

6월을 생각하며*
―거리에 젖먹이와 초·중·고·대학생 및 직장인 민족자주권 투쟁

1950년 6월 25일은 우리 민족사의 최대 비극이었던 한국전쟁이 발발한 날이다. 이 전쟁으로 인해 남북의 인명 피해만도 수백만 명에 달했으며, 지난 50년간 전후 복구를 위해서 우리 민족은 말로써 표현할 수 없는 고통과 피와 땀을 흘려야만 했다. 하지만 우리는 현재도 155마일의 휴전선을 사이에 두고 전쟁 상태가 끝나지 않고 있다.

1987년 6월 10일은 80년 5월 광주시민을 학살하고 등장한 전두환 군사독재 정권을 종식시키기 위한 혁명적 항쟁이 일어났던 날이다. 항쟁의 직접적인 원인은 그해 1월 박종철 군 고문치사 사건과 6월 10일 이한열 열사의 분신이 기폭제가 되었다. 4월부터 전국적인 대규모의 국민항쟁은 전두환 정권이 보유하고 있던 최루탄이 바닥이 날 정도였으니 얼마나 치열한 투쟁이 있었는가를 짐작할 수 있다. 이렇게 치열했던 6월 항쟁은 마침내 군사독재 정권을 종식시키는 데 성공할 수 있었다.

1995년 6월 13일은 분단 이후 처음으로 남북 정상회담이 이루어졌고, 이어서 15일에는 6·15공동선언문이 발표되었다. 특히 6·15선언은 한반도의 평화공존과 평화적 통일을 위해서 남북이 상호 노력하기로 합의했다는 점에서 우리 역사에 있어 매우 뜻 깊은 날이었다. 뿐만 아니라 그동

---

* 새무안뉴스 2008년 6월 6일자.

안 국내외 반통일세력들의 극심한 방해와 음해가 있었음에도 불구하고 이러한 성과를 얻을 수 있었다는 점에서 평화통일 노력이 역사의 대세임을 확인케 하는 날이었다.

이렇듯 6월은 역사적 시차는 있었지만 6·25를 통해서 힘없고 분열된 민족이 외세에 의해서 얼마나 처참하게 당해야만 했는가를 뼈저리게 느끼게 해주었으며, 6월 항쟁을 통해서는 민주주의는 수많은 고통과 시련을 통해서 쟁취된다는 것을 증명해주었으며, 남북통일을 향한 거대한 소용돌이가 함께 어우러지고 공존했다.

그런데 2008년 오늘의 6월은 어떠한가? 지난 4월부터 이명박 정부를 규탄하는 촛불시위로 온 나라가 들끓고 있다. 젖먹이 어린아이를 유모차에 태우고 거리에 나서고 직장인과 초·중·고생에 이르기까지 전국의 국민들이 자신들의 건강권과 민족자주권 회복을 위해 거리로 나서고 있다.

이러한 사태의 책임은 누구에게 있는가? 이것은 바로 대미 굴욕적 쇠고기 협상을 자행한 이명박 정부에 그 책임이 있다. 하지만 이명박 정권은 국민들의 끓어오르는 분노와 요구를 비웃기라도 하듯이 농수산식품부 장관이 수입고시를 강행하고 이에 항의하는 국민들에게는 불법이라는 잣대를 들이대면서 억압과 탄압으로 일관하고 있다.

현 정권의 이러한 태도는 군사독재 시절에나 있을 법한 것으로서 이명박 정부의 정체성이 무엇인가 묻지 않을 수 없다. 그리고 이러한 탄압으로 지금의 사태가 제압될 수 있을 것으로 생각한다면 이는 오늘의 상황을 크게 오판하고 있는 것이다. 지금 우리가 누리고 있는 민주주의는 누가 가져다준 선물이 아니고 지난 수십 년 동안에 걸쳐서 피 흘리며 쌓아온 모든 국민의 자산임을 이명박 정권은 올바로 인식해야 할 것이다. 또한 진솔하게 국민 앞에 사죄하고 쇠고기 재협상은 물론 환경 재앙을 초래하는 대운하 건설 역시 폐기시켜야 할 것이며, 모든 국민이 요구하는 민족주권 회복과 국민 건강권 보호를 위한 대안을 제시해야 할 것이다.

향후 5년간 이명박 정부가 해야 할 임무는, 첫째 부의 편중과 서민경제

파탄으로 치솟고 있는 사회적 불만과 불안을 해소키 위한 노동자·농민·중소기업·영세상공인의 경제 대책을 세우고 실천하는 것이며, 둘째 아직도 사회 구석구석에 남아 있는 부정부패 척결과 비민주적 제도를 개선하고, 셋째 한반도 평화 정착과 민족통일을 위한 남북 경제협력 확대·강화에 있다.

역사적으로 6월은 오늘을 사는 우리에게 많은 것을 묻고 있다. 특히 이명박 정부는 6월의 역사적 의미를 되새겨봐야 할 것이다. (2008. 6. 6)

식량주권은 민족의 농업 결정 권리*
─정치권 자기 반성과 함께 인식의 발상 대전환 이뤄져야

식량주권은 한 국가 또는 민족이 스스로 자신들의 식량과 농업을 결정할 수 있는 권리이다. 지속가능한 개발 목표를 달성하기 위해서 교역과 국내 농업생산을 보호할 수 있는 권리이며, 사회 구성원들이 원하는 만큼의 자립 정도를 결정할 수 있는 권리이자 국내 시장의 농산물 덤핑을 규제하는 권리이다.

식량주권은 교역 자체를 부정하지 않으며, 안전하고 건강하며 생태학적으로 지속가능한 생산을 할 수 있는 권리를 부여하는 교역 정책과 관행의 수립을 장려한다.

식량주권은 많은 농민·목축인·어민·원주민·여성·지역청년·환경단체가 지지하는 정책의 수립과 실천을 언급하며, 말 그대로 국제 시장세력에 종속된 식량 시스템과 대조되는 스스로의 식량·농업, 가축·어업 시스템에 관한 권리를 주장하고 있다.

지금 국제 곡물가격이 요동치고 있다. 아세아 지역에서만도 지난 한 해 동안 쌀 가격이 147%나 올랐는가 하면, 옥수수 등을 비롯한 잡곡류와 사료용 곡물가격이 천정부지로 치솟고 있다. 세계 곡물 재고율은 2000년 30%에서 지난해에는 15%로 급락했다. 그런가 하면 태국·인도 등 주요

---

* 『서남권신문』 2008년 7월 4일자.

곡물 수출국들은 자국의 식량안보를 이유로 수출 물량을 제한함으로써 식량 기아에 허덕이는 세계 인구가 10억 명에 육박하고 있는 실정이다. 이에 일본과 유럽연합 등 수입국들은 이러한 조치를 철회하라고 촉구하고 나섰다.

그동안 우려했던 식량 부족문제가 현실화되면서 식량을 무기로 한 국제적 압력과 분쟁이 더욱 거세질 전망이다. 지난 5일 로마에서 폐막된 유엔 식량안보 정상회의는 공동 선언문을 통해서 빈곤 퇴치를 위해서 65억 달러를 저개발 국가에 지원키로 했다고 밝히고 있다.

하지만 "국제 곡물 독점자본들의 무자비한 횡포 앞에 이 같은 인도적 지원 방식만 가지고는 식량의 무기화로 나타나는 어두운 그림자를 거두어내기는 어려울 것"으로 전문가들은 분석하고 있다.

현재 우리나라의 식량자급률은 27% 수준에 머물고 있다. 여기서 쌀을 제외하면 2.5%밖에 되지 않는다. 지난 70~80년대와 비교해서 현저히 낮아진 수치이다. 이제 우리 국민 신체의 70%가 외국의 농축산물에 의해서 지탱되고 있다고 해도 무리한 표현이 아니다. 특히 휴전선을 사이에 두고 있는 북한은 우리보다 훨씬 더 심각한 식량 부족 사태에 놓여 있는 실정이다. 국제사회의 식량 지원이 있지 않으면 수많은 북한 주민들은 영양실조에 쓰러져갈 수밖에 없는 상태에 처해 있다.

이처럼 위기에 처해 있는 우리 민족의 식량주권을 어떻게 지키고 회복시켜야 할 것인가? 이 문제야말로 우리 민족이 무엇보다 우선적으로 해결해야 할 최대의 과제인 것이다.

우선 먼저 국가 운영을 책임지고 있는 현 정부를 비롯한 여·야 정치권이 문제 해결의 주도체이다. 하지만 신자유주의 경제이론으로 무장한 보수정치세력들은 식량이 부족하면 이웃 나라에서 값싸게 사다 먹고 그 나라에 우리의 경쟁력이 있는 공산품을 팔아서라는 비교우위론으로 국민을 설득하고 있다.

그리고 이들은 생명산업으로서 농업이 지니는 중요성과 소중한 가치를 애써 외면한 채 단순 교역 대상 내지는 농업을 사양산업쯤으로 여기는 어리석음을 범하고 있다. 바로 이러한 저들의 반농민적 태도가 지난 4월 굴욕적인 대미 소고기 협상 과정에서 국민의 건강권마저 팔아먹는 반민중적·반민족적 작태를 연출하고 말았던 것이다. 이에 대한 정치권의 자기반성과 함께 인식과 발상의 대전환이 이루어져야 한다.

이제 더 이상 지체할 수 없는 식량위기의 상황에서 식량주권을 향한 국가 경제정책의 재정립과 새로운 농업정책을 수립해야 한다. 이러한 과제를 여·야를 망라한 현 정치권이 적극적으로 추진할 때 국민들 가슴속에 도사리고 있는 정치에 대한 불신의 감정을 털어낼 수 있을 것이다.

쾌적한 환경에서의 생활과 안심하고 먹을거리를 공급받을 수 있는 삶을 위해 농업의 소중함과 농민에 대한 고마움을 항상 잊지 않아야 할 것이며, 어려움에 처해 있는 농업과 농민을 살리는 데 국민 모두 지혜를 모아야 할 때이다. (2008. 7. 4)

조정과 통합의 정치*
―조직은 의도적 목적과 조직 유지라는 두 개의 목적 속에 충돌

정치가 왜 필요한가는 인간 스스로가 지니고 있는 욕망 때문이라고 한다. 과거 흑백 TV만 있던 시대에서 기술의 발전으로 컬러 TV가 나오게 되니까 사람들이 자연스럽게 컬러 TV를 갖고 싶어 하듯이, 인간의 욕망은 무한한 소유에 대한 욕구와 배타적·독점적 성향을 가지고 있다.

하지만 현존하는 물질적 재화는 모든 사람들의 욕망을 한꺼번에 채워줄 수 없고 유한할 수밖에 없기 때문에 사람들 사이에 물적 재화를 차지하기 위한 경쟁과 다툼이 벌어질 수밖에 없다.

이러한 다툼과 투쟁을 정치적인 힘과 권력에 의해 법과 제도라는 잣대를 통해서 사회질서를 잡아주지 않거나 못한다면 세상은 약육강식에 의한 끝없는 투쟁과 혼란으로 인하여 유지될 수조차 없게 된다.

따라서 대의민주주의를 표방하는 민주정치 제도하에서는 주기적으로 선거를 통해서 국민들이 가지고 있는 권한의 일부를 정치지도자와 그들이 소속되어 있는 각 정당들에게 위임해주고 그들에게 공정한 조정과 통합의 기능을 맡기고 있는 것이다.

정치지도자들이 소속되어 있는 각 정치세력과 정당들은 명문화된 목적과 정강정책들을 가지고 있다. 그리고 목적을 달성하기 위해서 당 대표를

---

* 『서남권신문』(인터넷 새무안뉴스) 2008년 7월 18일자.

비롯한 크고 작은 권한과 역할을 부여받은 조직의 책임자들이 중앙에서부터 읍·면·동에 이르기까지 계선系線을 이루고 있다.

목적과 정강정책이란 각 정당들이 중·장기적으로 이룩하고자 하는 미래의 바람직한 그 어떤 것이라고 할 때, 이것을 이념적 또는 의도적 목적이라고 한다. 하지만 의도적인 목적이 달성되기 위해서는 조직이 유지되고 살아 움직일 때 가능한 것이다.

따라서 조직은 언제나 의도적인 목적과 조직 유지라는 두 개의 목적이 있다. 그리고 이 둘은 때로는 서로 충돌하기도 하고 또 한편으로는 상호보완적 관계를 유지하면서 발전해나간다. 하지만 의도적 목적은 미래상이요, 유기체적 목적은 현실에서 살아 있어야 한다는 점에서 모든 조직들은 후자의 경우를 우선시하는 경향을 보이는 것이 일반적인 현상이다.

그러나 이러한 일반적인 경향성이 조직을 책임 맡고 있는 지도자들의 기득권 유지와 결부되어 나타날 때 조직은 매우 심각한 상태에 빠져들게 된다. 특히 조직으로부터 보수를 받고 움직이는 실무직 간부들은 노선을 달리하는 여타의 권력집단과의 투쟁에 있어서는 가능한 한 무리수를 두지 않으려 한다. 자칫 무리한 투쟁을 전개했다가 조직이 깨지거나 위축되는 경우에는 자신들의 기득권 자체가 상실되기 때문이다.

이것은 당 운영에 있어서도 자신들의 경제적 이익이 상실될 위기에 처하게 되면 당의 의도적 목적을 위해서 활동하기보다는 기득권을 수호하고 확대하는 투쟁에만 몰두하게 된다.

국민과 당원들이 선거를 통해서 위임해준 공정한 조정과 통합의 기능은 상실되고, 서로의 기득권을 차지하기 위한 권력투쟁과 함께 계파별 이합집산을 부추기는 권모술수가 판을 치고 심지어는 무자비한 폭력이 서슴없이 동원되기도 한다.

이러한 사태를 바라보는 국민은 심한 배신감과 함께 분노를 표출하면서 등을 돌리거나 다른 정당을 선택한다. 하지만 선택할 정당이 없을 때는 다르다. 기존 정치권은 국민들로부터 강한 불신과 함께 혐오의 대상으로 추락하고 만다. 지금 대다수의 국민들이 마땅히 지지할 정당이 없다고 답하는 것은 잘못된 정치 현실을 정확히 반영하고 있는 것이다.

이제 18대 국회가 개원과 함께 본격적인 활동이 시작되고 있다. 바로 엊그저께 국민들이 위임해준 권한과 권력을 부여받은 정치지도자들과 각 정당들은 정치의 본래 기능인 공정한 조정과 통합을 위해 노력해주길 바란다. 특히 정치지도자들은 조직은 목적을 위한 수단임을 항상 염두에 두어야 할 것이다. (2008. 7. 18)

경제 위기와 극복 방향*
−현 정부 믿을 수 없다는 배신감에 주권 찾기 위해 거리로 나서

가정주부들은 요즈음 시장에 가기가 두렵다고들 한다. 모든 물가가 하루가 멀다 하고 치솟고 있기 때문이다.

농민들 역시 비료 값을 비롯한 농자재 값이 하늘 높은 줄 모르고 오르고만 있는 현실에서 농사에 대한 희망을 갖기에는 너무도 고달픈 상황이다.

최근 한국 경제가 위기적 상황으로 치닫고 있다. 밖으로는 국제 유가의 급등과 곡물가격 폭등으로 무역수지가 악화되면서 올해 경상수지 적자폭은 당초 예상했던 30억 달러의 3배에 이르는 90억 달러로 상품수지 흑자 규모는 300억 달러에서 100억 달러로 축소될 것으로 전망되고 있다.

국내 경기 역시 소비자 물가 상승률은 지난 10년 동안의 최고치인 6%에 육박하고 있다. 그리고 전체 노동자의 85% 이상을 고용하고 있는 중소기업들은 원자재 값 상승으로 투자 위축과 소비 축소로 인한 수익성 악화 및 자금난과 인력난으로 만성적인 경영의 어려움에 직면해 있다. 취업자 수 증가폭은 당초 예상했던 30만 명보다 11만 명이 줄어든 19만 명에 머물 것이라는 전문가들의 진단이 내려졌다.

지난 1997년 이후 한국의 가계부채는 연평균 12.8% 증가한 반면, 국민 1인당 소득 증가율은 5.9%로 부채 증가율이 소득 증가보다 2배나 앞서

---

* 『서남권신문』(인터넷 새무안뉴스) 2008년 8월 6일자.

고 있으며, 통계청의 2008년 1/4분기 가계수지 동향 발표에 따르면 지난 1년 사이 사교육비 지출은 16% 증가했고, 소득계층 상·하위 20% 간 사교육비 지출 격차는 6배로 확대되었다.

지난 10년 사이 상류층과 빈곤층의 양극화 현상은 더욱 벌어지면서 중간층은 10% 넘게 감소되었다. 그리고 빈곤층은 20%로 10년 전에 비해 2배로 증가했다. "지금 한국 사회 계층구조는 상층으로 올라가는 비율보다 빈곤층으로 전락하는 비율이 보다 높게 나타나고 있다. 이러한 지표들은 한국 경제의 미래를 매우 불안하게 예측해주고 있다는 점에서 매우 심각한 문제인 것"이다. 특히 노령 인구가 상대적으로 높은 비중을 차지하고 있는 농촌지역은 노인층의 경제적 빈곤과 이로 인한 건강 악화 등 수많은 문제에 봉착해 있다.

경제가 어렵다는 것은 소득이 저하된다는 것이고, 그 피해 당사자는 노동자·농민·영세상공인·빈민 등 직접 노동에 종사하는 국민 구성의 대다수를 차지하고 있는 서민들이다. 그리고 이들의 노력과 노동은 과거와 현재를 포괄해서 한국 경제를 발전시키고 굳건히 떠받쳐온 실천적 주역들임을 누구도 부인할 수 없다. 따라서 "이들이 희망찬 노동을 할 수 있고 자신들의 창의력에 자부심과 긍지를 느낄 때만이 지금의 불안한 한국 경제를 탈바꿈시키는 원동력이 될 것"이다.

이명박 정부는 대통령 취임과 함께 올해 경제 성장률 7% 달성을 국민 앞에 제시했다가 불과 몇 달 만에 스스로의 약속을 폐기한 채 수정안을 내놓았다. 작금의 한국 상황은 경제 위기와 함께 극심한 정치적 대립으로 날을 지새고 있는가 하면, 석 달이 넘게 지속되고 있는 촛불시위로 심각한 사회적 갈등과 충돌로 이어지고 있다.

대통령 취임 당시 60%를 넘던 지지율은 10%대로 추락해버렸다. "침체된 한국 경제를 살려낼 수 있을 것이라 믿고 찍어주었던 국민들은 더 이상 현 정부를 믿을 수 없다는 배신감과 함께 스스로의 주권을 지키고 대안을 찾아 거리로 나서고 있는 것"이다. 이러한 흐름은 시민단체는 물론 학계와 종교계까지 거대한 물결로 형성되어가고 있다.

그동안 대외 의존적 재벌 위주 친기업 경제정책이 위기에 처한 한국 경제의 대안이 될 수 없음을 증명해주고 있는 것이다. 이제 더 이상 시행착오는 없어야 한다.

세계화 시대의 전략적 대응으로 공동체적 복지를 강화하고 다수가 참여하여 소득을 창출하는 성장을 통해서 소득계층 간, 대기업과 중소기업, 수도권과 비수도권, 도시와 농어촌의 통합과 나눔을 지향하는 경제정책의 수립과 남북 간의 경제협력의 소재를 넓히고 강화하는 경제정책을 펴나갈 때 지금의 한국 경제의 위기적 상황을 극복해나갈 수 있을 것이다.
(2008. 8. 6)

농민의 요구와 합치되는 농업정책*
－이명박 정부 식량주권 회복으로 농업대책 과거 전철 밟지 않길

지난 7월 초 개최되었던 전국 시·도지사 모임에서 박준영 전남도지사가 대통령에게 현안의 농업대책에 대한 몇 가지 건의했던 사항이 언론에 보도된 바 있다. 내용은 "고유가 대책으로 시설하우스 농가에 500억 원 지원계획을 5,000억 원으로 늘리고, 비료 값 인상에 따른 차액을 보전해주고, 사료 생산 보조금을 지원하고 수매해줄 것"과 "농업용 면세유 가격 인하와 공급 물량을 확대해달라는 것"으로 요약된다.

이에 대해 이명박 대통령은 "종합적이고 포괄적인 정부의 대책이 필요한 만큼 농도인 '전남에서 주도적으로 대책을 제시해줄 것'을 주문했다"고 한다. 전남도는 어떤 대책이 마련될지 궁금하고 기대도 되지만 굴욕적인 대미 소고기 협상에서 드러난 현 정부의 농민에 대한 인식을 고려할 때 우려와 걱정을 떨쳐버릴 수 없다.

그동안 역대 정권들 역시 '중농정책'이다. '복합영농, 신농정, 농어촌구조개선사업' 등 그럴듯한 제목의 농업정책으로 수십조 원에 달하는 정부예산을 투입했건만, 농업문제의 해결은커녕 더욱더 악화시키는 결과를 초래하고 말았다.

농민들의 끝없는 이농 행렬은 이를 잘 증명해주고 있으며, 눈덩이처럼

---

* 『서남권신문』 2008년 8월 28일자.

불어난 농가부채로 인한 작금의 농가 경제는 파탄지경에 빠졌고, 농업생산 기반은 날이 갈수록 위축되어 자생력을 상실해가고 있다. 이로 인한 식량자급률은 27%에 불과한 실정이며 농업과 비농업 간 교역조건은 최악의 상태에 처해 있는 실정이다. 농업의 구매력 저하는 나라 경제의 해외 의존도를 더욱 심화시키면서 자립경제의 토대를 송두리째 위협하고 있다.

이명박 정부 농업대책 과거 전철 밟지 않기를

역대 정권들의 농업정책의 실패는 농업의 중요성을 도외시해온 경제구조와 이에 편승한 세력들이 만들어낸 경제정책에 그 원인과 책임이 있다. 이들은 농업을 공업과 여타 산업의 보조 수단쯤으로밖에 여기지 않는다.

하지만 이들 역시 농업문제가 사회정치적으로 심각해져서 자신들의 정권 유지와 임기 채우기가 위협받을 때는 농업대책이라는 것을 등장시킨다. 따라서 이렇게 임기응변적, 땜질 식의 농업대책은 출발에서부터 실패를 예고해주고 있었던 것이다.

이제 또 이명박 정부에서 머지않아 농업대책을 내놓겠다고 한다. 바라건대, 농업은 국민의 생명을 생산하고 건강을 지켜주는 산업이기 때문에 그 어떤 산업정책보다 정책의 우선순위에 있어야 함을 자각하는 데서부터 출발해야 한다. 뿐만 아니라 해외 시장 의존도가 높은 이 나라 경제구조를 자립경제의 구조로 탈바꿈시킬 수 있는 방향에서 농업정책의 기조가 마련되어야 한다. "농업이 자생력을 회복하고 활성화되면 식량자급률 역시 높아져갈 것"이다.

식량주권 회복의 장기적 대안 모색

지금 세계는 곡물가격의 폭등과 함께 식량 확보를 둘러싼 국제적 긴장이 고조되고 있다. 우리 스스로 '식량주권'을 회복할 수 있는 장기적 대안이 모색되어야 한다. 이외에도 "농업의 다원적 기능인 풍수해 조절과 환경오

염에 의한 재앙을 예방하는 역할 등 자연친화적 농업 개발과 추진에 정책의 역점이 두어져야 할 것"이다.

국가적 차원에서 "농업과 농민에 대한 요구는 모든 국민의 먹을거리의 안전한 공급과 쾌적한 환경을 유지·발전시켜나가는 것"이고, "농민들의 국가에 대한 요구는 자신들의 노력의 대가를 빼앗기지 않고 정당하게 보장받는 것"이며, "정치·사회·문화적으로 농업에 종사한다는 이유로 차별당하지 않고 동등한 지위를 누리는 것"이다. 국가적 요구와 농민적 요구가 합치되고 상생할 수 있는 이명박 정부의 '농업정책'을 기대한다. (2008. 8. 28)

농민과 농협개혁*

지난 60년대 리·동 조합으로 출발했던 농협은 70~80년대를 거치면서 '독재 정권의 대농민 통제기관, 독점자본의 이윤을 위한 통로 역할, 농협 임직원을 위한 조합'이라는 오명의 역사와 함께 '농민에 의한', '농민을 위한', '농민의 농협'이 되지 못했다.

따라서 70년대 비료 조별 구매 거부와 강제출자 거부운동, 독점자본과 결탁해 농민을 수탈한 함평고구마 피해보상투쟁, 80년대 농협 임시조치 법 철폐와 조합장 직선제 쟁취 100만인 서명운동과 거리투쟁, 90년대 농협중앙회 신용사업과 경제사업 분리와 제도개혁을 위한 각종 활동 등에서 보듯이 농협은 농민운동의 투쟁 대상이었다.

지금도 농협법 개정안은 국회에 계류 중인데 통과 여부는 불투명하다. 왜냐하면 현 농협 조합장세력, 농업·농민운동세력, 농협노조, 여당과 야당 등 제반 세력의 입장 차이 때문이다.

지난 상반기 이명박 대통령은 농협에 대한 강도 높은 비판과 함께 구조개선을 주문했다. 그리고 연이어 드러나고 있는 농협 내부의 각종 비리와 부정부패, 각 지역에서 진행되고 있는 조합장 선거에서 나타난 혼탁한 돈선거와 심각한 후유증 등은 농협개혁에 대한 농민들의 요구는 물론 사회

---

* 『노령신문』 2009년 7월 7일자.

일반의 목소리 또한 그 어느 때보다 높아지고 있다.

그동안 쇠락의 길을 걸어온 이 땅의 농업과 농민들의 처지와는 무관하게 수십조 원에 달하는 먹이사슬의 거대 공룡이 되어버린 현재의 농협은 이제 더 이상 반농민적 역기능을 끝장내고 본래의 목적인 농민을 위해 새롭게 태어나야 한다.

협동조합은 사회·경제적 약자들의 권익 실현을 위한 운동과 사업(경영)의 통일체이기 때문에 개혁의 기본 방향은 협동조합의 정체성을 회복하는 것, 즉 민주화와 경영의 효율화를 함께 겨냥해야 한다.

농협중앙회를 회원(조합)을 위한 연합회 조직으로 재편하고, 지역농협을 지역농업 조직화(생산·가공·판매·소비의 조직화)의 주체로 환골탈태하는 것이다. 그리고 임직원 중심에서 회원(조합) 중심으로 신용 중심 종합농협에서 유통경제 중심 판매농협 체제로 바뀌어야 한다.

중앙회를 연합조직으로 재편하기 위해서는 신용사업과 경제사업의 분리가 필요하다. 이렇게 될 때 경제사업의 전국적 전문화와 활성화를 통한 판매 중심 농협으로 발전할 수 있는 토대와 조건들을 갖출 수 있다.

지역농협은 조합원과 지역사회 평가를 중시하는 독립경영체로 전환하게 될 것이며, 전업농은 전국 단위 품목별·작목별 유통조직에 전속 거래, 제값받기 판로 확보, 농업소득 제고, 자급농은 회원조합의 지역센터 기능을 활용하여 삶의 질을 높이고 영농 지속이라는 비전을 가질 수 있다. 그리고 조합원 제도와 임원 자격 강화가 필요하다. 현행 제도는 비농업인이 농협의 의사결정에 참여할 수 있는 허점이 있으며, 이는 협동조합의 기초 상식인 조합원의 동질성 확보를 저해하고 있다.

뿐만 아니라 품목별 생산자조합 설립이 보다 쉽게 이루어질 수 있도록 해야 한다. 그동안 품목별 조합이 지체된 이유는 지역 조합의 독점적 위치와 독점권 때문이었다.

농협은 협동조합으로서 정체성 위기에다 세계 경제 위축, 금융시장의 불안정으로 인한 경영 위기를 겪고 있어, 필연적으로 변화와 개혁을 통해

활로를 찾지 않을 수 없게 되어 있다. 하지만 그동안 몇 차례 시도되었던 농협개혁은 위로부터 내리누르는 낯선 힘에 의해서 강요당해왔다. 따라서 개혁의 주체가 누구인가는 참으로 중요하다. 농민 조합원이 개혁의 주체가 되는 것이 농협개혁의 가장 빠르고 바른 길이다.

신용 중심 농협에서 경제 중심 판매농협으로, 조합원 중심의 농협개혁, 조합 중심의 중앙회 개혁 관점을 명확히 하자. 그 어느 때보다도 농업·농민운동세력의 농협개혁에 대한 일치된 행동이 필요한 때이다. (2009. 7. 7)

등산 안내자와 민주주의[*]

미디어법을 둘러싸고 벌어진 여야의 격돌은 국회 파행, 거리투쟁 등으로
확대되면서 올 여름을 더욱 뜨겁게 달구고 있다.

하지만 서민대중들에게는 장기적인 경기 침체와 FTA 등으로 먹고사는
문제가 더 급한 것이기에 언론 관련법이 앞으로 우리에게 끼치게 될 해악
害惡에 대해서 따져볼 겨를조차 없다.

도리어 깡패집단이나 시정잡배들이 사용하는 용어와 폭력으로 상대를
제압하고 굴복시키려 드는 현 정치권에 대한 불신과 배신감만 더욱 심하
게 느껴질 뿐이다. 다시 말해서 '서민대중을 위한 정치가 없다'는 것이다.

하기야 국민의 다수가 반대하는 미디어법을 무력과 탈법으로 날치기하
고 부자 감세·서민 증세로 일관하는 MB정권과 한나라당에서 서민을 위
한 그 어떤 것을 기대할 수 없겠지만, 민주당을 비롯한 야당들 역시 크게
다를 바 없는 모습들을 지켜보면서 이 땅에서 민중을 위한 정치가 언제쯤
실현될 것인지에 대해서 착잡한 심정을 금할 수 없다.

언론 악법이 한나라당에 의해서 시도된 지난 7개월 동안 야당들은 무엇
을 했는가? 이 법이 담고 있는 패악에 대하여 국민들에게 적극적으로 알
리고 폭로하면서 국민과 함께하는 투쟁전선을 통해서 저지했어야 했다.

---

[*] 새무안뉴스 2009년 8월 3일자.

그런데 야당들은 국회 내에서 '협상과 타협을 통해서 해결하겠다'는 안일한 자세와 무책임한 태도로 일관해 오늘의 사태를 초래한 것이다. 그리고 이것은 그동안의 각 정당들이 내포하고 있던 모순과 지도력의 한계에 기인한 필연적 결과이기도 하다.

　소 잃고 외양간 고치는 격이지만 이제부터라도 국민과 함께 투쟁하겠다고 하니 그나마 다행스러운 일이다. 애국시민 모두가 MB악법 저지에 힘을 합쳐야 하며, 야당들이 더 이상 자기 책임과 의무를 방기하지 않도록 격려하고 채찍질하는 민주적 지도력을 발휘할 때다.

　민주적 지도력은 등산 안내자적인 지도력을 의미한다. 등산 안내자는 대원들이 출발하는 곳에서부터 최종 목표 지점에 이르기까지 정확히 파악하고 있어야 한다. 등산 과정에서 어떤 지점에는 난코스가 있고 위험이 있으며, 쉬어 가야 할 곳이 어디쯤인가 등등을 자세히 알아서 대원들이 숙지하고 안전하게 등산할 수 있도록 해야 한다.

　뿐만 아니라 등산 안내자는 어려운 코스에서는 앞장서는 용기와 지혜를 보여주고, 뒤처진 대원들에게는 그들과 함께하면서 요령과 자신감을 갖도록 함으로써 포기하거나 낙오되는 일이 없도록 지도해야 한다. 따라서 등산 안내자는 너무 앞서 가지도 뒤에서 가지도 않으면서 대원들과 함께하는 자세를 견지한다.

　신자유주의 전도사를 자처하는 MB정권과 거대 여당과의 싸움에서 이기기 위해서는 민주당과 야당들에게 등산 안내자적인 지도력이 요구되고 있다. 그동안 나를 따르라 식의 명령만 내리는 두목형 지도자나 뒤에 숨어서 권모술수에 의존하는 음모적 방식의 지도력은 이제 더 이상 국민의 지지를 받을 수 없다.

　특히 노동자·농민 등 민중의 편에 서고자 하는 정당이라면 이들에게 감동을 주고 적극적인 지원을 받을 수 있어야 한다. 정당의 존립 목적은 궁극적으로 정권 획득에 있는 것이며, 서민대중의 기반을 통해서 정권을 창출하려 한다면 이에 적합한 정강정책과 지도력이 전제되어야 하기 때문이다.

　그동안 민주·평화·통일세력과 애국 시민단체들은 MB악법 저지와 민주주의 수호를 위해서 국민전선을 형성해나가고 있다. 민주당을 비롯한 야당들 역시 MB악법을 저지키 위해 100일 장정에 나서고 있다. 이제 투쟁을 보다 효과적이고 힘차게 전개하기 위해 단일한 전선과 통일적 지도력이 필요하다.

　지난 87년 민주항쟁 당시에 민중·민주 제 세력과 야당이 함께했던 '국민운동본부'에서처럼 광범위하고도 조직적인 단일전선만이 강력한 MB정권과 한나라당에 맞서 싸울 수 있다. 그리고 이 전선은 등산 안내자적·민주적 지도력에 의해서 더욱 강력해질 때 민주·평화·통일세력의 승리를 담보할 수 있을 것이다. (2009. 8. 3)